Politische Kultur in Deutschland

Bilanz und Perspektiven der Forschung

Herausgegeben von Dirk Berg-Schlosser und Jakob Schissler

Westdeutscher Verlag

CIP-Kurztitelaufnahme der Deutschen Bibliothek

Politische Kultur in Deutschland: Bilanz u. Perspektiven d. Forschung/[Dt. Vereinigung für Polit. Wiss.]. Hrsg. von Dirk Berg-Schlosser u. Jakob Schissler. – Opladen: Westdeutscher Verlag, 1987
(Politische Vierteljahresschrift: Sonderheft; 18)
ISBN 3-531-11860-9

NE: Berg-Schlosser, Dirk [Hrsg.]; Deutsche Vereinigung für Politische Wissenschaft; Politische Vierteljahresschrift/Sonderheft

Der Westdeutsche Verlag ist ein Unternehmen der Verlagsgruppe Bertelsmann.

Druck und buchbinderische Verarbeitung: Lengericher Handelsdruckerei, Lengerich
Printed in Germany

ISBN 3-531-11860-9

Politische Vierteljahresschrift Sonderheft 18/1987

Deutsche Vereinigung für Politische Wissenschaft

Inhalt

VII. Regionale und lokale Strukturen der Politischen Kultur in der Bundesrepublik

VIII. Politische Milieus und politische Bewegungen in der Bundesrepublik

IX. Einstellungen zum politischen System der Bundesrepublik

Vorwort

Der Ausdruck „Politische Kultur" ist zu einem festen Begriff und zu einem Symbol in der politischen Sprache der Bundesrepublik geworden. Die hiermit verbundene Vieldeutigkeit ist für eine wissenschaftliche Verwendung nicht immer förderlich. Andererseits hat die Popularität des Begriffes und seine meist moralisch intendierte Besetzung in der politischen Sprache der Gegenwart auch Vorteile. Denn sowohl im normativen Gebrauch als auch zur Beschreibung und Analyse von Sachverhalten bezeichnet und kritisiert der Begriff Tatbestände, die es wert sind, in das politische Bewußtsein gehoben zu werden. Der Einzug des Begriffes selbst in unsere Umgangssprache – so könnte man paradox formulieren – ist daher für die politische Kultur der Bundesrepublik zu begrüßen.

In der Einleitung dieses Bandes und in mehreren Einzelbeiträgen werden die Genese des Begriffes und die näheren Umstände seines Gebrauchs in der bundesdeutschen Politikwissenschaft dargelegt. Die hiermit verbundene Forschungsrichtung erfährt damit eine erste umfassende Bilanzierung. Vieles, insbesondere auch die komparative Einbindung des Paradigmas „Politische Kultur", bleibt aber noch zu leisten. Der vorliegende Band ist daher noch nicht als Reflexion des Gebietes Politische Kultur insgesamt zu verstehen. Dafür ist der breite Aufbruch in dieses Gebiet noch vor zu kurzer Zeit erfolgt, nämlich erst Ende der siebziger Jahre. Er versteht sich aber als Aufforderung weiter voranzuschreiten.

Der Dank der Herausgeber gilt den vielen Kolleginnen und Kollegen, die seit dem ersten Tutzinger Treffen im Frühjahr 1982 und seit der Gründung des Arbeitskreises Politische Kultur-Forschung im Herbst des gleichen Jahres auf dem Berliner Politologentag durch anregende Gespräche und Beiträge der Unternehmung Politische Kultur Gestalt gegeben haben. Aus diesem Kreis rekrutieren sich die Beiträge dieses Bandes in erster Linie. Erst dadurch, daß die Resonanz im Arbeitskreis so positiv war, wurde die Planung dieses Sonderbandes möglich. Als besonders anregend hat sich dabei erwiesen, daß sich im Arbeitskreis aufgrund der verschiedenen zum Tragen kommenden Ansätze und Methoden Politologen aller Generationen versammelten. Wissenschaftler aus unterschiedlichen geistesgeschichtlichen Traditionen der Politikwissenschaft konnten ebenso ihre Sichtweise im Arbeitskreis einbringen wie solche, die der empirischen Sozialforschung näher stehen. In dieser Hinsicht bleibt sicher ebenfalls noch viel zu tun. Die vielfältigen Interpretationen und Bezugsebenen des Begriffs Politische Kultur stellten aber, in unseren Augen, ein fruchtbares Spannungsfeld dar, das unter Konzentration auf einen gemeinsamen Fokus, den deutschen „Fall", einen konstruktiven Dialog in Gang setzte.

Neben dem eigentlichen wissenschaftlichen Ertrag, dessen Ergebnisse hiermit zur Diskussion gestellt werden, hatten diese Zusammenkünfte aber auch eine von uns und wohl von vielen anderen besonders positiv empfundene „soziale" Seite. Der Arbeitskreis zeichnete sich durch eine relativ hohe Kontinuität des „harten Kerns" der Teilnehmer und, bei allen sachlichen Kontroversen, durch ein meist sehr angenehmes Gesprächsklima aus. Hierzu trug nicht zuletzt das stimulierende Ambiente der „Akademie für Politische Bildung" in Tutzing am Starnberger See bei. Für die erwiesene Gastfreundschaft danken wir allen Mitarbeitern der Akademie. Unser besonderer Dank gilt ihrem Direktor, dem Kollegen Professor *Manfred Hättich*, der trotz verbandspolitischer Querelen in diesem Zeitraum die dem Arbeitskreis gewährte Gastfreundschaft aufrecht erhielt und somit wahre „akademische Kultur" zeigte. Herr Dozent *Hans Friedrich* zeichnete in bewährter Weise für den organisatorischen Rahmen verantwortlich und leitete mit den Herausgebern zusammen die Tagungen. Herr *Norbert Kersting*, Marburg, leistete wertvolle Hilfe bei der Endredaktion dieses Bandes und der Erstellung des Index. Der politischen Kulturforschung bleiben wir beide verbunden und wünschen ihr eine weiterhin steigende Tendenz.

Marburg/Berlin im April 1987

Dirk Berg-Schlosser
Jakob Schissler

I. Einführung

Politische Kultur in Deutschland

Forschungsstand, Methoden und Rahmenbedingungen

Dirk Berg-Schlosser und Jakob Schissler

Die Verwendung des Begriffes „Politische Kultur" hat in den letzten Jahren in der Bundesrepublik inflationäre Ausmaße angenommen. Kaum ein Bundestagsredner, Leitartikler oder Fernsehkommentator scheint noch ohne ihn auskommen zu können. Meist wird er aber in einem deutschen Kulturtraditionen entsprechenden wertenden Sinne verwendet, sodaß ein „Mangel" an Politischer Kultur oder ein „Verfall der politischen Sitten" und des politischen Stils beklagt wird. Demgegenüber versucht der an seine amerikanischen Ursprünge angelehnte politikwissenschaftliche Gebrauch des Begriffs, seinen analytischen, nicht a-priori wertbesetzten Charakter hervorzuheben. Politische Kultur in diesem Sinne bezieht sich auf die „subjektive" Dimension der gesellschaftlichen Grundlagen politischer Systeme in all ihren Ausprägungen. Entsprechend definiert *Glenda Patrick* nach einer umfassenden semantischen Diskussion politische Kultur als „the set of fundamental beliefs, values and attitudes that characterize the nature of the political system and regulate the political interactions among its members" (1984: 279).

Dennoch bleibt die Verknüpfung zweier so unterschiedlich besetzer Begriffe wie „Politik" und „Kultur" zu einem politikwissenschaftlichen Terminus nicht unproblematisch. Sein konkreter Inhalt ist zunächst vage, sein analytischer Status umstritten. So verglich *Max Kaase* (1983) in einer vielbeachteten Metapher die Politische Kultur-Forschung mit dem „Versuch, einen Pudding an die Wand zu nageln". Ähnlich kritisch äußerten sich in jüngerer Zeit Autoren wie *Badie* (1983), *Schemeil* (1985) und *Kavanagh* (1985). Der vorliegende Band stellt demgegenüber den Versuch dar, die Bandbreite des Politische Kultur-Konzepts in seinen unterschiedlichen Facetten bei der Behandlung eines konkreten Falls zu veranschaulichen. Zwar wird hierbei deutlich, daß nach wie vor keineswegs von einem Konsens hinsichtlich Reichweite und Erklärungswert des Begriffs gesprochen werden kann, daß er aber in einem heuristisch fruchtbaren Sinne Autoren sehr unterschiedlicher Provenienz zusammengeführt hat, um zu einer Verdichtung und Anreicherung des Verständnisses der subjektiven Grundlagen von Politik zu gelangen.

Die Analyse des deutschen Falls ist hierbei für die beteiligten Autoren selbstverständlich auch von konkreter politischer Relevanz angesichts der in unterschiedlichem Maße geteilten Erfahrungen deutscher Geschichte und der notwendigen andauernden Ausein-

andersetzung mit ihr. Darüberhinaus bietet sie sich aber auch aus grundsätzlich-systematischen Erwägungen an, da in kaum einem anderen Lande das Problem von Kontinuität und Wandel Politischer Kultur angesichts mehrerer grundlegender „Systembrüche" in einem Zeitraum von weniger als 100 Jahren sich so kraß stellt.
Um diesen Kontext besser zu würdigen, ist es zunächst notwendig, auf die wissenschaftsgeschichtlichen und -theoretischen Hintergründe des Konzepts und auf unterschiedliche methodologische Erwägungen, die sich hieraus ergeben, noch einmal kurz einzugehen. Anschließend sollen dann konkrete Entwicklungslinien deutscher Politischer Kultur und der Stellenwert der Beiträge dieses Bandes für ihr vertieftes Verständnis umrissen werden.

1. *Wissenschaftsgeschichtliche und -theoretische Hintergründe*

Die Beschäftigung mit der „subjektiven Dimension" von Politik stellte zu allen Zeiten ein wesentliches Element reflektiv-politischen Denkens, aber auch, soweit sich das heute noch erschließen läßt, von Erfahrungen auf der Alltagsebene dar. Beschreibungen von „Mentalitäten", sozialen „Charakter"-eigenschaften, bestimmten „Persönlichkeits"-merkmalen, „typischen" Verhaltensweisen usw. lassen sich in nahezu allen Äußerungen, die sich mit Angehörigen von (meist fremden) Völkern und Gruppen befassen, finden (vgl. *Almond* 1980). Im deutschen Fall gilt dies zumindest seit den Aussagen von *Tacitus* und *Julius Caesar* über charakteristische Eigenschaften verschiedener germanischer Stämme. In neuerer Zeit waren es u. a. prominente Reisende (so z. B. *Madame de Stael* 1813; *Mark Twain* 1966) und Literaten bis hin zu *Henry Miller* und *Erica Jong*, die uns entsprechende Schilderungen hinterließen.
Häufig geronnen diese aber zu Stereotypen und Vorurteilen. Um letztere handelt es sich nach der Definition *Allports*, „if they are not reversible when exposed to new knowledge" (*Allport* 1958: 9). Ebenso oft wurden diese Eigenschaften unveränderbaren „natürlichen" Ursachen wie klimatischen und genetischen Faktoren mit all ihren rassistischen Exzessen zugeschrieben (Für eine kurze Erörterung solcher Ansätze vgl. *Berg-Schlosser* 1972: 19 ff.). Dies gilt auch für weite Bereiche der „Nationalcharakter"-Forschung und frühen Sozialpsychologie, deren wissenschaftlicher Anspruch auf Vorurteilsfreiheit und inter-subjektive (d. h. auch inter-kulturelle!) Überprüfbarkeit der Aussagen häufig nicht eingelöst wurde (vgl. z. B. im deutschen Fall die Arbeiten von *Wundt* 1911 ff.; *Hellpach* 1954). Auch die vorwiegend auf psychoanalytischer Interpretationen fixierten Arbeiten dieser Gattung (für Deutschland vgl. z. B. *Schaffner* 1948) führten in eine Sackgasse (zur allgemeineren Diskussion und Kritik vgl. *Inkeles* und *Levinson* 1969).
Demgegenüber stellt die Politische Kultur-Forschung eine von ihrem Ansatz her unvoreingenommene Befassung mit dieser Dimension dar. Ihr geht es zunächst um die systematische Erfassung und Beschreibung bestimmter Tatbestände und deren Veränderungen im Zeitablauf. Kritisch gewendet, kann sie so auch zur Widerlegung von Stereotypen und zu einer differenzierten Berücksichtigung kultureller Elemente und der Veränderungen in ihrer Verteilung beitragen. Als prägende Faktoren berücksich-

tigt sie hierbei Prozesse individueller Sozialisation, aber auch kollektive Erfahrungen von Gesellschaften und Gruppen und ihre Interaktionen im Zeitablauf, also jeweils erworbene und potentiell veränderbare Charakteristika. In diesem Sinne umfaßt sie sowohl jeweils gegenwartsbezogene als auch historische Aspekte. Erst in zweiter Linie ist die Frage von Bedeutung, inwieweit es sich bei „kulturellen" Faktoren um eigenständige unabhängige Variable, zumindest in einem „residualen" Sinne (vgl. *Elkins* und *Simeon* 1979), um „intervenierende", aber in ihren Rückkopplungszusammenhängen deutlich angebbare Faktoren (vgl. z. B. *Pappi* und *Laumann* 1974) oder um gänzlich determinierte Aspekte im Sinne des marxistischen „Basis-Überbau"-Schemas handelt. In dieser Hinsicht scheiden sich, je nach wissenschaftstheoretischen „Grundpositionen", weiterhin die Geister. Sofern jedoch keine a-priori-Festlegungen getroffen werden, bleibt der Erklärungswert von „Kultur" weiterhin offen, damit aber auch Aufgabe einschlägiger Forschung.

Der die aktuelle Politische Kultur-Forschung am deutlichsten prägende Strang ist amerikanischer „behavioralistischer" Provenienz (zur Entwicklung vgl. *Somit* und *Tanenhaus* 1964; *Falter* 1982). In einem empirisch-analytischen, meist positivistisch verstandenen Sinne geht es den Vertretern dieser Richtung um die Ermittlung intersubjektiv überprüfbarer bzw. falsifizierbarer Tatbestände. In der konkreten Umsetzung stand hierbei vor allem der Bezug auf das Individuum („Mikro"-Ebene) und seine empirisch heutzutage meist mit Mitteln der Umfrageforschung („survey research") erfaßten Denk- und Verhaltensweisen im Vordergrund. *Gabriel Almond*, der den Terminus Politische Kultur in seiner aktuellen politikwissenschaftlichen Verwendung prägte, aber auch andere wichtige Vertreter des „political culture"-Ansatzes in den USA (vgl. z. B. *Iwand* 1985: 15 ff.) stehen deutlich in dieser von Kritikern als „szientistisch" und „geschichtslos" bezeichneten Tradition (vgl. z. B. *Pateman* 1980). Wenn auch konkrete methodische und konzeptionelle Mängel der für die Umsetzung dieses Ansatzes grundlegenden „Civic Culture"-Studie (*Almond* und *Verba* 1963, zur Kritik vgl. z. B. *Scheuch* 1968, *Rokkan* 1969; *Dittmer* 1977) nicht mit prinzipiellen Defiziten dieser Forschungsrichtung gleichgesetzt werden sollten, so werden durch das faktisch vorherrschende Instrumentarium der Umfrageforschung doch leicht wichtige für die Analyse der Gegenwart zumindest komplementäre und für eine Erfassung der historischen „Tiefen"-Dimension unverzichtbare Elemente ausgeblendet. Eine teilweise zu beobachtende Rückbesinnung auf breitere „kultur-soziologische" Traditionen, die mit dem Namen *Max Webers* verknüpft sind (vgl. z. B. *Tenbruck* 1979; *Badie* 1983) ist daher zu begrüßen. Ironischerweise allerdings geht die u. W. einzige Stelle im Werke *Webers*, an der die Wortkombination „politische Kultur" explizit auftaucht, selbst von einer wertenden und nicht analytischen Verwendung dieses Terminus aus. (Er spricht dort in seiner grundlegenden Abhandlung über „Die ‚Objektivität' sozialwissenschaftlicher und -politischer Erkenntnis" von „Zeichen parteifanatischer Beschränktheit und unentwickelter politischer Kultur" (*Weber* 1968: 158).

In jüngerer Zeit ist dieser Forschungsstrang basierend auf dem „struktur-funktionalistischen" AGIL-Modell von *Parsons* systemtheoretisch weiterentwickelt worden (vgl. *Münch* 1982; *Pappi* 1986). Die vier gesellschaftlichen Teilsysteme (Politik, Ökonomie, Gemeinschaft und Sozial-kulturelles System), deren politisch-kulturelle Aspekte anderswo in eher pragmatischer Weise miteinander verknüpft worden waren (vgl. z. B. *Berg-Schlosser* 1972, 1979; *Rosenbaum* 1975), werden auf diese Weise in einen stringenteren Zusammenhang gebracht. So reduziert *Pappi* den „Kernbereich" politischer Kultur auf die Frage nach der Legitimität des politischen Systems im Sinne des *Eastonschen* „diffuse support" (1986: 282 ff.). In Ergänzung hierzu sieht er die „specific supports" als Beitrag des ökonomischen Systems an. Beides wird durch konsensuelle Normen des sozialen Systems und die Loyalität zur politischen Gemeinschaft abgestützt. Der Beitrag des sozialkulturellen Systems schließlich besteht in der diskursiven Begründung der in den politischen Institutionen jeweils konkret realisierten Normen im Hinblick auf allgemeinere Werte. Diese sind z. T. religiös verankert und schlagen sich in affektuell wirksamen Ritualen und Symbolen nieder. Ein zusätzliches Element in diesem Bereich stellt der sozial-kulturelle Diskurs von Intellektuellen und Wissenschaftlern dar, der durch politische Codes als kulturellem Meta-System („Kultur von Kultur") strukturiert wird. All dies ist jedoch in einem mehrfach rückgekoppelten dynamischen Gesamtzusammenhang zu sehen, der Spannungen, Krisen und Destablisierungen, in letzter Konsequenz wohl auch Systembrüche, nicht ausschließt.

Die Verbindung zwischen sozial-kulturellem System und politischem System hat auch der aus der Sozialanthropologie hervorgegangene Forschungsstrang der Symbolanalyse (vgl. *Douglas* 1970; *Edelmann* 1972; *Pross* 1974; *Keesing* 1974) zum Gegenstand. Diese greifen z. T. auch *Dittmer* (1977), *Dyson* (1980) und *Rohe* (1983) auf. Symbole, auch in ihren materiellen Ausprägungen als „geronnene Werte" politischer Kultur, sind damit einer semiologischen Analyse zugänglich. Diese bietet sich besonders für relativ homogene kleinräumige traditionale Gesellschaften, aber auch, „faute de mieux", für die weitgehend für andere Analysen „geschlossenen" osteuropäischen kommunistischen Staaten und andere Formen autoritärer Systeme an. Über eine „thick description" (*Geertz*) von politisch relevanten Ritualen (z. B. anläßlich nationaler Feiertage) und Symbolen (in erster Linie nach wie vor Flagge und Hymne) hinaus tritt aber bei der Beurteilung ihrer Resonanz und affektuellen Verankerung in unterschiedlichen Gruppen der Bevölkerung zwangsläufig ein stark interpretatives Element hinzu. Ein gegenseitiger Bezug von qualitativen (auf der Ebene der Symbole) und quantitativen (zur Erfassung ihrer Wirkung) Vorgehensweisen ist also auch in dieser Hinsicht wünschenswert.

Basierend auf diesem Ansatz will auch *Aaron Wildavsky* (1984) sich fortan der Erschließung kultureller Codes widmen. Ausgehend von der Intensität der Grenzen zwischen sozialen Gruppen („group") und der Autoritätsstruktur in einer Gesellschaft („grid") kommt er zu einer stark schematisierten vierfachen Klassifikation von „hierarchisch-kollektivistischen" („strong group, strong grid"), „kompetitiv-individualistischen" („weak group, weak grid"), „egalitär-sektiererischen" („strong group, weak grid") und „machtlos-fatalistischen" („weak group, strong grid") Typen politischer Kultur. Diese lassen sich weiter, aufgrund der jeweils dominanten Mischformen in einer Gesellschaft, zu konkreten politischen Regimetypen kombinieren, die dann zur Erklärung und Vorhersage aller wesentlichen politischen Abläufe herangezogen werden. In dieser apodiktischen Vereinfachung ist das Schema ohne Zweifel problematisch (zur

Kritik vgl. *Jann* 1985). Dennoch läßt es sich in differenzierterer Form auch in einen allgemeineren systemtheoretischen Ansatz (s. o.) einbetten.
Ähnlich umfassend und nahezu zwangsläufig ebenso abstrakt wie systemtheoretische Bezüge sind jüngere marxistisch inspirierte Ansätze zur Kulturtheorie im allgemeinen und zum Stellenwert Politischer Kultur im besonderen. Diese gehen meist von der kritischen Auseinandersetzung *Antonio Gramscis* (vgl. z. B. 1980) mit einem orthodox-ökonomistisch und deterministisch verstandenen „Basis-Überbau"-Schema von Produktionsweise, Kultur und Politik aus. „Subjektiven" Faktoren und der politischen Sphäre wird hierbei ein gewisses Maß an Autonomie zugebilligt, das erst ein Verständnis für „hegemoniale" kulturelle Phänomene über die jeweilige Klassenbasis hinaus und ihre Veränderungen im Zeitablauf ermöglicht. *Raymond Williams* (1977) erweiterte diesen Ansatz unter Einbeziehung unterschiedlicher Bereiche der Alltagswelt in einer Analyse der „Komplexität von Hegemonie". Als „herrschende Kultur" bezeichnet er dabei „ein zentrales System von Praktiken, Bedeutungen und Werten" (1977: 190), das in jeder Gesellschaft vorzufinden ist. Hierzu stehen residuale und neu entstehende Formen oppositioneller Kultur in Beziehung. Die konkretere operationale Umsetzung eines derartigen ebenfalls weitgehenden „holistischen" Konzepts läßt aber noch auf sich warten. Einen ersten Versuch der Anwendung auf einen Bereich deutscher Politischer Kultur stellt der Aufsatz von *Gransow* und *Offe* (1981) dar.
Diese konzeptionellen Entwicklungen fanden selbstverständlich nicht in einem sozialen und politischen Vakuum statt. Wie stets gab es auch externe wissenschaftssoziologische und -politische Faktoren, die diese Vorgänge beeinflußten und mit ihnen interagierten, wenn auch in dieser Hinsicht ebenfalls nicht zu kurzschlüssig simple deterministische Zusammenhänge postuliert werden sollten. So stand der Beginn der political-culture-Forschung noch in enger Verbindung zur „modernisierungstheoretischen" Euphorie besonders im Hinblick auf die gerade politisch unabhängig werdenden Staaten der Dritten Welt (vgl. z. B. *Almond* und *Coleman* 1960). Aber auch der deutsche Fall, als wichtiger „deviant case", der bei einem hohen Grade sozio-ökonomischer Entwicklung in bezug auf Maßstäbe einer „civic culture" zurückgeblieben war, wurde lange unter modernisierungstheoretischen Prämissen betrachtet.
Die Studentenrevolte des Jahres 1968 und die in der sozialliberalen Koalition ab 1969 eingeleiteten Reformen gaben wichtige Anstöße zu einem „Aufholen" in dieser Hinsicht, z. B. auch in bezug auf intensivere, z. T. auch „unkonventionelle" Formen politischer Partizipation, „Bürgerinitiativen", usw. (vgl. *Barnes* und *Kaase* 1979). Die Wirtschaftskrisen der 1970er Jahre dämpften jedoch allzu euphorische Erwartungen und machten einer wachsenden Skepsis und einer Einsicht in die „Grenzen des Wachstums" Platz. Diese äußerte sich sowohl in stärker ökologisch orientierten Gruppen und den „neuen sozialen Bewegungen" als auch in eher traditionell konservativen Schichten. Beide Gruppierungen gaben damit auch den Anstoß sich mit deutschen Traditionen in einem breiten kultursoziologischen und nicht mehr vorwiegend „modernisierungstheoretisch" ausgerichteten Sinne zu befassen (vgl. z. B. *Brand* 1982; SINUS 1981). Auf der neomarxistischen Linken war ebenfalls eine Abkehr von hoch gesteckten revolutionären Erwartungen und fundamental-basisdemokratischen Zielen zu beobachten. Insofern war auch hier der Boden für eine differenziertere Behandlung poli-

tisch-kultureller Phänomene bereitet. Konkret entzündete sich die Kritik aus dieser Richtung am heftigsten an der als Vorbote einer politisch-kulturellen Wende verstandenen Praxis des „Radikalenerlasses" und der „Berufsverbote" (vgl. *Brüggemann* u. a. 1978).

Vor dem Hintergrund dieser unterschiedlich inspirierten Forschungsstränge und ihrer konkreteren politischen Einbettung ist die Entwicklung der Politische-Kultur-Forschung in der Bundesrepublik im einzelnen zu sehen. Zunächst geprägt von kritischen Rezeptionen des *Almond/Verba*-Ansatzes (*Krippendorff* 1966; *Dias* 1971; *Berg-Schlosser* 1972) entwickelte sie sich in der Folge zu einem wichtigen und differenzierten Gebiet der politikwissenschaftlichen Forschung. Dies wird auch in der Aachener-Dissertation von *Wolf Michael Iwand* über „Konzepte, Methoden, Ergebnisse der Political-Culture-Forschung in der Bundesrepublik" (1985), die Arbeiten bis zum Jahre 1982 erfaßt, ausführlich belegt. In jeweils separaten Abschnitten diskutiert er die Beiträge von insgesamt 19 deutschsprachigen Autoren, die sich in zentraler Form mit Politischer Kultur, vorwiegend Deutschlands und der Bundesrepublik, befassen. Darüber hinaus benennt er eine Reihe weiterer Arbeiten, in die der Begriff der Politischen Kultur in diesem Zeitraum Eingang gefunden hat. Die Popularisierung dieses Terminus, die auf einen vorbereiteten, aber durch die Wortwahl leicht mißzuverstehenden sozio-kulturellen Boden stieß, ist wohl letztlich auf den Band der *Greiffenhagen*s (1979), der im SPIEGEL in Auszügen vorabgedruckt wurde, zurückzuführen. In der Folge gaben sie auch, zusammen mit *Prätorius*, ein eigenständiges „Handwörterbuch zur Politischen Kultur der Bundesrepublik" (1981) heraus. Im Jahre 1980 nahm sich die Redaktion der „Politischen Vierteljahresschrift" in einem eigenen „Forum" dieser Thematik an. Es kamen, ausgehend von einem Aufsatz von *Reichel* (1980), fünf Kontrahenten zu Wort (*Berg-Schlosser* 1981; *Gerstenberger* 1981; *Shell* 1981; *Schissler* 1981; *Gabriel* 1981), die ein breites Spektrum unterschiedlicher Ansätze repräsentierten. Ein konstruktiver, über die wissenschaftstheoretischen Fronten hinweg vermittelnder Dialog kam jedoch weitgehend nicht zustande (*Reichel* 1981; vgl. *Iwand* 1985: 278 ff.).

Angeregt durch die Resonanz auf diese Diskussion veranstaltete die PVS-Redaktion in Zusammenarbeit mit der Akademie für Politische Bildung in Tutzing 1982 ein umfassendes „Symposion Politische Kultur". Es versammelte die Mehrzahl der bis dahin auf diesem Gebiet in der Bundesrepublik in Erscheinung getretenen Autoren (vgl. PVS-Redaktion 1982). Auch der eingangs zitierte Aufsatz *Kaase*s (1983), der zahlreiche Stellungnahmen provozierte, wurde hier erstmals vorgetragen. In der Zwischenzeit hatten sich auch einige konkrete Forschungsvorhaben und -schwerpunkte an den Universitäten herausgebildet (z. B. in Augsburg, Berlin, Erlangen, Essen, Frankfurt, Kassel usw.), die unterschiedliche Aspekte deutscher Politischer Kultur zum Gegenstand hatten. Es lag daher nahe, die begonnene, umfassende Diskussion in all ihrer Vielfalt und Widersprüchlichkeit in einen dauerhafteren institutionellen Rahmen zu bringen. Hierfür bot sich die Form eines Arbeitskreises der Deutschen Vereinigung für Politische Wissenschaft an, der auf dem Berliner Kongreß im Herbst 1982 konstutiert wurde. Die Federführung lag bis 1986 bei den Herausgebern dieses Bandes[1]. Bewußt wurde im Arbeitskreis zunächst auf eine Konzeptualisierung von Politischer Kultur im Sinne eines wissenschaftstheoretisch und methodologisch klar umrissenen „Paradigmas", das als soziologische Komponente meist auch eine nach Personen genau umgrenzte „Schulenbildung" einschließt (vgl. *Kuhn* 1976), verzichtet. Stattdessen erschien die Konzeption eines „Forschungsprogramms" im Sinne von *Lakatos* (1970), das von einem gemeinsamen Gegenstand als „hartem Kern" ausgeht, das aber in seinem „schützenden Gürtel" methodisch offener bleibt und dabei auch gewissen Spannungen und Veränderungen ausgesetzt ist, für die Zwecke des Arbeitskreises heuristisch vielversprechender zu sein.

Als relativ offene Konzeptualisierung in diesem Sinne wurde daher das folgende „Minimalverständnis" der weiteren Arbeit der Gruppe zugrunde gelegt:

> „Politische Kultur bezieht sich auf einen eigenständigen Kontext politikwissenschaftlicher Analyse im Sinne der ‚subjektiven' Dimension von Politik. Politik umfaßt dabei sowohl das gesellschaftliche Vorfeld und den input-Bereich des politischen Systems (‚politics') als auch die zentralen politischen Institutionen (‚polities') und konkrete Politikfelder im output-Bereich (‚policies'). In diesem Rahmen sind sowohl die ablaufenden politischen Prozesse als auch die längerfristigen Veränderungen (‚political development') von Bedeutung. Im zuletzt genannten Sinn wird auch die Bedeutung der historischen Analyse für die Politische Kultur-Forschung deutlich. Über individuelle Sozialisationsprozesse hinaus sind hierbei auch auf größere Gruppen und ganze Gesellschaften wirkende kollektive Einflüsse zu beachten. Hier liegt auch der Ansatzpunkt für die Untersuchung politischer Symbole, d.h. ‚semiologische' u.a. ‚holistisch' ausgerichtete Analysen. Damit wird auch der Schnittpunkt (und die gegenseitige Ergänzung!) eher idiographisch-historischer und eher systematisch-quantifizierender Untersuchungsansätze und Methoden in der Politischen Kultur-Forschung markiert. Zu den vorrangig zu untersuchenden Variablen im Rahmen dieses Kontexts sind sicher auch Erscheinungsformen und Bestimmungsfaktoren politischer Partizipation und ‚typische Konfliktlösungsmuster' zu zählen. Neben Politischer Kultur als Kontext können ‚subjektive' Faktoren aber auch als eigenständige unabhängige Variable im Rahmen konkreter Analysen, zumindest als zunächst nicht weiter aufschlüsselbare ‚Residual-Kategorie' verstanden werden. Alle diese Aspekte gewinnen im innergesellschaftlichen (auch klassen- und schichtungsspezifischen, regionalen u.a. ‚kommunalistischen') und historischen, aber auch ‚cross-cultural' Vergleich erst ihre Aussagekraft und jeweiligen Stellenwert." (*DVPW-Rundbrief* Nr. 87, Frühjahr 1983)

Die konkrete Ausarbeitung sollte zunächst unter Beschränkung auf den „Fall" Deutschland erfolgen, um auch auf diese Weise zu einer Konsolidierung des Konzepts und einer konkreten Abarbeitung an weitgehend gemeinsamen oder ähnlichen empirischen Gegenständen beizutragen. Bis 1986 fanden insgesamt 6 mehrtätige Zusammenkünfte des Arbeitskreises, die Mehrzahl von ihnen erneut an der Akademie für Politische Bildung in Tutzing, zu einer Fülle unterschiedlicher Themenbereiche statt. Im Laufe der Zeit gelang es, den größten Teil der mit dieser Thematik befaßten Autoren und Forschungsgruppen in ihren unterschiedlichen Aspekten und nach wie vor divergierenden methodischen Ansätzen und wissenschaftstheoretischen „Grundpositionen" einzubringen. Der „workshop"-Charakter ermöglichte dabei auch die Vorstellung und intensive Diskussion noch „unfertiger" Produkte. Durch die Kontinuität eines gewissen „harten Kerns" von Teilnehmern und die „kongeniale Atmosphäre" Tutzings entwickelte sich der Arbeitskreis, wie es einer der Teilnehmer formulierte, zumindest zum „funktionalen Äquivalent" einer wissenschaftlichen Schule im sozialen Sinne bei allen zum Teil weiterbestehenden inhaltlich unterschiedlichen Auffassungen und Kontroversen.

2. *Methodische Aspekte*

Die neuere Politische-Kultur-Forschung steht notwendigerweise auch in einem engen Zusammenhang zu Entwicklung und Verfeinerung einer breiten Palette sozialwissenschaftlicher und historischer Methoden. Gerade die Überwindung sehr stark generalisierender und pauschalisierender Ansätze wie der „Nationalcharakter"-Forschung u. ä. verlangt ein differenziertes, soweit wie möglich auf intersubjektive Überprüfbarkeit und die Überwindung kultureller Stereotype und Befangenheiten ausgerichtetes Instrumentarium. Dieses unterliegt jedoch je spezifischen Beschränkungen, so daß auch in dieser Hinsicht ein Pluralismus von Methoden und Betrachtungsweisen sich als heuristisch fruchtbar erwiesen hat, wenn auch jedes einzelne Projekt selbstverständlich meist nur einen geringen Teil infrage kommender Vorgehensweisen realisieren kann und somit auf Komplementarität angelegt ist.

Insgesamt am einflußreichsten erwies sich die sozialwissenschaftliche Umfrageforschung (‚survey research'). Durch die Entwicklung repräsentativer Stichprobenerhebungen, differenzierter sozialpsychologisch ausgerichteter Befragungsinstrumente (z. B. a. Attitüdenskalen, etc.) und immense Fortschritte der elektronischen ‚hardware' und ‚software', die eine schnelle und preisgünstige Verarbeitung bis dato kaum zu bewältigender Datenmengen ermöglichten, wurden erst die Voraussetzungen für verläßliche und valide Aussagen über große Bevölkerungsgesamtheiten in einem quantitativen Sinne geschaffen (vgl. *Babbie* 1973). Dieses Instrumentarium gestattet zunehmend auch die Herausarbeitung (‚elaboration') komplexer politischer Einstellungen und ihrer Einflußfaktoren im Sinne von *Lazarsfeld* (vgl. z. B. *Rosenberg* 1968). Ihre umfangreichste politikwissenschaftliche Anwendung hat diese Methode in der Wahlforschung, als einem Kernbereich Politischer Kultur demokratisch verfaßter Systeme, gefunden (vgl. z. B. *Campbell* 1960 oder jüngst *Kaase* und *Klingemann* 1983). In diesem Band bestimmt die Survey-Forschung die Beiträge von *Fuchs, Hoffmann-Lange, Schüttemeyer, Jahn/Müller-Rommel, Schumann* und *Herdegen*.

Jedoch unterliegt auch die Umfrageforschung spezifischen Grenzen. Zum einem ist sie schon von ihrer technischen und politischen Durchführbarkeit her bislang vorwiegend auf die westlichen Industriegesellschaften beschränkt geblieben. Auch der Rahmen für die Beobachtung von Veränderungen im Zeitablauf ist meist zwangsläufig sehr eng. So liegen für Deutschland umfangreiche Umfragen erst für die Zeit nach dem Zweiten Weltkrieg vor (vgl. hierzu insbesondere die OMGUS- und HICOG-Surveys der amerikanischen Besatzungsmacht, vgl. *Merritt* und *Merritt* 1970, 1980). Die bislang umfangreichsten Zeitreihen zur Entwicklung politischer Einstellungen, allerdings auf der Basis jeweils unabhängiger Erhebungen, wurden vom Institut für Demoskopie in Allensbach gesammelt (vgl. z. B. *Allensbach* 1979 und *Baker* u. a. 1981; vgl. a. den Beitrag von *Herdegen* in diesem Band).

Die Form der ‚Panel'-Analyse, die eine kontinuierliche Befragung eines identischen Personenkreises über längere Zeiträume ermöglicht, ist nur mit ungleich höherem Aufwand und unter Berücksichtigung besonderer Probleme der „Mortalität" möglich (vgl. z. B. *ZUMA* 1986). Historisch weiter zurückreichende Erfahrungen von Zeitgenossen können auch durch die Methode der „oral history" erschlossen werden. Diese unterliegt jedoch noch engeren Beschränkungen mangelnder Repräsentativität und nachträglicher Interpretationen. Eine partielle Anwendung dieses Verfahrens findet sich im Beitrag von *Hennig*.

Auch in der Art der gestellten Fragen finden sich Begrenzungen für Analysen über längere Zeiträume hinweg. Gerade zentrale Inhalte und Normen politischer Kultur werden häufig für so selbstverständlich gehalten, daß sie in Umfragen nicht näher thematisiert werden. Treten dann Veränderungen ein, fehlen entsprechende Bezugspunkte (vgl. *Allerbeck* und *Hoag* 1985). Überhaupt sind durch umfassendere politisch-kulturelle Erwägungen angeleitete Untersuchungen bislang selten. Meist wird auf aus anderen Anlässen erhobenes Material in Sekundäranalysen zurückgegriffen, das sich dann häufig für die eigentlich interessierenden Fragestellungen als unzureichend erweist.

Gerade zur Erfassung der Singularität bestimmter Konstellationen sollten surveys zur Politischen-Kultur-Forschung daher, neben einigen stärker standardisierten Kernbereichen, verstärkt durch aufgrund spezifisch historischer Analysen gebildete Hypothesen angeleitet werden. Erst auf diese Weise lassen sich qualitative und quantitative Vorgehensweisen, inhaltliche Aussagekraft und Repräsentativität in einem ständigen Rückkopplungsprozeß einander näherbringen. Ein solches Verfahren wurde allerdings bislang eher in Ausnahmefällen angewendet. Ein Beispiel für eine Annäherung aufeinander bezogener historischer und quantitativer Fragestellungen stellen die Beiträge von *Falter* (1982) und *Gebhardt* (1982) dar, die zuerst auf einer Tagung der bayrischen Landesgruppe der DVPW zum Thema „Gibt es eine bayrische Politische Kultur?" vorgetragen wurden. Der Beitrag von *Mintzel* in diesem Band nimmt eine gewisse Synthese beider Aspekte vor.

Quantitativ aufgearbeitet werden können auch andere vorliegende und z. T. schon weiter erschlossene Materialien. Dies gilt z. B. für die historische Wahlforschung, die aufgrund amtlicher statistischer Unterlagen auf Wahlkreisbasis mit Hilfe ökologischer Regressionen u. ä. Verfahren auch zu Aussagen über die soziale Zusammensetzung der Wählerschaft verschiedener Parteien, ihre Veränderungen im Zeitablauf, usw. gelangen kann (für Weimar vgl. z. B. *Falter* u. a. 1986). Hilfreich für allgemeinere soziale Zusammenhänge sind auch die mittlerweile zur Verfügung stehenden diversen Handbücher sozialer u. a. Indikatoren, die inzwischen z. T. erhebliche Zeiträume umfassen (vgl. *Taylor* und *Jodice* 1983; *Flora* 1983). In speziellerer Form sind auch „kulturelle" Indikatoren mit Hilfe quantitativer Inhaltsanalysen erschließbar. Mit Bezug auf das Kaiserreich hat *Klingemann* diesen Ansatz erprobt. Quantitative Inhaltsanalysen können aber auch auf andere historische und aktuelle Materialien angewendet werden. So werden im Berliner Projekt zur Politischen Kultur der Weimarer Republik auch Presseorgane u. a. Quellen der Epoche untersucht (vgl. *Lehnert/Megerle*). Ähnliches gilt auch für die allgemeinere Medien- und Dokumentenanalyse (vgl. die Beiträge von *Kepplinger/Mathes* und von *Opp de Hipt* in diesem Band) sowie für viele Gebiete der historisch-sozialwissenschaftlichen Forschung. Inwieweit derartige kulturelle Indikatoren auch die tatsächlichen Sozialisationsprozesse erfassen, läßt sich aber im Nachhinein nur noch indirekt erschließen.

Auch im sozialpsychologischen Bereich, der persönlichkeitsbezogene Fragestellungen

bis hin zu bestimmten „Tiefen"-Strukturen in die Politische-Kultur-Forschung einbringt, wird heute vorwiegend quantitativ gearbeitet. Wegweisend, wenngleich nicht unproblematisch, ist nach wie vor die Studie über „The Authoritarian Personality" von *Adorno* u.a. (1949). Im Vergleich zu autoritären Persönlichkeitsmustern lassen sich demokratische Muster allerdings weniger eindeutig nachweisen (vgl. *Elms* 1976; *Berg-Schlosser* 1981b). Die Beiträge von *Krewer* und *Jäger*, die Fragen von sozialer und persönlicher Identität thematisieren, und von *Schumann* in diesem Bande sind jedoch Belege für die fortdauernde Bedeutung dieses Ansatzes.
Auf die Gesamtsystem-(Makro)-Ebene jeweils unmittelbar bezogen sind Symbolanalysen u.a. eher interpretativ, soziologisch-qualitativ arbeitende Ansätze. Ausgehend von sozialanthropologischen und ethnosoziologischen Ansätzen (vgl. *Douglas* 1970; *Bourdieu* 1974, 1984) versuchen sie, bestimmte Hervorbringungen von Kultur, z.B. auch Rituale u.ä., „dicht" zu beschreiben und interpretativ zu deuten. Sie erschließen so eine weitere wertvolle Bezugsebene (auch im Sinne der „Kultur von Kultur" herrschender Deutungsmuster). Der jeweilige Grad der Internalisierung auf diese Weise manifestierter Normen auf der „Mikro"-Ebene und ihre gesamtgesellschaftliche Repräsentativität muß hier jedoch offenbleiben. Auch in dieser Hinsicht zeigt sich also wieder die potentiell heuristisch fruchtbare Komplementarität unterschiedlicher Vorgehensweisen. Wo die Umfrageforschung keine Anwendung findet, wie in der DDR, ist es gerade die Symbolforschung die fruchtbar umgesetzt werden kann; dies wird auch in den Beiträgen von *Rytlewski, Sauer* und *Treziak* und von *Rossade* in diesem Band deutlich.
In diesem Zusammenhang ist auch die jeweilige „geistesgeschichtliche" Interpretation von Intellektuellen und Wissenschaftlern und ihre Rückwirkung auf die Politische Kultur im engeren Sinne von Bedeutung. Hierfür bietet sich die Analyse von literarischen u.ä. Quellen an (vgl. z.B. *Habermas* 1979). Nicht in der Repräsentativität, sondern in der Herausarbeitung der zentralen und erkenntnisleitenden Kategorien einer Periode und kulturellen Formation, in der Sensibilisierung und Anleitung zur Interpretation liegt hier der mögliche Ertrag. Ähnliches gilt für andere, ebenfalls weitgehend in der Sozialanthropologie entwickelte Formen der „teilnehmenden Beobachtung". Auch sie ermöglichen, heute auf aktuelle Sachverhalte und kleinere, anderweitig nur schwer zugängliche soziale Gruppen bezogen, interessante Aufschlüsse und qualitative Ergänzungen und Interpretationen quantitativer Befunde (vgl. z.B. den Beitrag von *Brand*).
Einen eigenständigen Zugang zu den kulturellen Makro- und Mikrophänomenen eröffnen allgemeinere historische Methoden mit ihren jeweiligen Spezifikationen des Allgemeinen und Besonderen (vgl. z.B. die Beiträge von *Steinbach* und *Immerfall; Wehling; Greiffenhagen*).
Insgesamt bietet sich so ein reichhaltiges Spektrum an methodischen Vorgehensweisen zur Erforschung politischer Kultur, das ihren Reiz ausmacht aber auch die Komplexität und Grenzen des Ansatzes erkennen läßt. Politische Kultur muß dabei auch auf konkrete soziale Strukturen (z.B. in ihren Fragmentierungen, „Lagerbildungen" usw., vgl. *Lepsius* 1966) und die jeweiligen politisch-institutionellen Ausprägungen bezogen bleiben. Auch in diesem Sinne kann sie zu einem „Gesamtverständnis" historischer Vorgänge und aktueller politischer Prozesse wesentlich beitragen. Die

analytisch notwendige Trennung unterschiedlicher Ebenen und Aspekte bleibt daher angesichts der zu beobachtenden Interdependenzen häufig problematisch. Dies gilt auch für heute verstärkt zu beobachtende Tendenzen inter-kultureller „Diffusion" auf der globalen Ebene und *„Galton's Problem"* der hiervon nicht zu trennenden eigenständig herausgebildeten funktionalen Äquivalenzen (vgl. *Przeworski* und *Teune* 1970). Dennoch ist wohl eine völlige „Verschmelzung" transnationaler Kulturen, wie auch der deutsche Fall in all seiner historischen und regionalen Fülle zeigt, auf absehbare Zeit nicht zu erwarten.

3. Entwicklungslinien deutscher Politischer Kultur

Die bisher zur Verfügung stehenden Ansätze zu Gesamtdarstellungen deutscher Politischer Kultur aus neuerer Sicht (vgl. z. B. *Greiffenhagen* 1979, *Rausch* 1980, *Reichel* 1981, *Röhrich* 1983) weisen je spezifische Eigentümlichkeiten und Mängel auf (zur Kritik vgl. *Berg-Schlosser* 1980, 1984). Auch der vorliegende Band kann, weil er aus einem „offenen" Arbeitskreis erwuchs, keine „geschlossene" Darstellung liefern. Die nachstehenden Beiträge repräsentieren aber zumeist auf originärer Forschung beruhende „Facetten", die jeweils über den bisherigen Stand hinaus bestimmte Aspekte deutscher Politischer Kultur verdeutlichen und vertiefen. Um den Zusammenhang dieser Beiträge aufzuzeigen, sollen im folgenden, zumindest in groben Zügen, einige der wichtigeren Entwicklungslinien in ihren Kontinuitäten und Wandlungen kurz umrissen werden.

Der Übergang vom Feudalismus zur kapitalistischen Industriegesellschaft und zum Nationalstaat vollzog sich in Deutschland in einer äußerst inkongruenten Form, wodurch der deutsche Machtstaat zu einem Krisenfaktor in Mitteleuropa wurde. Ohne an dieser Stelle die Debatte um den deutschen „Sonderweg" oder gar die Zwangsläufigkeit bestimmter Entwicklungen hin zum Nationalsozialismus fortführen zu wollen (vgl. hierzu z. B. *Blackbourn* und *Eley* 1984), soll an dieser Stelle zumindest auf einige Grundzüge und Faktoren der jeweiligen „subjektiven" Aspekte aufmerksam gemacht werden, die durch ihr jeweiliges Mischungsverhältnis und z. T. Unterschiede in der Zeitfolge im Verhältnis zur Politischen Kultur vergleichbarer Gesellschaften gewisse Besonderheiten bewirkten (Ungleichzeitigkeit).

Die politische Entwicklung seit Ausgang des Mittelalters war zunächst durch eine Vielzahl von Klein- und Kleinststaaten geprägt. Eine übergreifende „nationale" Identität konnte sich so gegenüber starken regionalen und lokalen Bindungen zunächst nur in geringerem Maße herausbilden (vgl. *Plessner* 1969[5]; *Tilly* 1975). Noch heute überwiegen so, im Gegensatz z. B. zu Frankreich oder Großbritannien, dezentrale Aspekte der Siedlungsstruktur (vgl. *Rokkan* u. a. 1969). Hinzu kam mit der Reformation die konfessionelle Spaltung, die im Westfälischen Frieden nach dem Prinzip „cuius regio eius religio" auch territorial zementiert wurde. Für das moderne Deutschland wurde damit die religiöse Konfliktformation (cleavage) zu einem bedeutenden Faktor kultureller Zerrissenheit; sie bestimmt bis heute deutliche Unterschiede im Wahlverhalten (vgl. die Beiträge von *Quink* und von *Schacht*). Die zunehmende Säkularisierung politischer Herrschaft, besonders deutlich in Preußen, aber auch anderswo, führte zur Loslösung von transzendental und naturrechtlich begründeten Legitimitätsansprüchen. An ihre Stelle trat die „Idee des Staates" als solche. Sie wurde zu einem Wert an sich, die höchste Rationalität und Funktionalität verkörperte. Der so idealisierte Staat sollte das Gemeinwohl gegenüber der Vielzahl von Partikularinteressen von Individuen und Gruppen sicherstellen. Diese Staatsidee ließ sich mit religiöser Toleranz vereinbaren („suum cuique"). Dem Staat gegenüber war allerdings strikte Loyalität gefordert.

Die oft karikierten „deutschen Sekundärtugenden" von absolutem Gehorsam gegenüber der Obrigkeit, Ordnungsliebe und Disziplin entfalteten sich so zu voller Blüte. Aus derselben Quelle speisten sich apolitische und formalistische Traditionen. Weitgehend „parochiale" Aspekte Politischer Kultur im Sinne *Almond*s wurden so zunehmend durch „Untertanen"-Orientierungen in großräumigeren politischen Einheiten, z. B. auch in den Königreichen von Württemberg und Bayern (vgl. die Beiträge von *Wehling* und von *Mintzel*) überlagert. Partizipatorische Ansätze des „Vormärz" und Äußerungen sozialen Protestes (vgl. *Volkmann* und *Bergmann* 1984), die eine demokratische Form moderner Legitimität begründen wollten, blieben demgegenüber in der Minderheit und scheiterten in der bürgerlichen Revolution von 1848. In der Folge war zunehmend eine Kooptierung aus dem Bürgertum stammender Personen in die Kreise der traditionell herrschenden Schichten des Hof- und Landadels und in diesem Sinne eine Tendenz zur „Feudalisierung" der entstehenden industriellen Bourgeoisie zu beobachten. Auch die im Rahmen der fortschreitenden industriellen Revolution sich zunehmend organisierende Arbeiterschaft blieb in ihrem politischen Durchsetzungsvermögen begrenzt. „Staatsidealismus" und obrigkeitsstaatliches Denken kulminierten schließlich nach der Reichsgründung durch Bismarck in der Wilhelminischen Ära. Auf „kleindeutscher" Basis schlug die „verspätete" Nationwerdung in einen aggressiven Nationalismus und Militarismus um, der z. T. auch innenpolitische Gegner wie Katholiken, Sozialdemokraten oder Juden als außengesteuert und „vaterlandslos" brandmarkte (*Roth* 1963; *Groh* 1973). Staatsbürgerliche Tugenden, zumindest auf der nationalen Ebene, waren nicht gefragt. Die einzelnen Gruppen organisierten ihre Lebenswelt zunehmend in weitgehend geschlossenen „Sozialmilieus" und Lagern (u. a. einem kleinbäuerlich-katholischen, einem protestantisch-kleinbürgerlichen und einem sozialistisch-proletarischen), die noch jeweils eigene regionale Schwerpunkte aufwiesen (vgl. *Lepsius* 1966).

Diese tradierten Elemente deutscher Politischer Kultur waren in Weimar nicht mehr zu einer dominanten politischen Kultur geeint, vielmehr muß von tiefgreifenden Identitätsproblemen im Zusammenhang mit der Politischen Kultur der Weimarer Republik gesprochen werden. Damit war die prekäre politische Kultur des Kaiserreichs in Richtung auf eine dramatische Fragmentierung hin aufgelöst; die Kontinuität wurde zugunsten einer Systemdesintegration aufgegeben, die dann für den Nationalsozialismus offen war. „Antidemokratisches Denken", wie *Sontheimer* (1962) es geschildert hat, war insbesondere in den Oberschichten, im Militär z. T. aber auch in den Kirchen stark verbreitet. Die Weimarer „Demokratie ohne Demokraten" endete dann im national-sozialistischen Führerstaat, Holocaust und Weltkrieg. Politisch-kulturell hinterließ diese

Epoche (vgl. die Beiträge von *Reichel; Loiperdinger*; aber auch von *Jaschke*) einschließlich der vorangegangenen ökonomischen Krisen und den Erfahrungen beider Weltkriege eine tiefgreifende Diskontinuität deutscher politischer Entwicklungsmuster und ihrer politischkulturellen Ausprägungen.

Zusammenbruch und Besetzung führten schließlich zu massiven „reeducation"-Programmen, insbesondere in der amerikanischen Zone. Aber noch Ende der 50er Jahre konstatierte die erste international vergleichende empirische Untersuchung zur Politischen Kultur die überwiegende „output"-Orientierung der Bundesdeutschen im Gegensatz zu der stärker auf eigene Partizipation und Mitwirkung an den zentralen politischen Prozessen gerichteten „civic culture" der Amerikaner und Briten (*Almond* und *Verba* 1963. Hier zeigte sich in der deutschen Geschichte eine Kontinuität bei aller Diskontinuität in den allgemeinen Orientierungen dem politischen System gegenüber. Erst mit der staatlichen und insbesondere der wirtschaftlichen Konsolidierung der neuen Republik trat ein spürbarer Wandel ein. Die Akzeptanz einer demokratischen Regierung und parlamentarischer Verfahrensweisen nahm deutlich zu. Die Befürwortung der Politik Bismarcks und der Monarchie, aber auch Hitlers, ging auf unbedeutende Größenordnungen zurück. Die als „beste Epoche der deutschen Geschichte" empfundene Periode war nicht mehr das Kaiserreich oder die NS-Zeit bis zum Kriegsausbruch, sondern wurde in zunehmenden Maße die bundesrepublikanische Gegenwart. Die Demokratie der Bundesrepublik als „beste Staatsform" ist heute unbestritten im Sinne eines „diffuse support" (*Easton*) dem Regime gegenüber akzeptiert (vgl. den Beitrag von *Fuchs*). Die sozialen „Lager", z.T. auch bewirkt durch die zwangsweisen Umsiedlungen in der Folge des Krieges, zunehmend aber auch durch weitere sozialstrukturelle Veränderungen und die Herausbildung des „neuen Mittelstands" (vgl. den Beitrag von *Schacht*), haben an Bedeutung verloren und wurden verstärkt durch „Volksparteien" mit einem erheblichen Maß an „Wechselwählern" überbrückt. Im großen und ganzen kann so von einer „Transformation" der politischen Kultur und ihrer „Normalisierung" und Angleichung an andere westliche Gesellschaften gesprochen werden (vgl. z.B. *Conradt* 1980; *Baker* u.a. 1981). Darüber hinaus sind aber auch neue soziale Bewegungen mit teilweise „post-materialistischen" und stärker basisdemokratisch orientierten Werthaltungen entstanden (vgl. a. die Beiträge von *Brand; Jahn /Müller-Rommel*).

Der Krieg, der unter Berufung auf „nationale" Aspirationen und Weltmachtansprüche geführt worden war, bewirkte aber auch eine erneute staatliche Teilung. Diesmal fiel diese jedoch im Rahmen der Konfrontation der neuen nuklearen Supermächte USA und UDSSR mit einer europäischen und weltpolitischen Spaltung zusammen. Die Aufhebung der einen ist kaum ohne die der anderen denkbar, damit aber auch auf absehbare Frist unwahrscheinlich. „Kulturnationale" Gemeinsamkeiten erstrecken sich so erneut über verschiedene Staatlichkeiten. Dieser Vorgang findet zunehmend, wie neuere Studien belegen, seine bewußtseinsmäßige Entsprechung. Beide deutsche Staaten (und auch Österreich könnte man hier vergleichend hinzuziehen) sind heute offenbar weitgehend zu eigenen „Bewußtseinsnationen" geworden. „Bundesrepublikanisches" und, soweit man das beurteilen kann, z.T. etwas abgeschwächtes „DDR-Bewußtsein" scheinen heute deutlich vorzuherrschen (vgl. *Schweigler* 1973, s. a. die

Beiträge von *Wuthe* und von *Herdegen*). Die Eigenstaatlichkeit der DDR (vgl. die Beiträge von *Rossade; Rytlewski; Rytlewski/Sauer/Treziak*) wird heute jedenfalls von deutlichen Mehrheiten in der Bundesrepublik respektiert. Im Sinne einer komplementären „multiplen Identifikation" ist aber auch die Akzeptierung potentieller supranationaler europäischer Institutionen weit verbreitet (vgl. den Beitrag von *Korte*).

Diesen zwangsläufig pauschalen im einzelnen aber näher belegbaren Charakterisierungen muß man weitere Nuancierungen hinzufügen, will man der Vielfalt deutscher Politiker Kultur in ihren unterschiedlichen Prägungen und historischen Erscheinungsformen auch nur annähernd gerecht werden. Den geschilderten Hauptströmungen standen immer auch gewisse minoritäre Tendenzen, lokale und regionale Variationen, usw. gegenüber, deren Erfassung zur Gewinnung eines auch nur einigermaßen adäquaten Bildes dieser komplexen Vorgänge unerläßlich ist. So zeigt der Beitrag über kommunale politische Partizipation am Beispiel der ehemaligen freien Reichsstadt Frankfurt, daß es auch im Kaiserreich für das Bürgertum durchaus differenzierte Mitwirkungsmöglichkeiten im politischen Bereich gab, die nicht von der strukturellen Demokratiefeindschaft des preußischen deutschen Obrigkeitsstaates bestimmt waren (vgl. den Beitrag von *Köhler*). Ähnliches gilt für Traditionen lokaler politischer Teilnahme, des Vereinswesens usw., die auch in Zeiten des allgemeinen politischen Zusammenbruchs überdauerten und eine Differenzierung des „Parochialismus"-Begriffs erfordern (vgl. den Beitrag von *Beyer/Holtmann*). Ebenso müssen auf die Nation bezogene Thesen über Wurzeln und Entstehung des Nationalsozialismus angesichts von lokalen und regionalen Mikroanalysen differenziert werden (s. die Beiträge von *Hennig; Schlegel-Batton*).

Andere Traditionen deutscher Politischer Kultur lassen sich nicht einfach über den Leisten ausschließlich partizipationstheoretischer oder allgemein demokratietheoretischer Kriterien schlagen. So zeigen die Beiträge von *Wehling, Greiffenhagen, Krewer* und *Jäger* jeweils sehr eigenständige lokale und regionale Muster, die auch politisch-kulturell relevante Aspekte anderer gesellschaftlicher Teilsysteme, des ökonomischen, des gemeinschaftlichen und des allgemeinen sozio-kulturellen miteinbeziehen. In diesem Sinne ist auch die Argumentation einiger Autoren zu verstehen, die das Überleben etatistischer Traditionen und einiger dazu in Beziehung stehender deutscher „Sekundärtugenden" konstatieren, ohne daß diese notwendigerweise in einem Gegensatz zu den Erfordernissen eines parlamentarisch-demokratisch organisierten modernen „Wohlfahrtsstaates" stehen müssen (vgl. z. B. *Dyson* 1980, *Rohe* 1983). Diese können sogar durchaus funktional in einem positiven Sinne, auch im Vergleich zu anderen Mustern der Beziehungen zwischen Gesellschaft und Staat wie z. B. in Großbritannien oder den USA, wirken.

Die Befassung mit deutscher Politischer Kultur bleibt in all ihrer Vielfalt und Dramatik ein sowohl fachwissenschaftlich als auch für politisch Engagierte faszinierendes Thema. Dies signalisiert auch die gegenwärtige Debatte über die deutsche Geschichte. Sie kann zu einem aufgeklärten Geschichtsverständnis und zu einer gewandelten deutschen Identität beitragen. Dabei ist im Kern *Jürgen Habermas* zuzustimmen, wenn er feststellt: „Eine in Überzeugungen verankerte Bindung an universalistische Verfassungsprinzipien hat sich leider in der Kulturnation der Deutschen erst nach – und durch – Auschwitz bilden können ... Wenn unter den Jüngeren die nationalen Symbole ihre Prägekraft verloren haben, wenn die naiven Identifikationen mit der eigenen Herkunft einem eher tentativen Umgang mit Geschichte gewichen sind, wenn Diskontinuitäten stärker empfunden, Kontinuitäten nicht um jeden Preis gefeiert werden, wenn nationaler Stolz und kollektives Selbstwertgefühl durch den Filter universalistischer Wertorientierungen hindurch getrieben werden – in dem Maße, wie das wirklich zutrifft, mehren sich die Anzeichen für die Ausbildung einer postkonventionellen Identität". Und: „Die vorbehaltlose Öffnung der Bundesrepublik gegenüber der Politischen Kultur des Westens ist die große intellektuelle Leistung unserer Nachkriegszeit" (*Habermas* 1986).

4. *Zu den Beiträgen dieses Bandes*

Die nachstehenden Artikel sind im wesentlichen, wie erwähnt, aus der Arbeit des DVPW-Arbeitskreises hervorgegangen. Sie reflektieren sowohl den „Werkstatt"-Charakter dieser Gruppe, aber auch ihre zunehmende Verdichtung, Aufeinanderbezogenheit und Ergänzung in einem gemeinsamen „forschungsprogrammatischen" Diskussionszusammenhang. Dennoch blieben in Teilbereichen, wie angedeutet, in methodischer und inhaltlicher Hinsicht durchaus Divergenzen bestehen, die aber meist als wissenschaftlich fruchtbar und weiterführend empfunden wurden.
Der Band gliedert sich in einen konzeptionellen Teil, für den als einziger „Außenstehender" auch der Nestor der Politischen-Kultur-Forschung, *Gabriel Almond*, mit einem Originalbeitrag gewonnen werden konnte. Diesem folgen Kapitel über historische Ausprägungen Politischer Kultur und Aspekte politischer Sozialisation in Deutschland als den beiden wesentlichen prägenden Momenten. Hieran schließen sich Abschnitte zu Fragen der nationalen Identifikation, die den bewußtseinsmäßigen Rahmen des untersuchten Falles bestimmen, und Beiträge zu lokalen, regionalen und milieuspezifischen Aspekten in seinem Innern an. Einstellungen zu unterschiedlichen Aspekten des politischen Systems der Bundesrepublik im engeren Sinne werden dann im letzten Teil behandelt.
Trotz der methodischen und inhaltlichen Vielfalt dieser Beiträge können sie auf keinen Fall als „flächendeckend" und die jeweilige Thematik erschöpfend angesehen werden. Zum einen stammen sie aus z. T. noch nicht abgeschlossenen Forschungsprojekten und verdeutlichen so den Werkstattcharakter des Unternehmens. Zum anderen stellen sie nur einzelne Mosaiksteine eines sehr facettenreichen Bildes dar, dessen Konturen aber, so denken wir, trotz allem an Deutlichkeit gewinnen.
Wenn man *Kaases* kulinarische Metapher weitertreiben will, so kann man insgesamt wohl nicht von einem „Pudding", sondern eher von einer „Schichttorte" mit zahlreichen schmackhaften Ingredienzien, aber auch sichtbaren „Strukturen" sprechen. „An die Wand genagelt" gehört sie aber auf keinen Fall! Wenn diese Arbeit kritisch weitergeführt werden kann, so könnte sie eines Tages sogar *Wolf Michael Iwands* Optimismus rechtfertigen, wenn er zum Abschluß seiner umfangreichen Abhandlung

meint: „Die scheinbar so problematische Ligatur ‚Politische Kultur' könnte sich als ‚Aphrodisiakum' für eine in administrativen Sachzwängen erschlaffte Politische Wissenschaft erweisen" (1985: 523).

Anmerkung

1 Mittlerweise wurde die Leitung des Arbeitskreises von *Ferdinand Müller-Rommel, Rainer Prätorius* und *Karl Rohe* übernommen.

II. Zum Konzept der politischen Kultur

Politische Kultur-Forschung – Rückblick und Ausblick*

Gabriel A. Almond

1. *Die deutsch-amerikanische Verbindung*

Obwohl die Vorläufer der Politischen Kultur-Forschung weit bis in die Anfänge der Politikwissenschaft zurückreichen (*Almond* 1980), entstand sie in ihrer heutigen Form in der Auseinandersetzung mit dem Zusammenbruch der Weimarer Demokratie und dem Aufstieg des Nationalsozialismus (*Verba* 1965: 131). Der Versuch einer rationalen Erklärung dieser historischen Tragödie hatte seinen theoretischen und methodischen Ursprung in der amerikanischen Sozialwissenschaft, die durch die Kreativität von vor dem nationalsozialistischen Regime geflohenen Wissenschaftlern sehr befruchtet wurde. Wir sollten diese bedeutende deutsch-amerikanische Verbindung bei den Ursprüngen der heutigen Politischen Kultur-Forschung nicht außer acht lassen. Mein Interesse an den subjektiven Aspekten der Politik wurde durch die Beschäftigung mit *Max Weber* unter der Anleitung von *Albert Salomon* und *Hans Speier* an der „New School for Social Research" – der „Universität im Exil", wie sie damals genannt wurde – stark angeregt. Andere geflüchtete deutsche Wissenschaftler, wie u. a. *Otto Kirchheimer, Franz Neumann, Herbert Marcuse, Paul Lazarsfeld, Erich Fromm* und *Else Fraenkel-Brunswick*, die ich in den 1930er und 40er Jahren kennenlernte, richteten meine Aufmerksamkeit auf den Forschungsgegenstand der „autoritären Persönlichkeit", der von Frankfurt am Main aus New York und Berkeley erreichte.
Die Sozial- und Politikwissenschaft der 1950er Jahre war besessen vom Zusammenbruch der demokratischen Institutionen in Deutschland und der offensichtlich Widerstandfähigkeit der Demokratien in Großbritannien und den Vereinigten Staaten. Diese eklatanten Unterschiede in der historischen Erfahrung und besonders die Widerlegung von liberalen und marxistischen Theorien angesichts des Zusammenbruchs der deutschen Demokratie schufen den Nährboden, auf dem die Politische Kultur-Forschung entstand. Eine Generation ist seit diesem Schnittpunkt von Geschichte und theoretisch-methodischen Forschungsansätzen vergangen. Wie schneidet die Politische Kultur-Forschung im Rückblick ab? Inwieweit erklärt die Theorie, die wir in den 1950er und 1960er Jahren entwickelten, das, was mittlerweile geschah?

* Aus dem Amerikanischen übertragen von *Folko Arends*.

Aus zwei Gründen lohnt es sich, über diese intellektuelle Erfahrung nachzudenken. Zum ersten kann dies uns helfen herauszufinden, um welche Art von Theorie es sich bei dem Politische Kultur-Konzept handelt. Wie hoch ist sein Erklärungswert? An welche Stelle fügt es sich in Erklärungsansätze der Politikwissenschaft ein?

Zum zweiten ist dies eine Art von sozialwissenschaftlicher Fallstudie, die uns zeigt, wie die Humanwissenschaften sich entwickeln – eine Art von meta-methodologischer Übung, die uns hilft zu ermessen, welche Art von Wissenschaft wir Politologen betreiben. 1955 war ich alles andere als optimistisch, als ich zum ersten Mal das Politische Kultur-Konzept anwendete. Ich war damals der Meinung, daß wissenschaftlicher Jargon, wie Parolen im Krieg, oft eher dazu dient, Freund und Feind auseinanderzuhalten, als unsere Fähigkeit zu verbessern, wichtige Probleme zu erklären. Die Brauchbarkeit und das Überleben von Konzepten lag in den Händen von zukünftigen Generationen von Wissenschaftlern, in dem sie sie in der Praxis testeten.

Etwa 30 Jahre später ist es offensichtlich, daß das Politische Kultur-Konzept Eingang in das gängige Vokabular der Politikwissenschaft gefunden hat. Es ist Bestandteil allgemeiner Erklärungsansätze im Fach geworden. Es gibt Anlaß zu einer andauernden Diskussion in der Disziplin, die zwar nicht so umfangreich wie die Pluralismus-Debatte, aber im quantitativen Sinne doch sehr beachtlich ist. Es gibt etwa 35 bis 40 Abhandlungen empirischer oder theoretischer Art zur Politischen Kultur im Buchformat und mehr als 50 Beiträge zu Fachzeitschriften und Symposien. Die Zahl der Verweise und Fußnoten in der Literatur übersteigt Eintausend.

Ein beachtlicher Teil der Talente unseres Faches hat an diesen Auseinandersetzungen teilgenommen. Unter anderen wären zu nennen: *Samuel Beer, Samuel Barnes, Brian Barry, Archie Brown, Dirk Berg-Schlosser, Richard Fagen, Ronald Inglehart, Max Kaase, Dennis Kavanagh, Robert Lane, S. M. Lipset, Herbert McClosky, Robert Putnam, Lucian Pye, Carole Pateman, Erwin Scheuch, Robert Tucker, Aaron Wildavsky* und *Stephen White*. Das zentrale Thema dieser Literatur ist die Bedeutung von Werten, Gefühlen und Meinungen für die Erklärung von politischem Verhalten. Politische Werte, Gefühle und Meinungen sind weder bloße Reflexe sozialer und politischer Strukturen noch sind sie reduzierbar auf rationale Entscheidungen von Individuen. Die politischen Inhalte in den Köpfen von Bürgern und Eliten sind komplexer, langlebiger und autonomer als Marxismus, Liberalismus und rational choice-Theorie glauben machen wollen.

Die deutsche politische Entwicklung in den 1930er Jahren forderte marxistische und liberale Fortschrittstheorien heraus und diskreditierte sie. Gemäß der liberalen Aufklärungstheorie wäre eine Demokratisierung in Deutschland als einem der Länder mit dem höchsten Bildungsstand in der Welt zu erwarten gewesen. Nach marxistischer Auffassung hätte sich in Deutschland eine sozialistische Demokratie entwickeln müssen, da es zu den am weitesten entwickelten kapitalistischen Mächten gehörte, eine bewußte, organisierte Arbeiterklasse und die stärkste sozialdemokratische Partei der Welt besaß. Was in Deutschland geschah, zwang jedoch sozialwissenschaftliche Theoretiker, ihre Erklärungsansätze zu überdenken. Individuelle wie klassenmäßige Rationalität konnten den Zusammenbruch Weimars und den Nationalsozialismus nicht erklären. Das Phänomen der deutschen Politik schien vielmehr die Wissenschaften, die sich mit dem Irrationalen und Nicht-Rationalen befassen aufzufordern diese zu erklären.

Bücher und Zeitschriftenartikel, die den Nationalsozialismus und das „Deutsche Problem" psycho-kulturell interpretieren, füllen ganze Regale. Diese deuteten deutsche (japanische, amerikanische, russische, französische und britische) Politik aufgrund von Familienstrukturen und Kindheitssozialisation. Die deutsche partriachalisch-autoritäre Familienstruktur erklärte die Mischung von Untertanengeist und nach außen gerichteter Aggression, die den deutschen Nationalismus, Ethnozentrismus und Antisemitismus hervorrief. Eine solche psycho-kulturelle Interpretation der deutschen Politik ließ wenig Raum für die Erfahrungen von Erwachsenen, geschichtliche Einflüsse und für eigenständige kognitive Prozesse.

In dieser extremen Form wurde der psycho-kulturelle Ansatz bald diskreditiert und verworfen. *Schaffners* „Fatherland" (1948) und *Rodnicks* „Post-War Germans" (1948) werden heute nicht mehr gelesen. Aber die Betonung der Bedeutung des subjektiven Faktors zur Erklärung politischer Phänomene hat in der Gestalt von zwei „Forschungsprogrammen" überlebt: „Führungsstudien", die weiterhin Persönlichkeitsfaktoren betonen, und „Politische Kultur-Forschung", die sich mit Eigenschaften von Gruppen befaßt und sich zu einem wesentlichen Teil, wenn auch nicht völlig, auf Umfrageforschung stützt. Der Politische Kultur-Ansatz definiert das Konzept in vierfacher Weise:

1. Politische Kultur bezieht sich auf das Muster subjektiver Orientierungen gegenüber Politik innerhalb einer ganzen Nation oder ihrer Teilgruppen.
2. Politische Kultur hat kognitive, affektive und evaluative Bestandteile. Sie schließt Kenntnisse und Meinungen über politische Realität, Gefühle über Politik und politische Werthaltungen ein.
3. Der Inhalt von Politischer Kultur ist das Ergebnis von Kindheitssozialisation, Erziehung, Medieneinfluß und Erfahrungen im Erwachsenenleben mit den Leistungen von Regierung, Gesellschaft und Wirtschaft.
4. Politische Kultur beeinflußt die Struktur von Regierung und Politik und ihre Leistungen, schränkt sie ein, aber determiniert sie sicherlich nicht völlig. Die Kausalpfeile zwischen Kultur, Struktur und Regierungsleistungen weisen in beide Richtungen.

2. *Zur Kritik am Politische Kultur-Konzept*

Die Politische Kultur-Forschung wird aus etwa vier verschiedenen Richtungen angegriffen. Eine Argumentationslinie, von *Brian Barry* (1970: 47 ff.) und *Carole Pateman* (in *Almond* und *Verba* 1980: 57 ff.) vorgebracht, wirft dem Politische Kultur-Ansatz eine deterministische Ausrichtung vor, da er voraussetze, daß politische Sozialisation politische Einstellungen hervorbringt, die widerum politisches Verhalten beeinflussen und der politischen Struktur zugrundeliegen. *Barry* und *Pateman* argumentieren, daß die Verursachung andersherum verlaufen kann und auch oft verläuft, daß also Institutionen und Leistungen Einstellungen beeinflussen. Hier besteht kein Widerspruch. Die frühen Vertreter des Politische Kultur-Ansatzes erkannten, daß die Kausalität in beiden Richtungen wirken konnte, daß Einstellungen die Struktur und Verhalten und

Struktur und Leistungen widerum Einstellungen beeinflussen. Es handelt sich also vorwiegend um einen Popanz, den man aufbaute.

Die marxistische Kritik, die sich in den Arbeiten von *Jerzy Wiatr* (1980) und anderen findet, besagt, daß Einstellungsänderungen aus ökonomischem und sozialstrukturellem Wandel resultieren. Mit anderen Worten, die kausale Logik führt von der Klassenstruktur hin zu politischen Einstellungen, politischem Verhalten und politischer Struktur. Politische Einstellungen haben einen strukturell notwendigen Inhalt und haben von daher keinen unabhängigen oder autonomen Erklärungswert. Diese Argumentation wird jedoch von zeitgenössischen Neo-Marxisten nicht länger ernsthaft vertreten, die in den vergangenen Jahrzehnten erkannt haben, daß Politik und Staat eine gewisse Autonomie besitzen und daß Volksgruppenzugehörigkeit, Nationalität und Religion sich nicht einfach auf gesellschaftliche Bedingungen zurückführen lassen.

Eine dritte Kritikrichtung, hauptsächlich vertreten von Kommunismusforschern wie *Richard Fagen* (1960), *Robert Tucker* (1973), *Stephen White* (1979, 1984) u. a., behauptet, eine Trennung zwischen politischen Einstellungen und Verhalten sei unzulässig. Das Politische Kultur-Konzept auf seine psychologischen Aspekte zu reduzieren, bedeute eine radikale Subjektivierung des Phänomens. Eine solche Trennung verleihe dem Konzept eine konservative Ausrichtung. Es unterschätze die Formbarkeit von Einstellungen als Reaktion auf strukturellen Wandel. Im Gegensatz zur ersten und zweiten Kritikrichtung behält dieser Standpunkt das Politische Kultur-Konzept bei, aber er ändert seinen Inhalt durch Einbeziehung der Verhaltensdimension ab. Was diese Kritik jedoch übersieht, ist der Umstand, daß die Trennung von Einstellungs- und Verhaltensdimension uns dazu verhilft herauszufinden, wie diese Beziehungen tatsächlich aussehen. Werden sie nicht getrennt, so kann man auch nicht den komplexen Beziehungszusammenhang zwischen politischem Denken und politischem Handeln erforschen.

Eine vierte Kritikvariante schließlich wurde von der „rational choice“-Schule vorgetragen. Politikwissenschaftler wie *Ronald Rogowski* (1974) und *Samuel Popkin* (1979) vertreten die Auffassung, daß politische Struktur und Verhalten sich durch das Kalkül des kurzfristigen Eigeninteresses von politischen Akteuren erklären lassen. In ihrer Analyse gibt es keinen Platz für Werte, Normen, Gefühle und komplexere, kognitive Komponenten. Geschichte, Erinnerung und kultureller Kontext haben keinen Erklärungswert. Eine simple Anwendung des Konzepts der rationalen Entscheidungsfindung auf jede politische Situation liefert dem Forscher die gewünschte Erklärung. Die Attacke von *Popkin* (1979) auf die Arbeit von *James Scott* (1977), der die Wichtigkeit von Normen und Werten bei Überlegungen und Entscheidungen von Bauern in Südostasien hervorhob, veranschaulicht diesen Ansatz. *Scott* behauptet, daß das Untergraben der Erwartungen von Bauern und der Zusammenbruch der moralischen Struktur des Dorflebens aufgrund der Einführung marktwirtschaftlicher Verhältnisse das revolutionäre Potential der Bauern erklärt. *Popkin* dagegen meint, soziale, kulturelle und politische Entwicklungen auf dem Lande könnten besser erklärt werden, wenn man den Bauern als rationales Individuum betrachtet, das mit ökonomischen und politischen Unternehmern jedweder ideologischen Ausrichtung über die kurzfristig beste Lösung verhandelt.

3. Dauerhaftigkeit und Wandel Politischer Kultur

Die Arbeiten der zeitgenössischen Politischen Kultur-Forschung konzentrierten sich auf drei Regionen:
1. Die Politische Kultur der fortgeschrittenen Industriegesellschaften,
2. die Rolle der Politischen Kultur in der Entwicklung kommunistischer Gesellschaften,
3. die Rolle von politischer, ökonomischer und religiöser Kultur bei der Modernisierung asiatischer Länder.

Der erste Bereich umfaßt eigentlich zwei Teile:
a) Arbeiten, die sich auf Ergebnisse der „Civic Culture"-Studie beziehen und
b) Literatur, die sich mit dem Thema einer sich verändernden Politischen Kultur in fortgeschrittenen Industriegesellschaften befaßt und mit den Arbeiten von *Ronald Inglehart* und *Samuel Barnes* verbunden ist.

Seit der Veröffentlichung von „The Civic Culture" (1963) hat es eine erhebliche Anzahl von Nachfolgestudien über politische Einstellungen in den USA, Großbritannien, der Bundesrepublik und Italien gegeben. Tatsächlich umfassen solche Umfragen mittlerweile mehr als zwei Jahrzehnte. Einige dieser Daten sind in „The Civic Culture Revisited" (1980) enthalten. Aus diesen und anderen Quellen können wir einen Eindruck davon bekommen, wie stabil Politische Kultur ist und welche Faktoren sie verändern.
Neuere Studien zur amerikanischen Politischen Kultur wie z. B. *Lipsets* und *Schneiders* umfassender Band „The Confidence Gap" (1983), der auf mehreren Hundert in den USA seit den 1940er Jahren durchgeführten Meinungsumfragen beruht, zeigen einen ernsthaften Niedergang des Vertrauens in die amerikanische politische, ökonomische und soziale Führung und Institutionen. Das hohe Maß an Vertrauen und Legitimität, das die Civic Culture-Studie festgestellt hatte, scheint von Skepsis gegenüber der Effektivität und Integrität der amerikanischen politischen, militärischen und ökonomischen Führung abgelöst worden zu sein.
Wenn auch diese Belege keine Legitimitätskrise widerspiegelten, so findet sich doch in den USA der 1980er Jahre nicht länger die vertrauensvolle „Bürgerkultur" der frühen 60er Jahre. Einen Hinweis darauf, wie unbeständig diese Vertrauensindikatoren sind, lieferte nach mehreren Jahren Reagan Administration eine Nachfolgestudie (1985), die zeigte, daß wirtschaftlicher Aufschwung und eine bessere Führungsmoral Entfremdung und Mißtrauen wieder beträchtlich verringert hatten.
Was Großbritannien angeht, so spricht *Dennis Kavanagh* in „The Civic Culture Revisited" von einem Nachlassen der deferentiellen und unterstützenden Elemente in der britischen Politischen Kultur in der Zeit von 1960 bis 1980. Aber er weist darauf hin, daß mehr Unzufriedenheit mit der Leistung als dem System als solchen besteht. „Die letzten Jahre langsamen ökonomischen Wachstums haben zu größeren sozialen Schwankungen, Gruppenrivalitäten und wachsender Unzufriedenheit mit den im Amt befindlichen Regierungen geführt..." und weiter „traditionelle Klassen-, Partei- und Nationalbindungen sind im Schwinden begriffen und mit ihnen die alten Beschränkungen von Hierarchie und Unterwürfigkeit" (1980: 170).
Kendall Baker, Russell Dalton und *Kai Hildebrandt* (1981) dokumentieren in ihrer

Analyse deutscher Umfragedaten von den 1950er bis in die 70er Jahre eine tiefgreifende Veränderung der deutschen Politischen Kultur von dem in „The Civic Culture" beschriebenen unpolitisch passiven Muster zur demokratiebejahenden, politisierten und partizipations-orientierten Kultur der 1970er und 80er Jahre. So erweisen die abnehmende „Bürgerkultur" in den USA und Großbritannien und die sich entwickelnde „Bürgerkultur" in der Bundesrepublik die Politische Kultur als eine relativ weiche Variable, die stark von historischer Erfahrung und durch die Struktur von Regierung und Politik und ihre jeweiligen Leistungen beeinflußt wird. Das Desaster des Nationalsozialismus, eine geschickt verfaßte Struktur von Regierung und Politik sowie eine effiziente Ökonomie scheinen eine stabile Demokratie in Westdeutschland geschaffen zu haben. Auf der anderen Seite haben der Vietnam-Krieg, die „Gegenkultur" und „Watergate" die Bürgerkultur in den Vereinigten Staaten ernsthaft beeinträchtigt. In Großbritannien hat sich die Legitimität der politischen Institutionen durch eine schlechte ökonomische Entwicklung und durch sinkendes internationales Prestige verringert.

Die Veränderbarkeit von Politischer Kultur in fortgeschrittenen Industriegesellschaften erwies sich auch in den empirischen Untersuchungen von *Ronald Inglehart* (1975), *Samuel Barnes, Max Kaase* (1979) und ihren Mitarbeitern. *Inglehart* zeigte anhand einer Reihe von Untersuchungen, die er in Europa und den Vereinigten Staaten über einen Zeitraum von mehr als 10 Jahren in den 1970er und frühen 80er Jahren durchführte, daß der Generationenwandel in den demokratischen Industriestaaten die „policy"- oder „issue"-Kulturen dieser Demokratien verändert hat und daß diese neuen Sachfragen angefangen haben, die Parteisysteme dieser Länder umzuformen. In ihrer ersten Version stellte *Ingleharts* Theorie die These auf, daß die in Europa und den Vereinigten Staaten nach dem Krieg bis zur Mitte der 1970er Jahre geborenen Generationen anhaltenden Frieden, hohes wirtschaftliches Wachstum, steigende Bildungschancen und eine wachsende Medienteilnahme erlebt hatten. Diese politische Sozialisation habe die Bedeutung der älteren Probleme ökonomischer, politischer und militärischer Sicherheit verringert, die die Einstellungen vorangegangener Generationen geprägt hatten. Stattdessen hatte sich die Bedeutung einer Reihe neuer Sachfragen hinsichtlich vermehrter Partizipation und Lebensqualität und eines gesteigerten Umweltbewußtseins erhöht. Später stellten *Ingleharts* und andere Umfragen während der Stagflation der späten 1970er und frühen 80er Jahre ein Wiederaufleben von ökonomischen Ängsten fest, die neueren Einstellungen in bezug auf Lebensqualität blieben aber bestehen. In ihrer 5-Länder-Studie über Einstellungen zu politischem Handeln haben *Barnes* und *Kaase* (1979), *Ingleharts* Ansatz weiterverfolgend, gezeigt, daß diese neue Politische Kultur der fortgeschrittenen Industriegesellschaften auch Änderungen in bezug auf Einstellungen zu politischem Handeln umfaßt: Die Bereitschaft zu unkonventionellen Formen politischer Partizipation, wie Demonstrationen, Protestmärschen, „sit-ins" u.ä. kam zu den konventionellen Formen politischer Partizipation hinzu. So haben eine Kombination von historischer Erfahrung und veränderten politischen Sozialisationsmustern – Generations- und Periodeneffekte – wesentlich die Politische Kultur in den fortgeschrittenen Demokratien verändert.

Wenn jüngere Untersuchungen zur Politischen Kultur in Europa und den Vereinigten Staaten zeigen, daß Politische Kultur sich relativ schnell als Reaktion auf veränderte

Verhältnisse und Erfahrungen ändern kann, so legen Untersuchungen politischer Einstellungen in kommunistischen Ländern dagegen nahe, daß bestimmte Aspekte Politischer Kultur sich trotz starkem Drucks als sehr beharrlich erweisen (vgl. u. a. *Brown* und *Gray* 1977; *Brown* 1984; *White* 1979; *Almond* 1983). Unglücklicherweise sind kaum gute Umfragedaten zur Politischen Kultur in den kommunistischen Ländern verfügbar, es gibt jedoch einige wenige. Zudem gibt es andere Arten von Daten, aus denen Kommunismusforscher ihre Schlüsse ziehen können. Diese Arbeiten stellen fest, daß man trotz jahrzehntelanger systematischer Anstrengungen kommunistischer Bewegungen, durch Manipulation, Organisation, Indoktrination und Zwang etwas wie den „Sozialistischen Menschen" hervorzubringen, diesem Ziel kaum näher gerückt ist. Starke nationalistische Einstellungen haben überlebt und kulturelle und religiöse Identitäten sind ungebrochen vorhanden. In Ländern wie der Tschechoslowakei, die in früheren Zeiten bereits demokratische Erfahrungen machte, scheinen diese Traditionen anzudauern und jederzeit hervorzubrechen, wenn die geschichtliche Entwicklung dies möglich macht. Es ist anzunehmen, daß es in Polen heute stärkere freiheitliche Strömungen gibt als in den Jahren der Unabhängigkeit. Die kommunistische Erfahrung mit politischer Kultur entspricht einem Muster kritischer Fallstudien im Sinne von *Eckstein* (1975). Wenn eine monopolisierte Kontrolle über die Kommunikationsmedien, ein nahezu vollkommenes Organisationsmonopol, tiefgreifende Polizeikontrollen u. ä., Werte und Einstellungen nicht verändern können, dann muß der Politischen Kultur und den sie bestimmenden Sozialisationsprozessen einige Erklärungskraft zugesprochen werden.

Eine dritte Art historischer Entwicklungen, die sehr hohe ökonomische Wachstumsrate der ostasiatischen, konfuzianisch geprägten Staaten im Gegensatz zu anderen asiatischen Ländern, die durch Islam und Hinduismus beeinflußt werden, legt ebenfalls die Bedeutung von Kultur für die Herausbildung ökonomischen und politischen Verhaltens nahe. So argumentieren *Hofheinz* und *Calder* (1982), daß die Betonung von Loyalität, Erziehung, Gegenseitigkeit und Achtung von Autorität in diesen Regionen auf den Normen des Konfuzianismus beruhe. *Spengler* (1980) führt den marktorientierten Unternehmergeist in Japan auf die Soziallehre des Konfuzianismus zurück. *Bellah* (1957) vertritt die Auffassung, daß die religiösen Werte aus der Tokugawa-Periode den wirtschaftlichen „take-off" in der Zeit der Meiji-Restauration beeinflußt haben. *Winston Davis* (1987) faßt einige dieser Arbeiten zusammen und offeriert eine modifizierte Version von *Webers* Theorie über den Zusammenhang zwischen ökonomisch-religiöser Ethik und Wirtschaftswachstum. Zwar sieht *Davis* eine solche Wirtschaftsethik nicht als notwendige Voraussetzung für wirtschaftliches Wachstum an, er meint jedoch, daß sie es entweder durch Anreiz oder Tolerierung erleichtert oder andererseits es erschwere Einstellungen und Werte, die für ökonomische Disziplin und Leistung notwendig sind, zu entwickeln. Fragen, die laut *Davis* zu stellen sind, sind nicht von der „entweder-oder" Sorte, sondern eher „... hat Religion wirtschaftlichen Wandel begünstigt? Hat sie Wandel zugelassen? War sie für eine stillschweigende Akzeptanz der mit Entwicklung verbundenen sozialen Kosten förderlich?" (1987: 226). *Davis* liefert so ein qualifiziertes Argument für den Beitrag des Konfuzianismus zum starken Wirtschaftswachstums der ostasiatischen Länder. In seiner breit angelegten und einfühlsamen Untersuchung von Kultur und Politik in Asien zeigt *Lucian Pye* (1985) wie Konfuzianismus, Hinduismus und Islam auf unterschiedliche Weise zu paternalistischen, familienorientierten, konsensualen und klientelistischen politischen Verhaltensmustern zu Ost-, Südost- und Südasien beitragen. Er vertritt die These, daß die asiatische Region ihr eigenes Modernisierungsmuster habe und daß Bildung und Wirtschaftswachstum nicht notwendigerweise zu Demokratisierung führen müßten, oder, wenn sie dies tun, doch paternalistische, konsensuale und klientelistische Neigungen bestehen blieben. Die unerwartete Umkehrung der Modernisierung und das Entstehen eines populistischen islamischen Fundamentalismus im Iran ist ebenfalls ein Beleg für die Stärke der traditionellen Politischen Kultur und der Sozialisationsvariablen.

4. *Der gegenwärtige Stand der politischen Kultur-Forschung*

Auf den ersten Blick scheint die Bilanz ambivalent zu sein. Einerseits kann politische Kultur sich relativ schnell verändern, andererseits scheint sie erheblichen Druck aushalten zu können, ohne sich stark zu wandeln. Was läßt sich aus diesen historischen Erfahrungen und aus den Forschungsergebnissen der letzten Jahrzehnte in bezug auf zwei der wesentlichen Fragestellungen des Politische Kultur-Konzepts lernen: Erstens, im Hinblick auf die Stabilität Politischer Kultur, ihre Dauerhaftigkeit und Eigenständigkeit und damit ihren Erklärungswert für politikwissenschaftliche Analysen; zweitens, bezüglich der relativen Bedeutung der Politische Kultur prägenden Faktoren, insbesondere des Stellenwerts der frühen Kindheit, der Arbeitswelt der Erwachsenen, der Gemeinschaft, der Medienerfahrung und direkter Erfahrungen der Leistungen von Politik und Regierung.

Was Stabilität und Dauerhaftigkeit von Politischer Kultur betrifft, so zeigen die heute verfügbaren Daten, daß politische Stimmungen, wie Vertrauen den Regierenden gegenüber und Vertrauen in politische und soziale Institutionen, sich relativ leicht ändern und mit Effiktivität und Leistungen von politischen Führern, Regierungsbeamten und -organen variieren. Grundlegende politische Einstellungen und Werte sind stabiler, obwohl auch sie sich ändern können. So nahm z. B. das Vertrauen in die führenden Politiker und die politischen, ökonomischen und sozialen Eliten während der 1960er und 70er Jahre in den USA und Großbritannien drastisch ab. Dennoch konnte nicht von einer ernsthaften Legitimitätskrise der amerikanischen und britischen politischen und sozialen Institutionen die Rede sein, trotz der in beiden Ländern zu verzeichnenden schlechten wirtschaftlichen Entwicklung und schwachen Regierungsleistungen. Die Umwandlung von grundlegenden Einstellungen in Deutschland scheint eine Folge dreier hauptsächlicher Faktoren zu sein:

1. tiefgreifende persönliche historische Erfahrungen wie militärischer Zusammenbruch, Bombardierung, Besetzung, Teilung, Vertreibung und internationale Erniedrigung;
2. eine geschickte Verfassungsgebung (ein Wahlsystem, das größere politische Parteien bevorzugt, konstruktives Mißtrauensvotum, Föderalismus) und
3. eine bemerkenswerte politische und ökonomische Leistungsbilanz, die ein „Wirtschafts- und Wiederaufbauwunder" hervorbrachte.

Es ist unmöglich, die Rolle von Veränderungen grundlegender kultureller Muster, die von Wandlungen in der Familienstruktur, bei der frühkundlichen Sozialisation und im Erwachsenenleben hervorgerufen wurden, hiervon zu trennen und exakt zu gewichten. Alles was wir sagen können ist, daß diese Faktoren zusammen in der Bundesrepublik eine veränderte politische Kultur hervorgebracht haben, die durch demokratische Legitimität und politische Partizipation gekennzeichnet ist.
In den Vereinigten Staaten scheint der Vertrauensverlust und die Abnahme des politischen Konsensus verursacht worden zu sein durch die kostspielige und demoralisierende Niederlage in dem 10 Jahre andauernden Vietnamkrieg, durch Rassenunruhen großen Ausmaßes, stärkere, teilweise durch die „Gegenkultur" hervorgerufene Änderungen in den sozialen und kulturellen Normen und durch die demoralisierenden Skandale der Nixon-Administration. Aber auch diese starken Einflüsse vermochten nicht, die Legitimität der amerikanischen Institutionen in Regierung, Politik und Wirtschaft zu erschüttern.
So zeigen also die vorliegenden Untersuchungen, daß grundsätzliche politische Überzeugungen wie die Legitimiät von Regimen beträchtliche Stabilität aufweisen. Nur Katastrophen scheinen in der Lage zu sein, diese Einstellungen in kurzer Zeit zu ändern; ansonsten geht der Wandel relativ langsam vor sich.
Am stabilsten schließlich sind Einstellungen, Identitäten und Werthaltungen, die mit Volksgruppenzugehörigkeit, Nationalität und Religion zusammenhängen. Diese Primärbindungen scheinen fast unzerstörbar. Es sind solche Bindungen und die Sozialisationsprozesse, die sie aufrechterhalten, die das Scheitern sowjetrussischer und kommunistischer Anstrengungen, die Politischen Kulturen der osteuropäischen Länder zu verändern, erklären. Dies gilt sogar für Rußland, insbesondere außerhalb der großrussischen Region. Aber das Beharrungsvermögen der Politischen Kulturen in Osteuropa ist nicht nur auf nationale, ethno-linguistische und religiöse Identitäten beschränkt. So wird die These vertreten, in der CSSR seien heute freiheitliche politische Einstellungen noch mehr als in der vorkommunistischen Zeit anzutreffen. Auch in Polen hat es den Anschein, daß freiheitliche politische Einstellungen heute weit verbreitet sind, wo es vorher keine gab. Politisches Lernen kann eben nicht auf ein simples Stimulus – Reaktions-Schema reduziert werden.
In den letzten Jahrzehnten hat die politische Sozialisationstheorie einige Fortschritte gemacht. Ganz allgemein läßt sich feststellen, daß die Autoritätsstrukturen in der Familie sich im Hinblick auf eher partizipatorische Formen verändert haben. Es läßt sich schwer bestimmen, wie stark der eigenständige Einfluß eines solchen Wandels auf die Demokratisierung Politischer Kultur in den Industriegesellschaften ist, weil viele andere Einflüsse in diesen Jahrzehnten in derselben Richtung wirksam waren. Es liegen ebenfalls Belege dafür vor, daß der allgemeine Anstieg im Bildungsniveau in den fortgeschrittenen Industriegesellschaften den Anteil der politischen aktiven Bürger erhöht hat und damit die Politischen Kulturen in diesen Gesellschaften in eine partizipatorische Richtung verändert worden sind.
Eine der bedeutendsten Änderungen im politischen Sozialisationsprozeß stellt die Entwicklung der elektronischen Medien – insbesondere des Fernsehens – dar. Untersuchungen des U.S.-amerikanischen Wahlverhaltens der späten 1940er und 50er Jahre

führten zur These des „zweistufigen Kommunikationsflusses“ von *Katz* und *Lazarsfeld* (1955). Diese Theorie besagte, daß der Einfluß der Massenmedien auf Einstellungen und Verhalten durch Meinungseliten – angesehene Persönlichkeiten, Geistliche, Lehrer, ältere Familienmitglieder, usw. – vermittelt wird. Die von den Medien ausgesendeten Nachrichten wurden von diesen Meinungsführern interpretiert und „der Mann auf der Straße“ so vor Manipulation geschützt. Das Fernsehen hat die Bedeutung der Meinungsführer abgeschwächt und die Bedeutung der Massenmedien für die Formung von Werten und Einstellungen vergrößert. Die stärkere Wirkung des Fernsehens auf die sinnliche Wahrnehmung und der Aufstieg einflußreicher Fernsehkommentatoren haben nach *Austin Ranney* (1982) die Bedeutung des vertrauten, persönlich bekannten Meinungsführers untergraben, was wichtige Auswirkungen auf Familie, Gemeinschaft, Interessenverbände und den Zusammenhalt der politischen Parteien hat. Die Kombination von höherem Bildungsgrad und Fernsehen hat die Beziehung zwischen politischen Eliten und Öffentlichkeit in fortgeschrittenen Industriegesellschaften verändert. Der den Führern zugebilligte Ermessenspielraum ist verringert worden und politischer Stil und Fertigkeiten haben sich gewandelt.

Deutsche und französische politische Erfahrungen machen ebenfalls deutlich, daß verfassungsmäßige und politisch-strukturelle Anpassungen starke Auswirkungen auf die Politische Kultur haben können. Der Zuschnitt der deutschen Verfassung hat gewährleistet, daß Bonn nicht zur Wiederholung von Weimar wurde. Sicher hat die deutsche politische Stabilität, die im wesentlichen auf Verfassungsbestimmungen zurückgeführt werden kann, über mehr als drei Jahrzehnte einen wichtigen Beitrag zur Legitimität des deutschen Systems geleistet. Ähnlich verhält es sich mit dem französischen Experiment einer gemischten „präsidentiell-parlamentarischen“ Regierungsform und ihrem Wahlsystem; beide haben einen wesentlichen Beitrag zur Stabilität und Effektivität der V. Republik geleistet und politischen Zynismus und Entfremdung in Frankreich verringert.

Die heutige Politische Kultur-Forschung ist nicht die Ansammlung von Ideen über Familie, Kindheit und das „Unbewußte“ wie in den 1940er Jahren, sondern ein Konzept, das die kognitive Ebene, Einstellungen und Erwartungen betont, die ihrerseits von Struktur und Leistung des politischen Systems und der Wirtschaft beeinflußt werden. Wenn auch vieles noch im Fluß ist, so gibt es doch dauerhafte und stabile Bestandteile, wie grundlegende politische Überzeugungen, Werthaltungen und Primärbindungen, die unser politisches Verhalten und Politik beeinflussen und bedingen.

5. *Ein System-, Prozeß- und policy-Ansatz Politischer Kultur*

Es hat eine Reihe polemischer Auseinandersetzungen über den Inhalt politischer Kultur gegeben. Was sind ihre Bestandteile und wie sind sie aufeinander bezogen? Die Auffassung von *Fagen, Tucker* und *White* würde uns wegführen von einem disaggregierten hin zu einem ganzheitlichen Konzept. *Lowell Dittmer* (1977) attackiert die vorherrschende Definition von Politischer Kultur „...als subjektive Wahrnehmung einer objektiven Realität... als ein verschwommenes Konzept, das nicht eindeutig von politischen Strukturen einerseits und politischer Psychologie andererseits abgegrenzt" sei (581). Er schlägt eine enger eingegrenzte Definition der Politischen Kultur innerhalb des Rahmens einer semiologischen Systemanalyse vor. Er räumt dabei ein, daß die theoretische Überlegenheit eines solchen Ansatzes noch zu beweisen wäre.

In einer meiner eigenen Arbeiten (1978) habe ich die These vertreten, daß, wenn Politische Kultur die subjektive Dimension des politischen Systems umfaßt, sie ein differenzierbares Muster von Orientierungen gegenüber den verschiedenen Strukturen des politischen Systems darstellen müsse. Mitglieder eines politischen Systems kennen diese verschiedenen Teile und Strukturen, sie haben emotionale Bindungen ihnen gegenüber und sie beurteilen und bewerten sie nach unterschiedlichen Normen. Aus einer Untergliederung des politischen Systems in die drei Ebenen von System, Prozeß und Policy folgt, daß jedes politische System eine System-, Prozeß- und Policy-Kultur umfaßt. Die System-Kultur setzt sich zusammen aus Kenntnissen, Gefühlen und Bewertungen gegenüber den politischen Autoritäten und den Amtsinhabern, gegenüber dem Regime, d. h. der institutionellen Struktur, und schließlich gegenüber der Nation. Wenn wir also von der Legitimität eines politischen Systems sprechen, müssen wir spezifizieren, ob wir von Kenntnissen, Gefühlen und Werten gegenüber den Amtsinhabern, dem Regime, der Nation oder einer Kombination dieser Aspekte sprechen.

Prozeß-Kultur umfaßt Kenntnisse, Gefühle und Einschätzungen von Mitgliedern eines politischen Systems gegenüber sich selbst als politisch Handelnden und gegenüber anderen politischen Akteuren, einschließlich anderen politischen Gruppen wie Parteien und Interessenverbänden und bestimmten politischen Eliten. Policy-Kultur umfaßt Kenntnisse, Gefühle und Einschätzungen von Mitgliedern des politischen Systems gegenüber den „outputs" des Systems, seine Innenpolitik (abschöpfend, regulierend und verteilend) und seine Außenpolitik (militärisch, diplomatisch und ökonomisch).

Diese Differenzierung von Politischer Kultur in systemischer Hinsicht verhilft uns dazu, die logische oder interaktive Struktur von Politischer Kultur zu erforschen. Dies kann einerseits dazu beitragen, einige der konzeptionellen Schwächen zu beheben, die *Lowell Dittmer* angesprochen hat, und andererseits gleichzeitig einiges an semiologischer Schwülstigkeit zu vermeiden. Es ist klar, daß diese drei Ebenen von Politischer Kultur eng zusammenhängen. So leuchtet auf einer sehr einfachen Ebene ein, daß Unzufriedenheit mit Regierungsleistungen wahrscheinlich zu einer Unzufriedenheit mit den dafür verantwortlichen Autoritäten führt. Unzufriedenheit mit dem politischen Prozeß führt wahrscheinlich zu Unzufriedenheit mit dem Regime. Anhaltende Unzufriedenheit mit Regierungsleistungen kann bei bestimmten Typen politischer Systeme zu einem Wechsel der politischen Autoritäten führen, genau wie anhaltende Unzufriedenheit mit dem politischen Prozeß zu einer Veränderung des Regimes oder der Struktur führen kann. Sinkende Leistungen, entweder auf der Prozeß- oder auf der Policy-Ebene, können in Ländern, die unterschiedliche Volksgruppen umfassen, nach einiger Zeit zu einem Verlust an nationaler Legitimität und zu einem Anwachsen von Autonomie- und Sezessionsbestrebungen, wie in den letzten Jahren in Großbritannien und anderen Ländern, führen.

Andererseits können im Laufe der Zeit zufriedenstellende und auf Forderungen reagierende Policy- und Prozeßleistungen die Legitimität von politischen Autoritäten, Regimen und Nationen erhöhen. Es gibt so etwas wie einen Prozeß der Anhäufung und Abnahme von Kapital, in dieser Interaktion zwischen Prozeß- und Policy-Leistungen und der Systemlegitimität. Wenn man Politische Kultur auf diesen drei Ebenen untersucht, beleuchtet dies auch einige Aspekte der Strategie politischer Eliten. Bedrohungen eines Regimes aufgrund von Unzufriedenheit mit dem Prozeß kann möglicherweise direkt begegnet werden, wie es im Demokratisierungsprozeß Großbritanniens im 19. Jahrhundert der Fall war. Im Prozeß dieser Auseinandersetzung ging es nicht um die „entweder-oder“ Frage von allgemeinem Wahlrecht, sondern um eine schrittweise begrenzte Ausweitung des Wahlrechts als Reaktion auf die am stärksten mobilisierten Teile der Bevölkerung. Bismarcks Strategie in Deutschland umging weitverbreitete Forderungen nach uneingeschränktem Wahlrecht für Mittel- und Arbeiterklassen durch taktisch geschickte Zugeständnisse: Wohlfahrtsstaatliche für die Arbeiter, handelspolitische für Industrielle und Großgrundbesitzer und eine aggressive Außenpolitik für alle. Die Strategie Bismarcks, distributive Politik als ein Mittel zu nutzen, um Forderungen nach mehr Partizipation abzumildern und einzuschränken, wird heute in einer Reihe von Ländern der Dritten Welt ebenfalls verfolgt, insbesondere in Südkorea und Taiwan.

Ein systemischer Ansatz der Politischen Kultur-Forschung, wie er hier vorgestellt wurde, hat den Vorteil, daß dieser Ansatz fest in Struktur und Leistungen des politischen Systems verankert ist. Er eignet sich für eine formale und logische Analyse und er erbringt interessante Hypothesen über wichtige Aspekte der Politik.

Politische Kultur und der kulturelle Aspekt von politischer Wirklichkeit

Konzeptionelle und typologische Überlegungen zu Gegenstand und Fragestellung Politischer Kultur-Forschung*

Karl Rohe

1. *Politische Kultur und kultureller Wandel*

Das Konzept der Politischen Kultur ist in den letzten Jahren wiederholt einer kritischen Prüfung unterzogen worden (v.a. *Almond* und *Verba* 1980; *Reichel* 1981; *Kaase* 1983; *Fenner* 1983; *Berg-Schlosser* 1985; *Patrick* 1984; *Pappi* 1985; *Schissler* 1986). Dabei sind seine Schwächen mehr als deutlich geworden. Auch die folgenden Überlegungen können und wollen die zweifelnde Frage nicht unterdrücken, ob es sich wirklich lohnt, in der bisherigen Art einfach weiterzumachen. Ihnen liegt jedoch gleichzeitig die Überzeugung zugrunde, daß die kulturelle Dimension der Politik einer stärkeren Beachtung und der weiteren Aufhellung bedarf und daß dafür wiederum ein reflektiertes Konzept von politischer Kultur unverzichtbar ist.

Was ist politische Kultur? In einer ersten Annäherung sollen darunter grundlegende Vorstellungen über die Welt der Politik und damit verknüpfte operative Normen verstanden werden, die sich insgesamt als das mit spezifischem Sinn gefüllte ideelle Design eines Kollektivs für sein politisches Leben begreifen lassen. Dieses Verständnis von politischer Kultur, das in Fortführung eigener früherer Überlegungen (*Rohe* 1982, 1983, 1984) vor allem Anregungen von *Pye* (1972), *Elkins* und *Simeon* (1979), *Dittmer* (1977, 1981), *Wildavsky* (1985), der Kultur- und Sozialanthropologie (u.a. *Kluckhohn* 1951; *Williams* 1966; *Douglas* 1974) und der Culture Indicators-Forschung (*Namenwirth* und *Weber* 1984; *Rosengren* 1984) aufzugreifen versucht, ist zwar vergleichsweise weit, enthält aber gleichwohl bereits eine Reihe von Abgrenzungen, Verwerfungen und Akzentuierungen, die der näheren Erläuterung bedürfen.

Eine erste Grundannahme lautet, daß Kultur, ähnlich wie Sprache im Sinne von langue, ein überindividuelles Phänomen darstellt. Sie bedarf zwar konkreter Individuen, die sie in ihr Denken, Fühlen und Handeln aufnehmen; Träger von Kultur sind

* Es handelt sich bei den nachfolgenden Überlegungen um die überarbeitete Fassung eines Vortrags, der auf einer Tagung des Arbeitskreises Politische Kulturforschung der DVPW vom 13.–15. März 1985 in Tutzing gehalten wurde. Wegen der nicht vermeidbaren Kürze können die Darlegungen gegebenenfalls zu einigen Mißverständnissen Anlaß bieten. Der Verfasser hofft, seine Überlegungen in nächster Zukunft einmal in ausführlicherer Form vorstellen zu können. Dabei sollen gerade auch methodologische Überlegungen, die hier weitgehend Streichungen zum Opfer gefallen sind, stärker einbezogen werden.

aber letztlich nicht Individuen, sondern gesellschaftliche Kollektive. Kultur hat „man" stets nur mit anderen zusammen. Wer diese anderen sind, ob sie sich primär transnational, national, konfessionell, regional, ethnisch, sozial, sektoral oder funktional bestimmen lassen, ist freilich eine offene Frage, da politisch-kulturelle Eigenarten und Identitäten historisch dynamischer Veränderung unterliegen. Was gestern noch eine fast unüberwindbare politisch-kulturelle Mauer zwischen Nationen, Klassen, Konfessionen oder regionalen Gesellschaften darstellte, kann heute historisch obsolet geworden sein. Dies gilt aber auch umgekehrt. Wo gestern noch fließende kulturelle Übergänge bestanden, können sich heute, etwa auf funktionsspezifischer oder sektoraler Grundlage, neue kulturelle Gräben auftun, sei es zwischen Generationen, sei es zwischen *dem* politischen System und seiner Umwelt, sei es innerhalb des politischen Systems zwischen einzelnen „policy communities" oder auch „politics communities". Überdies muß man fragen, ob es „Kultur als *die* Kultur, Kultur als großes integratives Muster" (*Lipp* 1979: 486) in komplexen modernen Gesellschaften noch gibt, und des weiteren, ob Kulturen in modernen Gesellschaften nicht in einem gewissen Grade wählbar geworden sind. Das ändert jedoch nichts an der grundlegenden Tatsache, daß Kultur stets ein überindividuelles Phänomen darstellt, und daß Politische Kulturforschung sich als erstes darüber klar werden muß, wer der kollektive Träger der von ihr zu untersuchenden politischen Kultur ist, und wo demgemäß mit sozialen Sanktionen zu rechnen ist, wenn man in Wort oder Tat aus dem kulturell gesetzten Rahmen fällt.

Eine zweite Grundannahme lautet, daß politische Kultur aus einem Muster von *„Vorstellungen"* und nicht von *„Einstellungen"* besteht. Das ist mehr als eine sprachliche Spitzfindigkeit. Mit dieser Begriffsbildung soll einmal der konzeptionelle Charakter von politischer Kultur betont werden. Politische Kultur stellt in nuce, wie rudimentär, unartikuliert, eklektisch und in sich widersprüchlich auch immer, so etwas wie eine kollektive Theorie des Politischen war, mit einer spezifischen Sicht politischer Grundprobleme und entsprechenden „Antworten" und „Lösungen", die nicht zuletzt die historischen Krisenerfahrungen des jeweiligen Kollektivs spiegeln. Die grundlegenden Fragen, die politische Theorie stellt, und auf die sie Antworten zu geben versucht: Was ist Politik? Was ist politische Rationalität? Was ist der Kitt, der politische Gesellschaften zusammenhält? usw., sind deshalb auch sinnvollerweise die zentralen Fragen, von denen Politische Kulturforschung auszugehen hat.

Implizit ist damit bereits angedeutet, daß Vorstellungen so etwas wie „assumptions about the political world" (*Elkins* und *Simeon* 1979: 127) darstellen, die durchweg auf einer grundsätzlicheren Ebene anzusiedeln sind als die meisten der im Rahmen von Umfrageforschungen erhobenen politischen Einstellungen. Wer Vorstellungen über die Welt des Politischen untersucht, versucht nicht den Inhalt, sondern die Struktur von politischen Einstellungen zu erfassen (*Nunner-Winkler* 1980). Wer Politische Kulturforschung betreibt, will nicht wissen, – zumindest nicht vorrangig wissen – ob und inwieweit ein politisches Regime und politische Institutionen bejaht oder abgelehnt werden; er interessiert sich vielmehr für die Prinzipien, die dieser Bejahung oder Ablehnung zugrundeliegen (*Elkins* und *Simeon* 1974). Das relativiert auch den Wert der gängigen Umfrageforschung für die Politische Kulturforschung, zumal dann,

wenn wir es mit kulturellen Selbstverständlichkeiten zu tun haben, die dem Befragten zumeist gar nicht bewußt sind, hebt ihn freilich nicht auf. Nur muß man stärker dazu übergehen, „zwischen den Zeilen" zu lesen, wenn man die Umfragedaten für Politische Kulturforschung fruchtbar machen will.
Kultureller Wandel liegt demgemäß nicht bereits eo ipso vor, wenn sich die Einstellungen gegenüber einem politischen Regime gewandelt haben. Das kann so sein, muß aber nicht so sein. Alleinige Ursache für Einstellungswandel könnte ja auch sein, daß sich das politische Regime selbst, in seinen Leistungen und in der Art ihrer Erbringung, grundlegend verändert hat. Umgekehrt kann freilich dem Einstellungswandel als ausschließliche Ursache ein Kulturwandel innerhalb der politischen Gesellschaft zugrundeliegen, von dem man allerdings nur dann sprechen sollte, wenn sich die grundlegenden Konzepte und Wertmaßstäbe, mit denen „man" die politische Wirklichkeit auslegt und beurteilt, ihrem „Inhalt" oder ihrer „Form" nach gewandelt haben. Beispiel für den „Formwandel" einer politischen Kultur ist der Übergang von einem instrumentellen zu einem stärker expressiven Politikverständnis (*Verba* 1965), das die Qualität einer Politik auch daran mißt, ob sie affektiven Bedürfnissen gerecht zu werden vermag. Ein politisches Regime sieht sich dann mit einer Situation konfrontiert, die seit einigen Jahren für die Bundesligavereine charakteristisch ist, daß sie nämlich nicht allein auf „Ergebnis" spielen können, wenn man die Zuschauer nicht auf Dauer „entfremden" und eine emotionale Lücke hervorrufen lassen will, die immer dann entsteht, wenn eine politische „Form" und ein politisches „Design" entweder nicht vorhanden oder im politischen Leben nicht mehr erkennbar und sinnenfällig wird. Welches politische Design affektive Bezüge stiftet, ob ein „schöner" oder „kämpferischer" oder auch nur „ehrlicher" Fußball gespielt werden muß, kann von Gesellschaft zu Gesellschaft sehr verschieden sein. Wichtig ist nur die grundlegende Einsicht, daß politische Inhalte allein, mögen sie noch so effizient produziert und so reichhaltig zur Verfügung gestellt werden, zwar durchaus Systembindungen (*Conradt* 1980), aber niemals affektiv verwurzelte Systembindungen zu erzeugen vermögen. Politische Regimes, die in der Gefühlswelt ihrer Bürger verankert sein wollen, müssen ein erkennbares und symbolisches von Zeit zu Zeit verdeutlichtes politisches Design besitzen, das zu den in der politischen Kultur der Bürger gespeicherten Vorstellungen von einem „guten" politischen Design „paßt", wenn sie nicht auf Ersatz- und Ablenkungsstrategien zur Erzeugung von politischen Emotionen angewiesen sein wollen.

2. *Politische Sozialkultur und politische Deutungskultur*

Wenn von dem Unvermögen eines politischen Systems die Rede war, ein möglicherweise vorhandenes politisches Design auch sinnenfällig zu machen, dann wurde damit eine Ebene von politischer Kultur angesprochen, die bislang weitgehend ausgeblendet blieb. Bei aller kritischen Distanz gegenüber einem psychologisch verengten Kulturbegriff wurde doch mehr oder minder unterstellt, daß es sich bei politischer Kultur wesentlich um mental verankerte Vorstellungen und Gewohnheiten handelt, die einen mehr oder minder unreflektierten Bestandteil der lebensweltlichen Realität ausmachen. Demgegenüber taucht nunmehr ansatzweise ein Begriff von Kultur auf, der aus der Perspektive lebensweltlich verankerter Kultur eine Art Metakultur ist, eine Kultur der Kultur, und bei dem vornehmlich an kulturelle Aktivitäten, Prozesse und Produkte in jenem und aus jenem Bereich gedacht wird, den wir aus einem traditionellen Vorverständnis heraus den „Kulturbereich" der Gesellschaft nennen.

Diese beiden Ebenen von Kultur lassen sich als *politische Sozialkultur* auf der einen und *politische Deutungskultur* auf der anderen Seite unterscheiden; beide sind jedoch als konstitutive und notwendige Bestandteile von politischer Kultur zu begreifen (*Rohe* 1984). Politische Kultur wäre somit stets beides, Soziokultur und Deutungskultur, „Basis" und „Überbau" und das spannungsreiche Austauschverhältnis, das zwischen beiden existiert, ein konstitutives Wesensmoment von politischer Kultur. Sie besteht also einmal aus undiskutierten Selbstverständlichkeiten, die den latenten oder ruhenden Teil von politischer Kultur markieren; sie besteht jedoch gleichzeitig aus kulturellen Diskussionen, die eben diese Selbstverständlichkeiten wieder in Frage stellen und gleichsam den manifesten Bereich von politischer Kultur ausmachen. Freilich steht hinter den manifesten kulturellen Prozessen und Diskussionen bewußt/unbewußt die Erwartung, daß sich als Ergebnis der politisch-kulturellen Debatten neue Selbstverständlichkeiten herausbilden, da Selbstverständlichkeiten, die zumindest für eine Zeitlang nicht in Frage gestellt werden, die Ermöglichungsvoraussetzung allen politischen Lebens darstellen (*Rohe* 1975: 42).

Es wird bewußt von politischer Deutungskultur und nicht einfach von politischer Diskurskultur gesprochen. Zwar ist es richtig, daß politische Deutungskultur dadurch, daß sie politische Soziokultur thematisiert, diese gewollt oder ungewollt immer auch in Frage stellt und ihrer politischen Unschuld beraubt, und zwar auch dann, wenn sie sich grundsätzlich affirmativ zu ihr verhält. Der Begriff Diskurskultur impliziert jedoch zu leicht ein verengtes und zu rationalistisches Verständnis von politischer Deutungskultur. Eine vorwiegend von Intellektuellen getragene, durch Diskurs charakterisierte politische Deutungskultur ist nur eine mögliche historische Ausprägung von politischer Deutungskultur unter anderen. Hinzu kommt, daß zwar den kulturellen Aktivitäten in *dem* kulturellen System einer Gesellschaft auch für die politische Kultur eine konstitutive Bedeutung zukommt und daß deshalb auch der Frage der „Interpenetration" (u.a. *Münch* 1984) von kulturellem System und politischem System besondere Aufmerksamkeit geschenkt werden sollte, daß aber auch die symbolische Seite politischen Handelns (*Edelman* 1976) als eine wesentliche Komponente der politischen Deutungskultur eines sozialen Verbandes angesehen werden muß. Politischer „Sinn" wird eben nicht allein durch politisches Reden, sondern auch durch politisches Handeln sichtbar und sinnenfällig gemacht oder auch in Frage gestellt.

Eben deshalb gehört die Frage, *wer* in einer politischen Gesellschaft für *wen* auf *welche* Weise *was* für politische Deutungsangebote macht und machen kann[1], oder noch grundlegender: *ob* überhaupt eine hinreichende symbolische Verdeutlichung der politischen Basiskonzepte und Basisregeln eines politischen Gemeinwesens erfolgt, zu den kardinalen Fragestellungen aller Politischen Kulturforschung, auch dann, wenn man sich vorrangig für das interessiert, was hier als politische Soziokultur konzeptualisiert worden ist. Denn politische Soziokultur ist nicht etwas, was in einer bestimmten Lebensphase ein für allemal „einsozialisiert" werden kann, sondern ist essentiell auf ständige symbolische Verdeutlichung angewiesen. Ihre Überlebens- und Anpassungstätigkeit, ihr Reichtum und ihre Qualität hängen stets auch davon ab, ob und wie sie auf der Ebene der politischen Deutungskultur thematisiert wird, ob sinnenfällig oder abstrakt, ob kritisch oder affirmativ, ob neue Denk- und Handlungsmöglichkeiten erschlossen und/oder in Vergessenheit geratene Lebensweisen wieder in Erinnerung gerufen werden, ob neue Symbole gestiftet, und/oder vorhandene Sinnbezüge wieder sinnenfällig gemacht werden.

Hier stößt man freilich auf ein Problem. Politische Deutungskultur ist in modernen Gesellschaften typischerweise ein von der politischen Alltagswelt abgehobener Bereich mit Eigenlogik und starken Eigengesetzlichkeiten, der vorrangig von Leuten inszeniert und verwaltet wird, die an der politischen Soziokultur, die sie thematisieren und mit Deutungsangeboten versehen, selbst nur bedingt teilhaben, gegebenenfalls sogar ein besonderes politisches Milieu darstellen. Damit vergrößert sich die in jeder politischen Kommunikation angelegte Möglichkeit, daß das Deutungsangebot nicht „ankommt", weil der „Empfänger" sich in den offerierten Interpretationsangeboten nicht „wiederfinden" und „wiedererkennen" kann.

An dieser Stelle stößt man auf systematische Grenzen der möglichen Einflüsse von Deutungskultur. Max Webers berühmter Satz über den Zusammenhang von „Interessen", „Ideen" und „Weltbildern" (*Weber* 1920: 252) unterstreicht zwar zu Recht die Bedeutung von „Ideen" für die Entstehung von Weltbildern, unterliegt jedoch einem idealistischen Vorurteil, wenn er annimmt, politische Weltbilder/politische Soziokulturen würden ausschließlich durch im „kulturellen Überbau" generierte und vermittelte „Ideen" geschaffen, verändert und stabilisiert. Die Einflußmöglichkeiten von politischen Interpretationsangeboten aus dem Bereich der politischen Deutungskultur werden nicht nur durch überkommene historische Traditionen begrenzt (*Brown* und *Gray* 1977), sondern auch durch eigene Erfahrungen, die Menschen, oder enger: politische Akteure, mit politischer Wirklichkeit, insbesonders mit politischen Institutionen machen (*Lepsius* 1982) und auf die sie sich, ganz unabhängig von allen von außen auf sie eindringenden Deutungs- und Sinnangeboten, stets auch ihren eigenen Reim machen. Was generell gilt, daß nämlich Menschen zumindest einen Teil ihrer Lebensumwelt ohne die via Massenkommunikation übermittelten Deutungsangebote selbst symbolisch durchdringen und verarbeiten (*Treinen* 1978), gilt grundsätzlich auch für den Bereich der Politik. Politische Soziokultur ist also niemals nur gesunkene politische Deutungskultur. Prinzipiell gilt, daß sie stets so etwas wie eine *Resultante aus überlieferter Tradition, bereits teilweise symbolisch verarbeiteter eigener Realitätserfahrung* und *von außen einströmenden Sinn- und Deutungsangeboten* darstellt. Das Verhältnis zwischen diesen Größen ist freilich historisch variabel. Einiges spricht dafür, daß unter den Bedingungen moderner politischer Vergesellschaftung und moderner Massenkommunikation, je mehr „Ehrfahrungsraum" und „Verhängnisraum" auseinanderfallen, der Stellenwert eigener Realitätserfahrung geringer und der von außen einströmender Sinn- und Deutungsangebote potentiell größer geworden ist und größer wird.

Die Ausweitung von Begriff und Gegenstand der politischen Kultur um die Dimension der politischen Deutungskultur bringt ohne Zweifel einige Probleme mit sich. Das Problem ist nicht, daß der Kulturbegriff zerfasert und im Nebulösen verschwimmt, weil völlig heterogene Sachverhalte unter seinem Dach ereint werden. Auch auf der Ebene der Sozialkultur wird der Unterschied zwischen sozialen und kulturellen Sachverhalten keineswegs aufgehoben. Politische Soziokultur meint ja nicht das politische Leben in seinen konkreten Ausprägungen, meint nicht die einzelnen „Aufführungen", sondern die „Partitur", die ihnen zugrundeliegt (*Namenwirth* und *Weber* 1984). *Kulturelle Realität ist also immer und überall die Realität von Ideen, Entwürfen, Mustern und Designs.* Konzeptionell gesehen besteht der Unterschied zwischen politischer Deutungskultur und politischer Sozialkultur *nur* darin, daß sich politische Designs im letzteren Fall zu Mentalitäten, Gewohnheiten und Lebensweisen gesellschaftlich auskristallisiert haben, während sie sich im Fall der Deutungskultur entweder noch in der Mappe des politischen Designers befinden oder gerade zwischen Kultursystem und politischem System hin und her gereicht werden.

In dem „nur" steckt freilich das Problem. Mit den unterschiedlichen Aggregatzuständen oder Erscheinungsformen der politisch-kulturellen Designs ist jeweils eine ganz unterschiedliche politische Handlungsrelevanz verbunden. Verkürzt formuliert handelt es sich bei politischer Soziokultur um einen internalisierten Handlungsrahmen, dessen spezifische Selektivität dem Handelnden oft gar nicht bewußt und der eben deshalb besonders wirksam ist, während es sich bei politischer Deutungskultur stets, auch dann, wenn sich kulturelle Standards in der politischen Öffentlichkeit als herrschende Meinung durchgesetzt haben, um eine vom Handelnden zu berücksichtigende äußere Größe handelt.

3. *Politische Kultur als Lebensweise und als Weltbild: einige typologische Unterscheidungen*

Damit wird ein Probelm sichtbar, das aller Politischen Kulturforschung inhärent ist und nicht erst auftritt, wenn man die Ebene der politischen Deutungskultur einbezieht: Sie lebt von der Annahme, daß Kultur eine Funktion für die Politik besitzt, die sich annähernd mit der Vorstellung umreißen läßt, Kultur bilde so etwas wie einen Rahmen für das politische Leben. Die Funktion dieses Rahmes kann jedoch offensichtlich sehr unterschiedlich sein und läßt sich deshalb nicht abstrakt bestimmen. Um einigermaßen festen Grund zu bekommen, liegt es deshalb nahe, vorweg die möglichen Bedeutungen von politischer Kultur für die Politik typologisch auszuloten. Eine *Typologie politischer Kulturen sollte demnach nicht bei den unterschiedlichen Inhalten, sondern bei den unterschiedlichen Funktionen* ansetzen, die politische Kultur für das politische Leben haben kann. Wie könnte eine solche Typologie aussehen? Dazu nur noch einige illustrierende Hinweise in geraffter Form, die die Richtung des Gedankenganges andeuten.

Beginnen könnte man mit einer Unterscheidung zwischen politischer Kultur als *politischer Lebensweise* und politischer Kultur als *politischem Weltbild*. Politische Kultur als Lebensweise heißt, daß sich die grundlegenden politischen Vorstellungen eines

Kollektivs zu operativen Normen, eingeschliffenen Gewohnheiten, Konventionen, „öffentlichen Tugenden“ (*Dahrendorf* 1968), zu einer Art ungeschriebenen Verfassung auskristallisiert haben, die den politischen Verkehr zwischen individuellen oder kollektiven Akteuren zwar nicht determinieren, aber konditionieren, weil sie das Handeln in bestimmte Bahnen lenken und an sich vorhandene Handlungsmöglichkeiten systematisch ausblenden. Eine solche unmittelbare Verhaltensrelevanz besitzt politische Kultur als politisches Weltbild nicht. Weltbilder im hier gemeinten Sinn — selbstverständlich steht auch hinter Lebensweisen ein Weltbild, das sich als eine Theorie politischer Gemeinschaft begreifen läßt —, sind Theorien / Ideologien / Bilder von politischer Organisation. Sie programmieren unmittelbar stets nur das politische Denken und damit also die Sicht und Bewertung von Systemen/Organisationen, über die Politik abgewickelt wird. Da es aber von den Weltbildern und den in ihnen angelegten „inhaltlichen“ und „formalen“ Maßstäben und Prinzipien abhängt, unter welchen Bedingungen politische Organisationen als legitim angesehen werden und ob und in welchem Maße ihnen infolgedessen politische Unterstützung zuteil wird, ist ihre mittelbare politische Handlungsrelevanz durchaus beträchtlich.

Vielleicht ist es deshalb sinnvoll, mit Blick auf die Unterscheidung von Lebensweisen und Weltbildern zwischen *handlungsleitenden* und *handlungslegitimierenden* politischen Soziokulturen oder entsprechenden Aspekten von politischer Soziokultur zu unterscheiden, denen jeweils auch politische Deutungskulturen zuzuordnen sind. Denn daß dort, wo es um die Stabilisierung oder Veränderung von Lebensweisen geht, politisch anders argumentiert und agiert werden muß und auch tatsächlich argumentiert und agiert wird, als dort, wo es um die Stabilisierung oder Veränderung von Weltbildern geht (*Rohe* 1984), dürfte unmittelbar einsichtig sein. Wer bewußt oder unbewußt davon ausgeht, daß es in der Politik letztlich und endlich auf die „richtigen“ Systeme ankommt, und daß es deshalb darum geht, diese Systeme in politischen Überzeugungen zu verankern, muß auf ganz andere Dinge abstellen als jemand, der insgeheim glaubt, daß es in der Politik letztlich und endlich auf die politischen Akteure selbst und ihre Tugenden, ihren Charakter und ihre Moral ankomme. Plausibel ist des weiteren die Annahme, daß politische Weltbilder durch andere Faktoren maßgeblich geformt und geprägt werden als politische Lebensweisen. Politische Weltbilder werden vermutlich in der Tat, wie *Max Weber* annahm, in nicht geringem Maße durch Ideen geprägt. Politische Kultur als Lebensweise dürfte dagegen in ihrer Existenz wesentlich davon abhängig sein, ob und inwieweit sie exemplarisch vorgelebt und durch symbolisches Handeln verdeutlicht wird.

Mit den unterschiedlichen Aggregatzuständen von politischer Kultur dürften eine Reihe weiterer Konsequenzen, auch methodologischer Art, verbunden sein, die hier freilich nur andeutungsweise skizziert werden können. Für die Analyse von politischer Kultur als gemeinsamer Lebensweise, mag es sich dabei um die Lebensweise eines Dorfes, eines politisch-sozialen Milieus, von Eliten, Parteien oder Tarifpartnern, im äußersten Fall auch um die gemeinsame politische Lebensweise einer nationalen Gesellschaft handeln, dürfte sich als ein bevorzugter methodologischer Zugang eine Verhaltensanalyse (→ *Sturm*) der beteiligten individuellen und kollektiven Akteure auch und gerade auch von politischen Parteien (*Lehmbruch* 1967; *Fenner* 1984) anbieten, die wiederum für eine Analyse von politischer Kultur als Weltbild in aller Regel nur bedingt tauglich sein dürfte. Für die Analyse von politischer Kultur als Weltbild bieten sich neben Umfragen, die freilich bewußt auf die Erfassung politisch-kultureller Phänomene ausgerichtet werden müßten, nicht zuletzt Text-, Sprach-, Begriffs- und Symbolanalysen an (→ *Opp de Hipt; Mohler* 1984; *Baum* 1981) an, die auch kulturelle Sachverhalte erfassen können, die den jeweiligen Fragern gar nicht voll bewußt sind.[2]

Bei beiden Fällen wird vorausgesetzt, daß eine langfristige Programmierung des politischen Lebens durch politische Kultur erfolgt. Vorstellbar ist jedoch auch, daß politische Kultur nur noch als *politische Mode* existiert. Das soll heißen: für jeweils kürzere Zeiträume existiert durchaus eine wirksame kulturelle Programmierung des öffentlichen Lebens, die fast einem Diktat gleichkommt und es fast unmöglich machen kann, beispielsweise bestimmte Themen zu bestimmten Zeiten überhaupt zu diskutieren. Die kulturellen Programme wechseln jedoch im Auf und Ab der Modezyklen. Es handelt sich gleichsam um eine kulturelle Fragmentierung in der Zeit, die das politische Leben in einer Gesellschaft zwar kurzfristig berechenbar, langfristig jedoch unkalkulierbar macht.

Vorstellbar ist des weiteren, daß politische Kultur zur *politischen Folklore* herabgesunken ist. Das kann auch und gerade mit politischer Kultur als Lebensweise geschehen, die nicht nur einen überschaubaren Kreis von individuellen oder kollektiven Akteuren, zwischen denen sich die Politik abspielt, sondern auch einen Zustand von politischer Vergesellschaftung zur Voraussetzung hat, in der Politik (noch) nicht zum „technischen" Vollzug von Systemgesetzlichkeiten geworden ist. Folklorisierung würde demnach einen Zustand von politischer Kultur reflektieren, in der politische Kultur im politischen Alltag nicht mehr „greift" und nur noch am Sonntag gefeiert werden kann. Folklorisierung besagt nicht, daß politische Kultur ihre Legitimationsfunktionen für ein politisches System völlig eingebüßt hat. Nur handelt es sich um Legitimierung ohne Programmierung von Handlungen oder Systemen. Genau hier ist der legitime Ort der Ideologiekritik im Rahmen politischer Kulturforschung, die ihre wichtige Aufgabe freilich verfehlt, wenn sie symbolisches Handeln in der Politik pauschal unter Ideologieverdacht stellt (*Edelman* 1976).

Die hier vorgeschlagenen typologischen Unterscheidungen sind selbstverständlich nur mögliche Unterscheidungen neben anderen. Andere Autoren haben mit mehr oder minder plausibler Begründung andere Typologien vorgeschlagen (u.a. *Almond* und *Verba* 1963; *Wildavsky* 1985). Was vielleicht für die hier vorgeschlagene Typologie, namentlich für die Unterscheidung von politischer Kultur als Lebensweise und politischer Kultur als Weltbild spricht, ist einmal die Tatsache, daß sich hinter diesen Typologien sehr grundlegende und elementare theoretische Unterscheidungen verbergen. Steht auf der einen Seite die Vorstellung, daß Politik am besten als die „technische" Herstellung, Allokation und Distribution von „sachlich" zu definierenden öffentlichen Gütern zu begreifen ist, die sich *über* politische Systeme vollzieht, so auf der anderen Seite die grundlegende Überzeugung, daß Politik in ihrem Kern eine soziale Aktivität darstellt, die sich auf der Grundlage von Institutionen *zwischen* politischen Akteuren abspielt und deren Sinn primär in der Sicherung des gesellschaftlichen Friedens oder auch in der symbolischen Interpretation von Leben und Lebensweisen (*March* und *Olson* 1984: 741) besteht. Für sie spricht zum anderen, daß es sich um eine Typologie handelt, die, gerade weil sie quer zu der Unterscheidung von demokratischer und nicht-demokratischer politischer Kultur steht, geeignet ist, in der Tradition angelegte kulturelle Unterschiede zwischen westlichen Gesellschaften, namentlich Unterschiede zwischen kontinentaleuropäischen „Staatsgesellschaften" und angelsächsischen „Nichtstaatsgesellschaften" (u.a. *Dyson* 1980; *Rohe* 1982; *Heidenheimer* 1986) zu erfassen, die, trotz unbestreitbarer kultureller Konvergenzen (*Richardson* 1982), sowohl auf der Ebene der grundlegenden Überzeugungen als auf der Ebene der operativen Normen in vielfältiger Form bis heute nachwirken, auch nachdem sich der alte Staat längst zu einem modernen politisch-administrativen System gewandelt hat.

4. *Schlußbemerkung*

Das Bewußtsein für die Existenz solcher kulturellen Unterschiede (vgl. *Heidenheimer* 1986; *Berbèn* u.a. 1985; *Dodd* 1985) und damit zugleich das Bewußtsein für die unterschiedlichen Sinnbezüge, in denen Politik stehen kann (*March* und *Olson* 1984), scheint sich allmählich wieder auszubreiten. Damit wächst die potentielle Bedeutung Politischer Kulturforschung, der ja unausgesprochen stets die Prämisse zugrundeliegt, daß sich in unterschiedlichen Gesellschaften und auf unterschiedlichen Politikebenen unterschiedliche Sinnbezüge von Politik kulturell auskristallisiert haben. Primäres Ziel aller politischen Kulturforschung besteht deshalb darin, „to unlock the cultural code" (*Wildavsky* 1985), d.h. die Programmsprachen unterschiedlicher politischer Kulturen zu entziffern, um politisches Verhalten von politischen Akteuren, das dem eigenen bornierten Verständnis von Rationalität widerspricht, nicht vorschnell als irrational abzuqualifizieren, sondern „in terms of the values they share and the social practices they are attempting to preserve" (*Wildavsky* 1985) zu verstehen. Kulturforschung beinhaltet also stets eine grundlegende „Übersetzungsleistung", die, wenn nicht alle Anzeichen trügen, nicht nur zwischen sondern auch innerhalb von nationalen Gesellschaften für die Zukunft wichtiger werden dürfte und die ohne Einbeziehung phänomenologischer und hermeneutischer Methoden gar nicht erbracht werden kann.

Politische Kultur wird damit gewiß nicht zu dem Konzept der Konzepte, das einen Universalschlüssel zur Erklärung politischer Phänomene bereithält; es wird beispielsweise Interessenanalysen niemals ersetzen können. Aber es ist doch ein Konzept, das einen zentralen Gegenstandsbereich und eine wichtige Analyseperspektive (*Greiffenhagen* u.a. 1981a) markiert und auf das nicht verzichtet werden kann, wenn man die Erklärungs- und Prognosekraft politikwissenschaftlicher Analysen, oder bescheidener: wenn man das Verständnis politischer Phänomene und das Problembewußtsein und die politische Sensibilität politischer Analytiker erweitern will. Mehr nicht. Aber auch nicht weniger.

Anmerkungen

1 Damit ist zugleich die Frage aufgeworfen, welche Wissenschaften und Disziplinen in welcher Gesellschaft zu welchen Zeiten mit welcher politischer Implikation die Rolle einer maßgebenden politischen Deutungswissenschaft einnehmen können. Interessante Anregungen dazu bieten *Vollrath* 1982, *Luhmann* 1984, *Schmidt* 1986.

2 Der Verfasser arbeitet gegenwärtig an einem Projekt, das politische Schlüsselkonzepte wie Staat, Gesellschaft, Politik, Verfassung usw. in Deutschland und Großbritannien in einer Längsschnittanalyse für das 20. Jahrhundert vergleichend untersucht. Pionierarbeit auf dem Felde der vergleichenden Begriffsgeschichte im Rahmen der Politikwissenschaft hat ohne Zweifel Arnold Heidenheimer geleistet. Den letzten Stand seiner Forschungen reflektiert sein Manuskript „Politics, Policy and Policey as Concepts in English and Continental Languages. An Attempt to Explain Divergencies", das die Grundlage für eine internationale Konferenz bildete, die unter dem Titel: Politikbegriffe im interkulturellen und intertemporalen Vergleich am 10. und 11. März 1986 in Essen stattfand.

Politische Kultur und Zivilreligion

Jürgen Gebhardt

1. *Einführung*

Die folgenden Überlegungen verstehen sich als Beitrag zur theoretischen Neubesinnung der politischen Kulturforschung ohne allerdings auf forschungspraktische Verweise zu verzichten. Grundsatzfragen politikwissenschaftlicher Theoriebildung werden hierbei nur insoweit eine Rolle spielen, als sie unmittelbar dieses Thema berühren: dies gilt auch für die kritische Auseinandersetzung mit den herrschenden Konzeptionen von Politischer Kultur. Sie interessieren nur als Ausgangspunkt für die hier vorgeschlagene Integration des Begriffs der Zivilreligion oder verwandter, in der neueren Literatur gebräuchlichen Begriffe in das Paradigma der politischen Kultur. Ich knüpfe hierbei an meine eigenen Arbeiten (*Gebhardt* 1976, 1978, 1986) an, die ursprünglich von *Voegelin* und seinen Schülern angeregt wurden (*Voegelin* 1966; *Weber-Schäfer* 1968). Während die deutsche Politikwissenschaft noch die Rezeption der amerikanischen *political-culture-Forschung* betreibt, entwickelt sich jenseits des Atlantiks bereits eine neue weiterführende Diskussion um *Bellahs* sogenannten *civil religion proposal*, in deren Verlauf die religiöse Dimension der politischen Welt zunehmend an wissenschaftlichem Interesse gewinnt. Die Einrichtung einer Sektion *Religion and Politics* bei der *American Political Science Association*, sowie eine wachsende Literatur hierzu (*Kelly* 1984; *Reichley* 1985; *Roof* 1985; *Political Science* 1986: 801–36), belegen diese Entwicklung ebenso, wie die Veröffentlichungen zum Problemkreis der *Civil Religion* selbst und neuere Arbeiten zum weiteren Themenbereich der politischen Religion in der Moderne (*Lane* 1981; *Sironneau* 1982). Im deutschen Sprachraum hat man sich bisher eher zögernd damit beschäftigt (*Lübbe* 1981; *Smids* 1985) – die zünftige Politikwissenschaft steht noch abseits.

2. *Zum theoretischen Status des Konzeptes „Politische Kultur"*

Für den folgenden Problemaufriß ist es sinnvoll, einen Blick auf die ursprüngliche Fragestellung der politischen Kulturforschung zu werfen. Nicht die Entwicklung dieses Forschungsansatzes und seine Rezeptionsgeschichte gilt es allerdings zu rekapitulieren, wie dies jüngst erst *Iwand* mit großem Fleiß und unter Einsatz eines gewaltigen „Zettelkastens" getan hat (*Iwand* 1985), sondern sich eine wissenschaftliche Diskussionslage zu vergegenwärtigen, welche erklärt, waum auch heute noch, dreißig Jahre später, der wissenschaftliche Ertrag in Frage gestellt, der theoretische Status des Konzepts als nicht hinreichend definiert empfunden und stets erneut auf die Beliebigkeit seines materialen Gehaltes verwiesen wird. Es scheint die Ursache hierfür in der Sache selbst zu liegen.

In der Tat standen bei der Geburt dieses Terminus höchst widersprüchliche Erkenntnisinteressen und Forschungsintentionen Pate, die nur schwer auf einen gemeinsamen Nenner zu bringen waren und sind. Ganz allgemein handelt es sich um ein Produkt der sozialwissenschaftlich ausgerichteten theoretischen und methodischen Erneuerung der Politischen Wissenschaft: Ursprüngliches Motiv dieser *behavioral revolution* war es, der politischen Wissenschaft durch eine systematische Theorie des politischen Lebens ihren Gegenstand zu bewahren im Angesicht des Trends zu einer in Methode, Theorie, Sprache und Gegenstandsbereich einheitlichen Sozialwissenschaft (unified science of society). Drohte doch dem disziplinbewußten politischen Wissenschaftler die Exkommunikation durch die Avantgarde der Sozialforschung (*Easton* 1953: 94 ff.).

Im Vollzug dieses Programmes wurde der traditionelle, im Sinne von *Max Weber* durch die Termini von Staat und Herrschaft umschriebene Erscheinungsraum des Politischen unter die kategoriale Begrifflichkeit der *General Theory of Action* der *Parsons*schule gebracht: Die politische Welt ließ sich als System einer von der Herrschaft her funktional geordneten Struktur beschreiben und hieß fortan politisches System. Man folgte damit der unmittelbaren Forderung der Protagonisten einer einheitlichen sozialwissenschaftlichen Theorie, denn diese standen – so sollte man sich erinnern – seinerzeit auf der Höhe ihres wissenschaftlichen Einflusses, welcher vom *Department of Social Relations* der *Harvard University*, dem institutionellen Kern der Parsonianischen Orthodoxie, weithin ins Land strahlte. Dieser Systemtheorie des sozialen Handelns entsprang unmittelbar die Konzeption der politischen Kultur: So wie das *cultural system* oder *system of cultural orientations* die soziopsychische Dimension des sozialen Systems umschreibt, das Bindeglied zwischen jenem und dem Persönlichkeitssystem der Handlungsträger darstellt, soll nunmehr mit politischer Kultur jener Ausschnitt der *cultural orientations* terminologisch fixiert werden, welcher sich auf *political action*, d. h. den Komplex gesamtgesellschaftlich verbindlicher Herrschaftsentscheidungen bezieht. Die Konzeptionalisierung der politischen Kultur als spezifische Verteilung der auf politische Objekte bezogenen Orientierungsmuster unter den Gesellschaftsmitgliedern, der, psychologisch gesprochen, Internalisierung des politischen Systems in der Gedanken-, Gefühls- und Wertwelt der Bevölkerung, beruht unmittelbar auf den Konstruktionsprinzipien der *General Theory of Action* (*Almond* 1956). Es sei deswegen an diese Tatsachen erinnert, weil es mit dem Verweis auf den Einfluß der *Parsons*schen Systemtheorie nicht getan ist, denn es handelt sich um deren *buchstäbliche* Anwendung auf das politische Leben; diese wurde durch vielfältige Einflußgrößen angereichert, doch hierdurch nicht in ihrer systematischen Grundstruktur verändert.

Die psychische oder subjektive Dimension des politischen Handlungssystems wurde und wird heute noch im wesentlichen in den Kategorien der Strukturanalyse des kulturellen Systems gefaßt und durch vielfältige Operationalisierungsansätze dem methodischen Zugriff der empirischen Sozialforschung, insbesondere den neuen Techniken der Umfrageforschung mit repräsentativer Bevölkerungsstichprobe, zugänglich gemacht und in diesem Sinne „empirisch" untersucht. Hiermit schien das sozialwissenschaftliche Postulat, der Politischen Wissenschaft durch ein eigenes „empirical conceptual scheme“ (*Parsons* und *Shils* 1953: 28) eine legitime theoretische Basis zu geben, eingelöst. Doch *Almonds* und anderer „Kochbuchanweisung“, wie empirische Forschungen zur politischen Kultur anzulegen sind, haben auch heute noch nicht zu dem erhofften kumulativen Wachstum des Wissens geführt, wie *Kaase* (1983) ein herausragender Vertreter einer strikt *nomothetischen* Sozialwissenschaft, erst jüngst im Verlauf der deutschen Diskussion erklärt hat. Dies sei nicht ein Problem der Methodologie, sondern liege an der Unschärfe des Begriffs selbst. Die Auswahl der für zentral gehaltenen Elemente relevanter individueller Überzeugungssysteme sei eklektisch und das der Auswahl zugrundeliegende systemtheoretische Modell inhaltlich unbestimmt; es lade deswegen auch dazu ein, je nach Datenlage, den Begriff auf eine Vielzahl von Aspekten auszudehnen. Wenn man auf dieses Konzept nicht verzichten wolle, so schlägt *Kaase* vor, halte sich der Forscher am besten an die ursprüngliche Konzeptionalisierung *Almonds, Verbas* und *Pyes*. Dieser Vorschlag ist plausibel, wenn man sich daran erinnert, daß die analytische Stringenz des Konzeptes ausschließlich im Kontext der *Parsons*schen Systemanalyse gegeben ist. Im Kontext einer nomothetisch konzipierten Wissenschaft von der Politik als sozialem Handlungssystem leitet sich der theoretische Status des Konzeptes der politischen Kultur allein von der *General Theory of Action* her, er ist ‚geborgt‘.

Wird der dort gegebene Begründungszusammenhang ausgeblendet, ist der theoretische Status dahin. ‚Geborgt‘ ist auch der Universalismus des Konzeptes – conditio sine qua non für ein heuristisches Instrument vergleichender Forschung. Der Universalismus trägt nur so weit, wie gemeinsame Inhalte westlichen Soziallebens in die *General Theory* eingeflossen sind und in der Umfrageforschung reproduziert werden können. Deswegen erwies sich auch die theoretische Arbeit an einer weiterführenden Konzeptionalisierung im Horizont der empirisch-analytischen Wissenschaft als so problematisch, daß einige große quantitative Untersuchungen auf das Konzept verzichten zu müssen glaubten. In seiner ursprünglichen Fassung gehört das Konzept zum sozialwissenschaftlichen Programm der Verwandlung von Gesellschaftserfahrung in soziologische Empirie, d.h., Erfahrung durch Konstrukte, wie *J. Matthes* (1985) es jüngst ausgedrückt hat. Das Konstrukt der politischen Kultur löst gemäß dem sozialwissenschaftlichen Gesetz, nach dem man angetreten ist, zwangsläufig den Menschen auf in Daten, Faktoren, Merkmale, Indikatoren, Kategorien, Funktionen, Rollen und Verhaltensmuster (*Tenbruck* 1984: 233). Diese Konstruktion der subjektiven Welt politischer Interaktion mit Hilfe der Aggregierung individual-psychologischer Daten zu kollektiven Einstellungs- und Verhaltensmustern eliminiert die entscheidende Dimension der Gesellschaftserfahrung, wie *Charles Taylor* feststellt: Die „gemeinsamen Bedeutungen“ finden keinen Platz in den analytischen Kategorien der politischen Kultur als Makrokonzept. Denn diese „sind nicht einfach eine Reihe konvergierender subjektiver Reaktionen, sondern Bestandteil der gemeinsamen Welt. Woran es der Ontologie der Hauptströmung der Sozialwissenschaft fehlt, ist ein Begriff von Bedeutung, der nicht einfach für ein individuelles Subjekt gegeben wäre, sondern für ein Subjekt, das sowohl ‚wir‘ als auch ‚ich‘ sein kann“ (*Taylor* 1978: 202). Dieser Ausschluß des Gemeinschaftlichen resultiert aus einer Epistemologie, „für die alles Wissen aus dem individuellen Subjekt eingeprägter

Eindrücke rekonstruiert werden muß" (*ebenda*). Wir bedürfen, so *Taylor*, der „Unterscheidung zwischen dem, was bloß in dem Sinn geteilt wird, daß wir alle es in unserer individuellen Welt haben, und dem, was in der gemeinsamen Welt ist. Doch die bloße Idee von etwas, das in der gemeinsamen Welt enthalten wäre, im Gegensatz zu dem, was in allen individuellen Welten besteht, ist der empiristischen Epistemologie völlig unzugänglich" (*ebenda*). *Taylor* macht auf die entscheidende theoretische Aporie derjenigen politischen Kulturforschung aufmerksam, die mehr sein möchte als eine jeweils forschungspragmatisch determinierte und somit prinzipiell beliebige Erhebung individueller Überzeugungssysteme sozialer Kollektive. Diese prinzipielle Aporie prägte die politische Kulturforschung von vornherein, insofern sich das erkenntnisleitende Interesse der Forschungen auf die psychosoziale Konstitution des politischen Ordnungsgefüges richtet, welche in der Tat erst Herrschaft ermöglicht, das heißt also auf jene gemeinsame Welt der politischen Kultur, welche die Lebenswelt der Individuen derart durchformt, daß soziale Interaktion stattfinden kann. Folgerichtig finden wir schon sehr bald jene weiten Konzeptionalisierungen von politischer Kultur, die, dem Problem der gemeinsamen Welt Rechnung tragend, den ursprünglichen analytischen Referenzrahmen verlassen und damit die materiale Auffüllung des Konzeptes durch Umfrageforschung in Schwierigkeiten bringen. Dieser Widerspruch zwischen wissenschaftstheoretischem Postulat und Erkenntnisinteresse machte sich aber schon in der ursprünglichen Fragestellung der politischen Kulturforschung bemerkbar: Wie muß die politische Tugend des Bürgers beschaffen sein, um die Entwicklung und Bewahrung einer demokratischen Politie zu gewährleisten und welche Art des Gemeinschaftslebens, der Sozialorganisation und Kindererziehung begünstigt ein solches Tugendsystem? Beantwortet wird die Frage im Umkehrschluß: Da die angelsächsischen Politien sich als die stabilsten erwiesen haben, umschreibt der dort vorherrschende Komplex politischer Orientierungen jenes Tugendsystem, das demokratische Stabilität hervorbringt. Die quantitativ erhobenen Befunde waren beeindruckend und die Folgerung klingt plausibel. Doch, wie *Abramowitz* rückschauend feststellt, die Natur der Beziehung zwischen Bürgerkultur und stabiler Demokratie bleibt ausgesprochen vage (*Abramowitz* 1980: 187). So ist es nicht verwunderlich, daß die Forscher, wenn sie dieser Fragestellung außerhalb des Bannkreises westlicher Erfahrung nachgehen, auf zentrale Phänomene der psychosozialen Verfassung politischer Ordnungen stoßen, die sich dem methodischen Zugriff durch die Umfrageforschung entziehen, beispielsweise dem Phänomen der Identitätsbildung sozialer Kollektive (*Almond* und *Powell* 1966: 51 ff.). Die Sinngehalte der gemeinsamen Welt treten in das Blickfeld. So heißt es bei *Pye* – zur Verdeutlichung der folgenden Überlegung seien diese bekannten Definitionen nochmals in Erinnerung gerufen –: Politische Kultur ist „the product of both the collective history of a political system and the life histories of the members of that system, and thus it is rooted equally in public events and private experiences" (*Pye* 1969: 8). *Pye* führt die geschichtlich-soziale Gestalt der Politie als eigenständige Dimension ein; in ihr treffen sich persönlich-private und kollektiv-öffentliche Erfahrung. Und weiter: „. . . in any operating political system there is an ordered subjective realm of politics which gives meaning to the polity, discipline to the institutions, and social relevance to individual acts. The concept of political culture thus suggests that the tra-

ditions of the society, the spirit of its public institutions, the passions and the collective reasonings of its citizenry, and the style and operating codes of its leaders are not just random products of historical experience but fit together as a part of a meaningful whole and constitute an intelligible web of relations" (*ebenda*: 7). Politische Kultur gibt der politischen Sphäre Struktur und Bedeutung. Im Kontext der politischen Kultur als einem sinnhaften Ganzen werden dann die zentralen Themen der Legitimität und Loyalität, der Gemeinschaftsbindung, des politischen Vertrauens und Mißtrauens, von Gleichheit und Hierarchie, von Freiheit und Zwang und schließlich der Art, dem Umfang und dem Grad gesellschaftlicher Identitätsbildung thematisiert (*ebenda*: 22).
Dieser letzte Punkt des Identitäts- und Gemeinschaftsbewußtseins kristallisierte sich als wesentliches Element politischer Kultur heraus: Identifikation mit der übergreifenden politischen Ordnung und ihren Symbolen sowie Identifikation der Individuen untereinander als Glieder einer Gemeinschaft. Mit dieser Konzeption von politischer Kultur als einem ‚sinnhaften Ganzen' wird notwendigerweise der analytische Rahmen *Almonds* gesprengt. Bei näherem Hinsehen zeigt sich, daß der Komplex psychosozialer Variablen nur einen – quantitativ erforschbaren – Ausschnitt aus dem ‚sinnhaften Ganzen' der politischen Kultur darstellt, diese Variablen erst innerhalb dieses umfassenden Sinngebildes ihren angemessenen Stellenwert erhalten und entsprechend interpretiert werden können. Im Unterschied dazu orientierte sich jedoch die politische Kulturforschung an der herrschaftszentrierten Bestimmung des Politischen: „We can speak of an political culture just as we can speak of an economic culture or a religious culture" (*Almond* und *Verba*, 1963: 12). Die Beziehung auf politische Objekte und Prozesse erweise sich als analytisch wertvoll – dies gelte aber natürlich nur für die Forschungsmethode. Von der Sache her ist es *Verba* durchaus klar, daß eine solche Trennung empirisch und methodisch kaum durchzuhalten ist. „The distinction between political culture and the general cultural system is an analytical one. Political culture is an integral aspect of the general culture... The basic belief and value patterns of a culture – those values that have no reference to specific political objects – usually play a major role in the structuring of political culture" (*Verba* 1969: 521 ff.). Die menschliche Beziehung zur Natur, das Zeitverständnis, das Menschenbild, ebenso wie die Sicht des Mitmenschen und die Auffassung vom Handeln schlechthin sind aufs engste verknüpft mit spezifischen politischen Einstellungen. In der Tat deckt sich der Erfahrungsraum der Politik nicht mit dem Wirkungskreis der formellen und informellen Herrschaft. Jede empirische Forschung belegt dies und die Lektüre von *Tocquevilles* „Demokratie in Amerika" macht diesen Sachverhalt jedem Proseminaristen klar.
So kommt auch *Pye* schließlich zu der Einsicht, daß die sinnhafte Struktur des politischen Lebens, die gemeinsame Welt, für den Begriff der politischen Kultur „an underlying and latent coherence in political life" impliziere. Die Politische Wissenschaft habe schon immer die Idee „of such a basic and implicit force in human societies" vertreten „as demonstrated in general acceptance of such concepts of general will, social contract, constitutional consensus, and inherent values." Doch gleichzeitig tendierten die Politikwissenschaftler dazu „such underlying forces" als „etwas Vages" zu behandeln (*Pye* 1972: 296).
In der Tat erfaßt ein systemanalytisches Konzept der politischen Kultur nicht die ent-

scheidenden Kristallisationspunkte der Gemeinsamkeit im soziokulturellen Ordnungsgefüge einer Gesellschaft. Deren Status als soziales Sinngebilde ist – um mit einer Feststellung *Voegelins* zu den weiterführenden Überlegungen überzuleiten – mehr als der beobachtbare Außenweltcharakter ihres faktischen Seins. Sie ist „im ganzen... eine kleine Welt, ein Kosmion, von innen her mit Sinn erfüllt durch die menschlichen Wesen, die sie in ihrer Kontinuität schaffen und erhalten als Modus und Bedingung ihrer Selbstverwirklichung. Das Kosmion wird erhellt durch eine hochentwickelte Symbolik ...und die Symbole lassen einen Sinn aufleuchten, indem sie seine innere Struktur, die Relationen zwischen seinen Gliedern sowie auch seine Existenz als Ganzes für das Mysterium der menschlichen Existenz durchsichtig machen. Die Selbsterhellung der Gesellschaft durch Symbole ist ein integraler Bestandteil der sozialen Realität..., denn durch eine solche Symbolisierung erfahren die Menschen die Gesellschaft, deren Glieder sie sind, als mehr als eine bloße Zufälligkeit oder Annehmlichkeit; sie erfahren sie als Teil ihres menschlichen Wesens. Und umgekehrt drücken die Symbole das Erlebnis aus, daß der Mensch voll und ganz Mensch ist kraft Teilnahme an einem Ganzen, das über seine gesonderte Existenz hinausgreift..." (*Voegelin* 1959: 49).

3. Politische Kultur und gesellschaftliches Selbstverständnis

Politische Kultur in diesem Sinne konzipiert, erwächst aus dem für eine Gesellschaft konstituitiven Selbstverständnis ihrer Ordnung. Die Symbole dieses Selbstverständnisses legen die gesellschaftliche Erfahrung von Ordnung aus: solche Erfahrungen bilden die „Kristallisationskerne von Figurationen voneinander abhängiger und aufeinander angewiesener Menschen", um einen glücklichen Ausdruck von *Norbert Elias* zu benutzen. Dieser Sachverhalt legt es der politischen Kulturforschung nahe von den Akten des Selbstverständisses auszugehen, „um von diesem Zentrum her die Ramifikationen in die Ordnung der Gesamtexistenz zu verfolgen – also in die Ordnung der Regierung und Verwaltung, der Wirtschaft, der Sozialhierarchie, des Bildungswesens usw." (*Voegelin* 1966: 345). Ein solches Vorgehen erfordert allerdings, in den für die Strukturverhältnisse des sinnhaften Aufbaus der sozialen Welt konstitutiven geistigen Formen, den gemeinsamen Ideen- und Bewußtseinswelten, das formgebende Prinzip einer politischen Kultur auszumachen.

In gewissem Maße bewegt sich die vergleichende Forschung durchaus in diese Richtung. So schlägt *Döring* vor, die Begriffswelt der jeweiligen gesellschaftlichen Selbstverständnisse in die vergleichende Analyse einzuführen, um „vergleichende Begriffsanalyse und international vergleichende Surveyforschung als unabhängige Quellen sinnvoll miteinander (zu) verknüpfen..." (*Döring* 1986: 6). Die hermeneutische Analyse der Begriffsinhalte zentraler Termini der politisch-sozialen Sprache, so zeigt *Döring* an Beispielen, liefert als Suchraster Interpretationshilfen des in der Survey-Forschung quantitativ erhobenen Materials. Sie trägt dazu bei, die den Daten implizierten Besonderheiten politischer Kultur zu deuten. Ein solches Verfahren wird allerdings nicht darauf verzichten können, sich das jeweilige Strukturgefüge der geschichtlich-sozialen Welt zu vergegenwärtigen, um den Ort zentraler Sprachsymbole ausloten zu können. Richtig ist aber sicher, daß die sorgfältige inhaltliche Rekonstruktion gesellschaftlicher Leitbegriffe für politische Kulturforschung unabdingbar ist, insbesondere wenn sie sich an interzivilisatorische Vergleiche wagt, bei denen in der Regel mit den völlig unangemessenen Begriffen westlicher Sozialwissenschaft der Untersuchungsgegenstand von vornherein deformiert wird.

Auf die hier angeschnittene Problematik war seinerzeit schon *Devine* in seiner 1972 veröffentlichten Studie über die amerikanische politische Kultur gestoßen. *Devines* Operationalisierung des Konzeptes verdient nähere Betrachtung: Er arbeitete mit einem erweiterten und differenzierten systemtheoretischen Konzept von politischer Kultur und verwandte für seine Sekundäranalysen alle in den USA seit den 1930er Jahren vorliegenden Umfragen. Die hierdurch gewonnenen Zeitreihen ermöglichen die Fixierung langfristiger Trends in den empirisch ausgewiesenen Werthaltungen. Systemanalytisch wird politische Kultur ganz im Sinne von *Pye* und *Verba* in vier Subsysteme aufgegliedert: Die beiden ersten, Identitätssystem und Symbolsystem, umschreiben die fundamentalen Voraussetzungen aller politischen Kultur, die Basis des Wertkonsenses. Darauf bauen dann die „regimeorientierten" Überzeugungssysteme auf: sie beziehen sich auf die psychosoziale Verankerung des Regelwerkes der politischen Praxis und der komplementären handlungsbezogenen Werthaltungen.

Das entscheidende Merkmal dieser Analyse besteht aber darin, daß *Devine* die Kriterien für die Selektion seines Materials und dessen begriffliche Verarbeitung einer hermeneutischen Analyse der geschichtlichen Gestalt der amerikanischen Gesellschaft entnimmt. Die von *Louis Hartz* in seiner Studie *The Liberal Tradition in America* (1956) vorgelegte Interpretation der Gesamtexistenz des amerikanischen Menschen in Geschichte und Gesellschaft definiert für *Devine* die Inhalte der amerikanischen politischen Kultur, ist also der „Suchraster", mit dessen Hilfe die Subsysteme material ausgefüllt werden. *Hartz* bestimmt den ‚Lockeanismus' als die liberale Substanz der amerikanischen Gesellschaft, sie gäbe der Sozialwelt der USA ihr unverwechselbares geschichtliches Profil. So lautete denn die Arbeitshypothese *Devines*: „The liberal tradition is... offered as the core of the beliefs which comprise the American political culture..." (*Devine* 1972: 58). „The political culture of the United States is conceived as being composed basically of Lockean values, which can be called the liberal tradition. It is maintained that widespread agreement on these values exists in the American System..." (*ebenda*: 6). Die Analyse nimmt Hartz' Interpretation als Arbeitshypothese für die Operationalisierung des Konzeptes der politischen Kultur der USA. *Devine* versteht unter ‚Kultur' ganz allgemein die fundamentale Wertübereinstimmung. Das für die Berücksichtigung von Daten entscheidende Kriterium des Politischen ergibt sich aus der Hartzschen Interpretation der amerikanischen *liberal tradition*: „From the foregoing analysis it follows that the political data will be related to the liberal tradition..." (*ebenda*: 67). Hier interessiert nicht die Durchführung der Untersuchung, noch die Stringenz des Hartzschen Entwurfs einer amerikanischen Ordnungsinterpretation. Es kommt vielmehr auf den Nachweis an, daß eine empiriegeleitete Betrachtung der soziokulturellen Konstitutionsprobleme gesellschaftlicher Ordnung die zentralen Gehalte der politischen Kultur mit der hermeneutischen Vergegenwärtigung der im Selbstverständnis der Gesellschaft gegebenen Symbol- und Bewußtseinsstrukturen zu beginnen hat.

Natürlich wird in den Augen des analytisch-empirischen Sozialwissenschaftlers ein solches Postulat in seinem Sinn nicht hinreichend theoretisch abgesichert sein. Aus meinen bisherigen Ausführungen sollte jedoch deutlich werden, daß das Konzept der politischen Kultur erst durch die empirisch verfahrende Rekonstruktion gemeinsamer Symbol- und Bewußtseinswelten sozialer Kollektive seinen angemessenen theoretischen Status erhält. Dieses Vorgehen kann sich wissenschaftsgeschichtlich auf eine alte Tradition der vergleichenden Kulturforschung berufen, welche die Symbolformen gesellschaftlicher Sinndeutung in das Zentrum der Analyse gerückt hatte (*Gebhardt* 1980: 44 ff.). Das wie immer geartete soziale Ordnungsgefüge einer politischen Kultur impliziert das gesellschaftliche Selbstverständnis und diese stellt sich als eine Symbolform gesellschaftlicher Sinndeutung dar. In diese Richtung hat schon *Dittmer* argumentiert: Er schlägt einen semiologischen Ansatz der Analyse politischer Kultur vor, und definiert politische Kultur als symbolisches System. „Symbols exist independently of human beings and may therefore transmit meanings from persons to persons despite vast distances of space and time. Although symbols are ultimately dependent for their meaning on fallible human interpretation, human communities do set forth comprehensible and relatively consistent rules of usage to facilitate speed and fidelity of communication" (*Dittmer* 1977: 557). *Dittmer* mißt der Symbolwelt jenen Grad an Autonomie zu, der ihr den Charakter des ‚objektiven Geistes' verleiht. Den Symbolen wird ein zentraler Status innerhalb einer politischen Kultur zugewiesen, entsprechend ihrer Fähigkeit, Erfahrung zu ordnen und zu erhellen: „It is in the metaphoric cross-referencing of domains that culture is integrated, providing us with the sensation of wholeness..." (*Dittmer* 1977: 577).

Der politische Symbolismus erweist sich als die entscheidende zentrale Variable im politischen Kultursystem. In Übereinstimmung mit *Dittmer* läßt sich die Frage nach dem Bindeglied zwischen politischen Orientierungen und politischen Institutionen beantworten: Sie findet sich im symbolischen Leben der Gemeinschaft. Politische Kultur kann begriffen werden als eine gleichsam vermittelnde symbolische Welt in jeder politisch organisierten Gesellschaft, welche die Vielheit der individuellen Psychen in das Ganze des politischen Lebens einbindet. Im Medium des symbolischen Universums kommen Wirklichkeitsbilder zum Ausdruck, die ihren Ursprung in den unterliegenden Bewußtseinsformen und deren Erfahrungswelten haben. Insofern stellt sich die symbolische Welt der politischen Kultur jeweils als ein Sozialfeld des Bewußtseins dar – ein Problem das hier nicht weiter verfolgt werden kann (vgl. *Gebhardt* 1980). Das spezifisch symbolische Universum einer politisch organisierten Gesellschaft ist von anderen, gesellschaftsübergreifenden Symbolwelten zu unterscheiden, mit welchen es sich aber durchaus überschneiden kann. Umgekehrt finden wir innerhalb politischer Kulturen eine Pluralität partikularer Sozialfelder des Bewußtseins, gesellschaftlicher Symbolformen mittlerer Reichweite, deren Träger unterschiedliche soziale Einheiten sind. Gelegentlich erwachsen daraus alternative oder oppositionelle Interpretationen der gesellschaftlichen Sinndeutung. Gesellschaftliche Symbole verfügen über ein Integrationspotential ebenso wie über ein Konfliktpotential.

4. *Politischer Symbolismus und Zivilreligion*

Insgesamt unterliegen die Symbolwelten, wie ihr soziopolitischer Kontext, dem geschichtlichen Prozeß von Entstehung, Wandel und Verlöschen. Symbolbildung ist kein anonymes Ereignis, sondern imaginative Bewältigung erfahrener Wirklichkeit durch das konkrete Bewußtsein handelnder Personen. Ihren materialen Niederschlag findet diese Symbolwelt in den sprachlichen und nichtsprachlichen Zeugnissen der Selbstverständigung, Literatur, Publizistik, Wissenschaft, Politik und Religion, den Praktiken des öffentlichen und privaten Alltagslebens, wobei diese sich in der konkreten historisch-sozialen Wirklichkeit des Habitus der Individuen durchdringen. Politische Kulturforschung heißt infolgedessen philosophisch-historische Forschung im Verbund mit qualitativer und quantitativer Sozialforschung. Politische Kultur solchermaßen verstanden enthält das ordnende Strukturprinzip der gemeinsamen Welt einschließlich der ökonomischen, sozialen und herrschaftlichen Aspekte, sie artikuliert das Ethos der Gesellschaft.

Ein nächster Schritt führt zur Frage nach den Konstitutionsprinzipien einer politischen Kultur als sozialem Sinngebilde. Läßt sich im Symbolgefüge ein identitätsstiftendes Ordnungszentrum ausmachen, ein Legitimationszentrum – so unscharf auch der Begriff der Legitimität sein mag – von dem her das Wechselspiel von herrschaftlicher Autorität und Gehorsamsverpflichtung für alle Beteiligten jenen Grad an Verbindlichkeit erhält, der einer politischen Einheit das notwendige Maß an Handlungsfähigkeit vermittelt? Es ist dieses verpflichtende Element einer Letztbegründung im gesellschaftlichen Selbstverständnis, welches auf die im weiteren Sinn religiöse oder spirituelle Fundierung des sozialen Zusammenlebens aufmerksam macht. Dieser normative Aspekt öffentlicher Symbolismen war explizit Gegenstand der modernen Theorie seit *Machiavelli*, als solcher bestimmt er die Diskussionslagen der modernen Wissenschaften vom Menschen in vielfältiger Art und Weise. Im Rahmen des skizzierten Problemzusammenhanges beziehen sich hierauf die neueren Konzepte der politischen Religion, säkularen Religion, öffentlichen Religion, Ziviltheologie und Zivilreligion. Formuliert im Kontext einer gleichsam nachchristlichen Situation der modernen westlichen Gesellschaft beanspruchen diese in gewissem Maße universelle Gültigkeit als Instrumente gesellschaftlicher Analyse.

Gemäß der hier entwickelten Problemstellung soll auf die Behandlung jener Seite dieser Konzeptionen verzichtet werden, welche den religiösen oder quasireligiösen Charakter moderner ideologischer Massenbewegungen thematisiert. Diese tangieren unsere Fragestellungen nur insofern, als sie ähnlich den sogenannten Hochreligionen als identitätsstiftendes Prinzip einer politischen Kultur fungieren. Deswegen beziehe ich mich hier nur auf den von *Voegelin* verwandten Terminus Ziviltheologie (*Voegelin* 1966) sowie auf den heute geläufigen Begriff der Zivilreligion (*Gebhardt* 1976). Dieser hat seit *Bellahs* sogenanntem *civil religion proposal* im Brennpunkt einer Konzeptionalisierung der religiösen Dimension gesellschaftlichen Selbstverständnisses gestanden (*Bellah* 1967).

Der römischen Erfahrung entstammend bewahrt der Begriff der Ziviltheologie ausdrücklich seine politische Konnotation, er läßt sich leichter von den verschiedenen

Bedeutungsgehalten eines allgemeinen Religionsverständnisses freihalten. Ziviltheologie bezieht sich auf die Begründung der sakralen Autorität aus dem Ursprung der *res publica*. Das Spezifische dieser Theologie besteht darin, daß die *res divina*, die spirituelle Ordnung der Menschen, aus dem Boden der *res humana*, der politischen Ordnung der civitas erwächst. Ziviltheologie transformiert primäre Ordnungserfahrungen in sekundäre Dogmatiken, welche den Ordnungsgrund auslegen und die Prinzipien der gemeinsamen gesellschaftlichen Existenz definieren (*Weber-Schäfer* 1968). Der Begriff beschränkt sich allerdings allzu sehr auf das dogmatische Element der Sakralbezüge innerhalb der Symbolwelt der politischen Kultur. Unter diesem Gesichtspunkt scheint das Konzept der Zivilreligion flexibler zu sein, wenngleich auch darin seine Schwäche besteht, wie die folgenden Ausführungen verdeutlichen sollen.

Was die Begriffsbildung selbst angeht, so ist sie nicht weniger umstritten als das Konzept der politischen Kultur, ist doch auch ein vergleichbarer wissenschaftlicher Werdegang zu verzeichnen. Auch hier vermischten sich von Beginn an wissenschaftstheoretische Intentionen mit Problemen binnengesellschaftlicher (amerikanischer) Selbstverständigung, folgte eine ausufernde Diskussion um theoretischen Status, empirische Verifizierung und alternative Begriffsbildung (*Richey* und *Jones* 1974; *Demerath* und *Williams* 1985; *Kelly* 1984). Der vergleichende Religionssoziologe *Bellah* kommt wissenschaftstheoretisch ebenfalls aus der *Parsons*schen Schule (*Bellah* 1964). Ausgehend von einem an *Durkheim* und *Parsons* geschulten Verständnis von Religion entlehnte er von *Rousseau* die Zivilreligion (ohne die römischen Traditionselemente näher zu betrachten), um die funktionale Rolle religiöser Werte und Orientierungen im *cultural system* für das soziale System herauszuarbeiten. „Every community is based on a sense of the sacred and requires a higher context of meaning." Und er schließt daraus „...all politically organized societies have some sort of civil religion..." (*Bellah* 1974: 270, 257) Maßgeblich für die große Resonanz dieser Position war jedoch die Anwendung des Paradigmas auf die Inhalte des amerikanischen Selbstverständnisses in den kritischen 60er und 70er Jahren. Von den frühesten Jahren der Republik an, so führte er aus, existierte „a collection of beliefs, symbols and rituals with respect to sacred things and institutionalized in a collectivity." Die Trennung von Kirche und Staat „has not denied the political realm a religious dimension... there are common elements of religious orientation that the great majority of Americans share. These have played a crucial role in the development of American institutions and still provide a religious dimension for the whole fabric of American life, including the political sphere..." (*Bellah* 1967: 3 f.) „American civil religion", faßt *Gehrig* zusammen, „is the religious symbol system which relates the citizen's role and American society's place, time, and history to the conditions of ultimate existence and meaning." (*Gehrig* 1979: 18). Die universalistischen Implikationen der Sinndeutung partikularer Gemeinschaftsordnung werden bei *Novak* deutlich: Zivilreligion „is a public perception of our national experience, in light of universal and transcendent claims upon human beings, but especially Americans: a set of values, symbols, and rituals institutionalized as the cohesive force and center of meaning uniting our many peoples" (*Novak* 1974: 127).

In diesen Beschreibungen dessen, was Zivilreligion heißen soll, entdeckt man ohne Schwierigkeiten entscheidende Momente der politischen Kultur, wie sie schon in die

Konzeptionalisierungen *Pyes* und *Verbas* Eingang gefunden hatten. Allerdings beschränkte sich die amerikanische Debatte vorwiegend auf die eigenen religiösen Traditionsbestände und trug hiermit zur zunehmenden Unschärfe des Begriffes bei. (*Stout* 1974; *Wilson* 1971; *Kelly* 1984). *Bellah* und seine Schüler sind zurecht darum bemüht, die Debatte aus der Fixierung auf amerikanische Selbstdeutung zu lösen, um den Horizont für eine vergleichende Analyse der Varianten der Zivilreligion zu öffnen (*Bellah* und *Hammond* 1980). In diesem Sinne ist für *Bellah* die Zivilreligion eine analytische Kategorie: Er bestimmt sie als den Bereich der Überschneidung von Politik und Religion, nämlich als die Sphäre der Legitimität. Die Zivilreligion vermittelt seiner Ansicht nach im Spannungsfall zwischen politischer und religiöser Autorität. Unter Politik versteht er die Autorität von politischer Macht, und Religion bezieht sich für ihn auf eine übergeordnete höhere Quelle der Autorität. Gegen dieses Verständnis ist aber einzuwenden, daß es in jeder Gesellschaft widerstreitende Ebenen der Legitimation gibt, die Ideenkomplexe der Legitimität (ihrer Natur nach synkretistisch) jedoch stets eine letzte Autorität oder Quelle der Legitimität involvieren. Daraus ergibt sich, daß eine Präzisierung von Zivilreligion nur im Rahmen des oben entwickelten Paradigmas der politischen Kultur sinnvoll ist, und nur in diesem Zusammenhang kann festgestellt werden, wie weit sie analytisch als heuristisches Instrument vergleichender Forschung trägt.

In diese Richtung weist auch *Lübbes* an deutschem Material orientierte Studie über Staat und Zivilreligion. Zivilreligiös, sagt er, „sind die – sei es inhaltlich, sei es im Faktum ihrer öffentlichen Präsenz – als universalkonsensfähig unterstellten religiösen Orientierungen, die in unserer politischen Kultur integriert sind." (*Lübbe* 1981: 51). Zivilreligion ist zwar auf die verfaßten Religionen und Glaubensgemeinschaften bezogen, aber nicht identisch mit ihnen. Zivilreligion ist deswegen für *Lübbe* ein für den modernen liberalen Staat charakteristisches Phänomen der Nachaufklärung: Sie liefert die legitimatorischen Voraussetzungen der liberalen Ordnung, die deren Bestand selbst nicht legitimieren kann. „Zivilreligion ist dann, in Beziehung auf diesen Bestand, die Form, in der sich das politische System und dann speziell auch der Staat selber auf diese Voraussetzungen, von denen er lebt, ohne sie garantieren zu können, ausdrücklich zurückbezieht" (*ebenda*: 57). Historisch ist dies insoweit plausibel, als die Idee eines zivilreligiösen Minimaldogmas schon von *Rousseau* in friedensstiftender Absicht als normative und funktionale Alternative zu den konfliktträchtigen zivilreligiösen Herrschaftsansprüchen der einzelnen christlichen Konfessionen in den frühneuzeitlichen Nationalstaaten entwickelt wurde. *Lübbes* Verweis auf die spezifische Struktur der modernen westlichen Zivilreligion zielt durchaus auf äquivalente Erscheinungsformen: Die Trennschärfe des Begriffs bewahre man, „wenn man dem Zivilreligionskonzept exklusiv diejenigen Symbole, symbolischen Handlungen, rituellen und freien Bekundungen, Normen und freien Gewohnheiten zuordnet, durch die innerhalb des politischen Systems öffentlich ein Sinnbezug zu prinzipiell nicht disponiblen Voraussetzungen seiner eigenen Existenz hergestellt wird und durch die darüber hinaus der Grund bekannt und anerkannt wird, der uns normativ festlegen läßt, was prinzipiell menschlicher Dispositionsfreiheit entzogen sein soll ..." (*ebenda*: 56). In dieser Hinsicht fungieren, so scheint es mir, moderne Ideologien ebenso wie das mittelalterliche Christentum und der Islam als Zivilreligion, wenn man die religiöse Dimension der politischen Welt im symbolischen Leben der Gemeinschaft mit diesem Begriff analytisch als Bestandteil der politischen Kultur beschreibt. Diesem Problem seien abschließend einige Bemerkungen gewidmet.

Durchgängig stoßen wir natürlich auf die widersprüchliche, schillernde Bedeutung von Religion, und damit verbunden auf das begrifflich problematische Verhältnis von Religion und Politik. Zur vorläufigen Klärung sei stichpunktartig das Folgende gesagt:

1. Der im Verlauf der frühneuzeitlichen Aufklärung an der Kirchenchristlichkeit gewonnene allgemeine Begriff von Religion als institutionalisiertem System von Überzeugungen und rituellen Praktiken mit generellem Deutungsanspruch der menschlichen Existenz ist den Erscheinungsweisen des religiösen Lebens, insbesondere außerhalb des westlichen Kulturkreises, unangemessen wie *W. C. Smith* überzeugend nachgewiesen hat (*Smith* 1962). Es empfiehlt sich daher, im Anschluß an *W. James, Smith* und *Voegelin* von der konkreten personalen Religiosität oder Spiritualität des Menschen auszugehen. In der religiösen Erfahrung transzendiert der Mensch seine Bedingtheit in ein ihm jenseitiges Realissimum von dem her er seine Existenz in der Spannung zwischen Zeit und Ewigkeit, Tod und Leben, Sterblichkeit und Unsterblichkeit in vielfältiger Weise deutet. Geschichtlich-konkret findet diese Erfahrung zu einer Vielzahl von symbolischen Explikationen des Realissimums; dies resultiert in der Pluralität spiritueller Symbol- und Lebensformen, die weder in jedem Fall mit der Lebensform in organisierter Gesellschaft zusammenfallen, noch sich unbedingt auf diese beziehen müssen.

2. Aber insofern Menschen in politisch organisierter Gesellschaft leben, spiegelt sich in deren Selbstverständnis die, wie auch immer, im religiösen Leben thematisierte Existenzspannung auf eine eigentümliche Weise wider. Denn auch die Bedingtheit der gesellschaftlichen Existenz verweist auf einen transzendenten Grund der Ordnung, der Sinn und Wahrheit des gemeinschaftlichen Lebens gewährleistet. Die symbolische Explikation des Ordnungsgrundes vermittelt dem der gesellschaftlichen Symbol- und Bewußtseinswelt inhärenten Wirklichkeitsbild gleichsam seinen Fluchtpunkt. Zivilreligion ist deswegen (ganz wie der altrömische Begriff der Ziviltheologie) auf die Präsenz des Numinösen im Erfahrungsraum des Politischen bezogen, und ihr Bezug auf den Ordnungsgrund ist empirisch mitnichten auf die spezifisch westlich-christliche Transzendenz eingeschränkt. Vom Kristallisationskern des Ordnungsgrundes her können schließlich die verschiedenen Formen der Sakralisierung der sozialen Identität ihren Ausgangspunkt nehmen. *Mol* versteht darunter einen „Prozess der Bewahrung und Verstärkung einer Sammlung von kanonischen Interpretationen der Wirklichkeit, Normen und Legitimationen..." (*Mol* 1976: 202). Dieser Prozess verleiht den Sinn- und Motivationswelten die Qualität des Achtungsgebietenden, Nichtdisponsiblen, sichert die Verbindlichkeit kohärenter symbolischer Auslegungen der Wirklichkeit. Die zivilreligiösen Gehalte politischer Kultur sichern solchermaßen der kollektiven gesellschaftlichen Existenz jene Kontinuitätserfahrung, welche dem Individuum seiner menschlichen Bedingtheit halber versagt bleiben muß.

III. Aspekte politischer Kultur in historischer Perspektive

Kommunale Partizipation im Kaiserreich am Beispiel Frankfurt a.M.

Jörg R. Köhler

1. *Der methodische Ansatz*

Die Themenstellung der folgenden Ausführungen mag selbst im Rahmen der ‚Politischen-Kultur-Forschung' Bedenken oder gar Skepsis hervorrufen. Schien es doch als ausgemacht, daß der Modernisierungsprozeß Deutschlands im Vergleich mit anderen westeuropäischen Staaten Abweichungen aufwies (*Wehler* 1975:39 ff.), die die ‚historische Sozialwissenschaft' (dazu u.a. *Wehler* 1979; *Kocka* 1977 und *Iggers* 1978) unter dem literarisch vorgeprägten Begriff des ‚Untertanenstaates' zusammenfaßte. Das ihm zugeordnete Kategorien-Raster (u.a. ‚verspäteter Nationalstaat', ‚halbabsolutistischer Scheinkonstitutionalismus', ‚Feudalisierung des Bürgertums' usw.: *Wehler* 1973), das den aufzuwerfenden Fragestellungen des Historikers, der sich dieser Epoche widmete, über Jahre als Folie diente, blendete nicht nur Gesichtspunkte im Bereich der Partizipationsforschung (*P. Steinbach* 1978 und 1982) von vornherein aus, sondern ließ sie ihm gegenüber zur Aporie geraten. Das Paradigma des strukturgeschichtlichen Ansatzes bedarf nun seit der von *Blackbourn* und *Eley* (1980) angeregten Debatte über den ‚deutschen Sonderweg' und der neue Forschungsmethoden erschließenden ‚Alltagsgeschichte' (*Medick* 1984) der Korrektur.
Der vorliegende Beitrag bemüht sich darum, den methodischen Rahmen meines Dissertationsvorhabens über ▪Bevölkerungswachstum, Industrialisierung und Städtebau im Wilhelminischen Frankfurt a.M., Partizipations- und Strategieformen in Fragen der kommunalen Stadtplanung▪ darzulegen, mit der Zielsetzung, die Erforschung des ‚sozialen Raumes' (*P. Bourdieu*) von Planungsprozessen und -auseinandersetzungen im Wilhelminischen Frankfurt a.M. legitimieren zu können. Dabei geht es darum, die Handlungsstrategien gegeneinander agierender Gruppen auszumachen, um deren Auffassung von Stadtgestaltung und deren Potential, Planungsinhalte durchzusetzen, freizulegen. Der Beitrag intendiert, objektive Strukturzusammenhänge mit den subjektiven Erfahrungsräumen zu verbinden oder anders: die genauere Analyse lebensweltlicher Zusammenhänge soll dazu beitragen, „größere Genauigkeit in der Erfassung des Strukturellen" (*Broszat* 1982: 1246) zu leisten. Die ‚Politische-Kultur-Forschung' erhebt den Anspruch, der von der Strukturgeschichte weniger beachteten „subjektiven Dimension der gesellschaftlichen Grundlagen" (*Berg-Schlosser* 1985: 746) nachzugehen. Der Begriff der ‚gesellschaftlichen Praxis' bleibt somit nicht länger

auf den Herstellungs- und Aneignungsprozeß beschränkt, sondern bezieht den sozialen Handlungsraum mit ein, um den *Sinn*zusammenhang von gesellschaftlichem Handeln erfassen zu können (*Berger* und *Luckmann* 1984: 20).
Es soll hier versucht werden, mit Hilfe von Kategorien, die *Bourdieus* Entwurf einer Theorie der Praxis (1976) entnommen sind, dazu beizutragen, die scheinbare Antinomie zwischen systematisch-analytischer und phänomenologisch-beschreibender Forschungsweise aufzuheben. Bourdieus Anliegen ist es, der Doppelkonstitution der menschlichen Tätigkeit als Strukturierendes und Strukturiertes Rechnung zu tragen:

Das Prinzip historischen Nadelns – des Künstlers, Gelehrten oder Regierenden wie des Arbeiters oder kleinen Beamten – stellt kein Subjekt dar, das gleichsam der Gesellschaft als äußerlichem Objekt konfrontiert wäre; weder Bewußtsein noch Sache, besteht es vielmehr in der Realtion zweier Zustände des Sozialen, nämlich der in Sachen, in Gestalt von Institutionen objektivierten Geschichte auf der einen, der in Gestalt jenes Systems von dauerhaften Dispositionen, das ich Habitus nenne, leibhaft gewordenen Geschichte auf der anderen Seite. Der Leib ist Teil der Sozialwelt – wie die Sozialwelt Teil des Leibes. Die in den Lernprozessen vollzogene Einverleibung des Sozialen bildet die Grundlage jener Präsenz in der Sozialwelt, die Voraussetzung gelungenen sozialen Handelns wie der Alltagaserfahrung von dieser Welt als fraglos gegebene ist". (*Bourdieu* 1985: 69)

Drei Begriffe sollen hier näher betrachtet werden: Der Begriff der ‚*Institution*' (1.), des ‚*Habitus*' (2.) und der ‚*sozialen Welt*' (3.).

2. *Institutionalisierte Rahmenbedingungen*

Industrialisierung und Bevölkerungswachstum haben einen enormen Modernisierungsschub zur Zeit von Oberbürgermeister ADICKES (Amtszeit: 1891–1912) bewirkt. Dieser soll als institutionelle Begleiterscheinung des durch die Technik herbeigeführten wirtschaftlichen Wachstums verstanden werden (*Berger* 1975: 14). Mit zunehmender Arbeitsteilung und Innovation war eine planerische Umgestaltung des Frankfurter Stadtraums notwendig geworden.
Der Städtebau als ‚handlungsbezogene Disziplin' um die Jahrhundertwende entstanden, bemüht sich um die ‚Systematisierung von Erfahrung' (*Albers* 1975). Insofern kann er als „Umsetzung gesellschaftspolitischer Ziele in die Wirklichkeit des Gebauten und als politisches Handeln" (*Albers*) bestimmt werden. Er ist Objektivation der ‚gesellschaftlichen Konstruktion der Wirklichkeit', d.h. vergegenständlichte menschliche Tätigkeit, denn die „Wirklichkeit der Alltagswelt erscheint bereits objektiviert, das heißt konstituiert durch eine Anordnung der Objekte" (*Berger* und *Luckmann* 1984: 24). Stadtgestaltung ist demnach Ausdruck und Folge von politischen Entscheidungen, die im ‚sozialen Raum' getroffen werden, wo um die „Sinnstrukturierung' der physisch-räumlichen Umwelt gestritten wird.
Institutionen sind Teil des ‚sozialen Raumes' und im Wilhelminischen Frankfurt a.M. von zentraler Bedeutung. Für den kommunalpolitischen Rahmen von Relevanz sind: der Magistrat, die Stadtverordneten-Versammlung, die Bezirksvereine, Parteien, Architekten- u. Ingenieur-Verein, Mieter- und Hausbesitzer-Vereine u.a. Ihren Stellung-

nahmen soll auf der Ebene der Institutionen nachgegangen werden. Der Begriff ‚Institution' mag an dieser Stelle noch unzureichend bestimmt sein. Die Bedeutung von ‚Institution' und ihre Stellung zur ‚sozialen Welt', verstanden als ‚Teil-Öffentlichkeit', soll unter 3. näher erläutert werden.

3. Habituelle Eigenschaften

Alle Planungsentscheidungen bedürfen der gesellschaftlichen Anerkennung. Durch die Einführung der ‚Zonen-Bauordnung' kurz nach Amtsantritt von OB Adickes wurden nicht nur soziale und räumliche Einheiten wie Wohnen und Arbeiten zerstört. Mit der Ausweisung von Industrievierteln wurden homogene soziale Strukturen aufgebrochen, die von der Wohnbevölkerung als ‚Inadäquatheit' des Eingriffs in ihre Lebenswelt (*Oldemeyer* 1979: 610) aufgenommen wurde. *Habituelle Eigenschaften* gerieten in Konflikt mit institutionellen Wertsetzungen.

„Der Habitus stellt die universalisierende Vermittlung dar, kraft derer die Handlungen ohne ausdrücklichen Grund und ohne bedeutende Absicht eines einzelnen Handlungssubjekts gleichwohl ‚sinnhaft', ‚vernünftig' sind und objektiv übereinstimmen; dabei bildet der Teil der Handlungen, der noch für deren eigene Produzenten im Dunkel verbleibt, jenes Moment, durch das diese Handlungen den anderen Handlungen und Strukturen, deren Produktionsprinzip das Produkt selbst ist, angepaßt werden. Weil sie das Resultat von Dispositionen sind, die, dank der Verinnerlichung der gleichen objektiven Strukturen, objektiv übereinstimmen, weisen die Handlungen der Mitglieder ein und derselben Gruppe oder, im Rahmen differenzierter Gesellschaften, ein und derselben Klasse eine unitäre und systematische objektive Bedeutung auf, die die subjektiven Absichten und die individuellen oder kollektiven bewußten Entwürfe transzendiert." (*Bourdieu* 1976: 179)

Der Begriff des *‚Habitus'* kann also als ein ‚System von Denk- und Wahrnehmungsschemata' angesehen werden. Habituelle Eigenschaften gehen in Planungsprozesse ein und bestimmen die Institutionalisierung städtebaulicher Leistungen.
Im Verlauf der Diskussionen um das Städtebauförderungsgesetz Anfang der 70er Jahre dieses Jahrhunderts hat *B. Schäfers* Kriterien zusammengestellt, die die Partizipationsmöglichkeiten der Bürger an städtischen Planungsprozessen erweitern sollten. Ausgehend von der Prämisse, daß Stadtplanungsprozesse die Umwelt eines jeden Bürgers tangiere, d.h. alle „Aspekte des humanen urbanen Wohnens" (*B. Schäfers* 1972: 258) anspreche, kommt er zu dem Schluß, daß städtebauliches Planen die „genaue Kenntnis der Bedürfnisse betroffener Bürger" voraussetze und somit ‚Konsensbeschaffung' und ‚Konfliktlösung' impliziere. Schäfers bezieht diese Begriffsbestimmung von Stadtplanung auf die Bundesrepublik Deutschland, d.h. auf ein demokratisches Gesellschaftssystem. Auch im Wilhelminischen Frankfurt a.M. waren die von Schäfers angeführten Kriterien bereits mehr oder minder im gesellschaftlichen Planungsbewußtsein integriert, was sich empirisch belegen läßt.
Den Präferenz-Zuweisungen von (räumlichen) Erreichbarkeiten, die im Straßenbau und in den Investitionen der Verkehrsinfrastruktur ihren Niederschlag finden, haftet zunächst der Charakter einer ‚opportunity structure' (*Hershberg* 1981: 123) an. Sowohl Konsumenten als auch Produzenten strebten nach verbesserter „Erreichbar-

keit", die durch die zunehmende Ökonomisierung der Zeit-Raum-Dimensionen zur gesamtgesellschaftlichen Zauberformel der alltäglichen Erfahrungswelt eines Städters avancierte. Dem Ziel ‚Erreichbarkeit' als Kriterium der sozio-ökonomischen Verteilung von städtischem Grund und Boden nach funktionaler Ausnutzung kommt dadurch eine soziale Tragweite zu, die jenseits von Schicht- oder Klassenzugehörigkeit bestimmt wird.

4. Symbolisch vermittelte „Soziale Welt"

Folgt man Bourdieus Gesellschaftsbegriff, so müssen städtebauliche Leistungen als Objektivationen gesamtgesellschaftlicher Entscheidung (Akzeptanz) angesehen werden. Im sozialen und politischen Handlungsraum (*Soziale Welt*) agieren „Akteure oder Gruppen von Akteuren" um gegenseitige Anerkennung und begreifen sich in ihrer ‚relativen Stellung' zueinander. Dieser ‚soziale Raum' kann auch als ‚Kräftefeld' verstanden werden, weil hier die ‚Ensembles von Akteuren' um Produktion und Macht und deren Aufteilung, aber auch ‚Sinn-Produktion und Sinn-Durchsetzung' in Beziehung treten (*Bourdieu* 1985: 10 ff.). Die gesellschaftliche Wirklichkeit wird als ‚Konstruktionsarbeit' erfahren, die sich auf vier Kapitalfelder verteilt (primär ökonomisches Kapital, sodann kulturelles und soziales und schließlich symbolisches Kapital).

„Zwar ist die Struktur des sozialen Feldes zu jedem Zeitpunkt durch die Verteilungsstruktur des Kapitals und der damit verknüpften Gewinne innerhalb der diversen Felder determiniert; dennoch gilt, daß in jedem dieser Spiel-Räume sowohl die Definition dessen, worum gespielt wird, als auch der Trümpfe, die stechen, immer wieder aufs Spiel gesetzt werden kann: Jedes Feld stellt den Schauplatz dar eines mehr oder minder offen deklarierten Kampfes um die Definition der legitimen Gliederungsprinzipien des Feldes. Gerade aus der Möglichkeit einer solchen Infragestellung, eines solchen Bruchs mit der doxa, worin die herkömmliche Ordnung als fraglos gegebene hingenommen wird, erwächst die Problematik der Legitimität." (1985: 28)

Die Artikulation von ‚Inadäquatheiten', aber auch das Bemühen um veränderte ‚Sinnstrukturierung' der physisch-räumlichen Umwelt macht diese ‚symbolischen Kämpfe' aus, denen anhand von Petitionen, Briefen, Zeitungsartikeln u.ä. nachgegangen wird.
Ihnen kommt subpolitischer Charakter zu, denn sie finden unterhalb der Schwelle politischer Entscheidungsprozesse statt. Sie beeinflussen aber den politischen Handlungsraum (*Habermas* 1981: 1, 116, 120) und tragen zur zunehmenden Politisierung der Gesellschaft bei (*Bourdieu* 1985: 19). Unter Politisierung soll „die Möglichkeit kollektiven Handelns bei nicht vorauszusetzendem Konsens" (*Scharpf* 1973: 33) verstanden werden. Die einzelnen sozialen Gruppen des politischen Raumes lassen sich hierbei von Handlungsstrategien leiten, die auf Anerkennung ausgerichtet sind. Damit ist ein Politikverständnis gemeint, das als Praxis nicht eindeutig „bewußt und kalkuliert noch mechanisch determiniert ist" (*Bourdieu* 1986: 156), sondern von symbolischer Qualität (z.B. Vertrauen, Ansehen, Anerkennung und Ehre usw.) geprägt ist.
Jede partizipierende Gruppierung versucht den eigenen Planungsvorschlag als einzig legitimen Beitrag zur wahren Stadtgestaltung anzusehen. Im Wilhelminischen Frank-

furt arbeiteten die Liberalen aufgrund ihrer dominanten Stellung in der Kommunalpolitik an der Realisierung ihres ‚liberalen Modells von Wirklichkeit' und waren daran interessiert, daß das Zensuswahlrecht trotz vielfacher Reformbestrebungen über den gesamten Zeitraum der Wilhelminischen Epoche Rechtskraft behielt. Wahlrechtsfragen stehen hier nicht im Mittelpunkt des Interesses, auch wenn die Wahlforschung einen gewichtigen Bestandteil der ‚Politischen-Kultur-Forschung' ausmacht. Partizipations-Forschung geht jedoch über sie hinaus (*Steinbach* 1982). Sie befaßt sich damit, „wie Menschen ihre Beziehungen zueinander begreifen", mit „den *Ansprüchen*, die Menschen aneinander richten" und „der Bereitschaft, sich den gegenseitigen Ansprüchen zu unterwerfen" (*Sider* 1982: 130). Im Kampf um Legitimität besitzen die Akteure Macht „jeweils proportional zum Umfang ihres symbolischen Kapitals, d.h. proportional zum Maß ihrer Anerkennung durch eine Gruppe" (*Bourdieu* 1985: 23). Die elementaren Fragen des Städtebaus im Wilhelminischen Frankfurt waren in erster Linie – wie schon betont – an der Kategorie der ‚Erreichbarkeit' ausgerichtet und hatten in ihrer Zeit-Raum-Dimension klassenübergreifende Interessenlagen tangiert, d.h. die gesamte städtische Öffentlichkeit war von den städtebaulichen Leistungen *betroffen*. Dem widerspricht nicht, daß ein Großteil der städtischen Bevölkerung sich nicht ausdrücklich artikulierte, sondern vielleicht nur mit der Unterschrift unter eine Petition dem „Schweigen über Hoffen und Streben" (*Moore* 1982: 267) symbolisch Ausdruck verlieh. Es muß allerdings unterschieden werden zwischen Teilnahme am gesamtgesellschaftlichen Willensbildungsprozeß und Teilnahme an gesellschaftlichen Teilbereichen wie dem Städtebau (*Eckart* 1970: 36). Die städtische Öffentlichkeit erwächst hier eher noch aus dem Privatbereich (*Habermas* in *Wehler* 1973: 218) als aus öffentlicher Form. Petitionsschriften spiegeln dies wider, die ihrerseits Objektivationen des sozialen Raumes darstellen, wo sich Akteure mit gleicher Handlungsmotivation und Zielsetzung zusammenfinden und die Auseinandersetzung mit anderen Teil-Öffentlichkeiten (*Großhans* 1972: 54) suchen.
Ihre ‚relativen Stellungen' im ‚sozialen Feld' zu erfassen, könnte zu differenzierteren Erkenntnissen über Partizipationsmöglichkeiten im kommunalpolitischen Handlungsraum führen.

5. *Die Interaktionen von Teil-Öffentlichkeiten mit den Institutionen*

An dieser Stelle ist es angebracht, *Bourdieus* Begriff der ‚Institution' mit dem der ‚Teil-Öffentlichkeit' zu verbinden.

> „Eine Teilöffentlichkeit als konstante oder latente soziale Gruppe entsteht zunächst durch den Zusammenschluß von Einzelnen zu Gebilden unterschiedlicher Struktur, aber auch durch staatliches Handeln. Teilöffentlichkeiten sind ... institutionalisierte Organisationen .. die an Planungsprozessen partizipieren. Vereinigungen, Gruppen informeller Art, sofern sie über Mindestmerkmale von Organisationsformen verfügen, kommen hinzu... Der Öffentlichkeitscharakter der beschriebenen Gruppierungen wird dann relevant, wenn diese mit ihren Ansprüchen nicht im eigenen Bereich bleiben, sondern in den öffentlichen Raum wirken wollen, sie sich dadurch gleichzeitig der Auseinandersetzung mit anderen Teilöffentlichkeiten stellen." (*Großhans* 1972: 64 f.)

Es wird demnach im Konkreten den politischen Aktivitäten von Stadtverordneten,

Wahl-, Bezirks-, Hausbesitzer-, Mietervereinen und beruflichen Interessenvertretungen aber auch den Petitionen, als den Artikulationen von ‚Gruppen informeller Art' und den Handlungsweisen der kommunalen Entscheidungsträger nachgegangen. Aufgrund der guten Quellenlage des Frankfurter Stadtarchivs läßt sich das ‚Habituelle' der städtischen Gesellschaft gut erschließen, sodaß dann auch beurteilt werden kann, wie diese fundamentalen Planungsgrundlagen im Planungsprozeß und -vollzug berücksichtigt wurden.

Die ***Petitionen*** können hierbei nur als ein Bestandteil der ***Partizipation*** angesehen werden, sollen aber keineswegs als „Appellations- und Interventionsmöglichkeiten der ständischen Gesellschaft" (*Steinbach* 1982: 11) vorschnell abgetan werden. Das Petitionsrecht ist eben nicht nur ein Partizipationsinstrument der vorindustriellen Gesellschaft gewesen. Der Artikel 17 unseres Grundgesetzes ermöglicht jedem, „sich einzeln oder in Gemeinschaft mit anderen schriftlich mit Bitten oder Beschwerden an die zuständigen Stellen und an die Volksvertretung zu wenden". Der ‚Petitionsausschuß' des Bundestags befaßt sich heutzutage mit dem, was an kollektiven Verhaltensweisen in der Gesellschaft fundamentalpolitisch zum Ausdruck kommt. Es wird zu zeigen sein, daß auch dieses Strukturprinzip bereits in starkem Maße für die städtische Gesellschaft des Wilhelminischen Reiches zutraf. „Der Reiz der Petition liegt" jedenfalls ... „in ihrer Eigenschaft, soziale Interessen zu spiegeln und damit Aufschluß über die Verbindung von Lebenslage, subjektiver Befindlichkeit und politischer Artikulation zu geben" (*Steinbach* 1982: 11).

Das soziale Feld ist bestimmt sowohl von modernisierungsfördernden als auch -hemmenden Kräften, wobei einzelne agierende Gruppen andere von der politischen Partizipation auszuschließen versuchten. Wenn in der Stadtverordneten-Versammlung in Frankfurt einerseits gefordert wurde „der bloßen Agitation von Gegeninteressen" (StVV 14.6.92: 204) nicht nachzugeben, so konnte aber auch die Gegenposition für den Planungsprozeß relevant werden, nämlich „die Abstimmung [zu] verschieben, damit man sich nicht seitens der Bürgerschaft dem Vorwurf der Überrumpelung aussetze".

Der hier vorzuschlagende Partizipationsbegriff unterscheidet zunächst zwischen Teilnahme am zentral-gesellschaftlichen Willensbildungsprozeß und der am Entscheidungsprozeß in gesellschaftlichen Teilbereichen wie dem des Städtebaus (*Eckart* 1970: 36).

Partizipation muß dann auch in ihrer ambivalenten funktionalen Bedeutung gesehen werden. Aus der Sicht der Betroffenen hat sie einerseits die Funktion individuelle und kollektive Interessen durchzusetzen, sie kann aber auch aus dem Motiv der Gefahrenabwehr erwachsen. Diese Ambivalenz ist jeglicher Form von Partizipation immanent. Sie kann in der Form der Interessenvertretung aber auch der Politisierung auftreten. Letzteres kann aus Modernisierungsfurcht erwachsen und sich symbolisch in einem gesellschaftspolitisch relevanten Krisenbewußtsein manifestieren. „Problematisch ist es jedoch diese Traditionsüberhänge sozialdefensiven konservativen Bewegungen allein anzuheften..." (*Steinbach* 1986a: 44). Aus der Sicht der Entscheidungsträger kann die Partizipation die Funktion einnehmen, Planungsprozesse und -entscheidungen effizienter zu gestalten. Sie kann auch dazu beitragen, praxisferne

Planungen auszuschließen. Es ergeben sich hier die Funktionen der Rationalisierung und der Loyalisierung (*Lampugnani* 1982: 56). Es wird zu prüfen sein, ob die Ausweitung und Differenzierung der kommunalen Verwaltungsinstitutionen ordnungspolitisch motiviert war oder die „Elastizität der Institutionen" steigerte. Gingen damit Prozesse der Ausgrenzung oder Integration einher? Anhand des empirisch verwertbaren Quellenmaterials werden dann weitreichendere Schlüsse zu ziehen sein. Der Partizipation als „Eingriff mit Aussicht auf Wirkung" kommt in ihrer Potentialität jedenfalls kulturpolitische Stoßkraft zu, auch unter dem Gesichtspunkt in welcher Art und Weise sich eine Gesellschaft ‚zivilisiert'. Erwähnt werden soll hier z.B. das wohnungsbaupolitische Leitbild, ‚Licht und Luft' in den altstädtischen Bereichen zu schaffen, das Flächensanierungen größeren Ausmaßes legitimierte.

Den lokalen Presseorganen wird man große Aufmerksamkeit schenken müssen, um deren Anteil an der Meinungsbildung ermessen zu können. Oberbürgermeister Adickes war mehrere Male darum bemüht, seine planungspolitischen Absichten über die lokalen Zeitungen an die Öffentlichkeit heranzutragen. Es kann nachgewiesen werden, daß er in einigen strittigen kommunalpolitisch bedeutsamen Planungsvorhaben zunächst die Reaktionen aus der städtischen Öffentlichkeit abwartete (z.B. Leserbriefe, redaktionelle Erwiderungen, Berichte von Versammlungen und Petitionen) um dann erst mit der eigentlichen Planung zu beginnen.

Bebauungs- und Fluchtlinienpläne wurden stadtteilbezogen aufgestellt und korrespondierten mit dem lebensweltlichen Erfahrungsraum der Bevölkerung, die ihrerseits in den stadtteilbezogenen Bezirksvereinen ihre institutionelle Einbindung erkannten. Entsprechend diesem zeitgenössischen Selbstverständnis werden die Planungsprozesse zunächst stadtteilbezogen erforscht und sodann in den gesamtstädtischen Zusammenhang gestellt werden.

Wie sich Modernisierung im kommunalen Raum vollzog und mit welchem Potential an politischer Partizipation der Modernisierungsprozeß einherging, kann auf diese Weise ermessen werden, wobei dem Prozeß der Rationalisierung, der ‚Elastizität von Institutionen' und dem sozialen und politischen Wandel des kommunikativen Handlungsraumes (*Steinbach* 1986a: 47) besondere Beachtung zukommen soll.

Der endgültige Vollzug von Bebauungs- und Fluchtlinienplänen ergab sich sodann als Folge der Auseinandersetzungen von ‚Akteuren' bzw. ‚Gruppen von Akteuren' in ihrer ‚relativen Stellung' innerhalb des politischen Handlungsfeldes. Hierbei wird die Prämisse bekräftigt, daß die Wilhelminische Gesellschaft, und das gilt auch für das Wilhelminische Frankfurt a.M., in ihrer ‚Segmentierung' als eine politisch, sozial und kulturell pluralistische Gesellschaft verstanden werden muß (*Nipperdey* 1985: 74). Ihre ‚feststellbare Realität gesellschaftlich-politischer Erfahrungen' (*Broszat*) braucht nicht vorab mit mehr oder minder abstrakten Gesellschaftstheorien konfrontiert werden, sondern implizite und normative Zielvorgaben sind entbehrlich, da durch die Berücksichtigung und Einbeziehung von Bourdieus Kategorien der Institutionen, des Habitus und der Sozialwelt verallgemeinerbare Aussagen über Interaktionsprozesse vorgenommen werden können. Die strukturelle Dimension wird auf diese Weise nicht ignoriert. Ist es nicht vielmehr so, daß ‚gesamtgesellschaftliche Interdependenzen' aus der ‚Mikroebene lokaler Milieus' herausgearbeitet (*Broszat* 1982: 1246) werden können?

Politisierung und Nationalisierung deutscher Regionen im Kaiserreich

Stefan Immerfall und Peter Steinbach

1. *Einleitung*

Der historisch-politischen Wahlforschung kommt zweifellos eine große Bedeutung für die „Politische-Kulturforschung" zu. Denn sie gestattet die Untersuchung politischer Wertvorstellungen in ihrer Genese, Wirksamkeit und Bedingtheit im Rahmen weiterer kontextueller Faktoren. Im Spiegel der Wahlprogrammatik und durch die Untersuchung von Wahlbewegungen lassen sich zentrale Wertvorstellungen einer Gesellschaft nicht nur erfassen, sondern es kann auch ihr zeitspezifischer Wandel und ihre regionale Differenziertheit sichtbar gemacht werden.

Als Indikatoren einer derartigen historisch orientierten „Politischen-Kulturforschung" können Wahlkampfaussagen, Wahlergebnisse, zeitgenössische Publizistik, hier v. a. zur Erfassung eingeschliffener, ritualisierter oder zeittypischer Begriffe, die tradierte Konfliktdimensionen reflektieren oder Bestandteile einer milieuspezifischen Weltsicht sind, und ökologische Datensätze herangezogen und miteinander verknüpft werden. „Politische-Kulturforschung" geht dabei nicht von einer geschlossenen, nationalen Gesamtkultur aus. Gerade in Deutschland bedarf es der genaueren Kenntnis regionalspezifischer Teilkulturen, die in sich wiederum konfessionelle, soziale und kulturelllandschaftliche Aspekte aufnehmen. Dabei kommt es besonders auf die Untersuchung der „Nationalisierung" von Regionalkulturen im Zuge der allgemeinen Politisierung an, die im 19. Jahrhundert beginnt und als „Fundamentalpolitisierung" einen ersten Abschluß in der Zeit der Weimarer Republik, einen weiteren dann gegen Ende der sechziger Jahre erreicht hat.

Das Ziel der „Politischen-Kulturforschung" als historische Sozialforschung ist es, allgemeine Erklärungsmodelle für typische Strukturen und generalisierbare Abläufe dieser Prozesse zu entwickeln, ohne deren empirische Vielfältigkeit aus dem Auge zu verlieren. Aus einem solchen Modell[1] werden im folgenden zwei Untersuchungsfragen abgeleitet (Abschn. 2.), zu deren Beantwortung einige erste Ergebnisse aus einem Forschungsprojekt der Universität Passau[2] beitragen sollen (Abschn. 3. und 4.).

2. *Innere Nationalstaatsbildung als Gegenstand historisch-empirischer Partizipationsforschung*

Als praktikables Modell zur Anleitung langzeitorientierter, vergleichender Untersuchungen im europäischen Raum haben sich, trotz berechtigter Kritik, bis heute moder-

nisierungstheoretische Fragestellungen bewährt (s. jüngst die ausgewogene Diskussion bei *Nipperdey* 1986: 44–59). Danach läßt sich, idealtypisch die politische Entwicklung der westeuropäischen Staaten vereinfacht in vier Phasen strukturieren: 1. die Phase territorialer Konsolidierung seit dem Hochmittelalter, 2. die Epoche kultureller Einigungsbestrebungen im Gefolge der Französischen Revolution (Staats- und Nationbildung) und schließlich (3. und 4.) die Herausbildung der politischen und später der sozialen Staatsbürgerschaft im 19. und 20. Jahrhundert (Demokratisierungs- und Distributionsphase) (vgl. *Rokkan* 1975: 570–575; *Almond* 1978: 359–363).
Wahlbewegungen und Wahlrechtsausweitungen können als Bestandteile der beiden vorletztgenannten Fundamentalprozesse, mithin der Nationalisierung und der Demokratisierung, analysiert werden. Erst vor dem Hintergrund eines derartig vergleichenden Modells heben sich die einzigartigen (aber auch exemplarischen; s. z. B. *Sheehan* 1984: 55) Züge der deutschen politischen, sozialen und kulturellen Entwicklung ab.
Eine weitreichende Besonderheit Deutschlands ist in diesem Sinn[3] die – mit Ländern wie Italien oder Finnland geteilte – Gleichzeitigkeit der beiden politischen Grundprozesse. Zwar sind Nationalisierungs- und Politisierungsprozesse überall verwoben: Der Nationalstaat steht, im Gegensatz zum mittelalterlichen Staat, in direkter Beziehung zu seinen Untertanen. Deshalb geht die Ausbildung der nationalen Gemeinschaft mit Forderungen der Unterschichten und der Bevölkerung in den regionalen Peripherien nach Mitwirkungsrechten einher (*Bendix* 1977: 89 ff.). In den meisten westeuropäischen Nachbarstaaten ging jedoch die volle Ausbildung des Nationalstaates diesen Partizipationsforderungen voraus. Die Mobilisierung der breiten Wählerschichten folgte verspätet den formalen Mitwirkungsrechten. Dies bedeutet, daß die entscheidenden Merkmale des Parteiensystems schon ausgebildet waren, ehe breite Bevölkerungskreise in die politische „Arena" eintraten (*Rokkan* 1970: 96 ff., 226 ff.). Im Kaiserreich hingegen wurde das allgemeine Wahlrecht „von oben" als Instrument des Nationbuilding eingesetzt, entfaltete dabei allerdings eine Wirkung, die den Intentionen ihrer Urheber zuwiderlief (vgl. *Steinbach* 1984a). Denn die Reichseinigung traf auf historisch akkumulierte, geschichtslandschaftlich und einzelstaatlich verfestigte Gegentendenden, die gerade unter dem allgemeinen Wahlrecht ihren politischen Ausdruck finden konnten. Die größeren Staaten, v. a. Bayern, Württemberg und Baden, waren auf dem besten Wege, eigene Identitäten herauszubilden, während der entscheidende „Nationbuilder", Preußen, gerade nicht als Nationalstaat bezeichnet werden kann (*Mommsen* 1984; *Koselleck* 1984; *Thadden* 1984). In der Begrifflichkeit des „Committee on Comparative Politics" des Social Research Council, das eine Typologie politischer Entwicklungsprobleme entwickelt hat, können wir von einer Dominanz des „Penetrations-" über den „Identitätsprozeß" sprechen (s. *Binder* u. a. 1971: 299 u. spez. *Gillis* 1978). Die Regierungen waren erfolgreich beim Aufbau einer durchsetzungsfähigen Bürokratie gewesen. Während aber ihre Legitimität größtenteils unbestritten blieb, entwickelte sich in der Gesellschaft nur eine geringe nationale Verbundenheit. Die eindrucksvolle nationale Einheit stand im Gegensatz zur Wertediversität im Inneren (*Baum* 1967). „Der Nationalismus fungierte daher in der Wilhelminischen Ära viel eher als eine Waffe in der innenpolitischen Auseinandersetzung denn als einigende Kraft." (*Sheehan* 1983: 326)
An diese Feststellung schließen sich zwei Fragen an, die wir mit dem Instrumentarium der

historisch-empirischen Wahlforschung untersuchen wollen. Dem Stand des Forschungsprojektes entsprechend, konzentrieren wir uns in erster Linie auf die Aggregatebene. Im Unterschied zur politikgeschichtlichen Analyse haben wir die Stimmergebnisse nicht in ihrer Funktion für die Zusammensetzung des – ohnehin nur eingeschränkt bedeutsamen – Reichstages im Auge, sondern wegen ihrer oben erwähnten Indikatoreigenschaften. Die Fragestellungen lauten:
Erstens: Konnte die nationalpolitische und verfassungsgeschichtliche Entwicklung auf der gesellschaftlichen Ebene „nachgeholt" werden? Haben sich im Verlauf der dreizehn Reichstagswahlen, die maßgeblich durch ein Wahlrecht beeinflußt wurden, das als besonders fortschrittlich galt, die unterschiedlichen regionalspezifischen Voraussetzungen politischer Mobilisierung nivelliert?
Zweitens: Wie stellen sich Form, Träger und Methoden der in den Wahlergebnissen und Wahlkämpfen sichtbar werdenden Integrationsprozesse dar? Ist die Herausbildung einer einheitlichen Vorstellungsweise von Politik und Sicht des Politischen mehr als Reaktion auf Anstöße von „oben" und von „außen", von Regierung, Parteien, Verbänden und Kandidaten, oder mehr als Ergebnis autonomer politischer Artikulation zu interpretieren[4]?

3. *Regionalisierung der Politik oder Nationalisierung der Region?*

Das Wiederaufleben regionaler Bewegungen hat „territorialen" Ansätzen in der Politikwissenschaft neue Aufmerksamkeit beschert (*Rokkan* und *Urwin* 1982; *Gerdes* 1985). Landesgeschichte und historische Wahlsoziologie haben stets sozialräumliche Bezüge politischen Verhaltens betont und konnten die Prägekraft regionaler Tradition – teilweise sogar ungeachtet sozialer Veränderungen – bis in die Gegenwart nachweisen (vgl. Forschungsberichte: *Steinbach* 1978 u. *Rohe* 1982, sowie als jüngste Beispiele interdisziplinärer, historischer Wahlforschung *Günther* 1983; *Wehling* u. a. 1986; → *Wehling*, → *Mintzel*).
Läßt sich der konstatierte regionale Einfluß auf das aggregierte Wahlergebnis empirisch belegen? Statistisch überprüfbar ist die Hypothese, die Unterschiedlichkeit der Stimmergebnisse in den einzelnen Wahlkreisen werde von der regionalen Zugehörigkeit des Wahlkreises beeinflußt. Dieser Fragestellung entsprechen varianzanalytische Methoden (vgl. *Bortz* 1979: 295 ff.). Als unabhängige Variable betrachten wir den Faktor „Region", der durch die Regierungsbezirke in Preußen und Bayern bzw. durch die kleineren Bundesstaaten operationalisiert wird. Dieses Vorgehen kann inhaltlich gerechtfertigt werden, da die größeren Verwaltungseinheiten zumeist historisch-geographischen Gegebenheiten Rechnung getragen haben. Insgesamt hat somit der Faktor „Region" 51 Ausprägungen[5]. Abhängige Variablen sind die Ergebnisse der Parteien, die allerdings nicht unabhängig voneinander[6] sind. Diese Wechselwirkung ist zu beachten. Deshalb legen wir ein einfaktorielles, multivariates Untersuchungsmodell (statt eines multiplen univariaten) zugrunde.
In der Tabelle 1 sind die Ergebnisse des einschlägigen Signifikanztests (Hottelings's T-Test) für alle Legislaturperioden zusammengestellt. Das Ergebnis ist erkenntlich an den

Tabelle 1: Einfluß des Faktors „Region" auf die Stimmergebnisse

Wahl	SIGNI	DETERkanon
1871	.000	.932
1874	.000	.936
1877	.000	.934
1878	.000	.935
1881	.000	.924
1884	.000	.921
1887	.000	.932
1890	.000	.913
1893	.000	.911
1898	.000	.875
1903	.000	.888
1907	.000	.889
1912	.000	.850

durchgängig niedrigen Signifikanzniveaus. Danach wird für alle Wahlen die Hypothese zurückgewiesen, die Stimmergebnisse hätten sich nicht wesentlich zwischen den Regionen unterschieden. Dieses Ergebnis ist nicht überraschend, denn es steht im Einklang mit der heterogenen Strukturierung des Kaiserreichs. Zudem trägt das Mehrheitswahlrecht zur Konzentration der Parteien auf Hochburgen bei. Bedeutsamer ist die Frage, ob die Stärke des „regionalen Faktors" im Zeitablauf abgenommen hat. Als zusammenfassende Maßzahl für den Einfluß der Gruppierungsvariable „Region" auf die Stimmergebnisse insgesamt eignet sich das Quadrat der kanonischen Korrelation, das den Anteil gemeinsamer Varianz der (durch Linearkombinationen abgeleiteten Variablen der) 51 Variablengruppen angibt (*Gaensslen* und *Schubö* 1976: 165 ff.). Auch dieses Verfahren (s. DETERkanon in Tabelle 1) zeigt, wie äußerst unterschiedlich die Parteien des Kaiserreichs in den Regionen vertreten waren. Allerdings scheint es, als würde der regionale Faktor langsam, aber stetig an Einfluß verlieren. Dieser Eindruck erhärtet sich durch die Tabelle 2. Sie führt die „Hochburgen" auf, die ebenfalls abnehmen.

Für die meisten Zeitgenossen trat Politik unter lebensweltlichem und regionalem Blickwinkel ins Bewußtsein. Die so ausgelöste Spannung zwischen regionaler Stabilität von Wertstrukturen und der Herausbildung nationaler Wertmuster löste sich nur sehr allmählich zugunsten der Themen des nationalen politischen Systems auf. Regionale Politisierung führte jedoch längerfristig zur Homogenisierung der politischen Themen.

Die regionale Politisierung ist, wie beispielsweise Detailuntersuchungen zum Wahlkreis 377 (Fürstentum Lippe) zeigen, eine wesentliche Voraussetzung für die Nationalisierung der Wahlbewegungen, die den „politischen Kirchturmshorizont" (*E. Lederer*) überschreiten und auf der Grundlage allein regionalspezifisch zu erklärender Mobilisierungsraten schließlich auch die nationalen Wahldispositionen in den einzelstaatlichen und lokalen Stimmentscheidungen umsetzen. Trotz wachsender Polarisierung ist etwa in vielen Wahlbezirken des Einzelstaat-Wahlkreises Lippe-Detmold eine deutliche politische

Tabelle 2: „Hochburgen" im Dekadendurchschnitt*

Dekade	I	II	III	IV
KONSER	73	100	82	59
FREIKO	86	67	45	26
ZENTRU	121	113	103	108
NATION	168	102	48	34
FORTSC	57	64	24	16
FREISI	1	47	8	4
DEMOKR	4	7	6	1
SOZIAL	16	14	59	102
MINDER	38	46	36	27
WIRTSC	0	0	8	15
ASEMIT	1	1	6	7
SONSTI	20	0	0	0
Insgesamt**	392	371	351	331

* Eine „*Hochburg*" wird hier als ein Wahlkreis definiert, in dem eine Partei im Durchschnitt einer Dekade einen Stimmanteil von über 40 % erzielen kann. *Dekade* I umfaßt die Wahlen 1871, 1874, 1877 und 1878; II die Wahlen 1881, 1884 und 1887; III die Wahlen 1890, 1893 und 1898; IV die Wahlen 1903, 1907 und 1912. Die Einteilung erfolgt chronologisch mit der Absicht, eine möglichst gleiche Anzahl von Wahlen zusammenzufassen, um Trendverläufe besser sichtbar zu machen; sie ließe sich aber auch inhaltlich vertreten – stichwortartig etwa als „liberale", „konservative", „populistische" und „sozialdemokratische Phase".

** Diese Zahl ist nicht die Spaltensumme! Sie kann theoretisch die Summe aller Wahlkreise übersteigen, da hoch polarisierte Wahlkreise zwei Parteien als Hochburgen zugerechnet werden.

Homogenisierung nachweisbar, die sich vor allem in annähernd gleich hohen Wahlbeteiligungsraten ausdrückt (*Steinbach* 1986).

Zusammenfassend betrachtet, entsteht der Eindruck, als würde allmählich der Abschleifungs- und Angleichungsprozeß politischen Verhaltens im Zuge der Nationalstaatsbildung über regionalspezifische Vertiefungsprozesse dominieren. Dafür kämen drei Gründe in Betracht. Erstens wäre es möglich, daß die Polarisierung und somit die Hemmung vor der Wahl „fremder" und die Mobilisierungskraft der „angestammten" Parteien abnehmen. Zweitens könnte rapide Industrialisierung die Homogenisierung der Wahlkreise bedingen. Und drittens könnte die Bindung an die örtliche politische Elite der jeweiligen Region sich abschwächen.

Auch wenn die vorliegenden Untersuchungen noch keine eindeutige Qualifizierung und Quantifizierung der einzelnen Faktoren erlauben, scheint angesichts der eher zunehmenden Polarisierung und Mobilisierung (Tabellen 3 u. 4) und der sich im Zuge der rasch voranschreitenden Industrialisierung sozialstrukturell eher vertiefenden regionalen Ungleichverteilungen (vgl. zum Konzept des ungleichgewichtigen Wachstums *Megerle* 1982) am ehesten der Schluß auf die dritte Hypothese gerechtfertigt. Damit kommen wir zum zweiten Teil unserer Untersuchung.

Tabelle 3: Polarisierungsquotienten*

Wahl	P_1	P_2	Stichw.
1871	3.5	69	45
1874	3.5	60	46
1877	4.0	85	70
1878	4.0	81	65
1881	4.3	101	103
1884	4.1	101	98
1887	3.9	88	61
1890	4.7	153	147
1893	5.0	142	181
1898	5.0	142	183
1903	5.2	135	179
1907	4.7	152	159
1912	4.8	163	190

* P_1 ist die durchschnittliche Anzahl der Bewerber pro Wahlkreis. P_2 ist die Anzahl derjenigen Kandidaten, die in einem Wahlkreis mit überdurchschnittlicher Wahlbeteiligung, bei einem eigenen Stimmanteil von mindestens 20 %, über drei Viertel der Stimmen eines besser plazierten Kandidaten erreicht haben. „*Stichw.*" ist die Anzahl der Stichwahlen. Bei der Interpretation dieser Indikatoren müssen etwaige Wahlabsprachen berücksichtigt werden. So haben sich beispielsweise 1887 Nationalliberale und Konservative verpflichtet, nicht gegeneinander anzutreten.

Tabelle 4: Wahlbeteiligungsraten**

	Wahlbeteiligung				Max. Stimmanteil			
Dekade	I	II	III	IV	I	II	III	IV
Mittelwert	59	65	70	81	65	64	57	54
Modus	65	55	75	85	55	55	45	45
Median	60	65	71	83	63	60	53	42

** Die Einteilung der Dekaden ist wie in Tabelle 2. „*Max. Stimmanteil*" ist der durchschnittliche, maximale Stimmanteil per Wahlkreis.

4. *Modernisierung des Parteiensystems oder obrigkeitsstaatliche Mobilisierung*

Um die Entwicklung des Parteiensystems auf Aggregatsebene beurteilen zu können, haben wir das Stimmergebnis sämtlicher Parteien in den Wahlkreisen auf ihr jeweiliges Stimmergebnis in der Vorwahl regrediert (Tabelle 5). In Tabelle 6 sind die Regressionen der „anti-gouvernementalen" auf die „gouvernementalen Parteien" für die „plebiszitären" Wahlen aufgeführt. Sie können veranschaulichen, inwiefern den regierungsnahen Parteien die Schwächung der „Reichsfeinde" gelungen ist. Aus den Zahlen lassen sich vier Schlußfolgerungen ziehen.

Erstens: Bei allen Parteien gewinnen seit den 90er Jahren die Kontinuitätsmaßzahlen an Stetigkeit. Als „Wasserscheide" müssen die Wahlen 1884/1887 betrachtet werden.

Tabelle 5: Regression der Wahlen*

Wahl	Partei	ANZ	CORR		DETER	A	B	SIGNI	STDRES
74/71	KONSER	93	.73	[.71]	.54	308	.70	.00	1422
77/74	KONSER	93	.62	[.67]	.38	1549	.73	.00	1962
78/77	KONSER	133	.72	[.76]	.52	2013	.87	.00	2117
81/78	KONSER	150	.75	[.67]	.57	1050	.69	.00	1852
84/81	KONSER	145	.77	[.96]	.59	1302	.92	.00	2243
87/84	KONSER	106	.86	[.83]	.74	2653	1.14	.00	2210
90/87	KONSER	108	.90	[.82]	.81	– 1234	.85	.00	1858
93/90	KONSER	109	.78	[.72]	.61	2525	.63	.00	2248
98/93	KONSER	105	.83	[.72]	.69	– 330	1.01	.00	2234
03/98	KONSER	98	.87	[.76]	.76	615	1.03	.00	2414
07/03	KONSER	93	.87	[.80]	.76	766	1.13	.00	3043
12/07	KONSER	83	.87	[.73]	.75	2675	.58	.00	1988
74/71	FREIKO	37	.59	[.55]	.34	2080	.76	.00	2434
77/74	FREIKO	40	.70	[.57]	.50	1560	.72	.00	1979
78/77	FREIKO	69	.70	[.61]	.49	2909	.65	.00	2385
81/78	FREIKO	61	.70	[.58]	.49	21	.66	.00	2139
84/81	FREIKO	42	.82	[.53]	.67	1304	.90	.00	1937
87/84	FREIKO	45	.84	[.69]	.70	1704	1.33	.00	2379
90/87	FREIKO	61	.86	[.70]	.74	– 199	.76	.00	2103
93/90	FREIKO	37	.72	[.42]	.52	2488	.71	.00	3072
98/93	FREIKO	33	.89	[.60]	.80	176	.97	.00	2286
03/98	FREIKO	28	.95	[.66]	.89	1743	.74	.00	1344
07/03	FREIKO	22	.93	[.39]	.87	1007	1.11	.00	1262
12/07	FREIKO	24	.67	[.36]	.44	1949	.63	.00	3001
74/71	NATION	192	.72	[.58]	.53	1775	.87	.00	2295
77/74	NATION	222	.80	[.72]	.64	945	.77	.00	2005
78/77	NATION	209	.79	[.69]	.62	775	.85	.00	2141
81/78	NATION	129	.59	[.50]	.35	1027	.45	.00	2209
84/81	NATION	137	.67	[.53]	.46	1824	.74	.00	2181
87/84	NATION	158	.80	[.76]	.64	3419	1.14	.00	2880
90/87	NATION	166	.89	[.86]	.80	– 33	.68	.00	1651
93/90	NATION	143	.74	[.73]	.55	714	.83	.00	2748
98/93	NATION	121	.72	[.72]	.52	1210	.77	.00	3168
03/98	NATION	136	.84	[.79]	.71	737	1.08	.00	3134
07/03	NATION	137	.83	[.66]	.68	2803	.97	.00	3761
12/07	NATION	142	.89	[.79]	.79	319	.87	.00	3044
74/71	FORTSC	50	.58	[.59]	.33	1864	.92	.00	2477
77/74	FORTSC	62	.55	[.54]	.30	1244	.58	.00	2530
78/77	FORTSC	56	.59	[.62]	.35	1217	.96	.00	3597
81/78	FORTSC	59	.74	[.68]	.55	2375	.67	.00	2937
84/81	FORTSC	126	.82	[.61]	.68	864	.72	.00	1959
87/84	FORTSC	198	.85	[.86]	.72	20	.99	.00	1874
90/87	FORTSC	213	.81	[.85]	.65	1523	.78	.00	2042
98/93	FREIVP	136	.79	[.77]	.62	599	.74	.00	1896
03/98	FREIVP	115	.82	[.80]	.67	651	.89	.00	1908
07/03	FREIVP	81	.85	[.72]	.73	– 868	1.72	.00	3622
12/07	FORTVP	75	.79	[.62]	63	1308	.93	.00	5327

Wahl	Partei	ANZ	CORR		DETER	A	B	SIGNI	STDRES
81/78	LIBVER	13	.52	[–.05]	.27	4138	.52	.03	2739
98/93	FREIVG	31	.89	[.66]	.79	– 300	.99	.00	2044
03/98	FREIVG	31	.96	[.75]	.93	154	1.06	.00	1305
07/03	FREIVG	30	.79	[.46]	.63	– 1552	1.51	.00	3712
74/71	ZENTRU	128	.81	[.82]	.65	2627	1.26	.00	2758
77/74	ZENTRU	177	.95	[.88]	.91	506	.86	.00	1364
78/77	ZENTRU	195	.97	[.91]	.94	– 150	.99	.00	1215
81/78	ZENTRU	204	.96	[.90]	.92	392	.83	.00	1254
84/81	ZENTRU	182	.97	[.94]	.94	240	1.11	.00	1172
87/84	ZENTRU	137	.96	[.96]	.91	608	1.15	.00	1563
90/87	ZENTRU	145	.93	[.95]	.86	– 218	.87	.00	1866
93/90	ZENTRU	192	.95	[.96]	.90	– 116	1.09	.00	1978
98/93	ZENTRU	194	.91	[.94]	.83	959	.84	.00	2389
03/98	ZENTRU	220	.98	[.96]	.95	593	1.16	.00	1501
07/03	ZENTRU	229	.94	[.92]	.89	213	1.11	.00	2743
12/07	ZENTRU	175	.98	[.95]	.97	71	1.03	.00	1582
74/71	SOZIAL	85	.68	[.63]	.47	1489	1.14	.00	1940
77/74	SOZIAL	149	.85	[.77]	.73	702	1.08	.00	1530
78/77	SOZIAL	163	.86	[.86]	.74	– 321	1.00	.00	1773
81/78	SOZIAL	145	.93	[.92]	.86	9	.72	.00	1044
84/81	SOZIAL	162	.94	[.95]	.89	487	1.46	.00	1416
87/84	SOZIAL	208	.98	[.96]	.95	427	1.22	.00	1049
90/87	SOZIAL	250	.96	[.94]	.93	1476	1.32	.00	1650
93/90	SOZIAL	336	.97	[.97]	.95	545	1.10	.00	1513
98/93	SOZIAL	368	.98	[.97]	.96	279	1.13	.00	1501
03/98	SOZIAL	376	.98	[.97]	.96	336	1.36	.00	2131
07/03	SOZIAL	385	.98	[.98]	.97	– 684	1.16	.00	2204
12/07	SOZIAL	385	.99	[.99]	.97	– 165	1.33	.00	1650

* *CORR* ist der Pearson'scher Korrelations-; *DETER* der Determinationskoeffizient; *A* die Höhenlage und *B* die Steigung der Regressionsgerade. *ANZ* ist die Anzahl der Wahlkreise, die in die Gleichung eingebracht werden, d. h. die Anzahl der Wahlkreise, in denen die betreffende Partei in beiden aufeinanderfolgenden Wahlen kandiert. *SIGNI* ist das Signifikanzniveau und *STDRES* der Standardschätzfehler der Regressionsschätzung. [In eckigen Klammern ist zusätzlich die Größe des Korrelationskoeffizienten angegeben, wenn alle Wahlkreise berücksichtigt werden.] Die erste Zeile ist beispielsweise so zu lesen, daß das Wahlergebnis von 1871 der Konservative Partei 54 % der Varianz ihres Wahlergebnisses von 1874 „erklärt".

Tabelle 6: Erfolge der Gouvernementalparteien*

Parteien	ANZ	CORR	DETER	A	B	SIGNI	STDRES
		Regression 1877 auf 1874					
ZENTR/KONSER	45	–.04	.00	3108	– .09	.39	4327
ZENTR/KONSER	37	–.24	.06	9179	– .38	.08	5320
ZENTR/KONSER	135	–.39	.15	9165	– .47	.00	4265
		Regression 1878 auf 1877					
SOZDE/KONSER	86	–.13	.02	2563	– .15	.12	2975
SOZDE/FREIKO	29	–.07	.01	1467	– .04	.35	1808
SOZDE/NATION	144	–.01	.00	2606	– .01	.46	3577
		Regression 1887 auf 1884					
ZENTR/KONSER	55	–.69	.48	12442	–1.23	.00	4436
ZENTR/FREIKO	32	–.51	.26	12715	– .82	.00	4990
ZENTR/NATION	103	–.30	.09	11800	– .41	.00	5096
FORTS/KONSER	119	.05	.00	3811	.05	.30	3607
FORTS/FREIKO	43	.32	.10	1736	.31	.02	2755
FORTS/NATION	117	.18	.03	3394	.24	.03	3696
		Regression 1907 auf 1903					
ZENTR/KONSER	73	–.47	.22	8066	– .47	.00	5331
ZENTR/FREIKO	24	.44	.19	–2939	1.00	.02	8719
ZENTR/NATION	149	–.16	.03	12147	– .23	.02	8225
ZENTR/FREIVP	99	–.37	.13	7830	– .64	.00	6173
ZENTR/FREIVG	20	–.38	.15	6672	– .56	.05	5757

* Die Bezeichnung erfolgt analog zur Tabelle 5. Die jeweilig von der Regierung bekämpfte Partei ist kursiv gedruckt. Zeile 1 gibt zum Beispiel die Größe der (linearen) Abhängigkeit der Stimmen des Zentrums in der Wahl 1878 von denen der Konservativen in der vorhergehenden Wahl wieder.

Nachdem sich 1884 die Rechtswanderung der Nationalliberalen in der „Heidelberger Erklärung" manifestiert und die Linksliberalen ebenfalls 1884 sich zur Deutsch-Freisinnigen Partei vereinigt hatten, fanden sie sich bei der Wahl 1887, in der die Festschreibung des Heeresetats über mehrere Legislaturperioden zur nationalen Schutzmaßnahme gegen ein angeblich revanchistisches Frankreich hochstilisiert worden war, auf verschiedenen Fronten wieder. Die organisationsmäßige Herausbildung eines stabilen, fünfgliedrigen Parteiensystems (*Nipperdey* 1961) und die Verfestigungen der Wählerschaft scheinen parallel verlaufen zu sein.

Zweitens: Bereits vor dieser Umgruppierung mußten die Rechtsliberalen jedoch bereits 1878, also nach Bismarcks Abkehr von den Liberalen im Zuge der „zweiten Reichsgründung", einen tiefen Einbruch erleben und konnten sich später nur auf deutlich niedrigerem Niveau wieder stabilisieren. Insgesamt schwanken die Liberalen und die Freikonservativen am stärksten; Kennzeichen einer sehr stark auf die jeweilige Regierungspolitik fixierten Wahlstrategie. Auffallend ist die außerordentlich marginale, fast nur auf Ostpreußen beschränkte, soziale Basis der Reichskonservativen. Beeindruckend ist auch der außerordentliche Zuwachs der Sozialdemokratie ab 1884, der sich vor allem in der positiven, beständig hohen Steigung der Regressionsgeraden abbildet.

Drittens: Viele dieser Befunde befinden sich in Einklang mit den Ergebnissen der modernen Parteiengeschichte (vgl. *Ritter* 1985). Immer wieder muß jedoch die Stabilität des Zentrums erstaunen. Von allen Parteien weist die Zentrumspartei die höchste Kontinuität auf. Dies zeigt auch ein Blick auf die Tabelle 7. Immer wenn dem Zentrum eine vermeintliche oder tatsächliche Gefahr drohte, konnte es seine Anhängerschaft weitgehend mobilisieren und auch – mit Ausnahme von 1907 – von steigender Wahlbeteiligung profitieren (Tabelle 6).

Tabelle 7: Zentrum, Wahlbeteiligung und mobilisierbare Hochburgen*

Wahl	CORR	Anzahl
1871	.59	10
1874	.63	53
1877	.44	24
1878	.11	23
1881	.01	2
1884	.01	12
1887	.32	65
1890	–.06	14
1893	.02	16
1998	.09	11
1903	.09	41
1907	.08	92
1912	.08	71

* *CORR* ist der Pearson'sche Korrelationskoeffizient. „*Anzahl*" ist die Anzahl mobilisierbarer Hochburgen, hier verstanden als ein Wahlkreis, in dem das Zentrum mindestens 40 % Stimmanteil bei einer Wahlbeteiligung von über 70 % erzielt.

Viertens: Gerade wenn er durch national geführte Wahlkämpfe von seiner strategischen Position verdrängt werden sollte, stand der „Zentrumsturm" fest. Der Einbruch der Regierungsparteien in die katholische Wählerschaft mißlang. Begrenzt gilt dies auch für andere Parteien der „Reichsfeinde" (Tabelle 6). Offensichtlich fiel es der Regierung keineswegs leicht, durch gezieltes Propagieren nationaler Themen sich einen ihr bequemen, gefälligen Reichstag wählen zu lassen. Aus dieser Beobachtung darf jedoch nicht geschlossen werden, die von der Regierung mitinszenierten Wahlkämpfe seien sozusagen folgenlos geblieben. Vielmehr haben sie Prozesse ausgelöst, die von der Regierung nicht mehr kontrolliert werden konnten. Damit standen die eigentlichen Regierungsziele selbst mittelbar zur Disposition und blieben stärker von Parteiabsprachen als vom Wählerwillen abhängig.

Gerade das Zentrum stellt für den Politologen ein noch weitgehend ungelöstes Rätsel dar. Es gilt als die erste moderne Volkspartei: flexibel, pragmatisch und schichtenübergreifend. Gleichzeitig verdankt es seine Existenz den Überresten traditionaler, nicht mehr problematisierter Loyalität und dem Geschick eines Klerus, der oftmals das organisatorische Rückgrat der Partei bildete. Wenn sich heute mehr eine Betrachtungsweise durchsetzt[7], welche die Leistungen des Zentrums besser würdigt, so ist das wohl nicht nur Ausdruck der Tatsache, daß wir heute mehr über seine soziokulturelle Basis wissen. Wichtiger ist vielleicht noch, daß wir mittlerweile den geistigen Grundlagen mit wachsender Skepsis begegnen, aus denen sich die zeitgenössische Zentrumsfeindlichkeit gespeist hat und die lange Zeit unser Bild geprägt haben. Dies gilt natürlich zunächst für die an der unbedingten Autorität des preußisch-protestantischen Staates ausgerichtete nationalkonservative Zentrumskritik, aber auch für die aus dem liberalen und später aus dem sozialistischen Weltbild erwachsende Kritik, die den sozialkulturellen Eigenheiten und manchen sozialen Kosten des Industrialisierungsprozesses mit Unverständnis begegnete.

Die appellative Kraft des Zentrums als einer komplexen Verbindung von im Wandel befindlichen Sozialmilieus – bürgerlichen Kräften, populistischen Massen und konservativer Hierarchie –, die nicht zuletzt durch gesellschaftlichen Außendruck zusammengehalten wurde (*Loth* 1984), konnte sich nur in einer stark fragmentierten Gesellschaft entfalten. Stellvertretend wird hier am Beispiel des Zentrums deutlich, was in veränderter Form auch für andere Parteien des Kaiserreichs gilt. So besaßen auch die Nationalliberalen eine regional sehr unterschiedliche Anhängerschaft, und die Sozialdemokratie schottete sich von den Bedürfnissen der Landbevölkerung trotz ihres Agrarprogramms fast völlig ab. Es darf aber nicht übersehen werden, daß diese Fragmentierung für eine „Übergangsgesellschaft" (vgl. *Gall* 1984: 1) keineswegs ungewöhnlich ist. Das Kaiserreich befand sich nicht nur ökonomisch, sondern auch kulturell (*Steinbach* 1984b; *Nipperdey* 1986: 172 ff.) und sogar politisch in der Herausbildung des Parteiensystems auf dem guten Weg in die „Moderne". Letzteres wird sichtbar in der Zunahme von Zählkandidaturen und an dem abnehmenden Vorsprung der jeweils stärksten Partei, am Abbau von Hochburgen und am Anstieg der Polarisierungsrate und der Wahlbeteiligung (Tabelle 2–4).

5. *Schlußbetrachtungen*

Die Erforschung der deutschen Nationalstaatsbildung auf kultureller und gesellschaftlicher Ebene ist noch reich an Desideraten. Insbesondere Prozesse, die die Besonderheiten regionaler Entwicklung prägten, entziehen sich häufig unserer genaueren Kenntnis. Wir durchschauen bisher nicht hinreichend die Beziehungen zwischen besonderen und allgemeinen Entwicklungen, weil Studien fehlen, die Voraussetzungen für verallgemeinerbare Thesen auf der Grundlage vergleichender Perspektiven schaffen können. Allein vergleichende Mikro-Makro-Untersuchungen können „Region" als historisch variable Vermittlungsebene von individuellen Werthaltungen und äußeren Rahmenbedingungen deutlich machen und die Dynamik politischer Willensäußerungen vor dem Hintergrund langfristiger Entwicklungen anschaulich werden lassen.

Aber auch auf der Aggregatebene wird bereits spürbar, daß – bei allen Ambivalenzen –

im Kaiserreich der Weg zum modernen Parteisystem beschritten war. Zahlreiche Indikatoren deuten auf die wachsende Legitimität der Institutionen der Wahl hin und sind nicht mit dem verbreiteten und gängigen Bild von der obrigkeitsstaatlichen Prägung der deutschen Wählerschaft zu vereinen. Zumindest das Wahlverhalten scheint sich zunehmend von überkommenen lokalen, regionalen und sozialen Beziehungen und Kommunikationsstrukturen abgelöst, sich also „modernisiert" zu haben. Und aufgrund der bislang vorliegenden Regionalstudien kann man vermuten, daß die über die Regionalisierung politischer Themen erfolgte Aktivierung breiter Wählerschichten schließlich neue Orientierungen politischer Art zu erzeugen vermochte, die gesamtnationale Zusammenhänge widerspiegeln. Als Erklärung für spätere Fehlentwicklungen deutscher Geschichte eignet sich mithin das Kaiserreich wahrscheinlich nicht in dem vielfach unterstellten Maße.

Anmerkungen

1 Der theoretische Hintergrund braucht hier nur gestreift werden, da andernorts dargestellt (*Steinbach* 1983, *Steinbach* 1986).

2 Hierbei wurden u. a. Langzeitreihen von Wahlergebnissen für das Herzogtum Braunschweig, die Hansestadt Lübeck, einzelne Wahlkreise in der Oberpfalz und Niederbayern, das Fürstentum Lippe und die Stadt Frankfurt auf Stimmbezirksebene erstellt. Daneben wurden die Reichstagswahlergebnisse seit 1871 datenverarbeitungsmäßig erfaßt, um auf diese Weise Voraussetzungen für die Überprüfung von Entwicklungsmodellen politischer Partizipation und Klarheit über den systematischen Stellenwert regionaler Wahlanalysen zu schaffen. Das Forschungsprojekt wird aus Mitteln der Deutschen Forschungsgemeinschaft gefördert.

3 „Besonderheit" ist nicht wertend gemeint, sondern weist lediglich auf Differenzen zwischen realgeschichtlichem Verlauf und idealtypischen Entwicklungsmodellen hin, die übrigens auch in den vermeintlich modernisierungstheoretisch „normalen" Ländern, England und USA, nachzuweisen sind.

4 Über die Frage ist eine heftige Kontroverse entbrannt, die an die Auseinandersetzungen über den „deutschen Sonderweg" anknüpfte, von uns im Zusammenhang unserer Fragestellung aber bewußt vernachlässigt wird (s. dazu jetzt *Grebing* 1986).

5 Diese Zahl setzt sich zusammen aus den Bundesstaaten, Provinzen und Regierungsbezirken, wobei, um die statistische Vergleichbarkeit der „Regionen" zu verbessern, die nur aus einem Wahlkreis bestehenden Kleinstaaten zusammengefaßt wurden: die Großherzogtümer Mecklenburg-Schwerin und -Strelitz zu „Mecklenburg"; die Herzog- und Fürstentümer Sachsen-Weimar, -Meiningen, -Altenburg, Coburg-Gotha, -Anhalt, Reuß ältere und jüngere Linie zu „Thüringen"; die Fürstentümer Waldeck, Schaumburg-Lippe und Lippe zu „Lippe-Waldeck"; Lübeck, Bremen und Hamburg zu „Hanse-Städte".

6 Bekanntlich galt das absolute Mehrheitswahlrecht in Einerwahlkreisen. Die Kandidatur einer Partei ist eine Funktion der von ihr prognostizierten Wahlchancen und, etwa bei Wahlabkommen, der Kandidatur einer anderen Partei. Die Wahlkreise, in denen eine Partei nicht angetreten ist, können wir daher mit null Stimmen in die Analyse einbeziehen. Damit erhöht sich die Zahl der Beobachtungswerte je Gruppe und ist zwischen den Gruppen gleich groß, so daß die Konsequenzen etwaiger Verletzungen der restriktiven Modellannahmen (multivariate Normalverteilung der unabhängigen Variablen, Varianzhomogenität der Gruppen) minimiert werden (s. dazu *Bortz* 1979: 709 u. die dort angegeb. Lit.).

7 Zum Diskussionsstand s. *Becker* 1986. Speziell zur Kritik der „liberalen" Geschichtsschreibung des Kulturkampfes s. *Anderson* und *Barkin* 1982: 657 ff.; *Blackbourn* 1983; *Becker* 1983; die Rolle des politischen Katholizismus insgesamt als Bollwerk gegen den Absolutheitsanspruch des Nationalstaates und als ausgleichende Integrationskraft betonend, s. jetzt *Lönne* 1986.

Identitäts- und Konsensprobleme in einer fragmentierten Gesellschaft

Zur Politischen Kultur in der Weimarer Republik*

Detlef Lehnert und Klaus Megerle

1. *Historisch orientierte Forschung zur Politischen Kultur: Möglichkeiten und Ansätze bei der Analyse der Weimarer Republik*

Das Analysekonzept der Politischen Kultur ist für umfassende historische Untersuchungen bisher nur wenig angewandt worden. Die verschiedenen Phasen der deutschen Geschichte vor 1945 werden unter dem Aspekt der Politischen Kultur zumeist nur kursorisch oder punktuell aufgegriffen. Dies ist u. a. darauf zurückzuführen, daß das Konzept der Politischen Kultur häufig aufgrund einer normativen oder segmentierend-analytischen Ausrichtung zu wenig als zeitlichem Wandel unterworfen, inhaltlich veränderlich und modifizierbar begriffen worden ist. Erst in jüngerer Zeit wird Politische Kultur als ein Wirklichkeitsbereich behandelt, der als Resultat verschiedener formierender und historisch formierter Kräfte aufgefaßt wird und damit auf unterschiedliche historisch-politische Systeme übertragen werden kann (vgl. *Megerle* und *Steinbach* 1981/82).

In diesem Zusammenhang dürfte der Rückgriff auf die Weimarer Politische Kultur aus mehreren Gründen sinnvoll sein. Einmal ist zu vermuten, daß die Nachwirkungen obrigkeitsstaatlich orientierter Wertmuster und Verhaltensweisen der Kaiserzeit prägend waren, sich jedoch veränderten und möglicherweise auch abschwächten. So kommt Hagen *Schulze,* der in einer umfassenden Studie diese Aspekte aufgreift, bei der abschließenden Antwort auf die Frage nach dem Scheitern der Weimarer Republik zu dem Ergebnis: „Lapidar läßt sich schließen: Bevölkerung, Gruppen, Parteien und einzelne Verantwortliche haben das Experiment Weimar scheitern lassen, weil sie falsch dachten und deshalb falsch handelten" (1982: 425). Zum anderen erscheint die Weimarer Republik als ein Staat, dessen politische Brisanz und Nachwirkung bis heute

* Der Beitrag ist hervorgegangen aus der Diskussion des entsprechenden Forschungsprojektschwerpunktes am Fachbereich Politische Wissenschaft der FU Berlin (Laufzeit 1986–1989), dessen Federführung die Autoren übernommen haben. Mit Projekten zu politischen Teilkulturen sind beteiligt: Manfred Gailus (Kommunisten), Christl Wickert (Linksintellektuelle), Detlef Lehnert (Sozialdemokraten), Elfi Bendikat (Gesinnungsliberale), Georg Kotowski (Politischer Katholizismus), Jürgen Bergmann (Mittelständische Gruppen), Klaus Megerle (Gesellschaftliche Führungsgruppen), Klaus Reimus (Anti- und außerparlamentarische Zirkel und Verbände der Rechten sowie Offizierskorps und militaristisch-nationale Bünde), Gerhard Paul (Nationalsozialisten), Jürgen W. Falter (Teilkulturübergreifende Wahlanalysen).

spürbar sind, und zwar in einer doppelten Bedeutung: Die Nationalsozialisten bezogen sich negativ auf das ihnen verhaßte, von weiten Kreisen der Bevölkerung zumindest verachtete „System" und mobilisierten aus dieser Negation eine Folgebereitschaft, die später als extremer Ausdruck des antidemokratisch-autoritären deutschen „Nationalcharakters" galt. Die Bonner Demokratie dagegen knüpfte an den Ordnungsvorstellungen der Weimarer Zeit an. Sie fußte zum Teil auf der Weimarer demokratischen Elite, setzte sich von den extremsten Gegnern des Weimarer Staates ab und war auf das Selbstverständnis fixiert: „Bonn ist nicht Weimar!".

Allerdings geht ein historisch orientierter Forschungsansatz zur Politischen Kultur von anderen Prämissen aus als eine gegenwartsbezogene Analyse. Einerseits kann er sich nicht auf demoskopisches Material stützen. Vor allem aber ist er weniger durch den Konflikt zwischen empirischer und normativer Politikwissenschaft belastet. Der Anspruch empirischer Forschung im Sinne formalisierter statistischer Verfahren ist bei historischen Untersuchungen geringer, und angesichts des Umschlags der Weimarer Demokratie in den nationalsozialistischen Unrechtsstaat greift auch der Vorwurf unzureichend erfüllter normativer Prämissen kaum. Die Übertragung des Analysekonzepts auf politische Systeme der Vergangenheit erfordert daher prinzipiell die Modifikation des normativ bestimmten Konzepts einer liberal-demokratischen Politischen Kultur. Die bloße Feststellung von erheblichen Defiziten gegenüber einer demokratischen „Civic Culture" hätte keinen hinreichenden Erklärungswert.

Erst jünst hat *Eberhard Kolb*, als er in seinem Grundriß zur Weimarer Republik die „Grundprobleme und Tendenzen der Forschung" in hervorragender Weise erörtert hat (1984: 142–216), darauf hingewiesen, daß auch „das weite Feld der politischen Ideologien und ihrer Auswirkungen auf die „politische Kultur" von Weimar-Deutschland zu den Forschungsdesideraten gehört" (152). Gleichwohl ist die Weimarer Zeit relativ gut erforscht. Dabei stellt sich die Situation für einzelne Aspekte wie folgt dar:

– Zur Ermittlung von Meinungen, Einstellungen und Werten der Bevölkerung kann es sich als sinnvoll erweisen, zentrale Elemente politischen Denkens aufzugreifen. Allerdings ist hier die Forschungslage noch sehr bruchstückhaft; Beiträge liegen vor für das antidemokratische Denken in der Weimarer Republik sowie zu Einzelaspekten (z. B. zu den Weltmachtvorstellungen besonders der gesellschaftlichen Elite, zur Dolchstoßlegende, zu Monarchismus, Militarismus, Nationalismus, theologischem Denken und Antisemitismus). Abgesehen davon, daß zahlreiche für die Politische Kultur wichtige Elemente entweder überhaupt nicht oder nur unzureichend erfaßt werden (u. a. die Rolle existentieller Erfahrungen oder die Einstellung zu politischen Institutionen und demokratischen Verfahren), ist die Frage der Vermittlung von Wertmustern und Anschauungen der Elite zu Vorstellungen breiter Bevölkerungsgruppen bisher nur am Rande angesprochen worden.
– Die Feststellung, daß die Politische Kultur in der Weimarer Republik im Spannungsfeld sozialer Differenzierung und politischer Fragmentierung zu erfassen sei, verweist auf die sozialgeschichtliche Forschung über einzelne soziale Gruppen, Parteien und Organisationen. Allerdings ist das Forschungsinteresse zumeist an anderen Fragestellungen orientiert (z. B. Betonung der Organisations-, Programm- oder Strukturgeschichte, Konzentration auf die Endphase der Republik und hier besonders

auf die Unterstützung des Nationalsozialismus). Fragen, die auf grundlegende politische Einstellungen und Verhaltensweisen sowie auf Identitätsstiftung und -findung der einzelnen Gruppen der Weimarer Gesellschaft oder auf die Interaktion der verschiedenen sozio-politischen Teilkulturen zielen, sind bislang kaum thematisiert worden.

– Beiträge zum Verhältnis von einzelnen sozialen Gruppen (allerdings nicht der Individuen) zum politischen und gesellschaftlichen System werden von der Sozialgeschichte und der politischen Ereignisgeschichte ebenfalls geliefert. So können partiell Aussagen zum Staats- und Verfassungsverständis getroffen und jeweils der Einstellungswandel erfaßt werden. Das Defizit liegt hier bei der Differenzierung; zwar gibt es hervorragende Dokumentationen etwa für die Führungsgremien der KPD, der DDP/Staatspartei und des Zentrums, doch andere Gruppierungen und Themenbereiche (z. B. Einstellung zu zentralen außenpolitischen Ereignissen, zur Inflation oder zu politischen Verfahrensweisen) sind weitaus schlechter bearbeitet. Offen bleibt zudem die für die Analyse der Politischen Kultur entscheidende Frage, ob die „offiziellen" Einstellungen von der Basis und den einzelnen subkulturellen Organisationen geteilt und getragen wurden.

2. *Strukturprobleme einer Realtypologie Politischer Kultur*

In dem ursprünglichen Ansatz von *Almond* und *Verba* war die „Civic Culture" als ein normativ ausgerichteter Idealtypus konstruiert, der freilich seine Anlehnung an ein als vorbildlich unterstelltes angelsächsisches Demokratiemodell kaum verleugnen konnte. Während aber die fragwürdigen analytischen und politischen Implikationen einer solchen Theoriebildung inzwischen ausführlich diskutiert und durch konzeptionelle Innovationen weitgehend überwunden worden sind, blieb ein anderes problematisches Charakteristikum des originären Political-Culture-Approach weniger umstritten: Die prinzipiell fruchtbare komparative Anlage der meisten Studien in dieser Forschungstradition legte die Herausarbeitung unterschiedlicher „Nationalkulturen" nahe, deren bestimmende Faktoren die divergierende Affinität einzelner Gesellschaften zum parlamentarisch-demokratischen System aus den in der Bevölkerung verbreiteten Bewußtseinsformen und Verhaltensdispositionen erklären sollten.

Die Anfechtbarkeit einer die Politischen Kulturen ganzer Völker vergleichenden Betrachtungsweise geriet vor allem deshalb selten in den Blick, weil die identitätsstiftende und integrationsfördernde Entwicklungsgeschichte der westlichen Demokratien ein modellhaftes Beispiel lieferte. Über die Gräben der fortbestehenden Pluralität ethnischer Gruppen in den USA, sozialer Antagonismen in Großbritannien, ideologischer Polarisierung in Frankreich und konfessioneller Spaltung in den Niederlanden hinweg war die Bindekraft eines nationalen Konsensus in diesen Ländern epochenübergreifend stark genug ausgeprägt, um die kaum weniger als in den „verspäteten" Nationen virulent gewordenen zentrifugalen Tendenzen zu absorbieren. Als definierendes Merkmal der „Bürgertugenden" dieser etablierten demokratischen Staatsordnungen hatte insbesondere deren Fähigkeit zu gelten, die überlieferte Polarisierung unterhalb der

Schwelle systemsprengender Potentiale zu domestizieren. Die vollständige Nivellierung von politisch-kultureller Heterogenität oder zumindest Pluralität darf allerdings generell bei „offenen" Gesellschaften nicht erwartet werden, sondern ist das Postulat und das mit Zwangsmitteln verfolgte Ziel einer totalitären Diktatur wie jener des Nationalsozialismus.

Als systematischer Ausgangspunkt dient die These, daß es in der Weimarer Republik aufgrund im einzelnen aufzuzeigender historischer Vorbelastungen, dissensfördernder Rahmenbedingungen und krisenhafter Entwicklungen weder eine einheitliche noch eine dominante Politische Kultur gegeben hat, sondern daß Politische Kultur in der Weimarer Republik stets unter dem Gesichtspunkt ihrer Fragmentierung zu untersuchen ist. Die politisch-kulturelle Identitätsbildung fand nicht allein im Spannungsfeld von individuellen Sozialisationsprozessen und Strukturen der Systemintegration statt, vielmehr waren als intermediäre Instanzen die „sozialmoralischen Milieus" (*Lepsius*) und „Lagermentalitäten" (*Negt* und *Kluge*) zu Elementen der gesellschaftlichen „Versäulung" (*Dahrendorf*) geworden.

Von tiefgreifenden Identitätsproblemen muß im Zusammenhang mit der Politischen Kultur in der Weimarer Republik die Rede sein, weil die Verwerfungen der Kriegsjahre, der Revolutionsära und der Inflationszeit die tradierten Wertmuster und Verhaltensweisen erschüttert hatten. Nicht einmal die nationale Identität war unstrittig: wenn für einflußreiche Bevölkerungsgruppen die „Schmach von Versailles" jegliche Identifikation mit dem seiner Großmachtrolle beraubten Reich verstellte oder das „Vaterland der Werktätigen" außerhalb der Landesgrenzen angesiedelt war, fehlten von vornherein entscheidende Voraussetzungen einer auch nur funktionalen (geschweige denn normativ vermittelten) Systemintegration.

Unter dem Stichwort Konsensprobleme gilt es, den Blick auf das Interaktionsverhältnis zwischen den einzelnen Teilkulturen zu lenken. Auch wenn die Ausprägung einer integrierten oder hegemonialen Politischen Kultur in der Weimarer Republik nicht möglich war, bleiben zwei wichtige Untersuchungsaspekte. Einmal müssen die mit grossen Schwierigkeiten behafteten Brückenschläge über die Gräben zwischen den politischen „Lagern" und „Milieus" verfolgt und die Anknüpfungspunkte für eine Konsensfindung herausgearbeitet werden. Zum anderen soll die Mobilisierung von aus- und abgrenzenden Feindbildern gegenüber anderen Teilkulturen und die Ausbildung divergierender Prinzipien, Einstellungen und Einschätzungen ein zentrales Thema sein, weil auf diese Weise die vorhandenen Fragmentierungen zementiert und verstärkt wurden.

Der hier behauptete Realtypus einer fragmentierten Politischen Kultur in der Weimarer Republik läßt sich allerdings nicht allein durch das Fehlen eines nationalen Minimalkonsensus nach dem Muster der westlichen Demokratien charakterisieren. Auch das Deutsche Kaiserreich oder die Österreichische Republik der Zwischenkriegszeit waren von tiefgreifenden desintegrierenden Segmentierungen in Teilkulturen geprägt: der Austromarxismus des „roten Wiens" und ein zunehmend ständestaatlichen Leitbilddern verfallender politischer Katholizismus der Bundesländer vermochten in Österreich allenfalls temporär zu koexistieren. Das Bismarcksche und Wilhelminische Deutschland wies zwar eine dominante Politische Kultur eines preußisch-protestantischen, konservativ-nationalliberalen Reichsgedankens mit starken obrigkeitsstaatlich-militaristischen

Zügen auf. Unter diesem von einem Elitenkartell mit beträchtlicher Massenloyalität getragenen Dach blieben jedoch die zusammen nahezu eine Wählermehrheit umfassenden, aber kaum kooperationsfähigen Subkulturen der sozialdemokratischen Arbeiterbewegung, der nationalen Minderheiten und anfänglich auch des politischen Katholizismus als „Reichsfeinde" ausgegrenzt.
Vom Deutschen Kaiserreich oder der Ersten Republik in Österreich unterscheidet sich die Weimarer Republik folglich nicht aufgrund des Bestehens von politischen Teilkulturen mit jeweils eigener Identität, sondern durch das spezifische Interaktionsverhältnis dieser Segmente: während die dualistische Struktur der territorial abgegrenzten Lager Österreichs und das dominante Machtkartell in Preußen-Deutschland eine relative Stabilität des politischen Systems ermöglichten, kam es in der Weimarer Republik zu keinen bestandsfähigen Bündnisformationen aus kooperationsbereiten Teilkulturen. Gegenüber der bloßen Segmentierung bedeutet die fragmentierte Struktur von politischen Teilkulturen insofern eine qualitative Steigerung, als angesichts der nur bruchstückhaft vorhandenen Identifikationsangebote, der innen- und außenpolitischen Belastungen und fluktuierender Bündnisbeziehung der politisch-kulturellen Milieus das Gesamtsystem lediglich als labiles Übergangsphänomen zu existieren vermochte.
In diesem Zusammenhang ist deshalb die Frage aufzuwerfen, ob infolge dieser Fragmentierungen, die aus den unterschiedlichen Wertorientierungen und Verhaltensnormen der einzelnen Bevölkerungsgruppen resultieren, überhaupt von *der* Politischen Kultur in der Weimarer Republik gesprochen werden kann, wie dies z. B. im Hinblick auf das Kaiserreich unter Berücksichtigung des Eigenlebens der Subkulturen angesichts einer dominanten „Herrschaftskultur" möglich ist. Einen ersten Test für die These, daß über die gewöhnlich anzutreffenden Interpretations- und Meinungsunterschiede hinaus in der Weimarer Republik nicht einmal mehr eine gemeinsame Bezugsebene der Teilkulturen untereinander, geschweige denn in der Wahrnehmung des politischen Systems gefunden werden konnte, liefert eine Analyse, bei der die Bewertung politischer Gedenktage in den einzelnen Teilkulturen thematisiert wird[1]. In Publikationen und dabei besonders in Presseorganen, die unterschiedlichen Milieus bzw. politischen Lagern zugeordnet werden können, wird die Berichterstattung über solche Feier- und Gedenktage ausgewertet, in denen über die Darlegung des eigenen politischen Standpunkts und die Abgrenzung gegenüber anderen Positionen hinaus die Stellungnahmen und Grundhaltungen zur Gesamtordnung deutlich werden: Der Reichsgründungstag (18.1.1871) wurde – summarisch betrachtet – von den Teilkulturen der politischen Rechten weiterhin als Identifikationssymbol einer restaurativen Gegnerschaft zum bestehenden System lebendig erhalten. Die sich in der Ausrufung der Republik am 9.11.1918 manifestierende Revolution blieb für die linken Milieus ein Mahnmal uneingelöster Verheißungen eines demokratischen und sozialistischen Neubeginns. Selbst der Verfassungstag (11.8.1919) konnte sich nicht als offizielle Inszenierung eines staatsrechtlich kodifizierten Minimalkonsensus etablieren, da ihn die Kommunisten und Linkssozialisten als „bürgerliche Harmonieduselei" und die Rechtsopposition als Ausdruck eines für den „nationalen Niedergang" verantwortlich gemachten Parlaments- und Parteienstaates ablehnten[2].

3. Identität und Abgrenzung der politischen Teilkulturen

So wünschenswert im Sinne einer systematischen Darstellung ein integrierendes Konstitutionsschema für sämtliche Teilkulturen wäre, läßt die realhistorische Vielfalt der politischen Milieutypen in der Weimarer Republik solche einheitliche Kategorisierung nicht zu: Die „demokratischen" und „absolutistischen Integrationsparteien" (*S. Neumann*) mit ihrer differenzierten politisch-kulturellen Infrastruktur von Umfeldorganisationen vermochten wenn nicht gar milieustiftend, so doch zumindest milieuintegrierend zu wirken. Zwar dürfen die sozialdemokratische, kommunistische, katholische und später die nationalsozialistische Teilkultur nicht auf ihre parteipolitischen Steuerungszentren reduziert werden, die Wahlentscheidung zugunsten einer der Parteien kann aber das Terrain des Einzugsgebietes dieser Segmente des politischen Spektrums einigermaßen zuverlässig abstecken.

Gewisse Abgrenzungsprobleme ergeben sich einerseits im linkssozialistischen Übergangsbereich von Sozialdemokraten und Kommunisten, in dem eine bei aller kritischen Distanz zur Verfassungswirklichkeit positive Grundhaltung gegenüber der parlamentarischen Demokratie das Definitionsmerkmal einer sozialdemokratischen Präferenz zu sein hat. Andererseits bleibt die Zuordnung rechtsgerichteter Varianten des politischen Katholizismus ambivalent; so etwa wenn die Bayerische Volkspartei bei der Reichspräsidentenwahl 1925 den preußisch-protestantischen Monarchisten Hindenburg gegen den verfassungsloyalen Zentrumskatholiken Wilhelm Marx unterstützte.

Demgegenüber liegt die spezifische Problematik der nationalsozialistischen Teilkultur vor allem in den Disproportionen auf der Zeitachse. Bei oberflächlicher, lediglich auf Mitgliederzahlen und Wahlergebnisse fixierter Betrachtung könnte der Eindruck erweckt werden, daß es – von der temporären Erscheinung während der Inflations- und Stabilisierungskrise 1923/24 abgesehen – erst in der Endphase der Republik einen massenwirksamen „extremen Nationalismus" gegeben habe. Doch ebenso wie die spätere Anhängerschaft Hitlers in den frühen und mittleren Jahren der Republik sich noch in den verschiedensten ideologie- und interessenpolitisch fragmentierten Teilkulturen fand, sollten nicht ohne weiteres sämtliche NSDAP-Wähler der Endphase als genuine Neuzugänge für ein nationalsozialistisches Milieu interpretiert werden. Die eindrucksvolle Korrelation zwischen den Hindenburg-Wählern von 1925 und der „nationalen Konzentration" von 1932/33 legt die Vermutung nahe, daß der Nationalsozialismus als Sammlungsbewegung im Zeichen eines negativen Konsensus gegen das Weimarer „System" fungierte und dabei eine größere Anzahl von Teilkultur-Fragmenten inkorporiert, aber nicht gänzlich nivellierend aufgelöst hatte.

Bezeichnenderweise waren das sozialdemokratische, kommunistische und katholische *Integrationsmilieu* durch ihr auch auf der lebensweltlichen Ebene gemeinschaftsbildendes Netzwerk einer identitätsstiftenden politischen Teilkultur weitgehend gegen den propagandistischen Ansturm des Nationalsozialismus massenwirksam resistent. Unter den weltanschaulich ambitionierten *Gesinnungsgruppierungen* galt dies aufgrund einer nicht zuletzt durch den Antisemitismus und die Gewaltbereitschaft des Nationalsozialismus unüberbrückbaren Schranke für die Linksintellektuellen und Gesinnungsliberalen, die allerdings zu keinem Zeitpunkt über im wesentlichen durch ihre Publikationsorgane verbundene elitäre Zirkel hinausgelangt waren. Die überwiegende Mehrzahl der DVP- und selbst der anfänglichen DDP-Anhänger waren dagegen national- und wirtschaftsliberal eingestellt. Anders als die grundrechtsorientierten Gesinnungsliberalen stellten sie die parlamentarisch-demokratische Regierungsform zur Disposition, sobald die eigenen Interessen eine autoritäre Strategie nahelegten.

Des weiteren waren nicht allein die Linksintellektuellen, sondern in der Endphase der Weimarer Republik auch die Gesinnungsliberalen gar nicht mehr parteipolitisch registrierbar. Nachdem die aus der DDP 1930 hervorgegangene Deutsche Staatspartei einen gerade von den linksbürgerlichen Republikanern abgelehnten Rechtsschwenk zum Präsidialsystem vollzogen hatte, fiel sie spätestens 1932 als erfolgversprechende Kraft aus der Wahlkonkurrenz heraus, so daß in ehemaligen DDP-Hochburgen die Prozentanteile der SPD- und Zentrumsstimmen signifikant anstiegen. Ein DDP-Mitbegründer wie der Chefredakteur des „Berliner Tageblatts" Theodor Wolff, der Gewerkschaftsführer Anton Erkelenz oder – als Grenzgänger zum linksintellektuellen Milieu – der „Welt am Montag"-Chefredakteur Hellmuth von Gerlach blieben auch dann noch Gesinnungsliberale, als ihnen unter dem Eindruck der nationalsozialistischen Bedrohung eine starke SPD schließlich als die einzige Chance für den Fortbestand der demokratischen Republik erscheinen mußte. Ebenso sympathisierten zwar die meisten Linksintellektuellen aufgrund pazifistischer Überzeugungen mit der USPD, doch wurde nach deren Spaltung die Entscheidung des radikalen Flügels zugunsten der KPD und des gemäßigten für die SPD gemeinhin nicht nachvollzogen.

Eine parteipolitische Zuordnung ist bei den Zirkeln und Verbänden der anti- und ausserparlamentarischen Rechten sowie der militärisch-nationalistischen Bünde noch weniger möglich, da sie sich häufig in bewußter Absetzung von den etablierten Organisationen als Überzeugungs- und Aktionsgemeinschaften konstituierten. Das Spektrum dieser „Gesinnungsrechten" reichte weltanschaulich von altkonservativen bis zu nationalrevolutionären Gedanken, organisationspolitisch von elitären Debattierzirkeln wie dem „Juni-Klub" und dem „Deutschen Herrenklub" bis zur „Vereinigung der vaterländischen Verbände" und dem paramilitärischen „Stahlhelm", die jeweils beträchtliche Massenverankerung aufwiesen. Im Hinblick auf die vieldiskutierte ideologische Affinität solcher Strömungen zum Nationalsozialismus liegt entgegen manchen Klischees die Pointe gerade darin, daß nicht primär die „reaktionären" Machteliten und Führungsorgane dieser politischen Teilkulturen, sondern eher die „bewegungsorientierten" Kreise ihrer Massenbasis zu den frühen Enthusiasten der „nationalen Erhebung" wurden, während die traditionalistischen Kräfte zumeist erst im Sog derartiger Abwanderungen eine Bündnisbereitschaft mit der zuvor als allzu plebejisch empfundenen NSDAP entwickelten.

Umstritten ist die Definition und Abgrenzung des dritten Milieutyps, der hier als *Standesgruppierung* bezeichnet wird. Zweifellos handelt es sich sowohl bei den mittelständischen Gruppen als auch bei der gesellschaftlichen Elite um sozialstrukturell identifizierbare Einheiten. Nicht umsonst bilden sie – aufgrund ihrer sozioökonomischen Situation, ihren politischen Einstellungen und Verhaltensweisen – einen in der Sozialgeschichtsschreibung zur Weimarer Republik vielbeachteten und brisanten Forschungs-

gegenstand. Doch – und das ist hier die Frage – haben Mittelstand und gesellschaftliche Führungsgruppen eigene politische Teilkulturen ausgebildet? Sind sie nicht aufgrund der ideologischen Ausrichtung, der Vereins- und Verbandszugehörigkeit, und der politischen Einstellungen und Aktivitäten ihrer Mitglieder teils der rechten Gesinnungsgruppierung, teils dem nationalsozialistischen Integrationsmilieu oder – sofern sie bekennende Katholiken umfaßten – dem politischen Katholizismus zuzuordnen?
Ohne diese Bedenken mißachten zu können oder zu wollen, ist jedoch zu berücksichtigen, daß für die angesprochenen Gruppen die Interessenorientierung primäres Zuordnungskriterium ist; aus ihrer Berufs- und Standeszugehörigkeit stammen ihre Wertvorstellungen, die „soziale Geltung" bestimmt weitgehend Einstellungen, Orientierung und Verhalten dieser Gruppierung. Deutlich wird dies in Entscheidungssituationen wie beispielsweise bei der Abstimmung über den Dawesplan. Während bei den rechten Gesinnungsgruppen die nationalistische Überzeugung dominiert, haben ökonomische Interessen die Vertreter der Standesgruppierung bewogen, über ihren ideologischen Schatten zu springen. Diese im Vordergrund stehende Interessenorientierung dürfte auch dazu beigetragen haben, daß die Mitglieder dieser Gruppen in weit geringerem Maße als die anderen Bevölkerungsteile feste politische Parteibindungen eingegangen sind. Je nach vermeintlicher Opportunität sind für sie in den einzelnen Phasen der Republik zuerst DDP und Zentrum, dann eher DVP und DNVP und nach Mittelstands- und konservativen Splitterparteien auch Hugenbergs „Kampffront" und die NSDAP in Frage gekommen.
Dabei stellen beide Gruppierungen keineswegs homogene Einheiten dar. Zum „Mittelstand" etwa gehören Bauern, Handel- und Gewerbetreibende, Angestellte und einfache Beamte. Trotz unterschiedlicher Affinitäten – beispielsweise der Bauern zu den Großagrariern – sind gruppentypische politische Einstellungen und Verhaltensweisen, die mit ihrem spezifischen Wert- und Normenverständnis, das heißt besonders mit der ausgeprägten Traditionsorientierung und den berufsständischen Gesellschaftsvorstellungen zusammenhängen dürften, nicht zu übersehen. Eine Rolle für die gesellschaftlich-politische Gesamtorientierung der mittelständischen Gruppen wird auch der „extreme Nationalismus" gespielt haben, auch wenn die Bedeutung dieser zeitweilig vielbeschworenen Determinanten durch jüngere Forschungen etwas relativiert worden ist.
Innere Vielfalt mit teilweise gegensätzlichen aktuellen Interessen bei prinzipiell gleichgerichteter soziopolitischer Grundorientierung kennzeichnet auch die gesellschaftlichen Führungsgruppen, zu denen neben den Industriellen und den Großargrariern teilweise – sofern nicht ideologische Ausrichtung dominierte – die höheren Beamten in Verwaltung und Justiz zu zählen sind. Gemeinsam ist ihnen die Erfahrung, durch die demokratische Verfassungsordnung an politischem Einfluß verloren zu haben, und die Furcht vor der in der Revolutionszeit als konkret, danach als latent empfundenen Gefahr einer gesellschaftlichen Umwälzung. Ihr Bestreben, vom Alptraum einer Sozialisierung befreit, ihre alte Position wiederzuerlangen, und die Absicht, ihre ökonomischen Interessen in der Krise rigoros zu verfolgen, haben sie zum autoritären Präsidialsystem geführt, wobei sie – nachdem sie diesen Weg einmal beschritten hatten – auch vor der „konservativen Kollaboration" mit dem Nationalsozialismus nicht Halt machten.

Nach der Abgrenzung und Erörterung der drei Strukturprinzipien und der Skizze der einzelnen Teilkulturen ist folgende vorläufige Typologiesierung möglich:

politisch-kultureller Habitus / Struktur-prinzip	„republikanisch"	„traditionalistisch"	„revolutionär"	„statusorientiert"
„Intergrationsmilieu"	Sozial-demokraten	politischer Katholizismus	Kommunisten Nationalsozial-sozialisten	–
„Gesinnungs-gruppierung"	Linksintellek-tuelle Gesinnungs-liberale	rechte Zirkel und Verbände Offizierskorps mil.-nat. Bünde	–	–
„Standesgruppierung"	–	–	–	mittelständ. Gruppen gesell. Führungs-gruppen

Die tabellarische Übersicht faßt die Einordnung der politischen Teilkulturen der Weimarer Republik nach einem zweidimensionalen Kategorienschema zusammen. Mit dem politisch-kulturellen Habitus sind die grundlegenden Verhaltens-, Rezeptions- und Reflexionsmuster umschrieben, in denen das Verhältnis der Teilkulturen zum politischen System zum Ausdruck kommt. Damit wird auf eine weitere Ursache der Identitäts- und Konsensprobleme einer fragmentierten Gesellschaft verwiesen. Als republikanisches Integrationsmilieu mit Verwurzelung in breiten Bevölkerungskreisen stand demnach allein die sozialdemokratische Teilkultur zur Verfügung, was auch ein SPD-naher Mitgliederanteil von ca. 90 % im Republikschutzverband „Reichsbanner Schwarz-Rot-Gold" illustriert. Die Gesinnungsliberalen und – mit Abstrichen bei ausgeprägtem revolutionärem Impetus – die Linksintellektuellen waren zwar engagierte Republikaner, jedoch in ihrem bürgerlichen Herkunftsmilieu eher abfällig oder mißtrauisch bis feindselig betrachtete Außenseiter als anerkannte Wortführer.

Im politischen Katholizismus stellte der republikanische Flügel gewiß ein beachtenswertes Kontingent, von dem in den frühen Weimarer Jahren unter dem Einfluß von Zentrumspolitikern wie Erzberger und Wirth sogar ein stabilisierender Einfluß auf die „schwarz-rot-goldene" Koalition mit SPD und DDP ausging. Seit den Bürgerblock-Kabinetten von 1925, insbesondere aber nach der Wahlniederlage von 1928 geriet die Zentrumspolitik unter der traditionalistischen Orientierung des katholischen Milieus zunehmend auf Rechtskurs, begab sich gegenüber dem Institutionen- und Wertgefüge einer parlamentarischen Demokratie immer mehr auf Distanz und folgte unter dem symbolträchtigen Parteivorsitz des Prälaten Kaas sogar teilweise den ständestaatlich-klerikalen Orientierungen ihrer auf Konfrontation mit der Sozialdemokratie eingestimmten österreichischen Schwesterpartei des Prälaten Seipel.

Einen traditionalistischen Habitus legten auch die „Gesinnungsrechten" in ihren Debattierzirkeln und Verbänden, ihren paramilitärischen Bünden und im Offizierskorps an den Tag. Für sie war die bewußte Republikfeindschaft niemals strittig, kontrovers blieb lediglich, ob die restaurative oder die revolutionäre Alternativkonzeption verfolgt und durchgesetzt werden müsse.

Um die revolutionäre Überwindung des verfassungsmäßigen Systems konkurrierten mit der kommunistischen und der nationalsozialistischen Teilkultur zwei dynamische Massenbewegungen. Trotz unterschiedlicher Sozialmilieus und konträrer Zielvorstellungen wiesen sie einige agitatorische Berührungspunkte bei der aktiven Bekämpfung demokratischer Toleranz auf: „Versklavung durch die westlichen Imperialisten" und „Ausbeutung durch Parlaments- und Parteikorruption" lautete ihre polemische Negation von Versailler Frieden und Weimarer Demokratie.

Vornehmlich statusorientiert schließlich verhielten sich die mittelständischen Gruppen und die gesellschaftliche Elite. Auch in diesem Standesgruppierungen gab es nur wenige, die die bestehende Verfassungsordnung aktiv und aus Überzeugung mittrugen. Die überwiegende Mehrheit dieser Gruppen verhielt sich nur so lange halbwegs loyal oder wenigstens passiv tolerierend, wie sich der Wirtschaftsaufschwung in den Jahren der relativen Stabilisierung mit der legalistisch eingeleiteten Restaurationstendenz seit der Wahl Hindenburgs zum Reichspräsidenten verband. Sie wurden zu den Totengräbern der Republik, als zuerst die erstarkte Sozialdemokratie, dann die Wirtschaftskrise ihren Status und ihre Interessen zu gefährden schienen. Die gesellschaftlichen Führungsgruppen drängten zur autoritären Abkehr vom demokratischen System, und die in sich selbst segmentierte Teilkultur des „Mittelstandes" lieferte nicht zufällig die Kernpotentiale der nationalsozialistischen Sammlungsbewegung, als sich die „Panik" (*Geiger*) eines drohenden sozioökonomischen Statusverlustes durch die allgemeine Legitimitäts- und Identitätskrise der Weimarer Republik zur Protestmentalität und Empfänglichkeit für Visionen einer konfliktfreien „Volksgemeinschaft" verdichtete.

4. Forschungsdesign zur Analyse der Politischen Kultur in der Weimarer Republik

Die Fragmentierung der Weimarer Gesellschaft in unterschiedlich strukturierte und im politisch-kulturellen Habitus divergierende politische Teilkulturen impliziert die inhaltliche Schwerpunktsetzung und die Vorgehensweise beim analytischen Zugriff. Zunächst sind drei nur idealtypisch zu isolierende, in der Realität zumeist eng miteinander vepflochtene Bezugsebenen zu unterscheiden: Für jede Teilkultur gilt es, die *Identität* im Sinne der weltanschaulichen und organisatorischen Binnenstrukturen und der Integrations- sowie Abgrenzungsmechanismen möglichst präzise herauszuarbeiten. Abgesehen davon, daß selbst bei den Integrationsmilieus keine völlige Homogenität und unauflösliche Verbindung bestehen – wie wäre sonst etwa die hohe Fluktuationsrate der KPD zu erklären –, ist die Bestimmung und Zuordnung oft nur nach dem im Geflecht ideologischer Versatzstücke und überlappender Verbands- und Vereinszugehörigkeiten dominierenden Strukturprinzip möglich, wie es beispielsweise die Akzentuierung bei der bürgerlichen Rechten nach Gesinnung oder Stand beweist. Das Spannungsverhältnis von Abgrenzung und Verflechtung verweist auf die zweite Bezugsebene, die *Interaktion* zwischen den einzelnen Teilkulturen. Sie ist im Hinblick auf Konsensbildung, Konfliktmuster und Polarisierungsstrategien eingehender zu bestimmen, wobei innerhalb der jeweiligen Teilkulturen – etwa bei einzelnen Regionen oder bei führenden Repräsentanten einerseits, bei der Basis andererseits – oft unterschiedliche Vorstellungen und Überlegungen auftreten und so das Verhältnis zwischen den Teilkulturen vielschichtiger gestalten. Dieses Netzwerk der Beziehungen ist schließlich neben den je spezifischen Grunddispositionen auch konstitutiv für die *Relation zum Gesamtsystem,* das in der Weimarer Zeit lediglich in seinen institutionellen Strukturen eindeutig definierbar ist, in Richtung einer identitäts- und konsensstiftenden Integrationsinstanz jedoch nicht wirksam werden konnte. Allerdings darf hier die im Ergebnis bekannte Entwicklung nicht zu vorschnellem Urteil verleiten. Die historisch orientierte Forschung zur Politischen Kultur, die das Konzept als zeitlichem Wandel unterworfen begreift, verweist auf die Frage, inwieweit zumindest in einzelnen Perioden der Republik Ansätze zur Etablierung einer hegemonialen Politischen Kultur erkennbar gewesen sind oder wenigstens partielle Bündniskonstellationen einzelner Teilkulturen eine realistische Chance zur Konsolidierung handlungsfähiger Formationen geboten haben.

Die dargelegten drei Bezugsebenen und ihre Verschränkungen sind als spezifisches Moment bei der Analyse der fragmentierten Politischen Kultur in der Weimarer Republik einzubeziehen. Sie sind den allgemein bekannten, eventuell zeit- und themengemäß zu modifizierenden, zentralen Elementen der Politischen Kultur vorgelagert. Da diese Elemente zumeist zu komplex sind, um konkrete Aussagen treffen und damit die politischen Teilkulturen bestimmen zu können, hat eine Operationalisierung der ermittelten Elemente mit Hilfe von Indikatoren zu erfolgen, die relativ leicht abgrenzbar und in den zur Verfügung stehenden Materialien faßbar sind. Abgesehen davon, daß dabei ganz auf die Weimarer Situation zugeschnittene und nur für diese gültige Indikatoren – z. B. die Einstellung zur Dolchstoßlegende oder Äußerungen zum Antisemitismus – hinzukommen, handelt es sich auch hier um Verfahrensanleihen bei bisher durchgeführten Untersuchungen zur Politischen Kultur. Eine Zusammenfassung und Übersicht bietet das folgende Schema:

	Elemente zur Analyse der Politischen Kultur	Indikatoren zur Operationalisierung der Elemente Politischer Kultur
	– Elementare Erfahrungen der materiellen Existenz	– Äußerungen zur Konkurrenz, Markt, Profit, . . .Freizeit
Gesamtsystemare Bezugsebene	– Perzeption zentraler und/ oder strittiger politischer Fragen	– Einstellung zu Dolchstoß, Inflation, Versailles, Reparationen
↕	– Wertehierarchie u. Weltanschauung	– Einschätzung religiöser, traditioneller, ökonomischer usw. Grundwerte
	– Einstellung zu polit. Institutionen	– Beurteilung, von R'tag, R'reg., R'präs. usw.
Bezug zwischen den sozio-politischen Teilkulturen	– Politische Identitätsstiftung	– polit. Symbole, Feste, Vorbilder, Traditionen, Organisationsprinzip
↕	– Politische Präsentation u. Mobilisierung	– Plakate, Presse, Sprache, Aktionen
	– Akzeptanz von Pluralität	– Äußerungen zur Interessen-, Meinungs- und Organisationsvielfalt
Bedeutung für die jeweilige sozio-politische Teilkultur	– Konfliktregelung/Konsensfindung	– Prinzipien u. Verfahren der Meinungsbildung, der polit. Auseinandersetzung, der Entscheidungsfindung

Für die Analyse Politischer (Teil-)Kultur(en) in der Weimarer Republik wird unterschieden zwischen
- der Bezugsebene der Elemente der Politischen Kultur,
- den Elementen zur Analyse der Politischen Kultur,
- den Indikatoren zur Operationalisierung der Elemente Politischer Kultur.

Eine Akzentverschiebung läßt sich der tabellarischen Übersicht allerdings entnehmen. Nicht situationsbedingte und punktuelle Einstellungen zu Themenfeldern der Tagesaktualität, wie dies zumeist bei der sozialwissenschaftlichen Umfrageforschung üblich ist, sondern langfristig wirksame Grundüberzeugungen in den politischen Teilkulturen stehen im Zentrum des Erkenntnisinteresses. Insbesondere der ideologie- und interessengeleitete Wertgehalt von Meinungsprofilen und Verhaltensmustern, die auf einer „mittleren Ebene" zwischen der makrosoziologischen Institutions- und Organisationsanalyse und der mikrosoziologischen Alltagsgeschichte ausgemacht werden können, sind von einem historischen Forschungsansatz zur Politischen Kultur zu erfassen. Dies hat jedoch Konsequenzen für die vor allem heranzuziehenden Analysematerialien. Die Willensbildungs- und Entscheidungsprozesse auf „höherer Ebene" (Staatsverwaltung, Parlamente, Partei- und Verbandsführungen) sind zumeist anhand von internen Dokumenten wie Aktenbeständen, Sitzungsprotokollen, Briefwechseln usw. untersucht worden. Die „unterste Ebene" der erfahrbaren Lebenswelt von Individuen und sozialen Gruppen läßt sich in der Regel nur durch Befragungen rekonstruieren, die für eine nunmehr sechs Jahrzehnte zurückliegende Epoche als wissenschaftlich aussagekräftige Informationsquelle ausscheiden. Außerdem ist Politische Kultur wesentlich durch das

Medium der Öffentlichkeit vermittelt, wobei entsprechend der Differenzierung in Teilkulturen von einer fragmentierten Struktur der öffentlichen Meinung auszugehen ist. Deshalb kommen Tageszeitungen, Zeitschriften, Plakate, Filme, zeitgenössische Literatur und biographische Texte als Quellenmaterialien vorrangig in Frage. Die Gewichtung für die einzelnen Teilkulturen ist dabei zwar unterschiedlich, aber nicht nur unter dem Aspekt der Vergleichbarkeit kommt der Presseauswertung eine zentrale Rolle zu. Da in der Weimarer Republik jede Teilkultur über eine vielfältige Presse verfügt (Parteipresse, Presse der einzelnen Vorfeldorganisationen, Publikationsorgane für besondere Themenstellungen) und fast jede Tageszeitung ein erkennbares Meinungsprofil aufgewiesen hat, das sich nicht zuletzt in direkten Wahlempfehlungen ausdrückt, bieten sich hier ausgezeichnete Möglichkeiten für die Analyse der einzelnen politischen Teilkulturen, wobei durch entsprechende Auswahl der Organe binnenstrukturelle regionale Differenzierungen gut erfaßt werden können.
Ähnlich günstige Voraussetzungen bieten – um hier nur noch eine weitere Quellengattung zu erwähnen – die politischen Plakate. Diese visualisierten Träger politischer Bewußtseinsbildung haben in der Weimarer Republik einen einzigartigen Aufschwung genommen, und sie liegen auch heute noch für alle Teilkulturen in großer Zahl vor. Während jedoch für die literarischen Quellen die herkömmlichen Methoden der politologisch-zeitgeschichtlichen Textinterpretation durchaus noch mit gewissen Modifikationen zur Anwendung kommen können, muß im hermeneutischen Zugang zum Medium politisches Plakat – und dasselbe gilt auch für politische Filme – vom Standpunkt des Historikers aus unvermeidlich Neuland betreten werden. Diese Vielfalt der heranzuziehenden Quellen verspricht eine komplexere Rekonstruktion von Politischer Kultur in historischer Perspektive, als sie selbst lückenlos überlieferte Umfragedaten jemals ermöglichen könnten.

5. *Leitgedanken und Perspektiven der Forschung*

Die paradigmatischen Urteile über die maßgebenden Gründe für das Scheitern der Weimarer Republik bewegten sich bislang im Spannungsverhältnis zwischen einem historischen Relativismus, der den Kontinuitätsbruch dieser „improvisierten Demokratie" (*Eschenburg*) als eine von vornherein zu große Vorbelastung festmachte, und einem hilflosen Normativismus, dem mehr die Verfehlung eines idealtypischen Modells von parlamentarischer Demokratie als die möglichen Chancen des Weimarer Experiments unter den vorgefundenen Rahmenbedingungen in den Blick gerieten. Sämtliche politisch-pädagogischen Beschwörungsformeln, vom „Konsens der Demokraten" bis zur „einheitlich handelnden Arbeiterbewegung", können nicht den empirisch nachweisbaren Tatbestand aus der Welt schaffen, daß der Weimarer Staatsgründungsakt im August 1919 bereits von einer die Richtungsunterschiede des Kaiserreichs noch übertreffenden Fragmentierung in Teilkulturen mit ausgeprägten Milieuschranken überschattet war, der die komfortable Dreiviertelmehrheit bei der Verabschiedung des Verfassungstextes lediglich eine trügerisch harmonische Fassade verliehen hatte.
Folglich ist es eine tendenziell unhistorische, allein auf die normative Affirmation heu-

tiger – wie immer auch wohl begründeter – Wertmaßstäbe ausgerichtete Betrachtungsweise, den zeitgenössischen Akteuren – wie es in dem eingangs erwähnten Zitat von *Schulze* anklang – schlicht „falsches" Denken und Handeln vorzuwerfen, weil sie sich nicht hinreichend konform zu Buchstaben und Geist der kodifizierten Verfassungsordnung verhielten. Über die politische Wünschbarkeit eines gelebten Verfassungskonsensus müssen angesichts der verheerenden Konsequenzen einer schrittweisen Auflösung des Weimarer Staatsmodells keine Worte verloren werden. Doch war es zumindest ein Symptom der Identitätsschwäche bereits der Weimarer Demokraten, daß allzu häufig die „Republik ohne Republikaner", die Überwucherung des „Staatsvolks" durch die „Interessentenhaufen" (so Finanzminister Dietrich während der Weltwirtschaftskrise) beklagt wurde, statt mit den vorhandenen republikanischen Kräften und unter Berücksichtigung der vitalen Interessen von breitesten Bevölkerungsmassen konstruktive Gegenwartspolitik ohne wehmütigen Traditionalismus oder visionäre Realitätsentrücktheit zu betreiben.

Die detaillierte Herausarbeitung der milieustiftenden bzw. wenigstens gesinnungs- und interessenleitenden Prägekraft zahlreicher und vielgestaltiger Teilkulturen an denen vorbei die Konstituierung der „polity" nicht stattfinden konnte, verweist jene normativen Demokratiemodelle für die Weimarer Republik ins Reich der fruchtlosen Fiktion, die eine Abschleifung der klassenspezifischen, konfessionellen und anderen weltanschaulichen Polarisierungen zur expliziten oder impliziten Voraussetzung haben. Eine Strategie des Minimalkonsensus mit weitreichender Belastungsprobe für die jeweilige Identität ihrer politischen Teilkulturen haben die verfassungstragenden Parteien im Gründungsjahr der Weimarer Republik geradezu idealtypisch zu erproben versucht und dafür – bei noch halbwegs erträglichen sozioökonomischen und innenpolitischen Verhältnissen – von ihrer Anhängerschaft eine überdeutlich und fortan stets ins Kalkül zu ziehende Antwort erhalten: Die SPD verlor bis zum 6.6.1920 nicht weniger als 47 % ihrer Wähler vom 19.1.1919, die DDP gar 59 % und selbst der „Zentrumsturm" wurde (unter Berücksichtigung der BVP-Sezession) immerhin um 36 % verkürzt.

Die gleichfalls zur „herrschenden Lehre" einer stark normativ geprägten Geschichtsschreibung zur Weimarer Republik zählende These, daß die Parteien aufgrund ihrer verfestigten Einbindung in klassengebundene und konfessionelle Sozialmilieus zu unbeweglich und kompromißunfähig gewesen seien, ist nicht minder kritikbedürftig. Zum einen ist es bezeichnend, daß allein die Parteien mit einer eigenständigen politisch-kulturellen Infrastruktur (SPD, KPD, Zentrum/BVP, partiell auch die DNVP) den propagandistischen Ansturm der NSDAP in fast ungebrochener bzw. wenigstens beachtenswerter Stärke überlebt haben, während die mehr interessenorientierten bürgerlichen Parteien und Splittergruppen des Mitte-Rechts-Spektrums von der innenpolitischen Bühne hinweggefegt wurden. Zum anderen läßt sich nachweisen, daß gerade die Integrationsparteien mit ausgeprägter alltagspräsenter Subkultur – vor allem SPD und Zentrum – das höchste Maß an politisch-taktischer Flexibilität entwickelten, weil sie sich ihres Wählerpotentials vergleichsweise sicher sein konnten. Nicht zufällig gehörte das Zentrum allen Kabinetten der Weimarer Republik an und konnte die SPD bei den Reichspräsidentenwahlen von 1925 und 1932 ihre Anhänger fast geschlossen zur Stimmabgabe für den bürgerlichen Katholiken Marx bzw. gar den monarchistischen

Generalfeldmarschall a. D. von Hindenburg in die Waagschale werfen, um „Schlimmeres zu verhüten".

Die Weimarer Republik ist demnach nicht an der mangelnden Flexibilität und Kompromißbereitschaft der in einem weltanschaulich abgesättigten Sozialmilieu verwurzelten Arbeiter- und Volksparteien gescheitert, sondern weit mehr an der Unfähigkeit des (seit Jahrzehnten die gesellschaftliche und politische Herrschaftsschicht stellenden) bürgerlich-protestantischen Lagers, eine auch Krisenphasen überdauernde integrationsfördernde Massenverankerung zu erlangen. Ebenso kurzschlüssig wäre eine lineare Kontinuitätsthese dergestalt, daß die Nationalsozialisten im wesentlichen nur an einen antidemokratisch-obrigkeitsstaatlichen Konsensus des deutschen Bürgertums anzuknüpfen und die Gegnerschaft der Arbeiterbewegung auszuschalten hatten. Bedeutsamer für den Siegeszug der NS- Propaganda war die Tatsache, daß die Politische Kultur der Weimarer Republik in einem Grade fragmentiert war, daß die „Volksgemeinschafts"-Ideologie der Nationalsozialisten vielen Millionen Wählern als die einzig noch erfolgversprechende Synthese erscheinen wollte. Der populistische Nationalismus der NSDAP war diesbezüglich jenes Integrationsdach, unter dem in der Tagesagitation die unterschiedlichsten Interessen und Ideologieversatzstücke ihren Platz finden konnten.

Als Alternative zu dieser Integrationsideologie des Nationalsozialismus in der Mobilisierung eines negativen Konsensus gegen die Weimarer Republik wäre keineswegs eine Einebnung der Gräben zwischen den Teilkulturen, sondern allenfalls jene „dialektische Demokratie" (*Fraenkel*) realistisch gewesen, die bei voller Anerkennung ihrer jeweiligen Identität ein kooperationsfähiges Interaktionsverhältnis einzelner politischer Lager und Milieus auf pluralistischer Grundlage hätte schaffen können. Selbstverständlich müssen auch Überlegungen in dieser Richtung hypothetisch bleiben, doch verlassen sie nicht den Reflexionsrahmen historischer Möglichkeiten, wie dies für jegliche Vorstellungen einer mehr als tendenziellen Nivellierung der Fragmentierungslinien zu einer konsensorientierten, die teilweise antagonistischen Konfliktpotentiale überlagernden Politischen Kultur *der* Weimarer Demokratie gilt.

Ein geeignetes methodisches Instrumentarium, um jenseits der relativen Beliebigkeit subjektiver Werturteile der Chancen und Grenzen von milieuübergreifenden Elementen einer demokratischen Politischen Kultur in der Weimarer Republik abschätzen zu können, ist eine vergleichende inhaltsanalytische Auswertung von repräsentativen Positionsbestimmungen der verschiedenen Teilkulturen. Damit die Textauswertung aber nicht in bloßen Häufigkeitsverteilungen einzelner Begriffe verharrt, die ohne eine angemessene Kontextanalyse ihres – möglicherweise auch noch richtungsspezifisch unterschiedlichen – zeitgenössischen Bedeutungsgehalts wenig aussagekräftig wäre, ist eine abgestimmte Anwendung qualitativer und quantitativer Verfahren anzustreben[3]. Auf diese Weise lassen sich über Grundauffassungen zu zentralen Problemen hinaus Einstellungssyndrome identifizieren, die das spezifische Profil einer politischen Teilkultur definieren und abgrenzen, wobei signifikante Querverbindungen zu anderen Teilkulturen zuverlässiger als bislang Aufschluß über deren Bündnis- und Hegemoniefähigkeit zu geben vermögen. Gerade weil das Erkenntnisinteresse einer Beschäftigung mit der Weimarer Republik auf Dauer an den normativen Hintergrund gebunden bleiben wird, wie ihre Transformation in ein autoritäres und schließlich terroristisches Regime hätte verhindert werden können, sollte die historisch-empirische Forschung umso mehr auf intersubjektiv überprüfbare Ergebnisse ausgerichtet sein.

Anmerkungen

1 Eine derartige Untersuchung wird z. Z. von den Mitarbeitern des Forschungsprojektsschwerpunkts durchgeführt. Die Studie (Arbeitstitel: Politische Gedenktage in der Weimarer Republik) soll 1987 abgeschlossen werden.

2 Eine weitere Möglichkeit, die Ausgangsthese zu testen, bietet eine Untersuchung, bei der die Einschätzung politischer Ereignisse in den unterschiedlichen Teilkulturen analysiert wird. In einem z. Z. am FB Politische Wissenschaft der FU Berlin durchgeführten Forschungsseminar werden folgende Vorgänge thematisiert: Politische Morde und Verleumdungen in der Frühphase der Republik, der „Ruhrkampf", das Schmutz- und Schundgesetz, die Reichspräsidentenwahlen von 1925 und 1932, das Volksbegehren gegen den Youngplan und der „Preußenschlag".

3 Ein Test auf die Tragfähigkeit entsprechend modifizierter inhaltsanalytischer Ansätze für eine historisch orientierte Politische-Kultur-Forschung soll begleitend zu der erwähnten Studie über politische Gedenktage in der Weimarer Republik durchgeführt werden.

Politischer Wandel und parochial-partizipative Politische Kultur-Formen

Bemerkungen zum mikro-makro-politischen Kontinuum des Landkreises Kassel in der Endphase der Weimarer Republik[1]

Eike Hennig

1. *Ausgangsüberlegungen und Ansatz*

In diesem Beitrag werden einige Ergebnisse einer umfangreichen Studie zur Entwicklung des Landkreises Kassel in der Weimarer Republik vorgestellt (vgl. *Hennig* 1987, 1988). Diese Studie fragt nach den „allgemeinen" Entwicklungen in einem „besonderen" Fall und nach den Möglichkeiten, „Besonderheit" in bezug auf „Allgemeinheit" zu begreifen. Dies ist somit weder eine Lokalstudie noch ein Spurensicherungsprojekt, vielmehr handelt es sich – inhaltlich und methodisch – um einen Diskussionsbeitrag zur Analyse von „Nationalsozialismus" und historischer Politischer Kultur in bezug auf die Kontinuität/Diskontinuität von Weimarer Demokratie und Nationalsozialismus. Die vorliegende Skizze verzichtet aus Platzgründen darauf, eine Sozialstruktur- und Wahlanalyse im einzelnen zu präsentieren, sie kann sich deshalb aber stärker auch auf verallgemeinerungsfähige Befunde konzentrieren.
Am Beispiel einiger Anmerkungen zur Entwicklung vor allem von Sozialdemokratie und Nationalsozialismus im Landkreis Kassel während der autoritär-konservativen und etatistisch-dezisionistischen Auflösung der Weimarer Republik (einem *Systemwandel ohne Wertewandel*) soll betrachtet werden, ob die vorwiegend wahlanalytisch zu konkretisierenden Verfahren einer historischen Sozialforschung als Politische Kultur-Forschung geeignet sein können, die beliebig dezisionistische Haltung der „Historisierung" und „Alltagsgeschichtsschreibung" zu überwinden. Vorab sei festgestellt, daß (nach Meinung des Verfassers) eine *empirisch*-sozialwissenschaftlich durchgeführte, *wahlanalytisch*-konkretisierte Politische Kultur-Forschung einem hinreichend präzisen und objektivierbaren Untersuchungsdesign folgt und somit den „versäulten" Stand der Nationalsozialismusforschung positiv aufheben kann. Mikroanalytische Perspektiven (*Hennig* 1980) werden durch diese Verbindung in eine verallgemeinerungsfähige und gleichzeitig vom besonderen Fall her eingegrenzte und konkretisierte Untersuchung einbezogen.

2. *„Quantiative" und „qualitative" Aspekte im Untersuchungskonzept Politischer Kultur-Analyse*

Auch wenn kritische Bemerkungen zur Beliebigkeit der Auswahl und des Vorgehens von Politischer Kultur-Forschung angebracht erscheinen, so ist „das" Konzept Politischer Kultur – ebenso wie das „der" politischen Soziologie (*Bendix* und *Lipset* 1953) – von seiner *Intention* her geeignet, einen Impuls zur Klärung der Problematik zu liefern. Die Frage nach der Verankerung des politischen Systems in einem Gefüge von Teilnahme und Teilhabe („input"), von Akzeptanz und Verwertung seiner Angebote („output") sowie der Sozialisation und Kompetenz von Einzelnen und Gruppen steht im Zentrum Politischer Kultur-Forschung (→ *Almond*). Diese Frage nach einem „pattern of orientations" versteht sich als Hinweis auf das „connecting link" von Mikro- und Makro-Politik, wobei der qualitative „historical approach" zum Forschungskonzept gehört (vgl. *Iwand* 1985: 72, 80 f., 85 ff., 308 ff.). *Almond* und *Verba* stellen eine demokratietheoretische Besinnung auf den „tragic collapse" besonders der deutschen Demokratie an den Anfang ihres Klassikers zur „Civic Culture" (1963), so wie *Gabriel A. Almond* 1949 schon „The Struggle for Democracy in Germany" betrachtet hat.

Geht man – wie *Marx* im „18. Brumaire" (1852) – davon aus, daß Geschichte nur nach Maßgabe gegebener Umstände „produziert" werden kann, daß historische Akteure also nur bedingt frei sind, so muß Demokratie als institutionelles und normatives Ordnungsgefüge „ein gutes Stück Weg auf ihrer Laufbahn im Menschenlande" verfolgt werden, und es stellt sich die Frage, ob der normative Anspruch politischer Demokratie (vgl. Art. 1 WRV) „in der Atmosphäre des erweiterten Lebens" eingelöst worden ist (*Koigen* 1912: 124).

Neben, vor und nach dem Entwurf demokratischer Normen, Institutionen und Regeln geht es Politischer Kultur-Forschung „um jene *Innenseite der Macht* in den vielfältigen Vergesellschaftungsformen und Sozialisationsprozessen, welche die Individualpsychologie nicht erreicht und die politologische Makroanalyse verfehlt" (*Reichel* 1985: 121, 1981: 23 ff., 36 ff., 51 ff.; vgl. *Iwand* 1985, 507 ff.). In Verbindung mit Struktur-, Organisations-, Interessen- und Institutionenanalysen werden Einstellungsmuster (z. B. Informationen, Wertschätzungen und Ansprüche gegenüber dem politischen System) und Verhaltensweisen (z. B. politische Sozialisation und die aktive wie passive Partizipation) untersucht. Eine Regionalisierung des Ansatzes (*Wehling* 1985: 10 f.) stellt eine vertiefende Ausdifferenzierung dar und weist auf lokale „Besonderheiten" (Traditionen, Sozialmilieus, Strukturen) als zusätzliches Variablenbündel hin.

Gerade der regionale Ansatz Politischer Kultur-Forschung oder die Lokal- bzw. Regionalanalysen zur Entwicklung der NSDAP (*Hennig* 1980, 1983: 15 ff.) sind mehrheitlich bislang eher episodenhafte Schilderungen, die sozialwissenschaftlichen Anforderungen beim Vergleich „besonderer" und „allgemeiner" Gegebenheiten wenig entsprechen. Deshalb ist es vom Forschungsstand her unklar, inwieweit die – laut der Vorstudien der Berliner Arbeitsgruppe (*Megerle* und *Steinbach* 1981: 136 ff.; 1982: 19 f.; *Lehnert* und *Megerle* 1985: 6 ff.) – ohne (verfassungspolitischen) Minimalkonsens „fragmentierten" politischen Teilkulturen der Weimarer Republik selbst wiederum, quer zu ihrem vertikalen Nebeneinander, zusätzlich regionale Unterschiede aufweisen (*Steinbach* 1981). Neben dieser Unklarheit über die möglicherweise gleichermaßen nach ihren Teilkulturen vertikal und nach Regionen horizontal untergliederte Politische Kultur der Weimarer Republik, die nach Kulturtypen sowieso differenziert betrachtet werden muß, kann eine regionalisiert verstandene Politische Kultur-Forschung auch nicht auf eigene methodische „standards" oder gesicherte Vorbilder zurückgreifen.

Bei der Operationalisierung entsprechender globaler Vorüberlegungen können Anleihen bei Gemeindestudien gemacht werden (*Wurzbacher* und *Pflaum* 1954). Solche „community studies" verbinden vielfältige Methoden und Ansätze gemäß der Maxime, „that a community study is nothing if not ‚multifactorial'" (*Arensberg* 1954: 111). Vor allem aber (*Arensberg*: 115 ff.) verbinden sie unter dem Gesichtspunkt ihrer Gütekriterien „Vollständigkeit" und „Konsistenz" Interviews, Familiengeschichten, Fallanalysen, Sozialstruktur- und Wahlanalysen miteinander (vgl. auch *Kirk* und *Miller* 1986: 18 ff., 70 ff.). Wie aber sind solche Verfahren und Untersuchungsdimensionen retrospektiv einzulösen? Wie kann *analytisch* nachvollzogen werden, ob – was eine politisch-kulturell angelegte behavioristische Studie behauptet (*DeSosa* 1982: 265) – lange bevor Hitler in der konservativ-nationalsozialistischen „Regierung der nationalen Konzentration" die „Richtlinien der Politik" bestimmte (Art. 56 WRV) und das in der Verfassung nicht vorgesehene Vertrauen der Reichspräsidenten genoß (vgl. dagegen Art. 54 WRV), die Weimarer Demokratie den Ruf verloren hatte, „Gerechtigkeit" für ihre Bürger zu verwirklichen?
Für ein an die einleitenden Hinweise anknüpfendes Forschungsdesign müssen diese allgemeinen Überlegungen weiter eingeengt werden, um jene methodologische Hoffnung klarer fassen zu können, die dazu führt, „die" Politische Kultur-Forschung *ergänzend* zur Institutionen-, Interessen-, Organisations- und Strukturanalyse heranzuziehen. „Qualitative" und „quantitative" Analyseschritte der „dichten Vereinzelung" und des „breiten Vergleichs" von Aspekten des Forschungsobjekts ebenso wie entsprechend „intensive" und „extensive" Verfahren der Datenerhebung sind unterschiedliche Bestandteile ein und desselben empirischen Forschungsprozesses. Der anvisierte Forschungsprozeß widmet sich gleichermaßen dem „verständnisvollen" Erfassen eines Einzelfalls wie der Verteilung „besonderer" Fälle in Relation zur „Allgemeinheit" auf unterschiedlichen Bezugsebenen (z. B. im Landkreis oder Reich bzw. in der reichsweiten Organisation). Ziel dieser Verbindung „quantitativer" und „qualitativer" Auffassungen und Vorgehensweisen ist im Fall einer historisch-sozialwissenschaftlichen politischen Kulturforschung eine mit der Analyse von Deutungsmustern *verbundene* Strukturuntersuchung. Die der Verfaßtheit sozialer Realität als einer interpretierten (*A. Schütz*) und unter Rahmenbedingungen gemachten (*K. Marx*) Realität entsprechende „strukturgeschichtliche Analyse von Bedeutungen" (*Hopf* in *Hopf* und *Weingarten* 1979: 22) kann mangels entsprechender Individualdaten im Fall der retrospektiven Forschung nicht durchgeführt werden, weshalb auch der Beitrag der Politischen Kultur-Forschung selbst auf ergänzende Teilbefunde und anregende Impulse beschränkt bleiben muß.

3. *Politisch-kulturelle Orientierungsmuster in einem evangelischen „Arbeiter- und Bauern-Milieu"*

Die NSDAP ist ein „latecomer on the political scene" (*Linz* 1979: 14 ff.) – besonders im Landkreis Kassel finden die Ortsgruppengründungen der NSDAP erst ab 1930 statt, lange nach der seit der Jahrhundertwende etablierten Sozialdemokratie und der seit dem Kaiserreich eingerichteten bürgerlichen Vereins- und Honoratiorenkultur, so wie sie zugleich ein „newcomer" im bürgerlichen Parteienlager ist. *Ambivalenz* und *Anti-Charakter* der NSDAP (*Hennig* 1982: 125 ff.; *Linz* 1979: 29 ff.) ergeben sich aus dieser Vermischung.

Bezogen auf die von ihr vertretenen Werte ist die NSDAP spätgeboren; neu ist ihr – aus der nahegelegenen Großstadt Kassel unterstütztes – Auftreten als *politische* Organisation mit einer ebenfalls neuen (gleichwohl aber an traditionelle Rituale nationaler Feste und militärisch-nationalistischer Öffentlichkeit anknüpfenden) Form der Präsentation des politischen Bekenntnisses und des als situationsadäquat empfundenen Rigorismus. In seinem Vergleich faschistischer Bewegungen urteilt *Juan J. Linz* über diese Aspekte: „Clues should not be searched for in the social composition but in the organizational capacity, the impact of activism, the combination of violence with the capacity to penetrate a complex network of interest groups loosely linked with existing party structures whose members were ideologically predisposed to some but not all the themes of the movement, and which exercised ernormous influence over the members and the community networks of rural and small-town Germany." (1979: 63 f.).

Dieses Urteil, die angesprochenen Annahmen über die „cognitive maps", in deren Rahmen sich die Wahlentscheidung für die NSDAP herausbildet, und die Beobachtung der politischen Unterschiede zwischen benachbarten und ähnlich strukturierten Gemeinden legen den Schluß nahe, nach einer *politisch-soziologischen* Erklärung der Erfolge der NSDAP zu suchen. Die Erklärung wird deshalb bevorzugt im Bereich des „Politischen" gesucht, weil das politisch-soziale Verhalten als „Produkt" von ökonomischer Lage, funktionaler Stellung im Produktionsprozeß, der Rolle im alltäglichen und im vereinsmäßig-organisierten Reproduktionsbereich *und* von Bewußtsein bzw. Deutungsmuster aufgefaßt wird. Zur „politischen" Interpretation der Klassenlage und funktionalen Schichtung wird gegriffen, weil horizontale Disparitäten in den Milieus und auch Deutungsmuster die vertikale Klassenlage überlagern.

Zeitgenössische Kritiker des „vulgären Marxismus" (*W. Reich* 1971) haben sich dieser handlungstheoretisch und symbolisch-interaktionistisch ausgeweiteten Sichtweise der Klassenlage und des Klassenbewußtseins bereits angenähert, wenn sie z. B. auf die „merkwürdige Schere" von „wirtschaftlicher Lage" und Ideologie hinweisen (*W. Reich* 1971), oder die „Ästhetisierung der Politik" (*W. Benjamin* 1963; *S. Kracauer* 1979) und die „Ungleichzeitigkeit" von sozioökonomischer Lage und politisch-sozialer Orientierung (*E. Bloch* 1962) betonen.

Mit *Megerle* und *Steinbach* (1981/82) und *Lehnert* und *Megerle* (1985) wird die Politische Kultur der Weimarer Republik als eine Addition von Teilkulturen betrachtet. Vor allem im Bereich kleiner Gemeinden in einem (auch) ländlichen Wirtschaftsbereich ist diese Fragmentierung als Vermischung von „kategorischer und persönlicher Distanz" jenseits einer nur ökonomisch bedingten „Gruppenintensität" zu beobachten und von der zeitgenössischen „Soziologie des Dorfes" festgestellt worden (*von Wiese* 1928: 23, 37 ff.). Die Annahme einer „gemischten politischen Kultur" (*K. Rohe*) entspricht im übrigen der Vermischung von Metropole und Provinz sowie der Unterscheidung von Elite und Masse, von Oligarchie und Mitgliederschaft, von Honoratioren und Klientel, die Gegenstand mikroanalytischer Studien zur Erforschung der NSDAP sind (*Hennig* 1980: 160 f.).

„All political cultures are mixed" stellen *Almond* und *Verba* (1963: 475; *Iwand* 1985: 105) kategorisch fest. Unterschieden werden drei Idealtypen: die *parochiale Kultur* mit geringer Rollendifferenzierung und schwacher abstrakt-politischer Orientierung, die *Untertanenkultur* mit ausgeprägterer politischer Orientierung und einer funktionalen, am „output" interessierten Wahrnehmung politischer Autorität und die *partizipative Kultur* mit ausdifferenzierten, gleichermaßen „out-" wie „input"-engagierten Orientierungsmustern. In der Realität treten immer Mischtypen auf, die Elemente dieser drei Typen verbinden. Die wichtigen Mischtypen sind die *parochiale Untertanenkultur* beim Übergang von der parochialen zur staatsbürgerlichen Orientierung, die *partizipative Untertanenkultur* mit einer Mischung von politischer Interessiertheit und Passivität und die *parochial-partizipative Kultur*, die Elemente der parochialen Kultur mit demokratischen politischen Strukturen verbindet (zusammenfassend vgl. *Iwand* 1985: 62 f., *Reichel* 1981: 27, 29 f.).

Die parochialen Kulturmomente sind ein Überhand aus der „Vormoderne", die noch nicht vollständig in der „Gleichzeitigkeit" einer nach Rollen, Interessen und Organisationen ausdifferenzierten kapitalistischen Industriegesellschaft aufgehoben worden sind. Die Differenzierungen in der Gemeinde werden immer noch durch die kulturellen, sozialen und ökonomischen Verbindungen in einer „Gemeinschaft", durch die sekundäre Bedeutung von Politik und durch die verbindende und orientierende Rolle von Familien und Meinungsführern abgeschwächt (*von Wiese* 1928: 20, 28). Politisch-partizipative Orientierungen werden durch parochiale Orientierungen gemildert und überlagert (*Iwand* 1985: 98 ff.). Selbst moderne Organisationen wie politische Parteien können Ausdruck auch parochialer Vorbedingungen sein (*von Wiese* 1928: 61).

Weniger die Klassenlage – die sowieso nicht politisch-ökonomisch begriffen, sondern mit der Bezeichnung der „Pferde-", „Kuh-" und „Ziegen-" bzw., „Mondscheinbauern" konkret und funktional „sittlich-ökonomisch" und „familienwirtschaftlich" bzeichnet wird – als vielmehr das Verwandtschaftssystem und die Familienordnung bestimmen die „Besonderheit der dörflichen Figuration" (*Meyer-Palmedo* 1985: 65 ff., 72 ff., 175 ff.): „Eine parochiale politische Kultur ist, abgesehen von der Tatsache, daß das übergreifende politische System kaum wahrgenommen wird, vor allem dadurch charakterisiert, daß Politik mehr oder minder als eine Ausbuchtung des normalen zivilen Verkehrs begriffen und daß den gesellschaftlichen Eliten auch eine gleichsam natürliche und selbstverständliche politische Führungsrolle zugesprochen wird" (*Rohe* 1982: 588).

Karl Rohes „Typologie politischer Kulturen" (1982: 587 f.) kennt – in Anlehnung an *Walter Bagehots* Darstellung der englischen Verfassung (1867) – einen weiteren Typ, die „*deference*", der in Analogie zur lokalen (ursprünglich religiös konzipierten) Parochialität diese Eigenheiten der quasi-verwandtschaftlichen, konventionellen, von Personen und Familien her beurteilenden Orientierung als eine Haltung der Unterwerfung und Ehrerbietung auf die „nationale Ebene der Politik" überträgt. Wichtig ist, gleich ob lokal oder national, die Bedeutung einer gemeinschaftlichen Lebenswelt für diese politisch-kulturelle Orientierung. Diese Orientierung bezieht ihre Sicherheit und ihre nicht vom System her gedachte Anschaulichkeit aus der sozioökonomischen Verfassung der „Familienwirtschaft", dem Angebot an Vereinen und – vor allem – durch die vorbildlichen Meinungsführer aus den (primär) sozial *und* (sekundär) politisch einflußreichen Familien. Diese Produktionsformen und lokalen Schranken vermitteln einen „Zug zum Provinzialismus" (*Koigen* 1912: 116 ff.), den David Koigen gegen Ende des Kaiserreichs als Erhaltungstendenz eines Orientierungsmusters (*Hennig* 1980: 165 ff.) bestimmt: „Von dem Provinzialismus, der den Seelenhorizont stets begrenzt und beschränkt, vermochte sich die demokratische Kulturart bis auf heute nicht zu trennen. Konkret und sicher, wie der einzelne hier im engen, vertrauten Kreise ist, wird er abstrakt oder gar befangen, sobald er sich in der großen Welt bewegt" (*Koigen* 1912: 117; vgl. *von Wiese* 1928: 22).

Grundlage dieser parochialen Orientierung ist die soziale wie ökonomische Verfassung mit ihrer Vermischung moderner und vor-moderner Produktions- und Orientierungsweisen. Vor allem die von den Arbeiter-Bauern und Kassel-Pendlern – außer in einigen wenigen Quartieren von Quasi-Vororten Kassels – noch eingehaltenen „familienwirtschaftlichen" Bande und damit die Reste an Dorf-„Gemeinschaft" in Form des „Arbeitsleuteverhältnisses" stellen die Basis der wenig abstrakten Urteilsform dar. Das „Arbeitsleuteverhältnis" (*Wagner* 1986: 146 ff.) ist mit dem Individualisierungsprozesse eingrenzenden, gleichzeitig als soziale Kontrolle, als Junktim von Öffentlichkeit und Privatsphäre wie als Daseins- und Altersvorsorge funktionierenden Nachbarschaftsverhältnis verbunden (*Meyer-Palmedo* 1985: 146 ff., 157 ff., 166, 170 ff.). Es besteht in dem gebrauchswertorientierten Tausch von Spanndiensten der „Pferdebauern" gegen die (meist bargeldlos gegen diese Sachleistung verrechnete) Arbeitsleistung von Arbeiterfrauen und -kindern. Die Arbeiter-Bauern, also die „Ziegen"- und „Mondscheinbauern", sind besonders zur Zeit der Ernte und des Dreschens in dieses Tauschverhältnis eingeschlossen.

Im Sinne der überdauernden „sittlichen Ökonomie" gilt dieses zeitlich und rechnungsmäßig von den „Pferdebauern" beherrschte (ungleiche) Tauschverhältnis den Arbeiter-Bauern dann als gerecht, wenn der eingebrachten schweren Arbeit das Pendant der Pflug- und Fuhrdienste und der Naturalien bargeldlos entspricht (*Wagner* 1986: 149 ff.; vgl. *Moore* 1984: 60 ff., 666 ff.). Ein Netz gegenseitiger Verpflichtungen und Kooperation überzieht solcherart die Gemeinden und hemmt den im Landkreis Kassel im Zuge der verspäteten Industrialisierung (nach der Annexion durch Preußen 1866) seit Ende des 19. Jahrhunderts (*Summa* 1978: 1 ff., hier bes. 64 ff., 75 ff., 87, 93 ff.; *Wagner* 1986: 108 ff.) einsetzenden Wandlungsprozeß „von persönlich-konkreten zu anonymen-abstrakten Beziehungen" (*Meyer-Palmedo* 1985: 168 ff.) bzw., um diesen Wandel mit Begriffen von *Ferdinand Tönnies* (1926) auszudrücken, der Vergesellschaftung von „Gemeinschaft".

Die vormoderne „Familienwirtschaft" (*Tschajanow* 1923; *Medick* 1978: 196 ff.), eine „lohnarbeiterlose Produktionsweise", der sich auch das in Lohnarbeit erwirtschaftete Geld einordnet, ist diejenige sozioökonomische Basis, die auch in der Weimarer Republik noch die Reste der Dorf-„Gemeinde" zusammenhält und die als gemeinsame Orientierung am „Jahresarbeitsertrag" und am „Gesamtarbeitseinkommen der Familie" die seit der Jahrhundertwende – seit Gründung der ersten SPD-Ortsgruppen und Arbeiterkulturvereine – einsetzende politische Differenzierung dämpft. Selbst Kommunisten, wenn sie eingesessenen und ausgewiesenen „ehrlichen" Familien angehören und im

„Arbeitsleuteverhältnis" verbleiben, werden toleriert. So berichtet *Leopold von Wieses* (1928: 61) Arbeitsgruppe von ihrer Pfingstexkursion (1927) in den Hunsrück: „Mehr als einmal hörten wir von den Bauern, daß ‚ihre' Kommunisten nicht so schlimm seien. Nach wie vor gehören sie trotz dieser parteipolitischen Außenseiterstellung zur Dorfgemeinschaft" (vgl. *Wagner* 1986: 253, 286 ff., 301 ff., 311 ff., 319 ff., 327 ff.).
Sozialdemokraten und Kommunisten wirken politisch nur insoweit, als sie angesehenen Familien entstammen und dem strikt anti-hedonistischen Bild der Arbeitsmoral und Tugendhaftigkeit entsprechen. Gemeinsam ist auch diesen Arbeiter-Bauern die typische „Selbstausbeutung" und der undiskutierte Einbezug von Frauen und Kindern in die subsistenzorientierte Wirtschaftsweise. Diese wird durch Lohn aus industrieller Lohnarbeit lediglich abgesichert, weil es an eigenem Grundbesitz mangelt und hauswirtschaftliche Autarkie zwar als Ziel gilt, nicht aber durchgängig praktiziert werden kann. Der Zusatzverdienst wird für Pacht, Kleider und „Kolonialwaren" verwendet. Das Mischeinkommen aus Lohn, Naturalien und Reproduktionsmitteln begründet den subjektiven Nutzen dieser Wirtschaft (vgl. schon *Verein für Socialpolitik* 1883, 1892). Die „Vorteilhaftigkeit" solcher Ökonomie wird unter Gesichtspunkten eines hohen Arbeitsertrages, eines angemessenen Familienauskommens, nicht aber des Arbeitslohnes bewertet. Die investierte Arbeit der Frauen, Kinder und Männer wird nicht nach Kriterien von Tariflöhnen und freier Arbeit, sondern nach erwirtschafteten oder konservierten Gebrauchsgütern bewertet. („Arbeit und Brot": diese von NSDAP, KPD, SPD und Zentrum gleichermaßen verwendete Formel illustriert zu Zeiten der Weltwirtschftskrise den gerecht empfundenen Tauschzusammenhang von Auskommen und Aufwand.)
Die Erwirtschaftung von Gebrauchsgütern, der Erhalt der Wohnung (vielfach im eigenen kleinen Häuschen mit einer Kleinparzelle), die Zukaufsmöglichkeit der benötigten zusätzlichen Gebrauchsartikel und einiger bescheidener Luxusgüter und Freizeitaktivitäten – kurz: die über den „Jahresarbeitsertrag" bzw. das „Gesamtarbeitseinkommen der Familie" gesicherte Reproduktion der Familie in der Dorf-„Gemeinde" – sind dasjenige soziale Verhältnis und derjenige ökonomische Zielwert, der das Fundament der parochialen Kultur bildet. Diese teilweise vorkapitalistische „Familienwirtschaft" und diese „vormodernen" Kulturanteile werden durch die alltägliche Erfahrung gerade der Arbeiter-Bauern bestätigt. Die Stadtnähe des Landkreises Kassel (als „Krisennähe") begünstigt die Verankerung dieser Mischverfassung der „Ungleichzeitigkeit" von Elementen der „Moderne" und der „Vormoderne".
Gegenüber dem städtischen Proletariat – denjenigen Arbeitskollegen also, die stärker auf der Höhe des Kapitalismus leben – erscheint die eigene Reproduktion als befriedigender und gesicherter. Gerade die Krisenerfahrungen des Hungerwinters 1916/17, der Zwischenkrise 1926 (mit 10 % Arbeitslosen), der hohen Sockelarbeitslosigkeit von durchschnittlich 4,7 % bzw. knapp 965 000 Beschäftigten (1921–1928), der immer wiederkehrenden saisonalen Arbeitslosigkeit (im Landkreis Kassel sind viele der Pendler und Arbeiter-Bauern als wenig qualifizierte Arbeiter im Baugewerbe beschäftigt) und erst recht der Weltwirtschaftskrise (die den Wirtschaftsraum Kassel überdurchschnittlich betrifft[2]) sprechen für die „Familienwirtschaft" (und die „alte Zeit").
Diese Wirtschaftsweise ist unter kapitalistischen Produktionsverhältnissen ein „vorkapitalistisches Reservat" (*Medick* 1978: 196), dem die Parochialität enspricht bzw. das als

hergestellte Realität nur mittels der Gesellschaftsinterpretation dieser sozialen und politischen Kulturorientierung existiert. Gerade die in den Generationen der Weimarer Zeit gesammelten Erfahrungen kapitalistischer Krisenhaftigkeit erhalten diesen vorkapitalistischen und vormodernen Lebens- und Wirtschaftsstil. „Ungleichzeitigkeit" und „mentale Provinz" haben hierin ihr materiell-interpretatives Substrat, das von den Wandlungsprozessen bis in die 30er Jahre im Kern noch nicht angegriffen wird, das auch die politische „Radikalisierung" und „soziologische Phantasie" der Arbeiterorganisationen (bis in die KPD) mildert.

4. Politische Organisation und parochial-partizipative Politische Kultur-Formen

Hellsichtig stellt *Fritz Sternberg* in seiner 1933 in zweiter Auflage erschienenen Analyse zum „Niedergang des deutschen Kapitalismus" die Diagnose: „Die Weltgeschichte hat augenblicklich ihr Zentrum in Deutschland. In Deutschland wird entschieden, ob die Konterrevolution, ob der Faschismus, ob die Barbarei einen entscheidenden Schritt nach vorwärts macht, oder ob die Revolution ein neues Glied der Kette durchbricht..." (1932: 400).

Vom Bewußtsein einer solchen Entscheidungslage und -logik ist im Landkreis Kassel in dieser Direktheit und analytisch-geschichtsphilosophischen „Prognostik" nichts zu bemerken. Es fehlt an der abstrakten Betrachtungsperspektive, die in die Lage versetzt, die „Kernstruktur" und den hinter dem Rücken von Personen und Einzelereignissen abgesponnenen „braunen Faden" zu erkennen. Dies gilt vor allem für die großen Arbeiterparteien und für die bäuerlichen und (klein)bürgerlichen Wähler, die mehrheitlich Wähler der NSDAP geworden sind. Die Mitglieder der NSDAP, insbesondere die mobilen Aktivisten in SA und SS, verfügen am ehesten über ein strukturierendes und durchsetzungsfähiges Konzept („Deutschland"), über eine integrierende Führungspersönlichkeit auf Reichsebene und über ein anerkanntes Orientierungsmuster („Autorität von oben, Vertrauen von unten"), das ihre interne Hierarchie bestimmt. Auch die horizontale Kooperation der kleinen NSDAP-Landkreisstützpunkte untereinander und mit ihrem „großen Bruder", nämlich mit den Kasseler Ortsgruppen – so wie sie sich bei Aufmärschen, Feiern (zum „Deutschen Tag") und den auf Einschüchterung der regionalen Arbeiterkultur bedachten massiven Gewaltaktionen manifestiert –, ist Ausdruck dieses organisierenden Prinzips, das bewußt und gezielt den lokalen Handlungsrahmen aufhebt.

Das Vorhandensein einer organisierenden, „totalitätsorientierten" und offensiven Perspektive bei der NSDAP (im Zusammenspiel von Partei und Bewegung) und deren Fehlen bei den Arbeiterorganisationen, vor allem bei der SPD[3], soll auf zwei Ebenen zusammengefaßt werden: – (4.1) Mittels „freier Gedanken" und „qualitativ" werden einige plausibel erscheinende Überlegungen zur Konstellation von NSDAP und Arbeiterparteien im Landkreis Kassel vorgetragen. – (4.2) Die Typologie der Politischen Kultur-Orientierungen wird dann nochmals aufgegriffen, um die Unterschiede zwischen Arbeiterorganisationen und NSDAP zu charakterisieren.

4.1. Überlegungen zur NSDAP und zu den Arbeiterparteien

Gerade die lokale und regionale „Schwäche" der NSDAP-„Inseln" in dem allgemein als „rot" attributierten Landkreis Kassel begünstigt (formell wie informell) den Aufbau von Kommunikations- und Handlungszusammenhängen zwischen den Gemeinden und zwischen Stadt und Land. Alle Anhänger einer Minderheit (also auch die organisierten und öffentlich auftretenden NSDAP-Mitglieder) entwickeln Mobilität und Kooperationsmuster, um ihren Stand zu verbessern.

Insofern die NSDAP ihre interne organisatorische „Schwäche" von „außen" – d. h. von Kassel, Preußen und dem Reich – aufheben will, weil sie für radikale interne Umstrukturierungen zu Recht keine Chance sieht, muß sie über ein abstraktes Handlungs- und Orientierungsprinzip verfügen. In sich entwickelt der Landkreis Kassel nämlich nur das Bild der sich nahezu wählergleich gegenüberstehenden fraktionierten Arbeiterorganisationen und der von der NSDAP „eingesammelten" Bürger und Bauern (vgl. *Hennig* 1983: 411 ff.). Bezüglich der sozialen Verankerung und Reputation, bezüglich auch der institutionellen Repräsentanz (außer bei einigen lokalen Exekutivorganen) und der Dominanz des politisch-kulturellen Stils dominiert in der überwiegenden Zahl der Gemeinden des Landkreises auch in der Endphase der Weimarer Republik noch das Arbeiterlager.

Als ***Organisation*** ist die NSDAP unterlegen, sie kann nur durch überlokale Konzentration und regionale Mobilität organisierte Stärke demonstrieren bzw. durch jederzeit aktive Eingreifkommandos Abschreckung und Lähmung hervorrufen. Als ***Bewegung*** allerdings sammelt die NSDAP die bürgerlich-bäuerliche Wählermehrheit, veranstaltet wirksame Einzelfeiern und Straf- wie Demonstrationsaktionen. Diese Bewegung profitiert im Kreisgebiet von dem „bandwaggon"-Effekt, der über das Reich, Preußen und Kassel die Wähler mobilisiert (auch dies Ausdruck einer wirksamen allgemeinen Politisierung durch das apokalyptische Orientierungsmuster „Bolschweismus oder Nationalsozialismus"). Lokal und regional werden diese Wähler über die mit der NSDAP (als Organisation) wertmäßig übereinstimmenden Honoratioren erreicht.

Der von der NSDAP praktizierte Bruch des staatlichen Gewaltmonopols wird ***toleriert***. Angesichts der sozioökonomischen Weltwirtschaftskrise sowie der politischen Krisensituation in Preußen (mit geschäftsführender Interimsregierung und Staatskommissar) und im Reich (mit Präsidialkabinetten ohne Vertrauen des antagonistisch zerspaltenen Reichstags) wird die NSDAP-Gewaltaktivität als situationsadäquat-notwendige Interimslösung vor dem Wiederaufbau eines nationalsozialistisch geordneten „starken Staates mit gesunder Wirtschaft" bzw. einer „Totalität aus Stärke" (*C. Schmitt* 1926) interpretiert.

Die soziale und ökonomische Verfassung der Gemeinden mit ihrem die Deutungen von Staat und Gesellschaft bestimmenden Anteil an „Familienwirtschaft" und Parochialität mildert diese Bewegungsenergie zuungunsten der auf offene Spaltung und ausgrenzende Feinschaft setzenden organisierten NSDAP. Als Organisation stößt die NSDAP somit an die Grenzen der zu ihren Gunsten wirkenden Bewegung. Deshalb gelingt die interne Revision des als „rot" verschrieenen Landkreises nicht. Nach 1933 kann der angestrebte Wandel zwar auf Organisationskader zurückgreifen, aber dennoch muß er von außen mit preussisch-reichsweiter Rückendeckung exekutiert werden. Auch die Kasseler Regierung und der sozialdemokratische Landrat müssen von außen abberufen werden (*Hennig* 1988).

Die Arbeiterorganisationen verhalten sich gegenüber der organisierten NSDAP-Offensive und gegenüber deren Rückwirkung als Wählerbewegung und Meinungsklima defensiv, vertrauen bzw. setzen notgedrungen auf ihren Rückhalt im politisch-kulturellen Klima und im sozioökonomischen Milieu der Gemeinden. Aus der sozialen Reputation ihrer Repräsentanten und aus der politisch-kulturellen Einbindung ihrer Organisationsaktivitäten beziehen sie vor Ort ihre Ausstrahlung und Stärke. Als allgemeines und überregionales Orientierungs- und Organistionsprinzip ist die Arbeiterbewegung jedoch antagonistisch fraktioniert – in den ausdifferenzierten und größeren Gemeinden des Landkreises in Kassel, Preußen und im Reich – und seitens der KPD durch Maximalismus („Rätedeutschland") oder durch die legalistische Tolerierungspolitik der SPD „gelähmt."

Lokale wie regionale Stärke, Rückhalt auch in den regionalen Institutionen (Regierung, Landrat, Kreistag, Bürgermeistereien, Gemeinderäten), und reichsweite Schwäche bzw. Defensive oder Aussichtslosigkeit produzieren einen fragilen Gleichgewichtszustand. Auf der lokalen Ebene der meisten Gemeinden im Landkreis Kassel führt dieser Zustand zur Gleichzeitigkeit einerseits des lokalen Bestandes der kaum abbröckelnden Arbeiterkultur und der nebeneinander existierenden Arbeiterparteien – der Abschwung verbleibt in der Regel moderat und ändert, bei internem Austausch zwischen SPD und KPD, kaum etwas am Gewicht des Lagers insgesamt – und andererseits der Abgabe der zu Beginn der Weimarer Republik und 1928 nochmals angezogenen Wähler jenseits des engeren Arbeitslagers (*Hennig* 1987). Die Arbeiterorganisationen stoßen deshalb als Wählerbewegung auf die expandierenden Grenzen der NSDAP als Bewegung und (Wähler)Sammlung. Die Gleichzeitigkeit von Stabilität *und* Konflikt ergibt sich hieraus als das in den Gemeinden und im Kreis während der Endphase der Weimarer Republik maßgebliche Erscheinungsbild des „Politischen" (dort überwiegt der Konflikt) und der „Politik" (wo die Stabilität bis zum 30.1.1933 noch dominiert).

Das sich ab 1930 bis zum Frühjahr 1932 rapide entwickelnde Konfliktpotential in Form der Wählerbewegung zur NSDAP deutet darauf hin, daß die Arbeiterorganisationen auch in dieser Bastion einer regional stabilen Stärke das „unbekannte Volk" übersehen haben. Der gemeinschaftliche Verkehr in der Politischen Kultur der Vereine und Feste und die Begegnungen in dem „familienwirtschaftlichen" Netz an Kooperation („Arbeitsleuteverhältnis") und an gemeinsamer Betrachtung wie Bewertung des Wirtschaftsablaufs mildern zwar politische Konflikte und setzen der internen Umstrukturierung jene Schranken, auf die die NSDAP im Frühjahr 1932 stößt, vermitteln aber offensichtlich keine klassenübergreifenden Kenntnisse und heben die Klassenorientierungen letztlich nicht auf. Das Anwachsen der NSDAP-Wählerstimmen führt den Arbeiterorganisationen auch im Landkreis Kassel ihr Unwissen über die „in politisches System" gebrachten „dumpfen Gefühle nationalistischer Wallungen" (*C. Mierendorff* in *Hennig* 1983: 394) vor Augen.

Dies spricht *Georg Decker* an, wenn er im sozialdemokratischen Theorieorgan „Die Gesellschaft" im Oktober 1930 vom „unbekannten Volk" redet und mahnt: „Allem

anderen voran müssen wir jetzt das unbekannte Volk, dessen Stimme wir mit Erstaunen am 14. September vernommen haben, kennenlernen." – Ein Vergleich der NSDAP-Wahlergebnisse der Reichstagswahlen vom 20.5.1928 und 14.9.1930 zeigt, daß diese Mahnung für den vermeintlich „roten" Landkreis Kassel ganz besonders zutrifft. (Die Prozentdifferenz der NSDAP-Stimmen 1928 und 1930 beläuft sich auf Reichsebene auf 691,4, im Wahlkreis 19 (Hessen-Nassau) liegt sie bei 569,9, aber im Landkreis Kassel beträgt dieses Maß 1 361,1 und zeigt – ebenso wie die Konzentrationswerte von 0,46 und 0.85 – das überproportionale Wachstum der NSDAP-Wählerbewegung an.) Mit 957 Stimmen Vorsprung bzw. 37,9 % avanciert die NSDAP am 6.11.1932 zur stärksten Partei vor der SPD mit 35,3 %, nachdem sie am 31.7. um 166 und am 14.9. 1930 um 10 768 Stimmen zurückgelegen hat (*Hennig* 1988).
Auch auf der Organisationsebene sind die im wesentlichen stagnierenden und lokal verankerten Arbeiterparteien der Mobilität und horizontalen Kooperation der NSDAP-Aktivisten nicht gewachsen. Die Mobilität der NSDAP stößt auf lokal starke Arbeiterorganisationen – so zählt z. B. der „rote Massenselbstschutz" 1932 in Niederzwehren und Harleshausen über 200 bzw. 260 Mitglieder und übertrifft die Kasseler Gruppen, das „Reichsbanner" hat 1932 800 Mitglieder im Landkreis –, die jedoch, insbesondere seitens der SPD, vergleichsweise immobil sind und primär lokal agieren.
Die gegenüber der Arbeiterkultur abschreckenden Aufmärsche und Aktionstage ebenso wie die Gewaltaktionen der NSDAP zeichnen ein Bild, das an die faschistischen „Strafexpeditionen" 1922 in Italien erinnert: Hochentwickelte lokale Arbeiterorganisationen und Symbole ihrer Stärke werden jeweils isoliert von den überlokal zusammengefaßten, effizienten und mobilen faschistischen Kampfverbänden unterdrückt.
Die Dominanz der SPD und die – außer in den Großgemeinden – weitgehende Integration der KPD tragen im Landkreis Kassel (nicht aber in der Stadt Kassel) dazu bei, daß die Kraftakte der NSDAP bis zum März 1933 primär Demonstrationen symbolischen Vernichtungswillens und struktureller politischer Gewalt verbleiben. Die nazistische Gewalt bleibt weitgehend latent und wird durch die Stärke der Arbeiterorganisationen klein gehalten. Erst externe Daten wie die Verordnung vom 28.2.1933 „zum Schutz von Volk und Staat" und der preußische Hilfspolizei-Erlaß vom 22.2 setzen die Gewaltmöglichkeiten frei. Die Sozialdemokratie beharrt darauf (auch nach 1933), sich nicht provozieren zu lassen. Die „übliche Nazihetze" oder das „Nazi-Theater" („Kasseler Volksblatt" vom 17.5 und 27.8.1932) werden lächerlich gemacht, selbst gegenüber Gewaltmaßnahmen wird empfohlen, „straft die Schlägerbanden (der NSDAP, E. H.) mit Verachtung" (so im „Kasseler Volksblatt" vom 4.2.1933). Lassen sich dennoch „verantwortungslose Burschen", also Jugendliche, oder „Schläger" bzw. alkoholisierte und gewalttätige „Radaubrüder", also Kommunisten, provozieren und zu Gewaltaktionen hinreißen, so vertieft der Tenor des sozialdemokratischen Deutungsmusters die Bruchlinien *im* Arbeiterlager, zwischen SPD und KPD, zwischen jung und alt in der SPD sowie zwischen „Reichsbanner" und SPD (so tritt z. B. 1931 der Gauführer des „Reichsbanners" aus der SPD aus, weil er die unzureichende Bekämpfung der NSDAP kritisiert).
Die symbolische Kraftentfaltung und die Versuche der NSDAP, die Arbeiterorganisationen zu lähmen und zu demütigen, die lokale Stärke der Arbeiterorganisationen als

tönern und verwundbar vorzuführen, bestätigen – im Verbund mit dem „bandwaggon"-Effekt des Reichstrendes – die NSDAP-Wählerbewegung. Durch mobile Praxis der Organisation werden „Totalitätsanspruch" und „Entscheidungswille" der NSDAP demonstriert, die Partei zeigt der sich zu ihren Gunsten auswirkenden Bewegung eine öffentliche Stärke, der im bürgerlich-bäuerlichen Lager seit 1930 keine andere Organisation entspricht, die vielfach erstmalig eine nicht-sozialistische politische Öffentlichkeit entfaltet.
Die Geste der Entschlossen- und Entschiedenheit präsentiert die NSDAP angesichts der Schwäche der bürgerlich-bäuerlichen Parteien und angesichts der tiefgreifenden politisch-sozialen Krise im Licht einer das Ganze ändernden „wertkonservativen" „Revolution gegen die Revolution". Insofern wirkt sich auch die symbolische Gewaltanzeige positiv auf die nationalsozialistische Wählerbewegung aus. Für ihre Klientel wird die NSDAP mehr und mehr unersetzlich als das einzige Pendant zur Arbeiterkultur und -bewegung. Manifest durchgeführt werden die Gewaltaktionen gegen Einzelne, lokale Zentren und Organisationen des Arbeiterlagers erst ab März 1933 (*Frenz* und *Kammler* in *Hennig* 1983: 90, 92 ff., 509 ff.). Fanal ist in der Nacht vor der Reichstagswahl am 5.3.1933 ein SA-Überfall auf den „Mehlhof" in Ochshausen (*Pinno* 1985), eine lokale Hochburg der SPD.

4.2. Mischtypen politischer Kultur

Der in den Typologien Politischer Kultur-Formen angenommene *Mischcharakter* einer realen Politischen Kultur läßt sich im Landkreis Kassel für den Untersuchungszeitraum 1928 bis 1930 tatsächlich nachweisen. „Die Realität" der konfligierenden politisch-kulturellen Orientierungsmuster bestimmt sich an diesem Ort zu dieser Zeit aus einer Vermischung von parochialen, partizipativen und Untertanen-Momenten. In diesem regionalen Rahmen zeigt sich eine Mischung von politischer Stabilität und Konflikt, von Mobilität und „Versäultheit", von aktiver politischer Partizipation und Apathie bzw. parochialer Gläubigkeit und obrigkeitsorientierter Delegation an Honoratioren und soziale Eliten als naturgegebene Sachwalter und Meinungsführer.
Verbunden mit dem sozioökonomischen Wandel der Region, also mit der verspäteten Industrialisierung Kassels zu einem Verwaltungs-Industrie-Zentrum, wandeln sich die Gemeinden des Landkreises Kassel vom Dorf zum Arbeit-Bauern- und Pendlerwohnort. „Familienwirtschaft" und lokale Kleinindustrie bzw. Handwerksbetriebe werden jedoch nicht aufgegeben. Die Gemeinden entwickeln eine Mischstruktur von Landwirtschaft, von (meist kleineren und mittleren, nur wenigen größeren) Gewerbebetrieben und „Krämertum" (*Th. Geiger* 1932), von „familienwirtschaftlicher" Nebenerwerbswirtschaft der Arbeiter-Bauern und einer „Gartenstadt" für Beamte und Angestellte aus Kassel. Je nach Verkehrserschließung, Stadtnähe und der Anbindung an Kassel ändert sich das Gewicht dieser Teilbereiche mit ihren je spezifischen Beiträgen zu den politisch-kulturellen Orientierungen. Bis auf die zugezogenen Angestellten und Beamten („neuer Mittelstand") produzieren alle anderen Schichten *in* den Gemeinden und erwirtschaften dort zumindest relevante Teile ihres (Familien)Einkommens.

Diese Struktur bildet sich seit Anfang des 20. Jahrhunderts heraus (von 1895 bis 1910 nimmt die Kreisbevölkerung um 26,8 % zu). Die politische Mobilisierung der NSDAP stößt somit längerfristig betrachtet auf sozial im Umbruch befindliche Gemeinden, deren Wandlungsprozeß noch nicht abgeschlossen ist, durch die Weltwirtschaftskrise vielmehr dramatisch zugespitzt wird. Ein erster Partizipationsschub ist der Anstieg der Sozialdemokratie und der Auf- und Ausbau einer durch Partei(en) und Vereine organisierten Arbeiterkultur. Damit wird der vorpolitische Alleinvertretungsanspruch der für den „alten Mittelstand" typischen „Kultur der frühkapitalistischen Wirtschaftsepoche" (*Th. Geiger* 1932) politisch durchbrochen. Es dauert aber bis in die Mitte der 20er Jahre und auf Kreistags- bzw. Landratsebene sogar bis 1930 ehe diese politische Mobilisierung – gestützt auch auf das gegenüber dem Kaiserreich entscheidend geänderte Wahlrecht (3.12.1920) des Freistaats Preußen (vgl. Art. 4 der Verf. v. 30.11.1920) – zur Ersetzung der vornehmlich deutschnationalen Bürgermeister und auch des von 1908 bis 1930 amtierenden deutschnationalen Landrats durch Repräsentanten der SPD führt. Diese zeitliche Verzögerung weist auf die moderate Stoßrichtung der hauptsächlich sozialdemokratisch getragenen Mobilisierung der „kleinen Leute" hin, die mit dem „alten Mittelstand" weiterhin geteilte „familienwirtschaftliche" und parochiale Orientierung bedingt diese Milderung.

Die sozialdemokratische Mobilisierung entwickelt einen politisch-kulturellen Raum ***neben*** und in gemeinschaftlichen Ereignissen immer wieder ***verbunden mit*** den traditionellen dörflichen-(klein)gewerbetreibenden Schichten. Ein „Totalitätsanspruch" wird nicht vorgetragen. Das Netz des „Arbeitsleuteverhältnisses" wird nicht zerschnitten, der inferiore Abhängigkeitsstatus von Frauen und Kindern bleibt erhalten. Diese Bezüge gelten selbst für die Binnenradikalisierung dieser Politik, für die KPD, so daß die sozialdemokratische Zeitung noch 1933 feststellen kann: „Kommunisten, die ein Schweinchen zu schlachten haben, holen sich ausgerechnet einen Nazimetzger" (*Kasseler Volksblatt* vom 2.2.1933).

Die Organisationsform des „alten Mittelstandes" ist seine Vereinskultur, ***neben*** der – als Verdopplung der wichtigsten Vereine (z. B. der Sänger und Turner) – seit der Jahrhundertwende die Arbeitervereine entstehen. Während die Mobilisierung der Arbeiter-Bauern auch politische Organisationen ausbildet, ja ohne die entsprechenden Parteien (SPD, KPD) gar nicht denkbar und auch nicht aktions- wie artikulationsfähig ist, sind die traditionellen bürgerlich-bäuerlichen Parteien (DNVP, DVP, DDP) und auch die Kleinparteien der Übergangsphase zur NSDAP in den Gemeinden des Landkreises Kassel nicht verankert. Einzig das Landvolk und der Christlich-soziale Volksdienst verfügen in einzelnen Gemeinden über Kristallisationspunkte (in bäuerlichen Interessenvertretungen und evangelischen Kirchengemeinden), alle anderen Parteien existieren ohne jeden lokalen Apparat. Es sind Honoratioren-Wahlvereine, die keinen alltäglichen politischen Diskurs befruchten und kaum einen Wahlkampf führen.

Die Scheidung eines politischen Beurteilungsmodus aus einem allgemeineren Wertekonsens und einer bereichsunspezifischen Gesellschaftsbetrachtung erfolgt für die bürgerlich-bäuerlichen Wähler erst durch den Aufstieg der NSDAP. Die Partizipation beschränkt sich bis 1933 zumeist auf den passiven Wahlakt und auf Zeichen der wertkonservativen Gemeinsamkeiten. Die aktiv-partizipierenden NSDAP-Mitglieder bilden

eine Minderheit, die bemüht ist, im Kontext der bürgerlich-bäuerlichen Vereinskultur zu verbleiben. Charakteristisch ist, daß die politische Mobilisierung bzw. Sammlung der NSDAP bis 1933 auf den Aufbau einer eigenen Vereinskultur verzichtet (und sich nach 1933 mit der „Gleichschaltung" der Vereine „bescheidet"). Nur in einigen Gemeinden werden vor 1933 eigene HJ-Gruppen gegründet, deren Aktivitäten jedoch kein eigenes Profil entwickeln, sondern in der allgemeinen Organisationspraxis der NSDAP untergehen (erst nach 1933 erfolgt die Ausdifferenzierung von HJ und BDM).
Die NSDAP ist – neben den genannten Splitterparteien, die a priori aber nur Bevölkerungssegmente und besondere bäuerliche und religiöse Teilkulturen ansprechen – im bürgerlich-bäuerlichen Bereich des „alten" *und* „neuen" Mittelstandes die erste Partei, die vor Ort eine Organisation aufbaut und kontinuierlich öffentliche wie politische Organisationstätigkeit entfaltet. Allerdings können die im Vergleich mit den Arbeiterparteien schwachen NSDAP-Ortsgruppen diese Aktivitäten nur durch überdurchschnittliche Mobilität, Engagement und durch Kooperation und Kommunikation untereinander und mit Kassel bewerkstelligen. Bis 1933 bleibt deshalb in den Gemeinden die passive Partizipation in Form der Sammlung und Wählerbewegung bedeutendstes Ergebnis der politischen Mobilisierung durch die NSDAP. Politik und politischer Konflikt werden in der Konfrontation von NSDAP und Arbeiterparteien in der Endphase der Weimarer Republik als eigenständige Bereiche erfahrbar.
Bezogen auf die Typen und Mischtypen politischer Kultur dominiert das einigende Band der parochialen Orientierung an informellen, personalen und konventionellen Maßstäben sowie des Verzichts auf abstrakte Perspektiven und bürokratisch-entpersönlichte Organiationen. Politik als abstrakter, organisierter und den Lokal- wie Regionalrahmen überschreitender eigenständiger Bereich bildet sich nur ansatzweise heraus, wobei SPD und NSDAP – zeitverschoben und mit unterschiedlichen Akzenten bezüglich der Organisationsformen, -mittel und -zwecke – jeweils unterschiedliche Bevölkerungssegmente in den politisehen „Diskurs" integrieren. Die Arbeiterpartien treten „parochial-partizipativ" bzw. als Teil einer „demokratisierten Untertanenkultur" (*Rohe* 1982: 588 f.) auf und sind legalistisch und am Subjekt orientiert (vgl. *Rohe* 1982: 585, 588).
Die NSDAP ist konventionalistisch orientiert, legitimiert sich als „politische Revolution" für den Bestand (d. h. die Rekonstruktion) des Wertkonservatismus, also gegen eine – jeweils behauptete – sozialdemokratisch-liberale Revolution (1918/19) und einen drohend bevorstehenden bolschewistischen Umsturz (1932/33), gegen den behaupteten „bewaffneten Aufstand der Kommune". Die NSDAP vertritt die Orientierung einer „parochialen Untertanenkultur". Sie entspricht den Deutungen der unter den situativen Kontextbedingungen der Weltwirtschaftskrise von ihr gesammelten (heterogenen) Wählerbewegung, weil sie auf aktiv-partizipatorische Bestandteile verzichtet und aktive Partizipation (bis 1933) an eine aktivistische-aktionistische Minderheit von Stellvertretern delegiert (*Hennig* 1983: 396, 400 f.). Als „demokratisierte deference-Kultur" (*Rohe* 1982: 589) tritt die NSDAP als eine *politisch-immanente* Kritik der praktischen Durchsetzung und Absicherung des deutschnationalen, nationaliberalen und konservativen Wertehaushalts auf. – Längerfristig betrachtet ist dies eine Durchgangsstufe schließlich auch (nach 1945) für die aktive Teilnahme bürgerlich-

bäuerlicher Wähler als Parteimitglieder entsprechender lokal verankerter Parteien (dazu bes. *Dahrendorf* 1968; zur Einschätzung dieses Modernisierungsarguments vgl. *Hennig* 1973: 28 ff., 85 ff.).

5. *Schlußfolgerungen und Ausblick*

Die sozialen und politischen Wandlungs- und Mobilisierungsprozesse, die – parallel zur verspäteten Industrialisierung in Hessen-Nassau – als Partizipation durch die Sozialdemokratie, als Wählerbewegung und Organisierung durch die NSDAP sowie als Abbau von „Familienwirtschaft" und Parochialität seit der Jahrhundertwende einsetzen, sind 1933 nicht abgeschlossen. Sowohl in politischer wie sozioökonomischer Hinsicht verschärft der Nationalsozialismus Tempo und Tiefe der Wandlungsprozesse (allein die Kreisbevölkerung wächst von 1925 bis 1939 um 23 % und von 1939 bis 1946 um 30,7 %). Erst durch den Zweiten Weltkrieg (Evakuierte, Flüchtlinge, Vertriebene) und durch den nur aus der Erfahrung des Nationalsozialismus verständlichen politischen Minimalkonsens des bundesrepublikanischen bzw. westzonalen Parteiensystems werden diese Prozesse nach 1945 bzw. 1949 „abgeschlossen". Gerade mit der hessischen CDU entsteht im bürgerlich-bäuerlichen Bereich eine Partei „neuen Typs", die – mit organisatorischer Verankerung auch in der Provinz – die klassischen Religions- und Stadt-Land-Abgrenzungen durch ein neues Muster aktiver Partizipation aufhebt (und sich 1954 gegen die viel traditionellere FDP durchsetzt) (*Hennig* 1987a).
Politische Kultur-Forschung handelt von *langfristigen* Prozessen der Orientierung *und* Umorientierung, die durch *Vergleich* präzisiert und durch die interpretative Verbindung von *Aggregat- und Individualdaten* geklärt werden. In dieser Hinsicht besteht ein großer Forschungsbedarf, um die langfristigen Dimensionen politischer Mobilisierung und sozioökonomischen Wandels sowie des Wechsels politischer Systeme (1918/19, 1932/33) und „konstanter" Wertmuster zu untersuchen. *Deutsche* Probleme bedürfen so weiterhin der *empirisch* angeleiteten Politischen Kultur-Forschung!

Anmerkungen

1 *Manfred Kieserling* danke ich für seine Anregungen. Neben *Werner Dobslaw* hat er die Wahldaten aus Kasseler Zeitungen (besonders aus der deutschnational eingestellten „Kasseler Post" und dem sozialdemokratischen „Kasseler Volksblatt") aufgenommen.
Diesen Ausführungen liegt die Vorstellung des Projekts vor dem DVPW-Arbeitskreis „Politische Kultur-Forschung" (April 1984 und März 1985) zugrunde. Vgl. das „graue Papier": Zur wahlsoziologischen und politisch-kulturellen Analyse der Gemeinden des Landkreises Kassel 1928–1933, Kassel 1985 (113 S.). Bei *Jürgen W. Falter* möchte ich mich für methodische Hinweise und für eine grunsätzliche Ermutigung bedanken. Auch *Konrad Schacht* hat solchen Zuspruch geleistet. Selbstverständlich ist keiner der Genannten dafür verantwortlich, wenn ich einen guten Rat falsch aufgefaßt und unsinnig verwertet haben sollte.

2 1932 rangiert Kassel (das 1925 171 234 Einwohner und 76 553 Erwerbstätige zählt) unter den 50 deutschen Großstädten bezüglich seiner Arbeitslosenzahl (19 908) auf Platz 33, bezüglich der Wohlfahrtserwerbslosen auf Platz 29. Im Landkreis sind mehrere Gemeinden nicht mehr in der Lage, die wöchentliche Wohlfahrtsunterstützung zu zahlen.

3 „Arbeiter lernt von eueren Gegnern!" (Kasseler Volksblatt v. 27.6.1932): In der *Defensive* entwickelt auch die SPD Kooperationsformen und veranstaltet „machtvolle Bekenntnisse für die Republik". So marschieren 700 Mitglieder der „Eisernen Front" am 22.1.1933 von Kassel über vier Dörfer nach Weimar. In jedem Dorf werden kurze Ansprachen gehalten; die Abschlußkundgebung in Weimar zählt 2000 Teilnehmer, die eine Ansprache *Philipp Scheidemanns* hören. Vgl. Kasseler Volksblatt v. 23.1.1933 („Gegen den Faschismus!"), vgl. auch die Ausg. v. 24.2. mit der Ankündigung von „Werbemärschen" für den 26.2. – Zum Gesamtkomplex vgl. *Kammler, Jörg* 1987: „Die Kasseler Arbeiterbewegung vor 1933", ersch. in *Kammler* u. a. (Hrsg.), Volksgemeinschaft und Volksfeinde, Teil II.

Politische Kultur der Mittelschichten im Übergang zum Nationalsozialismus*

Thomas Schlegel-Batton

1. *Forschungsgegenstand*

Im folgenden Beitrag geht es darum, den Umbruch der politischen Struktur der Weimarer Republik hin zum Nationalsozialismus auf spezifische Determinanten und Indikatoren regionaler politischer Kultur zurückzuführen, die in ihrer Gesamtheit den nationalen Durchsetzungsprozeß der NSDAP wesentlich gefördert haben. Ausgangspunkt der Überlegungen ist die auffällige Differenzierung zwischen nationalen und regionalen Wahltrends zugunsten der NSDAP am Ende der Weimarer Republik, die allein mit den Methoden der historischen Wahlforschung nicht befriedigend aufgeklärt werden kann, und vor allem bezüglich der Vergleichbarkeit lokaler und regionaler Politikanalysen eine empirisch-methodische Neuorientierung erfordert.

Bei der Suche nach neuen Wegen der Interpretation des Nationalsozialismus, besonders im Hinblick auf die Anfälligkeit der Mittelschichten für den NS, erscheint eine „*mikroanalytische*" Betrachtungsweise für Übergangsprozesse von der Weimarer Republik zum NS sinnvoll, die die Ergebnisse der bisherigen Forschung nicht unterbewertet, aber auch die „idealtypische" Überschätzung vorliegender Befunde der Parteien- und Verbandsgeschichte (z. B. *Hamel* 1967; *Wulf* 1969; *Winkler* 1972) einer kritischen Überprüfung unterzieht. Um mehr darüber zu erfahren, „‚wie' und ‚warum' die NSDAP zur Massenbewegung geworden ist, ‚wieso' öffentlich bekannte Geheimabsprachen der NS-Oligarchie mit Traditionseliten nicht zum Abbau der sozialutopischen Hoffnung auf die ‚Bewegung' geführt haben" (*Hennig* 1980: 167), verspricht deshalb ein vergleichendes, sozialgeschichtlich-empirisches Analysekonzept mehr Erfolg, das sich an den Entstehungsbedingungen von „politischer Kultur" bzw. der „politisch-kulturellen Ausgestaltung sozialstruktureller Möglichkeiten" (*Hennig* 1985: 60) im Lebensbereich relevanter Gruppierungen der Weimarer Republik orientiert. „Faschismus" erscheint in der Endphase der Weimarer Republik (1930–1933) als *Prozeß der faschistischen Politisierung* d. h. der Abwendung breiter Bevölkerungsschichten von den traditionellen Identifikationsangeboten und Erlebnisformen bürgerlich-liberaler, konservativ-nationaler oder sozialistischer Prägung. Insbesondere bei kleinbürgerlich-mittelständischen Bevölkerungsteilen scheiden *Transfermechanismen* wirksam zu werden, die das Bewußt-

* Der vorliegende Beitrag steht in Zusammenhang mit meiner laufenden Dissertation an der Gesamthochschule Kassel (*Eike Hennig*).

sein über die eigene ökonomisch-soziale Verelendung zur Zeit der Weltwirtschaftskrise (1929–1932) in *pro-nazistisches* (Wahl-)Verhalten umsetzen können.

Mit Bezug auf eine *sozialgeschichtlich-empirische Rekonstruktion* politischer Kultur der heterogenen Gruppierungen des Kleinbürgertums sind folgende Fragestellungen für die politische Konflikt- und Kulturforschung der Weimarer Republik konstitutiv:

1. Warum und wodurch konnte der Nationalsozialismus in den alltäglichen Lebenszusammenhängen der relevanten Gruppierungen des Kleinbürgertums (Agrarische Gruppen, Handwerk/Kleinhandel/Hausbesitz, Angestellte/Beamte) vor 1933 eine größere Wirkung erzielen als andere Identifikationsangebote und Erlebnisformen der politischen Kultur von Weimar?
2. Haben sich die ideologiebildenden Inhalte und politischen Orientierungen der Vorkriegszeit in wesentlichen Strukturmerkmalen über das Kaiserreich erhalten und nehmen sie Einfluß auf die alltäglichen Erlebnisdimensionen des kleinbürgerlich-mittelständischen Milieus der zwanziger Jahre?
3. In welchem Zusammenhang stehen historisch-politische bzw. soziokulturelle Strukturbedingungen im alten und neuen Mittelstand und die Artikulations- und Kommunikationsformen der nationalsozialistischen Agitation und Präsentation?

Die Untersuchung der politischen Kultur des Kleinbürgertums in der Endphase der Weimarer Republik impliziert folgende, aufeinander zu beziehende Analysestränge: Theoreme der seit Ende der siebziger Jahre in der Bundesrepublik verstärkt rezipierten „political-culture"-Forschung bestimmen den Gang der Analyse und eröffnen Fragestellungen, die bislang sowohl theoretisch wie empirisch unterbelichtet sind. Einstellungen und Verhaltensorientierungen sowie in Alltagssituationen sedimentierte, historisch gewordene Regeln politischer Partizipation gehören zum „setting" der political-culture-Forschung. Es reicht also bei diesem Konzept nicht aus, – worauf *Megerle* und *Steinbach* (1981: 123 ff., 1982: 6 ff.) zu Recht hinweisen – in erster Linie Elemente der politischen Ideengeschichte („antidemokratisches Denken", *Sontheimer* 1964) oder Strukturdefekte der Weimarer Republik zu bemühen. Vielmehr geht es darum, den Auswirkungen historischer Traditionen in überschaubaren sozialen Alltagsszenarien nachzugehen, auf konkrete Bevölkerungsgruppen zu beziehen, und so die Erscheinungsformen politischen Handelns in lokalen und räumlichen Entscheidungsbeziehungen transparent zu machen. Insofern besteht ein Konsens hinsichtlich der Absicht des Berliner Forschungsprojektes (→ *Lehnert* und *Megerle*), auf die „der jeweiligen Tagespolitik vorgelagerten Rahmenbedingungen und Handlungsmöglichkeiten" zurückgreifen zu wollen. Die konzipierte, regional begrenzte Fallstudie über Alsfeld/Oberhessen soll dabei eher der *mikroanalytischen* Verdichtung der spezifischen Frage nach Elementen der kleinbürgerlichen politischen Kultur auf der *Makroebene(Reich)* dienen. Angestrebt wird *nicht* eine historisch-chronologische, lokalgeschichtliche Abhandlung der Jahre 1919–1933 für die o. a. Region, sondern eine exemplarische Verknüpfung quantitativer Ergebnisse der Wahl- und Sozialstatistik mit qualitativen Politikdaten vor dem Hintergrund vorliegender theoretischer und methodischer Erkenntnisse, oder gegenstandsbezogener ausgedrückt: Es geht darum, den wahl- bzw. sozialstatistischen Zugriff auf kleinbürgerlich-mittelständische Gruppen in einer ‚Region' (quantitativ-ökologisch) um die politisch-kulturellen Ausdrucksformen und Binnenstrukturen die-

ser Bevölkerungsteile zu bereichern (qualitativ-hermeneutisch), um so *Regelmäßigkeiten* aber auch *Brüche* im politischen Verhalten von „Kleinbürgern" aufdecken zu können.
Wahlstatistisch lassen sich, bezogen auf die hochaggregierten Daten von Reich und Ländern, auf der Ebene von vergleichsweise „kleinen" sozialen Räumen (Gemeinde/ Kreis) erhebliche Abweichungen feststellen, die einem vorrangig sozialstrukturell/-ökonomisch beschriebenen „NSDAP-Wählerprofil" widersprechen. Die Korrelation ausgewählter Sozial- bzw. Wahldaten mag zwar lineare Zusammenhänge hervorbringen, ob sich aber hinter diesen analysierten Variablen andere vermittelnde Merkmale „verbergen", entzieht sich oft der Betrachtung von Koeffizienten und verlangt nach „theoretischen Überlegungen" bzw. erneuten Versuchen „empirischer Bestandsaufnahmen" (*Hennig* 1985: 57). Neuere Ergebnisse aus den Arbeiten von *Arns* (1979) und *Hennig* (1987) weisen darauf hin, daß man die gängigen, vor allem aus den Faschismustheorien entlehnten Stereotype über die „Panik im Mittelstand" (*Geiger*) wesentlich modifizierter und skeptischer betrachten muß. Für die Analyse der Herausbildung einer kleinbürgerlich geprägten, faschistischen Massenbewegung und eine historisch-sozialwissenschaftliche Interpretation der erdrutschartigen NS-Wahlerfolge (1928–1930) scheinen weder klassentheoretische Globalargumentationen noch statistisch aggregierende Wahl- u. Mitgliedersoziologien zu genügen (vgl. die Kritik von *Falter* 1982: 438–469). Zwar bleibt der reichsweite Trend zu einem Übergewicht von mittelständischen Bevölkerungsteilen aus überwiegend protestantischen Landgemeinden bzw. Kleinstädten unter den NSDAP-Wählern (1928–1932) unbestreitbar (vgl. z.B. *Weber* 1969; *Hamilton* 1982; *Childers* 1976 u. 1983), andererseits ist aber der Anteil von Arbeitern und Nichtwählern am NS-Wählerreservoir zu groß, als daß man den Nationalsozialismus als „Mittelstandsbewegung" (*Winkler*) klassifizieren könnte (vgl. dazu *Falter* 1982: 462 f.; *ders.* bei *Michalka* 1984: 53 ff. und *Meckstroth* 1972: 177 ff.).

2. *Entwurf eines historisch-sozialwissenschaftlichen Forschungsdesigns für die Weimarer Republik*

2.1. Zur Bestimmung des political-culture-Ansatzes

Politische Kultur erscheint in der bisherigen politikwissenschaftlichen Forschung zumeist als ein sektoral differenzierter, demoskopisch *manifester* Zustand zu einem bestimmten Zeitpunkt, weniger jedoch als ein aus der Vergangenheit und Gegenwart geprägter, auf die Zukunft gerichteter Prozeß. Fragt man aber nach den Entstehungsbedingungen und *dynamischen* Prozessen von politischer Kultur, so lautet die Antwort, daß diese in einem *permanenten Erzeugungsprozeß* (*Oberreuther* 1981) gebildet wird und daß sie zumindest ebenso als Resultat historisch-politischer Erfahrungen wie sozialisationsgeschichtlicher Vorstrukturierungen zu begreifen ist. In diese Richtung weist auch der Ansatz *Peter Reichels* (1981a und 1981b), der den Begriff der *Partizipation* (Selbst- u. Mitbestimmung) für das politische Kulturkonzept herausstellt, da dieser sowohl die Bewußtseins- als auch die Verhaltensebene berücksichtige und den engen Wirkungszusammenhang zwischen ***individueller politischer Sozialisation*** und ***kollektiver Partizipation*** erfassen könne. Den konkreten Nachweis – im Sinne von möglichen empirischen Operationalisierungen – für die Behauptung, daß in der zweiten Hälfte des vorigen Jahrhunderts in Deutschland eine spezifische politische Kultur entstanden sei, die sich in wesentlichen Struktur-Merkmalen über das Kaiserreich hinaus erhalten habe, und bis heute nachwirke, bleibt Reichel allerdings schuldig.

Forschungsstrategisch sollte man für die Analyse der politischen Kultur von Weimar den Begriff der Partizipation weder auf seinen system-funktionalen Impetus einengen, noch sollte man ihn voreilig mit demokratietheoretischen Erwägungen und gesellschaftlichen Basisansprüchen überlasten. Auch der von *Bergmann* und *Megerle* (1982: 376 ff.) eingeführte Begriff der „negativen Partizipation" zur Charakterisierung der politischen Orientierung von Bauern und gewerblichem Mittelstand vernachlässigt die politisch-kulturellen Ausdrucksformen dieser Gruppen, und überbetont den formal-parlamentarischen Akt der Wahlbeteiligung bzw. -entscheidung als Gelegenheit zur „Negation der parlamentarischen Weimarer Demokratie" (S. 378). Diese globale Generalisierung hält neueren lokal- und regionalanalytischen Befunden nicht stand und mag allenfalls für die Reichtagswahlen im Juni 1932 plausibel erscheinen. Außerdem vollzog sich, wie *Bergmann* und *Megerle* selbst zugestehen, auch in den Reihen der Parteien der Weimarer Koalition (1930–1932) eine Abkehr von parlamentarisch-republikanischen Spielregeln und gleichzeitige Hinwendung zu autoritär-obrigkeitsstaatlichen Maßnahmen (Notverordnungen/Präsidialkabinette).

Um das Spektrum und die Vielzahl partizipationsrelevanter Lebensbereiche in der Weimarer Republik möglichst umfassend empirisch operationalisieren zu können, scheint eher folgende „offene" Definition praktikabel: Partizipation als Teilhabe/Teilnahme an privat-subjektiven *und* institutionell-öffentlichen Lebensbereichen in der Mikro-Makro-Dimension der politischen Kultur von Weimar. Unterscheidet man hierbei Einstellungen als primär kognitive und affektive Orientierungen, gesellschaftliche Wertüberzeugungen dagegen als evaluative Orientierungen (vgl. *Pappi* und *Laumann* 1974: 157), so muß berücksichtigt werden, daß gesellschaftliche Wertorientierungen politische Einstellungen als Ursachen im Erklärungsprozeß nicht ersetzen, sondern vielmehr als ein *intervenierender* Variablenkomplex zwischen sozialisationsgeschichtlichem und sozialstrukturellem Umfeld und der Einstellung zu politischen Issues (Parteien/Verbände etc.) – im Sinne von institutionalisierten politischen Meinungsträgern/Orientierungsobjekten – zu verstehen sind (vgl. *Pappi* und *Laumann* 1974: 158; *Parsons* 1951: 7).

2.2. Empirische Indikatorenbildung für die politische Kultur des Kleinbürgertums in der Endphase der Weimarer Republik

Bei der politisch-soziologischen Betrachtung der Reichtagswahl 1930 im Wahlkreis Hessen-Darmstadt unter Berücksichtigung langfristiger sozialer und sozio-ökonomischer Strukturwandlungen im Volksstaat Hessen (ab 1777), mittelfristiger Partei-

und Wahlentwicklungen (seit 1871) und einer kurzfristigen Analyse der Kommunalwahlen 1929, kommt *Arns* (1979) zu dem Ergebnis: Das Versagen bürgerlicher Mittelparteien (DDP/DVP/DNVP), bzw. die Nichtexistenz einer stabilisierten bürgerlichen politischen Kultur begünstigen und unterstützen zwar ein Überwechseln bäuerlicher und bürgerlicher Wähler sowie bisheriger Nichtwähler zur NSDAP („political vacuum"). Wo aber vor Ort traditionelle und organisierte Kanäle politischer Ausdrucksformen bestehen, bleiben die NSDAP-Wahlergebnisse unter dem Durchschnitt (391 f.). Es gab eine beträchtliche Anzahl von „local personalities" – als Gegengewicht zu den Kandidaten der bürgerlichen Mittelschicht-Parteien –, die sich für die Gemeinderats- bzw. Stadtverordnetenwahlen der zwanziger Jahre aufstellen ließen und gewannen[1]. Auch *Noakes* (1971: 247/248) und *Roloff* (1961: 42/43) bestätigen diesen, vor allem in Kleingemeinden/-städten vorherrschenden Trend:
Kleinbürgerlich-mittelständische Interessengruppen/Wählergemeinschaften waren auf der lokalen Ebene durchaus fähig, politische Bündnisse zu schließen, und den Arbeiterparteien SPD/KPD ein politisches Gegengewicht zu präsentieren, ohne sich für die von Richtungskämpfen und Desorganisation geschwächten, traditionellen bürgerlichen Parteien zu entscheiden (vgl. Faris 1975: 163), aber auch ohne der NSDAP ad hoc zu einem „Erdrutschergebnis" zu verhelfen.
Unter diesen Gesichtspunkten ist es – wie schon oben betont – zwingend, die historische Wahlforschung zu „regionalisieren" und mit Konzepten der politischen Kulturforschung anzureichern, um einen Zugriff auf die politischen Entscheidungs- und Motivationsstrukturen zu ermöglichen, die in der Mikro-Makro-Dimension der Politischen Kultur von Weimar als vermittelnde Instanzen zwischen Sozialstruktur und politischer Partizipation auftreten. Dabei wäre die These von *Arns* (44) einer empirischen Überprüfung in der ausgewählten oberhessischen Region zu unterziehen: Wenn es zutrifft, daß „. . . .the informal canvassing of voters which went on locally in innumerable *Stammtische* and everyday encounters (*Begegnungen*) in the towns and cities throughout Germany. . ." mehr zur öffentlichen Meinungsbildung beigetragen haben als die „pronouncements and efforts of national political leaders, national newspapers, and other national ‚opinion makers'. . .", dann steht einmal die ‚Nationalisierung der Region' (*Steinbach* 1982: 321 ff.) zur Diskussion, und es ist zu vermuten, daß die jeweiligen über- bzw. unterdurchschnittlichen NSDAP-Wahlergebnisse zu einem großen Teil auf die lokal und regional spezifische Präsentation und Verankerung einer „faschistischen Öffentlichkeit" zurückzuführen ist. *Zofka* (1979) differenziert diese These durch eine empirischen Verweis auf den internen Austausch politischer Kandidaten zwischen mittelständischen Interessenorganisationen und der NSDAP im kleinstädtischen Milieu: In ihrer Funktion als Vorsitzende mittelständischer Organisationen in der lokalpolitischen Szenerie angesehen, verhalf das Überwechseln dieser Personen zur NSDAP dem Nationalsozialismus zu einem „personifizierten Programm' (146), das ihn schließlich salonfähig machte (vgl. *Noakes* 1971; *Schön* 1972). Wo es der NSDAP gelingt, vor Ort ein „politisches Vakuum" mit politisch-öffentlichen Sinnangeboten zu füllen, gerinnen zunächst vorpolitische, antikapitalistische Proteste und Radikalisierungsformen zu profaschistischer Wahlentscheidung, transformieren sich private Verhaltensweisen in politische. Somit kommt der Konfrontation mittelschichten-spezifischer politischer Dis-

positionen mit den Strategien der NSDAP (Programme, wählerwirksame Agitation, Eindringen in die lokale Honoratiorenschicht, Demonstration politischer Stärke durch Gewalt und/oder massierte Präsenz) eine besondere Bedeutung zu – im Sinne eines unterstellten *„two-step-flow-of-communication"*.

Anknüpfend an die Ergebnisse von *Arns* und *Hennig* (1985: 66–71) kristallisieren sich für die Erforschung der politischen Kultur und des politischen Verhaltens des Kleinbürgertums 1928–1933 – bezogen auf das Profil einer oberhessischen Kleinstadt mit agrarischem Umland – folgende, empirische Schwerpunkte heraus, die am Fallbeispiel Alsfeld eine Indikatorenbildung für die drei relevanten Gruppen (Agrarier, Handwerk/Kleinhandel, Angestellte/Beamte) ermöglichen sollen:

1. Zusammenhang zwischen den vielfältigen Wahlvorschlägen und den vor Ort organisierten Parteien: Sammel-/Einigungslisten versus traditionelle Parteienvorschläge
2. Bäuerlich-bürgerliche „Einpunktparteien" (*Arns*), z. B. Landvolk o. Wirtschaftspartei und die zugehörigen informellen Basiszusammenschlüsse (Vereine, Verbände etc.) vor Ort
3. Ritualisierung politischen Verhaltens durch persönliche Vorbildlichkeit – Familienclans, Dorfgemeinschaft/Kleinstädtisches Milieu, lokale Honoratioren, Kirche, Vereinskultur
4. Ausgrenzung und Privatisierung von Politik durch regionale Autonomie in einer „antizentralistischen" Subkultur (*Lepsius*) – Familientraditionen, lokale Solidaritätsbezüge
5. Die parochiale „Beharrung" in den traditionellen Lebensverhältnissen der Provinz wirkt einer „nationalen" politischen Perspektive bzw. Parteienagitation entgegen.
6. Auswirkungen der politischen Dynamik einer von der Stadt ins Land importierten „faschistischen Öffentlichkeit" durch die NSDAP

Unter der Perspektive einer theoriegeleiteten und methodenbewußten Weiterentwicklung regionaler und lokaler Politikanalysen ist diese empirische Indikatorenbildung hauptsächlich an zwei Untersuchungskriterien gebunden: Erstens an eine quellenkritische Revision vorhandener Lokal- und Regionalstudien über kleinbürgerlich-mittelständische Politisierungsprozesse in der Weimarer Republik (vgl. *Schlegel* 1983), und zweitens, an die historisch-soziologische Rekonstruktion des politisch-kulturellen Kontextes der oberhessischen Region Alsfeld und den damit verbundenen Auswirkungen auf die alltäglichen Handlungsentwürfe bzw. -spielräume und Partizipationsformen der o. a. Bevölkerungsgruppen.

Angesicht der Tatsache, daß für die Weimarer Republik keine Ergebnisse aus repräsentativen Meinungs- und Umfrageergebnissen zur Verfügung stehen, bzw. nur sehr eingeschränkt interpretierbar sind (Datenverluste z. B. im Fall von Fromms Arbeiter- u. Angestelltenstudie 1930), eröffnet sich durch die *komparativ-mikroanalytische* Ausrichtung der o. a. empirischen Indikatorenkomplexe zumindest die Chance, ein Niveau an sozialgeschichtlich-empirischer Erklärungskraft und Transparenz zu erreichen, das den scheinbar bestehenden Konsens über die Anziehungskraft des NS auf die Mittelschichten (vgl. *Geiger* 1930, 1932; *Riemer* 1932; *Loomis* und *Beegle* 1946; *Lipset* 1960; *Heberle* 1963; *Hamilton* 1982; *Childers* 1983) überprüfbarer macht. Jedenfalls hilft es der historisch-sozialwissenschaftlichen Forschung kaum weiter, wenn sie sich dem resignativen Resümee von *Falter* (in *Michalka* 1984) anschließt, demzufolge die „Motivationsstruktur der NSDAP-Zuwanderer mangels zeitgenössischem Umfragematerial weiterhin und wohl auf Dauer eher Gegenstand historischer Spekulation. . ." sei, und „bestenfalls für wenige Einzelfälle. . ." belegbar wäre. Den Defiziten der immer umfangreicher werdenden historischen Wahlforschung kann aber allein mit ständig differenzierteren Datensammlungen zum demographischen, sozialstrukturellen und parteipolitischen Hintergrund der NSDAP nicht Abhilfe verschafft werden. Die wahl- bzw. sozialstatistischen Makrostrukturen und Rahmenbedingungen des NSDAP-Erfolges bzw. -Mißerfolges werden zugegebenermaßen deutlicher, aber ohne die Anbindung an lokal- und regionalpolitische Mikrostrukturen bleibt der Aussagegehalt dieser Daten extrem „fehlschlußgefährdet" wie Falter auch selbstkritisch anmerkt (46 f.). Darüber hinaus bleibt es weiterhin die Aufgabe der empirisch validen Erforschung der politischen Kultur und des politischen Verhaltens, das Abstraktionsniveau einer Vielzahl von unsystematischen, aus der ‚historischen Methode' abgeleiteten Ad-hoc-Generalisierungen über ‚antidemokratische Traditionen' (*Löwenthal, Krockow, Sontheimer*) zu senken, und auf überschaubare empirische Bezugsfelder zurückzuführen (vgl. die Kritik von *Iwand* 1983: 493 ff.).

Hinsichtlich der politischen Kultur des Kleinbürgertums müssen dabei *objektiven* Momenten (wie z. B. Arbeitslosigkeit, sozioökonomischer Verelendung oder Regierungskrise) *subjektive* Deutungsmuster und Handlungsmuster der kleinbürgerlich-mittelständischen Bevölkerung zugeordnet werden. Subjektiven Äußerungen und Interpretationen der heterogenen Gruppierungen des Kleinbürgertums – z. B. Gewaltakzeptanz und sozialrevolutionäre Handlungsbereitschaft im bäuerlich-autoritären Submilieu, sozialprotektionistische Forderungen und antisemitische Parolen bei Kleingewerbetreibenden, soziales Geltungsbedürfnis und starke Proletarisierungsfurcht bei Angestellten/ Beamten – werden objektive soziale und politische Tatbestände gegenübergestellt.

Ob sich dann die von *Lehnert* und *Megerle* vorgenommene Typologisierung der politischen „Teilkultur" der mittelständischen Gruppen aufrechterhalten läßt, bleibt noch abzuwarten. Wird nicht mit der Annahme, der „politisch-kulturelle Habitus" dieser Gruppen sei „statusorientiert" und ihr Organisationsprinzip wäre der Interessenverband a priori der Idealtypus aus der verbandsgeschichtlichen Forschung (z. B. *Winkler*) für die gesamte Politische Kultur des Kleinbürgertums festgeschrieben? Besteht tatsächlich eine klare Abgrenzung, bzw. „Fragmentierung" zwischen den mittelständischen Gruppen und den Milieus der ‚Integrationsparteien' (*Neumann*) und „Gesinnungsgruppierungen"? Das Modell suggeriert zumindest eine gewisse Nähe des Mittelstandes zu den gesellschaftlichen Führungsgruppen (9), die von neueren Ergebnissen nicht bestätigt wird. *Haupt* (1985: 14 ff.) plädiert z. B. dafür, die Haltung und Politik der Mittelstandsorganisationen *nicht* mit den primären Lebens- bzw. Geschäftsbedingungen des Kleinbürgertums gleichzusetzen, und die politische Orientierung nicht nur nach den Parolen der Fachverbände und Interessenorganisationen zu beurteilen, sondern auch nach den Kriterien des sozialen und geographischen Umfeldes.

2.3. Politische Regionaleffekte und nationaler Wahltrend

Um die Auswahl lokaler und regionaler Untersuchungen über den Durchsetzungsprozeß der NSDAP und ihrer Mobilisierungsträger auf der Mikro-Ebene in einen begründeten Zusammenhang mit der Makro-Ebene stellen zu können, schlägt *Passchier* (1980: 286 f.) für die sekundäranalytische Interpretation kleinerer Räume ein *varianzanalytisches* Verfahren vor, das von folgender wahlsoziologischen Grundüberlegung ausgeht: Regional verschiedene Wahlentwicklungen beeinflussen in ihrer Gesamtheit den nationalen Wahltrend für die NSDAP, und umgekehrt ist das Wahlverhalten im Reich das Resultat verschiedener regionaler Trends, die sich auf das nationale Gesamtergebnis auswirken.
Zur Veranschaulichung dieser Überlegung zieht er zunächst zwei Bezugsgrößen heran:

1. *Die durchschnittliche nationale Stimmenabgabe für die NSDAP* in den letzten fünf Wahlen zum Reichstag (Mai 1928 – Mobilisierungsbeginn, Sept. 1930, Juli/Nov. 1932, März 1933 – Durchsetzungsphasen).
2. *Die durchschnittliche regionale Stimmenabgabe für die NSDAP* in den letzten vier Reichstagswahlen der Weimarer Republik 1930–1933.

Beiden Bezugsgrößen liegt eine Untersuchungseinheit von jeweils 68 Regionen zugrunde, die zusammen das Deutsche Reich in den Grenzen von 1933 ergeben. Eine detaillierte Aufstellung dieser 68 Einheiten fehlt allerdings in seinem Beitrag, sodaß sich eine Differenzierung nur zum Teil beschreiben läßt. Vollzieht man diese Varianzanalyse für alle 68 Regionen, so ergibt sich, daß *43 %* des Streuungsmaßes der NSDAP-Ergebnisse für die Reichstagswahlen von 1930 bis 1933 von den kumulierten Regionaleffekten herrühren (286–289). Daraus zieht Passchier den Schluß (289): „Thus, for a reliable picture of German politics at the end of the Weimar republic, studies at the grass-root level must be conducted in a diversity of ‚mobilization regions'." Passchier selbst trägt lediglich eine grobe Kontrastgruppenanalyse vor (289 f.), die nur die beiden Einflußfaktoren ‚Religionszugehörigkeit' und ‚landwirtschaftliche Bevölkerung' berücksichtigt, und somit diesen kumulierten Regionaleffekt um seine politisch-kulturellen Akzente und Traditionen reduziert. Auf der Grundlage dieses Klassifikationsschemas unterscheidet er (297) zwischen fünf typischen „Mobilisierungsregionen" der NSDAP:

1. das nationalistische Deutschland mit starken DNVP-Stützpunkten, bes. in Ostpreußen und Pommern
2. das Deutschland der Kleinparteien („small party Germany"), etwa in Schleswig-Holstein und Oberhessen
3. das überwiegend protestantische Durchschnittsdeutschland („average Germany")
4. das sozialistische Deutschland, z. B. Ruhr- und Rhein-Main-Gebiet
5. das katholische Deutschland, insbesondere in Westfalen, Bayern und dem Rheinland

Diese sehr allgemeine Charakterisierung des Deutschen Reiches kann freilich nur der Ausgangspunkt für differenziertere *„Regionalisierungsraster"* sein, die eine auftretende negative oder positive Korrelation mit der NSDAP-Stimmabgabe in ein systematisches Geflecht von Regionaldaten einbinden können. Denkbar wäre ein Minimalkatalog an wahl- bzw. sozialstrukturellen Variablen (z. B. Berufsgruppen-/Erwerbslosenstruktur, Gemeindegrößenklassen, Altersstruktur, Betriebsgrößen etc.) *und* politisch-kulturellen Daten (Familien-/Vereinstraditionen, ereignisgeschichtliche Termine, wiederkehrende Fest- u. Gedenktage, informelle Zusammenschlüsse – z. B. Verbände, Organisationen, lokalpolitische Parteienszenerie etc.), der verschiedene Lokal- und Regionalstudien zur Durchsetzung der NSDAP 1928–1933 hinsichtlich ihres analytischen Zugriffs und der Datenbasis auf ein *vergleichbares* Interpretationsniveau heben könnte.

3. *Vorläufige Beschreibung des soziopolitischen und wahlsoziologischen Profils von Kreis und Stadt Alsfeld/Oberhessen*[2]

Bezieht man das von Passchier angewandte Varianzmodell auf die Daten für Kreis/Stadt Alsfeld, für die Provinz Oberhessen sowie den Wahlkreis 33 (Hessen-Darmstadt) insgesamt (vgl. *Hennig* 1983: 58 f.), so zeichnen sich folgende Tendenzen ab: Bei den vier Reichstagswahlen 1930–1933 haben starke regionale Faktoren die Ausschöpfung und Mobilisierung eines nationalsozialistischen Wählerpotentials im Kreis Alsfeld bzw. in der Provinz Oberhessen beeinflußt. Die durchschnittliche regionale Stimmabgabe für die NSDAP beträgt im Kreis 63,7 % und in der Provinz 49,26 %. Besonders in Oberhessen kann die NSDAP an bestehende Traditionen des bäuerlichen und kleinstädtischen Sozialprotests anknüpfen (Böckel-Bewegung, Landvolk). Sie betont im ländlich-kleinstädtischen Raum eine offene, populistisch-unbestimmte Programmatik, in der die heterogenen Gruppierungen des Kleinbürgertums ihre Spezialinteressen wiederfinden und mit einer völkisch-nationalen, autoritär strukturierten Grundorientierung in Einklang bringen können (vgl. *Schmahl* und *Seipel* 1933: 126 ff.; *Arns* 1979: 292 ff.). Insbesondere im Kreis Alsfeld verweisen die hohen Stimmquoten der NSDAP (besonders der sprunghafte Anstieg von der Reichstagswahl 1930 = 33,5 % zur Reichstagswahl 1932 a = 72,9 %) auf die schwindende Integrationskraft des Landvolks, dessen Wählerschaft sich auf dem flachen Lande, wo kaum andere Parteien existieren und auftreten, von der permanenten politischen Praxis der NSDAP-Werbekolonnen angezogen fühlt, die sich von der Stadt aus um „das Land kümmern". Von den 345 politischen Veranstaltungen im Kreis Alsfeld, die das hessische landesstatistische Amt für den Zeitraum Mai–November 1931 parteipolitisch aufgegliedert hat (Hess. Landesstat. Amt Nr. 1/1932: 29 u. HStD, G13 – Aktz. 1730/13), führt die NSDAP allein 149 durch (z. Vgl. SPD = 89, KPD = 44, DVP = 20, DNVP = 12, Zentrum = 8, Landbund = 8, Christl.-soz. Volksdienst = 6, Volksrechtspartei = 6 u. andere = 3). Ende 1931 ist das für die NSDAP in Betracht kommende Wählerpotential schon weitgehend ausgeschöpft, nachdem zwei große Wählerzuströme zwischen der Reichstagswahl 1928 und der Kreistagswahl 1929 (+ 166 %) sowie von 1929 zur Reichstagswahl 1930 (+ 478 %) der NSDAP zum Durchbruch verhalfen (vgl. *Hennig* 1983: 391).

In der Stadt Alsfeld herrscht zumindest bis zu den Reichstagswahlen 1928 ein politisches Kräftegleichgewicht zwischen den demokratisch-konservativen/nationalliberalen Repräsentanten von DDP/DVP und einem relativ konstanten Arbeiter-Stimmblock für SPD/KPD. Beachtenswert ist allerdings, daß schon kurz bevor die NSDAP bei den Landtagswahlen im Dezember 1924 ihre ersten Stimmerfolge (Kreis: 397, Stadt: 116) verbuchen kann, einige Hausbesitzer, Kaufleute und Handwerker eine Protesterklärung in der Oberhessischen Zeitung (Nr. 279 v. 6.12.1924) abgeben, in der sie den Versuch der Vereinigten Wirtschaftsverbände Alsfeld (Ortsgewerbeverein, Kaufmännischer Verein, Einzelhandelsvereinigung, Hausbesitzerverein), ihre Vereinigungen als Vorspann für politische Parteien zu benutzen, deren Zielen sie fernstehen, scharf verurteilen: „. . .Wähler, laßt Euch nicht irreführen, die DNVP, DVP und der Hess. Bauernbund haben noch niemals ein Herz für den kleinen Mann gezeigt – wählt, wie Ihr es mit Eurer politischen Gesinnung vereinbaren könnt." Vereinbaren lassen sich mit dieser zunächst vordergründig als ‚unpolitisch' bezeichneten Geisteshaltung eine Vielzahl von eigenständigen Listenbildungen, die in der Folgezeit zwischen 1925 und 1929 mit ihren Kandidaten in den Gemeinderäten bzw. Kreis- und Provinzialtagen Oberhessens vertreten sind. Mit Namen wie ‚Freie Bürgerliche Vereinigung', ‚Vereinigte Wirtschaftsgruppen' oder ‚Wirtschaftsliste' organiseren sich meist selbständige Unternehmer, Handwerker und Kaufleute, die den traditionellen demokratisch-konservativen und nationalliberalen Parteien (DDP/DVP) den Rücken kehren. Am 15.11.1925 ist der Alsfelder Gemeinderat wie folgt zusammengesetzt: SPD – 6 Sitze, Freie Bürgerl. Vereinig. – 3, Nationale Bürgerliste (Hess. VP/Hess. Landbund) – 6 und Vereinigte Wirtschaftsgruppen – 3. Von den insgesamt 18 Mitgliedern des Gemeinderates sind 10 Selbständige, 4 Angestellte und 4 Arbeiter (sämtlich in der SPD). 1929 ist die NSDAP mit einem Angestellten des höheren Beamtendienstes im Alsfelder Gemeinderat vertreten; die restliche Sitzverteilung: SPD – 8, DDP – 2 und Nationale Bürgerliste – 7. Die soziale Stellung der Abgeordneten ist mit der von 1925 vergleichbar (vgl. Hess. Landesstat. Amt, Bd. 56, Nr. 7, Darmstadt 1926; ferner HStD, Akten d. Hess. Landesst. Amt G13 – 1730/19a, Darmstadt 1929).

Von 1928 bis 1930 kann die SPD in der Stadt Alsfeld einen Stimmenzuwachs von 4,2 % (bei den Reichstagswahlen) verbuchen, und profitiert zwischen 1930 und 1933, zusammen mit der KPD, offensichtlich von der hohen Wahlbeteiligung (1920 = 62,1 %, 1930 = 85,9 %, 1932a = 97 %, 1932b = 96,5 %). Der Stimmblock von SPD/KPD ist damit das einzig konstante Gegengewicht zur NSDAP. Das Zentrum liegt bis 1928 immer zwischen 3–4 %, und bewegt sich nach Stimmverlusten ab 1928 bei ca. 2,6 %. DDP (Staatspartei) und DVP werden zwischen 1928 und 1932 zur politischen Bedeutungslosigkeit verurteilt. Wirtschaftspartei, Christlich-sozialer Volksdienst und andere mittelständische Splitterlisten sind Durchgangsstationen, die 1930 einen Teil der Wechsler von DNVP, DVP und DDP auffangen, die aber 1931 praktisch nicht mehr existieren. Ab 1931 ist das bürgerlich-konservative Lager zu einer Restgröße von nur mehr 8–10 % der gültigen Stimmen geschrumpft.

Die unterschiedlichen Akzente der Wahlentwicklung für Kreis und Stadt Alsfeld deuten ein soziopolitisches Spannungsfeld an, in dem verschiedene lokale politische Traditionen und divergierende infra-/sozialstrukturelle Komponenten aufeinandertreffen: Sind im Kreis Alsfeld 1933 ca. 69 % der Erwerbstätigen in der Land- und Forstwirtschaft beschäftigt, so macht dieser Anteil in der Stadt nur ca. 8 % aus (vgl. im folg. Mitteil. d. Hess. Landesstat. Amtes: hier Darmstadt 1935, Bd. 65, S. 18/19; eigene

%-Berechnungen). In den gewerblichen Sparten und im Bereich der öffentlichen und privaten Dienstleistungen sind im Kreis ca. 30 % der Erwerbstätigen beschäftigt, während in der Stadt ca. 92 % diesen Sparten zugerechnet werden können (22–28). Die Kreisstadt Alsfeld unterscheidet sich vom weitgehend agrarisch geprägten Umland durch einige mittelindustrielle und verarbeitende Betriebe (Bekleidungs-/Textil- u. Holzindustrie; vgl. Mitteil., Darmstadt 1931, Bd. 61, S. 159, u. 1934, Bd. 64, S. 37/38), die wahrscheinlich das Hauptstimmenreservoir für SPD und KPD ausmachen. Neben diesen gewerblichen Arbeitnehmern prägen vor allem kleine, selbständige Unternehmer aus Handwerk und Kleinhandel sowie Angestellte der öffentlichen Verwaltung bzw. von Reichsbahn und -post das Bild dieses kleinstädtischen Handels- und Gewerbezentrums.

4. *Schlußbemerkung*

Die Erhebung der politisch-kulturellen Daten befindet sich im Anfangsstadium, so daß an dieser Stelle nur einige Konturen des politisch-kulturellen Kontextes illustriert werden können. Angestrebt wird ein Erfassungskatalog, der wahlsoziologische Momente, ereignisgeschichtliche Termine (z. B. wiederkehrende Fest- u. Gedenktage der Weimarer Republik), sowie die Verlautbarungen der politischen Parteien und Verbände zu kleinbürgerlich-mittelständischen Interessen und Problemen berücksichtigt. In diesem Zusammenhang ist ein chronologischer Veranstaltungskalender der Jahre 1924–1933 im Entstehen, der Programmatik, Präsentationsform bzw. -häufigkeit der politischen Agitation der Mittelschichten durch die in Alsfeld vertretenen Parteien bzw. Interessenzusammenschlüsse aufzeichnet. Besonderes Augenmerk wird dabei auf die Auseinandersetzung zwischen den bürgerlichen Parteien und Splitterlisten mit der NSDAP in der Kreisstadt Alsfeld gelegt. Anhand von biographischen Dokumenten, Leserbriefen und der Zeitungsberichtserstattung über Verfassungsfeiern, republikanische Tage, Reichsgründungstreffen u. a. soll politisch-kulturellen Traditionen nachgegangen werden.

Anmerkungen

1 Bei den Kommunalwahlen 1929 wurden in 40 % der Städte des Wahkreises Hessen-Darmstadt „gewählte" Abgeordnete in den Gemeinde-/Stadtrat entsandt, ohne daß überhaupt ein demokratischer Wahlvorgang stattgefunden hatte; ein Passus im Wahlgesetz von Hessen-Darmstadt erlaubte den Parteien eine Wahl zu umgehen, wenn niemand dagegen Einspruch erhob (*Arns* 1979: 64). In einem Ergänzungsgesetz zum Gesetz über die Wahlen für Gemeinden und Gemeindeverbände (Kreise und Provinzen) beschloß der Hessische Landtag am 8. Juni 1928 die Amtszeit aller Bürgermeister und Beigeordneten in den Landgemeinden, die im Jahre 1925 wiedergewählt worden waren, auf 9 Jahre festzusetzen, und damit einen erneuten Wahlgang bis 1934 auszuschließen (vgl. Hess. Regierungsblatt Nr. 16 v. 7.8.1928, S. 141).

2 Das Fallbeispiel Alsfeld/Oberhessen repräsentiert auf der einen Seite (im Kreis) den ‚typischen' NS-Wahlkreis, mit einem überwiegend agrarisch-protestantischen Wählerklientel, das der NSDAP ab 1930 überdurchschnittliche Wahlergebnisse bringt. Andererseits gestaltet sich die pro-nazistische Umorientierung in der Kreisstadt weitaus facetten- u. konfliktreicher, haben sich doch hier lokalpolitische Binnenstrukturen aus nationalliberalen Traditionen in den Reihen des alten und neuen Mittelstandes erhalten, und muß sich die NSDAP im Ort auch mit einem SPD/KPD-Milieu auseinandersetzen.

Ästhetik statt Politik?

Zum Verhältnis von Kultur und Politik im NS-Staat

Peter Reichel

1. *Vorbemerkung*

In der Zuspitzung der krisenhaften Entwicklung der 1930er Jahre haben sich bekanntlich große Teile der proletarisierten Mittelschichten nicht den „linken" Parteien zugewandt, sondern nach „rechts" orientiert. Diese „Schere" (*W. Reich*) zwischen Sein und Bewußtsein, zwischen materieller und mentaler Entwicklung großer Bevölkerungsmassen, hat naturgemäß gerade unorthodoxe marxistische Intellektuelle beunruhigt und herausgefordert. Nicht wenige von ihnen haben sich wohl vor allem deshalb mit den soziologischen, den kulturellen, den sozialphilosophischen und sozialpsychologischen, aber auch mit den ästhetisch-sinnlichen Aspekten und Erscheinungen des Faschismus beschäftigt. Hier sind vor allem *Walter Benjamin* (1963), *Ernst Bloch* (1962), *Bert Brecht* (1973) und *Siegfried Kracauer* (1963, 1979) zu nennen (vgl. *Emmerich* 1977). Sie sahen darin zu Recht keinen Widerspruch zur materialistischen Erklärung der prokapitalistischen Funktion des Faschismus. Im Gegenteil. Gerade die Verknüpfung beider Erklärungsansätze schien ihnen geeignet, den offenkundigen Widerspruch zwischen sozialer Basis und Funktion zu lösen.

Während sich Brecht in seinen literarischen und essayistischen Schriften immer wieder mit der „Theatralik des Faschismus" auseinandergesetzt hat, Bloch das „Inventar des revolutionären Scheins" faschistischer Bewegungen analysierte und Kracauer im „Massenornament" einen „ästhetischen Reflex" der herrschenden Ordnung sah, hat Benjamin – gleichsam in einer Art programmatischen Zusammenfassung dieser Aspekte und Beobachtungen – zuerst von einer „Ästhetisierung des politischen Lebens" überhaupt gesprochen.

In der historisch-sozialwissenschaftlichen Forschung über das Dritte Reich ist diese These allerdings lange Zeit ein programmatischer Satz geblieben. Erste Anstöße und Bearbeitungen dieses Themas sind – etwa seit Beginn der siebziger Jahre – von der Literaturwissenschaft und Kunstgeschichte ausgegangen (*Vondung* 1971; *Hinz* 1974, 1979; *Denkler* und *Prümm* 1976; *Schnell* 1978). Demgegenüber haben sich Geschichts- und Politikwissenschaft vorzugsweise mit den sozialpsychologischen Bedingungen der Führerherrschaft beschäftigt (vgl. *Kettenacker* 1981), eine notwendige Ergänzung und Korrektur zur biographischen Deutung der Lebensgeschichte Adolf Hitlers (vgl. *Schreiber* 1984), während die ästhetischen Manifestationen und Wirkungen des Nazismus nur selten ihr Interesse fanden (vgl. *Haug* 1971, 1986; *Hennig* 1979; *Steil* 1984).

Unser Blick auf die Massenkultur, auf Kunst und Ästhetik im Dritten Reich und die Frage nach ihrer Bedeutung für das NS-Herrschaftssystem – bzw. für die Masse der Bevölkerung – war lange durch eine stark normative Sichtweise verzerrt: Sei es, daß ganz auf die Übermacht manipulatorischer Massenmedien abgestellt und dabei die Ästhetik des Nazismus in ihrer instrumentellen Bedeutung eher überschätzt wurde; sei es, daß auf die bloße Gigantomanie der NS-Architektur, auf die Nicht-Modernität und Kitsch-Ästhetik der NS-Kunst als Ausdruck der kulturellen Mittelmäßigkeit des Kleinbürgertums, verwiesen wurde und die politische Funktionalität der Ästhetik kaum oder gar nicht erst in den Blick kam; sei es schließlich, daß vor allem der terroristische Charakter der totalitären Gewaltherrschaft herausgestellt wurde, neben dem die Frage nach dem Verhältnis von Ästhetik und Politik bedeutungslos zu sein schien.
Dem Grenzbereich und Wirkungszusammenhang von Kultur und Politik dürfte aber nicht unerhebliche Bedeutung zukommen, historisch wie aktuell und jenseits solcher wiederum zeitgeschichtlich bedingter Verzerrungen. Allen historischen Darstellungen, allen ökonomischen, soziologischen, politologischen Interpretationen zum Trotz ist es bisher kaum gelungen, die Massenwirkung des deutschen Faschismus als soziale Bewegung wie als Herrschaftssystem befriedigend zu erklären. Diese Feststellung bekommt noch dadurch zusätzliches Gewicht, daß die ästhetische Massenwirkung des Faschismus mit seiner militärischen Niederlage keineswegs aufgehört hat. Im Gegenteil, die Faszination des Faschismus dauert an (vgl. *Sontag* 1981). Für viele war und ist Faschismus die ästhetische Erfahrung des Außergewöhnlichen. Vor und nach 1945. Im Film, auf der Bühne und im Roman: Von Ernst Jünger bis Leni Riefenstahl, von Jean Genet bis Michel Tournier, von Luchino Visconti bis Liliana Cavani, von Rainer Werner Faßbinder bis Hans Jürgen Syberberg – immer wieder ist die ästhetisch-sinnliche Anziehungskraft des Faschismus zum Thema gemacht worden (*Friedländer* 1984).
Die folgenden, eher skizzenhaften Ausführungen sind der Versuch, die Ästhetisierungsthese in systematischer Form zu erörtern. So wird zunächst unter dem Aspekt des Verhältnisses von Kultur und Politik nach dem entstehungsgeschichtlichen Zusammenhang von Nazismus und bürgerlicher Gesellschaft gefragt. Exemplarisch sollen dann Erscheinungsformen und Funktionen faschistischer Ästhetik dargestellt werden, um im Anschluß daran Widersprüche dieses Phänomens zu erkunden.

2. Nazismus und bürgerliche Gesellschaft

Die Diskussion um das Für und Wider eines „deutschen Sonderwegs" in die Moderne hält an (vgl. *Grebing* 1986). Weiterhin umstritten ist auch die Frage, ob das Dritte Reich in der Kontinuität der deutsch-preußischen Geschichte des 19. und 20 Jahrhunderts steht oder gerade zu einem Bruch mit dieser geführt hat (*Jäckel* 1986; *Thamer* 1986)[1]. Dies sind Perspektiven und Deutungen, die für eine vergleichende, historisch-kritische Analyse der politisch-kulturellen Vorgeschichte des Dritten Reiches wichtig sind und bleiben. Aber sie reichen nicht aus. Der Faschismus und insbesondere seine Faszination für ein Massenpublikum sind nicht zu verstehen, wenn nicht thematisiert wird, daß er als Bewegung wie als Herrschaftssystem aus einer kulturell fragmentierten

und industriell hochentwickelten, bürgerlich-kapitalistischen Gesellschaft hervorgegangen ist.
Und zwar in zweifacher Hinsicht: Er war ihr Erbe und zugleich Protest gegen sie. Er war ihr Erbe, ihr Produkt, insoweit er aus ihrer ökonomischen, gesellschaftlichen, politischen und kulturellen Entwicklung hervorging, gegen deren krisenhaften Verlauf er massenhaft Protest mobilisierte und organisierte: Ideologisch als Protest gegen die Ideen von 1789, das politische Programm der Moderne; soziologisch als Protest des alten und neuen Mittelstands, jenen sozialen Klassen also, die sich durch das liberal-kapitalistische System und die sozialistische Arbeiterbewegung gleichermaßen benachteiligt und bedroht fühlten. Sozialpsychologisch war dieser Protest Ausdruck einer allgemeinen Orientierungslosigkeit und „Panik“ (*Theodor Geiger*), einer „Angst vor dem Chaos“ (*Joachim Schumacher*), eines „Unbehagens in der Kultur“ (*Sigmund Freud*). Kulturell fand dieser Protest schließlich seinen Ausdruck in einer „falschen“, wenngleich massenwirksamen „Aufhebung des Gegensatzes von Kunst und Leben“ (*Stollmann* 1976).
Während die expressionistischen, dadaistischen, surrealistischen etc. Avantgardisten über eine radikale Kritik bzw. eine sozialistisch-revolutionäre Veränderung der bürgerlich-kapitalistischen Industriegesellschaft zu einer Versöhnung von ästhetisch-autonomer Kunst und entfremdetem Leben kommen wollten, konnte der Nazismus sich weder auf diesen Weg einlassen, noch die bestehende bürgerliche Praxis unverändert fortsetzen. Unter der Zuspitzung sozio-ökonomischer und politisch-kultureller Krisen, angesichts der Verschärfung der Klassenkämpfe und einer machtpolitischen Pattsituation zwischen Arbeiterbewegung und besitzenden Klassen, hatten diese schrittweise zugunsten der NS-Bewegung auf ihre politische Macht verzichtet, um ihre soziale Macht zu behaupten. Die Verselbständigung der Exekutivgewalt war die Folge. *August Thalheimer, Otto Bauer, Julius Braunthal* u. a. haben schon als Zeitgenossen diesen Prozeß erkannt und im Rückgriff auf die von *Marx* und *Engels* entwickelte Bonapartismustheorie zu erklären versucht (*Wippermann* 1981, 1983). Die Totalisierung der Gewalt und – so ist hier ergänzend hinzuzufügen – die Ästhetisierung des politisch-gesellschaftlichen Lebens mußten nun ersetzen, was der Gesellschaft an politischer Rationalität fehlte: „Wo freie Kunst sein sollte, herrscht Politik, das heißt Terror, Verbot, Repression; wo emanzipatorische Politik sein sollte, herrscht die Pseudokunst, das heißt der Schein der Schönheit, Harmonie, Sinnenfreude und Erhabenheit.“ (*Stollmann* 1976: 91)
Denn die Nationalsozialisten haben zwar die Krise gemeistert oder konnten sich dies zumindest weitgehend zuschreiben. Die klassengesellschaftlichen Konflikte vermochten sie aber nur scheinbar zu lösen. Das hatte wenigstens zwei Folgen: Das NS-Regime mußte hinter den erreichten Stand struktur-funktionaler Differenzierung und gesellschaftlicher Institutionenbildung zurück-, zugleich aber über ihn hinausgehen. Das Eine macht das Andere unausweichlich. Das NS-Regime fiel hinter das Herrschaftssystem der Weimarer Republik zurück, insofern es die – zwischen den bestandsrelevanten sozialen Klassen nicht mehr konsensfähige – parlamentarisch-parteienstaatliche Interessenvermittlung und demokratische Herrschaftsorganisation und -legitimation beseitigte und durch polizeistaatliche Repression und offene Gewalt ersetzte.

Zugleich aber ging es über die fragmentierte Klassengesellschaft der Weimarer Republik hinaus, jedenfalls insofern, als es gegenüber weiten Teilen der mittelständischen Bevölkerung den „schönen Schein" erzeugen mußte – und im nicht geringem Umfang wohl auch konnte –, das Chaos der bürgerlichen Klassengesellschaft zugunsten einer neuen Ordnung der „deutschen Volksgemeinschaft" zu überwinden: Gewalt und schöner Schein als Charakteristika faschistischer Herrschaftspraxis, Terror und Ästhetik statt Politik.

Das heißt allerdings nicht, daß Politik in bürgerlich-demokratischer Herrschaftsordnung weder repressive noch ästhetische Elemente kennen würde. Aber beide stehen – im Vergleich zum Faschismus – gleichsam in einem umgekehrten Verhältnis zueinander. Physische Gewalt ist in der bürgerlich-demokratischen Gesellschaft staatlich monopolisiert. Ihre Anwendung ist rechtsstaatlich begrenzt und geregelt, zudem zwischen verschiedenen Funktionsträgern und -ebenen geteilt. Dem steht tendenziell eher ein Defizit an ästhetischen Ausdrucksformen und symbolhaften Sinngehalten gegenüber. Jedenfalls trat in der Weimarer Republik, zumal nach der Erfahrung mit dem in dieser Hinsicht geradezu verschwenderischen Wilhelminischen Kaiserreich, politische Emotionalität hinter die Rationalität ihrer demokratischen Verfahren zurück.

Der Faschismus hat dieses Verhältnis umgekehrt. Mit der Zerschlagung („Gleichschaltung") hochkomplexer Strukturen bürgerlicher Politik hat die Bedeutung der Ästhetisierung des politischen Lebens in einem bisher nicht gekannten Umfang zugenommen. Gegen die „häßliche Seite" der Gesellschaft – gegen den Fortbestand klassengesellschaftlicher Verhältnisse, gegen die Verfolgung und Liquidierung von oppositionellen und mißliebigen Minderheiten – mußte er den „schönen Schein" einer befriedeten „Volksgemeinschaft" behaupten und zugleich das Fehlen demokratischer Herrschaftslegitimation kompensieren bzw. kaschieren, jedenfalls für weite Teile der Gesellschaft. Eben dies hat *Benjamin* gemeint, als er die Formel prägte, daß der Faschismus den proletarisierten Massen nicht zu „ihrem Recht", wohl aber zu „ihrem Ausdruck" verhelfe.

Ein weiterer, sozialgeschichtlich bedeutsamer und im NS-Staat folgenschwerer, soziokultureller Dualismus kommt hinzu: Die Unterscheidung von Normalität/Respektabilität und Abweichung (vgl. *Mosse* 1985). Dieser Mechanismus hatte gerade in den bürgerlichen Mittelschichten, die sich ja nicht nur gesellschaftlich und politisch als Mitte der Nation, sondern geradezu als Garant bürgerlicher Lebensweise und Anständigkeit verstanden, eine erhebliche Bedeutung: Sei es gegenüber und zur Abgrenzung von gesellschaftlichen Randgruppen und nationalen oder religiösen Minderheiten, sei es gegenüber Lebensstilen und Kunstrichtungen.

Als sich die Mittelschichten nach dem 1. Weltkrieg ihrer bisherigen nationalen Identifikation und sozialen Protektion beraubt und zugleich von inneren wie äußeren Feinden umstellt sahen, wurde ihr Nationalismus aggressiver. Ihre Angst vor dem öffentlichen Chaos, dem Verfall bürgerlicher Moral und Kultur, verlangte nach einer neuen Grundlage. Das Bündnis von Nationalismus und bürgerlicher Moral, das die Gesellschaft des 18. und 19. Jahrhunderts in Bewegung gebracht und zugleich unter Kontrolle gehalten hatte, erweiterte sich um eine längst vorbereitete Komponente: den Rassismus. Er bot gleich zwei Vorteile: Die Grenze zwischen Normalität und Abweichung konnte nun schärfer gezogen, die Unterschiede zwischen den Völkern sichtbar gemacht und damit als natürlich und unwandelbar ausgegeben werden: Stereotypisierung auf visuell-ästhetischer und naturwissenschaftlicher Grundlage. Der Nationalsozialismus faßte alles zusammen: Juden und Homosexuelle, Geisteskranke und Gewohnheitsverbrecher, Kommunisten und Zigeuner – zu einer „verfluchten Rasse" (*M. Proust*) von Außenseitern, über denen die „nordische Rasse" des auserwählten, germanischen Herrenvolks stand: männlich, hochgewachsen, stark und blond.

3. Erscheinungen und Funktionen faschistischer Ästhetik

Die künstlerischen und kulturellen Manifestationen faschistischer Ästhetik sind also nicht Selbstzweck. Ebensowenig dürfen sie statisch verstanden werden. Sie sind vielmehr stets im Wirkungszusammenhang des nationalsozialistischen Herrschaftssystems zu befragen und zu deuten, und müssen insofern immer auch in ihrem Zeitbezug gesehen werden (*Stommer* 1985; *Brenner* 1963; *Merker* 1983)[2]:

– In der Zeit der Eroberung und Befestigung der Herrschaft (1933/34), die der Machtübertragung folgt, stehen Kunst und Medien im Zeichen des Versuchs, eine dem Verständnis der „nationalen Revolution" adäquate Ästhetik zu finden. Hier wird eine Volkskultur propagiert mit stark populistischen Elementen, die sich durchaus als Gegenentwurf zur proletarisch-revolutionären Kunst versteht, ihr aber gleichwohl nicht wenig verdankt. *Bloch* hat die Aneignung von Ausdrucksmitteln der Arbeiterbewegung durch die Nazis treffend „Entwendungen aus der Kommune" genannt.
– Die Jahre zwischen „nationaler Revolution" und Kriegsbeginn, 1935 bis 1939 also, sind geprägt durch ein Zurückdrängen politischer Themen, jedenfalls in den künstlerischen und kulturellen Manifestationen und Medien. Unterhaltung und Zerstreuung sind gefragt, „Kraft durch Freude" und Konsum. Traditionelle Gattungsmalerei, der herkömmliche Bauern-, Familien- und Kriegsroman finden Verbreitung. Filmkomödie, Revue und Radio erleben Höhepunkte ihrer Produktion. Gerade in diesen Jahren entsteht das, was die Metapher vom „gespaltenen Bewußtsein" (*Hans D. Schäfer*) zum Ausdruck bringen will, das Neben- und Gegeneinander von „totalem Staat" und „staatsfreier Sphäre", die Gleichzeitigkeit von Tendenzen der Politisierung und Entpolitisierung.
– Und schließlich die Jahre des Krieges. Einerseits das heroische Abenteuer der „Blitzkriege", gewissermaßen die Fortsetzung von „Kraft durch Freude" mit anderen Mitteln; andererseits Niederlagen, Zerstörungen, Tod und Gewaltverbrechen. Nach einer kurzen Zeit der Heroisierung werden Ablenkung und Verdrängung tonangebend, verbunden mit einer idealistisch-utopischen Zukunftsperspektive für die Zeit danach, für die Zeit des totalen Neuanfangs.

Die Beispiele, die Tendenzen und Wandlungen der Ästhetisierung des politischen Lebens veranschaulichen, sind zahlreich. Die hier ausgewählten verdienen besondere Aufmerksamkeit: der Bereich der „Öffentlichkeit", weil er wie kein anderer das bevorzugte Bezugsfeld für die Ästhetisierung bürgerlicher Politik ist; der Bereich der Produktion, weil es hier darum ging, jenseits des Antagonismus von Lohnarbeit und Kapital den „schönen Schein" einer arbeitenden Volksgemeinschaft zu erzeugen und die Arbeiterklasse zu integrieren.

a) Eine inszenierte Öffentlichkeit: Die „Volksgemeinschaft" der Reichsparteitage

In der Phase des Aufstiegs der NSDAP zur Massenbewegung und faschistischen Volkspartei ist insbesondere der Kampf um die Straße das Medium faschistischer Öffentlichkeit. Diese faschistische Öffentlichkeit wird in dem Maße entbehrlich oder sogar gefährlich – wie die Geschichte der SA deutlich zeigt –, in dem der Kampf um die Straße durch das Bündnis zwischen Hitler und den traditionellen Eliten zugunsten der NSDAP entschieden wird. Nach der Eroberung der Macht ist die NSDAP allerdings noch nicht am Ziel. Nun beginnt der Weg zur Herrschaft, der für die einen schon Ende 1934, für andere erst am Vorabend des 2. Weltkrieges erfolgreich abgeschlossen ist (vgl. *Jäckel* 1986: 38 ff.). Nun erst kann die NS-Führung, nun muß sie aber auch den Bruch mit den Strukturen bürgerlicher Öffentlichkeit vollziehen und das durchsetzen, was als Ausdruck „bürgerlicher Antibürgerlichkeit" (*Tim Mason*) treffend „inszenierte Öffentlichkeit" genannt wird. Öffentlichkeit ist jetzt nicht mehr der staatlich-rechtlich geschützte Raum, hervorgegangen aus dem politischen Willen eines gebildeten, „deliberierenden und räsonierenden", bürgerlichen Publikums. Faschistische Öffentlichkeit fällt strukturell dahinter zurück. Sie „wird zum Medium gewaltsamer Entschlossenheit und diskussionsloser Direktheit" (*Hennig* 1979: 13), wobei es im Unterschied zum Kampf auf der und um die Straße während der Phase des Aufstiegs und der Machteroberung nun zu einer Entkoppelung von Öffentlichkeit und Gewalt kommt. Statt „unkontrollierter" Offenheit und Spontaneität herrscht nun Kontrolle mit Zügen ausgeprägter Ritualisierung und Stilisierung: Ästhetisierung des Mediums Öffentlichkeit und – gleichsam in seinem Schatten – Gewalt gegen die Widerständigen, aber eben auch: Ästhetisierung der Gewalt *in* der Öffentlichkeit.

Sehr rasch bildete sich ein ganzes Netz von volksgemeinschaftlichen Veranstaltungen, großen und kleinen Festen, pseudoreligiösen Feiern, liturgischen Formen und kultischen Handlungen heraus. Das alles befand sich in der Regie eines dreifachen, eng miteinander verflochtenen Lenkungsapparates: den verschiedenen Ämtern für Propaganda, Film, Rundfunk und Kultur der „Reichspropagandaleitung der NSDAP", den entsprechenden Abteilungen des „Reichsministeriums für Volksaufklärung und Propaganda" und schließlich der „Reichskulturkammer" – alle drei in der Hand von Goebbels (vgl. *Schmeer* 1956: 28 ff.; *Brenner* 1963; *Vondung* 1971: 39 ff.; *Merker* 1983).

Hier lag die Regie für die Massenmedien und für die Massenkultur im NS-Staat. Dazu gehörten die „Staatsakte" ebenso wie die jährlich wiederkehrenden Feiertage. Mehr als ein Dutzend Feiern strukturierten und prägten den nationalsozialistischen Jahreslauf. Er begann mit Feiern zur Mythisierung der „Kampfzeit": dem „Tag der Machtergreifung" und der Parteigründungsfeier (24.2). Im März stand die Jugend im Mittelpunkt mit den Feiern für die Aufnahme in das „Jungvolk" und die „Hitlerjugend". Und im Mai fand ein – aus den USA übernommener – „Muttertag" statt, der das traditionelle Frauenbild zur „arischen deutschen Hausfrau und Mutter" verklärte. Am 20. April wurde „Führers Geburtstag" gefeiert.

Nicht so einfach war das mit dem 1. Mai. Goebbels hatte schnell erkannt, daß man diesen schon traditionellen Arbeiterfeier- und gedenktag nicht ungestraft einfach unterdrücken, sondern nur aufheben konnte: überwinden und bewahren und eben damit auf eine neue Stufe bringen. Die oppositionellen sozialdemokratischen und kommunistischen Arbeitermassen hätten ihn sonst womöglich zum Tag des nationalen Widerstands gemacht. Dieser Tag wurde deshalb zum „Fest der *nationalen Verbrüderung*" erklärt, und damit zu dem nationalen Feiertag des deutschen Volkes schlechthin gemacht. Dabei werden drei für die Ästhetisierung des politischen Lebens typische Elemente in ihrer funktionalen Verknüpfung hier besonders gut erkennbar. Die verbalen Attacken gegen „Standesdünkel" und „Klassenwahnsinn" in Hitlers obligatorischer Mai-Rede und die Beschwörungsformel, „die Arbeit zu ehren und den Arbeiter zu achten", offenbaren die kleinbürgerlichen Ressentiments und das eigentliche Motiv der Umfunktionierung dieses Feiertages. Die operettenhafte Einbeziehung von Maibaum, Maikönigin und Maikönig am Vorabend des 1. Mai steht für den Versuch einer Wiederbelebung uralt-germanischen Brauchtums und die krisenpolitische Zielsetzung, den durch christliche Überlieferung geprägten Jahresablauf zu entkonfessionalisieren bzw. zu germanisieren. Und daß im Augenblick von Hitlers Rede im ganzen Reich gleichzeitig Massenkundgebungen stattfanden und per Rundfunk zu einem großen Auditorium zusammengeschaltet wurden, demonstriert schließlich die überlegene und uneingeschränkte Nutzung der modernsten technischen Mittel der Massenkommunikation.

Im September fand alljährlich der Reichsparteitag statt, im Oktober wurde „Erntedank" als „Ehrentag des deutschen Bauerntums" gefeiert, und am 9. November folgte der Gedenktag für die „Gefallenen der Bewegung". Sommer- und Wintersonnenwende, Morgen- und Lebensfeiern sowie die „Deutsche Volksweihnacht" sollten diesem Feiertagskalender das Gepräge eines nationalsozialistischen Jahresablaufs geben.

Erhoffte man sich von diesen Feiertagen durch ihre jährliche Wiederkehr eine traditionsbildende Wirkung, knüpfte man bei einmaligen Staatsakten oder politischen Aktionen gern unmittelbar an historische Vorbilder an – oder was man dafür hielt. So war der „Tag von Potsdam", an dem die Farce einer Eröffnung des 1. Reichstages des Dritten Reiches pompös und sentimental inszeniert wurde, auf jenen 21. März gelegt worden, an dem im Jahre 1871 der 1. Reichstag des Zweiten Reiches eröffnet worden war. Hier sollte demonstriert werden, daß nach dem Untergang der „November-Republik" eine neue Zeit begonnen hatte, eine Erneuerung des preußisch-friederizianischen und bismarckischen Geistes, die einen Anschluß an glorreiche Zeiten verhieß. Auch bei jener so genannten „Aktion der Deutschen Studentenschaft gegen jüdische Zersetzung", den durchweg am 10. Mai 1933 veranstalteten Bücherverbrennungen, wurde der Versuch gemacht, mit dem Hinweis auf das Wartburgfest und Luthers Bücherverbrennung an vorgebliche historische Vorbilder anzuknüpfen.

Eine in mehrerer Hinsicht herausragende Bedeutung hatten zweifellos die Reichsparteitage (*Burden* 1967; *Schöps-Potthoff* 1984; *Bartetzko* 1985). Hier hielten die NS-Grössen „Heerschau", hier bemühte sich das Dritte Reich mit großem Aufwand um seine Selbstdarstellung nach innen und außen. Und es war kein Zufall, daß nach München

(1923) und Weimar (1926) schließlich Nürnberg die Stadt der Reichsparteitage wurde und – so lange sie stattfanden – auch blieb (1927–38). Nürnberg war ein nationales Symbol, von den alten freien Reichsstädten dafür vielleicht besonders gut geeignet. Diese waren frühzeitig durch ein freies Unternehmertum zu erheblichem Wohlstand gekommen. Eine kreative Schicht von Handwerkern, Künstlern und Kaufleuten hatte hier eine neue bürgerlich-mittelständische, protestantische Kultur hervorgebracht und gegen den übermächtigen italienisch-französischen Einfluß jener Zeit eine eigene deutsche Kunsttradition begründet. Gerade Nürnberg schien dabei eine Schlüsselrolle gespielt zu haben. Jedenfalls hat das romantisch-bewegte und national-bewußte 19. und frühe 20. Jahrhundert das Nürnberg Albrecht Dürers nicht von ungefähr zum Inbegriff „vaterländischer Ideale" gemacht. Und Richard Wagners „Meistersinger" sind nicht grundlos bis heute eine der populärsten Opern in Deutschland geblieben.
Was laut Satzung eine Art Mitglieder-Hauptversammlung der Partei sein sollte, wurde als öffentlich-demonstrative Riesenveranstaltung konzipiert, organisiert und inszeniert. Erst vier, dann acht Tage lang war Nürnberg alljährlich die Bühne eines Massenspektakels mit Hunderttausenden von Statisten, zahlreichen Nebenrollen und einem Hauptdarsteller: Adolf Hitler. Sein Einzug bestimmte den ersten Tag. Beim letzten Reichsparteitag erreichte das Ritual zugleich seinen Höhepunkt: Im Nürnberger Rathaus befanden sich die Reichskleinodien, die Hitler aus der Wiener Hofburg wieder an ihren ursprünglichen Aufbewahrungsort hatte zurückbringen lassen; ein Symbol alter Reichsherrlichkeit – Widerschein eines mythischen Zaubers. Am zweiten Tag wurden die Leistungen und Erfolge der NSDAP seit dem letzten Parteitag dargestellt. Der dritte Tag stand im Zeichen von „Spaten und Ähre", den Symbolen des Reichsarbeitsdienstes. Sein Höhepunkt war eine chorisch-sakrale Feier („. . .jeder Spatenstich ein Gebet für Deutschland"), begleitet von Glockengeläut und eingerahmt von einem Fahnenmeer. Am folgenden, 1937 eingeführten „Tag der Gemeinschaft" folgten sportliche Schauvorführungen: Nicht Kundgebungen, Aufmärsche und Uniformen, inszenierte Lebensfreude stand auf dem Programm. Die Nacht zum 5. Tag wurde unter dem – 1936 eingeführten – „Lichtdom" zur Weihestunde der „Politischen Leiter", an der über eine Viertelmillion Menschen teilnahm. Der sechste Tag war der Hitlerjugend vorbehalten und am Sonntag marschierten SA und SS in der weiträumigen Luitpoldarena auf. Über hunderttausend Männer waren zu „Marschsäulen" erstarrt, wenn Hitler auf der „Straße des Führers", begleitet vom Schweigen der Menge, gefolgt von der „Blutfahne", dem Stabschef der SA und dem Reichsführer der SS, zum Ehrenmal schritt. Den Abschluß bildete schließlich der „Tag der Wehrmacht", an dem das NS-Regime seine militärische Schlagkraft zur Schau stellte.
Zeitung, Radio und Film vermittelten das ästhetisch-sinnliche Erlebnis des Parteitages einem Massenpublikum im ganzen Reich. Hier sind vor allem Leni Riefenstahls Filme „Triumph des Glaubens" (1933) und „Triumph des Willens" (1934) zu nennen (→ *Loiperdinger*). Ihr ging es dabei nicht um eine bloße Dokumentation, die ja auch das Unheroische, Langweilige und Strapaziöse dieser Mammutveranstaltung hätte zeigen müssen. Ihr ging es, wie sie selbst schrieb, um den „Sinn der Tage", den „heroischen Stil", den „inneren Rhythmus des tatsächlichen Geschehens". Hier wurde die „insze-

nierte Öffentlichkeit" des Parteitages gleichsam noch einmal inszeniert, der „schöne Schein" dieses Ereignisses verdoppelt.
Die filmische Montage und Verdichtung des realen Parteitagsgeschehens läßt spezifische Bedeutungselemente faschistischer Dramaturgie schärfer hervortreten. Da ist zuallererst die augenscheinlich aus Operette und christlicher Gottesdiensttradition entwendete choreographisch-liturgische Form zu nennen, die die Inszenierung des Wechselspiels zwischen Führer und Gefolgschaft prägt. Hitler, der – mit dem Flugzeug – aus den Wolken kommt. Ein „Erlöser", der seiner „Gemeinde" das „Heil" bringt und von dieser gläubig und erwartungsvoll empfangen wird: „Heil mein Führer – Heil meine Männer!" Ein beständig wiederkehrendes, variiertes Grundmuster.
Dabei werden die Hunderttausende von Teilnehmern gewissermaßen einer visuellen „Gleichschaltung" unterworfen. Ihre soziale, kulturelle und regionale Identität – von ihrer je individuellen ganz zu schweigen – verschwindet jedenfalls hinter der ornamentalen Dekoration einer Scheinkollektivität. Menschenmassen als bewegliche Kulissen: das Regie-Raffinement eines menschenverachtenden Regimes. Die landsmannschaftlichen Gruppen werden beispielsweise im chorischen Ritual des Arbeitsdienstappels als Volksgemeinschaft konstituiert: Sprecher: „Kamerad, woher stammst du?" Antwort: „Aus Friesland – aus Bayern . . .von der Donau, vom Rhein." Chor: „Ein Volk – ein Führer – ein Reich! Deutschland!"
Beachtung verdient ferner das Berg-Motiv, das Riefenstahl nicht nur in „Triumph des Willens", sondern verschiedentlich aufgreift. *Kracauer* hat früh auf die protonazistische Tendenz im Bergfilm der 1920er Jahre aufmerksam gemacht: „Die Botschaft der Berge . . .war das Glaubensbekenntnis vieler Deutscher. . . Ihre Haltung lief auf eine heroischen Idealismus hinaus, der sich, aus Blindheit gegenüber substantiellen Idealen, in touristischen Heldentaten austobte" (*Kracauer* 1979: 120; vgl. auch *Langstien* 1981; *Pohlmann* 1986). Berge, Schnee, Wolken und Himmel – ein „majestätisches Panorama" als visuelle Metapher für das Unbegrenzte, Jugendlich-Starke und das Schön-Bedrohliche, jenseits aller Großstadtenge und kleinbürgerlich-beklemmenden Lebenswelt. Riefenstahl geht hier allerdings noch weiter. In der filmischen Gleichzeitigkeit von Hitlers Flugzeug und dem mittelalterlichen Stadtbild Nürnbergs wird eine vergangene Welt und die der modernen Technik zugleich beschworen, wird das Altdeutsche gleichsam im modernen Deutschland aufgehoben. Die optischen und akustischen Wirkungsmittel dieserart inszenierten Parteitagsöffentlichkeit, die Zeichen, Fahnen und Uniformen, die Farbensymphonie aus Rot, Gold und Girlandengrün, die Kundgebungen und Wettkämpfe, die Feierstunden und Fackelzüge, die Marschlieder und die Wagner-Musik, diese beweglichen Elemente fanden ihren gewissermaßen unumstößlichen Rahmen in der Monumentalität und im Ewigkeitspathos der Parteitagsbauten.

b) „Kraft durch Freude" und „Schönheit der Arbeit" statt Klassenkampf

Die Arbeiterschaft ist nicht nur bis zur Zerschlagung der Arbeiterbewegung für die Nationalsozialisten ein zentrales Problem gewesen. Wie wichtig sie diese Frage die ganze Zeit des Dritten Reiches hindurch nahmen, zeigt die Vielfalt, aber auch die Widersprüchlichkeit der von ihnen verfolgten Strategien und Maßnahmen: Und das in dem nun schon bekannten Muster.

Einerseits hielt sich das NS-Regime nicht mit einer etwaigen Neuauflage des Sozialistengesetzes auf, mit der viele Sozialdemokraten schlimmstenfalls gerechnet hatten. Die Nazis versuchten erst gar nicht, auch nur den Schein der Rechtsstaatlichkeit zu erzeugen. Mit dem Verbot von KPD, SPD und Gewerkschaften, mit der Unterdrückung und Ermordung Tausender von Arbeiterfunktionären, ließen sie die Repressalien jenes bismarckischen Maßnahmegesetzes weit hinter sich.

Die extreme Steigerung des „Klassenkampfes von oben" wollte den Klassenkonflikt überhaupt aufheben, gleichsam einen gesellschaftlichen status quo ante herstellen. So ging das NS-Regime über die Vermittlung und Repräsentation dieses Klassenkonfliktes andererseits scheinbar hinaus: organisatorisch mit der „Deutschen Arbeitsfront" und kulturell durch „Kraft durch Freude" sowie eine ästhetisierende Aufwertung des Arbeiters, ja der Arbeit überhaupt. Gegenüber den Arbeitern war den Nazis jedes Mittel recht. Die Bandbreite ihrer Maßnahmen reichte von brutaler Repression gegen die vermeintlichen „Novemberverbrecher" bis hin zum Jahresurlaub mit „KdF". Angst und Belohnung sollten Zucht und Ordnung schaffen, aber eben auch Zustimmung (*Sachse* 1982). So widersprüchlich sich die Nazis verhielten, so uneinheitlich waren die Reaktionen der Arbeiter. Es gab Widerstand, aber auch viel Resignation. Anpassung und Apathie waren verbreitet. Tendenzen der Politisierung standen neben solchen der Entpolitisierung. Die Arbeiterschaft vorzugsweise als Potential des antifaschistischen Widerstands anzusehen, scheint deshalb die soziale Wirklichkeit des Dritten Reiches ebenso zu verzerren, und bloß einer Legendenbildung Vorschub zu leisten, wie das umgekehrt jene Interpretationen tun, die von einer wachsenden Hinwendung der Arbeiterschaft zum NS-Regime sprechen und sich dabei vor allem auf die „Deutschland-Berichte" der verbotenen SPD stützen (vgl. *Mason* 1975; *Schäfer* 1981).

Widersprüche sind allerdings nicht nur auf der Ebene politisch-konkreter NS-Maßnahmen auszumachen oder zwischen dieser und der Ebene ästhetischer Ausdrucksformen, sondern auch auf dieser selbst (*Schirmbeck* 1984). Zumindest in der Anfangszeit des Regimes blieb die ikonografische Tradition des revolutionär-emanzipatorischen Pathos in der Arbeiterdarstellung bestehen. Noch Anfang 1936 ist der Klassenkampf zumindest graphisch gegenwärtig: als seine Ketten sprengender Arbeiter auf dem Titelblatt der Zeitschrift der „Nationalsozialistischen Betriebszellen-Organisation" (NSBO). Hier ist natürlich zu berücksichtigen, daß die in der Kampfzeit entstandene NSBO sich 1932 nicht nur an mehreren großen Streiks beteiligt, sondern überhaupt Elemente gewerkschaftlicher Organisation übernommen und herausgebildet hatte. Mit ihrer Unterordnung unter die „Deutsche Arbeitsfront" wurden diese Elemente allerdings mehr und mehr zurückgedrängt, aber eben offenbar nicht vollständig (vgl. *Mai* 1983). Dem standen nun massive Bestrebungen und Tendenzen einer Ästhetisierung der Produktion, ja der Produktionsverhältnisse überhaupt entgegen (vgl. *Friemert* 1979; *Schirmbeck* 1979; *Rabinbach* 1978). Was in der Weimarer Republik als Prozeß betriebswirtschaftlicher – technischer wie psychologischer – Rationalisierung begonnen hatte, wurde nun, unter veränderten politischen Rahmenbedingungen, nicht nur fortgesetzt, sondern um zusätzliche Dimensionen erweitert. Die neuen ordnungspolitischen Leitbilder im nationalen Rahmen: Führerprinzip und Volksgemeinschaft – sie fanden jetzt ihre innerbetriebliche Entsprechung. „Betriebsführer" und „Gefolgschaft" sollten sich mit „ihrem" Unternehmen persönlich identifizieren, ja geradezu einen Korpsgeist entwikkeln. „Nationalisierung in höchstem Maße" nannte *Carl Friedrich von Siemens* das treffend (nach *Friemert* 1979: 19).

Ein solches Bewußtsein konnte allerdings nur, zumindest aber umso leichter entstehen und wirksam werden, wenn es gelang, vom Widerspruch zwischen Lohnarbeit und Kapital zu abstrahieren, abzulenken, zugunsten einer fiktiven Interessenidentität zwischen Arbeitnehmern und Unternehmern. Dies umso mehr, als ja das „Gesetz zur Ordnung der nationalen Arbeit" (1934) die Machtlosigkeit der abhängig Beschäftigten gegenüber den Unternehmern zu deren großer Befriedigung festgeschrieben hatte.

Vor diesem Hintergrund ist die 1933/34 vollzogene Einrichtung des „Amtes Schönheit der Arbeit" zu sehen, das innerhalb der „Deutschen Arbeitsfront" in die NS-Gemeinschaft „Kraft durch Freude" eingegliedert war und formell, wenn auch nicht faktisch, von Albert Speer geleitet wurde (*Rabinbach* 1978). Was in den konkreten Aktionen eher vorindustriell-traditionalistisch und kleinbürgerlich-betulich mit Entrümpelungs- und Säuberungsaktionen begonnen hatte, erweiterte sich zu technischen „Aufklärungsfeldzügen" wie „Gutes Licht – Gute Arbeit", „Saubere Menschen im sauberen Betrieb" oder „Warmes Essen im Betrieb" und erreichte schließlich in der Verbindung von moderner Betriebspsychologie, der technischen Rationalität und Ästhetik des Architekturmodernismus und der maschinellen Industrieproduktion seine der nationalsozialistischen Zielsetzung angemessene Ausgestaltung. Bemerkenswert erscheint hier wiederum die Widersprüchlichkeit, oder anders ausgedrückt: der Wandel, der sich in dieser Entwicklung innerhalb weniger Jahre vollzog. Während es zunächst um eine vormoderne Ästhetisierung der Arbeitswelt ging, kam es bald darauf in der Logik wie in der Bewertung geradezu zu einer Umkehrung, als nun eine „technokratische Ästhetik" aus der Industrieproduktion selbst abgeleitet und propagiert wurde.

Keine Frage, in der Gleichsetzung von Sozial- und Kulturpolitik und in der Verknüpfung mit moderner Betriebspsychologie zielte „Schönheit der Arbeit" letztlich auf eine Entpolitisierung des Arbeitsverhältnisses ab: Betriebspsychologisch, indem das Programm die Beherrschung der materiellen Natur auf die Natur des Arbeiters aus(dehnte)" (*Rabinbach* 1978: 79), sozial- bzw. kulturpolitisch, indem es den „schönen Schein" der Glas-, Beton- und Stahlkonstruktionen, ihre Geometrie und Sachlichkeit, ebenso wie die Faszination der modernen Technologien, zielstrebig in den Fabrikarbeitsalltag zu integrieren suchte. Nicht von ungefähr galt die „Versuchsanstalt für Luftfahrt" in Berlin-Adlershof als besonders gelungenes Architekturbeispiel für den Grundsatz, daß „höchste Zweckmäßigkeit und wahre Schönheit keine Gegensätze" sind (74).

Der Faschismus hatte zunächst die vermeintlich größte Gefahr für die kapitalistische Gesellschaft beseitigt, die politischen Organisationen der Arbeiterbewegung. Damit war ihre Organisationsmacht gebrochen, aber noch nicht ihr Oppositionspotential überhaupt. Als sozialintegrative Strategien zielten sozialpolitische Maßnahmen, aber eben auch Versuche einer Ästhetisierung der Arbeit und der Technik darauf ab, gerade nicht die gesellschaftliche Wirklichkeit, sondern lediglich ihre Wahrnehmung und Bewertung

zu verändern. Ein Bewußtseinswandel der Arbeiter nicht durch Veränderung der gesellschaftlichen Verhältnisse wurde angestrebt. Technik und Produktion bekamen bloß einen bestimmten ästhetischen Ausdruck. Ebenso die Arbeiter und die Arbeit überhaupt, nun „geadelt" wurden"; worauf der Volksmund reimte: „Wir bleiben bürgerlich!"
Aber damit noch nicht genug. So skeptisch die sozialintegrative Wirkung dieser kulturpolitischen Strategien auch immer eingeschätzt werden mag, im KdF-eingegliederten „Amt Reisen, Wandern, Urlaub" fanden sie ihre geradezu komplementäre Entsprechung und Ergänzung. Zielten jene auf die Erlebniswelt des Arbeiters während seiner Arbeitszeit, so sollte dieses dafür sorgen, daß „der deutsche Arbeiter reist", bzw. in der Masser der Arbeiter ein entsprechendes Bedürfnis und Bewußtsein entsteht (*Buchholz* 1976; *Spode* 1980, 1982).
Auch diesem NS-Unternehmen wird man wohl am ehesten gerecht, wenn man seine tourismuspolitischen Leistungen – wie begrenzt oder beachtlich sie quantitativ und qualitativ auch immer waren – mit ihrer symbolisch-normbildenden Funktion zusammen in den Blick nimmt. Bis 1933 waren Urlaubsreisen, zumal ins Ausland und für einen längeren Zeitraum, ein Privileg gut- und besserverdienender Schichten gewesen. Die Arbeiter waren über das organisierte Wandern kaum hinausgekommen. Das Versprechen der Gewerkschaften, daß die Arbeiter einmal „mit eigenen Schiffen die Meere befahren" würden, war jedenfalls Versprechen geblieben. KdF knüpfte nun an diese Ansätze an, faktisch wie ideologisch. Wo konnte man am ehesten ein Stück „Volksgemeinschaft" praktizieren, wo wirkungsvoller demonstrieren, daß „Arbeit adelt", daß zwischen dem „Arbeiter der Faust und der Stirn" Gleichberechtigung besteht – oder zumindest möglich ist? Wo konnte die propagierte „Brechnung bürgerlicher Privilegien" erlebnisreicher, wo der immer wieder proklamierte „Sozialismus der Tat" konkreter erfahren werden als hier? Dem standen allerdings nicht geringe Hindernisse im Weg. Es mußten genügend Geldmittel, aber auch ein geregelter Urlaubsanspruch gegeben sein. Eine allgemeine, tarifrechtlich verankerte Urlaubsregelung mit einem Anspruch auf bezahlten Jahresurlaub bestand bis 1933 nicht. Immerhin hatte er aber „bei Kriegsbeginn bereits den Charakter eines Gewohnheitsrechts angenommen, das sich die Arbeiterschaft nun nicht mehr streitig machen ließ" (*Spode* 1982: 284).
Die Ergebnisse der Nutzung dieses Anspruchs fallen qualitativ wie quantitativ allerdings eher bescheiden aus. Der weitaus größte Teil der KdF-Touristen kam lediglich in den Genuß von Wochenend- und Tagesfahren. Für wenige Reichsmark einige Stunden „Lebensfreude" im Harz, am Bodensee oder auf dem Oktoberfest. So fraglich alle genaueren Quantifizierungen sind, das Versprechen der „Deutschen Arbeitsfront", jährlich 14 Mio. „Volksgenossen" einen zwölftägigen KdF-Urlaub zu ermöglichen, wurde jedenfalls nicht eingelöst. Lediglich eine besserverdienende Minderheit konnte sich die teureren, mehrtägigen, spektakulären Schiffsreisen (Nordland, Madeira, Italien) leisten. Gleichwohl: DAF-Führer Ley hatte so Unrecht nicht, wenn er in diesem Zusammenhang betonte, daß eine „neue Lebenshaltung", ja, ein „neuer Lebensstil" vermittelt wurde und sich durchzusetzen begann. Von einer „Demokratisierung des Reisens" war man weit entfernt, aber „zwischen Bäderreise und Proletarierausflug" hatte sich mit dem bezahlten Jahresurlaub eine „mittlere Ebene touristischen Verhaltens" (*Spode* 1984: 328) geschoben. Als Element der Ästhetisierung klassengesell-

schaftlicher Lebensverhältnisse war der Massentourismus noch nicht materielle Wirklichkeit, aber er war normativ durchgesetzt.

4. *Widersprüche faschistischer Ästhetik*

Jede Analyse faschistischer Herrschaftssysteme muß sich mit vielfältigen Widersprüchen und Gegensätzen auseinandersetzen, die für dieses Phänomen geradezu konstitutiv sind. Sei es mit dem Widerspruch zwischen sozialer Basis und sozialer Funktion, sei es mit dem zwischen der „häßlichen" Seite einer fragmentierten und repressiven Gesellschaft und dem „schönen Schein" ihrer ideologisch-ästhetisierenden Verklärung zur „Volksgemeinschaft".

Der NS-Staat stellte auch und gerade in dieser Hinsicht alles bisher Dagewesene in den Schatten. Der bürgerliche Kulturidealismus, der der Vernunft und Freiheit, der Wahrheit und Schönheit, verpflichtet war, enthielt – wie verdeckt auch immer – doch stets ein progressives und emanzipatorisches Element. Die NS-Kultur bzw. Kulturpolitik beendete dieses gefährliche Schwanken zwischen Kritik und Affirmation, um die herrschaftsstabilisierende Funktion des „schönen Scheins" allein zur Geltung zu bringen. Ihr gelang das – zumindest zeitweilig und bei erheblichen Teilen der Bevölkerung – vor allem deshalb, weil der angebliche Realismus der NS-Kunst bloß den formalen Stilmitteln nach wirklichkeitsgebunden war. Inhaltlich wie ästhetisch war sie Ausdruck einer „Wirklichkeitsflucht" (*H. Graml*), insofern sie die Gegenwart verachtete und schließlich zerstörte, „um in einer imaginären Zukunft eine idealisierte Vergangenheit wiederzufinden" (*Stern* 1963: 7).

Der Nationalsozialismus war eine Kulturrevolution des Kleinbürgertums gegen die Moderne mit den Mitteln der modernen Industriegesellschaft. Der elitäre Kulturkonservatismus war ihm so suspekt wie ihm die künstlerische und kulturkritische („zersetzende") Avantgarde verhaßt war. Die vorindustrielle Blut- und Bodenromantik des völkischen Realismus brach einerseits mit dem abstrakten humanistischen Universalismus bürgerlich-vorfaschistischer Kunst, um andererseits in der „inszenierten Volksgemeinschaft", in der Produktionsästhetik und in der „Kraft-durch-Freude"-Idylle von Familie und Freizeit eine neue, sinnlich-konkrete Fiktion der Allgemeinheit zu schaffen.

Gleichwohl sind in jenem Prozeß, den man als kulturelle Faschisierung der Gesellschaft umschreiben könnte, als den Versuch, die „ästhetische Utopie des kapitalistischen Totalitarismus" (*Jürgens* 1970) zu verwirklichen, Gegensätze geradezu konstitutiv. Traditionalismus stand neben Modernismus, Monumentalismus neben Volkstümlichkeit, Innerlichkeit neben Heroismus, um nur sie zu nennen, die für die NS-Kultur besonders markant waren. Im Nebeneinander und Gegeneinander dieser Topoi ist die Bedeutung der nazistischen Mythen und ihre Instrumentalisierung für die Ästhetisierung des politisch-gesellschaftlichen Lebens zu sehen (*Schnell* 1978): Mythen als zugleich wahre und unwahre Form der Wirklichkeitsdeutung, als reale Elemente einer Weltanschauung, die die wirkliche Welt eben nicht anschaut.

Die NS-Architektur gilt im wahrsten Sinn des Wortes als der herausragendste und sichtbarste Beitrag zur NS-Kultur. Die Überdimensionalität ihrer Monumentalbauten war

nicht bloß architektonisches Imponiergehabe des Dritten Reiches und seines neuen nationalen Selbstbewußtseins. Die eklektizistische Synthese von Klassizismus und Sachlichkeitsstil, die Säulen und Kuppeln, die Türme, Hallen und Platzanlagen waren gleichsam das „komplementäre Ornament" (*B. Hinz*) zur Formierung der Massen. Gegen die Undurchschaubarkeit einer aus den Fugen (!) geratenen Zeit stemmten sich die sichtbaren, steinernen „Metaphern einer zur Ewigkeit geronnenen, alle aktuellen Ängste gegenstandslos machenden Einheit von Gegenwart, Vergangenheit und Zukunft" (*Bartetzko* 1985: 20). Diese NS-Architektur wollte die Zeit stillstellen, zumindest aber die Zeit des „Tausendjährigen Reiches" überdauern (Ruinenwerttheorie).
Ihr stand die Volkstümlichkeit des „Heimatschutzstils" gegenüber. In ihm fand die Blut-und-Boden-Ideologie ihren sinnlich erfahrbaren Ausdruck. Massenunterkünfte, Siedlungshäuser, aber auch Privatbauten von ‚Parteigrößen' sollten diese landschaftsangepaßte, eher schlichte Bauweise demonstrieren. Sie entsprach darin weitgehend den Interessen des (Bau-)Handwerks und den Anschauuungen einer ländlich-kleinstädtisch geprägten Bevölkerung. Zugleich schonte sie kriegswichtige Materialien.
Dies war ein Element, in dem sich vorindustrieller Traditionalismus manifestierte. Ein anderes war die beliebte Naturmalerei jener Zeit. Ihre naturalistische Idyllik und weltabgewandte Innerlichkeit war allerdings zumeist gebrochen. Natur wurde als Naturgesetz verstanden, vulgärdarwinistisch interpretiert als ‚heroische' Bejahung des Kampfes und des vermeintlich Stärkeren. Von der Logik und Interessenlage dieses Denkens war es nur konsequent, wenn – anknüpfend an den falschen Dualismus von Kultur und Natur – die ‚zweite Natur' des Menschen, die er seiner Vergesellschaftung verdankt, auf rassische Gesundheit und rassischen Behauptungswillen reduziert wurde.
Spätestens nach dem Vierjahresplan von 1936 und mit dem Beginn technologischer, ökonomischer und organisatorischer Vorbereitung von Krieg und Terror erwies sich der antimodernistische Traditionalismus aus der Frühzeit der Bewegung und den Anfängen des Regimes nicht nur als entbehrlich, sondern geradezu als hinderlich. Vielmehr war jetzt eine rasche und effektive technisch-industrielle Modernisierung gefragt, die Verstärkung der in den 1920er Jahren begonnenen Standardisierung und Rationalisierung der (kriegswirtschaftlichen) Produktion und nicht zuletzt der Einsatz von neuen Materialien, der Unabhängigkeit von ausländischen Rohstoffen bedeutete.
Die Utopie des „Tausendjährigen Reiches" entpuppte sich nun sehr schnell als das, was sie von Anfang an war: als Schrebergartenidylle, hinter der tödliche Gefahren lauerten. Sei es in der Form des Staatsterrorismus gegen die vermeintlichen „Volksfeinde", sei es in der Form einer militärisch-technokratisch betriebenen „Lebensraumpolitik". Was – ästhetisch und gewaltsam – als Erneuerung einer „Volksgemeinschaft" begonnen hatte, fand seine Erfüllung in der „Gemeinschaft" der Toten (*Kraut* und *Schwarz* 1979).

5. *Schlußbemerkung*

Der deutsche Faschismus betreibt die Entrealisierung der Gegenwart in bestimmter Weise. Er abstrahiert von den gesellschaftlichen Verhältnissen und Interessengegensätzen, indem er die Gesellschaft zur „Volksgemeinschaft" ästhetisiert und ihre widerständigen Teile terrorisiert. So wenig er also die Gegenwart wahrnimmt, so sehr verklärt er die Vergangenheit, sei es zum germanischen, sei es zum preußisch-friederizianischen Mythos. Der Nationalsozialismus hat keine konkrete Vorstellung von der Zukunft. Er ist vielmehr eine rückwärtsgewandte Revolution, die den Kampf gegen den Klassenkampf führt und nach Lebensraum für eine sozial und kulturell heile Welt vorindustrieller Prägung strebt. Ordnungspolitisch orientiert er sich einerseits am militärischen Organisationsmodell, andererseits am kleinbürgerlichen Vereinwesen. Er verfügt nicht über eine utopische Moral, wohl aber über eine utopische Ästhetik. Sie begegnet in der Inszenierung der „Volksgemeinschaft" der latenten oder manifesten „Angst vor dem Chaos" und der „Furcht vor der Freiheit" (*Fromm*), appelliert aber zugleich effektvoll an zivilisationsgeschichtliche Triebversagungen und verborgene Sehnsüchte nach Sourveränität und Einzigartigkeit, nach Überschreitung der Normalität, Aufhebung der Kausalität, nach einem gefährlichen Leben, einem „alogischen Raum" (*Bloch*) unbegrenzter (technischer) Möglichkeiten.

In der Mobilisierung und Radikalisierung der Massen ist der Faschismus als Bewegung so „formlos" wie er sich im Ewigkeitspathos der Heroisierung und Monumentalisierung seines Herrschaftssystems „zeitlos" gibt. „Zucht und Ekstase" (*Bartetzko*), „pausenlose Bewegung und erstarrte ‚virile' Posen" (*S. Sontag*) charakterisieren ihn gleichermaßen. Und alles dient nur einem Ziel – dem Eroberungskrieg. Denn – so die Schlußfolgerung von *Benjamins* Ästhetisierungsthese – nur der Krieg macht es möglich, „Massenbewegungen größten Maßstabs" und „sämtliche technischen Mittel der Gegenwart unter Wahrung der Eigentumsverhältnisse zu mobilisieren." Das gelingt freilich nur, weil „die Selbstentfremdung (der Menschen) jenen Grad erreicht (hat), der sie ihre eigene Vernichtug als ästhetischen Genuß ersten Ranges erleben läßt. So steht es um die Ästhetisierung der Politik, welche der Faschismus betreibt."

Anmerkungen

1 Auch die von *Jürgen Habermas* (Die Zeit v. 11.7.86), *Ernst Nolte* (FAZ v. 6.6.86) und *Andreas Hillgruber*, Zweierlei Untergang. Die Zerschlagung des Deutschen Reiches und das Ende des europäischen Judentums, Berlin 1986, ausgelöste neuerliche Debatte über die Einzigartigkeit der Ermordung der europäischen Juden, insbesondere aber die Diskussion um die beiden geplanten Museen zur Deutschen Geschichte in Berlin und Bonn gehören in diesen Zusammenhang.

2 Wer die Widersprüchlichkeit und den möglichen Wandel der NS-Kultur und -Kulturpolitik erkunden will, kann bei einer Differenzierung verschiedener Phasen der Systementwicklung nicht stehenbleiben. Gleichsam zwischen dem machtpolitischen Gesamtzusammenhang des NS-Regimes und seiner konkreten Kunst- und Kulturproduktion muß ergänzend die programmpolitische Steuerungsebene ins Blickfeld kommen. Das kann hier aus Platzgründen nur beispielhaft angedeutet werden:
Was in der Mobilisierungsphase als „Kampfbund für Deutsche Kultur" unter der Führung von Alfred Rosenberg mit lokalplebiszitären „Kulturkampf"-Aktionen begonnen und besonders Thüringen unter Frick 1929/31 zum „völkischen" Aktionsfeld gemacht hatte, wurde spätestens bei der Schaffung neuer formaler kulturpolitischer Kontrollen unter Goebbels überflüssig, ja, bei Bestrebungen, sich der modernen Kunst – entsprechend dem italienischen Beispiel – zu öffnen, hinderlich. Wohl nicht zuletzt wegen der zahlenmäßig großen Anhängerschaft der Völkischen griff Hitler erst spät in den Programm- und Kompetenzkonflikt ein, um beiden, den Völkischen wie den Avantgardisten eine Absage zu erteilen und zugleich das „Rivalitätsprinzip" zu bestätigen (vgl. *Brenner* 1963: 7 ff., 35 ff., 63 ff.).

Nationalsozialistische Gelöbnisrituale im Parteitagsfilm „Triumph des Willens"*

Martin Loiperdinger

Groß aufgezogene politische Massenveranstaltungen, die streng abgezirkelt als Rituale inszeniert und absolviert werden, stehen in der öffentlichen Selbstdarstellung des Nationalsozialismus an vorderster Stelle. Unablässig werden Parteigänger wie Bevölkerung vom Regime zum Appell gerufen, um anschaulich und für jedermann sichtbar die Einheit von Staat und Volk im „neuen Deutschland" zu bestätigen. Die Massenszenarien auf den Appellplätzen des Dritten Reichs sind regelrecht zum politischen Markenzeichen des deutschen Faschismus als Ästhetisierung von Politik geworden.

Bereits die politische Kultur der Weimarer Republik wurde nicht nur auf Seiten der nationalen Rechten, sondern in allen politischen Lagern weithin geprägt von paramilitärischen Parteiarmeen, die einen gewichtigen Faktor in der Parteienkonkurrenz bildeten. Diese Verbände entfalteten eine bunte Palette von Selbstdarstellungszenarien, deren Traditionen oft weit ins 19. Jahrhundert zurückreichen und teils weiterentwickelt, teils beliehen oder untereinander ausgetauscht wurden (*Mosse* 1976).

Von Anfang an stellt die NSDAP-Führung im Sinne ihres unverkennbaren Parteiprofils politische Ästhetik über programmatische Aussagen und macht das öffentliche Auftreten der SA selbst zum vorrangigen Propagandainstrument. Die Festlegung der Ritualhandlungen, die nach 1933 das dramaturgische Grundgerüst der pompös inszenierten Nürnberger Appelle bilden, ist bereits auf den frühen NSDAP-Parteitagen der 20er Jahre deutlich sichtbar[1]. Vor allem nach dem durchschlagenden Wahlerfolg im September 1930 unterstreicht die NSDAP den zur Schau gestellten Gewaltcharakter großangelegter SA-Aufmärsche zunehmend mit gezieltem Gewalteinsatz gegen Parteien und Anhänger der Arbeiterbewegung (*Jaschke* und *Loiperdinger* 1983). Nach dem 30. Januar 1933 verdichten sich die Parteirituale zum ästhetischen Feierszenarium des faschistischen Staats; dieses wird auf alle Bereiche des öffentlichen Lebens ausgedehnt. Im Zentrum steht weiterhin das Ritual der Gelöbnisfeier: Neben zahllosen öffentlichen Vereidigungen von Wehrmacht, SA, Politischen Leitern, Arbeitsdienst u. a. im lokalen und regionalen Bereich wird auf Reichsebene ein Kalendarium von Feiern etabliert,

* Überarbeitete Fassung eines Vortrags vom 10. Oktober 1985 auf dem DVPW-Kongreß „Politik und die Macht der Technik", AG „Politische Kultur", Ruhr-Universität Bochum.
Vgl. jetzt ausführlich zu „Triumph des Willens", NSDAP-Parteitag 1934 und politischem Ritual meine Dissertation (*Loiperdinger* 1987a) sowie die Begleitpublikation zur Edition G 138 des Instituts für den Wissenschaftlichen Film (*Loiperdinger* 1987b). Zahlen in Klammern geben die Einstellungsnummern der Filmzitate an (vgl. mein Protokoll von „Triumph des Willens": *Loiperdinger* 1980).

die unter persönlicher Beteiligung des „Führers" stattfinden. Hier sind vor allem zu nennen: der 1. Mai als „Tag der deutschen Arbeit", der eine Woche lang dauernde Reichsparteitag Anfang September in Nürnberg, das „Deutsche Erntedankfest" auf dem Bückeberg im Oktober und der 9. November als Gedenktag für die „Gefallenen der Bewegung". Die Treuegelöbnisse, die Adolf Hitler bei diesen Veranstaltungen persönlich entgegennimmt, werden in Rundfunk, Presse und Film jeweils an erster Stelle ausführlich gewürdigt.

Für die Forschung bilden insbesondere die zahlreich überlieferten Propagandafilme von diesen Feierlichkeiten – Wochenschau-Sujets und abendfüllende Dokumentarfilme – einen wertvollen publizistischen Quellenbestand an Szenarien der öffentlichen Selbstdarstellung des Nationalsozialismus[2], der für die politische Kulturforschung noch kaum erschlossen worden ist. Dazu mag beitragen, daß die Filmproduktion des Dritten Reichs meist mit dem Verdikt der Manipulation und Propaganda negativ charakterisiert wird. Die Möglichkeit, daß aus diesem Filmmaterial zuverlässige Aussagen über die Wirklichkeit des deutschen Faschismus zu gewinnen sind, schien damit von vornherein ausgeschlossen. Dem ist entgegenzuhalten, daß z. B. der NSDAP-Parteitag von 1934 „nicht zuletzt durch den Film ‚Triumph des Willens' einen eigenen Platz in der Publizistikgeschichte bekommen hat" (*Reimers* 1979). Gerade als vergleichsweise elaborierte und von den Repräsentanten des Regimes gefeierte Dokumentarfilmpropaganda kann „Triumph des Willens" als herausragendes publizistisches Dokument für den Ritualcharakter der nationalsozialistischen Selbstdarstellung in der Öffentlichkeit genutzt werden. Dieser von Leni Riefenstahl maßgeblich gestaltete Film überliefert wie kein anderer die politische Ästhetik nationalsozialistischer Selbststilisierung, indem er das Regime so zeigt, wie es selber gern gesehen werden wollte – und dann durch den Multiplikatoreffekt von „Triumph des Willens" bis heute von Millionen auch tatsächlich gesehen worden ist.

Die Verdichtungsarbeit von Kamera, Schnitt und Montage – eine Woche Parteitagsgeschehen muß konzentriert in zwei Stunden Film dargestellt werden – läßt die Konturen der politischen Ritualhandlungen deutlich hervortreten. Das Zentrum des Films behält Riefenstahl dem feierlichen Appell vor, zu dem Arbeitsdienst, Hitler-Jugend, Politische Leiter sowie SA und SS jeweils an verschiedenen Tagen vor dem „Führer" antreten. Hinter den Variationen ist das Grundmuster der Appellhandlung klar zu erkennen. Es setzt sich zusammen aus den Elementen: Fahnenaufmarsch und/oder „klingendes Spiel", Rapportmeldung des zuständigen Paladins an den Führer, Ansprache des Führers mit der Forderung nach „ewiger Treue" im Zentrum, schließlich die Einlösung von Hitlers Verlangen durch ein dreifaches „Sieg Heil!" der versammelten Mannschaft.

Im nationalsozialistischen Selbstverständnis dienen diese Massenappelle dazu, Einheit nach innen und damit verbunden Stärke nach außen zu demonstrieren, getreu dem Nürnberger Motto von 1934: „Reichsparteitag der Einheit und Stärke". Gegenüber anderen politischen Systemen, in denen dem Prinzip der freiwilligen Ein- und Unterordnung ungleich höherer Stellenwert zugebilligt wird, offenbart die signifikante Häufigkeit von öffentlichen Treuegelöbnissen im Dritten Reich den hochgradig formellen und sanktionsgeladenen Verpflichtungscharakter des Nationalsozialismus. Neben diesem leicht einsichtigen Befund verweist das Gelöbnisritual als Höhepunkt der politischen Selbstdarstellung aber auch auf soziale und politische Hochspannung im faschistischen Herrschaftsgefüge. Hypothetisch läßt sich formulieren, daß politisches Ritualhandeln im Nationalsozialismus als ein Medium fungiert, in dem Gegensätze, deren Austragung auf der Ebene von Interessenartikulation verboten ist, ausgedrückt und insofern berücksichtigt, dadurch aber auch entschärft werden – und zwar zugunsten der übergeordneten Zielsetzungen des Regimes. Derart erfüllt die Abhaltung von Gelöbnisritualen im deutschen Faschismus die Funktion der politischen Stabilisierung. Ihr Mechanismus soll an der nahezu schematischen Abfolge von stilistischen Anspannungs- und Entspannungselementen demonstriert werden, mit denen die filmische Verdichtungsarbeit das Ritualgeschehen bei Hitlers Ansprache auf dem Appell der SA und SS in der Luitpoldarena in Nürnberg visualisiert. Scheinbar selbstverständlich folgt diese Appellhandlung dem gewohnten Muster: „Denn in den Zeiten hinter uns, da habt ihr mir eure Treue tausendfältig bewiesen, und in der Zeit vor uns kann es nicht anders sein, und es wird auch nicht anders sein!" (814–815) Mit diesen Worten bringt Hitler den tautologischen Inhalt des Gelöbnisrituals unmißverständlich zum Ausdruck, den die angetretenen 110 000 SA- und SS-Männer ebenso deutlich mit einem dreifachen „Heil!" bekräftigten.

Daß die nationalsozialistische Gefolgschaft den verlangten Treueschwur auf den Führer Adolf Hitler in der vorgeschriebenen Weise leistet, ist in diesem Fall so selbstverständlich nicht. Noch ein Jahr zuvor, auf der „Herbstparade" der SA beim „Parteitag des Sieges", steht mit Hitler auf gleicher Stufe der Stabschef der SA, Ernst Röhm[3]. Erst vor gut zwei Monaten – Stichtag 30. Juni – ist Röhm und mit ihm fast die gesamte SA-Führung auf Hitlers persönlichen Befehl ermordet worden. Auf diese Weise wurde der seit langem schwelende Kompetenzstreit zwischen SA- und Reichswehrführung um den Aufbau der künftigen Wehrmacht drastisch bereinigt. Die SA hatte als nationalsozialistische Parteiarmee mit ihrem rücksichtslosen Einsatz im „Kampf um die Straße" gegen die Anhänger der Arbeiterparteien KPD und SPD erheblichen Anteil an der Machteinsetzung Hitlers am 30. Januar 1933 und meldete seither zunehmend lauter ihren Anspruch auf politischen Lohn für ihre Verdienste an. Fälschlicherweise ist diese blutig beendete Affäre unter der von den Siegern geprägten Bezeichnung „Röhm-Putsch" in die Geschichte eingegangen. Faktisch ist die sorgfältig geplante Liquidierungsaktion vom 30. Juni die endgültige politische Entmachtung der SA. Es ist das erste Mal, daß Hitler seit dem Blutbad an einer Reihe seiner engsten Gefolgsleute einer großen Zahl SA-Männer persönlich gegenübertritt, um ihnen den Treueschwur abzunehmen.

Betrachten wir die Bildfolge von Hitlers Ansprache an die SA in „Triumph des Willens" (799–816), so fällt zunächst auf, daß Leni Riefenstahl in der filmischen Organisation des Aufnahmematerials ein visuelles Spannungsverhälntis zwischen Führer und Gefolgschaft aufbaut: Die folgende Tabelle zeigt, daß konsequent alternierend geschnitten wird, wobei Hitler immer in Untersicht, die angetretene Mannschaft jeweils in Aufsicht gefilmt ist. Diese Polarisierung wird auch bei der Wahl des Bildausschnitts eingehalten. Während die Karrees der SA- und SS-Männer in der Totalen aufgenommen sind, holt die Schnittregie Hitler von der Totalen über Halbtotale bis auf Naheinstellung heran, schneidet zwei Totalen ein und präsentiert ihn dann in zwei Großaufnahmen. So wird der versammelten Parteiarmee nicht mehr Raum zugestanden als ihrem Befehlshaber Adolf Hitler, der leinwandfüllend das Bild beherrscht. Zusätzlich wird Hitler fortlaufend erst nach rechts und dann nach links gewandt fotografiert, so daß die SA-Karrees von ihm förmlich eingerahmt werden. Die Bildregie hebt also ganz auf den hierarchischen Gegensatz zwischen Hitler und seiner Zuhörerschaft ab und stellt klar, daß hier ein absoluter Führer die Ergebenheitsadresse seiner Truppe abruft, die stumm und diszipliniert ihre Bereitschaft zu absolutem Gehorsam zeigt.

Im Mittelteil der Einstellungsfolge tritt zu dem visuellen Gegensatz zwischen Führer und Gefolgschaft ein drittes Bildelement hinzu: Die Karrees der SA-Männer werden im alternierenden Schnittschema ersetzt durch Reichsadler und Hakenkreuzfahnen, die in Untersicht gezeigt werden. Zu diesen Symbolen wird also ebenso aufgeschaut wie zu Hitler. Hakenkreuzfahnen visualisieren die „nationalsozialistische Idee", das politische Ideal der NSDAP, das mittlerweile mit dem Ideal der deutschen Nation verschmolzen ist. So steht das Signet des Nationalsozialismus auch in „Triumph des Willens" nicht einfach für eine Partei, „Bewegung" oder Weltanschauung, sondern wird sukzessive mit der Vorstellung von „Deutschland" semantisch aufgeladen: Das Hakenkreuzsymbol repräsentiert getrennt von der realgeschichtlichen Existenz des Dritten Reichs die mentale Existenz eines nationalsozialistischen Deutschlands. Das Gelöbnisritual spielt sich also nicht allein im Spannungsverhältnis zwischen dem „Führer" des nationalsozialistischen Staats und der Gefolgschaft seiner Parteiarmee ab, sondern der Anspruch an die zum Appell angetretenen Befehlsempfänger wird jetzt von zwei Instanzen verkörpert: einmal vom leibhaftigen Befehlshaber des bestehenden Staatsapparats, zum andern vom Symbol für das politische Ideal dieses Staatswesens.

In der Schlußeinstellung von Hitlers Ansprache an die SA (816) werden die überdimensionalen Hakenkreuzfahnen zum Ausklang der gemeinsamen „Heil!"-Rufe des Auditoriums in extremer Untersicht gezeigt: Durch diese konnotative Verknüpfung von Bild und Ton wird angezeigt, daß der akustische Vollzug des Treuegelöbnisses sowohl auf die Person des Führers bezogen ist, als auch auf das Ideal einer nationalsozialistisch geprägten deutschen Nation. Indem diese Bildfolge durch die extreme Untersicht auf die Fahnen abschließt, wird das Hakenkreuzsymbol in der filmsprachlichen Hierarchie der drei Bildelemente Fahne, Führer, Gefolgschaft noch über Adolf Hitler gestellt. Im filmischen Diskurs ist der „Führer" nun nicht mehr als der eine Pol eines gegensätzlichen Spannungsverhältnisses bezeichnet, sondern er nimmt zwischen den Befehlsempfängern unter ihm und der „nationalsozialistischen Idee" über ihm eine Mittelposition ein.

In dieser Trennung der realen Machtbefugnisse des Führers von einer höheren Instanz, in deren Namen Hitler gleichsam selbst als Vollzugsorgan handelt, erscheint der in der Anordnung des Rituals ausgedrückte Dualismus von Befehl und Gehorsam relativiert: Der Bezug von Führer und Gefolgschaft auf einen übergeordneten Auftraggeber vermag bei aller Gegensätzlichkeit den Anschein gemeinschaftlichen Handelns zu stiften, weil jetzt das Gelöbnisritual als Erfüllung einer gemeinsam zu bewältigenden Aufgabe figuriert. Original-Ton Hitler: „Wir stehen fest zusammen für unser Deutschland, und wir müssen fest zusammenstehen für dieses Deutschland!" (812)

Umgekehrt resultiert aus dieser scheinbaren Entschärfung des Gegensatzes von Führer und Gefolgschaft gerade die Möglichkeit einer Verschärfung des von oben definierbaren Anspruchsniveaus: Hitler tritt in der Luitpoldarena vor die SA-Männer nicht nur als der Machthaber, der in 20 Monaten die Befugnisse der gesamten Staatsgewalt auf seine Person vereinigt hat. Neben den Zwangsmitteln zur Durchsetzung seiner politischen Entscheidungen hat Hitler mit dem Symbol der Hakenkreuzfahne auch die Legitimation seines Handelns durch eine von allen Nationalsozialisten anerkannte ideelle Berufungsinstanz im Rücken.

Gleichgültig ob als „Vorsehung", „Schicksal", „nationalsozialistische Idee" oder schlicht als „unser Deutschland" tituliert – faktische Existenz hat diese Fiktion nur darin, daß ihr symbolische Präsenz in Gestalt des Hakenkreuzemblems verliehen wird und in diesem Zeichen eine höhere Verpflichtung verehrt wird. Auf diese Weise wird die real existierende Staatsgewalt verdoppelt in die an ihrer Spitze stehende Person des „Führers" und einen eingebildeten Auftraggeber, der sachlich zusammenfällt mit den politischen Entscheidungen Hitlers und den ihm zu Gebote stehenden Zwangsmitteln zu ihrer Durchsetzung.

Die zum Treueschwur angetretenen SA-Männer sind vor vollendete Tatsachen gestellt: Gemäß faschistischer Staatsräson hat sich Hitler entschieden, die Aufrüstung der Wehrmacht für die geplanten Kriege dem Offizierskorps der Reichswehr zu übertragen und die nach der Zerschlagung der Arbeiterbewegung überflüssige SA zu entmachten. Diese Entscheidung hat Hitler am 30. Juni mit nackter Gewalt gegen seine Parteiarmee durchgesetzt. Zwei Monate später tritt er vor die Mannschaft der ermordeten SA-Führung und verlangt von ihr qua Treuegelöbnis die Anerkennung der offiziellen Version vom „Verrat" ihres Stabschefs Ernst Röhm. Das ist gleichbedeutend mit dem Bekenntnis zu ihrer gewaltsamen politischen Entmachtung.

Mit der schwierigen Aufgabe, vor die sich die SA-Männer gegenüber der überlegenen Gewalt des Siegers gestellt sehen, werden auch die Mittel ihrer Lösung präsentiert. In der feierlichen Absolvierung des Gelöbnisrituals fällt beides zusammen. Es bedeutet auf der einen Seite die Zumutung, sich zur erzwungenen politischen Bedeutungslosigkeit der eigenen Organisation zu bekennen. Auf der anderen Seite wird den SA-Männern die Erfüllung dieses Anspruchs vom dramaturgischen Setting des Rituals her erleichtert: Durch die exponierte Rolle von Fahnen, Standarten und anderen Symbolen der „nationalsozialistischen Idee" im Ablauf des Gelöbnisrituals ergeht an die Teilnehmer sinnlich greifbar das Angebot, die Liquidierungsaktion vom 30. Juni auf eine höhere Notwendigkeit zu beziehen und von daher als gerechtfertigt zu interpretieren.

Die Wahrnehmung dieses Angebots bestätigt nicht nur notgedrungen die Machtstellung Hitlers, sondern umgibt sie mit der Aura höheren Rechts. Bereits in seiner Ansprache zur Eröffnung des Parteikongresses verkündet Heß programmatisch in Anspielung auf den 30. Juni: „Sie sind Deutschland. Wenn Sie handeln, handelt die Nation; wenn Sie richten, richtet das Volk." (344–346) Die Person des Führers verschmilzt mit der ideellen Berufungsinstanz, in deren Namen zu handeln er vorgibt. Seine Position als unumschränkter Befehlshaber wird für sakrosankt erklärt.

Die Filmaufnahmen aus der Luitpoldarena zeigen nicht nur die ohnmächtige Gefügigkeit von knapp 100 000 SA-Männern, sie offenbaren auch die Integrationskraft des

Gelöbnisrituals und seine politische Funktion für die Festigung der persönlichen Machtstellung Adolf Hitlers.

Tabelle: Führerrede beim Appell von SA und SS, Überblick über die Einstellungsfolge (766–816) nach Sujet, Bildausschnitt, Aufnahmewinkel+ (entnommen aus Loiperdinger 1987a)

Einstellung	Hitler, nach rechts gewandt	Fahnen und Karrees, frontal	Hitler, nach links gewandt
799		HT, SS-Karree, leichte Aufsicht	
800	T, Untersicht		
801		T, Karres, Aufsicht	
802	HT, Untersicht		
803		T, Reichsadler, Untersicht	
804	N, starke Untersicht		
805		T, Hakenkreuzfahnen, leichte Untersicht	
806	T, Untersicht		
807		T, Hakenkreuzfahnen, Untersicht	
808	T, Untersicht		
809		T, Hakenkreuzfahnen, Untersicht	
810			GA, starke Untersicht
811		T, Karrees, Aufsicht	
812			GA, starke Untersicht
813		HN, Bannerträger und Hakenkreuzfahnen, leichte Untersicht	
814		T, Karrees, Aufsicht	
815			T, Untersicht
816		T, Hakenkreuzfahnen, starke Untersicht	

\+ Die Abkürzungen bedeuten: T = Totale, HT = Halbtotale, HN = Halbnah, N = Nah, GA = Großaufnahme.

Zur detaillierten Beschreibung vgl. *Loiperdinger* 1980 (S. 131–136). Diese Einstellungsfolge ist mit einer geringfügigen Abweichung (806, 807 fehlen, eventuell aufgrund eines Kopiesprungs) fotographisch dokumentiert bei *Neale* 1979.

Anmerkungen

1 Vgl. die vom „Institut für den Wissenschaftlichen Film (IWF)" in Göttingen edierten NSDAP-Parteitagsfilme von 1927 und 1929 sowie die zugehörigen Begleitpublikationen: *Tyrell* 1977 und 1978.

2 Vgl. die einschlägigen Filmerschließungen des IWF aus den Editionsreihen „Filmdokumente zur Zeitgeschichte" und „Die Entwicklung der Wochenschau in Deutschland".

3 Vgl. *Riefenstahls* 1933er Parteitagsfilm „Sieg des Glaubens".

„Sachpolitik", Partizipation und Apathie in der Nachkriegsgesellschaft

Jutta Beyer und Everhard Holtmann

1. *Überlegungen zum Transfer des Politische-Kultur-Konzepts auf die lokale Untersuchungsebene*

Der Zusammenhang zwischen den individuellen politischen Wahrnehmungen und Wertungen, wie sie im Zuge der standardisierten Erfragung von politischen Orientierungen datenförmig erhellt werden, und historisch gewachsenen, kollektiven Sichtweisen von Politik sowie seit jeher eingelebten sozialen Verkehrsformen, in welchen persönlich-private wie öffentliche Erfahrungen aktualisiert sind, wurde in der empirischen Anwendung des Politische-Kultur-Ansatzes bislang vernachlässigt. Es scheint aber, daß sich bei der Befragung *über* politische Einstellungen und soziale Verhaltensmuster etliches von der Aussagesubstanz und den Aussageintentionen verflüchtigt, die im direkten Vorgang der Interaktion selbst zum Ausdruck gebracht werden und dabei auch kulturelle Kontinuitäten lebendig halten, die sich im kollektiven Orientierungsvorrat abgelagert haben.

Einen Begriff *Reinhart Kosellecks* abwandelnd[1], ließe sich von rhetorischen Deutungsangeboten sprechen. Solche Deutungsangebote erschließen sich zum Beispiel in Fest- und Gedenkreden, Grußadressen oder journalistischen Lokalglossen. Gemeinsam ist ihnen, daß sie soziale und/oder politische (Ein)Verständigung („Identität") anbieten bzw. öffentlich machen. Insoweit sind sie eine vergemeinschaftete Ausdrucksform von politischer Kultur, d. h. Ausdruck des Selbst-Bewußtseins von „Handlungsgemeinschaften" (*Koselleck*) unterschiedlicher Konstanz und Geschichtlichkeit, Reichweite und Größe.

Im Rahmen unserer Untersuchung zu lokalen Erscheinungsformen politischer Kultur im frühen Nachkriegsdeutschland haben wir schriftliche Manifestationen derart vergemeinschafteter politischer Orientierungen, die sich innerhalb kleinräumiger Interaktionen ausprägen, abbilden und publik machen, als Quellenbasis zugrunde gelegt. Eine unserer vorweg formulierten Annahmen war, daß die subjektive Anschauung von Politik, wie sie über *lokal* spezifische Strukturen einer vorpolitischen Öffentlichkeit, Geselligkeit und Milieubindung sich herstellt oder angeeignet wird, in wesentlichem Maße *lebensweltlich* vermittelt ist.

„Lebenswelt" verstehen wir, unter Rekurs auf das von *Alfred Schütz* (1971/I: 12 ff. und 1971/II: 156 ff.) phänomenologisch entfaltete und von *Jürgen Habermas* (1981/II: 182 ff.) als Regulativ sozial-integrativer Verständigungsleistungen neu gefaßte Begriffsverständnis, handlungstheoretisch: als die – *lokal zentrierte* – Gesamtheit verschiedenförmiger Interaktionen, an welchen der einzelne alltäglich und häufig in direktem Austausch mit anderen teilnimmt, wo er die ihm verfügbaren Deutungsmuster aktualisiert und wo seine (politischen) Orientierungen als *zugleich privat und öffentlich* gerichtete geprägt werden. Im Verlaufe bzw. im Ergebnis einer derartigen Politikperzeption in der Folie des „Unpolitischen", die vor dem kulturellen Horizont „der Vertrautheit und des Bekanntseins" innerhalb einer lokal zentrierten „sozialen Umwelt" (*Alfred Schütz*) geschieht, können, so lautet unsere noch näher auszuführende Hauptthese, nicht nur Entpolitisierungstendenzen verstärkt, sondern auch Politisierungsprozesse eingeleitet werden. Mit der Operationalisierung dieser These wird das Analyse-Konzept der Politischen Kultur auf die lokale Ebene gerückt.

1.1. Lokale Dimensionen politischer Kultur

Die kommunalen Aufgaben, das beobachtete im Jahre 1915 der Zeitungswissenschaftler *Otto Groth*, „greifen sogar in die Interessen der Bürger häufig unmittelbar ein, ihre größere Übersichtlichkeit erleichtert auch das Urteil, und die Selbstverwaltung gibt den Bürgern einen stärkeren Einfluß und sichert ihnen eine wirksame Kontrolle der Verwaltungen" (*Groth* 1915: 75). Bis heute wird das lokale Politikgeschehen trotz fortgeschrittener vertikaler Politikverflechtung inhaltlich wie prozessual als eine Politiksphäre sui generis wahrgenommen:

Einmal ist eine interessengeleitete Politiksicht nachweisbar, die sich aus fest umrissenen persönlichen Bedürfnissen im Bereich des engeren Wohn- und Lebensumfelds ergibt und zu entsprechenden infrastrukturellen Leistungserwartungen und Bedarfsanforderungen an das örtliche politisch-administrative System führt (vgl. die Präferenzenskalen bei *Oel* 1972 und *Güllner* 1977; neuestens *Güllner* 1986).

Kommunale Problemlagen sind, zweitens, der Tendenz nach durch Konkretheit, Überschaubarkeit und direkte persönliche Betroffenheit charakterisiert. Darin gründet die höhere Selbstzuweisung von „Kompetenz" in gemeindlichen Belangen, welche die Beteiligungsbereitschaft steigert (dies belegen die Befunde von *Almond* und *Verba* 1963 und *Barnes* und *Kaase* 1979).

Drittens: die „Sicherung einer wirksamen, gerechten und gut wirtschaftenden Gemeindeverwaltung" wird von breiten Teilen der Bevölkerung als wichtiges kommunalpolitisches Ziel eingestuft (vgl. *Biege* u. a. 1978). Hinter dieser Grundanschauung dürfen wir das traditionelle Postulat ‚unpolitischen' Sachverstands zur Regelung örtlicher Angelegenheiten, aber ebenso das Einfordern einer ‚guten, billigen und gerechten' Gemeinwohlregelung, also einen gleichsam archaischen Kern von Politikauffassung vermuten.

Viertens: Politik wird im Lokalen auf doppelte Weise personalisiert. Inhaltlich wird sie dem einzelnen Gemeindebürger infolge der für ihn direkt erfahrbaren, eigenen Betroffenheit als ein auch persönliches Problem unmittelbarer bewußt. Umgekehrt, gleichsam vom amtlichen Gegenüber her, (re)präsentieren sich öffentliche Angelegenheiten der Gemeinde in Gestalt der Funktionäre des lokalen politisch-administrativen Systems weit weniger vom Alltag abgehoben ‚in Person'. Dies auch deshalb, weil die Inhaber politischer Ämter den Bürgern vielfach aus privaten, nachbarschaftlichen und anderen sozialen Kontexten her bekannt sind (*Lenzer* 1962).

Fünftens: Der sozial-räumlich engere Zusammenhang privater, vorpolitischer und politischer Sphären bestärkt die Neigung, Konfliktlinien in der Politik zu verwischen und harmonisch zu überlagern. Die „Abwesenheit ideologischer Trennlinien in der Kommunalpolitik" (*Biege* u. a.) verweist auf die Zurückhaltung der Ortsparteien, spezifisch parteipolitische Zugänge zu Problemlösungen aufzuzeigen und kontroverse Optionen für kommunale Politikgestaltung sichtbar zu machen.
Einerseits sind mit diesen Wahrnehmungsgewohnheiten und ‚Umgangsformen' die Umrisse eines *spezifisch kommunalen* Habitus gekennzeichnet, andererseits sehen wir in Orientierungen, die auf lokale Politik bezogen sind, *generelle* Politikeinstellungen und -deutungen teilweise mit ‚aufgehoben'. Die partielle Verschränkung erklärt sich außer dem Tatbestand einer fortgeschrittenen Politikverfechtung damit, daß neben rein örtlich bezogenen stets auch perspektivisch weiter ausgreifende politische Orientierungen im (sub)lokalen, nahweltlichen Horizont interaktiv vermittelt werden.
Grundsätzlich ergibt sich damit die Schwierigkeit, zwischen überlokal und nur-lokal ausgelegten Orientierungen zu unterscheiden. In der methodischen Kontrolle dieses Problems erweist sich die anomale Situation der frühen Nachkriegsjahre als heuristisch hilfreich: auf kommunaler Ebene schoben sich sämtliche Politikperspektiven ineinander. Da zu dieser Zeit die kommunalen Politikinstanzen, die mit der Regelung der dringlichsten Infrastrukturprobleme (Ernährung, Wohnung, Bekleidung) beschäftigt waren, dies aus der Position einer gleichsam erzwungenen Omnikompetenz heraus taten, erfuhren die politischen Orientierungen der Bevölkerung eine im Vergleich zu früheren (und späteren) Phasen stärker lokalstrukurelle Prägung. Wie nie zuvor waren deshalb auch grundsätzliche Probleme der Politik auf „parochiale" Strukturen zurückverwiesen.

1.2. Der „parochiale" Typus: eine vor-moderne Haltung?

Die Annahme, daß die Ablösung von traditional-rückständigen durch rational-moderne Orientierungen und Identifikationsformen im Zuge des Übergangs von lokalen zu überlokalen Politikorientierungen vor sich gehe, hat die theoretischen Grundannahmen und klassifizierenden Begriffe der Politische-Kultur-Forschung wesentlich bestimmt. *Almond* und *Verba* (1963: 23) selbst haben die Ablösung des Individuums aus vorrationalen und den Übertritt zu modernen Stadien politischer Orientierung als „shift from local parochialism to centralized authority" umschrieben. In ihrem idealen Typus steht „parochiales" Bewußtsein für eine rückständige, politische diffuse und privatistische Verhaltensdisposition. Auch die – für den parochialen Habitus typische – personale Wahrnehmung von Politik signalisiert demnach eher Rückständigkeit. Folglich werden demokratische („participant") Attribute politischen Bewußtseins als „additional stratum" begriffen, „that may be added and combined with the subject and parochial cultures" (*Almond* und *Verba* 1963: 20).
Wir hingegen gehen davon aus, daß der „parochiale" Habitus ein originär lokales Kulturpotential birgt, das sich aus der sozialräumlichen Erfahrung der lokalen Lebenswelt heraus ‚in Bewegung setzt' und das auch in demokratischer Richtung profilierbar ist,

dank der erwähnten besonderen Strukturmerkmale des gemeindlichen Sozialzusammenhangs: dank der Vertrautheit, Bekanntheit und (potentiellen) Erreichbarkeit der lokalen „Lebensumwelt" (*Alfred Schütz*), und der „einfachen situationsgebundenen Interaktionen" (*Luhmann* 1977: 3 ff.), welche „unmittelbare Überschaubarkeit" und „Anwesenheit" als Chance für reziproke Wahrnehmung herstellen und soziale Kontrolle gewährleisten.
Diese lokal besonderen strukturellen Eigenheiten sind es, die – wohlgemerkt: auch unter den Bedingungen des von *Klages* (1981: 345) betonten Sachverhalts, daß „die Selektivität der Begehung und ‚Erfahrung' der Stadt mit steigender Stadtgröße steigt" – Identität fördern und auflösen, Solidarität sichern und abbauen. Die dem ‚Parochialismus' eigenen Potentiale zur Entwicklung von demokratischem politischem Bewußtsein stehen demzufolge nicht *neben*, sondern *resultieren wesentlich aus* „einer Anzahl nicht politischer sozialer Normen und Haltungen, Normen des Vertrauens und der zwischenmenschlichen Kooperation" (*Narr* 1972: 147), die dem lokalen Sozialzusammenhang strukturell eigentümlich sind.

1.3. Lokale Lebenswelt, ‚unpolitische Politik' und politische Kultur

Die bisher gemachten Ausführungen bündeln wir zur These, daß sich im Rahmen und aufgrund der Wechselwirkungen, die zwischen der lokalen Lebenswelt, der (lokalen) Politik und dem (lokalen) Politiksektor bestehen, eine spezifische Politikperzeption und spezifische Politikorientierungen ausformen.
Die nichtpolitische Sphäre umschließt in subjektiver Sicht nicht die Privatangelegenheiten bzw. die familiäre Intimzone allein. Vielmehr reicht sie in den Bereich öffentlicher, informeller oder vereinsmäßiger Geselligkeit und Aktivität hinein. Es existiert eine in ihrer Ausdehnung fluide *privat-öffentliche Mischzone,* aufgeteilt in eine Vielzahl lokalgesellschaftlicher Foren, welche von spontanen Gesprächskontakten bis zum zeremoniellen öffentlichen Auftreten von offiziellen Gemeindevertretern reicht. Diese privat-öffentliche Zwischenzone ist dem institutionalisierten kommunalen Politik- und Verwaltungssektor vorgelagert. Gleichwohl ist in ihr ‚Politik' in lokal vertrauten Personifikationen präsent und zugleich ‚resozialisiert' sowie durch die bekannt häufigen Personalunionen zwischen kommunalen und zivilen (Ehren) Ämtern mit der örtlichen Gesellschaft zusätzlich verklammert. Gemeindliche Angelegenheiten, die in dieser Zwischenzone öffentlich thematisiert und oftmals auch ‚genossenschaftlich' vorgeklärt werden, werden dadurch *politisch,* ohne an privater bzw. ‚sachlicher' Zuschreibung zu verlieren.
Als Sammelbegriff für örtliche Angelegenheiten ist die ‚Sache' oftmals von gleichermaßen privatem, (teil)öffentlichem und politischem Belang, und sie büßt quer durch alle drei miteinander lebensweltlich verknüpften Bereiche ihre sachliche Evidenz nicht wirklich ein. Demgemäß stabilisiert sich die Erwartung einer *sach*-adäquaten Regelung als ein kulturelles Deutungsmuster, das lokal vergesellschaftet, lokal ein sozialer Wert wird und das als Projektion von Sachverstand auf die hier *politisch* Amtierenden übertragen wird. Es erscheint dann einleuchtend, daß Gemeindeangelegenheiten als

,Sachpolitik' zur Regelung an fachlich ausgewiesene (und persönlich anerkannte) Experten delegiert werden. In der damit häufig verbundenen Gläubigkeit, es handele sich um nicht abstimmbare Sachlösungen, bei welcher sich konkurrierende parteipolitische Lösungsvorschläge und Vollzugskontrollen erübrigten, steckt zweifellos ein *ent-politisierender* und, wenn sich das Sachlösungs-Postulat zur grundsätzlichen Ablehnung von pluralistischer Konfliktregelung und kommunalem Parteiensystem schlechthin erweitert, auch ein demokratiefremder Effekt.

Analytisch ist jedoch die Reduktion des „unpolitischen" Lokalhabitus auf diese extreme Einstellung wie auch dessen Gleichsetzung mit politikferner Apathie und Passivität kurzschlüssig. Persönliche Betroffenheit durch örtlich auftauchende Probleme wie auch persönliche Einbezogenheit in Aktivitäten, die in die lokale Öffentlichkeit hineinwirken, können auch Anstöße zur *Politisierung* geben.

Ein Ausdruck einer solchen lokal vermittelten Politisierung ist die aus freiwilligen Selbstorganisationen heraus entwickelte Interessenanmeldung. Die Tatsache, daß sich örtliche Interessentenvereinigungen (z. B. ein „Gewerbeverein"), die wir nach der Einteilung *Almonds* und *Verbas* wohl den „sekundären Politikstrukturen" zurechnen müßten, selbst nicht selten als unpolitisch erklären, macht deutlich, daß sich zumindest im Lokalen „cooperative social activities" in „political ressources" umsetzen lassen, *ohne* daß die primären Strukturen der „community" (Familie, Freunde, Nachbarn usf.) erklärtermaßen in die „polity" eingebracht werden. (*Almond* und *Verba* 1963: 277, 143 f.) In der erwähnten privat-öffentlichen Zwischenzone hat der einzelne augenscheinlich nicht nur die drei von *Almond* und *Verba* skizzierten Wahlmöglichkeiten: sich politisch bewußt zu involvieren – sich zurückzuziehen – passives Objekt von Politik zu werden, sondern die weitere Möglichkeit einer punktuellen, „sachlich" eingegrenzten und auf die Beteiligung an vor-politischen Formen lokaler Vergemeinschaftung beschränkten, politikbezogenen Betätigung. Kennzeichnend für diese Aktivierung ist in der Regel ihre partikulare, auch ,ständisch' gebundene Beschränkung der Zwecke und Ziele (*interessenpolitische* Disposition). Uns interessiert hierbei, in welchem Maße sich derartige Interessenten-Haltungen aus ihrer traditionellen Gegensätzlichkeit zum kommunalen Parteienbetrieb (für Weimar: *Megerle* und *Steinbach* 1981) nach 1945 haben lösen können.

2. *Ausgewählte Ergebnisse der lokal vergleichenden Untersuchung*[2]

2.1. Politische „Apathie" im Nachkriegsalltag

Die vielbeschriebene Beobachtung einer weitverbreiteten Politikmüdigkeit im frühen Nachkriegsdeutschland wird auch durch unsere lokal vergleichende Untersuchung erhärtet. US-Beobachter haben diese Haltung in ihren Berichten so beurteilt: Der Durchschnittsdeutsche, schreibt beispielsweise der Forchheimer Militärgouverneur im Jahr 1947, verhalte sich politisch indifferent, gehöre einer politischen Partei nicht an, „saying that for the coming years he does not want to hear any more or have anything more to do with (party) politics"[3]. Ganz ähnlich vermerkte die britische Militärregierung des Regierungsbezirks Arnsberg in ihrem Monatsbericht für Januar 1946, die Bevölkerung verhalte sich in der Masse „zur Politik apathisch"[4].

Was im besetzten Land in der Begegnung mit „schlafmützigen, apathischen Geistern der deutschen Durchschnittsbürger" anscheinend allgegenwärtig war und in internen Lageberichten als hervorstechendes Merkmal einer politischen Grundhaltung fortgeschrieben wurde, erschien alliierten (wie deutschen) Zeitbeobachtern als das bruchlose, historisch logische Fortwirken einer in Deutschland seit jeher vorherrschenden demokratiefernen Untertanenkultur. Diese Kontinuitätsvermutung ist u. E. in zweifacher Hinsicht zu relativieren: einmal hat nicht nur grundsätzliche Abneigung gegen Politik, sondern das zeitraubende, Energien absorbierende und Aufmerksamkeit bindende Geschäft, die Selbstversorgung mit elementaren Mitteln des täglichen Überlebens sicher zu stellen, auf politische Aktivität und auf das Interesse an Politik dämpfend gewirkt. Zum anderen haben offenbar die damals trostlosen Perspektiven eines fremdbestimmten politischen Neubeginns die Motivation vieler, sich mit Politik zu befassen, bald abflauen lassen. „Die Freiheit zu politischer Betätigung, sagt man, ist wenig wert, wenn die deutsche Wirtschaft nicht einmal auf minimaler Basis wiederaufgebaut werden darf."[5]

Damit ist implizit angedeutet, daß der Begriff „Apathie" für die Feinanalyse der nuancenreichen Stimmungslagen dieser Jahre unscharf ist. Er ist dies in doppelter Weise: einmal finden wir unter die Bezeichnung „general apathy" außer politischer Unwissenheit, Ignoranz und Interesselosigkeit auch das Sich-der-Politik-Verweigern, ein (mitunter überlegtes) bewußtes Abstandhalten also, eingereiht. Charakteristisch für die Jahre zwischen Kapitulation und Währungsreform ist beispielsweise eine Haltung, die zeitgenössische Quellen als „Attentismus"[6] beschreiben, als „Abwartenwollen", also eine zeitbedingte Distanz zu ‚Politik' und ein Fehlen an politischem Engagement, vor allem im bürgerlichen Lager. Es ist eine aus Oberflächlichkeit geborene Haltung, die mit der Wahrnehmung der Nachkriegs- als Übergangszeit eng zusammenhängt. Im Kontinuum der Mangelsituation wurde die Lebenslage „nach dem Krieg" vielfach nicht als neue Zeit begriffen. „Nach dem Krieg ging es ja erst einmal so weiter" – diese Erinnerung eines unserer Interviewpartner reflektiert eine Sichtweise, die in mancher Hinsicht den Unterschied zwischen Kriegswirtschaft und Alltag im Krieg sowie den Entbehrungen, die als Kriegs*folgen* den Alltag nach dem Krieg prägten, nicht wahrnehmen mochte.

Die angedeuteten unterschiedlichen Dispositionen sind mit „Apathie" bzw. ihrem Synonym „Teilnahmslosigkeit" jedenfalls nur ungenau umschrieben. Zum zweiten ist, was als „apathisch" klassifiziert wird, damit bereits als „materiell defizitär" demokratietheoretisch abgewertet. Als Maßzahl demokratischer Einstellung dient dann ausschließlich die im engeren Feld des politischen Systems registrierte, auf Parteien, Wahlen und Parlamente ausgerichtete Partizipation. Diese Begriffsbildung hat jedoch zur Folge, daß jedwede soziale, potentiell politische Aktivität, die sich ‚vor Politik' entfaltet, unbeachtet bleibt.

2.2. „Konventionelle" politische Partizipation bis zur Ermüdungskrise 1947/48

Im Bereich der „konventionellen"[7] politischen Partizipation stehen der „Apathie" allerdings signifikante Anzeichen einer zumindest punktuellen Aktivierung und Mobilisierung gegenüber. Zwar blieb die kontinuierlich aktive Arbeit in Parteien und Parlamenten einer zahlenmäßig kleinen, gegen die schweigende Mehrheit der Inaktiven abgesetzten Positionselite überlassen. Aber es zeigen sich doch Formen von lokaler politischer – bzw. politisch *wirkender* – Beteiligung, die auf einen soliden Grundstock an Interesse und Teilnahme hindeuten.

Politische Versammlungen sind in der Gründungsphase der Ortsparteien außerordentlich gut besucht. In den untersuchten fränkischen Städten verzeichnen vor allem die SPD-Ortsgruppen bei den (erstmals im Oktober 1945 stattfindenden) öffentlichen Parteiversammlungen mit bis zu 900 Teilnehmern (Schwabach) bzw. 400 Besuchern (Forchheim) regen Zulauf. Die relativ hohe Anteilnahme hielt über die Phase eines politischen ‚Gründerzeitfiebers' hinweg an. Anläßlich der bayerischen Landtagswahlen vom Dezember 1946 können, das zeigen einige Daten über Versammlungen im Kreis Schwabach, inzwischen auch die bürgerlichen Parteien eine größere Öffentlichkeit anziehen: zu den 30 Veranstaltungen der CSU kommen zwischen 25 und 600 Besuchern, die FDP hält 25 Veranstaltungen ab mit einer Besucherspitze von 450, und die WAV kann (bei insgesamt 11 Veranstaltungen) einmal 600 Besucher nachweisen. Die Kommunistische Partei hat 24 Veranstaltungen im Kreis mit einer Höchstzahl von 300 Teilnehmern. Einen Besucherrekord hielt eine Wahlversammlung der Schwabach-Rother SPD mit Ministerpräsident Hoegner als Hauptredner; die Schätzungen schwankten hier von 1300 bis 2200 Teilnehmern[8].

Ein ganz ähnliches Bild ergibt sich, wie die nachstehende Übersicht zeigt, für (öffentliche) politische Veranstaltungen in der ebenfalls untersuchten westfälischen Kreisstadt Unna:

Tabelle: Besucherfrequenz bei Versammlungen der SPD-Ortsgruppe Unna

	Konstit. Sitzung 12.8.45	MV 11.11. 1945	HV 15.1 1946	MV 10.3. 1946	1. öff. WV 22.8. 1946	MV 29.9. 1946	öff. WV 4.10. 1946	JHV 12.1. 1947	öff. V. 9.8. 1947	MV 11.9. 1947	GV 8.1. 1948
SPD-OG Unna	25	180	300	300	700	300	300	200	über 700	180–200	194

MV = Mitgliederversammlung – HV = Hauptversammlung – WV = Wahlversammlung – JHV = Jahreshauptversammlung – GV = Generalversammlung.
Daten zusammengestellt nach den in den Versammlungsprotokollen enthaltenen Zahlenangaben (aus Privatbesitz)

Das (lückenhaft überlieferte) Zahlenmaterial läßt eine wellenförmigen Verlauf politischer Mobilisierung erkennen: das anfänglich sehr rege Teilnehmen an Parteiveranstaltungen sackt in ‚Täler' des Desinteresses ab, die nicht zufällig mit akuten Versorgungskrisen zusammenfallen: Zu Wahlzeiten werden wieder höhere Teilnehmerspitzen erreicht. Verglichen mit der Gründerphase 1945/46 ist der Aktivitätseinbruch im Jahr 1947 unverkennbar. Vor dem Hintergrund der (insbesondere im rheinisch-westfälischen Industriegebiet) verschärften Notlage geraten die Parteien in eine Ermüdungskrise. Die örtlichen Parteileitungen taten sich schwer, auch nur den Kern der eigenen Anhänger zur Präsenz zu bewegen. Selbst das reduzierte Ausmaß an Beteiligung ist jedoch unter den Bedingungen einer äußerst angespannten Versorgungslage beachtlich. Darüber hinaus wird eine Bereitschaft zu „unkonventioneller“ Teilnahme erkennbar, die sich teils aus betrieblichen Solidarstrukturen, teils aus den Gesinnungskollektiven der Parteien heraus entwickelt hat. Solche Aktivität äußerte sich als politischer Protest, in öffentlichen Unmutsäußerungen, in Hungerstreiks oder auch (so im Kreis Unna) in Massenaktionen gegen „Feinde der Demokratie“.

2.3. Soziale Partizipation und „unpolitischer“ Interessentenhabitus

Wichtig für die lokale Ausformung politischer Kultur ist, unserem Ansatz zufolge, die Zwischenzone der sozialen Partizipation. Wer sich in dieser Weise am Leben der örtlichen Gemeinschaft beteiligt, tut dies in der Regel im Bewußtsein einer Lokalkompetenz, die subjektiv diesseits des Politischen ausgeübt wird. „Was Politisches kann ich Ihnen aber von damals nicht erzählen“ meinen etliche der Interviewten, oder sie stellen fest: „Um Politik ging es damals aber nicht.“ Dieselben Zeitzeugen berichten dann aber von Aktionen zur Versorgung mit Nahrungsmitteln und Brennholz, vom Aufbau der Jugendorganisationen oder von einer Aktion zur Wohnraumbeschaffung („Schwabach packt an!“).

Solche „unpolitischen“ Formen ortsbürgerschaftlicher Aktivität waren bald nach Kriegsende in lokalen Interessentenvereinigungen (Gewerbeverein, Interessengemeinschaft der Ostvertriebenen, Bund der Fliegergeschädigten u. a.) verbandsförmig aggregiert. Angesichts der längerfristig erfolgreichen Integration nicht nur der Flüchtlinge und Vertriebenen, sondern auch des Besitzmittelstandes, dessen für die Destabilisierung der Weimarer Republik folgenreicher, partei- und systemfeindlicher Radikalismus nach 1945 so nicht neuerlich auflebte, in die politische Ordnung der nachmaligen Bundesrepublik war zu fragen, inwieweit dieses Politikverhalten nicht erst ein Effekt des entwickelten Wirtschaftswunders der 50er Jahre gewesen, sondern im Jahrfünft zwischen 1945 und 1950 präformiert worden ist.

Die Ablösung vom „pathologischen“ Protestgestus der Weimarer Zeit läßt sich an einem lokalen Einzelbeispiel aus unserer westfälischen Untersuchungsregion illustrieren. Im Januar 1950 wurde der „Gewerbeverein für Kamen und Umgegend“ als wirtschaftlicher Interessenverband der mittelständischen Kaufleute und Gewerbetreibenden wiedergegründet. Dem sechsköpfigen Gründungskomitee gehörten drei Altvorstände des örtlichen (1933 gleichgeschalteten) Vorläufervereins an. Auch in der Definition der Vereinszwecke trat der Gewerbeverein in die Kontinuität traditionell „unpolitischer“ Interessenorganisationen. Wie ehedem wurde die Forderung nach mehr kommunalpolitischem Einfluß aus dem speziellen beruflichen Sachverstand der „Fachleute aus Handel und Gewerbe“ abgeleitet. Im Unterschied zu noch während der Weimarer Zeit vorherrschenden Positionen wurde nun aber der Primat der Parteien, auch hinsichtlich gemeindlicher Belange, akzeptiert. Die Vertretung der Vereinsinteressen sollte „ausschließlich über die bestehenden Parteien" laufen. Auch hatte die vormals charakteristische Tendenz, das Partikularinteresse der altbürgerlichen „Mitte" mit dem Wohl ‚der Stadt' gleichzusetzen, einem pluralistischen Verständnis von Interessenvertretung Platz gemacht: wenn die Arbeiterschaft das „ihr billigerweise zustehende Recht" auf gemeindepolitische Koalition realisiere, könne Handwerk und Handel ein entsprechender Zusammenschluß nicht versagt werden[9].

2.4. „Sachpolitische" Option und kommunaler Konsensus

In den vier untersuchten Städten spiegelt das lokale Verhältnis zwischen „unpolitischen" Interessentenvereinigungen und Ortsparteien eine Entwicklung wider, in deren Ergebnis sich, verglichen mit der Vorkriegszeit, der kommunale Vertretungsvorrang der Parteien gefestigt hat. Die Parteien haben diesen Geltungszuwachs freilich dadurch erkauft, daß sie ihren – programmpolitisch definierten – Partei*charakter* partiell abstreiften: Daß Entscheidungen „an der Sache" orientiert, daß vorausgehende Diskussionen „sachlich" fundiert sein müßten und die Debatte im Rathaus nicht ‚unsachgemäß' dem „Parteienstreit" ausgeliefert werden dürfe – diese Grundüberzeugung wurde von den Ortsparteien selbst mitgetragen. Der (von *Gerhard Lehmbruch* so apostrophierte) „Januskopf" der Ortsparteien wird bereits früh sichtbar.

Ein derartiger „sachpolitischer" Konsensus war, das ist festzuhalten, nicht nur Fassade, die unter dem Druck der Mangellage mühsam aufgerichtet und aufrechterhalten wurde, sondern in den handlungsleitenden Vorstellungen der Akteure verankert. Man suchte die Kooperation über Parteigrenzen hinweg. Dabei wirkte das Trauma der „Weimarer Verhältnisse", deren polarisierende Wirkung auf die Kommunalebene durchgeschlagen war, nach. Ein übriges tat die Gemeinschaftsaufgabe des Wiederaufbaus, die sich nach übereinstimmender Auffassung richtungspolitischem Streit entzog. Was zählte, war die effiziente Problemlösung, deren Eindeutigkeit durch die Sache selbst und ihren dringlichen Regelungsbedarf vorgegeben schien. Hier einmütig zu votieren folgte dem selbstgesetzten Gebot, die politischen ‚Kosten' einer Sachentscheidung niedrig zu halten. Im Interesse der Allgemeinheit, so mahnten der Bürgermeister und der Landtagsabgeordnete von Forchheim im Oktober 1947 an, müßten Parteiinteressen zurücktreten, denn das Volk wolle „jetzt keine Taktik sondern Brot, um leben zu können"[10].

3. *Schlußbemerkung*

Wie unsere historisch-empirische Untersuchung gezeigt hat, leben nach 1945 gruppenspezifische bzw. teilgesellschaftliche Anforderungen an Politik im hergebrachten Aggregatzustand einer subjektiv vorpolitisch oder unpolitisch gemeinten Interessentenhaltung wieder auf. Wo jedoch traditionelle, lokal ständische Konturen dieses Habitus neuerlich hervortreten, aber auch dort, wo dieser Habitus aus zeitbedingten Schicksalskollektiven der Nachkriegszeit, wie z. B. den Flüchtlingen und Vertriebenen, gestützt wird, nimmt die Reorganisation von Interessenten nicht den vormals kennzeichnenden, erklärt (partei)politik- bzw. demokratiefeindlichen Protestgestus an. Sichtbar wird diese – wie wir meinen: durch die dichotomische Entgegensetzung von „Apathie" und Partizipation verdeckt bleibende – Orientierung dank eines im begrifflichen Ansatz unserer Arbeit weiter gefaßten Verständnisses von „Parochialität", das die Zwischenebenen sozialer Partizipation erhellt und damit die spezifischen Formen lokaler „sachpolitischer" Teilnahme in den Blick rückt.

Anmerkungen

1 *Koselleck* (1979: 256 ff.) spricht von „optischen Deutungsangeboten" (256).
2 Hier werden lediglich einige, sehr verkürzte Hinweise auf Resultate der breiter ausgelegten Untersuchung zu lokalen Konfigurationen politischer Nachkriegskultur referiert, die von den Verf. im Rahmen eines soeben abgeschlossenen VW-Projektes erarbeitet worden sind. Detaillierte Teilergebnisse aus dem Projekt sind bislang u. a. veröffentlicht in *Beyer* und *Holtmann* 1985 sowie *Holtmann* 1985, 1986a, 1986b, 1987.
3 Vgl. dazu die Akten der US-Militärregierung: OMGBY 10/82 – 1/3 (Schwabach), CO/460/1 (Forchheim), sämtlich im Hauptstaatsarchiv München, sowie örtliche Privatarchive.
4 MilGov RB Arnsberg, Monthly Report January 1946 (Public Record Office, London, FO 1013/661).
5 MilGov Westfalia, Monthly Report 1–31 October 1945, Political, Appendix A (Ebenda).
6 Nürnberger Nachrichten vom 18. August 1948.
7 Vgl. dazu die abgrenzende Definition bei Kaase 1976: 179 ff.
8 OMGBY 10/82 – 1/3, Monthly Report 11/1946.
9 Nach Berichten der Lokalpresse aus dem Jahr 1950.
10 Fränkischer Tag vom 8. Oktober 1947.

IV. Aspekte politischer Sozialisation

Historische Sozialisationsmuster in Deutschland*

Bernhard Claußen

1. *Historisch-politisches Lernen als Element der politischen Kultur*

Historisches und politisches Lernen sind für die *Tradierung, Erschließung und Konstitution von politischer Kultur* und ihren vielfältigen Erscheinungsformen unverzichtbar. Die normative Kraft der faktischen Verhältnisse, die Stimulanz der in ihnen liegenden Dynamik und die dagegen gerichteten Bewegungen im geschichtlich-sozialen Entwicklungsverlauf können sich nur dann entfalten, wenn sie sich als Momente *objektiver* materieller Wirklichkeit mit den menschlichen *Subjekten* zu *vermitteln* vermögen. Bewahrung des Ganzen und Integration der Einzelnen, Vitalisierung der Institutionen und Adaption durch die Individuen oder Gruppen, Reform oder Revolution des Gesamtgefüges oder einiger seiner Bestandteile und innovative Distanz von minderheitlichen Eliten oder massenhaften Mehrheiten sind gleichermaßen auf historisches Lernen angewiesen (vgl. *Claußen* 1985b). Die Lernprozesse laufen hierbei zwar *innerpersonal* ab, müssen aber – unter dem Einfluß interindividuell vergleichbarer Makro-, Meso- und Mikrobedingungen – hinreichend ähnlich sein, sich also *kollektiv* verdichten, um für das politische System kulturell relevant sein zu können (vgl. *Miller* 1986). Von einer *Dramatik* wird man diesbezüglich nicht schon wegen des Bedarfs politischer Kultur an komplexen und spezifischen Sozialisationsprozessen oder ihrer Abhängigkeit von materialen Impulsen aus dem Bestand der politischen Kultur und auch nicht allein wegen der prinzipiellen Möglichkeit von Sinntradition, -erschließung und -konstitution sprechen können. Sie ist erst dann Kennzeichen kurz-, mittel- oder langfristiger gesellschaftlicher Entwicklungsverläufe, wenn von eigentümlichen, durchaus verschiedenartig gewichteten Betrachtungspositionen aus das *Vermittlungsverhältnis* völlig oder teilweise *gestört* ist und/oder wenn sich die *Proportionen* zwischen Tradition, Erschließung und Konstitution zu verlagern bzw. Proportions*ungleichgewichte* sich *zuzuspitzen* beginnen.

Ist die *Erforschung politischer Kultur* als integraler Komplex in eine empirische und kritisch-theoretische *Politologie* eingebettet, die sich von ihrem emanzipatorischen Interesse her als *Demokratisierungswissenschaft* begreift (vgl. *Claußen* 1983, 1985c),

* Aus Platzgründen läßt sich das Thema hier nur in thesenhafter Kürze und reduziert auf ausgewählte Aspekte entfalten. Siehe daher ergänzend *Claußen* (1987) sowie die dort zusätzlich verarbeitete Literatur.

hat sie gegenwärtig in erhöhtem Maße Anlaß, ihren Blick auf *dramatische Entwicklungen* zu richten. Denn „wenn es . . .eine *bedrohliche Tendenz* innerhalb der ansonsten stabilen Gesamtsituation der westlichen Demokratie gibt, so ist es die *eines schleichenden Autoritarismus* unter Aufrechterhaltung der demokratischen Institutionen" (*Söllner* 1985: 487; Hervorhebungen von B. C.). Bezeichnenderweise werden in der konservativen Variante der Systemtheorie partiell konzeptkonträr nicht dieser Umstand, sondern ihm widersprechende Erscheinungen als Systemgefährdung gedeutet (vgl. dazu *Greven* 1982). Im Bestreben, diese Tendenz als *ein Indiz der Spät-Moderne* zu erhellen, ist eine *Thematisierung historischer Sozialisationsmuster* unter der Vielzahl von Facetten einer dramatischen Entwicklung politischer Kultur in Deutschland angezeigt. Grundlegend ist dabei die Frage nach den vorausgegangenen Verlaufsformen politisch-historischen Lernens und den Möglichkeiten einer künftigen Transzendenz der den schleichenden Autoritarismus begünstigenden Sozialisationsmuster.

2. *Perioden politischer Sozialisation*

Für die *historische Sozialisation* im Deutschland der Neuzeit war höchstwahrscheinlich überwiegend eine *Grundfigur* öffentlichen Geschichtsbewußtseins prägend: „Seit Beginn des 19. Jahrhunderts definieren die Deutschen ihre Identitätsmuster vornehmlich über den Begriff der. . . *Nation,* der im Nationalstaat seine politische Ausprägung findet" (*Rüsen* und *Becher* 1981: 181; Hervorhebung von B. C.; Abkürzungen des Originals sind hier wie im folgenden ausgeschrieben). Die *Karriere* dieser Grundfigur (Materialien dazu bei *Weidenfeld* 1983) wirft ein bezeichnendes Licht auf ihre sozialisatorische Relevanz hinsichtlich *systemaffirmativer* Vermittlung von Herrschaft.
Mag ihr Ursprung auch emanzipative Züge (Anknüpfung an fortgeschrittenes Gedankengut aus Frankreich und England, Widerstände gegen napoleonische Unterdrückung) getragen haben, so wurde doch gemäß der in ihr zunächst ausgedrückten Abgrenzung des Bürgertums von historisch obsolet gewordenen Gesellschaftsformationen alsbald aus ihrem Impetus der (Selbst-)Behauptung nach außen der Zentralbegriff für eine die bürgerliche Machtausübung nach innen sichernde Immunisierung. Insbesondere wurde „in der zweiten Hälfte des 19. Jahrhunderts. . . der Nationsbegriff. . . zum Zwecke sozialer und politischer Integration von den herrschenden Eliten instrumentalisiert" (*Rüsen* und *Becher* 1981: 181, unter teilweise wörtlicher Bezugnahme auf *Mommsen* 1979: 81). Selbst Vorformen wissenschaftsorientierter geschichtlicher Unterweisung in der Schule wurden davon insofern erfaßt, als sich „dieser *Instrumentalisierung*. . . das historische Denken in Wissenschaft und Unterricht allzu bereitwillig zur Verfügung" stellte (*Rüsen* und *Becher* 1981: 181; Hervorhebung von B. C.). Die Weimarer Republik und in gesteigert-pervertierter Variante das nationalsozialistische Deutsche Reich sind Stationen, auf denen sich zunächst „die nationale Idee. . . spiegelte. . . in der Ideologie des deutschen Sonderwegs, die das politische Modernisierungsdefizit in der neueren deutschen Geschichte. . . gegenüber angelsächsischen und französischen Traditionen als positiven Wert verklärte und sich dadurch als Syndrom antidemokratischer und nationalistischer Ideen erwies" und schließlich gar „das Nationalbewußtsein zum

Mythos enthistorisiert und in der Rassenideologie naturalisiert" wurde (*Rüsen* und *Becher* 1981: 181 f.; exemplarische Aufschlüsselungen bietet *Genschel* 1980). Bei der Ursachenanalyse dieser Karriere wird man zu bedenken haben, daß zum einen der durch eigentümliche deutsche Entwicklungen entstandene *Nachholbedarf* an Nationalstaatlichkeit, zumal unter den *Bedingungen internationaler Konkurrenzwirtschaft*, nahezu zwangsläufig in *Überkompensationen* münden mußte, zum anderen seine konkrete Ausprägung seinerzeitigen *Kapitalinteressen entsprang* oder zumindest sehr entgegenkam und *Kompensationsangebote für die Ausgebeuteten* suggerierte oder deren sozioökonomisch hervorgerufene Aggressionen ausbeuterisch von den eigentlichen Adressaten abzulenken wußte.

Die innerbundesrepublikanische Bezugnahme auf die Grundfigur der Nation und ihre Entwicklung ist zwar ambivalent, hat aber doch auch eindeutige Schlagseite (wie sich durch Problematisierung beispielsweise der von *Behrmann* 1980b teilweise zu vordergründig ausgewerteten Studien ergibt; vgl. auch *Mommsen* 1980). Zum einen scheinen die durchaus *kapitalismusdienliche und herrschaftsstruktur-erhaltende sozialpsychologische Verdrängung der nationalsozialistischen Ära*, die auch so etwas wie einen *Kontinuitätsbruch des Nationalbewußtseins* bedeutet, und die in gleichem Maße nützliche *antikommunistische Mentalität* gegenüber dem zweiten, aus einigen Folgen deutschen Nationalstaatswahns heraus entstandenen deutschen Staat eine Abkehr von dieser Grundfigur zu signalisieren. Die Integration ins westliche Bündnis und in die Europäische Gemeinschaft mit ihrer zwar nicht kosmopolitischen, jedoch internationalistischen oder weniger provinzialistischen Stimulanz für Sozialisationsprozesse könnte hierfür als Beleg dienen. Zum anderen bestimmen aber *nationalistische Nützlichkeitserwägungen* oder Überheblichkeiten viel zu oft die Interaktion mit den Bündnis- und Gemeinschaftspartnern bzw. dienen die *Erinnerung an gesamtnationale Traditionen* und Wiedervereinigungs-Sehnsüchte der systemimmanenten antikommunistischen Ostpolitik. Die wenigen Vorzüge supranationaler Handlungsmuster, nämlich Koordination, Kooperation und unkriegerische Konfliktlösung, können so nicht voll zur Geltung und ins Bewußtsein gelangen. Es darf wohl auch kaum übersehen werden, daß *Supranationalismus* auch Ausdehnung von bürokratischer, apathieerzeugender Herrschaft zur *Suprabürokratie* bedeutet, daß *nostalgisches Nationensentiment* keineswegs vor einer Auslieferung der Angehörigen einer Nation an Interessenprimate von Bündnisführern bewahrt und daß *nationalstaatliche Regressionen*, indem sie Krisenerscheinungen zu neutralisieren versuchen, abermals für Modernisierungsrückstände kompensieren sollen und potentielle Unruhe binden, der längst geeinten *kapitalistischen Interantionale* nützlich sind – nicht zuletzt auch, weil sie Affektbedürfnisse scheinbar abdecken, um der kalten Rationalität profitträchtiger Technologien und ihrer Apologeten leichter zum Durchbruch zu verhelfen. Beschwörungen der Traditionen deutscher Wirtschaftsmacht und Leistungsstärke, sachzwangbehauptende Anpassung an weltweite Trends, Betonung nationaler Konkurrenzfähigkeit um der Rechtfertigung des Konkurrenzkapitalismus willen, gestrige nationale Tugenden als Motivation für künftige Entsagungen und technokratische Zukunftsorientierung auf eine universelle, transnationale Herrschaftsform passen trefflich zueinander. *Gesellschaftskonservativer Nationalismus* uniformiert die Individuen zugunsten einer Selbstverleugnung gegenüber dem Staatsganzen, *wirtschaftsprogressiver Internationalismus* führt in die total verwaltete Welt des Konsumkonformismus und der Suprasystem-Loyalität.

Für den Beginn der bundesrepublikanischen Gesellschaft nach dem Zweiten Weltkrieg sind eine *Anknüpfung an* Ansichten zur politischen Erziehung in der *Weimarer Zeit* ohne Aufdeckung ihrer Implikationen für die faschistische Ära sowie die Bevorzugung materiellen Wiederaufbaus und Wachstums, die der politischen Konsequenz des Oktrois der Formaldemokratie kaum Beachtung schenkte, charakteristisch. „Der überkommenen neuhumanistisch-geisteswissenschaftlichen Pädagogik wurde die Entwicklung einer politischen Bildung überantwortet, mit dem Ergebnis, daß politikwissenschaftliche und soziologische Aspekte ausgeklammert blieben" (*Kißler* 1979: 26). Unter dem Etikett einer *unausgegoren-konfliktverniedlichenden Gemeinschaftsideologie* blieben selbst *neonationalistische Tendenzen* nicht aus (vgl. *Schmiederer* und *Schmiederer* 1970), wofür das Integrations- und Selbstbehauptungs-Streben der christ-demokratisch geprägten Bundesrepublik innerhalb westlich-kapitalistischer Weltwirtschaft einen Hintergrund bildet. Die *Abfolge vorherrschender bildungspolitisch-curricularer Konzepte* — von der Erziehung zur Partnerschaft über diejenige zu Erkenntnissen und Einsichten, zu politischer Beteiligung und systemimmanent-kritischem Denken bis zu einer Erziehung zu status-quo-orientiertem Konfliktverhalten —, in der sich eine Zustands-Verlaufskurve des politischen Systems der Bundesrepublik spiegelt, liefert dafür etliche Belege (siehe im einzelnen *Wallraven* und *Lippert* 1976).

Der spätere *zeitweilige Reformschub* bezüglich der intentionalen, materialen und methodischen Ausgestaltung organisierten politischen Lernens, der Impulse aus einigen durchaus systemkritischen Sozialisationsfeldern aufgriff und auf andere zurückwirkte, fiel in eine Zeit wirtschaftlicher und politischer Krisen sowie gewandelter Regierungsmehrheiten. Kennzeichnend für ihn sind allerdings nicht allein Kurzzeitigkeit, Halbherzigkeit und Verzettelung, sondern auch *Ausgrenzung radikaler Alternativen.* Die nachfolgende *konservative,* merklich geringer sozial- und rechtsstaatliche Einflußnahme auf die Basisvorstellungen für politisches Lernen, die keineswegs auf christ-demokratische Regierungspolitik beschränkt ist, kennt in ihren *anspruchslos-plumpen Varianten Zielbegriffe* reaktionären Staats-Chauvinismus und leerformelhafter Tugendkataloge nationalistischer Provenienz. Ihre *gewitzigtere Variante* hingegen, die sich mit ihrer progressiv wähnenden *Orientierung an technologischer Erneuerung* hervortut, gibt hinter ihren Erscheinungen zu erkennen, daß es durchaus eine *Veränderung konservativen Denkens über politisches Lernen im Sinne von Modernisierung* gibt. Diese allerdings fällt „ursächlich mit der Notwendigkeit zusammen. . . , die mit der Fixierung auf metaphysische Denkstrukturen gefährdete Integrationskraft des konservativen Blocks wiederherzustellen" (*Priester* 1979: 182). Der in ihrem pädagogischen Umfeld *instrumentell-funktionalistisch* bestimmte „neue Leitwert *,Rationalität'* als Ausdruck eines technokratischen Politikverständnisses dient dabei zur Legitimation von politischer Passivität und Anpassung; denn nicht die Ziele konservativer politischer Bildung haben sich verändert, sondern lediglich ihre Begründungszusammenhänge" (*Priester* 1979: 182; Hervorhebung von B. C.). Das Nebeneinander der Favorisierung unmodernen und modernen politischen Lernens erweist sich deswegen lediglich als Versuch der Differenzierung nach unterschiedlich weit entwickelten Adressaten(gruppen).

Sofern die *Einmütigkeit historischen und politischen Lernens in Deutschland als Vermittlung, Absicherung und Verfestigung dominanter Herrschaft* (vgl. *Kulke* 1983: 748 ff.; *Müller* 1979: 174 ff.) aus dem organisierten Erziehungswesen geschlossen wird, für das eine weitgehend kontinuierliche Übereinstimmung von Ziel und Verfahren angenommen werden kann (vgl. *Gottschalch* 1977), könnte eventuell noch vermutet werden, daß für andere Sozialisationsinstanzen merklich abweichende Muster sich konstatieren ließen. Dies ist aber unwahrscheinlich. Nicht zuletzt teilnahmslose Zustimmung zum formal-demokratischen politischen System und den meisten der in ihm getroffenen grundsätzlich bedeutsamen Entscheidungen, Informationsdefizite, Modalitäten unkritischen, unhistorischen, eklektizistischen, inkohärenten, naturhaft-ontologischen und nicht-universalen Denkens sind in Akzentvariationen Kennzeichen der *zumindest für das laufende Jahrhundert klassifizierten politischen Generationen* in Deutschland (vgl. *Fogt* 1982: 126 ff.). Insofern dabei zeitweilig und/oder innergenerationell Kontrasttypen identifiziert werden können, handelt es sich um zwar *auffällige, nicht aber mehrheitliche Ausdrücke abweichender Sozialisationsmuster,* die als eindringlich wahrnehmbare, wenn auch deshalb nicht schon einflußreiche oppositionshafte Ausnahmen die regelhaften Muster bestätigen und durch Konterkarierung deren Profil sich herausschälen lassen. Obwohl minderheitlich, lenken sie dennoch den Blick auf bislang *unentdeckte,* weil der Betrachtung von Normalität sich entziehende oder *unzureichend erforschte* und aus den Repräsentativitätskriterien herausfallende Sozialisationsweisen, wie sie einstmals in den sozialen Bewegungen von Arbeiterschaft, Frauen und Pazifisten beispielsweise gepflegt wurden (vgl. *Loreck* 1978).

Die teilweise *Zerschlagung der Arbeiterbewegung* durch Ausrottung und persuasiv-manipulative Integration (Materialien dazu bei *Meyer u. a.* 1984) sowie die Liquidation des weltbürgerlichen Subjekts durch Entzug seiner Konstitutionsbedingungen (Anmerkungen dazu bei *Kappner* 1983) sollten sicher nicht den Schluß nahelegen, daß es dem herrschenden Trend gegenüber *widerständige* Sozialisationsmuster im Bereich historischen und politischen Lernens mit Aussicht auf merkliche Wirksamkeit überhaupt heute nicht mehr geben kann. Sie gemahnen aber zur *Skepsis* gegenüber jedem eilfertigen Optimismus, der die zweifelsfrei qualitativ und quantitativ gewachsenen *Protestartikulationen,* namentlich vorzugsweise in der Jugendgeneration, bereits als Beleg für grundlegend gewandelte Sozialisationsmuster nimmt, anstatt sie zunächst vorsichtigerweise nur als *Indikatoren für* nicht einmal mehrheitliche *Unzufriedenheit* mit Auswüchsen des politisch-gesellschaftlichen Systems und seiner materiellen Basis zu deuten.

Um *Potentiale für wirklich neu- und andersartige Sozialisationsmuster* aufspüren zu können, wird man um eine Analyse der *Tiefenstruktur* der Produkte der üblichen Muster nicht umhinkommen. Die *Verschiebung der grundlegenden politischen Trennungslinie* (nach dem Materialismus-/Postmaterialismus-Schema zuungunsten traditioneller Rechts-/Links-Schemata), die nunmehr wie ein Riß quer durch alle gesellschaftlichen Gruppen geht (siehe *Inglehart* 1983), und eine damit möglicherweise in noch nicht näher bekannter Komplementärbeziehung stehende *Re-Polarisierung des Geschichtsbildes* in der Bundesrepublik Deutschland bergen diesbezüglich die *Chance einer sozialisationsrelevanten Mobilisierung von brachliegender Aktivitätsbereitschaft* jenseits von Saturiertheit und Selbstbewußtseins-Defiziten. Sie bedeuten jedoch auch eine Gefahr dergestalt, daß sie in blindem Vertrauen auf eine historisch unspezifizierte Postmoderne die zwar überlagerten, aber keineswegs überwundenen *Klassenantagonismen und die ihnen zugrunde liegenden Gesetzmäßigkeiten ausblenden* und damit gegen eine mühsame Beseitigung von Strukturdefekten in der materiellen Basis der Gesellschaft immunisieren.

3. Autoritärer Sozialcharakter als Archetypus politischer Sozialisation im Spätkapitalismus: Genese und Modifikation im historisch-politischen Wandel Deutschlands

Auf der durch die Greuel des Nationalsozialismus kritischen Forschern aufgenötigten Suche nach eben auch subjektiven Konstitutionsbedingungen und Unterstützungsfaktoren für faschistische Systeme, deren primärer Urgrund eine spezifische Stufe ökonomisch-gesellschaftlicher Entwicklung ist, stieß man bereits kurz nach dem Zweiten Weltkrieg auf das *Syndrom der autoritären Persönlichkeit,* deren kollektiv-häufiges Auftreten sie zu einem dominanten Sozialcharakter-Typus macht. „Zur Genese sowohl des autoritären Charakters als auch des mit diesem oft verknüpften Hangs zu politischer Apathie tragen. . . sowohl der Autoritarismus der Eltern als auch mangelnde politische Informiertheit und Bildung bei" (*Lenk* 1982: 123 f.). Seinen *intrapersonellen Hintergrund* bilden *Störungen im Aufbau von Ich-Stärke* schon während der frühen Sozialisation, an denen die Unterwerfung der kindlichen Triebregungen unter gesellschaftliche Konventionen mit rigiden Mitteln, die unzureichende Bewältigung von Widersprüchen angesichts mangelhafter kommunikativer Auseinandersetzung, die wiederkehrende Zurückweisung zaghafter Selbstsicherheit und Aktivität durch Hierarchieschranken, Demütigung und Partizipationsverweigerung u. ä. m. bei gleichzeitgen Kompensationsangeboten in Form von Sicherheit, Ventilen, Gratifikationen und Identifikationsobjekten beteiligt sind. Keineswegs überspitzend ließe sich sagen, daß die Propagierung und Durchsetzung von Nationalismus, Patriotismus, Staatsmetaphysik und Führerkult, über die allgemeine Gehorsamsanforderungen des Systems und Unterordnung unter die instrumentell-rationalistischen Imperative kapitalistischen Zuschnitts vermittelt werden, den autoritären Sozialcharakter gleichermaßen fordern und fördern.

Dessen *Konfliktscheu,* eine Form der Abwehr unlustvoller Angst und Zeichen von Unfähigkeit zu einem produktiven Umgang mit der Realität zugehörigen und bewältigbaren Ambiguitäten und Antinomien, führt zur Verleugnung jeglichen bedeutsamen Konflikts. Mehr noch: Das schwache Ich „stilisiert ihn zu einem apolitisch verstandenen um, wodurch Konflikte zwar nicht zu bewältigen sind, wohl aber die aus ihrer Bewältigung hervorgehenden Unlustgefühle" (*Lenk* 1982: 123). *Historisches Lernen,* das die Politik nicht als Problem von Interessenkonflikten darstellt, sondern ontologisiert, und *politisches Lernen,* das Geschichte nicht als Politikum begreifbar macht, sondern als unausweichlich in die vorfindlichen Verhältnisse gemündeten Schicksalsweg definiert, trägt dazu ganz erheblich bei. „Aus der Unlust eigener Konfliktbewältigung entlassen, findet der politisch Apathische sein Genüber in jener Form apolitischen Wohlverhaltens, die man als die Tugenden von Mitläufern beurteilen könnte" (*Lenk* 1982: 123). Das muß freilich *keine totale Inaktivität* bedeuten, wie die Neigung des autoritären Sozialcharakters zu sado-masochistischem Unterwerfungsverhalten, manifesten Aggressionen gegen Fremdgruppen, übersteigerter Projektivität, zur Pflege von Aberglauben, zur tätigen Ablenkung von Introspektion und Selbstkritik sowie zum machtlüsternen Herrschaftsgebaren gegenüber Untergebenen und Schwächeren zeigt. Mit der Ich-Schwäche ist auch ein *hoher Grad von Manipulierbarkeit* verbunden, die sowohl in einer Anfälligkeit für Propaganda, Vorurteils- und Ressentimentsstimulanz oder affektive Bindung ans System sich ausdrückt als auch trotz aller konventionalistischen Grundhaltungen eine Präferenzwechsel-Bereitschaft bei entsprechendem Druck von außen zu erkennen gibt. Er manifestiert sich darin, daß „in spätkapitalistischen Gesellschaften. . . die kritische Ich-Instanz der bürgerlichen Individuen, psychisches Korrelat ihrer ökonomischen und gesellschaftlichen Unabhängigkeit, durch den erhöhten *Zwang zur flexiblen Anpassung* an Mechanismen sozialer Herrschaft allmählich abgebaut" wird (*Lenk* 1982: 125; Hervorhebungen von B. C.).

Die etwaige Vermutung, die kollektiv wirksame autoritäre Persönlichkeit sei an die Existenz eines offenkundig faschistischen Staats gebunden, bewahrheitet sich nicht. Zwar ist es richtig, daß er entsprechende Erziehungsmechanismen totalisierend favorisiert. Er gründet seine zeitweilige Unangefochtenheit aber unter anderem auch gerade darauf, daß er sie schamlos für seine Zwecke nutzt – und das heißt, daß sie ihm bereits vorausgehen. Bezeichnenderweise stammen die ersten Befunde zum autoritären Sozialcharakter aus einer nicht faschistischen, sondern republikanisch-demokratischen kaptialistischen Gesellschaft. Außerdem zeigt sich auch paradigmatisch für die Vergangenheit bereits zuvor an der vornehmlich gegen die Sozialdemokratie gerichteten Feindbildprojektion im kaiserlichen Deutschland, daß zwar die sozialpsychologischen Auswirkungen einer „in diesem Sinne. . . politischen Volksschulbildung. . . im Hinblick auf die. . . Herausbildung einer Mentalität ‚aggressiver Unterwürfigkeit'. . . schwer meßbar. . . sind, aber daß man sie doch mit Blick auf die Nationalisierung der Arbeitermassen und die Politik der Mehrheit der Sozialdemokraten 1914/1918 hoch einschätzen muß" (*Reichel* 1981: 87). Für die damalige Zeit hinzu kommt auch noch „die soziale Kontrolle durch den Betrieb, dessen hierarchisch-autoritäre Struktur gern durch eine Gemeinschaftsideologie verbrämt wurde" und daß es auch ansonsten „in der Arbeitswelt massive Einflüsse gab, die die skizzierte politische Sozialisation noch zu verstärken suchten" (*Reichel* 1981: 87). Schließlich kann die Tatsache, daß „die . . .heterogene Schicht des Bildungsbürgertums. . . nach 1918 ihren Rang und ihre Bedeutung im sozialen Gesamtgefüge. . . verloren hat, . . .über ihren Einfluß im Kaiserreich auf die Befestigung. . . einer demokratiefeindlichen politischen Kultur nicht hinwegtäuschen" (*Reichel* 1981: 91).

Wenn aber die junge und kurzlebige Weimarer Republik notgedrungen noch Züge monarchistisch-bürgerlicher historisch-politischer Sozialisation trug, kann es nicht verwundern, daß auch *in die bundesrepublikanische Demokratie Konsequenzen der politisch-historischen Sozialisation während der nationalsozialistischen Diktatur eingingen.* Die Hoffnung, es könnte sich dabei lediglich um eine Verzögerung demokratiegerechten Sozialcharakters um eine Generation handeln, ist mehr als trügerisch. Unbegründet ist sie allein deshalb schon, weil *die eigentlichen Ursachen,* die den Faschismus als Staatsform möglich gemacht hatten, mit Einführung der parlamentarischen Demokratie keinesfalls beseitigt wurden, sondern ihr trotz antifaschistischer Zwecksetzung des Grundgesetzes durchaus auch einen anderen Rahmen des Fortbestands lieferten. Wenn jüngere Befragungen ein *gewandeltes Meinungsbild zum Autoritarismus klassischer Prägung* erkennen lassen (vgl. beispielsweise *Lederer* 1983), sagt das im Grunde nur sehr wenig oder nichts über eine etwa schwindende Virulanz der autoritären Persönlichkeit aus. Denn solche Befunde lassen unberücksichtigt die typusimmanente „Scheinangepaßtheit, die dazu führt, daß, sobald sich die Verhältnisse ändern, der autoritäre Charakter bereit ist, andere Rechtfertigungen für sein Verhalten zu übernehmen" (*Lenk* 1982: 124), ohne deswegen das Verhalten selbst zu ändern (vgl. *Böckelmann* 1971; *Claußen* 1985a). Sie tragen auch nicht dem Umstand Rechnung, daß die Weiterentwicklung des Kapitalismus andere, gleichsam modernisierte Varianten von Autoritarismusforderungen hervorbringt und benötigt. Stichhaltiger ist daher die These von einer *permanenten Reproduktion der autoritären Persönlichkeit* (siehe bereits *Hochheimer* 1972 zu Basischarakteristika und aktualisierend *Hennig* 1979 zu thematischen Akzenten; außerdem vgl. *Hochstein* 1984 zur Kontinuität politischer Apathie und ihren realgeschichtlichen Verwurzelungen, die bei *Lehmann* 1983 durch autobiographisches Material illustriert werden) solange, wie mit den trotz ihrer Eigendynamik im republikanisch-demokratischen Staat zur Geltung kommenden Prinzipien des Kapitalismus im besonderen und instrumentell-rationalistischen Primaten im allgemeinen nicht ernsthaft gebrochen wird. Konstatierbare *Veränderungen von Elementen* des politischen Bewußtseins, die nicht (wie von *Rausch* 1983) leichtfertig als *Wandel des* politischen Bewußtseins gedeutet werden sollten, widersprechen dem nicht: Eine heutzutage weiter als früher verbreitete Beschäftigung mit dem Politischen ist nicht an sich bereits ein Bruch mit der zum autoritären Sozialcharakter gehörigen apolitischen Grundhaltung, sondern wäre dies erst ab einer bestimmten konfliktverarbeitenden Qualitätsstufe, für die es derzeit massenhaft ausgebildete Fähigkeiten nicht gibt. Zunächst einmal ist sie nur blinder *Reflex auf eine allemal systemlogische Ausdehnung von Politisierung* im Sinne zunehmender Einflußnahme des Staates auf alle gesellschaftlichen Lebensbereiche, wobei auch die höheren Informiertheitsgrade infolge allgegenwärtiger massenmedialer Berichterstattung Zeugnis weder für ausreichende Informationsqualität noch für Kompetenz im Umgang mit Informationen sind.

Deswegen ist keineswegs zu leugnen, daß sich seit dem Zweiten Weltkrieg die *äußerlichen* Sozialisationsmodalitäten gewandelt haben (siehe die eindringlichen Studien von *Preuß-Lausitz u. a.* 1983) und in ihren Ergebnissen ein anderes *Erscheinungsbild* von Sozialisationsmustern nach sich ziehen (vgl. *Häsing u. a.* 1981). Indes gibt es gute Gründe für die Befürchtung, daß die *inneren Funktionszusammenhänge* des ‚neuen' Sozialisationstypus mit denen des ‚alten' im wesentlichen identisch sind. Denn auch nach dem Übergang des Prinzips des hauptsächlichen Befehlens und Gehorchens zu dem des häufigeren repressiv-toleranten persuasiven Verhandelns in der alltäglichen Sozialisationspraxis (siehe *Büchner* 1983) und dem allmählichen Ersatz wiederkehrender Störungen durch basale Behinderungen des Aufbaus intakter Subjektstrukturen infolge schwindender personaler Kommunikation (vgl. *Trescher* 1981) sind die Psychostrukturen der meisten Mitglieder der bundesrepublikanischen Bevölkerung vermutlich kaum anders als mit „Antiintrazeption / Rigidität und Kälte / autoritäre Unterwürfigkeit und Antiutopismus..., die ihrerseits Symptome der Ich-Schwäche sind" (*Lenk* 1982: 124 f.), zu charakterisieren. Alles in allem verweisen die aktuellen „Facetten des autoritären Syndroms, bei dem es nicht so sehr auf die einzelnen Merkmale als vielmehr auf die in allen vorherrschende Grundtendenz ankommt, . . .insgesamt darauf, daß die Vorstellung vom autonomen Bürger anachronistisch geworden ist" (*Lenk* 1982: 125). In dieser Hinsicht sind auch die Verkleinbürgerlichung des Proletariats, die Ausdehnung einer Dienstleistungsschicht, die Proletarisierung der bürgerlichen Massen und die Ausgrenzung von Gruppen aus dem Gesamtsystem zu sehen.

Selbst wenn es gelingt, die *postmoderne Gesellschaft* aus den Klauen kapitalistischer Gestaltungs- und Verwertungslogik zu befreien, ist damit eine Überwindung des nunmehr seinerseits modernisierten Archetypus der autoritären Persönlichkeit nicht garantiert oder nur wahrscheinlich. *Einerseits* ist es sicher, daß Entlastungen im Arbeitsprozeß, vermehrte arbeitsfreie Zeit, Ausdehnung von Informationsmöglichkeiten und Verlängerung von Lebensaltern, sofern ihnen nicht ökologische, militärische und nukleare Katastrophen den Weg versperren, *Potentiale* freisetzen für therapeutische Beschäftigung mit sich selbst, Nutzung von Bildungsangeboten, intensive Betrachtung von politisch-gesellschaftlichen Problemen und Beteiligung an der Gemeinwesen-Gestaltung – lauter Aktivitäten also, die sich sozialisatorisch als *Abmilderung innerpersonaler Verkrampfungen* und *Beitrag zu einem Demokratisierungsprozeß* werten lassen. *Andererseits* aber ruhen sie überwiegend auf den Folgen jener neuen Technologien, die, bislang ohnehin von Tauschwert-Maximen nach Profitabilitätsgesichtpunkten bestimmt, etliche der *Voraussetzungen verunmöglichen,* derer Subjektstruktur-Aufbau und Partizipation bedürfen.

Denn sie tragen entscheidend dazu bei, daß durch schnelle Überwindung von Raum und Zeit hektisierend Sozialkontakte durchschnitten, Denkprozesse digitalisiert, Bewußtseinsleistungen partikularisiert, Ängste und Orientierungsmängel vergrößert werden, daß das Individuum sich selbst und anderen gegenüber isoliert wird. In der sich ankündigenden Postmoderne führt die Elektronisierung aller Lebensbereiche zur *Industrialisierung jeglicher* Existenz bei. Die Folge sind *ritualisierte Wiederholungszwänge,* wie schon jetzt im gestanzten Zeitrhythmus des Tages-, Monats- und Jahresablaufs und in den Programmschemata der Massenmedien, die Freiheit auf die Auswahl zwischen apparativen Aspekten reduzieren: „Der Wiederholungszwang besorgt die Fixierung der Verdrängungsleistung und . . .reguliert Triebregungen" (*Leithäuser* 1981: 117). Die gesellschaftliche Tendenz zu Perpetuierungshandlungen erhält dadurch intrapsychische Verstärkung, sie setzt nicht frei, sondern hält gefangen. „Der Wiederholungszwang ist. . . das intrapsychische Verbindungsglied zur praktisch-inerten Praxis des Alltagslebens. So sucht das seinem Wiederholungszwang folgende Individuum geradezu für Wiederholungshandlungen geeignete soziale Alltagssituationen auf" (*Leithäuser* 1981: 117; siehe ergänzend *Rolff* und *Zimmermann* 1985: 133 ff.; *Rabe-Kleberg* und *Zeiher* 1984). Ob dagegen die neuen, im Verhältnis zu früheren sozialen Bewegungen gleichfalls modernisierten oppositionellen Kräfte, denen man nicht schon wegen ihrer vielleicht sympathischen Gesinnungen, Protestartikulationen und Zielvorstellungen Zugehörigkeit zum autoritären Sozialcharakter absprechen kann, etwas ausrichten können und werden, bleibt noch abzuwarten.

4. *Perspektiven politischer Kultur und ihrer Erforschung*

Die *Dramatik der historischen Sozialisationsmuster* in Deutschland erwächst daraus, daß sie nicht einfach Geschichte sind, sondern sich in Variationen anti- und undemokratischer Persönlichkeitsprofile äußerst vital *tradieren,* möglicherweise sich noch *zuspitzen* und dabei doch vom Anspruch einer begriffsgemäßen Demokratie als Lebensform her mehr als *überfällig* sind. Im einzelnen heißt das mindestens:
Gewandelte gesellschaftliche Strukturen, welche den Aufbau ich-starker Persönlichkeiten und die Entwicklung von aussichtsreichen Lebensperspektiven gestatten, die ohne historisch-politische Identität nicht denkbar sind (vgl. *Bergmann* 1985), und *integrale historisch-politische Bildung* als (Selbst-)Reflexionsprozeß, der die Aufarbeitung von Lebensgeschichte im Kontext von Gesellschafts- und Politikentwicklung unter Ausschöpfung realer Krisen sowie umgekehrt gestattet (vgl. *Claußen* 1978; *Filipp* 1981, *Niethammer* 1985; *Metz-Göckel* 1986; *Claußen* 1984: 225 ff.), sind gleichermaßen unabdingbar. Flucht- und Zielpunkt dafür könnte das *Syndrom einer demokratischen Persönlichkeit* sein, die als kontrafaktische sich freilich nicht konzeptionell-positiv fixieren läßt (siehe *Berg-Schlosser* 1981). Sie ist kein operationslisierbares und mechanistisch verwirklichbares Konstrukt, sondern ein Möglichkeitsmodell von Subjektwirklichkeit, das seine vorrangige Bedeutung als *Negation des autoritären Sozialcharakters* gewinnt und nicht schon aus dessen Umkehrung hervorkommt. *Schemenhaft* sind einige ihrer *Charakteristika* enthalten in der aktuellen, anläßlich der Wertewandlungsschübe versuchten Skala der (inner-)individuellen und kollektiven Zugehörigkeit zu Wertedispositionen und -optionen; sie entsprechen dort dem *Typus des Wertesynthetikers*, dem mit seiner vornehmen Unbotmäßigkeit die *Vermittlung zwischen Lust- und Realitätsprinzip* gelingt, während die Vertreter des konventionalistischen, unkonventionalistischen und indiferrenten Typs, die sich unschwer als nuancenhafte Abstufungen des autoritären Sozialcharakters identifizieren lassen, zu keiner ausgewogenen Verhältnisbestimmung der Prinzipien gelangen (vgl. *Klages* 1984: 145 ff.).
Der *Erforschung politischer Kultur* sind damit zusätzliche Bezugspunkte für ihre eigene Arbeit und die dabei gebotene Parteinahme gegeben. Das läuft zum einen hinaus auf eine stärkere *Gewichtung des sogenannten subjektiven Faktors* in der Historiographie und Gegenwartsanalyse des politischen Systems und seiner Ausstrahlung auf die Felder sozialer Wirklichkeit. Zum anderen impliziert es einen wenigstens *zeitweiligen Verzicht auf die Erhebung repräsentativer Daten* und auf bloße Realitätsabbildung, so aufklärend sie auch im einzelnen sein mögen. Wichtig wird nämlich die akribisch-seismographische *Ermittlung von Indikatoren, fördernden Bedingungen und Vorstufen einer demokratischen Persönlichkeit,* auf die hinzuweisen gerade dann nützlich sein kann, wenn sie verdeckt oder insignifikant in Erscheinung treten. Erst daraus lassen sich Multiplikations-, Verbreiterungs- und Intensivierungseffekte vorbereiten. Da-

mit können ermunterte Hinwendungen zu Meso- und Mikrostrukturen allerdings einen Verzicht auf makroanalytische und totalitätstheoretische Gedankenkomplexe nicht rechtfertigen oder begründen. Denn nicht zuletzt um der *Konstituierung* dessen willen, was als *demokratische Persönlichkeit* zu antizipieren ist, bedarf es, damit idealistisch-spekulativem Postulats- und Wunschdenken nicht aufgesessen wird, einer *historischen Spezifikation* von Demokratie und deswegen einer *materialistischen Wirklichkeitsanalyse.* In ihren *wissenschafts-didaktischen* Bemühungen schließlich hätte die Erforschung als Teilbereich interdisziplinärer Politikwissenschaft herauszufinden, ob und wie es gelingen kann, Erkenntnisse über politische Kultur und ihre Historizität für *historisch-politische Bildung fruchtbar* werden zu lassen.

Wertwandel, Bildungsexpansion, Säkularisierung und politische Sozialisation in der Bundesrepublik

Günter C. Behrmann

1. Zur Hauptthese und Kritik der politischen Sozialisationsforschung

Die in die politische Sozialisationsforschung gesetzten Erwartungen sind allem Anschein nach enttäuscht worden. Trotz der umfangreichen empirischen Studien, die während der sechziger Jahre in den USA durchgeführt wurden, konnte die Hauptthese dieser Forschung, die sogenannte Kristallisationsthese, bislang nicht erhärtet werden. Folgt man dieser These, so bilden die Heranwachsenden unter dem Einfluß ihrer sozialen Umwelt, insbesondere von ‚Sozialisationsagenturen' wie Familie, Schule, Peer group, in abgrenzbaren Altersphasen feste psychische Dispositionen und/oder dauerhafte politische Einstellungen aus, die das spätere politische Verhalten bestimmen. Träfe dies zu, so könnte nicht nur die Genese der heute beobachtbaren politischen Verhaltensmuster beschrieben und erklärt werden. Auch das zukünftige politische Verhalten der jetzt heranwachsenden Generation wäre vorhersehbar. Es ließe sich abschätzen, ob sie die politische Ordnung, in der sie aufwächst, unterstützen wird oder ob aus dieser Generation politische Kräfte hervorgehen, die einen mehr oder minder weitreichenden politischen Wandel auslösen werden. Deshalb haben sich vor allem Politikwissenschaftler, deren Forschungsinteresse den Stabilitätsbedingungen politischer Systeme und dem politisch-sozialen Wandel galt, der politischen Sozialisationsforschung zugewandt. Sie hofften, auf diese Weise Prozesse der Stabilisierung, der Destabilisierung und des Wandels politischer Systeme analysieren und prognostizieren zu können.

Diese Hoffnung hat sich bislang nicht erfüllt. Denn auch die Ergebnisse der großen amerikanischen Studien (*Easton* und *Dennis* 1969; *Jennings* und *Niemi* 1974) ließen sich durch einen einfachen methodischen Einwand in Frage stellen: Wie in anderen Untersuchungen der politischen Sozialisation wurde hier mit Daten gearbeitet, die mit Hilfe einmaliger Befragungen von Kindern und Jugendlichen verschiedener Alterskohorten erhoben worden waren. Mit solchen Daten läßt sich nicht ermitteln, ob die politischen Orientierungen der Kinder oder Jugendlichen tatsächlich fest ‚geprägt' oder ‚verinnerlicht' sind, also stabil bleiben. Auch andere forschungsleitende Annahmen lassen sich durch so angelegte Studien nicht überprüfen (*Zängle* 1978, 1980). Eine methodisch stringente Überprüfung dieser Annahmen würde ungewöhnlich breit und langfristig angelegte Untersuchungen erfordern. Deshalb kann nicht verwundern, daß die Forschung stagniert, seitdem die Kritik an den konventionell angelegten Studien gezeigt hat, daß die ihnen zugrunde liegenden Annahmen zweifelhaft sind. Wie in der politischen Sozialisationsforschung wird nun allerdings auch in deren Kritik häufig unterstellt, die Kristallisationsthese und andere zentrale Hypothesen ließen sich entweder generell bestätigen oder widerlegen. Sie werden also wie Gesetzeshypothesen behandelt. Tatsächlich bewegt sich die Forschung jedoch weit unterhalb dieses vom Wissenschaftsideal des Behavioralismus bestimmten Anspruchsniveaus (*Behrmann* 1980). Angesichts der Variabilität des politischen Verhaltens spricht nicht gerade viel für die Möglichkeit von hoch generalisierbaren Aussagen über Zeit, Form und Richtung der ‚Kristallisation' von politisch relevanten Verhaltensdispositionen und/oder politischen Orientierungen. Dennoch ist die Diskussion über die politische Sozialisationsforschung weithin so geführt worden, als ob man letztlich doch zu Aussagen über Gesetzmäßigkeiten gelangen könne.

Es ist deshalb fast in Vergessenheit geraten, daß in den Jahren, in denen das Feld dieser Forschung abgesteckt wurde, auch Forschungsprogramme entwickelt wurden, die nicht dem starken Zug zu einem psychologischen Reduktionismus und zu einer Verallgemeinerung der forschungsleitenden Annahmen wie der empirischen Befunde gefolgt sind. Dies gilt vor allem für die Behandlung der politischen Sozialisation in den Arbeiten *Gabriel Almonds* und seiner Forschungsgruppe. Im Anschluß an *Parsons* (*Parsons* und *Shils* 1951) und *Max Weber* (1925) wurde das politische Handeln dort als sinnhaftes Handeln in kulturell kodifizierten Sinnzusammenhängen verstanden, die von Gesellschaft zu Gesellschaft und innerhalb von Gesellschaften differieren und sich mehr oder minder rasch wandeln können. *Almond* (*Almond* und *Powell* 1964) hat deshalb auch

– die politische Sozialisation nicht auf bestimmte Altersphasen begrenzt,
– ‚Kristallisationsprozesse' ebenso wie die ‚Sozialisationsagenturen' und deren Einflußchancen als variable Größen behandelt,
– dem sozialen Prozeß der Aus- und Umbildung definitiv politischer Orientierungen (‚manifeste' politische Sozialisation) nicht ein geringeres Gewicht beigemessen als der sozialen Prägung von psychischen Dispositionen wie dem ‚Autoritarismus' (‚latente' politische Sozialisation),
– nicht unterstellt, daß die politischen Orientierungen schon durch solche psychischen Dispositionen determiniert werden,
– im Hinblick auf die Frage, wie sich die politischen Orientierungen in der Zukunft entwickeln werden, bestenfalls grobe Schätzungen von Wahrscheinlichkeiten für möglich gehalten.

Almond vermied so nicht nur die vielfach kritisierten, durch die empirischen Befunde nicht gedeckten Verallgemeinerungen und Überinterpretationen von Ergebnissen der politischen Sozialisationsforschung. Indem er politische Sozialisationsprozesse als kollektive Orientierungsversuche im strukturellen und kulturellen sozialen Wandel begriff, konnte er begründen, weshalb eine auf Kindheit oder Jugend und auf die Sozialisationsagenturen Familie oder Schule fixierte, mehr psychologisch als sozialhistorisch und kultursoziologisch fundierte Forschung zu kurz greift, wenn sie zur Erklärung der Stabilität und des Wandels politischer Systeme beitragen will. Denn dazu bedarf sie eines theoretischen Bezugssystems, durch das sich Sozialisationsprozesse in Beziehung zu strukturellen und kulturellen Wandlungen setzen lassen. Für *Almond* hieß dies, daß sich die Forschung im Rahmen einer Modernisierungstheorie bewegen sollte, in der Modernisierung als arbeitsteilig-,funktionale' soziale Differenzierung und kulturelle Säkularisierung verstanden wird. Der politischen Sozialisationsforschung käme demnach die Aufgabe zu, die Zusammenhänge zwischen diesem konfliktreichen Wandel und der Herausbildung, Tradierung und Veränderung jener kollektiven politischen Orientierungen zu untersuchen, die in Gestalt von materiellen und ideellen Erwartungen, Ordnungs- und Legitimitätsvorstellungen, Gruppenloyalitäten und Feindbildern die Akzeptanz politischer Institutionen, die Formierung von Staatsgesellschaften, Nationen und Parteien, sowie Formen und Richtung der politischen Beteiligung beeinflussen.

Gemeinhin werden die Modernisierungstheorien allerdings auf den sozialen Wandel der westlichen Gesellschaften im 19. Jahrhundert und auf die ,Entwicklungsländer' bezogen, die nach modernisierungstheoretischen Erwartungen die Entwicklung der ,Industriegesellschaften' nachvollziehen. Daß die politische Sozialisationsforschung auch dann Gewinn aus den Modernisierungstheorien ziehen könnte, wenn sie sich mit der politischen Sozialisation in ,modernen' Gesellschaften beschäftigt, leuchtet deshalb nicht unmittelbar ein. Das Muster der strukturellen Differenzierung, auf das *Almonds* Modernisierungsbegriff abstellt, ist allem Anschein nach in diesen Gesellschaften voll ausgebildet. In den meisten dieser Gesellschaften gilt es auch als selbstverständlich, daß die Politik ein weltliches Geschäft ist und daß Kirchen und Staat, Religion und Politik getrennt sind. Schließlich haben schon Zeitgenossen der Industriellen Revolution wie *Marx, Durkheim, Simmel, Max Weber* und *Troeltsch* die aus ihr hervorgehenden Gesellschaften als zweckrational differenzierte, in wirtschaftlichen, bürokratischen und politischen Systemen großräumig organisierte und kulturell säkularisierte Gesellschaften beschrieben.

Dennoch läßt sich für eine auch in den ,modernen' Gesellschaften modernisierungstheoretisch ansetzende politische Sozialisationsforschung einiges ins Feld führen. Die Modernisierung kam mit der Schaffung großer Güter- und Arbeitsmärkte, dem Heraufkommen der Massendemokratie, der Schulerziehung aller Heranwachsenden, der Ausbreitung der Massenkommunikation, kurz: mit den mannigfachen soziokulturellen Wandlungen während der Industriellen Revolution, nicht schon an ihr Ende. Nicht geringe Bereiche der westlichen Gesellschaften blieben auch nach dem Wandel vormodern strukturiert und/oder kulturell traditionsgebunden, d.h. zumeist auch: in eine kirchlich-religiös geprägte Lebenswelt eingebettet. Wie die arbeitsteilig-zweckrationale soziale Differenzierung, deren Grenzen ohnehin kaum auszumachen sind, kann die Säkularisierung deshalb auch in modernen Gesellschaften weiter fortschreiten.

Daß solche Wandlungen auch die politischen Sozialisationsprozesse beeinflussen, ist in der Forschung bislang kaum beachtet worden. Obwohl zumal die Wahlforschung auf enge Zusammenhänge zwischen religiösen Überzeugungen, Kirchenbindung und politischen Orientierungen verweist (*Lipset* und *Rokkan* 1967; *Schmidtchen* 1979; *Mielke* und *Schoof* 1983), ist die Frage nach dem Einfluß einer religiösen und einer nicht-religiösen Sozialisation auf politische Werthaltungen, Deutungs- und Verhaltensmuster in der politischen Sozialisationsforschung fast völlig vernachlässigt worden[1]. Dies ist auch deshalb merkwürdig, weil die forschungsleitenden Annahmen Analogien zwischen reli-

giöser und politischer Sozialisation nahelegen, ja, vermuten lassen, daß bei der Theoriebildung Modelle der religiösen oder quasi-religiösen Sozialisation übernommen wurden. So läßt sich in Religionsgemeinschaften sehr viel häufiger als in modernen Staatsgesellschaften beobachten, daß Eltern als ‚Agentur' einer größeren Gemeinschaft (community) ihren Kindern früh deren Glaubensüberzeugungen (beliefs) einprägen. Auch *Eastons* (*Easton* und *Hess* 1962; *Easton* und *Dennis* 1969) These, das notwendige, wegen der unvermeidbaren Enttäuschung von politischen Erwartungen aber prekäre allgemeine Systemvertrauen – der ‚Legitimitätsglaube' – könne sich im Schonraum der Kindheit entwickeln und durch frühe Verinnerlichung enttäuschungsfest werden, erinnert an Glaubensprobleme von Religionsgemeinschaften und Begründungen einer frühen Glaubensvermittlung.
Daß die politische Sozialisationsforschung die mit ihr verbundenen Erwartungen nicht einzulösen vermochte, läßt sich also nicht zuletzt auf eine Blindheit gegenüber den soziokulturellen Voraussetzungen ihres ‚Paradigmas' zurückführen. Die Forschung ist Annahmen gefolgt, die im Hinblick auf die traditionale religiöse Sozialisation in christlichen Religionsgemeinschaften plausibel, die auf die politische Sozialisation in mehr oder minder säkularisierten Staatsgesellschaften aber nicht oder nur teilweise übertragbar sind. Weil nicht erkannt wurde, daß sich in der Theorie auch die fortgeschrittene Säkularisierung dieser Gesellschaften spiegelt, weil die forschungsleitenden Annahmen auf der Suche nach vermeintlich konstanten Determinanten politischer Sozialisation in die Psychologie projiziert wurden, blieb die naheliegende Frage nach der Bedeutung von noch und von nicht mehr in traditional-religiöse Lebenswelten eingebundenen Sozialisationsprozessen für politische Orientierungen und die politische Kultur unbeachtet. Dagegen wurden mit zuweilen beträchtlichem Aufwand psychologische Hypothesen verfolgt, die sich nur durch reichlich gewagte theoretische Konstruktionen in Beziehung zu den empirischen Daten setzen ließen. Beispielhaft hierfür ist die behavioralistisch orientierte Forschung zum ‚Wertwandel'.

2. *Die behavioralistische Wertwandelsthese*

Nach einer weit verbreiteten Meinung befinden sich die westlichen Industriegesellschaften in einem Wertwandel (*Klages* und *Kmieciak* 1979; *Jaide* 1983) der, wie einige seiner Interpreten glauben, einer ‚stillen Revolution' gleichkommt. Den Nachweis hierfür glaubt *Ronald Inglehart* mit einem inzwischen umfangreichen Datenmaterial geliefert zu haben. Ihm ist es gelungen, mit einem einfachen Untersuchungsinstrument eine Fülle aufschlußreicher Zusammenhänge zwischen politischen Einstellungen zu erschließen. Wie vielfach dargelegt (*Inglehart* 1979a; 1979b; 1980), unterstellt er mit dem Psychologen *Maslow*, daß die menschlichen Bedürfnisse hierarchisch geordnet sind. Der Bedürfnishierarchie entspricht eine Werthierarchie. Die ‚tieferen' physisch-materiellen Bedürfnisse haben Vorrang vor den ‚höheren' psychisch-sozialen, ideellen Bedürfnissen. Erst wenn die materiellen Bedürfnisse in der Regel befriedigt werden, kommen die höheren, aber weniger vordringlichen Bedürfnisse und damit auch Werte wie Mitbestimmung, Freiheit etc. zum Zuge. Zwischen den Bedürfnissen, ihrer Befriedi-

gung und den Wertpräferenzen besteht aber kein unmittelbarer Zusammenhang. Vielmehr werden die Wertpräferenzen durch die im Jugendalter gewonnenen Erfahrungen bestimmt. Wächst eine Generation in materiellen Mangel- und Notlagen, sozialer und politischer Unsicherheit auf, so werden die Angehörigen dieser Generation auch in höherem Alter und in besseren Verhältnissen materiellen Wohlstand, eine Politik der inneren und äußeren Sicherheit und dergleichen hoch bewerten. In den Generationen, die während der beiden Weltkriege und der Weltwirtschaftskrise groß geworden sind, müßten demnach materielle ‚Werte'[2] einen höheren Rang einnehmen als postmaterielle Werte. In der Altersgruppe der nach 1945 Geborenen müßten dagegen postmaterialistische Wertorientierungen vorherrschen. Denn die meisten Angehörigen dieser Altersgruppe sind in einem hohen und weiter wachsenden Wohlstand und in stabilen politischen Verhältnisse aufgewachsen.
Tatsächlich lassen sich diese Annahmen durch Umfragedaten aus zahlreichen westlichen Gesellschaften stützen. Dennoch mangelt es nicht an Einwänden gegen *Ingleharts* Thesen (*Herz* 1979; *Lehner* 1979; *Bertram* 1983). Wie in der behavioralistischen Forschung üblich, geht er strikt von Gesetzmäßigkeiten aus: Der Wertwandel folgt einer festliegenden Bedürfnishierarchie und dem sozioökonomischen Wandel. Wertpräferenzen verfestigen sich in der Jugendphase. Anhand seiner Daten kann er aber weder den unterstellten Zusammenhang zwischen ‚Bedürfnissen' und ‚Werten', noch eine psychologisch und sozioökonomisch determinierte Entwicklungslogik des Wertwandels, noch die Verfestigung von Wertpräferenzen im Jugendalter nachweisen. So bleibt die Deutung der Daten ziemlich spekulativ. Anhaltspunkte für quasi-gesetzmäßige Zusammenhänge sucht man in seinem Datenmaterial vergeblich.
Nach seinen Thesen müßten sich die Wertpräferenzen der im Wohlstand aufgewachsenen Nachkriegsgeneration beträchtlich von den Wertpräferenzen der älteren Generation unterscheiden. Nun kann *Inglehart* zwar darauf verweisen, daß die Zahl der Materialisten mit abnehmendem Alter sinkt, während die Zahl der Postmaterialisten steigt. Die Unterschiede zwischen den benachbarten Alterskohorten sind aber in den meisten der fünf in seine Hauptuntersuchung einbezogenen Nationen (Bundesrepublik Deutschland, Großbritannien, Niederlande, USA, Österreich) gering. Im Schnitt hat sich der Anteil der Materialisten in der Wohlstandsgeneration (16–29jährige) im Vergleich zu der Kohorte, deren ‚formative Jahre' in der Zeit des Zweiten Weltkriegs lagen (40–49jährige), um 16 % verringert. Und der Anteil der Postmaterialisten hat sich um 10 % erhöht (*Inglehart* 1979: 324). Von einer ‚stillen Revolution' zeugen solche quantitativen Größen nicht. Auch ist andernorts schon darauf hingewiesen worden, daß die Differenzen zwischen den Nationen zum Teil größer sind als die Differenzen zwischen den Generationen. Beim Generationenvergleich zwischen Kriegs- und Wohlstandsgerneration ergeben sich beispielsweise die folgenden Werte: Postmaterialisten Großbritannien +4 %, Niederlande +15 %, Materialisten Niederlande −10 %, Bundesrepublik −24 %. Obwohl die Bevölkerung der Niederlande im Gegensatz zur Bevölkerung der USA unmittelbar unter dem Zweiten Weltkrieg und dessen Folgen gelitten hat, liegt der Anteil der Materialisten in allen Alterskohorten um 20 % unter den amerikanischen Werten. Für post-materialistische Werte haben sich in den Niederlanden in allen Kohorten ungleich mehr Befragte ausgesprochen als in allen anderen Nationen.

Nun räumt *Inglehart* zwar durchaus ein, daß der Wertwandel und die Verteilung der Wertpräferenzen in den fünf Nationen auch durch andere Faktoren als Wohlstandsniveau und Jugenderfahrungen (age and affluence) beeinflußt werden. So enthält seine Studie bivariate Korrelationen zwischen Wertpräferenzen und Bildungsabschluß, sozioökonomischem Status der Befragten und ihrer Väter, Parteipräferenz und Religion (*Inglehart* 1979: 324 ff.; vgl. auch *Stoffl* 1980). Er betrachtet und deutet diese Korrelationen indes ganz einseitig im Sinne seiner Thesen. Daß hoher Bildungsstatus, hoher Berufsstatus der Befragten und hoher sozioökonomischer Status (Bildungs- und Berufsstatus) ihrer Väter mit postmateriellen Wertorientierungen korrelieren, überrascht nicht und ist durch die Wohlstands- und Sozialisationsthese auch erklärbar. Aber weshalb ist – bei einer Dreiteilung der Statusgruppen – der Anteil der Postmaterialisten in den oberen Gruppen in der Bundesrepublik dreimal und Österreich zweimal höher als in den unteren Gruppen, während die Differenzen in den USA gering sind? In ähnliche Schwierigkeiten führt der Versuch einer theoriekonformen Deutung der Korrelationen zwischen Wertpräferenzen, Parteipräferenzen und Religion. Die Korrelationen zwischen Wertpräferenzen und Religion – in den USA sind 26 % der regelmäßigen Kirchgänger und 58 % der Religionslosen vorwiegend postmaterialistisch orientiert, die entsprechenden Werte für die Niederlande und Großbritannien lauten 42 : 66 % und 31 : 57 % – hält *Inglehart* nur für „interessant", was verrät, daß er sie nicht in sein Deutungsschema einpassen kann. Die Neigung der Postmaterialisten zu ‚linken' Parteien vermag er dagegen plausibel zu erklären. Weil die ‚linken' Parteien im Unterschied zu den ‚rechten' Parteien für gesellschaftliche Veränderungen eintreten, können sie trotz ihrer materialistischen ideologischen Tradition die gleichfalls an Veränderungen interessierten Postmaterialisten gewinnen. Das Bündnis bleibt aber, da es nicht auf einem ideologischen Konsens beruht, fragil.

Aus alledem lassen sich zwei Schlüsse ziehen:
1. *Inglehart* gerät bei dem Versuch, Veränderungen im politischen Verhalten mit Hilfe eines stark reduktionistischen, ökonomisch-psychologischen Ansatzes zu erklären, in die gleichen Schwierigkeiten, in denen sich schon die Autoritarismusforschung und ähnliche Forschungsansätze verfangen haben. Er muß mit unbewiesenen psychologischen Annahmen operieren, die individuellen psychischen Dispositionen (Bedürfnisniveaus) und Wertorientierungen invariant setzen und das seinen Annahmen nur teilweise entgegenkommende Datenmaterial selektiv interpretieren.

2. *Inglehart* kommt dennoch nicht umhin, seine Annahmen durch konventionelle Interpretationen der Daten zu relativieren, also sozialstrukturelle und kulturelle Variable einzubeziehen, die sich nicht auf seine Hauptvariablen Wohlstandsniveau und Bedürfnisbefriedigung in der Jugendphase zurückführen lassen. Nicht wenig spricht dafür, daß eine konventionelle Interpretation ergiebiger wäre als seine neue Wertwandelstheorie. Denn Bedürfnisse sind nicht einfach gegeben. Was als adäquate Befriedigung von Bedürfnissen empfunden wird, wird durch soziale Interpretationen von Bedürfnissen definiert. Dies gilt bereits für die physischen, mehr aber noch für die psychischsozialen Bedürfnisse. Ob Werte Bedürfnissen folgen oder ob sie Bedürnisse erzeugen, ist deshalb häufig kaum entscheidbar. Zumal im Hinblick auf den Wandel und die So-

zialisation von Wertorientierungen muß deshalb das soziale Beziehungsgefüge, in dem Werte und Rangfolgen von Werten Gestalt annehmen, berücksichtigt werden. Dies geschieht bei *Inglehart* nicht. Ob es sich bei den schematisch unterteilten Alterskohorten um Merkmalsgruppen oder um soziale Gruppen handelt, ist nicht erkennbar. Trotz der unübersehbaren und allein durch unterschiedliche ökonomische Entwicklungen und Wohlstandsniveaus nicht erklärbaren Differenzen zwischen den Nationen verwirft auch deren kultursoziologische Erklärung. Dies kann freilich nicht verwundern, denn er versteht gesellschaftliche Wertsysteme als Aggregate von individuellen Wertpräferenzen. Werte werden aber nicht nur als individuell internalisierte Wertpräferenzen, sondern auch durch ihre kulturelle Kodifizierung und Institutionalisierung wirksam (*Elkins* und *Simeon* 1979; *Stagl* 1985). In Mythen, Erzählungen, der Geschichtsschreibung, in Curricula, Predigten, politischen Reden, in der pädagogischen Rethorik, etc. wird beschrieben und gerechtfertigt, was als richtig und erstrebenswert gelten soll. Ob die Wertpräferenzen einer rasch wachsenden Zahl von Individuen von den so institutionalisierten Werten abweichen können, hängt deshalb auch vom Grad ihrer Institutionalisierung, von der Homogenität eines gesellschaftlichen Wertsystems und vom Grad der Diskrepanz zwischen den instituionalisierten und den ‚neuen' Werten ab.

3. *Wertwandel und politische Sozialisation der Postmaterialisten*

Die Wertwandelsthese verdankt ihre Popularität der durch sozialwissenschaftliche Untersuchungen und Zeitdiagnosen genährten Glauben, sie erkläre, weshalb seit den späten sechziger Jahren ein Teil der Jugendlichen und der jungen Erwachsenen von den bis dahin vorherrschenden politischen Leitvorstellungen und üblichen Verhaltensweisen abweicht. Die Ausbreitung ‚nicht-konventioneller' Formen politischer Einflußnahme, die Manifestationen eines ‚Jugendprotests', die vornehmlich von Jugendlichen und jungen Erwachsenen getragenen ‚neuen sozialen Bewegungen' mußten die Öffentlichkeit und zumal die Repräsentanten der etablierten politischen Parteien irritieren. Die Nachfrage nach Deutungen und Erklärungen dieser Erscheinungen wuchs, als zu den Protestmanifestationen von zumeist nur kurzer und zu den sozialen Bewegungen von begrenzter Dauer anscheinend dauerhafte Veränderungen des Wahlverhaltens hinzukamen. Verhielten sich die jungen Wähler in den jungen Altersgruppen bis zum Ende der sechziger Jahre ähnlich wie die Gesamtheit der Wähler, so differiert seit der Bundestagswahl 1969 die Verteilung der Parteipräferenzen in den jungen und den älteren Wählergruppen.

Dies mußte auch deshalb überraschen, weil sich seit geraumer Zeit eine Nivellierung der sozialstrukturellen Unterschiede zwischen den Wählerlagern verfolgen läßt (*Baker* u. a. 1981; *Gluchowski* und *Veen* 1983). Es kann deshalb nicht verwundern, daß die Wertwandelsthese in den Parteieliten und in den Medien aufgegriffen wurde. Sie fügt sich in den von den Parteien schon seit geraumer Zeit gepflegten Diskurs über ‚Grundwerte' ein und entspricht der verbreiteten Annahme, letztlich bestimmten Werte die politischen Leitvorstellungen und das politische Verhalten. Da sich in zahlreichen sozialwissenschaftlichen Untersuchungen Zusammenhänge zwischen dem Alter der Be-

Abweichungen der Jungwähler vom Durchschnitt der Wähler 1961–1969 21-30jährige, 1972–1978 18–25jährige

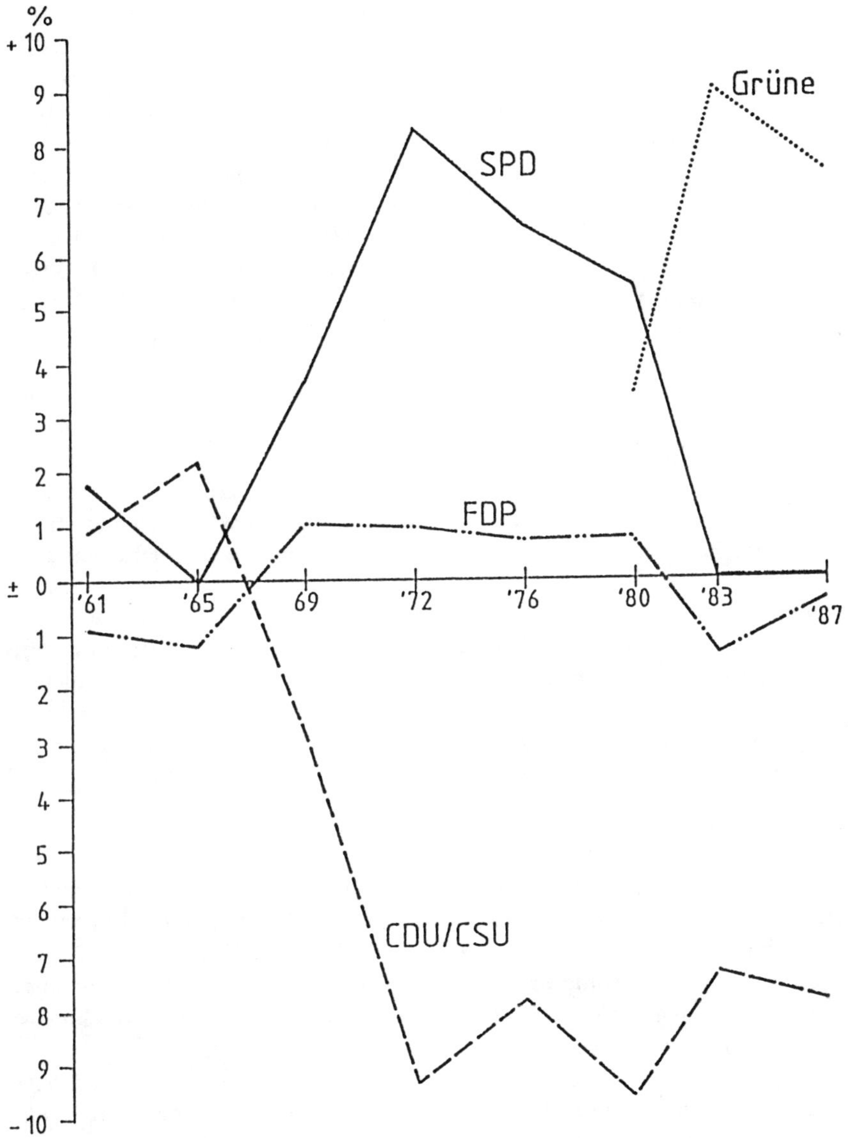

Quelle: Statistisches Bundesamt

fragten, nicht-konventionellem politischem Verhalten oder dessen Billigung, Sympathien für die neuen sozialen Bewegungen, Beteiligung an diesen Bewegungen und Präferenzen für die SPD respektive die Grünen nachweisen ließen, mag es scheinen, als sei die These vom Wertwandel, den ‚neuen Werten' und der ‚neuen Politik' auch wissenschaftlich gut untermauert.

Wird zwischen der politischen Kultur, d. h. hier: den institutionalisierten Werten und den Wertpräferenzen der Bürger unterschieden, so zeigt sich jedoch, daß auf der Ebene der politischen Kultur von einem Wertwandel und neuen Werten schwerlich gesprochen werden kann. *Ingleharts* postmaterielle Werte – „Ideen zählen mehr als Geld, freie Rede, weniger unpersönliche Gesellschaft, mehr Mitbestimmung am Arbeitsplatz, mehr politische Mitbestimmung" – waren im Wertsystem der westlichen Demokratien schon längst vor dem vermehrten Auftreten der Postmaterialisten etabliert. Die Redefreiheit und die politische Mitbestimmung der Bürger sind für deren politische Verfassung konstitutiv. Die Mitbestimmung am Arbeitsplatz wird von den Gewerkschaften seit langem gefordert. Sie ist, wenn auch vielleicht nicht überall in zureichendem Maße, rechtlich und organisatorisch gesichert. Und wie der antimaterialistische Idealismus werden Vorstellungen von einer weniger anonymen, Entfremdung aufhebenden solidarischen Gesellschaft spätestens seit der Industrialisierung in Politik und Pädagogik immer wieder beschworen. Demnach müßte nicht die Hochschätzung dieser Werte in einer Minderheit, sondern das in den westlichen Gesellschaften vorherrschende Interesse an wirtschaftlichen Wachstum, Preisstabilität, innerer und äußerer Sicherheit überraschen.

Jedenfalls muß bei der These vom Wertwandel bedacht werden, daß sie sich nicht auf neue Werte, sondern auf unterschiedliche Rangordnungen der gesellschaftlich institutionalisierten Werte in Teilgruppen der westlichen Gesellschaften bezieht. Auch in einem so eingeschränkten Sinne sind die Wertwandelsthese und die mit ihr zumeist verbundene Annahme, die Wertpräferenzen bildeten sich früh in Sozialisationsprozessen und würden dadurch beständig, umstritten. Indes kann mittlerweile zumindest soviel als gesichert gelten:

1. Die von *Inglehart* als materialistisch und postmaterialistisch bezeichneten Wertsysteme und -präferenzen sind in Teilgruppen der westlichen Gesellschaften tatsächlich ausgeprägt. Da unterschiedlich angelegte Untersuchungen zu weithin übereinstimmenden Ergebnissen kommen (*Inglehart* 1979; *Herz* 1979; *Dalton* 1980; *Feist* und *Liepelt* 1983), trifft der Einwand, es handele sich möglicherweise um durch die Untersuchungsmethode erzeugte Scheingebilde, nicht. Wie die Vermischung von ‚Werten' und konkreteren politischen Zielvorstellungen (issues) täuschen die durch vorgegebene Auswahlmöglichkeiten isolierten Präferenzen freilich leicht darüber hinweg, daß sich postmaterielle und materialistische Werte nicht ausschließen, weshalb die Wertpräferenzen oder zumindest die Rangfolge politischer Ziele lebenszyklisch oder aufgrund veränderter politischer und ökonomischer Gegebenheiten variieren können. Auch die vorwiegend postmaterialistisch orientierten Anhänger der Grünen halten die Arbeitslosigkeit für das wichtigste politische Problem. Und während derzeit zwei Drittel der CDU/CSU und SPD-Wähler, aber nur ein Drittel der Wähler der Grünen ein ‚materialistisches'

Interesse an der Sicherung der Renten bekunden, (*Schultze* 1987: 7), dürfte sich dies mit zunehmendem Alter der Grünen ändern.

2. Die Postmaterialisten sind nicht nur jung. Sie lassen sich auch sozialstrukturell verorten. Eine große Mehrheit befindet sich entweder in der Ausbildung in weiterführenden Schulen und Hochschulen oder hat die Ausbildung mit dem Abitur und häufig auch mit einem Hochschulstudium abgeschlossen. Sind sie berufstätig, so üben sie vornehmlich Berufe im tertiären Sektor aus. Schließlich leben sie eher in Groß- und Universitätsstädten als in Kleinstädten und auf dem Lande.

3. *Ingleharts* Kohortenvergleiche wecken aus den eingangs beschriebenen Gründen Zweifel an seiner Sozialisationsthese. Diese Zweifel konnten auch durch seine Zeitreihen (*Inglehart* 1979: 336 ff.) nicht ausgeräumt werden. Feste Anhaltspunkte für die nach seinen Thesen zu erwartende Zunahme der Postmaterialisten bieten die Zeitreihen, welche die erste Hälfte des letzten Jahrzehnts oder das ganze Jahrzehnt abdecken (*Dalton* 1981: 205), nicht. In einer von *Dalton* in der Bundesrepublik durchgeführten Studie, bei der rund Tausend 1976 befragte Jugendliche und junge Erwachsene 1979 noch einmal befragt wurden (*Dalton* 1981), konnte mittlerweile aber nachgewiesen werden, daß sich die Wertpräferenzen im Jugendalter ausbilden und auch verfestigen. 70 % der 1979 wiederholt Befragten äußerten sich im gleichen Sinne wie 1976.

Daraus kann nun freilich noch nicht auf eine lebenslange Stabilität der Wertpräferenz geschlossen werden. Auch über die Sozialisation ist damit noch nicht viel gesagt. Sozialisation kann – dies war das zunächst vorherrschende Verständnis – als Tradierung einer Kultur von Generation zu Generation, aber auch als ein Traditionen umformendes oder durchbrechendes soziales Lernen begriffen werden. *Inglehart* hat die ein- und festgefahrenen Bahnen der Tradierungsforschung verlassen, indem er von der zweiten Möglichkeit ausging und zugleich auch die Bedeutung von nicht schon kulturell definierten Erfahrungen betonte. Seine Bedürfnistheorie verstellt es aber den Blick auf soziologische Fragestellungen. Die Fragen, wie die Erfahrungen gedeutet, welche Wertbeziehungen dabei hergestellt werden, wie Realitätsdeutungen und Wertpräferenzen in ein soziales Lernen eingehen, scheinen durch die Bedürfnistheorie schon beantwortet. Diese Fragen, mit anderen Worten: die Forderung, Untersuchungen des Wertwandels „durch die Analyse nationaler, sozialstruktureller und institutioneller Faktoren... in konkrete historische und soziale Kontexte einzubringen“ (*Bertram* 1983: 58), sind deshalb bedeutsam, weil die Wertwandelsthese ihre Evidenz bislang allein aus der Bedürfnistheorie bezieht. Auch in *Daltons* soziologisch ergiebigeren Studie wird vorausgesetzt, daß der Wertwandel mit der zu erwartenden politischen Stabilität und einem gleichfalls weiterhin zu erwartenden ökonomischen Wachstum fortschreiten werde.
Bei einer konsequenter soziologischen Interpretation der empirischen Befunde kommt indes eine andere Möglichkeit in den Blick. Der Postmaterialismus könnte das Ergebnis einer spezifischen und sich so nicht wiederholenden Generationserfahrung sein. Dann bliebe er als eines unter anderen Wertsystemen innerhalb einer Gesellschaft (*Gluchowski* 1987) auf Teile abgrenzbarer Altersgruppen beschränkt. Diese Deutung schließt an *Ingleharts* Verständnis von Sozialisation als einem durch Generationserfahrungen beeinflußten Lernen an. Ich möchte auch nicht bestreiten, daß die Wertpräferenzen der

Postmaterialisten ökonomisch-soziale Sicherheiten voraussetzen. Aus den beschriebenen Gründen sind sie aber nicht als ein Reflex auf die Befriedigung ‚materieller' Bedürfnisse zu begreifen. Ungleich mehr spricht – so meine These – dafür, daß sie sich in einem Emanzipationsprozeß herausgebildet haben, der durch die strukturelle *und* kulturelle Schwächung des traditionellen Jugendstatus ermöglicht wurde.

Dieser Jugendstatus war strukturell bekanntlich dreifach bestimmt[3]: Jugend galt als Übergangsphase von der Kindheit zum Erwachsenenstatus, als Zeit der Vorbereitung auf vergleichsweise genau umschriebene Erwachsenenrollen in Familie, Beruf und Öffentlichkeit. Die Statusdifferenz zwischen Jugend- und Erwachsenenstatus wurde durch Autoritätsverhältnisse und die Versagung von Rechten, die nur Erwachsenen zustanden, insbesondere Mitsprache- und Entscheidungsrechten sowie dem Recht zur Aufnahme sexueller Beziehungen definiert. Und sie wurde durch eine von den Erwachsenen ausgeübte weitreichende Kontrolle der Jugendlichen gesichert. Kulturell wurden Jugendstatus und Jugendphase zum einen durch eine Reifungspsychologie und -pädagogik, zum anderen durch ein religiös fundiertes Pflicht-, Gehorsams- und Verzichtsethos legitimiert.

Die institutionellen Sicherungen dieses Jugendstatus verloren in den 60er Jahren aus verschiedenen Gründen ihren Halt. Mit der raschen Zunahme des Anteils der Heranwachsenden, die weiterführende Schulen und Hochschulen besuchten, verwandelte sich die Jugend in eine kritische Masse. Wie schon früh gesehen wurde (*Coleman* 1962; *Tenbruck* 1962), eröffnete die Einbeziehung einer schnell wachsenden Zahl von Heranwachsenden in ein für längere Zeit vornehmlich altershomogenes Beziehungsgefüge Chancen zu einer von Erwachsenen nicht mehr kontrollierbaren „Sozialisation in eigener Regie" und zur Ausbildung einer ‚Jugendkultur'. Als strukturelles Indiz dafür kann die Bildung von Peer groups, genauer: von informellen altershomogenen Cliquen betrachtet werden. Während 1962 16 % der 16–18jährigen solchen Cliquen angehörten, waren dies 1983 57 %. Bei den Mädchen stieg der Anteil gar von 11 % auf 55 % (*Allerbeck* und *Hoag* 1984).

Diese Daten müssen in Relation zum traditionellen Sozialisationsverbund von Kirche, Familie und Schule, zu dem nach der Jahrhundertwende auch noch die kirchlichen Jugendgruppen hinzukamen, gesetzt werden. Dieser Sozialisationsverbund wurde durch die Aufhebung der konfessionellen Trennung der Schulen in der Nachkriegszeit schon gelockert. Mit der sich in den sechziger Jahren beschleunigenden ‚Entkirchlichung' hat er sich im protestantischen Bereich fast völlig aufgelöst. Auch im noch stärker kirchlich geprägten katholischen Milieu sind die Kirchenbindungen und damit der kirchliche Einfluß auf die Erziehung geschwunden. So hat sich in der Gruppe der 16–29jährigen die Zahl der Katholiken, die regelmäßig zur Kirche gehen, zwischen 1963 und 1973 von 52 % auf 19 % verringert. Die Vergleichszahlen für die Protestanten lauten 11 % und 2 % (*Noelle-Neumann* 1976: 38). In einer von *Allerbeck* und *Hoag* replizierten Jugendstudie erklärten 1983 60 % der befragten 16–18jährigen, daß sie keine oder wenig Bindung an die Kirche haben. 1962 waren dies 28 %. Von diesem Säkularisierungsprozeß zeugen auch die Generations- und Eltern-Kinder-Vergleiche in der „Political Action"-Studie. Während 1974 die erkundeten Einstellungen zu religiösen Fragen und die Kirchgangsgewohnheiten in allen Nationen in etwa der Hälfte der Familien übereinstimmten, unterschieden sich die Elterngeneration und die Generation der Kinder in Gesellschaften mit fortgeschrittener Säkularisierung, d. h. in der Bundesrepublik, den Niederlanden und Großbritannien beträchtlich, in Gesellschaften mit noch starken religiösen Milieus, also in den USA und Österreich in dieser Hinsicht aber nur wenig (*Barnes* und *Kaase* 1979: 465).

Wie häufig läßt sich auch im Hinblick auf diese Veränderungen nicht entscheiden, ob der strukturelle Wandel, beispielswiese die fortschreitende Verstädterung, den kulturellen Wandel bedingt hat, oder ob kulturelle Wandlungen einem Wandel der sozialen Strukturen vorausgegangen sind. Der Hinweis auf Korrespondenzen mag hier genügen. Auf die Frage, ob es für eine Frau wichtig oder nicht wichtig sei, daß sie verheiratet ist, wenn sie ein Kind bekommt, antworteten 1962 90% der 16–18jährigen, dies sei wichtig (36%) oder sehr wichtig (54%). 1983 hielten dies nur noch 52% für wichtig (42%) oder sehr wichtig (10%) (*Allerbeck* und *Hoag* 1984). Diese Antworten können als ein Indiz für die Veränderungen verschiedener Normen und Werte, für einen Wandel der Sexualnormen, für gewandelte Erwartungen gegenüber der Frauen- und Erwachsenenrolle und ein anderes Verständnis der Institution Familie betrachtet werden. Sie laufen, wie zumal die Vorstellungen über die richtige Erziehung und über die Einschätzung der selbst erfahrenen Erziehungspraxis (*Zinnecker* 1985) verraten, auf eine Nivellierung der traditionellen Differenzen zwischen Jugend- und Erwachsenenstatus, d. h. auf einen neuen Jugendstatus, wenn nicht gar auf ein Verschwinden von Jugend im traditionellen Sinne (*von Trotha* 1982, 1983) hinaus. Unter den drei Erziehungszielen „Gehorsam und Unterordnung, Ordnungsliebe und Fleiß, Selbständigkeit und freier Wille" erfreut sich nach Repräsentativumfragen in der Gesamtbevölkerung das Ziel „Ordnungsliebe und Fleiß" seit 1951 gleicher Wertschätzung (ca. 40%). Zwischen 1964 und 1976 hat sich der Prozentsatz der Nennungen von „Gehorsam und Unterordnung" hingegen von 25% auf 10% verringert. Der Prozentsatz der Nennungen von Selbständigkeit und freier Wille ist zugleich von 31% auf 53% gestiegen. (*Zinnecker* 1985: 208). Eine Erziehung ihrer Kinder, bei der allein der Wille der Eltern bestimmend ist, halten denn auch 1983 nur noch 3% der 16–18jährigen – gegenüber 30% im Jahre 1962 – für richtig. Dagegen meinen 26% statt 9%, den Kindern sollte weitgehend Freiheit gewährt werden (*Allerbeck* und *Hoag* 1984).

Diese Daten verweisen auf einen tiefgreifenden und wahrscheinlich irreversiblen strukturellen und kulturellen Wandel[4], dessen Richtung den Grundannahmen der Modernisierungstheorie entspricht. Von einer in den sechziger Jahren rasch fortgeschrittenen strukturellen Differenzierung kann im Hinblick auf die ‚Bildungsrevolution' und die Veränderung des Jugendstatus gesprochen werden, weil sich die auf einen klassenspezifischen und zugleich noch ständisch geprägten Persönlichkeitentypus orientierte Reifungs- und Bildungsphase der bürgerlichen Jugend in eine quasi-zweckrational ausdifferenzierte, von gesamtgesellschaftlichen Funktionserfordernissen bestimmte Ausbildungsphase verwandelt hat. Ein beträchtlich gewachsener und nicht mehr klassengebundener Teil der Altersjahrgänge zwischen 16 und 26 Jahren ist damit vom traditionellen und vielfach nur über kürzere Zeit eingenommenen Jugendstatus in den Berufsstatus der ‚Berufstätigen' in Ausbildungsbetrieben übergewechselt. Mit dieser Charakterisierung des Statuswechsels ist die beobachtbare Entwicklung gewiß überzeichnet.

Wie Forderungen nach einer staatlichen Finanzierung der Ausbildung aller Jugendlichen und die Nivellierung der Unterschiede zwischen dem Jugendstatus und dem Erwachsenenstatus zeigen, trifft sie jedoch die Entwicklungsrichtung. Jedenfalls geht die strukturelle Ausdifferenzierung der neuen Jugendphase mit einer Egalisierung von Statusdifferenzen einher. Die Jugendlichen werden zu jungen Erwachsenen. Daß zugleich auch die Säkularisierung fortgeschritten ist, entspricht zwar den modernisierungstheoretischen Annahmen. Die Säkularisierung ist aber allein aus dem strukturellen Wandel nicht ableitbar. Denn im Unterschied zu den westeuropäischen Gesellschaften hat sich die amerikanische Gesellschaft in den letzten dreißig Jahren nicht von einer mehrheitlich noch religiösen in eine mehrheitlich nicht mehr kirchengebundene und in Teilen auch ganz areligiöse Gesellschaft verwandelt. Ob die Ursache hierfür in der unterschiedlichen Verfassung der Religionsgemeinschaften oder in anderen Bereichen zu suchen sind, muß hier dahingestellt bleiben.
Wahrscheinlich wird dieser Modernisierungsschub für die politische Sozialisation, die politische Kultur und die politischen Systeme der westeuropäischen Demokratien – etwa, wie sich in den Niederlanden schon gezeigt hat (*Lepsy* 1979, 1984), für die christlichen Parteien – folgenreicher sein als der Wertwandel, ja, die Verschiebung von Wertpräferenzen ist wohl nur ein Epiphänomen der zuvor beschriebenen Modernisierung. Da sie weite Bereiche der westlichen Gesellschaften erfaßt hat, kann sie allein auch nicht die Wertpräferenzen eines Teils der jüngeren Altersgruppen erklären. Die Erklärung muß vielmehr bei den Trägern des Postmaterialismus gesucht werden. Sie läßt sich dort auch finden. Denn zum einen kommt die Trägergruppe des Postmaterialismus aus den Universitäten (*Feist* und *Liepelt* 1983)[5], in denen sich die Veränderung des Jugendstatus und die Säkularisierung ‚kulturrevolutionär' beschleunigt haben. Und zum anderen haben sie auf den teils schon in den fünfziger, teils in den sechziger Jahren einsetzenden soziokulturellen Wandel bewußt reagiert, indem sie ein darauf zugeschnittenes, den Wandel ideologisch überhöhendes Wertsystem ausgebildet haben.
Institutionen, Normen und Verhaltensweisen können sich langsam, unmerklich und gleichsam naturwüchsig wandeln. Sie können indes auch von sozialen und politischen Bewegungen, die Reformen anstreben oder Gesellschaften revolutionieren wollen, bewußt und zielstrebig verändert werden. Bei der Veränderung des Jugendstatus und der Säkularisierung wirkten Prozesse eines gleichsam naturwüchsigen Wandels, eine sozialliberale Reformpolitik und eine revolutionäre Jugendbewegung in die gleiche Richtung. Das Bildungsverhalten und der Wandel des Jugendstatus sind hierfür beispielhaft. Schon in den späten fünfziger Jahren wuchs der Anteil der Schüler, die auf weiterführende Schulen überwechselten. Zu Beginn der sechziger Jahre folgten dann die Initiativen für eine Bildungswerbung und an ihrem Ende die Programme einer grundlegenden Bildungsreform, die gleiche Bildungschancen für alle Heranwachsenden eröffnen sollte. Die Studentenbewegung überbot dieses Reformziel mit der Forderung nach einer gleichen Bildung aller Bürger. Eine ähnliche Entwicklung kennzeichnet auch den Wandel des Jugendstatus. Schon in den fünfziger Jahren bemerkten Soziologen, die Ablösung eines strikten Autoritätsverhältnisses zwischen Eltern und Kindern weiche einem mehr partnerschaftlichen Verhältnis. Das Kind, so schrieb beispielsweise Baumert, „wird in seiner familialen Stellung freier und selbständiger... die älteren Kinder

gewinnen eine mehr partnerschaftliche Stellung und erhalten stärkeres Gewicht in der Entscheidung familialer Fragen" (*Zinnecker* 1985: 202 ff.). In der zweiten Hälfte der sechziger Jahre wurde die Jugendphase dann durch die Gesetzgebung verkürzt. Durch das Wahlrecht und die anderen nun schon 18jährigen zugestandenen Rechte wurde der Übergang in den rechtlichen Erwachsenenstatus vorverlegt. Den so ohnehin schon fortschreitenden Abbau des traditionellen Jugendstatus hat die Studentenbewegung vorangetrieben, indem sie ein antiautoritäres Verhalten zwischen Erwachsenen und Heranwachsenden proklamiert, Sexualnormen demonstrativ verletzt und das Recht zur direkten politischen Mitsprache und Mitentscheidung gefordert hat. Wie mir scheint, verdankte die Studentenbewegung ihre Breitenwirkung weniger ihren politischen Kampagnen und den Theorieanleihen beim Marxismus als dem radikaldemokratischen Grundzug ihrer Ideologie und der durch sie gerechtfertigten Negation eines in weiten Bereichen westlicher Gesellschaften konservierten, strukturell und kulturell aber labil gewordenen Jugendstatus.

In der ambivalenten Position von jungen Erwachsenen, die aufgrund ihrer prolongierten Ausbildung noch in einem Jugendstatus traditionellen Zuschnitts verharren mußten, konnten für die Generation der Studentenbewegung Interessen vordringlich werden, deren alltägliche Bedeutung für die meisten Bürger gering oder jedenfalls nicht hoch ist. Postmaterialismus hieß für sie: Mehr Mitbestimmung am Arbeitsplatz (Schule und Hochschule); freie Rede (für die Lernenden in Bildungsinstitutionen, in denen die Lehrenden über die Rederechte verfügen); politische Mitbestimmung (der jungen Erwachsenen, die von der politischen Mitsprache ausgeschlossen sind, weil ihnen noch ein Jugendstatus zugeschrieben wird); Ideen zählen mehr als Geld (weil Studenten über Ideen, aber nicht über Geld verfügen); weniger unpersönliche Gesellschaft (weil die Vergemeinschaftung hilft, Statusunsicherheiten zu überwinden und den angestrebten neuen Status durchzusetzen).

So läßt sich nun zwar das Entstehen des Postmaterialismus, aber nicht dessen Verfestigung und auch nicht dessen Übernahme durch Teile der nachfolgenden Generation erklären. Wenn der Postmaterialismus, wie hier unterstellt wird, zunächst eine Antwort auf den Statuswandel und die Statusprobleme junger Erwachsener in weiterführenden Schulen und in der Hochschulausbildung war, dann wäre nach dem Ende dieses Lebenszyklus auch eine Verschiebung der Wertpräferenzen zu erwarten gewesen. Solche Verschiebungen lassen sich, wie etwa *Daltons* Studie zeigt, nach dem Übergang in den Beruf oder nach der Heirat auch beobachten. Gleichwohl hat sich der Postmaterialismus in Teilen der 68er Generation – einer Minderheit in der studierenden Minderheit dieser Altersgruppe – stabilisiert. Und auch in der nachfolgenden Generation, die dem Gegensatz zwischen altem und neuem Jugendstatus nicht mehr unmittelbar oder jedenfalls in geringerem Maße ausgesetzt war, sind die postmateriellen Werte attraktiv.

Die Stabilisierung läßt sich auch ohne Rückgriffe auf die fragwürdigen psychologischen Persönlichkeits- und Verinnerlichungstheorien erklären. Wie frühere Bewegungen von Jugendlichen und jungen Erwachsenen hat die Studentenbewegung soziale Beziehungsgefüge geschaffen und einen Lebensstil geprägt, der die Bewegung überdauert hat. Dieses soziale Milieu stützt die einmal eingelebten Denkweisen. Diese wären steril geworden, wenn sie nur in einem Veteranenmilieu lebendig geblieben wären. Da die Studentenbewegung anerkannte und auch institutionalisierte gesellschaftliche Werte verknüpft und im Sinne jener radikaldemokratischen Tradition ausgedeutet hat, welche die Geschichte der westlichen Demokratien durchzieht, konnte sie zur Verfestigung und Verbreitung eines Wertmusters beitragen, das die politischen Erfahrungen strukturieren kann und ihnen einen spezifischen Sinn verleiht. Daran lassen sich, wie die politischen Organisationsversuche der aus der Studentenbewegung hervorgegangenen politischen Gruppierungen zeigen, auch unterschiedliche Organisationsformen politischer Einflußnahme und wechselnde issues anschließen. Deshalb konnte der Postmaterialismus als ein mit abgrenzbaren Trägergruppen, ihrem sozialen Milieu und Lebensstil, mit spezifischen politischen Handlungsmustern und Bewegungsformen sowie mit Leitthemen wie Umweltschutz, Frauenemanzipation, Abrüstung, Liberalisierung des Sexualstrafrechts, Erweiterung der bürgerlichen Freiheiten durch Abbau staatlicher Kontrollmöglichkeiten etc. auch für Teile der nachfolgenden Generation tragend werden.

4. *Resümee*

In seinen Beobachtungen und Überlegungen zum Problem der Generationen hat *Karl Mannheim* zwischen den früh und zumeist ganz unbewußt übernommenen konventionellen Einstellungen und jenen Handlungsorientierungen unterschieden, die von der jungen Generation in bewußter Auseinandersetzung mit überkommenen Denk- und Verhaltensweisen ausgebildet werden. Die meisten „Lebenshaltungen, Gefühlsgehalte, Einstellungen" werden, so *Mannheim* (1928/29: 182–184), „unbewußt, ungewollt vererbt, übertragen; sie sickern ein, ohne daß Erzieher und Zögling davon etwas wüßten". Und sie haben, weil sie früh und fraglos tradiert und aufgenommen werden, die Tendenz, „sich als natürliches Weltbild festzulegen und zu stabilisieren". Erst in der Phase der fortschreitenden Verselbständigung der Heranwachsenden, also dort, „wo das selbstexperimentierende Leben beginnt, entsteht die Möglichkeit des In-Frage-Stellens... Jene Schicht der Bewußtseinsgehalte und Einstellungen, die durch *neue* soziale und geschichtliche Lagerung problematisch und deshalb reflexiv geworden ist, wird jetzt erst erreicht." Trifft die junge, noch nicht durch andere Lebenserfahrungen hindurchgegangene Generation auf neue soziale und geschichtliche Gegebenheiten, so kann mit generationsspezifischen Veränderungen von Denk-, Gefühls- und Verhaltensweisen gerechnet werden.

Im Anschluß hieran läßt sich noch einmal verdeutlichen, weshalb die Versuche der politischen Sozialisationsforschung, die Stabilität und den Wandel politischer Orientierungen mit Hilfe gesetzmäßig formulierter Hypothesen zu erklären, nicht die erwarteten Ergebnisse erbracht haben. Auf den ersten Blick mag es zwar scheinen, als habe *Mannheim* schon vor einem halben Jahrhundert den von der politischen Sozialisationsforschung beschrittenen Weg vorgezeichnet, indem er zum einen für die früh übertragenen und übernommenen Konventionen innewohnende Verfestigungstendenz und zum anderen auf den durch neue Generationslagen bedingten Einstellungswandel verwiesen hat. Im Gegensatz zur behavioralistischen Sozialisationsforschung ist er aber nicht von kausal determinierten Beziehungen zwischen Sozial- und/oder Persönlichkeitsstruktur, Denk- und Verhaltensweisen ausgegangen. Er hat die Verhaltensorientierungen vielmehr als Ergebnisse einer Interpretation von sozialen Lagen im kulturellen Deutungshorizont von Gruppen oder Gesellschaften betrachtet. Haben sich soziale Lagen verfestigt, so kann es scheinen, als seien die damit korrelierten Verhaltensweisen durch Lagebedingungen determiniert. Denn die Interpretationsleistung, durch die dieser Zusammenhang hergestellt wurde, ist oft gar nicht mehr bewußt. Mit dem Wandel sozialer Verhältnisse lockert sich dieser Zusammenhang. Traditionen und Konventionen werden problematisch. Einer neuen Lage kann wohl die Richtung ihrer Problematisierung und Deutung inhärent sein. Damit ist jedoch nur eine Tendenz vorgegeben. Personen und Gruppen in der gleichen neuen Lage können sie unterschiedlich deuten und sich auf verschiedene Weise dazu verhalten. Wie sie sich in veränderten Verhältnissen orientieren werden, kann deshalb nicht verläßlich prognostiziert werden. Der kulturelle Wandel ist erst dann, wenn neue Denk-, Gefühls- und Verhaltensweisen manifest werden, „verstehend erfaßbar" und erklärbar.

Ob überkommene und früh übernommene Konventionen oder in der Jugend ausgebildete neue, nicht-konventionelle' Einstellungen stabil bleiben werden, muß deshalb in Gesellschaften mit hoher Wandlungsdynamik offen bleiben. Auch greifen Analysen von Einstellungs- und Verhaltensänderungen zu kurz, wenn sie die Problematisierung von Handlungsorientierungen außer Acht lassen, die deren Wandel vorausgeht. So ist der Wertwandel nicht auf leisen Sohlen dahergekommen. Die postmaterialistischen Werte, also ‚Demokratisierung' und ‚Emanzipation', Selbst- und Mitbestimmung sind in einer während der sechziger Jahre rasch anschwellenden gesellschafts- und kulturkritischen Literatur propagiert worden. Und die Studentenbewegung hat die „gesellschaftlichen Verhältnisse" unter solchen Vorzeichen in zahllosen Flugschriften, Teachins und Seminararbeiten problematisiert und reflektiert. Dabei könnte es sich freilich nur um Widerspiegelungen der mit dem Wandel der ökonomisch-politischen Lage veränderten Bedürfnisse gehandelt haben. Die empirischen Indizien für diese Erklärung des Wertwandels, die an das marxsche Basis-Überbau-Schema gemahnt, sind indes schwach. Ja, es mangelt nicht an Befunden, die mit der These, die Sättigung materieller Grundbedürfnisse habe eine höhere Bewertung nicht-materieller Bedürfnisse zur Folge, unvereinbar sind. So ist in den USA, wo in einer alljährlich durchgeführten Befragung der Studienanfänger auch nach deren Lebenszielen gefragt wird, die Zahl der Nennungen von karrierezentrierten, materiellen und machtorientierten Zielen seit dem Beginn der siebziger Jahre ständig gestiegen, während die Zahl der Nennungen von altruistisch-sozialen Leitvorstellungen im gleichen Maße gesunken ist (*American Council on Education* 1986).

Analysen des Wertwandels, die zunächst bei dessen Trägergruppen und deren Interpretation der traditionellen wie der veränderten Wertpräferenzen ansetzen und von hier aus deren sozialstrukturelles und kulturelles Bedingungsgefüge zu erschließen versuchen, dürften deshalb treffsicherer sein als die ökonomisch-bedürfnispsychologische Wertwandelstheorie. Soweit ich sehe, läßt sich durch das mittlerweile umfangreiche Datenmaterial eine Erklärung des Wertwandels stützen, die in drei Annahmen zusammengefaßt werden kann:

1. Die postmaterialistischen Wertpräferenzen konnten sich ideologisch kristallisieren

und in Teilen der jungen Generation verfestigen, weil sie Ziele ihrer Emanzipation vom traditionellen Jugendstatus, der mit der Bildungsexpansion und der rasch fortschreitenden Säkularisierung labil geworden war, zugleich beschrieben und legitimiert haben.

2. Die postmaterialistischen Wertpräferenzen sind aber nicht an eine hierdurch bestimmte Generationslage und -erfahrung gebunden. Sie können sich mit einer traditionsunabhängigen säkularen Lebenshaltung verbinden, die durch eine hohe Bereitschaft zum politischen Engagement und den Glauben an die Notwendigkeit und Möglichkeit tiefgreifender politischer Veränderungen gekennzeichnet ist. Wieweit postmaterialistische Orientierungen ausgebildet oder übernommen werden, hängt deshalb zum einen von den Möglichkeiten, die Lebensführung auf Politik auszurichten, und zum anderen vom Grad der Säkularisierung und Politisierung sozialer Milieus ab.

3. Während dies für alle westlichen Gesellschaften gilt, wurden die postmaterialistischen Orientierungen in der Bundesrepublik zudem noch durch die geschichtliche Lage der postnationalen Demokratie begünstigt, deren Vorgeschichte die Tendenz zu einer radikaldemokratisch gewendeten Negation vermeintlich oder tatsächlich antidemokratischer Traditionen und Konventionen gefördert hat.

Insgesamt betrachtet, zeugen die postmaterialistischen Orientierungen nicht von einem fundamentalen Wandel, der zu einer „neuen Politik" führen wird, sondern vom Fortschreiten des Modernisierungsprozesses, also von zunehmender Egalisierung, Säkularisierung, Demokratisierung und funktionsbestimmter Differenzierung. Der Postmaterialismus ist nicht postmodern.

Anmerkungen

1 Alle mir bekannten Gesamtdarstellungen, Forschungsberichte, Reader und Handbücher gehen darauf nicht ein.

2 Über die Frage, ob *Ingleharts* Untersuchungsinstrument Werte, Einstellungen, politische Ziele oder aktuelle Problemthemen (issues) erfaßt, kann man gewiß lange streiten; über die Frage, was mit Werten, einem vielfach reifizierten theoretischen Begriff gemeint ist, noch länger. Trotz mancher Bedenken werde ich mich an die gängige Begrifflichkeit halten, weil es mittlerweile genügend Indizien dafür gibt, daß mit den materialistischen und postmaterialistischen ‚Werten' relativ stabile, zentrale und verhaltensrelevante politische Leitvorstellungen erfaßt werden.

3 Wie man leicht erkennen kann, orientiere ich mich am Idealtypus der im 19. Jahrundert entstandenen bürgerlichen Jugend. Große Teile der Heranwachsenden haben diesen Status, obwohl er auch für sie verhaltensbestimmend wurde, gar nicht oder nur kurze Zeit eingenommen. Auch hat die Jugendbewegung diesen Status schon modifiziert. Dennoch blieb er für die Definition von Jugend und ihre gesellschaftliche Stellung bis in die sechziger Jahre bestimmend.

4 Reiches Datenmaterial dazu liefert *Meulemann* (1985), der auch zu den wenigen Sozialwissenschaftlern gehört, welche die Zusammenhänge zwischen diesen Wandlungen und einem Säkularisierungsschub wahrgenommen haben.

5 *Feist* und *Liepelt* betrachten sie allerdings in traditioneller Weise als Sozialisationsagenturen. Seit den späten sechziger Jahren müssen sie jedoch als ein Raum gesehen werden, in dem studentische Gruppierungen versuchen, Sozialisationsprozesse zu initiieren.

Massenmedien und politische Sozialisation

Hans-Mathias Kepplinger und Rainer Mathes

1. *Einführung*

Der Begriff politische Sozialisation bezeichnet den Prozeß, in dem ein Individuum Kenntnisse, Normen und Werte erwirbt, die in einer politischen Gemeinschaft als verbindlich oder zulässig gelten. Die politische Sozialisation ist eine Voraussetzung dafür, daß sich Individuen in ihrer politischen Umwelt orientieren können und von den anderen Gesellschaftsmitgliedern als Teil der politischen Gemeinschaft akzeptiert werden. Sie bildet darüber hinaus eine Voraussetzung für die Funktionsfähigkeit und den Bestand des politischen Systems (*Hyman* 1959; *Almond* und *Verba* 1963). Beim Prozeß der politischen Sozialisation können neben den Inhalten Phasen und Instanzen unterschieden werden. Die primäre Sozialisation umfaßt die Phase der Kindheit und Jugend, die sekundäre Sozialisation den lebenslangen Zeitraum nach dem Berufseintritt. Als Instanzen oder Felder der Sozialisation gelten Familie, Schule, die Gruppe der Gleichaltrigen und die Massenmedien.

Die Forschung der fünfziger und sechziger Jahre konzentrierte sich sehr stark auf die Familie, und die soziologisch orientierte Sozialisationsforschung schreibt der Familie bis heute die wichtigste Rolle für die Vermittlung von politischen Orientierungen zu (*Zigler* und *Child* 1969; *Schulze* 1977). Die Massenmedien wurden bis etwa 1970 von den meisten Forschern nicht als Sozialisationsinstanz berücksichtigt. Die wenigen Studien hierzu betrachteten die Mediennutzung als ein Kriterium für erfolgte Sozialisation und nicht als eine Einflußgröße auf die Sozialisation (*Kraus* und *Davis* 1976). Mit der zunehmenden Verbreitung und Nutzung des Fernsehens und der Neuorientierung der Wirkungsforschung wurde vor allem von der amerikanischen Kommunikationswissenschaft die Frage untersucht, welchen Einfluß die Massenmedien auf den Erwerb von politischen Kenntnissen und Grundhaltungen besitzen. Die Befunde führten dazu, daß dic Massenmedien, vor allem das Fernsehen, heute als ein bedeutender Sozialisationsfaktor betrachtet werden (*Chaffee* 1977; *Atkin* 1981; *Television and Behavior* 1982).

Die empirischen Untersuchungen der sechziger und siebziger Jahre weisen vier Forschungsschwerpunkte auf.

1. Wirkungen von Gewaltdarstellungen. Diese Forschungsrichtung behandelt die Frage, welche Auswirkungen die Rezeption von Gewaltdarstellung im Fernsehen auf aggressives Verhalten von Kindern und Jugendlichen besitzen. Die Gewaltproblematik stand vor allem in den sechziger und zu Beginn der siebziger Jahre im Mittelpunkt des wissenschaftlichen Interesses (vgl. *Kunczik* 1975).

2. Wirkungen von Werbesendungen. Diese Forschungsrichtung befaßt sich u.a. mit der Frage, inwieweit Kinder und Jugendliche in der Lage sind, zwischen Programm und Werbung zu unterscheiden, sowie mit dem Einfluß der Werbung auf die Realitätsvorstellungen und das Konsumverhalten. Untersuchungen zu diesem Forschungsthema haben seit Ende der siebziger Jahre stark zugenommen (vgl. *Ward* u.a. 1977; *Fernsehen im Alltag von Kindern* 1981).
3. Politische Sozialisationswirkungen. Im Mittelpunkt dieser hier besonders interessierenden Forschungsrichtung steht die Frage, welche Bedeutung die Medien für die Übermittlung gesellschaftlicher und politischer Werte und Normen besitzen. Untersuchungen zu politischen Sozialisationswirkungen der Medien wurden weniger zahlreich und vor allem in den siebziger Jahren in den USA durchgeführt (vgl. *Chaffee* 1977; *Atkin* 1981).
4. Mediennutzung. Im Zentrum dieser Forschungsrichtung steht die Frage, in welchem Umfang Kinder und Jugendliche Medien nutzen und welche Faktoren ihre Mediennutzung erklären. Größere Untersuchungen zur Mediennutzung wurden in der Schweiz 1976 (*Saxer* u.a. 1980), in den USA 1978 und 1980 (*Atkin* 1978; *Gollin* und *Anderson* 1980) sowie in der Bundesrepublik Deutschland 1978, 1979 und 1984 durchgeführt (*Leseranalyse Kinderpresse* 1978; *Fernsehen im Alltag von Kindern* 1981; *Jugend und Medien* 1986). Auch diese Studien lassen Rückschlüsse auf die politische Sozialisation durch Massenmedien zu.

Bemerkenswert erscheint, daß keine der großen Jugendstudien, die in den vergangenen zehn Jahren in der Bundesrepublik durchgeführt wurden, den Einfluß der Massenmedien auf die politische Sozialisation behandelt. Selbst einfache Zusammenhänge zwischen Mediennutzung und politischen Kenntnissen oder Einstellungen werden nicht ausgewiesen (*Kaase* 1971; *Jugendwerk der Deutschen Shell* 1977, 1980; *Noelle-Neumann* und *Ring* 1985; *Fischer* 1985; *Sinus-Institut* 1983, 1984, 1985). Die fünfbändige Studie „Jugendliche und Erwachsene '85: Generationen im Vergleich" enthält zwar ein Literaturverzeichnis mit 1240 Eintragungen. Dennoch fehlen dort praktisch alle relevanten Arbeiten zum Einfluß der Massenmedien auf die politische Sozialisation Jugendlicher (*Fischer* 1985, Bd. 5). Hierbei handelt es sich jedoch keineswegs um einen Einzelfall. Ähnliche Forschungslücken finden sich in der weit überwiegenden Zahl aller Wahlstudien, in denen der Einfluß der Massenmedien auf Kenntnisse, Meinungen und Wahlentscheidungen in der Regel vernachlässigt wird.

Um die Bedeutung der Massenmedien für die politische Sozialisation darzustellen, wird zunächst die Mediennutzung der Kinder und Jugendlichen sowie ihr politisches Informationsverhalten dargestellt. Im zweiten Abschnitt werden Studien zu den politischen Wirkungen von Massenmedien vorgestellt. Dabei werden auch mehrere Studien referiert, die in den USA durchgeführt wurden. Da eine Übertragbarkeit der Ergebnisse auf die europäische Situation aufgrund unterschiedlicher Medienangebote und unterschiedlicher Mediennutzung nicht problemlos erscheint, werden, soweit vorhanden, die Ergebnisse von Untersuchungen in den Mittelpunkt gerückt, die in der Bundesrepublik Deutschland durchgeführt wurden. Den Abschluß bildet eine kurze Diskussion der Funktionen und Dysfunktionen von Massenmedien für die politische Sozialisation.

2. *Mediennutzung und politische Informationsquellen*

Die meisten Studien zur Mediennutzung sind deskriptiver Art. Nur wenigen Untersuchungen liegen Annahmen zugrunde, die das Medienverhalten von Kindern und Jugendlichen erklären sollen. Zu Beginn der Fernsehforschung in den sechziger Jahren dominierten funktionalistische Erklärungen. *Himmelweit, Oppenheim* und *Vince* vermuteten 1958, daß die Einführung des Fernsehens jene Tätigkeiten verdrängen wird, die funktional ähnlich, aber weniger effektiv sind. Als funktional ähnliche Tätigkeiten wurden z.B. Comic-Lesen und Kinobesuche betrachtet (*Himmelweit* u.a. 1958). Der Nutzen- und Belohnungsansatz führte Anfang der siebziger Jahre zu einer Differenzierung der funktionalen Erklärung des Medienverhaltens (*Katz* u.a. 1974; *Blumler* und *Katz* 1974). Dieser Ansatz erklärt die Medienzuwendung mit dem Nutzen und den Gratifikationen, die die Rezipienten aus der Zuwendung zu Medien erfahren. Hierbei werden meist mehrere Funktionen unterschieden. Kognitive Funktionen der Medien umfassen Informationen und Wissen, affektive Funktionen emotionelle Erfahrungen und Unterhaltung, eskapistische Funktionen Ablenkung und Wirklichkeitsflucht, sozial-interaktive Funktionen Kontakt und Vermeidung von Isolation, sowie habituelle Funktionen Zeitvertreib und Gewohnheiten (vgl. *McQuail* u.a. 1972; *Bonfadelli* 1981). *Schramm, Lyle* und *Parker* vermuteten in ihrer grundlegenden Untersuchung von 1961, daß das Sehverhalten von Kindern und Jugendlichen maßgeblich von dem Vorbildverhalten und der Kontrolle der Eltern abhängig sei. Nachfolgende Untersuchungen ergaben, daß der Zusammenhang zwischen dem Sehverhalten der Eltern und dem ihrer Kinder zwar vorhanden, jedoch nicht sehr stark ausgeprägt ist. *Chaffee, McLeod* und *Atkin* (1971) konnten zeigen, daß zwischen den interpersonalen Kommunikationsstrukturen in der Familie und der Mediennutzung von Eltern und Kindern ein Zusammenhang besteht. Der Einfluß der Eltern auf das Medienverhalten der Kinder war in den Familien besonders groß, in denen eine pluralistische und offene Diskussion von Themen und Problemen möglich war (*Bonfadelli* 1981: 85; *Fernsehen im Alltag von Kindern* 1981: 337).
Die folgende Darstellung stützt sich vor allem auf die beiden Studien „Fernsehen im Alltag von Kindern“ (1981) und „Jugend und Medien“ (1986), in denen die Mediennutzung von unterschiedlichen Altersgruppen in der Bundesrepublik Deutschland untersucht wurde. Die zuerst genannte Studie basiert auf der Befragung einer repräsentativen Stichprobe von 900 Schulkindern im Alter von 6 bis 13 Jahren (1979), die zuletzt genannte Studie auf der Befragung einer repräsentativen Stichprobe von 4011 Jugendlichen und jungen Erwachsenen im Alter von 12 bis 29 Jahren (1984).

2.1. Mediennutzung

Die 6- bis 13-jährigen Schulkinder wenden sich durchschnittlich jeden Tag etwa 3 Stunden den verschiedenen Massenmedien zu. Davon entfällt mit 103 Minuten mehr als die Hälfte auf das Fernsehen, 49 Minuten auf Hörfunk, Platten und Cassetten, sowie 24 Minuten auf Bücher, Comics, Zeitschriften und Zeitungen (*Fernsehen im Alltag von Kindern* 1981: 328). Bei den 12- bis 29-jährigen Jugendlichen und jungen Erwachsenen beträgt der durchschnittliche Medienkonsum fast 5 Stunden pro Tag. Drei Viertel dieser Zeit entfällt auf die Nutzung von elektronischen Medien, Hörfunk und Fernsehen. Das Radio, vor allem die dritten Programme, werden von den Jugendlichen mit durchschnittlich 117 Minuten noch umfangreicher genutzt als das Fernsehen mit 101 Minuten. Im Durchschnitt hören die Jugendlichen 28 Minuten Musik von Platten und Cassetten. Die Nutzung der Printmedien macht lediglich 40 Minuten pro Tag aus. Für die Lektüre von Zeitungen und Zeitschriften wenden die Jugendlichen mit insgesamt 20 Minuten ebensoviel Zeit auf wie für die Lektüre von Büchern (*Jugend und Medien* 1986: 143).

Die Mediennutzung nimmt mit dem Alter kontinuierlich zu. Die durchschnittliche Mediennutzung beträgt bei den 6- bis 8-jährigen bereits über eine Stunde, bei den 12- bis 13-jährigen bereits über drei Stunden, bei den 16- bis 19-jährigen etwa viereinhalb Stunden und bei den 25- bis 29-jährigen über 5 Stunden am Tag. Die Zuwendung zu den einzelnen Medien variiert auf den einzelnen Altersstufen teilweise beträchtlich. Der Fernsehkonsum weist im Altersverlauf eine wellenförmige Entwicklung auf. In der Untersuchung von *Schramm, Lyle* und *Parker* (1961) wird vermutet, daß der erste Kontakt mit dem Fernsehen bei Kindern mit ca. 2 Jahren erfolgt. *Frank* (1974) nimmt für die Bundesrepublik Deutschland ebenfalls ein Alter von 1 1/2 bis 2 Jahren an. Ein regelmäßiger Kontakt mit dem Medium Fernsehen setzt etwa mit 3 Jahren ein (*Bonfadelli* 1981: 103, 127). Die Zeit, die die Kinder und Jugendlichen vor dem Bildschirm verbringen, steigt bis etwa zum 13. Lebensjahr auf täglich 2 Stunden an, bleibt bis etwa zum 15. Lebensjahr auf dieser Höhe und geht dann auf rund 1 1/2 Stunden bei den 20- bis 24-jährigen zurück. Der Rückgang kann mit dem außerfamiliären Freizeitverhalten dieser Altersgruppe erklärt werden. Mit dem Berufseintritt und der Gründung einer eigenen Familie verstärkt sich die Nutzung des Fernsehens wieder und erreicht mit fast 2 Stunden das alte Niveau (*Jugend und Medien* 1986: 143).

Während die Bedeutung des Fernsehens bei den Jugendlichen zurückgeht, steigt die Bedeutung des Hörfunks, der vor allem auch als begleitendes Medium bei anderen Aktivitäten genutzt wird. Die Zeit, in der das Radiogerät täglich eingeschaltet ist, erhöht sich von 71 Minuten bei den 12- bis 15-jährigen auf 135 Minuten bei den 20- bis 24-jährigen. Zeitungen und Zeitschriften spielen erst ab dem zwölften Lebensjahr eine nennenswerte Rolle. Die 12- bis 15-jährigen Jugendlichen wenden für die Lektüre von Zeitschriften und Zeitungen durchschnittlich 12 Minuten pro Tag auf. Mit zunehmendem Alter wächst die Nutzungsdauer allmählich. Sie beträgt bei den 20- bis 24-jährigen 15 Minuten, bei den 25- bis 29-jährigen 18 Minuten (*Jugend und Medien* 1986: 143). Die unterschiedliche Bedeutung, die die verschiedenen Medien im Leben der Kinder besitzen, zeigen sich auch in den Reichweiten dieser Medien: 72 % der Jugendlichen zwischen 12 und 29 Jahren haben an einem durchschnittlichen Wochentag mindestens einmal ein Radiogerät eingeschaltet, 69 % ein Fernsehgerät. Eine Zeitung haben hingegen lediglich 32 % der Jugendlichen gelesen, 14 % eine Zeitschrift. Anzumerken ist, daß Zeitungen und Zeitschriften bei den Jugendlichen zwar eine geringe Reichweite besitzen, jedoch von ihren Lesern mit 41 bzw. 51 Minuten pro Tag relativ intensiv genutzt werden (*Jugend und Medien* 1986: 142). Die unterschiedliche Mediennutzung in den einzelnen Altersstufen ist teilweise auf entwicklungsabhängige Fähigkeiten der Aufnahme und Verarbeitung von Medieninhalten zurückzuführen. Experimentelle Studien zeigen, daß die Vermittlung von Inhalten bei Vorschulkindern besser über das Fernsehen als über den Hörfunk erfolgt (*Sturm* und *Grewe-Partsch* 1978). Dieses Ergebnis wird durch zahlreiche Befunde der psychologischen Gedächtnisforschung gestützt, die belegen, daß bei den Erinnerungsleistungen von Vorschulkindern visuell übermittelte Informationen gegenüber verbal-akustischen Informationen überwiegen. Mit zunehmendem Alter werden beide Codes gleichberechtigt, und die simultane Aufnahme beider Codes bereitet keine Probleme mehr. Vorschulkinder behalten beim Fernsehen relativ wenig und oft eher Nebensächliches und Fragmentarisches. Verständnisschwierigkeiten zeigen sich vor allem beim Zusammenfassen der wesentlichen Inhalte, der Rückführung von Handlungen auf die Motive der Akteure sowie der Konsequenzen von Handlungen (*Collins* 1979; *Wartella* 1980). *Haase* vermutet, daß Kinder erst ab dem 6. bis 7. Lebensjahr Inhalte des Fernsehens ähnlich sehen oder auffassen können wie Erwachsene (*Haase* 1981: 174). Ebenso ist die Lesefähigkeit, die für die Nutzung von Zeitungen und Zeitschriften relevant ist, entwicklungsabhängig und erst in einer späteren Phase der Kindheit voll ausgebildet. Für den zeitweisen Rückgang der Fernsehnutzung dürften jedoch eher gruppensoziologische als lernpsychologische Gründe verantwortlich sein. Vor allem das generell veränderte Freizeitverhalten ist hier zu nennen.

2.2. Politische Informationsquellen

Das Fernsehen wird von den Jugendlichen vor allem zur Unterhaltung und zur politischen Information genutzt: 55 % der befragten Jugendlichen sehen regelmäßig oder häufig Nachrichtensendungen im Fernsehen. Mit zunehmendem Alter werden die politischen Informationsangebote des Fernsehens stärker genutzt. Fernsehnachrichten werden von einem Viertel der 12- bis 15-jährigen häufig oder regelmäßig gesehen, bei den 16- bis 19-jährigen ist es bereits die Hälfte und bei den 25- bis 29-jährigen sind es sogar drei Viertel. Die politischen Magazine des Fernsehens werden hingegen von den Jugendlichen nur in geringem Umfang angesehen (*Jugend und Medien* 1986: 144–151). Dies deutet darauf hin, daß die Jugendlichen das Fernsehen eher zur aktuellen politischen Information und weniger zur Hintergrundinformation nutzen.
In der Studie „Jugend und Medien“ wurde den Jugendlichen u.a. die Frage gestellt, in welchen Medien sie sich hauptsächlich über das, was heutzutage in der Welt geschieht, informieren. Als Hauptinformationsquelle nannten 60 % der Jugendlichen das Fernsehen, 30 % nannten Tages- oder Wochenzeitung, 22 % das Radio und 5 % Zeitschriften. Das Informationsverhalten der Kinder und Jugendlichen ist jedoch auf den verschiedenen Alters- und Bildungsstufen unterschiedlich. Das Fernsehen besitzt bei der jüngeren Altersgruppe (12–15 Jahre), die Zeitung bei der älteren Altersgruppe (25–29 Jahre) eine überdurchschnittliche Bedeutung als Quelle poli-

tischer Information. Die Mehrheit der Jugendlichen mit Volksschulabschluß gab das Fernsehen als wichtigste Informationsquelle an, die Mehrheit der Jugendlichen mit Abitur oder Studium hingegen Tages- oder Wochenzeitungen (*Jugend und Medien* 1986: 161 f.).
Das Fernsehen besitzt für die Jugendlichen in der Bundesrepublik Deutschland somit eine große Bedeutsamkeit und hohe Glaubwürdigkeit. Es wird von der relativen Mehrheit der Jugendlichen als das für sie wichtigste Medium empfunden (38 %). Radio (19 %) sowie Bücher (14 %) und Plattenspieler (14 %) folgen mit weitem Abstand. Fast zwei Drittel der Jugendlichen (63 %) würden am ehesten dem Fernsehen glauben, „wenn sie von Radio, Fernsehen, Zeitungen und Zeitschriften über ein und dasselbe Ereignis informiert würden, die Berichte aber einander widersprächen oder voneinander verschieden wären". Nur 19 % würden eher der Berichterstattung der Tages- oder Wochenzeitung Glauben schenken, 17 % dem Radio und 2 % den Zeitschriften (*Jugend und Medien* 1986: 161–164).
Einen Vergleich des Informationsverhaltens von Jugendlichen in verschiedenen europäischen Ländern ermöglicht die *Shell-Studie „Jugend in Europa"* von 1977, in der Jugendliche aus der Bundesrepublik Deutschland, Großbritannien und Frankreich befragt wurden. Deutsche Jugendliche (45 %) lasen häufiger als englische (43 %) und französische Jugendliche (23 %) täglich eine Lokalzeitung. Bei den formal höher gebildeten Jugendlichen, die insgesamt Zeitungen häufiger nutzten, sind die Unterschiede ausgeprägter. 68 % der deutschen, jedoch nur 50 % der englischen und 25 % der französischen Jugendlichen mit hoher Bildung (Gymnasium, Universität) lasen regelmäßig eine Lokalzeitung. Die Nutzung überregionaler Tageszeitungen war in Großbritannien relativ groß (48 %), während in der Bundesrepublik Deutschland (7 %) und in Frankreich (5 %) nur ein geringer Teil der Jugendlichen diese Medien nutzten. Auch der Anteil der Jugendlichen, der regelmäßig Fernsehnachrichten verfolgt, war in England mit 55 % erheblich größer als in der Bundesrepublik Deutschland und in Frankreich mit jeweils 36 %. Politische Magazinsendungen im Fernsehen sahen jeweils 7 % der Jugendlichen in der Bundesrepublik Deutschland und in Großbritannien, in Frankreich waren es 3 %. Demgegenüber hörten etwas mehr französische Jugendliche (26 %) täglich Nachrichten im Radio als in der Bundesrepublik Deutschland und in Großbritannien (jeweils 23 %). Differenziert man die Jugendlichen nach ihrem Bildungsgrad, so ergeben sich hiervon abweichende Ergebnisse. In der Bundesrepublik Deutschland wurden die Nachrichten im Hörfunk und die politischen Magazine im Fernsehen von den formal Hochgebildeten erheblich stärker genutzt als von den Jugendlichen mit gleichem Bildungsstand in Großbritannien und Frankreich (*Jugend in Europa* 1977). Aus den vorliegenden Daten kann man folgern, daß Lokalzeitungen, Hörfunknachrichten und politische Fernsehmagazine für die politische Sozialisation von Jugendlichen mit hoher Bildung und damit generell stärkerem politischen Interesse wichtiger, überregionale Tageszeitungen hingegen etwas unwichtiger sind als in vergleichbaren europäischen Ländern.

3. Sozialisationseffekte der Massenmedien

In diesem Abschnitt werden Studien referiert, die die Wirkung der Massenmedien auf die politische Orientierung von Kindern und Jugendlichen untersuchen. Dabei können Wirkungen auf Interessen, Kenntnisse, Realitätsvorstellungen, Einstellungen und Verhalten von Kindern und Jugendlichen unterschieden werden. Die referierten Studien lassen aus methodischen Gründen nur selten eindeutige Wirkungsaussagen zu. In zahlreichen Fällen handelt es sich um Querschnittsanalysen, die Zusammenhänge, nicht jedoch Wirkungen nachweisen können. In anderen Fällen wurden bei Panelanalysen nicht alle relevanten Variablen berücksichtigt. Dies gilt insbesondere für den Einfluß von Eltern und Lehrern, der sich nur schwer kontrollieren läßt. Dennoch können mit der notwendigen Vorsicht einige allgemeine Erkenntnisse formuliert werden.

3.1. Massenmedien und politisches Interesse

Zahlreiche Untersuchungen belegen einen Zusammenhang zwischen Fernsehen und politischem Interesse. *Atkin* und *Neuendorf* berichten, daß Schüler, die häufig Fernsehnachrichten ansahen, erheblich stärker an politischen Ereignissen, wie z.B. der Besetzung der amerikanischen Botschaft in Teheran, interessiert waren als ihre Kollegen, die selten Fernsehnachrichten ansahen (*Atkin* 1981). *Drew* und *Reeves* (1980) fanden, daß das Interesse an lokalen, regionalen und nationalen Angelegenheiten mit dem Ansehen regionaler oder nationaler Fernsehnachrichten verbunden war. In einem Feldexperiment, das 1967/68 in der Bundesrepublik Deutschland mit Personen durchgeführt wurde, die vor und nach der Anschaffung eines Fernsehgerätes befragt wurden, ergaben sich vergleichbare Ergebnisse. Bereits kurze Zeit nach der Anschaffung eines Fernsehapparats stieg der Anteil der Personen, die sich als politisch interessiert bezeichneten. Weiterhin zeigte sich, daß parallel zur Verbreitung des Fernsehens der Anteil politisch Interessierter von 27 % im Jahre 1957 auf 50 % im Jahre 1981 zunahm (*Noelle-Neumann* 1982; *Kepplinger* 1984).
Das Fernsehen veränderte nicht nur das Interesse an Politik, sondern auch die Vorstellung von Politik. Fernsehen führt dazu, daß der „action"-Aspekt von Politik verstärkt wahrgenommen wird und eine spielerische Vorstellung vom politischen Geschehen entsteht. Nach der Anschaffung eines Fernsehgerätes assoziierten die Befragten mit Politik verstärkt Beschreibungen wie „tätig", „spannend", „abwechslungsreich", ,,leicht" und „konflikthaltig". Interessant ist, daß bei Personen, die neben dem Fernsehen regelmäßig lasen, dieser Effekt nicht auftrat (*Noelle-Neumann* 1982). Das Fernsehen scheint bei der politischen Sozialisation somit eine ambivalente Funktion zu besitzen: es weckt einerseits das politische Interesse, führt jedoch andererseits zu einem irrealen und problematischen Verständnis von Politik (vgl. auch *Donsbach* u.a. 1985).

3.2. Massenmedien und politische Kenntnisse

Mehrere Studien, die vor allem in den siebziger Jahren in den USA durchgeführt wurden, weisen auf einen Zusammenhang zwischen der Mediennutzung und der Kenntnis von politischen Akteuren, Institutionen und Themen hin. Die erste aufwendigere empirische Studie, die den Einfluß der Massenmedien auf die politische Sozialisation untersuchte, wurde von *Chaffee, Ward* und *Tipton* während des amerikanischen Präsidentschaftswahlkampfes 1968 durchgeführt. Rund 1300 Schüler der Junior und Senior High School wurden erstmals im Mai, etwa 6 Monate vor der Wahl, und nochmals im November, 2 Wochen nach der Wahl, befragt. Im Mai-Test wurde u.a. nach der Parteizugehörigkeit und der beruflichen Tätigkeit von fünf Präsidentschaftsbewerbern sowie nach der Anzahl der Senatoren des Staates Wisconsin gefragt. Im November-Test wurde u.a. nach dem Namen und der Parteizugehörigkeit der siegreichen und unterlegenen Kandidaten bei der Präsidentschaftswahl und den Gouverneurswahlen gefragt. Die Analyse der zeitgleichen und zeitverschobenen Korrelation zwischen Mediennutzung und politischem Wissen ergab, daß zwischen der Beachtung politischer Beiträge in Fersehen und Zeitung im Mai und dem politischen Wissen im November ein mittlerer bis starker Zusammenhang bestand (*Chaffee* u.a. 1973: 492ff.).
Ein Zusammenhang zwischen Mediennutzung und politischem Wissen wurde in der Folgezeit für unterschiedliche politische Information und unterschiedliche Altersgruppen gefunden. *Conway, Stevens* und *Smith* (1975) untersuchten bei einer Befragung von 10- bis 12-jährigen Grundschulkindern in Maryland den Einfluß der Mediennutzung auf Kenntnisse über den Gesetzgebungsprozeß und über die politischen Ziele von Parteien. Dabei zeigte sich ein Zusammenhang zwischen der Nutzung von Tageszeitungen und Fernsehnachrichten und den Kenntnissen von den Aufgaben des Kongresses und der politischen Ziele verschiedener Parteien.
Atkin und *Gantz* (1978) interviewten rund 700 Grundschulkinder 1973 und 1974. Das politische Wissen der Kinder wurde durch Fragen ermittelt, bei denen politische Akteure wie Nixon, Ford und Kissinger, Orte politischer Handlungen wie Washington, China und Vietnam sowie politische Probleme wie Watergate und Inflation identifiziert werden mußten. Die häufige Nutzung von Fernsehnachrichten führte innerhalb eines Jahres bei den älteren Schülern der Grundschule zu einem höheren Wissensstand. Bei den jüngeren Schülern war ein Wissenszuwachs nicht festzustellen. Ähnliche Ergebnisse ergaben sich bei einer Nachfolgeuntersuchung von *Atkin* und *Neuendorf* (1980). Grundschulkinder, die häufig und umfangreich die Fernsehnachrichten verfolgten, waren besser in der Lage, politische Akteure wie Ayatollah Khomeini, Ronald Reagan und Margaret Thatcher auf Fotos zu erkennen, ihre Position bzw. Funktion zu bestimmen sowie Ereignisse zu nennen, in die diese Politiker verwickelt waren.

3.3. Massenmedien und politische Vorstellungen

Die Erkenntnis, daß die Massenmedien die Vorstellungen von der politischen Realität beeinflussen, geht auf ein Experiment zurück, dessen Ergebnisse *Annis* und *Meier* 1934 publizierten. Zwei Gruppen von Studenten erhielten zwei Monate lang unterschiedliche Versionen einer Tageszeitung. Die beiden Versionen enthielten voneinander abweichende Leitartikel, in denen die Politik des australischen Premierministers Hughes in unterschiedlicher Weise dargestellt und bewertet wurde. Nach Beendigung der Artikelserie wurden die Informationen und Meinungen der Studenten zu der Politik des Premiers erfragt. Die beiden Studentengruppen referierten in diesem Test überwiegend die Informationen und Meinungen, die die unterschiedlichen Leitartikel enthielten, die sie gelesen hatten. Da die Studenten vor Beginn der Artikelserie keine Informationen über die Politik des während der Untersuchung schon längst abgewählten Staatschefs besessen hatten, und da eine Kontrollgruppe auch nach Beendigung der Artikelserie noch immer nichts über sein Verhalten gegenüber der USA wußte, kann man schließen, daß die Leitartikel die Vorstellungen und Meinungen der beiden Studentengruppen hervorgerufen hatten (*Annis* und *Meier* 1934).

Die vorstellungsprägende Kraft der Massenmedien spielte auch bei Untersuchungen über Gewaltdarstellungen im Fernsehen eine Rolle. *George Gerbner* und seine Mitarbeiter analysieren seit den siebziger Jahren kontinuierlich den Umfang von Gewaltdarstellungen in den Fernsehprogrammen der USA. Ihre Inhaltsanalysen der Fernsehprogramme und Befragungen u.a. von Kindern und Jugendlichen zeigen, daß die Heranwachsenden sehr viele Gewaltdarstellungen durch das Fernsehen vermittelt bekommen, und dies vermutlich ihre Realitätssicht beeinflußt. Vielseher betrachten die Realität häufiger als gewalttätig und glauben sich in höherer Gefahr, Opfer einer Gewalttätigkeit zu werden als Wenigseher. Vielseher betonen die Hilflosigkeit der Opfer, überschätzen die Rolle der Polizei und Justizorgane und sind mißtrauischer gegenüber Mitmenschen (*Gerbner* und *Gross* 1976; *Hawkins* und *Pingree* 1983).

Andere Studien deuten an, daß die Massenmedien möglicherweise auch die Vorstellungen von gesellschaftlichen Rollen und gesellschaftlichen Gruppen beeinflussen. Kinder und Jugendliche, die viel fernsehen, besitzen z.B. konventionellere Vorstellungen über die Rolle von Männern und Frauen in der Gesellschaft sowie über das Familienleben (*Bonfadelli* 1981: 254, 305). Diese unterschiedlichen Vorstellungen lassen sich nicht durch soziale oder persönliche Merkmale der Befragten erklären, jedoch durch den Umfang der Fernsehnutzung, insbesondere durch das Ansehen von Kriminal- und Abenteuerfilmen, Cartoons sowie Unterhaltungsshows.

Eine Züricher Forschergruppe hat 1976 diese Untersuchungsanlage aufgegriffen und eine Befragung von 9-, 12- und 15-jährigen Schülern durchgeführt (*Saxer* u.a. 1980). Die Realitätsvorstellungen der Kinder und Jugendlichen wurden mit vier Indikatoren gemessen. Gefragt wurde: „Glaubst Du, daß es für Dich später wichtig sein wird, eine Pistole zu haben?“, „Wie stark, denkst Du, kann man Erwachsenen vertrauen, die man nicht kennt?“, „Glaubst Du, daß die Menschen in der Zukunft einmal von fremden, außerirdischen Lebewesen bedroht werden?“ und „Glaubst Du, in anderen

Ländern ist es interessanter als in der Schweiz?". Es zeigte sich, daß mit Ausnahme des Vertrauens, das die Kinder und Jugendlichen fremden Erwachsenen entgegenbringen, die Realitätsvorstellungen mit der Nutzung des Fernsehens zusammenhingen. Eine Pistole wurde von 9 % der Jugendlichen mit geringer Fernsehnutzung, jedoch von 16 % der Jugendlichen mit hoher Fernsehnutzung als „sehr wichtig" erachtet. An eine Bedrohung durch Ufos glaubten 22 % der Wenigseher, jedoch 30 % der Vielseher. Das Ausland erachteten 52 % der Jugendlichen mit geringer Fernsehnutzung, jedoch 66 % der Jugendlichen mit hoher Fernsehnutzung als interessanter als die Schweiz. Der Fernseheinfluß war bei der jüngsten Altersgruppe, den 9-jährigen, besonders hoch. Insgesamt konstatieren die Forscher eine partielle Verdrängung der Wirklichkeitsorientierung durch die Fernsehorientierung (*Saxer* u.a. 1980: 148–158). Wie bei allen Einfachbefragungen kann auch bei der hier aufgeführten Studie nicht eindeutig entschieden werden, ob die Mediennutzung Ursache oder Folge der Vorstellungen ist. Auch Wechselwirkungen zwischen beiden Variablen sind denkbar.

3.4. Massenmedien und politische Einstellungen

Zu den frühen Erkenntnissen der Wirkungsforschung gehört, daß sich Einstellungen zu Personen leichter beeinflussen lassen als Einstellungen zu Sachfragen (*Berelson* 1948). Die Mehrzahl der mit Kindern und Jugendlichen durchgeführten Untersuchungen bestätigen diese Annahme und weisen einen Zusammenhang zwischen Mediennutzung und Urteilen über Politiker nach. Der Zusammenhang zwischen Mediennutzung, Medienberichterstattung und Einstellung zu Politikern tritt besonders deutlich in politischen Krisensituationen hervor. *Hawkins*, *Pingree* und *Roberts* (1975) befragten 9-, 13- und 17-jährige Schüler während des Präsidentschaftswahlkampfs 1972 und erneut 1973. In diesem Zeitraum hatte sich der Watergate-Skandal zu einem dominierenden Thema der Medienberichterstattung entwickelt. Während das Problem „Ehrlichkeit der Regierung" 1972 für die Kinder und Jugendlichen völlig unwichtig war, wurde es 1973 von ihnen als wichtiges politisches Problem eingestuft. Weiterhin bewerteten die Schüler, die häufig Nachrichten im Fernsehen ansahen, die menschlichen und politischen Fähigkeiten von Präsident Nixon ungünstiger als ihre Altersgenossen, die diese Informationsquelle selten nutzten, und sie waren auch häufiger davon überzeugt, daß der Präsident tief in die Watergate-Affäre verwickelt sei (*Hawkins* u.a. 1975).
Zu Sozialisationswirkungen der Medien, die sich nicht auf Teilaspekte, sondern auf die Einstellung zum politischen System insgesamt beziehen, liegen unterschiedliche Befunde vor. *Chaffee* stellte 1977 fest, daß die Nutzung politischer Informationsangebote durch Jugendliche keinen Einfluß auf deren Vertrauen in das politische System besaß (*Chaffee* 1977). *Rubin* (1978) untersuchte die Nutzung der Nachrichten und politischen Informationssendungen im Fernsehen bei 9- bis 17-jährigen Schülern in Illinois. Dabei zeigte sich, daß die Fernsehnutzung, besonders bei jungen Kindern, mit einer positiven Einstellung gegenüber dem politischen System zusam-

menhing. Zwischen der Mediennutzung und der Bewertung des Präsidenten zeigte sich dagegen kein Zusammenhang.
Anfang der siebziger Jahre analysierte eine Nürnberger Forschergruppe die langfristigen Wirkungen von Tageszeitungen mit ausgeprägter redaktioneller Linie (*Boden* u.a. 1975). Zwei vergleichbare Gruppen von Fachhochschülern erhielten über einen längeren Zeitraum entweder die *Frankfurter Rundschau* oder *Die Welt* zugesandt. Während dieser Zeit änderten sich die Meinungen der Fachhochschüler in der redaktionellen Richtung der ihnen zugesandten Zeitungen. Die Leser der Frankfurter Rundschau zeichneten sich nach einjährigem Bezug durch progressivere, die Leser der Welt durch konservativere Einstellungen zu Marktwirtschaft, Gewerkschaften und Ostpolitik aus. Auch bei den Einstellungen der Fachhochschüler zu staatlichen Ordnungsmaßnahmen und zur westlichen Wirtschafts- und Gesellschaftsordnung zeigten sich innerhalb des Untersuchungszeitraums Veränderungen, die den politischen Tendenzen der Tageszeitungen entsprachen, allerdings statistisch nicht signifikant waren. Die Teilnehmer dieses Feldexperiments konnten nicht selbst entscheiden, welche Zeitung sie erhielten. Die festgestellten Einstellungsmodifikationen und -veränderungen sind daher eher als Wirkungsmöglichkeiten als als Wirkungswahrscheinlichkeiten zu betrachten. Allerdings ist zu beachten, daß gerade bei Jugendlichen Veränderungen der Lebenssituation häufig mit sozial bedingten Änderungen des Kommunikationsverhaltens verbunden sind. Ein Beispiel hierfür ist der Wechsel von regionalen zu nationalen Abonnementzeitungen durch den Studienbeginn, bei dem sich die Jugendlichen in der Regel der Frankfurter Rundschau zuwenden, die damit – neben Spiegel und Zeit – in dieser Gruppe und Lebensphase eine Schlüsselstellung besitzt.

3.5. Massenmedien und politisches Verhalten

Studien, die die komplexen Beziehungen zwischen kognitiven und affektiven Medienwirkungen, wie z.B. Veränderung von Wissen, Einstellungen und Vorstellungen, auf das politische Verhalten von Kindern und Jugendlichen untersuchen, sind selten. In vielen Abhandlungen wird eine solche Beziehung zwar vermutet, sie ist jedoch selten belegt. In der bereits erwähnten Pionierstudie von *Chaffee, Ward* und *Tipton* (1970) wurden die Schüler auch nach ihren Wahlkampfaktivitäten gefragt. Hierzu zählten das Tragen von Ansteckern, das Austeilen von Wahlkampfmaterialien sowie der Versuch, in Diskussionen um Sympathie für einen Kandidaten zu werben. Es zeigte sich ein Zusammenhang zwischen der Häufigkeit der Nutzung von Tageszeitungen und den beschriebenen Wahlkampfaktivitäten. Die Nutzung von politischen Informationssendungen im Fernsehen besaß nicht den gleichen Effekt, sondern schien Wahlkampfaktivitäten eher zu bremsen. In einer Folgeuntersuchung (*Chaffee* 1977) zeigte sich erneut ein aktivierender Effekt der Zeitung, nicht jedoch des Fernsehens.
Kepplinger und *Martin* (1986) analysierten durch verdeckte teilnehmende Beobachtung von 180 zufällig ausgewählten Gruppengesprächen in Mainz, an denen Erwachsene und Jugendliche teilnahmen, wie oft und auf welche Weise die Massenmedien und ihre Inhalte gesprächsweise thematisiert wurden. In 77 % der analysierten Grup-

pengespräche spielten die Massenmedien eine Rolle, 38 % der an diesem Gruppengespräch beteiligten Personen erwähnten Massenmedien mindestens einmal. Die Erwähnung von Massenmedien besaß innerhalb der Gruppengespräche unterschiedliche Funktionen. In 24 % der Fälle stellten die Massenmedien den Anlaß für ein Gespräch dar, in 33 % der Fälle wurden sie zur Unterrichtung über Fakten erwähnt, und in 29 % der Fälle wurden sie zur Verteidigung von Meinungen, vor allem der eigenen Position, genutzt. Je jünger die Gesprächsteilnehmer waren, desto häufiger benutzten sie Hinweise auf die Massenmedien zur Gesprächsauflockerung. Vor allem die unter 30-jährigen fragten häufig danach, ob andere Gesprächsteilnehmer einen bestimmten Beitrag gesehen oder gehört hatten. Die Ergebnisse der Züricher Untersuchung belegen ebenfalls die hohe Bedeutung, die die Massenmedien, vor allem das Fernsehen, als Gesprächsgegenstand für die interpersonale Kommunikation besitzen. „Weil ich dann mit meinen Freunden etwas zu erzählen habe" nennen 54 % der Neunjährigen als Grund für ihre häufige oder gelegentliche Fernsehnutzung, bei den 12-jährigen sind es 44 %, bei den 15-jährigen noch 34 % (*Saxer* u.a. 1980: 62). Fragen nach der Kenntnis bestimmter Beiträge stellen soziale Erwartungen dar. Je jünger die Gesprächsteilnehmer waren, desto häufiger sahen sich Jugendliche derartigen Erwartungen ausgesetzt. Möglicherweise stellt der Nutzen, die Massenmedien zur Verteidigung von Meinungen einzusetzen, sowie die Erwartungen, die an die Kenntnis von Beiträgen in Massenmedien gestellt werden, einen Einfluß auf die Mediennutzung dar, die ihrerseits einen Einfluß auf die Medienwirkungen besitzt (*Kepplinger* und *Martin* 1980, 1986).

Zwei Studien zur Entwicklung der Kriegsdienstverweigerung in der Bundesrepublik Deutschland von 1961 bis 1975 sowie zur Entwicklung politisch motivierter Gewalt in der Bundesrepublik Deutschland von 1960 bis 1972 zeigen, daß der Veränderung von Verhaltensweisen langfristige Legitimationsprozesse vorausgehen, bei denen die Massenmedien eine wichtige Rolle spielen. Dem scheinbar unvorbereiteten Anstieg der Anträge auf Kriegsdienstverweigerung von 1968 bis 1972 ging, wie eine Inhaltsanalyse der Presseberichterstattung zeigt, eine mehrjährige Legitimation des Verhaltens voraus. Die Kriegsdienstverweigerung wurde dabei von einigen Blättern mit religiösen, moralischen und politischen Argumenten gerechtfertigt, ohne daß dies zunächst von anderen Blättern in Frage gestellt wurde. Im Verlauf dieser Legitimationsphase wurde die Wertschätzung von Kriegsdienstverweigerern von der Bevölkerung, vermutlich wegen ihrer publizistischen Präsentation, deutlich überschätzt. Zugleich nahm die Wertschätzung vor allem bei jenen Jugendlichen zu, die zu den Lesern der analysierten Blätter gehörten. Sie tendierten darüber hinaus dazu, auch fragwürdige Motive von Kriegsdienstverweigerern zu billigen, was die Wahrscheinlichkeit entsprechender Anträge erhöhte (*Kepplinger* und *Hachenberg* 1980).

Auch der scheinbar unvermittelte Ausbruch politisch motivierter Gewalt, der durch die Erschießung von Benno Ohnesorg ausgelöst wurde, läßt sich auf eine jahrelange Thematisierung unkonventioneller Verhaltensweisen und gravierender gesellschaftlicher Veränderungen zurückführen. Vorangegangen war Anfang der sechziger Jahre ein zunehmendes Engagement von Schriftstellern in politischen Konflikten, dem eine wachsende Beschäftigung mit sozialem Wandel in sozialwissenschaftlichen

Lehrveranstaltungen sowie eine steigende Zahl von wissenschaftlichen Publikationen zu Revolutionen folgte. Die genannten Aktivitäten indizierten und stimulierten eine allgemeine Konfliktbereitschaft vor allem in Teilen der Studentenschaft, die es erlaubte, Ostermarschierer, Fahrpreisdemonstranten, Vietnam-Gegner und andere Gruppen zusammenzuführen. Die ersten gewaltsamen Auseinandersetzungen riefen eine Welle von Gewaltdarstellungen hervor, der im Abstand von einem Jahr eine Welle von gewaltsamen Demonstrationen folgte. Auch hierbei bildeten sich Bezugsgruppen, die die Anwendung politischer Gewalt und anderer unkonventioneller Verhaltensweisen rechtfertigten, wodurch sich die politisch motivierte Gewalt in bestimmten Bezugsgruppen vom unerwünschten zum erwünschten oder zumindest gebilligten Verhalten veränderte (*Kepplinger* 1981).

4. Funktionen und Dysfunktionen der Massenmedien für die politische Sozialisation

Für die Beurteilung der Funktionalität der politischen Sozialisationswirkungen der Massenmedien erscheint es sinnvoll, einen Vorschlag von *Robert Merton* aufzugreifen (vgl. *Merton* 1957). Er unterscheidet die subjektive Kategorie des Motivs von der objektiven Kategorie der Funktion und trennt Handlungen, bei denen das subjektiv angestrebte Ziel mit den objektiven Folgen zusammenfällt, von solchen Handlungen, bei denen Ziel und Folge divergieren. Folgen der ersten Art nennt Merton manifeste Funktionen. Sie werden von den Beteiligten sowohl beabsichtigt als auch wahrgenommen. Folgen der zweiten Art nennt Merton latente Funktionen. Sie werden weder beabsichtigt noch wahrgenommen. Weiterhin kann zwischen positiven, negativen und irrelevanten Folgen unterschieden werden. Folgen, die die Anpassung an ein gegebenes System fördern, nennt Merton funktional, negative Folgen entsprechend dysfunktional und irrelevante Folgen nichtfunktional. Folgt man diesen Unterscheidungen, so kann man zunächst feststellen, daß es sich bei den Sozialisationswirkungen der Massenmedien in der Regel um eine latente Funktion handelt. Der Journalist, der einen politischen Beitrag verfaßt, beabsichtigt in den meisten Fällen nicht, zur politischen Sozialisation von Kindern und Jugendlichen beizutragen, und daß er dies tatsächlich tut, ist ihm vermutlich nicht bewußt. Anders formuliert: Nachrichten, Berichte und Kommentare sind in der Regel nicht auf ein jugendliches Zielpublikum ausgerichtet, ihre Sozialisation ist nicht intendiert. Die Sozialisationswirkungen der Massenmedien ergeben sich quasi unbeabsichtigt und nahezu unbemerkt bei der Verfolgung anderer politischer Kommunikationsziele der Massenmedien. Dies ist ein Wesensmerkmal der Massenmedien in liberalen Demokratien. Umgekehrt kann man feststellen, daß Versuche, die Massenmedien bewußt in den Dienst der politischen Sozialisation zu stellen, Indikatoren für autoritäre wenn nicht totalitäre Tendenzen sind.

Zu den funktionalen Folgen der Massenmedien dürfte die Ausweitung des politischen Interesses, zumal unter den niedrig Gebildeten sowie – in geringem Maße – die Verbesserung der politischen Kenntnisse vor allem der höher Gebildeten, gehören. Als dysfunktionale Folgen wird man die Verbreitung verzerrter Eindrücke vom politischen Handeln und übertriebene Vorstellungen von den eigenen Kenntnissen betrachten müssen. Problematisch erscheint die Beurteilung des Einflusses der Massenmedien auf den politischen Wandel. Zum einen tragen die Massenmedien mit ihrer Stimulierung politischen Wandels zur Anpassung des politischen und wirtschaftlichen Systems an veränderte Bedingungen bei. Zum anderen erzeugen sie jedoch auch Veränderungs-Erwartungen, die aufgrund der gegebenen Bedingungen weder begründet noch erfüllbar sind und die Leistungsfähigkeit des politischen Systems überfordern können. Ob der politische Wandel, den die Massenmedien in liberalen Demokratien durch die Aktivierung von Jugendlichen und jüngeren Erwachsenen vermutlich bewirken, unter Stabilitätsgesichtspunkten funktional oder dysfunktional ist, kann mit den vorhandenen Daten nicht beurteilt werden.

V. Zur nationalen Identität in Deutschland

Probleme der nationalen Identität

Gerhard Wuthe

1. *Einleitung*

Auch im vergangenen Jahr zeigte sich wieder, daß bei gegebenen Anlässen die „Deutsche Frage" – als Frage nach der deutschen Nation – wie offen oder nicht mehr offen sie auch sein mag, immer noch breite Resonanz in der Öffentlichkeit der Bundesrepublik Deutschland findet. Spektakuläre Ereignisse wie die Fußballweltmeisterschaft in Mexiko oder entsprechende „Gedenktage" wie der 25. Jahrestag des Berliner Mauer-Baus steigern noch jeweils das Interesse an der Nation. Der angenommenen Tendenz eines schwindenden Nationalbewußtseins, vor allem in der jungen Generation, die die staatliche Einheit Deutschlands nie erlebt hat, läßt sich auch ein zunehmendes nationales Identifikationsbedürfnis entgegenhalten, das als Ansatz eines „neuen Patriotismus" weit in linke Kreise hinein gedeutet werden kann (vgl. *Brandt* und *Ammon* 1981; *Venohr* 1982).

Die großen Probleme unserer Zeit, die Sicherung des Friedens, der Schutz der Umwelt, die Erhaltung des Wohlstands unter Abbau der Massenarbeitslosigkeit, sind gewiß nicht allein im nationalen Rahmen zu lösen. Sie machen aber auch die nationale Frage nicht gegenstandslos. Die gesellschaftspolitische Relevanz der Problematik nationaler Identifikation ist mit diesen Bemerkungen angedeutet.

Es kommt jedoch auch darauf an, ein brisantes Thema aus den irrationalen Bezügen bloßer Willens- und Wunschvorstellungen herauszuführen und auf eine objektive Grundlage zu stellen. Hier verbinden sich aktuelles politisches Interesse und theoretische Fragestellung an einem gewichtigen Problem, das den Sozialwissenschaften, insbesondere auch der Politische-Kultur-Forschung wohl ansteht.

2. *Sozioökonomische Faktoren und kollektive Identität*

Dieses Frageinteresse hinsichtlich der Wertorientierungen und Verhaltensweisen sozialer Gruppen, als Ausdruck sozialer Identifikation der Einzelperson mit einem Kollektiv, ist schon seit längerem über die einseitigen und engen Erklärungsansätze einer „Nationalcharakter"-Forschung hinaus auf den Rahmen gesamtgesellschaftlicher Bezüge in der Erforschung der „politischen Kultur" (*Berg-Schlosser* 1972) verwiesen worden. Die Ergiebigkeit dieser Überlegungen hat sich methodisch in der Kombination von *strukturalem Ansatz*, in der Analyse der objektiven materiellen Grundlagen, der sozio-ökonomischen und politisch-institutionellen Strukturen eines Sozialsystems und *sozialpsychologischem Ansatz*, in der Analyse der subjektiven Beewußtseinsmomente, der Werthaltungen und Einstellungen, also der Grundlagen der politischen Kultur einer Gesellschaft zu bewähren.

Die objektiven sozialstrukturellen Faktoren werden als unabhängige Variablen anerkannt, jedoch nicht einseitig als Determinanten der subjektiven Orientierungen, sondern als in rückkoppelnder Wechselwirkung mit ihnen das konkrete soziale Verhalten bestimmend. Demnach wird politische Kultur als „intervenierende Variable" statuiert (vgl. *Berg-Schlosser* 1983, unter Bezug auf *Pappi* und *Laumann* 1974).

Von diesem methodischen Grundverständnis her sollte es möglich sein, wesentliche Aspekte der Nationenproblematik anzugehen, die in der aktuellen westdeutschen Diskussion vernachlässigt worden sind oder erst in letzter Zeit ansatzweise aufgegriffen wurden. Dies gilt zum einen für die Zuordnung des Nationbegriffs als subjektive Komponente auf einen leistungsfähigen kategorialen Rahmen. Hierfür hat *Löcherbach* (1983) in der Auseinandersetzung mit *Habermas* (1974) den paradigmatischen Ansatz der „Kollektiven Identität" aufgegriffen, um mit kritischen Anmerkungen die Perspektive der weiteren Erforschung des Nationenproblems sowie ein Resumee des Nationverständnisses in Deutschland zu skizzieren. Dieser angedeutete Weg müßte methodologisch und empirisch weitergeführt werden.

Ein anderer Aspekt bedarf ebenfalls einer systematischen Behandlung: Bei diesem geht es um das Verhältnis von Nation und sozioökonomischen Faktoren. Diese Frage ist umso bedeutsamer, als die Antithese, an der sich die Auseinandersetzung um die nationale Frage in Deutschland immer wieder entzünden muß, die offizielle DDR-Version von den zwei deutschen Nationen, sich in ihrer theoretischen Begründung auf das Konzept einer „sozial-ökonomischen Bedingtheit" der Nation stützt. Ein Ausklammern dieses Fragenkomplexes ist nicht einfach damit zu rechtfertigen, daß es sich bei der Argumentation der SED-Führung lediglich um eine vordergründigen politischen Zwecken dienende ideologische Manipulation handelt. Es muß schon gefragt werden, ob sich nicht aus der Analyse der Beziehungen zwischen sozioökonomischen Faktoren und Nationalbewußtsein weiterführende Erkenntnisse für das Verständnis von Nationenentwicklung und nationaler Identifikation gewinnen lassen.

Für das Verhältnis von sozio-ökonomischen Faktoren und Nation sind drei Grundpositionen denkbar, die sich auch realtypisch in politischen Lagern und darauf bezogenen theoretischen Begründungsansätzen nachweisen lassen. Diese Positionen können hier nur skizziert werden (ausführlichere Darstellung bei *Wuthe* 1983).

1. Nation ist als historische Kategorie eine dialektische Einheit von sozialökonomischen (klassenmäßigen) und ethnischen Faktoren. Den sozialökonomischen Beziehungen kommt das Primat zu. Sie bestimmen das Wesen einer Nation und sind damit auch Unterscheidungskriterium für eine Typologie der Nationen. Diese Position wird von der SED-Führung und ihren Theoretikern mit dem Anspruch einer wissenschaftlichen Nationen-Theorie, gestützt auf die Prinzipien des historischen Materialismus, also vom Marxismus-Leninismus her, vertreten (*Axen* 1974; *Kosing* 1975, 1976).

2. Nation kann in ihrem Wesen nicht von sozioökonomischen Faktoren her begründet werden. Sie steht über den sozialen Gruppen mit ihren Teilinteressen und muß aus gesellschaftspolitischen Auseinandersetzungen herausgehalten werden. Diese Position wird als eindeutige Antithese zu 1) in der Bundesrepublik staats- und parteipolitisch von den Unionsparteien repräsentiert, unterstützt durch eine engagierte konservative Publizistik. Ihre theoretische Untermauerung vermag diese Position in der Nationen-Konzeption der herkömmlichen deutschen Staatslehre zu finden, in der ein expliziter Bezug zu sozioökonomischen Faktoren als Begründungs- oder Unterscheidungskriterium für Nationen nicht gegeben ist.
3. Nation ist eine gesellschaftlich-historische Kategorie, die auch von sozioökonomischen Faktoren bedingt wird. Sie sind jedoch nicht das entscheidende Kriterium für die Wesensmerkmale nationaler Besonderheiten. Eine Nation kann mit verschiedenen Stadien sozioökonomischer Entwicklung verbunden sein. Jedoch können die im nationalen Rahmen ausgetragenen gesellschaftspolitischen Gegensätze für den Bestand einer Nation kritisch werden. Diese Position nimmt zwischen den extremen Auffassungen 1) und 2) einen vermittelnden Standpunkt ein. Staats- und parteipolitisch wurde sie durch die sozialliberale Koalition vertreten. Theoretisch unterstützt wurde sie durch einen vornehmlich empirisch-analytisch orientierten Wissenschaftlerkreis um Christian P. *Ludz*, der auch *„Materialien“* zum Bericht zur Lage der Nation erarbeitete. Dieses Nation-Konzept, das „Nationen als ebenso historisch-politisch wie sozioökonomisch geformte und gestaltete Einheiten ... als besonders verdichtete Kommunikations- und Handlungsstrukturen ... in denen Menschen aufeinander bezogen und zu einer Einheit werden“ (*Materialien* 1974: 70) begreift, erklärt sich ausdrücklich den Arbeiten von Karl W. *Deutsch* (1966, 1972) verpflichtet.

In den letzten Jahren sind diese drei Positionen nicht mehr weiterentwickelt worden. Der Versuch eines begründeten Konzepts bedarf jedoch einer kritischen Stellungnahme. Position 2 beschränkt sich auf einen normativen Anspruch ohne empirischen Bezug, sie kann deshalb für eine theoretische Fragestellung hinsichtlich sozioökonomischer Einflußfaktoren außer Betracht bleiben. Hingegen muß sich Position 1 in ihrem Anspruch als einer exakten wissenschaftlichen Theorie logischen und empirischen Kriterien stellen. Die Auseinandersetzung wird hier vornehmlich um den Geltungsanspruch sozial-ökonomischer Faktoren als Determinanten des Nationen-Begriffs gehen müssen. Mit Position 3 ergibt sich auf Grund der Offenheit in der Fragestellung weitgehende Übereinstimmung.

3. Die Entwicklung nationaler Identität

Die großen, die historische Entwicklung der Menschheit vorantreibenden Wahrheiten sind stets nur Halbwahrheiten. Das gilt auch für *Marx*: „Die Geschichte aller bisherigen Gesellschaft ist die Geschichte von Klassenkämpfen“ (Kommunistisches Manifest). Alle Geschichte menschlicher Vergesellschaftung beruht auf dem funktionalen Bedürfnis der Sicherung eines sozialen Kollektivs nach außen in Verbindung mit Integration im Innern. Zwang und Hierarchisierung erscheinen als Integrationsmittel für politische Herrschaft als Entscheidungsinstanz wie für ökonomische Leistungsorganisation und Ausbeutung. Angesichts der Unzulänglichkeiten menschlichen Zusammenlebens, der auf individuellen Wertpräferenzen basierenden Interessengegensätze und des Mißverhältnisses zwischen wirtschaftlichem Leistungsvermögen und Bedürfnissen erscheint wohl nur das Ausmaß dieser sozialen Kosten umstritten. Hierarchisierung bewirkt sozialökonomisch auch Klassengliederung. Zwischen äußerer und innerer Funktion besteht Rückkoppelung. Wird der hierarchische Druck im Innern unerträglich, Unterdrückung und Ausbeutung schlimmer als die Gefahr von außen, könnte es zu inneren Destabilisierungen von großer Tragweite kommen. Als unentbehrlich förderndes Element der Sicherungs- und Integrationsfunktion erscheint kollektive Identifikation. Technisch formuliert als intensive Kommunikation vermittelt sie positive Emotionen, macht Spannungen erträglicher. Allerdings hat sie auch das Spannungsverhältnis zur Klassensolidarität auszutragen. Die Wertpräferenzen, die das jeweilige konkrete Verhalten Einzelner oder von Teilgruppen innerhalb eines Kollektivs steuern, müssen aus diesem Spannungsverhältnis zwischen umfassender sozialer Identifikation und partieller Klassenidentifikation in einer Konstellationsanalyse ermittelt werden, wobei das sozioökonomisch bestimmte Klassenbewußtsein keineswegs eindeutig determiniert.

Der Wirkzusammenhang der Sicherung und Integration sozialer Gruppierung wird unter dem Entwicklungsaspekt in der Annahme permanenten sozialen Wandels in ein Prozeßgeschehen hineingestellt, das zur Ausbildung von immer leistungsfähigeren sozialen Großaggregaten – sozialen Systemen mit funktional/struktural gegliederten Subsystemen tendiert. Dies ist auch der Bezugsrahmen für Nationenbildung und -entwicklung.

Diese Entwicklung vollzieht sich im Bereich der materiellen Produktion ausgehend von den ursprünglichen, alle Lebensfunktionen umfassenden sozialen Einheiten über die geschlossene Hausgemeinschaft (oikos) mit Funktionsausgrenzung hin zur wirtschaftlichen Großgesellschaft. Sie stellt sich dar als eine Personengruppe, die gelernt hat, arbeitsteilig zu kooperieren, die dementsprechend Strukturen sozialer Schichtung (Klassen) ausbildet und deren Mitglieder in Untergruppen ein auf Eigeninteressen beruhendes Selbstbewußtsein (Klassenbewußtsein) entwickeln. So bildet sich ein sozioökonomisches Subsystem, voll entfaltet als Volkswirtschaft deklariert.

Parallel dazu vollzieht sich, die Funktion sozialer Reproduktion durch kulturelle Kommunikation überhöhend, eine Entwicklung, ebenfalls ausgehend von den „natürlichen" sozialen Gruppen, Kleinfamilie, Sippe, Stamm, als Stammesverbände amalgamiert und insofern schon nicht mehr bloß Abstammungsgemeinschaft, sondern schon sozial-kulturell vermittelt, hin zur sozialen Großgruppe Volk. Diese Personengruppe ist fähig, Information über einen Themenbereich, der alle erreichbaren Kulturinhalte umfaßt, leistungsfähig zu kommunizieren, sie ist Kommunikationsgemeinschaft. Inhalt und Form der kulturellen Kommunikation werden in der Regel geprägt durch die Merkmale der gemeinsamen Sprache, der vielfältigen kulturellen Manifestationen, einer eigentümlichen Wesensart.

Auf dieser ethnischen Grundlage entfaltet sich individuelles und kollektives Selbstbewußtsein, das in sich verdichtender und ausbreitender Kommunikation nach und

nach alle Mitglieder des Volkes erfaßt, nicht zuletzt mitinitiiert durch Momente eines sozioökonomisch bestimmten Eigeninteresses. Mit diesem Mobilisationsprozeß ist Nationenbildung in Gang gekommen. Nation stellt sich im sozio-kulturellen Subsystem dar. Dieser enger gefaßte Nationenbegriff unterscheidet sich von einer extensiven Auffassung, in der Nation als Synonym für ein politisches System, als „Nationalstaat moderner Prägung“ (*Schweigler* 1981) verstanden wird.
In dieser begrifflichen Abgrenzung erhält auch ein dritter Bereich seine funktionale Bedeutung: die politische Organisation der Gesellschaft. Sie unterstützt und vermittelt die beiden anderen Bereiche der sozioökonomischen und sozio-kulturellen Entwicklung. Auf der Grundlage eines geschlossenen Territoriums erhebt sich der Anspruch auf politische Herrschaft. In der Ausbildung rational legitimierter Herrschaft und bürokratisch organisierter Verwaltungsapparaturen wird optimale Effektivität angestrebt. Als politisches System stellt sich das gesellschaftliche Subsystem dar, das neben der Sicherungsfunktion auf die Herstellung verbindlicher Entscheidung zielt. Es regelt Interessenkonflikte über materielle Ressourcen und Verteilungsprobleme, sowie über soziokulturell vermittelte Normen und Werte. Somit gewährleistet es in der Herstellung von Konsens die Integration der Gesellschaft. Dabei ist es selbst jedoch angewiesen auf die Unterstützung der beiden anderen Bereiche durch materielle und ideelle Leistungen. Nationale Identifikation erweist sich als besonders geeigneter „support“ für das politische System. Das sich entwickelnde nationale Selbstbewußtsein hat dementsprechend die Tendenz, durch politische Willensäußerung auf Herstellung einer gemeinsamen politischen Organisationsform zu drängen. Ausdruck dieser politischen Gemeinsamkeit ist der Nationalstaat als eine integrierte Einheit von Institution (Staat) und Personengruppe (Staatsvolk), nicht als bloß formale Verbandsangehörige, sondern als durch politischen Willen geeinte Nation.
Hier wird der Zusammenhang von Nationenbildung und Demokratisierung der Gesellschaft deutlich. Nationalbewußtsein kann sich nur voll entfalten, wenn alle sozialen Gruppen politisch gleichberechtigt und in relativer sozialer Gleichheit in die nationale Gemeinschaft integriert sind. Damit ergibt sich auch wieder eine Wechselwirkung von National- und Klassenbewußtsein. Auch hier wäre ein *Marx*scher Satz abzuwandeln: „Die Arbeiter haben kein Vaterland“. Gerade die unter beschränkten proletarischen Verhältnissen lebenden Arbeiter haben manchmal *nur* das Vaterland. Um so mehr gewinnt nationale Identifikation für den Bürger an Bedeutung, der sie mit gesicherten politischen Freiheits- und sozialen Existenzrechten verbinden kann. Insofern ist auch die Interpretation der „Deutschen Frage“ über das Ringen um kulturelle und staatliche Gemeinsamkeit hinaus als Streben nach Gewährleistung individueller Freiheit und sozialer Gerechtigkeit zutreffend.
Für die Nationenbildung und -entwicklung spielt die Wechselwirkung ethnischer mit sozio-ökonomischen Faktoren eine wichtige Rolle. Eine Determinierung des Wesens der Nation durch diese sozio-ökonomischen Faktoren ist jedoch durch die Zuordnung zu unterschiedlichen Sub-Systemen auszuschließen. Es ist nicht der dem sozioökonomischen Bereich zuzuordnende Sachverhalt einer bestimmten Gesellschaftsstruktur, etwa als Klassengesellschaft, der das Charakteristikum einer Nation ausmacht. Das Grundmuster der Gesellschaftsverhältnisse wird durch nationale Besen-

derheiten variiert, ist insofern Ausdruck einer bestimmten Form sozialer Inhalte. Andererseits können Wirkungen gesellschaftlicher Antagonismen oder eines soliden sozialen Konsensus die Konsistenz des Nationalbewußtseins schwächen oder stärken, ohne aber die Wesensmerkmale des Nationalcharakters im Kern zu tangieren.
Es ist nicht das Was, sondern das Wie, die Art und Weise des Arrangements, mit der sich bestimmte kulturelle Inhalte bei allen Nationen gleicher Entwicklungsstufe als jeweils spezifisches Muster darstellen.
Jede soziale Großgruppe hat generelle, ihre Produktionsverhältnisse und Herrschaftsbeziehungen widerspiegelnde Strukturen. Sie sind gewissermaßen das tragende Skelett. Die individuelle Gestalt einer Nation ergibt sich jedoch erst mit den eigentümlichen ethnischen Merkmalen, mit denen sie sich von anderen Nationen, die eine entsprechende Sozialstruktur haben, unterscheidet. Sie sind das Fleisch, das das Knochengerüst der Gesellschaft umhüllt, um in der Metapher zu bleiben.
Ein Primat der sozialökonomischen (klassenmäßigen) Faktoren für die Bestimmung des Wesens der Nation und damit als Unterscheidungskriterium für Nationen ist methodisch nicht haltbar.

4. *Schlußfolgerungen*

Es bleibt jedoch das Problem, daß eine Nation auf einen adäquaten Rahmen politischer Institution und wirtschaftlicher Kooperation angewiesen ist, um ihre Funktion als Kommunikationsgemeinschaft erfüllen zu können. Nation ist zwar eine dauerhafte historische Größe, die ihren Zusammenhalt auch unter sich verändernden staatlich-politischen und sozio-ökonomischen Bedingungen wahren kann. Jedoch sind Desintegration und Separationen dann nicht auszuschließen, wenn diese Bedingungen das nationale Kommunikationsgeflecht auf lange Sicht beeinträchtigen. Für die deutsche Situation ist davon auszugehen, daß die staatlich-politische Teilung die Kommunikation zwischen den Menschen in Ost und West weiter verdünnt und die unterschiedlichen Wirtschaftssysteme eine weitere Auseinanderentwicklung der realen ökonomisch-sozialen Lebensverhältnisse bedingen. Die aus dieser Einschätzung zu ziehenden politischen Schlußfolgerungen sind nicht Thema dieser Analyse.
Angesichts der Fragwürdigkeit der Perspektiven einer Identifikation auf der Grundlage eines deutschen Nationalbewußtseins sind die vielfältigen Möglichkeiten, die der Rahmen „kollektive Identität" bietet, als Alternativangebote zwingend einzubeziehen. Der Verlust an identitätsstiftenden Bindungen wird allgemein beklagt, der hohe Bedarf an kollektiver Identität in den modernen Massengesellschaften zugestanden (vgl. *Weidenfeld* 1983: 21), um sozialen Systemen ihre Entwicklungs-, Steuerungs- und Integrationsfähigkeiten zu erhalten. Populärer Ausdruck dieser Bestrebungen ist entweder ein Rekurrieren auf die engere lokale oder regionale Ebene, die im Heimatbegriff ihr Symbol findet; oder der nationale Rahmen wird transzendiert in der Orientierung auf eine größere, räumlich weitere Einheit hin, Europa, oder als letzte globale Bezugsgröße, die Menschheit im Sinne eines Weltbürgertums.
Für eine theoretische Umsetzung dieser Möglichkeiten bietet *Löcherbach* (1983: 196 ff.) den kategorialen Rahmen mit seiner Konstruktion eines evolutionären Ideal-

typus der Identitätsentwicklung in drei Stufen: 1) der kulturellen Identität in der Zugehörigkeit zu einem bestimmten Territorium, als Vorgeschichte der Nation, sowie über die 2. Stufe der nationalen Identität hinaus 3) der universal weltbürgerlichen Identität, die als Resultat eines historisch-dialektischen Prozesses in einer Zusammengehörigkeits-Identität aller Menschen die nationale Abgrenzungs-Identität in sich aufhebt.
Nun geht es allerdings nicht nur um Alternativen zur Ergänzung oder Überwindung von nationaler Identität in Verbindung mit einer Entwicklungsperspektive. Mit der Zeitdimension verbunden hat auch *Weidenfeld* (1983: 19, 22) seine Konzeption von Identität als Summe unseres Orientierungswissens, die sich aus den 3 Komponenten Verhältnis zur Vergangenheit, Gegenwart und Zukunft formt.
Die Vorstellung einer „kollektiven Identität" ist so neu ja nicht. Seit *Durkheim* ist Kollektivbewußtsein als Interpretationsmedium der modernen Gesellschaft in der sozialwissenschaftlichen Diskussion geläufig. Aus sozialpsychologischer Sicht hat *Erikson* (1981) den Wechselbezug von personaler und kollektiver Identität, vornehmlich die Bedeutung der sozialen Umwelt für den Aufbau der Ich-Identität dargelegt. In einer „eigenwilligen", jedoch interessanten Weise definiert *Hernegger* (1981) in einem anthropologischen Verständnis Identität als aus der Umwelt entliehenes Handlungs- und Orientierungsprogramm des Menschen. Schließlich hat *Habermas* (1974) vom Ansatz der kritischen Theorie aus die Frage gestellt: „Können komplexe Gesellschaften eine vernünftige Identität ausbilden?" Er hat sie mit der praktischen Hypothese einer sich erst in partizipatorischen Lernprozessen herausbildenden neuen Identität einer Weltgesellschaft vorläufig – aber dennoch positiv – beantwortet.
Auf alle diese Ansätze ist zurückzugreifen, um den ideologieträchtigen Nation-Begriff in der Einbindung in die Bezüge kollektiver Identität aus einer vorwiegend normativen Behandlung stärker einer funktions- und handlungsorientierten sozialwissenschaftlichen Forschung zuzuführen. Denn die Feststellung (*Kiss* 1985) ist bedenkenswert, daß eine soziologische Thematisierung des Nationen-Problems trotz der schier unübersehbaren Literaturfülle selten ist. Auch wird beklagt (*Lemberg* 1964), daß eine soziologische Theorie von „Großgruppen" noch nicht entworfen ist.
Die vielfältigen Funktionen und Gruppenbildungen, die das Beziehungsgeflecht für die Größe „Nation" in ihrer Identifikations-Leistung bilden, können im Rahmen dieses knappen Beitrags vorerst nur als Skizze entworfen werden.
Als Leithypothese soll dabei gelten: Selbst wenn der spekulative Charakter einer künftigen Weltgesellschaft konkrete Gestalt annehmen würde, bedarf diese in ihrer abstrakten Universalität für ihre Funktion der Identitätsherstellung der Ergänzung durch anschauliche und erlebbare soziale Identifikationsmöglichkeiten. Dafür bietet sich nach wie vor die Nationale Gemeinschaft, vorwiegend auf der Basis sprachlicher und kultureller Kommunikation, als reale Bezugsgröße an. Sie ist das unverzichtbare Bindeglied, um zwischen dem Gesamtsubjekt Menschheit und der Basis der vertrauten, unmittelbaren örtlichen und regionalen Umwelt – für viele die Heimat – zu vermitteln (vgl. *Glotz* 1980; *Hornung* 1983). Die Nation wird demnach ihren Platz in einem gestuften Gefüge von subjektiv begründbaren selbstgestalteten, die eigene Gruppe wie den „anderen" einbeziehenden Loyalitäten behaupten.
In dieser Konstellation wird die Frage nationaler Identität weiterhin ein gewichtiges zentrales Thema der Politischen-Kultur-Forschung bleiben.

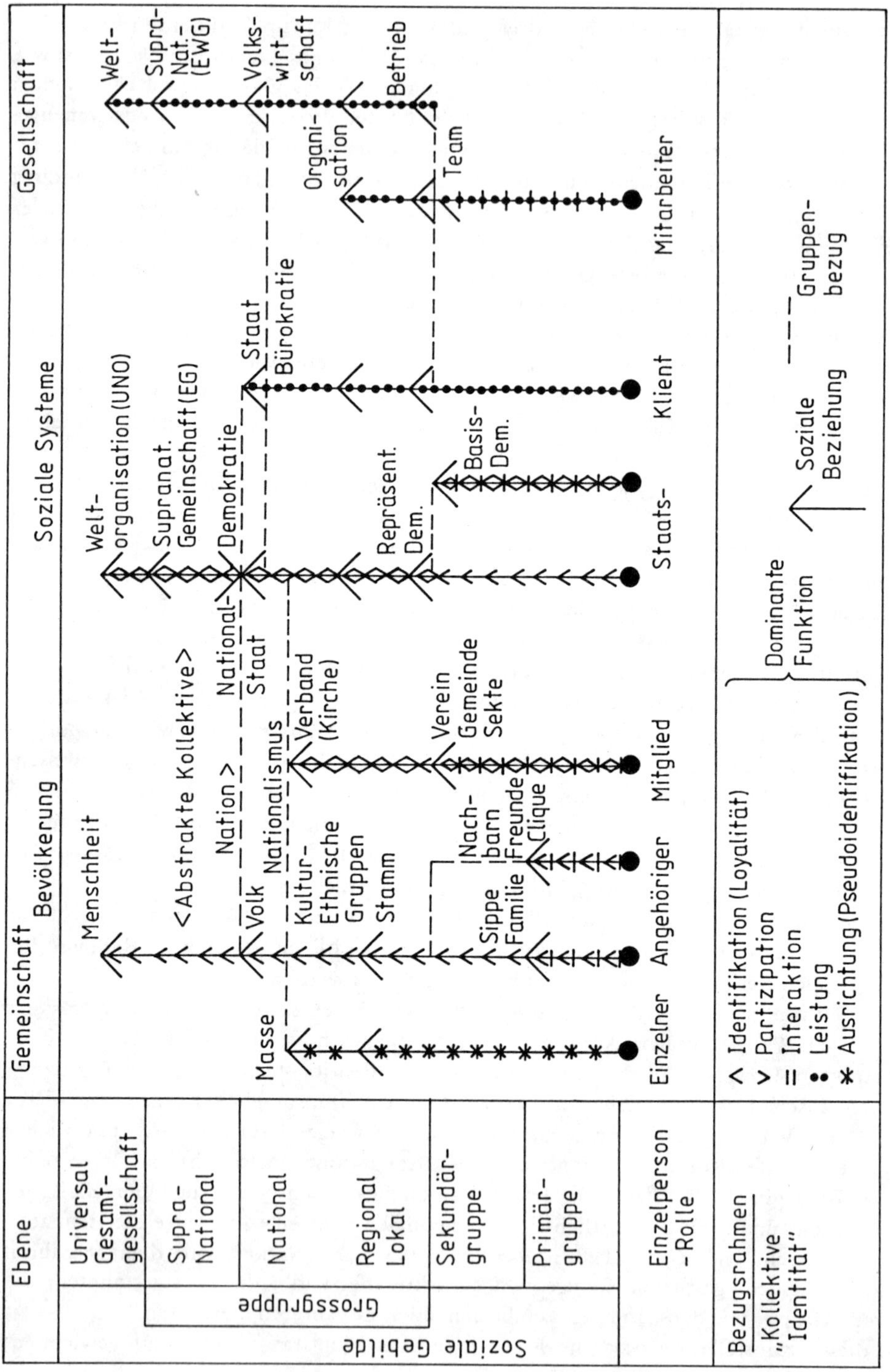
Ebene
Soziale Gebilde
Grossgruppe
Universal Gesamt-gesellschaft
Supra-National
National
Regional Lokal
Sekundär-gruppe
Primär-gruppe
Einzelperson -Rolle
Bezugsrahmen „Kollektive Identität"
Gemeinschaft
Bevölkerung
Soziale Systeme
Gesellschaft
Menschheit
<Abstrakte Kollektive>
Nation >
Volk
Nationalismus
Kultur-Ethnische Gruppen
Stamm
Masse
Sippe Familie
Nach-barn
Freunde Clique
National-Staat
Verband (Kirche)
Verein Gemeinde Sekte
Welt-organisation (UNO)
Supranat. Gemeinschaft (EG)
Demokratie
Repräsent. Dem.
Basis-Dem.
Staat Bürokratie
Welt-
Supra-Nat.-(EWG)
Volks-wirt-schaft
Betrieb
Organi-sation
Team
Einzelner
Angehöriger
Mitglied
Staats-
Klient
Mitarbeiter
^ Identifikation (Loyalität)
v Partizipation
= Interaktion
• Leistung
* Ausrichtung (Pseudoidentifikation)
Dominante Funktion
Soziale Beziehung
Gruppen-bezug

Einstellungen der Deutschen (West) zur nationalen Identität

Gerhard Herdegen

1. Einführung

„Eine ‚Nation', was ist das?" Diese Frage beantwortet *Golo Mann* so: „Eine Masse von Menschen, die, bei allem, was sie unterscheidet, wenigstens eines gemeinsam haben: sie, zusamt ihren Vorfahren, zusamt ihren Nachkommen, fühlen sich einer Sache zugehörig, die ‚Nation' genannt wird, sie haben ‚Nationalgefühl'. Andere Bestimmungen führen in die Irre." (*Mann* 1983: 11). So bestechend einfach dies auch klingen mag, natürlich genügt eine solche Elementar- oder Minimaldefinition von Nation nicht, wenn man sich differenzierter, nicht nur in definitorischer Absicht mit „Nation" auseinandersetzen will. Nation als „Masse von Menschen", die sich einer Sache, nämlich einer Nation zugehörig fühlen, diese beinahe tautologische Definition stößt schon an ihre Grenzen, wenn man sie mit einer für die deutsche Geschichte gleichermaßen prägenden wie verhängnisvollen Differenzierung konfrontiert, der Differenzierung *Friedrich Meineckes* in die Begriffe „Staatsnation" und „Kulturnation". Welche Zugehörigkeit im Sinne der Definition Manns ist die entscheidende? Ist es die zur Staatsnation als der realpolitisch möglichen Form der Nation, wie man es interpretiert hat, während die Kulturnation als das „objektiv" eigentlich Gegebene empfunden wurde? Der Versuch, mit dieser theoretischen Unterscheidung Wirklichkeit und Anspruch der Nationbildung miteinander zu versöhnen, lud später deutsche Nationalisten förmlich dazu ein, die Deckungsgleichheit der beiden Begriffe anzustreben, also nationalstaatlich zu expandieren und verhalf so nationalistischen Ansprüchen zu einer inneren Legitimation.

Wenn man sich auf das Feld der Definitionen begibt, dann kann man es natürlich nicht bei *Meineckes* Differenzierung von „Nation" belassen. Dann muß man wenigstens einige weitere Deutungen des Nationbegriffs aufgreifen: Zum Beispiel *F. Oppenheimers* Interpretation „Nation als hochorganisierte Gruppe", *Ratzels* Definition von Nation als „Gefühls- und Zweckgemeinschaft", die Identifikation von „Nation" (als politischem Verband) und Nationalstaat (als der weltlichen Machtorganisation der Nation) durch *Max Weber* und auch *Georg Jellineks* auf das nationale Bewußtsein abhebende Interpretation. Auch diese Aufzählung ist nur exemplarisch und angesichts der Fülle definitorischer Versuche zwangsläufig unvollständig.[1] Aber das Herausarbeiten oder die Festlegung auf eine bestimmte Definition des Begriffs ist nicht Sache dieses Beitrags. An dieser Stelle mag die Verständigung darüber genügen, daß der Nationbegriff zu den vielen politischen Grundbegriffen gehört, die zwar weithin gebraucht werden, deren Gebrauch aber lediglich von einem diffusen Konsens über seine Definition ge-

stützt wird. Mit diesen abstrakten Definitonsnöten sind noch nicht einmal jene Probleme angesprochen, die dadurch entstehen, daß um die Begriffsinhalte von „Nation" ja nicht nur akademischer Streit stattfindet, sondern auch permanente politische Auseinandersetzung. Um diese Aussage aus der Abstraktheit in konkrete Anschaulichkeit zu bringen: das gegenwärtige und seit 1945 in Permanenz erlebte Ringen um den Begriff „deutsche Nation" liefert dafür ein anschauliches Beispiel. Gibt es sie überhaupt noch, die deutsche Nation, als *eine* deutsche Nation? Gibt es zwei Staaten in einer deutschen Nation oder gibt es zwei deutsche Nationen? Gibt es vielleicht sogar eine deutsche Nation, die über die beiden deutschen Staaten hinausgreift?
Der folgende Beitrag will nicht der Frage „Nation, was ist das?" eine weitere Definition als Antwort geben. Er will vielmehr aus empirischer Sicht mit den Daten von Umfragen einige Antworten an der Peripherie dieser Fragestellung beitragen, im übrigen aber vor allem den Fragen nachgehen, die sich auf das Bewußtsein der Zugehörigkeit zu einer Nation, hier der deutschen, beziehen. Er will auf Zusammenhänge dieses Nationalbewußtseins mit Persönlichkeitsmerkmalen und Einstellungen zu politischen, zu vor- und außerpolitischen Sachverhalten zu sprechen kommen und auf terminologische Fragen, die sich um Begriffe wie „Nationalbewußtsein", „Nationalgefühl", „Nationalstolz" ranken.
Die empirischen Daten der folgenden Darstellung entstammen nicht einer einzigen umfassenden Umfrage, die es erlauben würde, alle angesprochenen Aspekte der Phänomene „Nation", „Nationalbewußtsein" usw. miteinander zu korrelieren. Sie sind einer Vielzahl voneinander unabhängiger Umfragen, ganz überwiegend aus den Beständen des Allensbacher Archivs, entnommen, die aber alle repräsentativ für die Bevölkerung der Bundesrepublik mit West-Berlin sind. Neben aktuellen ad hoc-Ermittlungen wurden in diese Darstellung auch Zeitreihen aufgenommen, aus denen die Entwicklung relevanter Einstellungen über zum Teil größere Zeiträume entnommen werden kann.

2. *Deutungsmuster des Nationbegriffs*

In Abwandlung von *Golo Manns* zitierter Frage soll am Anfang der folgenden empirischen Dokumentation die Frage stehen: deutsche Nation, was ist das? Oder präziser gefragt, was verstehen die Deutschen (West) unter deutscher Nation? Dieser pauschale Frageansatz wurde in den demoskopischen Interviews dadurch aufgefaltet, daß nicht nach deutscher Nation schlechthin gefragt wurde. Die konkrete Fragestellung bezog drei zeitliche Aspekte mit ein. Was verstehen die Deutschen unter „deutscher Nation heute", was unter „deutscher Nation gestern" und was im Blick auf die Zukunft („deutsche Nation morgen"). Diese drei zeitlichen Aspekte wurden noch um einen vierten Aspekt ergänzt. Was verstehen die Deutschen unter „deutscher Kultur"? Dabei wurde methodisch so vorgegangen, daß die vier Frageaspekte in vier voneinander unabhängigen Stichproben ermittelt wurden. Die Ergebnisse konnten sich also nicht gegenseitig beeinflussen.
„Deutsche Nation heute", darunter verstehen nach aktuellem Stand (Juli 1986) 37 von 100 Bundesbürgern die Bundesrepublik. Weitere 35 Prozent verstehen darunter Bun-

desrepublik und DDR zusammen und weitere 23 Prozent haben ein Verständnis von deutscher Nation, das über Bundesrepublik und DDR hinausreicht und zum Teil (11 Prozent) sogar alle deutschsprachigen Gebiete umfaßt. Diese Größenordnung der „Populardefinition" von deutscher Nation heute gilt auch im Hinblick auf die Zukunft, wenn nach „deutscher Nation morgen" gefragt wird. Die Tendenz, die Bundesrepublik allein als deutsche Nation zu verstehen, rückt dann noch etwas stärker in den Vordergrund (41 Prozent). Bundesrepublik und DDR zusammen werden als deutsche Nation entsprechend weniger genannt (31 Prozent).

Welche Gebiete in der Vergangenheit zur deutschen Nation gehört haben – diese Vergangenheit wurde mit dem Begriff „gestern" bewußt unscharf gehalten – darüber gibt es kaum größere Einigkeit und beileibe keine Geschlossenheit. Eine relative Mehrheit der Bevölkerung von 42 Prozent rechnet dazu die beiden heutigen deutschen Staaten und die ehemaligen deutschen Ostgebiete. Für immerhin jeden vierten Bundesdeutschen hat sich aber auch der historische Begriff von deutscher Nation so verengt, daß er dazu nur Bundesrepublik und DDR zählt. Jeder zehnte will gar nur die Bundesrepublik auch im Blick auf die Vergangenheit unter dem Begriff „deutsche Nation" subsumieren. Es stellt keine besondere Überraschung dar, daß besonders die jüngeren, nach 1940 geborenen Jahrgänge der Tendenz folgen, das Verständnis der deutschen Nation auf die Bundesrepublik allein zu reduzieren (s. Tabelle 1).

Kurzfristig, innerhalb der letzten fünf Jahre – diese Frage wurde zum erstenmal im Herbst 1981 gestellt – hat sich an der Struktur des Verständnisses von deutscher Nation in der bundesdeutschen Bevölkerung wenig geändert. Geblieben ist auch die Tendenz, die beim Vergleich von deutscher Nation und deutscher Kultur festzuhalten ist. „Deutsche Kultur", ohne nähere zeitliche Definition gebraucht, wird extensiv verstanden. Mehr als jeder vierte Bundesbürger denkt dabei an alle deutschsprachigen Gebiete. Ein weiteres knappes Fünftel bezieht den Begriff auf das Deutschland von 1937. Aber immerhin auch jeder fünfte reduziert sein Verständnis von deutscher Kultur ausschließlich auf die Bundesrepublik.

Worüber soll man überrascht sein? Über diese letztgenannte Tatsache, daß ein Fünftel der Bevölkerung deutsche Kultur nur als Kultur der Bundesrepublik definiert oder darüber, daß 28 Prozent alle deutschsprachigen Gebiete damit meinen? Der kulturelle Ansatz entspricht ja dem historischen Ansatz deutschen Nationalbewußtseins, das sich zunächst in erster Linie an geistesgeschichtlichen, kulturellen Gegebenheiten orientierte. Die deutsche Nation bildete sich aus der deutschen Sprachgemeinschaft „nach oben". Die französische als Gegenbeispiel wuchs vom Königshaus „nach unten" (*Schulz* 1982: 37 ff.). Die Nation als die in einem Staat lebende Nation oder, anders gesagt, der Nationalstaat ist ja keineswegs die selbstverständliche Norm der deutschen Geschichte. Als Frankreich, Großbritannien, Spanien längst in einem allmählichen Prozeß zu Nationalstaaten herangewachsen waren, realisierte Deutschland erst im letzten Drittel des vorigen Jahrhunderts unter Bismarck seine nationalstaatliche Einheit. Man muß immer wieder darauf hinweisen: die politische Situation der deutschen Nation ist ja nicht erst seit 1945 problematisch. Unter dem Aspekt der geographischen und damit zusammenhängend der geopolitischen und geokulturellen Lage Deutschlands in Europa war sie es mutatis mutandis eigentlich immer (*Dollinger* 1980: 3 ff.).

Tabelle 1: Bundesrepublik mit West-Berlin. Bevölkerung ab 16 Jahre

Frage: „Einmal angenommen, im Fernsehen kommt ein Beitrag mit dem Titel: ‚Die deutsche Nation heute'. (In repräsentativen Parallelgruppen: ‚die deutsche Nation morgen'/‚die deutsche Nation gestern'.) Könnten Sie nach dieser Liste sagen, was ist mit der deutschen Nation in diesem Fall gemeint?"

Frage (in einer weiteren Parallelgruppe): „Einmal angenommen, im Fernsehen kommt ein Beitrag mit dem Titel: ‚Die deutsche Kultur'. Von wo wird da berichtet? Könnten Sie es nach dieser Liste sagen?"
(Jeweils Vorlage einer Liste)

	November 1981				Juli 1986			
	Deutsche Nation			Deutsche	Deutsche Nation			Deutsche
	heute	morgen	gestern	Kultur	heute	morgen	gestern	Kultur
	%	%	%	%	%	%	%	%
Gemeint ist/sind:								
– die Bundesrepublik	43	38	6	23	37	41	10	19
– die Bundesrepublik und die DDR zusammen	32	30	20	19	35	31	25	22
– die Bundesrepublik, die DDR und die ehemals deutschen Ostgebiete	12	12	52	20	12	13	42	18
– alle deutschsprachigen Gebiete	7	11	14	29	11	7	14	28
Unmöglich zu sagen	6	9	8	9	5	8	9	13
	100	100	100	100	100	100	100	100

Quelle: *Allensbacher Archiv*, IfD-Umfragen 4002, 4075

Vollends zum Problem wurde das Verhältnis der Deutschen zu ihrer Nation durch den extremen Mißbrauch, der unter Hitler mit der Nation und durch den National-Sozialismus mit ihr und dem deutschen Volk getrieben wurde. Daß Deutschland so spät zu seiner nationalstaatlichen Einheit gefunden hatte, machte es in besonderem Maße anfällig, die dahinterstehende Idee und ihre Realisierung zu überdehnen. Versailles trug ohne Zweifel dazu bei. Diese Überbewertung, der Mißbrauch nationaler Orientierungen, aber auch viele der in den Jahrzehnten seit dem zweiten Weltkrieg daraus gezogenen Konsequenzen führten dazu, daß auch 40 Jahre nach Hitler und Weltkrieg II die Deutschen noch immer nicht zu einer ausgewogenen, unproblematischen Einstellung zu ihrer Nation (zurück)gefunden haben.

Eine Indikatorfrage für das Vorhandensein nationalen Bwußtseins – „Sind Sie stolz darauf, ein(e) Deutsche(r) zu sein?" – weist aus, daß nach neuestem Stand (Ende 1986) rund ein Drittel der bundesdeutschen Bevölkerung innerhalb der vorgegebenen Kategorien mit „unbedingt" antwortet, 46 Prozent mit „überwiegend". Der Rest bezeichnet sich als „eher nicht" (9 Prozent) oder „gar nicht" (3 Prozent) stolz darauf,

Tabelle 2: Bundesrepublik mit West-Berlin. Bevölkerung ab 16 Jahre

Frage: „Sind Sie stolz darauf, ein(e) Deutsche(r) zu sein? Würden Sie sagen –"

	„unbedingt" %	„überwiegend" %	„eher nicht" %	„gar nicht" %	Unentschieden %		
1971, Oktober	42	34	7	4	13	=	100
1975, Oktober/November	36	40	6	6	12	=	100
1981, November	35	42	8	4	11	=	100
1982, Juli	29	41	10	4	16	=	100
August/September	29	45	10	5	11	=	100
September	33	42	10	5	10	=	100
Oktober	33	42	10	5	10	=	100
1983, Februar	36	41	9	5	9	=	100
Oktober/November	37	42	8	3	10	=	100
1984, März	34	39	8	5	14	=	100
Mai	32	45	10	4	9	=	100
Dezember	37	41	9	4	9	=	100
1985, Mai	37	45	8	2	8	=	100
September	29	47	9	4	11	=	100
Oktober	34	42	7	4	13	=	100
November	35	43	8	4	10	=	100
1986, Oktober	30	45	8	5	12	=	100
Dezember	35	46	9	3	7	=	100

Quelle: *Allensbacher Archiv*, IfD-Umfragen

Deutsche(r) zu sein oder aber enthält sich einer konkreten Antwort (7 Prozent). Diese Größenordnung der Antworten in den verschiedenen Kategorien ist kein Novum, sondern besteht Allensbacher Trenddaten zufolge im großen und ganzen schon eineinhalb Jahrzehnten, seit dieser Indikator verwendet wird (s. Tabelle 2).

Nun könnte man, diese Ergebnisse für sich betrachtet, einwenden, dieser Befund sei kein Beleg für unterentwickeltes nationales Bewußtsein der Deutschen, sondern eher der Ausweis eines recht überzeugten, ausgeprägten Nationalbewußtseins. Gäbe es nicht die Vergleichsmöglichkeit internationaler Umfragen, man müßte darüber streiten, ob ein Drittel „unbedingt"-Antworten viel oder wenig, zu viel oder zu wenig sei. Ob es nicht – ganz generell betrachtet – genug sei, „überwiegend" stolz auf seine Nation zu sein, von der Sondersituation der Deutschen angesichts ihrer jüngeren Geschichte einmal gar nicht zu sprechen.

Internationale Vergleiche seit Beginn der siebziger Jahre ergeben bis in die Gegenwart, was *Elisabeth Noelle-Neumann* als Ergebnis einer in 29 Ländern auf fünf Kontinenten durchgeführten Untersuchung jüngst so formulierte: Die Deutschen äußern „im Weltmaßstab den geringsten Stolz auf ihre Nationalität" (*Noelle-Neumann* 1987: 18 ff.)[2]. Anfangspunkt der internationalen Vergleiche war eine 1970 in den damals sechs Ländern der Europäischen Gemeinschaft durchgeführte Umfrage, in der sich zeigte, wie stark sich die Deutschen in dieser Hinsicht von ihren europäischen Nachbarn unterschieden (s. Tabelle 3).

Tabelle 3: Länder der Europäischen Gemeinschaft. Erwachsene Bevölkerung

Frage: „Wenn jemand sagt: ‚Ich bin stolz darauf, ein... (Nationalität) zu sein.' Würden Sie dem unbedingt zustimmen, überwiegend zustimmen, eher nicht, gar nicht zustimmen?"

	Umfrage 1970 in sechs Ländern der Europäischen Gemeinschaft					
	Deutschland %	Niederlande %	Italien %	Frankreich %	Belgien %	Luxemburg %
Der Aussage: „Ich bin stolz darauf, ein... zu sein" würden unbedingt zustimmen						
Bevölkerung insgesamt	37	54	62	65	70	81
16- bis 24jährige	28	42	56	56	63	60

Quelle: *Allensbacher Archiv*, IfD-Umfrage 2060, März 1970

Daß die Beobachtungen von 1970 und die aktuellen Feststellungen der zitierten internationalen (Werte-)Studien keine zufälligen Übereinstimmungen sind und nicht von diesen beiden Zeitpunkten abhängen, das beweisen auch die regelmäßigen Meinungsumfragen der EG-Kommission in den Mitgliedsländern der Europäischen Gemeinschaft. Zu den Ergebnissen der repräsentativ gestellten Frage „Würden Sie sagen, daß Sie sehr stolz – ziemlich stolz – nicht sehr stolz – oder überhaupt nicht stolz darauf sind, ein ...(Deutscher) zu sein?" stellte das Euro-Barometer 1983 fest „Die Ergebnisse sind 1983 sehr ähnlich wie 1982. Mehr als drei Viertel der Befragten bezeichnen sich als sehr stolz oder ziemlich stolz auf ihr Land. Die Griechen äußern am häufigsten Nationalstolz. Danach kommen die Briten, die Luxemburger, gefolgt von den Iren. Die Belgier und die Deutschen stehen wie 1982 an vorletzter beziehungsweise an letzter Stelle" (*Euro-Barometer Nr. 19* Juni 1983: 53).

Gegen die Verwendung des Begriffs „stolz" in Verbindung mit nationalem Bewußtsein wird eine Reihe von Einwänden vorgebracht. Einer davon lautet ganz pauschal, Stolz auf die Zugehörigkeit zu einem Kollektiv wie einer Nation sei unangebracht. Wenn man auf etwas stolz sein könne, dann allenfalls auf Dinge, die man selbst zu verantworten, selbst gemacht habe, auf eigene Leistungen also. Ein anderer Einwand geht noch weiter und richtet sich grundsätzlich gegen die Verwendung des Begriffs „Stolz" in einem solchen Zusammenhang, weil er Stolz mit Eitelkeit, mit Überheblichkeit gleichsetzt, den Begriff also negativ deutet. Zu diesen philologischen und hermeneutischen Einwänden soll hier nur so viel festgestellt werden: Eine Fülle internationaler Umfragen auf allen fünf Kontinenten belegt, daß gegen die Verwendung des Begriffs „Stolz" als Indikator für nationales Bewußtsein keine grundsätzlichen Bedenken bestehen. Der Begriff wird akzeptiert. Die Völker unterschiedlichster Sprachen und Kulturen haben keine Probleme, sich in dieser Dimension zurechtzufinden. Darüber hinaus zeigen aber auch sozialwissenschaftliche Feldexperimente in der Bundesrepublik, daß die Bundesbürger den Einwänden gegen den Begriff „Nationalstolz" nicht folgen, sondern ihn in ihrer ganz großen Mehrheit begrifflich und auch inhaltlich akzeptieren.

Um die Relevanz der Einwände gegen den Begriff „Nationalstolz" zu testen, legte das Allensbacher Institut in einem 1986 durchgeführten Feldexperiment ein Fragemodell, ob Nationalstolz heutzutage angebracht sei, so an, daß parallel zu der Frage „Sollte man heute Nationalstolz haben...?" voneinander unabhängige repräsentative Stichproben auch nach den Begriffen „Nationalgefühl" und „Nationalbewußtsein" beziehungsweise „Patriotismus" gefragt wurden. Das Ergebnis zeigt zwar eine etwas geringere Zustimmung zum Begriff „Nationalstolz" im Vergleich mit „Nationalgefühl" und „Nationalbewußtsein", gibt aber keinen Hinweis auf grundsätzliche Akzeptanzprobleme. Dagegen zögert die Bevölkerung erkennbar bei der Frage, ob man heutzutage Patriotismus haben solle. Wie aus anderen Umfragen bekannt ist, stößt dieser Begriff auf Verständnisschwierigkeiten und wird gefühlsmäßig eher abgelehnt.[3]

Aus dem klaren Votum der Bevölkerung für Nationalbewußtsein, in welcher begrifflichen Gestalt es auch zur Debatte gestellt wird, geht bereits hervor, daß diese Haltung der Mehrheit der Bundesbürger keineswegs negativ oder auch nur suspekt erscheint. Um das Begriffsfeld und seine Phänomene empirisch noch besser auszuleuchten, wurden die Begriffe „Nationalbewußtsein" und „Nationalstolz" ein weiteres Mal und in etwas anderem Kontext getestet. Die Quintessenz dieser Ermittlung galt der Frage, ob diese Einstellungen positiv oder negativ zu bewerten seien, ob zum Beispiel „Nationalbewußtsein" und „Feindseligkeit gegenüber dem Ausland Hand in Hand (gehen)" oder nicht. Nur acht Prozent der Bundesbürger interpretieren Nationalbewußtsein in diesem Sinne negativ. Gut drei Viertel aber stimmen der Gegenthese zu, Nationalbewußtsein sei „eine gute Eigenschaft, die mit feindseligen Einstellungen gegenüber dem Ausland gar nichts zu tun hat." Die auf gleiche Weise getestete Einstellung des „Nationalstolz" ergab in der Substanz übereinstimmende Ergebnisse (s. Tabelle 4).

Von den prinzipiellen Einwänden abgesehen, die sich gegen jeden Stolz auf eine nationale Identität richten, unabhängig von ihrer geographischen und historischen Konkretisierung, gibt es einen großen Chor von Stimmen, die zwar generell Nationalbewußtsein und Nationalstolz akzeptieren, aber nicht für die Deutschen. Angesichts der deutschen Geschichte zwischen 1933 und 1945 habe dieses Volk auf immer den Anspruch des Stolzes auf seine nationale Identität verloren. Wenn es ein akzeptables kollektives Bewußtsein in Deutschland geben dürfte, dann das der nationalen Scham, nicht des nationalen Stolzes oder wie *Hans Mommsen* das vor einigen Jahren formulierte: „Nicht tausend Jahre heiler, sondern zwölf Jahre unheilvoller deutscher Geschichte vermögen uns vielleicht zu dem zu verhelfen, was man ein gesundes Nationalgefühl nennt" (*Mommsen* 1979: 75 ff.).

Die Furcht vor einem Wiedererwachen deutschen Nationalgefühls begleitet die Geschichte der Bundesrepublik seit ihrem Entstehen, weil in der Verbindung deutschen Nationalcharakters mit deutschem kollektiven Bewußtsein eine permanente, zumindest latente Gefahr gesehen wurde. An der Stelle der keineswegs geschichtslosen Selbstverständlichkeit, mit der *Theodor Heuss* nach seiner ersten Wahl zum Bundespräsidenten 1949 davon sprach „Wir stehen vor der großen Aufgabe, ein neues Nationalgefühl zu bilden", stand bei anderen, wie es scheint mit im Laufe der Jahre zunehmender Tendenz, Unsicherheit und Distanzierung. Aussagen wie die *Christian Graf von Krockows*, wer in Deutschland patriotischen Wind säe, der werde früher oder später nationalisti-

Tabelle 4: Bundesrepublik mit West-Berlin. Bevölkerung ab 16 Jahre

Frage: „Einmal ganz allgemein gefragt: Sollte man heute Nationalstolz (in parallelen Teilstichproben: „...Nationagefühl..."
„...Nationalbewußtsein..."
„...Patriotismus...")
haben oder halten Sie das für unwichtig?"

	Nationalstolz	Nationalgefühl	National-bewußtsein	Patriotismus
	%	%	%	%
Sollte man haben	63	71	67	41
Unwichtig	28	20	24	37
Unmöglich zu sagen	9	9	9	22
	100	100	100	100

Frage: „Man kann heute ja verschiedene Aussagen über den Begriff Nationalstolz (in der Hälfte der Interviews: „...über den Begriff Nationalbewußtsein") hören:
Die einen sagen: ‚Nationalstolz ist etwas Schlechtes. Nationalstolz und Feindseligkeit gegenüber dem Ausland gehen Hand in Hand.'
Die anderen sagen: ‚Nationalstolz ist eine gute Eigenschaft, die mit feindseligen Einstellungen gegenüber dem Ausland gar nichts zu tun hat.'
Wem würden Sie zustimmen?"

	Nationalstolz	Nationalbewußtsein
	%	%
Den einen (Feindseligkeit gegenüber dem Ausland	12	8
Den anderen (hat nichst damit zu tun)	70	77
Unentschieden	18	15
	100	100

Quelle: *Allensbacher Archiv*, IfD-Umfrage 4075, Juli 1986

schen Sturm ernten (*Krockow* 1970: 7), entsprangen derselben Wurzel wie die Erwartungen von *Helge Pross*, das Fehlen von Nationalstolz in Deutschland habe zumindest den Vorteil, daß er damit auch nicht politisch-ideologisch mißbraucht werden könne (*Pross* 1982: 136 ff.). Man dürfe in Deutschland – so die weit verbreitete Überzeugung – die Symbole einer Nation gar nicht erst wieder aufrichten, ihnen jedenfalls keine große öffentliche Sichtbarkeit einräumen, dann werde es nicht zu einer neuen Welle des Nationalismus kommen (*Noelle-Neumann* 1983: 50). Den Preis einer solchen Einstellung, was es für ein Volk bedeutet, wenn es auf Dauer im Zweifel und mit Vorbehalten gegenüber seiner eigenen Identität lebt, übersehen solche Feststellungen. Die internationalen Umfragen der letzten Jahre haben hierzu einiges an Aufklärung geliefert.[4]

Die von manchen Kritikern eines neuen deutschen Nationalbewußtseins vorgebrachten Einwände gehen so weit, daß manche selbst sozialwissenschaftliche Ermittlungen, wo-

rauf sich deutscher Nationalstolz heute konstituieren könnte, als verkürzende Fragestellung kritisieren. Wenn man nach Gründen für Nationalstolz frage, müsse man zugleich auch nach Gründen für nationale Scham fragen. Natürlich kann man die Frage nach dem kollektiven nationalen Bewußtsein auch unter negativen Aspekten stellen. Aber es ist selbstverständlich genau so legitim, auch nur die positiven Ansatzpunkte möglichen Nationalbewußtseins aufzugreifen und das Ergebnis nach dem Maß unterschiedlicher Zustimmung zu interpretieren.
Die nachfolgend dargestellte Ermittlung beschritt einen – gleichfalls legitimen – Mittelweg, indem sie zur Frage, „worauf man als Deutscher alles stolz sein kann", neben den positiven auch ambivalente, in der politisch-historischen Bewertung umstrittene Sachverhalte mit aufführte. „Darauf kann man als Deutscher stolz sein" beziehungsweise „... nicht stolz sein" lauteten die möglichen Antwortkategorien.

Tabelle 5: Bundesrepublik mit West-Berlin. Bevölkerung ab 16 Jahre

Frage: „Wir möchten gerne einmal wissen, worauf man als Deutscher alles stolz sein kann. Hier auf diesen Karten steht einiges dazu aufgeschrieben. Könnten Sie die bitte einmal durchsehen und auf dieses Blatt verteilen, je nachdem, ob Sie meinen, daß man darauf als Deutscher stolz sein kann oder nicht stolz sein kann. Karten, bei denen Sie sich nicht entscheiden können, legen Sie bitte einfach beiseite."
(Vorlage eines Kartensatzes und einer Liste)

	Darauf kann man als Deutscher		Unentschieden		
	stolz sein	nicht stolz sein			
	%	%	%		%
Der Wiederaufbau nach dem Krieg	75	4	21	=	100
Die persönliche Freiheit, die es bei uns gibt	75	4	21	=	100
Goethe, Schiller und andere große Dichter	72	4	24	=	100
Beethoven, Bach und andere klassische deutsche Komponisten	71	4	25	=	100
Deutsche Wissenschaft und Forschung	66	6	28	=	100
Die mittelalterlichen Städte und Dome	66	5	29	=	100
Die schönen Landschaften	65	7	28	=	100
Technische Hochleistungen der deutschen Industrie	64	7	29	=	100
Die Leistungen der deutschen Wirtschaft	62	8	30	=	100
Unsere sozialen Leistungen, soziale Sicherheit	61	12	27	=	100
Die Qualität deutscher Erzeugnisse: Made in Germany	58	9	33	=	100
Das politische System, das Grundgesetz	57	9	34	=	100
Die deutschen Philosophen	57	6	37	=	100
Daß wir seit 40 Jahren keinen Krieg mehr hatten	56	11	33	=	100

Fortsetzung Tabelle 5

	Darauf kann man als Deutscher stolz sein	nicht stolz sein	Unentschieden		
	%	%	%		%
Die Leistungen der Sportler der Bundesrepublik	54	12	34	=	100
Autos aus der Bundesrepublik	54	11	35	=	100
Daß nach dem Krieg die Eingliederung der Flüchtlinge und Vertriebenen gelungen ist	49	9	35	=	100
Das Ansehen Deutschlands in der Welt	49	16	35	=	100
Der Fleiß und die Arbeitsfreude der Deutschen	48	15	37	=	100
Die deutschen Astronauten	48	12	40	=	100
Auf die deutsch-französische Freundschaft	43	12	45	=	100
Friedrich der Große, Bismarck und ander Staatsmänner	43	14	43	=	100
Der deutsche Widerstand im Dritten Reich	38	20	42	=	100
Die Treue und die Zuverlässigkeit der Deutschen	38	16	46	=	100
Die Tapferkeit deutscher Soldaten	38	24	38	=	100
Auf die deutsch-amerikanische Freundschaft	36	17	47	=	100
Die deutsche Nationalhymne	30	19	51	=	100
Der Volksaufstand in der DDR am 17 Juni	26	23	51	=	100
Auf die Leistungen der Sportler der DDR	24	27	49	=	100

Quelle: *Allensbacher Archiv*, IfD-Umfrage 4066, Dezember 1985

Ein großer Teil der historischen und aktuellen Objekte deutschen Nationalstolzes – insgesamt wurden 29 Aussagen vorgelegt – wird nahezu unwidersprochen genannt. An der Spitze stehen, von drei Vierteln der Bevölkerung genannt, „Der Wiederaufbau nach dem Krieg“ und „Die persönliche Freiheit, die es bei uns gibt“. Die folgenden Plätze dieser Skala nehmen kulturelle und ökonomische Aspekte ein: die deutschen Dichter, Komponisten, deutsche Wissenschaft und Forschung, mittelalterliche Städte und schöne Landschaften. Deutlich mehr als die Hälfte der Bundesbürger findet Anlaß zu Stolz auf zwei politisch-gesellschaftliche Sachverhalte, nämlich auf „unsere sozialen Leistungen, soziale Sicherheit“ (61 Prozent) und „das politische System, das Grundgesetz“ (57 Prozent). Aber an beiden Objekten artikuliert sich auch, das Marginale bereits übersteigende Kritik. Das Sozialsystem zum Beispiel wird von zwölf Prozent der Bundesbürger so kritisch gesehen, daß sie dazu explizit sagen, darauf könne man nicht stolz sein.

Wesentliche Unsicherheiten aktuellen deutschen Nationalverstandnisses werden an anderen Aussagen sichtbar. Der Widerstand im Dritten Reich und die Tapferkeit der deutschen Soldaten sind nur für gut ein Drittel der Bevölkerung (je 38 Prozent) Grund zu Nationalstolz. Ein Viertel beziehungsweise ein Fünftel der Bundesbürger sieht dagegen in diesen Sachverhalten expressis verbis nicht Anlaß zu Stolz, sondern wohl eher zum Gegenteil. Die Tatsache, daß der Volksaufstand vom 17. Juni 1953 in beiden Katego-

Tabelle 6: Bundesrepublik mit West-Berlin. Bevölkerung ab 16 Jahre

Worauf man als Deutscher alles stolz sein kann (Auszug)
– Indexwerte aus der Differenz „Darauf kann man als Deutscher stolz sein" minus „Darauf kann man als Deutscher nicht stolz sein" –

	Bevölkerung insgesamt	Altersgruppen				Wähler der –			
		16–29 Jahre	30–44 Jahre	45–59 Jahre	60 Jahre u. älter	CDU/CSU	FDP	SPD	Grünen
	%	%	%	%	%	%	%	%	%
Der Wiederaufbau nach dem Krieg	71	56	69	78	86	81	83	70	25
Die persönliche Freiheit, die es bei uns gibt	71	66	69	75	72	80	79	69	32
Goethe, Schiller und andere große Dichter	68	63	68	69	74	71	73	69	61
Die schönen Landschaften	58	42	57	62	70	62	63	55	36
Unsere sozialen Leistungen, soziale Sicherheit	49	38	52	52	53	61	68	46	7
Das politische System, das Grundgesetz	48	42	54	47	51	60	70	46	15
Das Ansehen Deutschlands in der Welt	33	20	30	38	46	50	46	24	–11
Die Treue und die Zuverlässigkeit der Deutschen	22	3	19	25	45	38	20	12	–21
Der deutsche Widerstand im Dritten Reich	18	16	22	11	11	15	26	21	14
Die Tapferkeit deutscher Soldaten	14	–10	–1	26	43	32	6	6	–44
Die deutsche Nationalhymne	11	–5	4	17	29	25	11	2	–31
Der Volksaufstand in der DDR am 17. Juni	3	–1	4	4	10	5	18	2	5

Quelle: *Allensbacher Archiv*, IfD-Umfrage 4066, Dezember 1985

rien – „stolz sein" beziehungsweise „nicht stolz sein" – annähernd gleich häufig erscheint, kann einerseits als Hinweis auf widersprüchliche Urteile über dieses historische Ereignis verstanden werden. Vielleicht muß man zur Interpretation dieses Ergebnisses aber auch den an letzter Stelle genannten Sachverhalt heranziehen, die Leistungen der Sportler der DDR. Die Verengung von nationaler Identität und damit auch von Nationalstolz auf bundesdeutsche Bezüge, soweit sie die Geschichte nach 1949 betreffen, könnte ein wichtiger Grund für diese umstrittenen beiden Urteile sein. Selbst wenn Stolz auf die Sache angebracht oder wenigstens vertretbar erschiene, er beträfe ja nach diesem Verständnis nicht die eigene Nation (s. Tabelle 6).

Nationalbewußtsein in der Bundesrepublik, das ist eine im internationalen Vergleich unterentwickelte Einstellung. Es ist obendrein eine Einstellung, bei der deutliche Unterschiede zwischen verschiedenen soziologischen Gruppen sichtbar werden. Eine Trennungslinie verläuft zwischen den Generationen. Je jünger die Bundesbürger sind, desto weniger sehen sie Anlaß zu Nationalstolz. Dieser auch an anderen Indikatoren des Nation-Themas sichtbare Unterschied soll an Hand des zuletzt vorgestellten Fragemodells wenigstens an einigen (potentiellen) Elementen von Nationalstolz exemplarisch dargestellt werden. Nicht nur an geschichtsgeprägten Objekten wie dem Wiederaufbau nach dem Krieg, bei denen das persönliche Miterleben eine Rolle spielen mag, zeigen sich diese Unterschiede. Auch bei der Bewertung aktueller Sachverhalte und bei ganz unpolitischen Themen – Beispiel: „Die schönen Landschaften" – werden sie sichtbar. Die ganze Tragik der jüngeren deutschen Geschichte und ihrer Verarbeitung scheint in der unterschiedlichen, ja gegensätzlichen Bewertung der Tapferkeit der deutschen Soldaten auf.

3. „Neuer Nationalismus"?

Die andere Scheidelinie der Einstellung zur deutschen Nation folgt dem Raster der politischen Ideologien. Es versteht sich von selbst, daß politisch kontroverse Gegenstände und Sachverhalte in unterschiedlichem Maße als Grund für Nationalstolz angesehen werden. „Unsere sozialen Leistungen, soziale Sicherheit", um ein Beispiel aus dem zitierten Katalog aufzugreifen, wird von den Anhängern der Bonner Regierung natürlich positiver und eher als Grund zu Nationalstolz betrachtet als von den Gegnern. Aber schon die Beispiele der folgenden Tabelle machen klar: hinter diesen Unterschieden steckt mehr und Grundsätzlicheres als der Streit um aktuelle kontroverse Themen.

Martin J. Hillenbrand, lange Jahre US-Botschafter in Bonn und dann Direktor des „Center for Global Policy Studies" der Universität von Georgia stellte vor einiger Zeit in einem Buch über die Bundesrepublik fest: „...one hears talk of a growing German nationalism, particularly on the left and among those who are most avidly anti-American. There is undoubtedly some such sentiment..." (*Hillenbrand* 1983: 12). Einmal davon abgesehen, daß die Einstellungen der bundesdeutschen Bevölkerung weder damals noch heute die Behauptung eines wachsenden Nationalismus rechtfertigten, war an dieser Aussage auch falsch, daß sich dieser Nationalismus im besonderen auf der politischen Linken artikulieren würde. *Hillenbrand* schrieb seine Analyse in der Zeit der erregten Diskussionen über die Nachrüstung der NATO. Man kann verstehen, daß die gegen das westliche Bündnis gerichteten neutralistischen Argumente der Linken, die im Streit um die Nachrüstung zu hören waren, geradezu dazu einladen, mit Nationalismus, mit einem neuen Nationalismus linker Prägung gleichgesetzt zu werden. Aber die eigentliche Räson dieser Positionen war neutralistisch und nicht, jedenfalls nicht vorrangig, nationalistisch. Es sei denn, man greift auf eine neue Definition nationalen Denkens zurück, bei der der Wunsch nach Distanzierung vom bestehenden westlichen Bündnis, nach Neutralität zum wesentlichen Kriterium wird. Nach den herkömmlichen Definitionen zählt die Bundesrepublik zu den Ländern, in denen Nationalstolz stark ideologieabhängig im Sinne des Links-Mitte-Rechts-Spektrums ist und auf der linken Seite schwach, rechts aber vergleichsweise stark ausgeprägt erscheint (s. Tabelle 7).

Der von *Richard Rose* dokumentierte Zusammenhang von Nationalbewußtsein und politisch-ideologischer Orientierung soll für die Bundesrepublik noch durch die Korrelation mit einer Reihe von Einstellungen verdeutlicht werden. Auf die Frage, wie sich denn nationalbewußtes Denken im (westlichen) Deutschland von heute in bezug auf zentrale Positionen des früheren deutschen Nationalismus – antidemokratisch, antiwestlich – verhalte, gab es ja schon in den vergangenen Jahren eine Reihe aktueller

Tabelle 7: Amerika, Japan, Europa. Bevölkerung ab 18 Jahre

Frage: **Sind Sie stolz auf Ihre Nationalität?** Zusammenhang zwischen linker und rechter politischer Orientierung und Nationalstolz

Stolz auf die eigene Nationalität sind in –	Politische Einstellung Stufen 8–10 (rechts) %	Stufen 1–3 (links) %	Differenz
Frankreich	96	56	40
Deutschland	83	45	38
Spanien	93	62	31
Japan	87	59	28
Niederlande	66	42	24
Dänemark	71	48	23
Finnland	86	64	22
England	96	75	21
Republik Irland	96	81	15
Schweden	74	61	13
Italien	84	71	13
USA	99	88	11
Mexiko	91	82	9
Belgien	75	73	2
Island	88	92	–4

Anmerkung: Die Tabelle folgt *Richard Rose*: National Pride: Cross-National Surveys (Studies in Public Policy Nr. 136). Glasgow: Centre for the Study of Public Policy, University of Strathclyde 1984, Tabelle 4, S. 21: „Sehr stolz" und „ziemlich stolz" sind zusammengefaßt. – (zitiert nach *Noelle-Neumann* 1987: 29)

empirischer Antworten. Es zeigte sich beispielsweise, daß Personen mit ausgeprägtem Nationalbewußtsein deutlich häufiger der These zustimmten, die Demokratie sei für unser Land das beste politische System, als es Personen mit schwachem Nationalbewußtsein taten. Die Nationalbewußten billigten dem demokratischen System in der Bundesrepublik auch weit häufiger die Kompetenz zu, die anstehenden politischen Probleme zu lösen als ihre Gegengruppe (*Piel* 1985: 9 f.).

Und wie steht es mit antiwestlichen, mit antieuropäischen Haltungen zum Beispiel? Um mit letzteren zu beginnen: es gibt in der Tat, wenn man es vordergründig paradox formulieren will, so etwas wie ein europäisches „National"-Bewußtsein unter den Deutschen. (Mit dem kommunikationstheoretischen Nation-Begriff von *Deutsch* läßt sich dieses Paradoxon problemlos auflösen. Das gemeinsame Bewußtsein eines von anderen unterschiedenen Kommunikationssystems Europäische Gemeinschaft kann durchaus Nationalbewußtsein konstituieren). Dieses europäische Nationalbewußtsein wird in der Bundesrepublik, wie in den übrigen EG-Ländern auch, mit geringerer Intensität vorgetragen als der Stolz auf die eigene Nation im engeren Sinne, die deutsche also, aber andererseits auch kaum mehr abgelehnt. Wer aber nun nationalbewußt im engeren Sinne ist, erweist sich gleichzeitig als der überzeugtere Europäer. Deutsches und europäisches Nationalbewußtsein schließen sich also nicht gegenseitig aus, stehen erst recht nicht im Gegensatz zueinander, sondern verstärken sich (*Noelle-Neumann* und *Herdegen* 1984: 312 ff.).

Was nun antiwestliche Haltungen betrifft, so gibt es eine Fülle aktueller Belege, aus denen hervorgeht, daß nicht überzeugtes deutsches Nationalbewußtsein mit antiwestlichen, anti-Bündnis-, anti-amerikanischen Vorbehalten einhergeht, sondern im Gegenteil die kritische Distanz zur eigenen Nation solche Attribute verdient. Ausgeprägt nationalbewußte Bundesbürger plädieren zu vier Fünfteln für den Verbleib der Bundesrepublik in der NATO, nationaldistanzierte nur zu zwei Fünfteln. Die erste Gruppe spricht sich zu fast zwei Dritteln für das Bündnis mit den USA und den übrigen westlichen Verbündeten aus, die zweite nur zu knapp einem Viertel (s. Tabelle 8).

Was Distanz zur eigenen Nation einerseits und ausgeprägtes Nationalbewußtsein andererseits über den politisch-ideologischen Standort bundesdeutscher Bürger heutigentags besagen, in welchem Kontext diese Einstellungen stehen, das soll abschließend mit den Ergebnissen eines demoskopischen Begriffetests dargestellt werden. Sympathie und Antipathie gegenüber verschiedenen Begriffen, das ist keineswegs nur eine philologische Frage oder eine Angelegenheit sprachlich bedingter Emotionen. Hinter der so ermittelten Einstellung zu Begriffen steht vielmehr die ziemlich unverhohlene Einstellung zur Sache selbst. Deshalb kann die Frage nach den Begriffen eine Vielzahl von Fragen zu Einzelthemen ersetzen und gibt trotzdem Aufschluß darüber.

Daß Distanz zur eigenen Nation(alität) Distanz zu Deutschland – egal, ob Bundes- oder Gesamtdeutschland – bedeutet, ist mehr oder weniger eine Frage der Logik und/ oder der Konsistenz von Haltungen. Aber die Befunde der abschließenden Tabelle gehen über diese Zusammenhänge hinaus und bestätigen frühere Behauptungen dieses Beitrags über Inhalt und politischen Standort nationalbewußten und nationaldistanzierten Denkens (s. Tabelle 9). „Einigkeit und Recht und Freiheit", diese (Grund)wertetrias, die wenigstens bei einem Teil der Befragten über den materiellen Inhalt hinaus auch die Assoziation mit dem Deutschlandlied auslösen dürfte, stößt bei den Nationaldistanzierten

Tabelle 8: Bundesrepublik mit West-Berlin Bevölkerung ab 16 Jahre

Frage: „Was finden Sie persönlich: Sollte die Bundesrepublik weiterhin Mitglied in der NATO bleiben, oder sollte sie austreten?"

	Bevölkerung insgesamt	Personen mit folgender Ausprägung des Nationalbewußtseins: Stolz, Deutsche(r) zu sein –		
		Unbedingt	Überwiegend	Eher/gar nicht
	%	%	%	%
Weiterhin Mitglied	72	81	75	43
Austreten	9	4	7	31
Unentschieden, kein Urteil	19	15	18	26
	100	100	100	100

Frage: „Darüber, wie die Beziehungen der Bundesrepublik zu anderen Staaten aussehen sollen, gibt es ja ganz unterschiedliche Ansichten. Könnten Sie einmal lesen, was die beiden hier sagen. Welchem würden Sie eher zustimmen, dem oberen oder dem unteren?"
(Vorlage eines Bildblattes)

	Bevölkerung insgesamt	Personen mit folgender Ausprägung des Nationalbewußtseins: Stolz, Deutsche(r) zu sein –		
		Unbedingt	Überwiegend	Eher/gar nicht
	%	%	%	%
„Das Bündnis mit Amerika und den anderen befreundeten Staaten der westlichen Welt hat der Bundesrepublik seit mehr als 30 Jahren den Frieden und die Freiheit gesichert. Als neutraler Staat wären wir allein zu schwach, um uns bei einem Angriff verteidigen zu können."	52	63	53	23
„Die Freiheit der Bundesrepublik ist auch dann nicht bedroht, wenn sie neutral wird. Und für den Weltfrieden und die Verständigung der Völker untereinander können wir mehr tun, wenn wir zu keinem der beiden Machtblöcke gehören."	28	19	25	59
Unentschieden	20	18	22	18
	100	100	100	100
n =	(2151)	(762)	(1001)	(250)

Quelle: *Allensbacher Archiv*, IfD-Umfrage 4083/84, Dezember 1986

auf spürbare Zurückhaltung, ebenso wie „freiheitlich demokratische Grundordnung". Traditionsbewußtsein und Patriotismus finden dort ebenfalls wenig Rückhalt, desgleichen Wiedervereinigung und deutsche Einheit. Aber Neutralismus, Sozialismus und Kommunismus stoßen auf weit über dem Durchschnitt liegenden Anklang.

Tabelle 9: Bundesrepublik mit West-Berlin Bevölkerung ab 16 Jahre

Frage: „Auf diesen Karten stehen verschiedene Wörter. Bei diesen Wörtern kann man ja verschieden fühlen, ob sie einem sympathisch sind oder nicht sympathisch. Könnten Sie bitte diese Karten einmal auf das Blatt verteilen, je nachdem, wie Sie das fühlen. Wenn Sie sich bei einem Wort wirklich nicht entscheiden können, legen Sie die Karte bitte beiseite." (Vorlage eines Kartensatzes und einer Liste)

Als sympathisch werden bezeichnet:	Bevölkerung insgesamt	Personen mit folgender Ausprägung des Nationalbewußtseins: Stolz, Deutsche(r) zu sein –		
		unbedingt	überwiegend	eher/gar nicht
	%	%	%	%
Deutschland	85	94	89	50
Bundesrepublik Deutschland	84	90	88	54
Deutsch	82	93	86	48
Einigkeit und Recht und Freiheit	80	92	79	55
Freiheitlich demokratische Grundordnung	73	75	76	60
Wiedervereinigung	72	84	72	43
Traditionsbewußtsein	69	83	69	35
Deutsche Einheit	67	81	66	34
Gesamtdeutschland	62	78	60	35
Nation	60	74	61	29
Westliche Allianz	44	55	43	18
Neutralismus	41	39	43	46
Patriotismus	33	45	32	12
Sozialismus	27	23	24	47
DDR	27	29	27	23
Nationalismus	16	24	14	7
Kommunismus	7	5	5	17
n =	(2151)	(762)	(1001)	(250)

Quelle: *Allensbacher Archiv*, IfD-Umfrage 4083/84, Dezember 1986

Anmerkungen

1 Zu weiteren Definitionen vgl. *Weidenfeld*, 1981: 35 ff.

2 Dort (S. 26) findet sich auch eine Auseinandersetzung über die Bedeutung der beiden Kategorien „sehr stolz" beziehungsweise „ziemlich stolz" mit dem Resümee, es sei sachlich nicht zu vertreten, diese beiden Kategorien in Analysen zusammenzufassen, weil sich hier Nationalbewußtsein in wesentlich verschiedenen Dimensionen artikuliere.

3 In einem Begriffetest, bei dem verschiedene Begriffe mit dem Hinweis „Bei diesen Wörtern kann man ja verschieden fühlen, ob sie einem sympathisch sind oder nicht sympathisch", diesen beiden Kategorien zugeteilt werden konnten, bezeichneten (im Dezember 1986) 33 Prozent eines repräsentativen Bevölkerungsquerschnitts „Patriotismus" als sympathisch, 43 Prozent dagegen als unsympathisch. Die restlichen 24 Prozent reagierten indifferent oder unentschieden. Die Begriffe „Nation" und „Nationalismus" wurden in derselben Umfrage getestet. Für den ersten ergaben sich analoge Bewertungen von 60 zu 17 Prozent, für den zweiten von 16 zu 62 Prozent. Das Begriffsinstrumenatrium der Bevölkerung reicht also aus, um auf diesen Begriffsfeldern deutlich zu differenzieren. – Vgl. auch Tabelle 9 dieses Beitrags.

4 *E. Noelle-Neumann* (1987: 28 ff.) zitiert in diesem Zusammenhang den englischen Politikwissenschaftler *Richard Rose*. Zurückgehend auf *Adorno* habe man vermutet, Nationalstolz zeige ein gestörtes Verhältnis zur Gesellschaft, Entfremdung und sozial-feindliche Verhaltensweisen an. Die Ergebnisse der internationalen Wertestudie deuteten aber in die entgegengesetzte Richtung. – Vgl. hierzu auch den bei *Noelle-Neumann* dokumentierten Zusammenhang von Nationalstolz mit Vertrauen in staatliche und gesellschaftliche Institutionen, mit Verteidigungsbereitschaft, mit der Bereitschaft zur individuellen Einordnung in übergreifende Belange und mit dem individuellen Lebensgefühl schlechthin.

Nationale Identifikation und europäische Bindung

Karl-Rudolf Korte

1. Einleitung

„Du sollst Dir kein Bildnis machen. Ich bin nicht Stiller" (*Frisch* 1962: 31). Die Aufforderung von Max Frisch bereitet ungeahnte Schwierigkeiten. Bilder in unseren Köpfen sind als Analogiemodelle der Außenwelt anthropologisch notwendig (*Klineberg* 1966: 44–59; *Jaspers* 1985: 143 ff.; *Mentzel* und *Pfeiler* 1972: 47; *Boulding* 1956; *Frei* 1985). Vor allem nationale Selbst- und Fremdbilder sind in Gesellschaft und Politik weit verbreitet. Angesichts der nivellierenden Tendenzen unseres Medienzeitalters mit transnationalen Kommunikations- und Austauschprozessen hat sich ihre identitätsstifende Kraft sogar erhöht. Der Mensch denkt und handelt in Bildern (*Dreitzel* 1962; *Berger* und *Luckmann* 1969; *Dux* 1982). Sein Verhalten wird offenbar weitgehend bestimmt durch diese Wahrnehmung über Bilder (vgl. *Frei* 1985: 12). Die Wirklichkeit wird so zur Orientierungshilfe über symbolhaft verdichtete Bildkonturen vermittelt. „Das Image vom eigenen Selbst steht nicht unverbunden neben anderen Images, sondern wird von diesen mitbestimmt und umgekehrt. Selbstbild und Gesellschaftsbild gehören untrennbar zusammen" (*Dreitzel* 1962: 193). So beinhaltet das individuelle Selbstbild zum Standort der Deutschen – als Seismograph für Tendenzen der politischen Kultur der Bundesrepublik Deutschland – auch immer gleichzeitig Elemente von kollektiver Identität.

Doch wie sieht das Szenario von Selbst- und Fremdbildern der Deutschen aus? Läßt es sich reduzieren auf die Bandbreite zwischen nationaler Identifikation und europäischer Bindung? Aus der Fülle der politischen Bilder der Bundesbürger sollen anschließend schwerpunktmäßig einige wenige herauskristallisiert werden. So sind in das Gesamtarsenal der Wahrnehmungsfelder der Bundesbürger drei Bildkategorien integriert:

- Deutschlandbilder
- Europabilder
- Weltbilder.

Diese drei Optionen von Identitäts- und Identifikationsangeboten stehen in einem wechselseitigen, antizipatorischen Spannungsverhältnis zu Fremdbildern über die Deutschen (vgl. *Katz* 1978; *Behrmann* 1980b). Alle vier Bildkategorien werden im folgenden beschrieben und analysiert.

2. *Deutschlandbilder*

Jede Nation fragt nach dem eigenen Selbstverständnis. Aber nur wenige erhalten aus ihrer Geschichte so vielschichtige Antworten wie gerade die Deutschen. Der gemeinsame Erfahrungshorizont der Deutschen, ihr kollektives historisches Bewußtsein, als Elementarkategorie gemeinsamer Identität, ist nur rudimentär ausgebildet (vgl. *Alter* 1985; *Craig* 1982). Die Defizite an äußerer Einheit – Staats- und Kulturnation waren nie deckungsgleich – wurden ergänzt durch Defizite an innerer Einheit: es fehlte ein nationales Milieu (vgl. *von Krockow* 1983: 126f.) was bis heute zu einer Aufwertung des Regionalen gegenüber dem Nationalen führte. Die Suche nach einer in sich ruhenden Selbstbeschreibung der Deutschen provozierte kulturelle Ersatzangebote: „Eine einheitliche deutsche Nation hat es nie – oder nur als unfriedliche Behauptung – gegeben. Wohl aber das Nachdenken über ‚Einheit' ... ist immer ein Konstitutiv der deutschen Kultur und ein sublimer Ersatz für sie gewesen" (*Muschg* 1985: 75; vgl. *Eder* 1985). So sind Deutschlandbilder im Hinblick auf den Geltungsbereich und den vorrangigen Bezugspunkt immer strittig gewesen. Diese Unsicherheiten sind, verstärkt durch die Perversionen des Nationalsozialismus, nach dem Zweiten Weltkrieg erhalten geblieben, zumal die Geschäftsgrundlage einer nationalen Identität wegfiel: „Eine Republik, die von der Fiktion ihrer Selbstaufhebung lebt, kann nur Gefühle der Vorläufigkeit wecken" (*Janssen-Jurreit* 1985: 22). Die Kontroversen um Deutschlandbilder lassen sich an den Diskussionen um zentrale Begriffe festmachen: Teilstaatsbewußtsein (vgl. *Kosthorst* 1974, 1978), Bundesrepublik Deutschland als Nationalstaat oder Staatsnation (vgl. *Kitzmüller* 1973), gesamtdeutsches oder westdeutsches Nationalbewußtsein (vgl. *Schweigler* 1974; *Niethammer* 1972). Diese Begriffsverwirrung wird darüber hinaus angereichert durch die breite Palette der Wortfelder von ‚Nation' (vgl. *Deutsch* 1972; *von Krockow* 1970) und ‚deutsch' (vgl. *Berschin* 1979), die in Deutschland ebensowenig je konsensfähig waren.

3. *Europabilder*

Auch das Raumbild über Europa und die Bindungsangebote, die Europa machen könnte, bleiben diffus (weiterführend *Schieder* 1971). Drei Bildprojektionen bieten Hilfestellung zur Differenzierung: Idee-Europa, EG-Europa, Mitteleuropa.

„Europa, das ist die Bibel und die Antike" (*Jaspers* 1947: 9; vertiefend *Sternberger* 1980; *König* und *Rahner* 1983; *Weidenfeld* 1985). Karl Jaspers subsumiert in dieser Definition aus dem Jahre 1946 das christliche und antike Erbe zu den Komponenten des geistigen Gehalts Europas. „Wo ein großer Geist gedacht wird, ist Europa" (*von Hofmannsthal* 1928: 242). In der zum Alltag gewordenen Realität des EG-Europa ist dieser ideelle Geist längst verflogen: 92 Prozent aller Bundesbürger assoziierten 1985 mit dem Kürzel „EG" den Butterberg (*Noelle-Neumann* und *Herdegen* 1985: 305). Mit abnehmender Tendenz hielten 1984 nur noch 57 Prozent die EG für eine „gute Sache" (307). Die Euphorie ging durch die sich abzeichnende Desillusionierung bezüglich des Zieles der Europäischen Einigung verloren. Dennoch ist

die Zusammenarbeit innerhalb der EG und unter den europäischen Nachbarn im Wertesystem der Bundesbürger fest verankert (*Schweigler* 1985: 87). Die Bindung an Westeuropa ist fester Bestandteil ihres Selbstverständnisses.
Zunehmende Popularität genießt in den letzten Jahren hingegen der Mitteleuropa-Gedanke. Dies ist umso erstaunlicher, weil Mitteleuropa als Bild lange Zeit verschwunden war (vgl. *Bender* 1981): „Wenn es kein Bild der Deutschen vom mitteleuropäischen Raum mehr gibt, dann nicht deshalb, weil keines gerettet wurde, sondern wesentlich deshalb, weil die Deutschen unsicher geworden sind, ob sie es aus der Schublade ... hervorholen dürfen" (*Schlögel* 1986: 72). Dennoch bleibt auch dieses Bild undeutlich, wie die disparaten Annäherungsversuche von Friedrich Naumann (*Naumann* 1915), György Konrád (*Konrád* 1985), Milan Kundera (*Kundera* 1984) und Cseslaw Milosz (*Milosz* 1986) zeigen. Als Denkraum verknüpft sich jedoch die Mitteleuropa-Vorstellung heute mit Neutralitätsüberlegungen für ein wiedervereinigtes Deutschland. Die eigentlichen Schubkräfte einer neuen Popularität von der Vision Mitteleuropa sind hier zu suchen.

4. *Weltbilder*

Zum Determinantenbereich deutscher Standortbilder gehören auch Weltbilder. Transnationale Beziehungen und moderne Kommunikationsstrukturen im Satellitenzeitalter offerieren permanent Weltbilder. Diese globale Option kann Ausdruck von Kosmopolitismus eines klassischen Durchgangslandes sein. Auslandssehnsucht spricht aus den Zahlen deutscher Touristenströme im Ausland. In ihrem Denken, ihrer Orientierung sind die Deutschen seit Kriegsende kosmopolitischer geworden, aber auf eine eigentümliche Weise: „Deutschland ist ... internationaler geworden, die Deutschen selber wurden seltsam international – kosmopolitisch. Das wäre ein großer und ganzer Gewinn, wenn da nicht ein Anflug von Selbstverleugnung und Kompensation für die Rückversetzung in den Provinzstatus zu spüren wäre" (*Schlögel* 1986: 25). Weltbürgertum als Fluchtbewegung aus der eigenen Geschichte und dem Raum?
Inhaltlich lassen sich diese Weltbilder seit 1949 meist reduzieren auf eine Westorientierung oder präziser, auf eine Orientierung an der Vitalität des American way of life. Trotz gewachsener kritischer Loyalität zu den USA (vgl. dazu *Czempiel* 1982; *Schwan* 1986), vor allem seit Ende der 70er Jahre, steht jedoch weder die Notwendigkeit einer stärkeren deutsch-amerikanischen Kooperation noch die Übernahme des ‚Modells Amerika' als Lebensstilangebot mehrheitlich zur Debatte (*Schweigler* 1985: 94).

5. *Fremdbilder*

Deutschland-, Europa-, Weltbilder als Selbstbilder der Deutschen korrespondieren mit Fremdbildern (vgl. *Schulz* und *Danylow* 1985; *Bondy* 1981). Zwischen diesen beiden Ebenen besteht ein permanenter Austauschprozeß, zumal deutsche Innenpolitik aufgrund der Lage der Bundesrepublik Deutschland und unserer Geschichte stets internationale Relevanz hat: „Die Wichtigkeit des Blickes der anderen für die Einschätzung des eigenen Landes und Volkes, des Fremdverständnisses für das Selbstverständnis ist bei den Deutschen so groß, daß dieser Umstand, obgleich bekanntlich alle Verallgemeinerungen über Völker falsch sind, am ehesten als eine solche gelten kann" (*Bondy* 1981: 46). Identifikations- und Bindungsoptionen ergeben sich somit auch aus Selbstbespiegelungsmechanismen, so als ob wir uns faktisch vom Ausland aus sehen würden: „Bei allem, was sie tun und sagen, läuft ja, mehr als bei jeder anderen Nation, die Frage mit, wie man das im Ausland aufnehmen würde. Während das Ausland doch eigentlich von ihnen erwartet, daß sie diese ewige Bespiegelung aufgeben... um endlich, selbstbewußt und selbstverständlich, sie selbst zu werden" (*Troller* 1986). Im Kernbereich beschreiben diese Fremdbilder den unsteten, wandelbaren, unruhigen Deutschen (vgl. *Barzini* 1983; *Koch-Hillebrecht* 1977).

6. *Umdimensionierung der Wahrnehmungsfelder*

Die Frage nach dem Grad der europäischen Identifikation und der nationalen Bindung der Deutschen muß sich demnach an diesem Mosaik orientieren. Die Bilder in unseren Köpfen sind als Set von Bewußtseinsstrukturen gespeichert (vgl. *Klages* 1984; *Lübbe* 1977; *Rüsen* 1984; *Angehrn* 1985). Ihre jeweilige Intensität, etwa als Leitbilder, hängt von situativ bedingten Anforderungen ab. Die skizzierte Bildkonstellation kann sehr eruptiv variieren und einzelne Bilder zeitweise über- oder unterbelichten. So ist seit Mitte der 70er Jahre eine deutliche Umdimensionierung unserer Wahrnehmungsfelder analysierbar. Die Faktoren der Aktualisierung haben die Europa- und Weltbilder zugunsten der Deutschlandbilder – in Abschwächung auch die Fremdbilder – in den Hintergrund verdrängt. Die Nachfrage nach Deutschlandbildern ist gestiegen.
Diese Trendveränderung wird besonders anschaulich, wenn sie mit dem Bildrepertoire der 50er Jahre kontrastiert wird. Europa als Ersatznation war für die Deutschen nach dem Zweiten Weltkrieg unverdächtig. Man versuchte das Deutschsein durch Europabegeisterung, durch Distanzierung von als deutsch bekannten Eigenheiten, durch Kultivierung anderer Identitäten zu kompensieren und sich selbst als einen geschichtslosen Neuanfang zu begreifen (vgl. *Tenbruck* 1979: 296). Dahinter verbarg sich die Idee einer Substituierung der nationalen durch die europäische Idee. Diese Standortdefinition wurde erleichtert in Verbindung mit dem Antikommunismus, der einem tiefen Sicherheitsbedürfnis der Bevölkerung entsprach (vgl. *Löwenthal* 1979: 14). Das System der DDR repräsentierte dabei das Antibild. Antikommunismus als Fixpunkt bundesrepublikanischer Identität verliert erst in den 60er Jahren seine Trennschärfe. Integrationsrückschläge und Alltagserfolge der EG führten gleichzeitig zu einem deutlich abnehmenden Europa-Engagement.[1] So gründet sich der geistig-politische Standort der Deutschen seit den 50er Jahren vor allem auf sekundären Legitimitätsgrundlagen (vgl. *Hennis* 1983; *Oberndörfer* u.a. 1985: 10). Loyalitätsstiftende Wirkungen gingen dabei vor allem vom Wirtschaftswunder – die

Schlüsselrolle wirtschaftlicher Leistungsfähigkeit für die nationale Identität liegt hier begründet –, vom Kalten Krieg in Verbindung mit Antikommunismus und der Westintegration als Ersatznation aus.
Ansätze zur Umdimensionierung dieser Wahrnehmungsfelder beginnen in den späten 60er Jahren. Die geborgte Identität zeigt Risse, als das Geborgte, die Identitätsleihgaben, erstmals verstärkt auf ihren Inhalt hin befragt werden und ihre selbstverständliche Evidenz verlieren. Obwohl der historische Wahrnehmungsraum der Deutschen nach dem Zweiten Weltkrieg durch die Zweiteilung schrumpfte, prägen verstärkt seit Mitte der 70er Jahre wieder Deutschlandbilder den bundesrepublikanischen Zeitgeist, allerdings mit neuem Inhalt.

7. *Das neue Gesellschaftsbewußtsein*

An die Stelle des herkömmlichen Staats- und Nationalbewußtseins in der Bundesrepublik Deutschland, tritt eine Art Gesellschaftsbewußtsein der Bundesbürger. Identität wird zum Schlüsselbegriff dieser neuen Bewußtseinslage (vgl. *G. Schmidt* 1976; *Marquardt* und *Stierle* 1979; *Weidenfeld* 1983, 1985; *von Bredow* 1985; *Habermas* 1974; *Bracher* 1986). Identität ist dabei Sammeltitel für Kompensationen sozialer Defizite und dient als Problemasyl: Zufluchtsort für vielfältige Orientierungs- und Sinnfragen. Die Suchbewegungen nach Sinnprovinzen individueller und kollektiver Identität kreisen um ein neues deutsches Selbstverständnis. Der Grundlagenvertrag zu Beginn der 70er Jahre markierte dabei die Einschnittsgrenze der Akzentverlagerung (vgl. *Teppe* 1976: 20; *Kosthorst* 1978: 30). Kalter Krieg und Alleinvertretungsanspruch hatten bis dahin jahrzehntelang die Selbstlokalisierung der Bundesbürger erleichtert. Die Selbstbilder konstituierten sich aus der doppelten Ablehnung. Das Prinzip der Gleichberechtigung zwischen beiden deutschen Staaten initiierte nun neue Interpretationsmuster, neue Bildprofile, neue Standortbeschreibungen. Die Ortsbestimmung der Deutschen brauchte neue Fundamente. Was lag der näher, als die neuen geistigen Profile bei sich selbst zu suchen?
Doch dies war eine Rückkehr zu Deutschlandbildern neuer Provinienz, verbalisiert zuerst vor allem von Literaten (vgl. *Korte* 1984), wie beispielsweise von *Günter Grass* „Der Lack ist ab. Auf einmal stellt sich heraus, daß diese beiden Staaten auf Sand gebaut sind, daß das bloße wirtschaftliche Wohlergehen mit sozialer Absicherung als Fundament nicht reicht, daß man sich und den Nachbarn etwas schuldig geblieben ist, eine Beschreibung der eigenen Position, die uns, unserem geschichtlichen, unserem kulturellen Herkommen entspricht. Als eine Beschreibung der nationalen Identität" (*Deutschland- wohin?* 1985: 25). Die Intellektuellen als Merker, Meinungsmacher, Moralisten, beeinflussen maßgeblich Bewußtseinskonturen über politisch-kulturelle Zeitschriften ebenso wie politische und kirchliche Akademien als öffentliche Reflexionsinstitutionen.
Inhaltlich ist diese Renaissance deutscher Selbstsuche in der Version der 70er Jahre zunächst über die Faktoren zu verorten, die ihr weitgehend fehlen, aber das augenblickliche, oberflächliche Image der Diskussion bestimmen:

- Der deutschen Identitätssuche fehlt mehrheitlich ein nationalistischer Antrieb. Traditionell nationalistische Wertorientierungen propagieren Randgruppen (vgl. *Klönne* 1984). Innerhalb des linken und des rechten politischen Spektrums gibt es seit dieser Zeit aktive Bemühungen, dem Schwinden des gesamtdeutschen Nationalbewußtseins in Westdeutschland entgegenzuwirken. Den Patriotismus von links und den nationalen Imperativ von rechts verbindet die Flucht in nationale Egoismen. Im Kern der Debatte geht es um Autonomie-Bestrebungen als Suche nach einem unabhängigeren Ausdruck für nationale Gefühle. Besonders dieser verbale Aktivismus im Zusammenhang mit der NATO-Nachrüstungsdebatte bestimmte neue Fremdbilder über Deutschland (*Hassner* 1982; *Laqueur* 1985).
  Auch im Bereich der neuen historischen Standortsuche gibt es in Teilbereichen nationalistische Tendenzen in Form des Versuchs der Funktionalisierung von Geschichte, zur Wiederbelebung nationaler Geschichtsbilder und zur Konsolidierung eines Geschichtsbewußtseins auf der Basis des nunmehr Erreichten (vgl. *Wehler* 1982: 748 ff.; *Habermas* 1986).
- Als Massenphänomen fehlt darüber hinaus den neuen deutschen Anfragen das klassische Repertoire der nationalen Frage: Der Wunsch nach Wiedervereinigung hat sich nur marginal verändert. An die Realität eines Gesamtdeutschlands glauben immer weniger (vgl. *Köhler* 1985: 147–163).
  Identitässuche ist weitgehend ein auf die Bundesrepublik Deutschland beschränktes Thema, in dem das System der DDR und die eigentliche Teilungsproblematik nicht vorkommen. Die Ergebnisse über das Ausmaß des Bewußtseins noch einer gesamtdeutschen Nation anzugehören, variieren je nach Fragenkatalog und Meinungsforschungsinstitut erheblich (vgl. *Schweigler* 1985: 116–141). Die Einstellung zu nationaler Symbolik (Hymnen, Fahnen) blieb unverändert distanziert. Die Deutschen sind gerade in den 70er Jahren ein Volk ohne Zeichen geblieben (vgl. *Hattenhauer* 1984; *von Krockow* 1981: 3–9; *Lübbe* 1981: 6–10).

Beide Kurzdiagnosen werfen die Frage auf, was die eigentliche Substanz der neuen Anfragen zum Deutschlandbild kennzeichnet? Die Identitätssuche kreist offenbar um kulturelle Phänomene, die mit nationaler Einheit, mit Nation als Hauptargumentationsstrang wenig verbindet. Die Nation dient nur als Vorwand (vgl. *Schwan* 1983), als Vehikel (vgl. *Rudolph* 1984; *Korte* 1985a), für andere Ambitionen nach konkreter Sinnerfüllung, ohne die reale Situation der Nation mit zu reflektieren. Die sich dabei mit vermischenden kultur- und zivilisationskritischen Strömungen sind weniger Ausdruck des Unbehagens an der Nation als an der Verfaßtheit unserer bundesrepublikanischen Gesellschaft. Das neue bundesrepublikanische Selbstbewußtsein artikuliert sich somit unter der Tarnkappe der Identitätssuche in ganz neuen Bahnen.

Was sich herauskristallisiert, ist nicht mehr unter die Begrifflichkeit des Staats- und Nationalbewußtseins zu subsumieren. Die Identifikationsmechanismen sind nicht mehr direkt an der Nation oder am Staat ausgerichtet. Als Identitätsobjekt ist die Gesellschaft hinzugekommen (vgl. *von Bredow* und *Burrichter* 1985: 10): „An die Stelle des Staatsbewußtseins wird mehr und mehr das Lebensgefühl der Gesellschaft treten“ (*Sommer* 1986). Das neue Gesellschaftsbewußtsein besteht aus einem Komplex von Bedürfnissen, Interessen, Teilzielen und läßt sich an Themenfeldern wie beispielsweise Frieden, Westorientierung, Modernität aufzeigen (vgl. *Korte* 1985b). Bundesrepublikanische Loyalitätsempfindungen drücken sich heute moderner, ohne nationale Semantik aus, wie Thorsten Becker in seinem neuen Roman „Die Bürgschaft" beiläufig erzählt: „Zum Beispiel verspürte ich, wenn ich per Zufall westdeutsches Werbefernsehen anzuschauen bekam, tiefes, echtes Heimweh" (*Becker* 1985: 143). Das neue pragmatische Gesellschaftsbewußtsein baut auf den Konsens privater Lebensentwürfe als „Kitt der gleichartigen individuellen Zielsetzungen, der das Ganze zusammenhält" (*Pross* 1982: 137).

8. Resumée

Diese Bewußtseinsprofile waren nur möglich, weil die Bindungen von Angehörigen der zweiten Nachkriegsgeneration an herkömmlichen nationalen Einstellungen äußerst gering waren und darüber hinaus die Tendenz, sich im transnationalen Rahmen zu begreifen, durch die Öffnung der westeuropäischen Grenzen und die Vielzahl zwischenmenschlicher Kontakte erhebliches Gewicht erhalten haben (vgl. *H. Mommsen* 1980: 273). Spezifiziert und problematisiert wird dieses Wahrnehmungsmuster zwischen nationaler Bindung und europäischer Identifikation durch eine zweiseitige Zielrichtung:

- Die Integrationsmühlen drehen sich rückwärts und produzieren wieder Teilgruppen. Die bewußtseinsmäßigen Identifikationsräume vieler Bevölkerungsgruppen haben sich verengt. Der Regionalismus entspricht dem Identifikationsprozeß auf der Ebene kleinerer Einheiten (*Niethammer* 1982: 68; *Moosmann* 1980). Es besteht eine „Inkongruenz zwischen der Beziehungswelt der Bevölkerung, ihren Identifikationsräumen und der Europäischen Gemeinschaftsebene" (*Boguslawski* 1982: 20).
- Daneben existieren tendenziell weltbürgerliche Bezugsperspektiven weiter. Die Neigung, sich auf transnationale Kommunikations- und Austauschprozesse einzustellen, ist gewachsen (vgl. *H. Mommsen* 1980: 273 ff., *Ronge* 1985: 46). Nationaler Stolz wird mit universalistischen Wertorientierungen vor allem innerhalb der jüngeren Generation aufgesogen.

Durch dieses Raster regionalistisch-provinzieller Entmodernisierungsprozesse und breiter übernationaler Orientierungen fällt der Nationalstaat hindurch. So läßt sich nach *Karl Dietrich Bracher* die Bundesrepublik Deutschland durchaus als „postnationale Demokratie" (*Bracher* 1986; *Korte* 1985c) bezeichnen. Das neue Gesellschaftsbewußtsein verharrt nicht bei nationaler Bindung oder europäischer Identifikation. Auch die genannten Optionen Region, Staat, Nation, Europa, Welt, prägen Bewußtseinsbilder, schaffen Teilidentitäten, die vielseitig belastbare Loyalitäten erfordern: Ein Zukunftsprofil politischer Kultur einer modernen Massengesellschaft.

Anmerkung

1 Für eine „gute Sache" hielten die Bundesbürger die Mitgliedschaft ihres Landes in der EG 1973 noch 63 Prozent, 1982 nur noch 51 Prozent (vgl. *Eurobarometer* 1982).

VI. Aspekte der Politischen Kultur der DDR

Kulturelle Muster in der DDR

Werner Rossade

1. Zum Begriff des Kulturmusters

Der Begriff ,Kulturmuster' weist auf bestimmbare, mehr oder minder generelle und relativ beständige Strukturen soziokultureller Gesamtheiten hin. Ich nehme ihn als Entsprechung zu *Bourdieus* Begriff der von der sozialen Schichtung abhängigen Praxisformen, die sich als „systematische Konfigurationen von Eigenschaften und Merkmalen" erweisen (1984: 278). In Abgrenzung von gebräuchlichen formell nahestehenden Begriffen (vgl. *Kluckhohn* und *Kelly* 1945; *Shapiro* 1971; *Fuchs* u.a. 1978: 437 ff.) wäre zu sagen, daß sich das Kulturmuster als ein Komplex von Kulturmerkmalen fassen läßt und insofern sich mit dem Terminus ,Kulturkomplex' berührt. Dieser Terminus hätte Sinn aber auch als Benennung einer Mehrzahl miteinander verbundener Kulturmuster. Kulturelement würde im Unterschied von Kulturmerkmal und -muster (als Komplex von Merkmalen), die beide mehr auf Strukturen und Zusammenhänge gehen, eher Einzelphänomene meinen, etwa ein einzelnes Artefakt, eine spezifische Kenntnis oder Fertigkeit, die gesellschaftlich relevant ist.
Der konfigurationale Ansatz der Kulturanalyse ist mit dem Namen von *Ruth Benedict* verbunden. ,Muster' (pattern) als Organisationsprinzip, das gewissen Kulturmerkmalen bestimmte Positionen im kulturellen Gesamtzusammenhang einräumt und andere, die nicht in das Schema passen, ausschließt – das also sowohl integrativ wie auch selektiv wirkt –, wurde durch Benedicts Lehrer *Franz Boas* eingeführt (vgl. *Girtler* 1979: 243 f.). Muster-Konfigurationen vergleichbarer Art gab es vordem schon in der Philosophie, so bei *Ernst Cassirer* (1923), der sie als unterschiedliche Weisen von Symbolverwendung, der symbolischen Repräsentation sozialer Gegebenheiten und Beziehungen, auffaßte. Die Kulturanthropologen überwanden die philosophische Abgehobenheit, indem sie ihre Kategorien mit ethnologischem Material füllten. Doch blieb bei Ruth Benedict (1934) das Kulturmuster (pattern of culture) ein archetypisches Formprinzip, das als solches für das „patterning" der betreffenden Kultur maßgebend ist und sich in deren empirischen Erscheinungen nur mehr oder minder annähernd realisiert, – fast wie eine Platonische Idee. In diesem Sinne bezieht sich der Terminus auf die Gesamtgestalt einer Kultur.
Für die Gesamtprägung einer Kultur ziehe ich den Begriff *Stil* vor (vgl. *Bourdieu* 1979: 19, 31, 80, 241, 250 f., 460, 658; *Bourdieu* 1984: 43, 60; *Sobel* 1981: 19 ff., 117 ff.). Kulturmuster wären dann Stilelemente oder stilbildende, -hervorbringende, -prägende

Elemente.[1] Das Geflecht der Kulturmuster einer Gesellschaft würde in seiner Gesamtheit den spezifischen Stil dieser Gesellschaft ausmachen. Den Zusammenhang von ‚Stil' und ‚Kulturmuster' näher zu bestimmen, bleibt eine Forschungsaufgabe.

Die Untersuchung von Stil und Kulturmustern, die eine Gesellschaft prägen, legt einen *ethnosoziologischen Kulturbegriff* zugrunde (*Müller* und *König* u.a. 1984). Ein solches Verständnis von Kultur kann sich insbesondere auf die großen Namen der neueren französischen Soziologie und Kulturhistorie berufen, von *Durkheim* (1912/1984) und *Mauss* (1950/1984) bis zu *Lévi-Strauss* und *Pierre Bourdieu*, in der Kulturgeschichte auf Forscher wie *Devereux, Duby, Leroi-Gourhan*. Der ethnosoziologische Ansatz schließt den Aspekt der Kulturrelativität ein, d.h. insbesondere die Ablehnung von Eurozentrismus in der Kulturbetrachtung. Er löst Kultur in dreifacher Hinsicht aus den verengenden Schranken einer Gleichsetzung mit – vornehmlich geistig/künstlerischer – ‚Hochkultur':

1. durch den Einschluß der massenhaften Alltagskultur;
2. durch das Beachten der Einheit von materieller und ideeller Kultur, so daß „‚Kultur' im eingeschränkten und normativen Sinn von ‚Bildung' dem globaleren ethnologischen Begriff von ‚Kultur' eingefügt und noch der raffinierteste Geschmack für erlesenste Objekte wieder mit dem elementaren Schmecken von Zunge und Gaumen verknüpft wird" (*Bourdieu* 1984: 17);
3. durch Ausgehen von der sozialen, gesellschaftlichen Bedingtheit aller Kultur.

Zur Operationalisierung des Begriffs ‚Kulturmuster' ist zudem noch anzumerken: Es wäre jeweils festzustellen, ob eine gegebene systematische Konfiguration von Eigenschaften und Merkmalen soziokultureller Praxis als stilprägendes Muster anzusehen ist oder nicht. Ob und wie dies im Einzelfall empirisch zu erweisen ist, kann hier nicht weiter erörtert werden.

Der Versuch, eine realsozialistische Gesellschaft von den sie prägenden Kulturmustern her zu erfassen, ist bisher nicht unternommen worden. Lediglich als methodologisches Postulat taucht ein vergleichbarer Ansatz im Zusammenhang mit der intersystemar vergleichenden Jugendforschung auf (*Schäfer* 1986: 78 ff.).

2. *Arten von Kulturmustern*

Kulturmuster in dem angesprochenen Sinne sind im wesentlichen *Perzeptions- und Handlungsmuster*, also interdependente und korrelierende Stereotype der Auffassung und Wiedergabe (Sicht- und Darstellungsweisen) einerseits, der praktischen Lebensführung und des Handelns in den verschiedenen Arbeits- und Lebenssphären andererseits. Die Perzeptionsmuster oder stereotypen Sichtweisen haben es mit der Wahrnehmung gegebener Erscheinungen, insbesondere der vorhandenen Gesellschaft, ihrer Beschaffenheiten und Entwicklungsperspektiven zu tun. Eine vorläufige Bestimmung[2] läßt sich im Anschluß an Bourdieu geben, bei dem der soziale Habitus die *perception* = Wahrnehmung der sozialen Welt bedingt (vgl. *Bourdieu* 1979: 191; 1984: 279).

Eine Analyse der realsozialistischen DDR-Gesellschaft unter kulturellen Aspekten kann auf drei recht umfassende Konfigurationskomplexe zurückgreifen, deren prägendes Wirken die Voraussetzungen dafür bietet, den *Stil* der heutigen DDR-Gesellschaft zu erfassen. Diese drei Konfigurationskomplexe bestehen aus:

- Lebensstilen, differenziert nach sozialen Schichten, nach Geschlecht, nach Altersgruppen und nach anderen Unterscheidungsmerkmalen;
- Arbeitsmustern oder Leistungsmustern in unterschiedlichen Bereichen der sozialen Aktivität, die von hoher Relevanz für eine ausgeprägte ‚Leistungsgesellschaft' sind;
- Grundmustern der politischen Kultur, wie sie sich in differenzierter Sicht der bestehenden Gesellschaft aus ungleichen sozialen, politischen und theoretisch/ideologischen Positionen und in entsprechender sozialer/politischer Praxis manifestieren.

Offensichtlich ist, daß diese drei Komplexe nicht beziehungslos nebeneinander stehen, sondern daß sie einander durchdringen und sich in unterschiedlicher Weise wechselseitig bedingen.

Die wichtigen Kulturmuster innerhalb dieser Komplexe drücken sich durch Rituale und Symbole aus. Symbolik und symbolisches Handeln ist von Kultur, zumal von ethnosoziologisch aufgefaßter Kultur, nicht zu trennen. Als Spezifikum tritt dabei die Hypertrophie symbolischer Politik in einer realsozialistischen Gesellschaft vom Typ UdSSR/DDR und die damit verbundene ausgedehnte Ritualisierung des öffentlichen Lebens besonders hervor. Diese Grundkomponenten der politischen Kultur der DDR sind in eine Untersuchung der genannten drei Komplexe von kulturellen Mustern einzubeziehen (zur Problematik vgl. *Bourdieu* 1974; *Edelman* 1976; *Eisenstadt* 1982). Es steht noch aus, die existierenden gesellschaftlich/politischen Rituale im einzelnen und die verschiedenen Gruppen oder Typen von Symbolen, die in dieser Gesellschaft auftreten, zu untersuchen.[3]

Hinzuweisen ist zudem auf die Affinität der stereotypen Perzeptions- und Handlungsmuster zu dem Begriff *Topoi*.[4]

3. Lebensstile in der DDR

Die Differenzierung der Lebensstile nach der sozialen Schichtung ist in der DDR beträchtlich. Der Abstand zwischen der zahlenmäßig kleinen Führungsgruppe mit ihren Familien, die – abgesperrt gegen die Öffentlichkeit – in einem hervorstechenden „Luxus" zu leben scheint und an der keine Abgrenzung oder kein alternativer Lebensstil gegenüber früheren Oberschichten erkennbar ist, und den unteren Einkommensgruppen von Arbeitern und Angestellten ist zumindest nicht geringer als in vergleichbar entwickelten westlichen Industrieländern. Das Einkommen muß als ein maßgebender Faktor der Differenzierung gelten, insofern die Lebensstile insgesamt durchaus spätbürgerlich konsumptiv bestimmt sind und alternative Prägungen, mehr noch als im Westen, auf gesellschaftlich wenig relevante Randgruppen beschränkt bleiben. Unterschiede im Aufwand, keineswegs strikt parallel auch in der Bildung und Ausbildung, lassen sich unterhalb der Führungsgruppe etwa nach dieser relativ groben Schichtung feststellen: obere Leitungs- und Prestige-Ebene; mittlere Leiter und Spezialisten, Spitzen-Facharbeiter; untere Funktionsträger; Masse der städtischen Arbeiter und kleinen Angestellten; Werktätige auf dem Lande. Dabei ist der deutlich vorherrschende Stil als kleinbürgerlich zu bezeichnen, bei den genannten Schichten fast noch mehr als bei den verbliebenen Resten des traditionellen Kleinbürgertums (Handwerker, Gewerbetreibende u. a.) und der alten Bourgeoisie, auch kaum durchbrochen in den speziellen Gruppen/Schichten der Studenten oder der Kranken, Straffälligen und ‚Aussteiger'.

Ähnliche teils überkommene, teils wieder restaurierte Ungleichheiten in der Lebenslage, aus der ein spezifischer Stil der Lebensführung erst entspringen kann, bestehen hinsichtlich der Geschlechter, mit Dominanz der männerherrschaftlichen Muster, Mehrfachbelastung der Frauen durch Beruf, Familie, Kinder und bei starker Unterrepräsentation der Frauen in leitenden Positionen. Bei einer Differenzierung nach Altersgruppen ergeben sich fast keine signifikanten Unterschiede in den Lebenslagen, gesellschaftlichen Positionen und Orientierungen von Jugendlichen, Kindern, Alten und erwachsenen Erwerbstätigen/Hausfrauen im Vergleich etwa zur Bundesrepublik. Neben den generellen, lediglich für die oberste Schicht nicht existenten Versorgungsmängeln und den Besonderheiten des autoritären politischen Systems, resultieren substantielle Defizite aus der relativen Rückständigkeit der DDR-Industriegesellschaft, z. B. aus dem immer noch hohen Anteil an schwerer körperlicher und gesundheitsschädlicher Arbeit oder aus der kulturellen Kluft zwischen Stadt und Land hinsichtlich der Wohnverhältnisse, Dienstleistungen und Freizeitangebote.

Von zentraler Bedeutung hinsichtlich der realen Lebensstile sowie mit Hinsicht auf die Gesamtprägung der heutigen DDR-Gesellschaft ist freilich die stattfindende kulturelle Umorientierung in der DDR. Diese Umorientierung bringt auch seit Anfang der 80er Jahre einen Paradigmenwechsel in den Gesellschaftswissenschaften der DDR mit sich. Dieser Wandel läßt sich dahingehend zusammenfassen, daß zunehmend „charakteristische Merkmale der Epoche" und die „Lebensweise des Menschen unserer Zeit" (*Koch* u.a. 1982: 243) im Vordergrund stehen anstelle des früheren Unterschieds und Gegensatzes von ‚realsozialistischer' und ‚westlicher' Industriegesellschaft. Dieser Wandel der Sichtweisen entspricht Veränderungen in der Gesellschaft selbst, die zunehmend auf ‚Gestaltung' des sogenannten entwickelten Sozialismus nach den Mustern und dem Vorbild des industriell entwickelten Westens drängen, wissenschaftlich/technisch bzw. technologisch ebenso wie in der Leitungsorganisation der Gesellschaft und ihrer Wirtschaft, in Ideologie und (Alltags-) Kultur. Nicht die Alternative zu einem als historisch abgelebt perzipierten westlichen Kapitalismus ist die Hauptfrage, sondern auf allen Gebieten ein „Erreichen und Mitbestimmen der Weltspitze", die von eben diesem Kapitalismus gehalten, genormt und geformt wird.

Der Wandel ergreift auch die Sozialstruktur. Tatsächliche Tendenzen der Verfestigung bestehender Differenzierungen und der Immobilisierung reflektieren sich in der DDR-Soziologie als Absage an ‚kontraproduktive' Nivellierungen, als Betonung sozialer Unterschiede als Effektivierungsfaktor und, damit im Zusammenhang, als Aufwertung der Intelligenzschicht zur eigentlichen gesellschaftstragenden und zukunftssichernden Kraft, auf Kosten der nach der offiziellen Doktrin führenden und auch politisch herrschenden *Arbeiterklasse*. In der Summe können realer Wandel und

ideologische Umorientierungen als ein Aufgeben der einstigen sozialistischen Zielvorstellungen zugunsten einer neuerlichen Parallelentwicklung der Gesellschaften in Ost und West unter einem nach wie vor gegensätzlichen politischen System verstanden werden (*Thomas* 1983: 282 f.).
Der Übergang, verkürzt gesagt, von der klassen- und klassenkampforientierten marxistischen zu einer „allgemein-menschlichen" Betrachtungsweise (*Rossade* 1986) erleichtert die Anpassung an Entwicklungen, die für die Alltagskultur breiter Massen von großer Bedeutung sind, insbesondere hinsichtlich Mode und Unterhaltungskunst. Seit einiger Zeit wird erklärt, es gebe keine spezifisch sozialistische Mode (neben der vom Westen bestimmten), und auf einem kürzlich abgehaltenen Kolloquium des Staatlichen Komitees für Unterhaltungskunst haben Kulturwissenschaftler der DDR sehr deutlich den Verzicht auf alle Eigenständigkeit in diesem Feld ausgesprochen (*Informationen, Beilage zur Fachzeitschrift „Unterhaltungskunst"*, Berlin (Ost), Nr. 3/1986). Bei solcher Rezeption verschwindet oft selbst das Maß an Kritik gegenüber industrieller Wegwerfproduktion, das im Westen als konsumkritische Sicht dominant ist (vgl. *Postman* 1985).
Aus zwei Gründen kann diese Umorientierung auf Dauer gesehen einen weitgehenden Wandel auslösen. Einmal wegen der großen Breitenwirkung der massenhaften Alltagskultur, zum anderen deshalb, weil Mode wie Unterhaltungskunst und hier vor allem die Unterhaltungsmusik vorzugsweise an die Jugend adressiert sind, d.h. an die kommende tragende Generation, die die Zukunft der Gesellschaft formen wird.
Lebensstile haben bisher in der DDR in kultursoziologischen Untersuchungen keine große Rolle gespielt. Vorherrschend ist immer noch ein umfassendes Herangehen an dieses Problem unter der Integrationsnorm der ‚sozialistischen Lebensweise'. Möglicherweise sind da Änderungen zu erwarten, nicht nur aufgrund der tendenziell fortschreitenden ‚Verwestlichung' der Sozialwissenschaften und ihrer zunehmenden herrschaftstechnologischen Funktionalisierung allgemein, sondern auch im Gefolge der neuerlichen hohen Bewertung des Lebens- und Arbeitsstils der Intelligentsia, dem Vorbildcharakter für die ganze Gesellschaft zugeschrieben wird (*Lötsch* und *Freitag* 1981: 100 f.).
Unter Materialmangel hat eine Untersuchung schichtspezifischer Lebensstile in der DDR, auch wenn sie von außen geführt wird, nicht zu leiden. Vielmehr bietet sich eine Überfülle von Material aus einer Vielzahl veröffentlichter Quellen an, Tagespublikationen (in Druck- und elektronischen Medien) und nicht zuletzt künstlerische (‚belletristische') Literatur mit eingeschlossen. Das Problem ist, daß die Aufbereitung dieser Quellen einen sehr umfänglichen, auch multidisziplinären Arbeitsaufwand voraussetzt. Dies wird sicherlich noch längere Zeit Desiderat bleiben.

4. Leistungsmuster

Das Leistungsprinzip gehört zu den grundlegenden Orientierungsmustern einer realsozialistischen Gesellschaft und spielt, zumal in der DDR, eine besondere Rolle. Unter dem Begriff der Leistung läßt sich deshalb ein weites Spektrum von kulturellen

Mustern verstehen. Diese kulturellen Muster wiederum sind in den Bereichen Arbeitskultur, Wissenschaftskultur, künstlerische Kultur, Körperkultur und Kultur der Naturverhältnisse subsumierbar. Arbeitskultur in der DDR-Gesellschaft bewegt sich in Spannungsfeldern wie soziale Sicherheit und Teilhabe (Mitbestimmung), Kreativität und Schematismus, Rationalität und Effektivierung. Die unversöhnte und anscheinend auf dem Boden der bestehenden Verhältnisse unversöhnliche Diskrepanz zwischen Herrschaftsrationalität und formaler, insbesondere technisch/ökonomischer Rationalität kann als ein Muster angesehen werden, das diesen Gesellschaftstypus (den realsozialistischen generell) ganz wesentlich prägt.

Im Komplex der Wissenschaftskultur ist u.a. der Paradigmenwechsel in relevanten Sozialwissenschaften bemerkenswert, der die klassischen Orientierungsmuster oder Axiome des Marxismus-Leninismus durch ‚westliche' ersetzt. Die Umorientierung der Wissenschaftlergemeinschaft erfolgt dabei – eine Besonderheit realsozialistischen Wandels – weniger aus wissenschaftsimmanenten Erfordernissen, sondern wird durch Setzungen der Politik bewerkstelligt. Die politische Führungsgruppe richtet dabei die Wissenschaftsentwicklung nach ihren perzipierten Bedürfnissen aus.

Künstlerische Kultur hat in unserem Kontext deswegen eine besondere Bedeutung, weil die künstlerischen Medien, vor allem die Literatur, unter den gegebenen Verhältnissen die Rolle einer Ersatzöffentlichkeit innehaben. Was in anderen Ländern, z.B. auch in Polen, in den Zeitungen steht, muß sich in der DDR (wie auch in der UdSSR und in anderen realsozialistischen Ländern) in Romanen, Gedichten, in Filmen, Theaterstücken usw., auch in Gemälden und Grafiken zur Sprache und ins Bild bringen (vgl. *Weimarer Beiträge*, H. 7/1979: 18). Die Beziehung von Kunst und Politik ist unter solchen Umständen ein wichtiger Indikator für künstlerische Kultur. Zugleich und wesentlich im Zusammenhang damit besteht künstlerische Kultur aus konfliktreichen Relationen, wie denen zwischen Optimismus und Realistik, zwischen Epigonentum und Modernismus, Kitsch und Kunst, Kunst und Gesellschaft, Kunst und Volk. Die kulturpolitische Lenkung der Künste kann heute kaum noch mit positiven inhaltlich-konzeptionellen Vorschriften arbeiten wie einst unter der Fahne des sozialistischen Realismus, nicht nur wegen fehlender Akzeptanz bei den Schriftstellern, den Malern oder den Filmemachern, sondern vornehmlich wegen der zunehmenden Entleerung der einstigen Leit- und Grundsätze. Sie beschränkt sich auf eine negative Rahmensetzung, die nur das ausgrenzt, was sich mehr oder minder eindeutig gegen die herrschenden Verhältnisse stellt.

Im Bereich von Körperkultur und Sport (offizielle Abkürzung: KKS), einem Feld par excellence des Leistungsverhaltens, ist ein konzeptioneller Wandel schon lange zum Tragen gekommen, der nicht nur schlechthin westliche Leitbilder hinsichtlich des Spitzen- oder Hochleistungssports verstärkt reproduziert, sondern darin auch eine bedeutsame ‚eigene' Tradition umkehrt: die der alten Arbeitersportbewegung, für die Rekordsucht ein bourgeoises Übel war, das durch die Entwicklung körperlicher Übung und Tüchtigkeit als Breitensport zu ersetzen wäre. KKS ist bisher das einzige Gebiet, auf dem die DDR das angestrebte Weltniveau erreicht hat und mitbestimmt. Diese Schiefheit – angesichts sinnvoller Proportionen der verschiedenen gesellschaftlichen Tätigkeitsfelder gemäß ihrem tatsächlichen sozialen und kulturellen

Gewicht – hat ihr ideologisches Pendant in einer anderen Schiefheit, darin nämlich, daß in der Kulturtheorie allgemein und im Kulturbegriff insbesondere die Körperkultur kaum eine Rolle spielt – ganz im Gegensatz zu der hohen innen- wie außenpolitischen Bedeutung von KKS (vgl. *Melchert* 1980).
Diese Vernachlässigung der Körperkultur ist zusätzlich noch von einem anderen ideologischen Muster abhängig, nämlich der undialektischen Trennung von Natur und Gesellschaft. Der menschliche Körper wird nicht primär als soziales Produkt gesehen, sondern als ‚natürliche', ‚biologische' Erscheinung, die gleichsam neben dem Gesellschaftlichen steht. Kultur der Naturverhältnisse als soziales Handlungsfeld setzt aber adäquate Perzeption der Verhältnisse voraus. Das gilt analog auch für den immer noch nicht bewältigten Bereich der Sexualität, für die Beziehung zu Natur in einem alltagssprachlichen Sinn (etwa Wandern, Kleingartenkultur etc.), erst recht aber mit Blick auf die auffällige Zurückgebliebenheit der DDR, was Tierschutz und was die Umwelt der industriellen Gesellschaft, also die ökologische Problematik, angeht.

5. *Grundmuster politischer Kultur*

Der Komplex der Muster von politischer Kultur zielt auf das Selbstverständnis der gegebenen Gesellschaft der DDR ab, sowohl in der affirmativen Variante, wie sie vornehmlich von der politischen Führung ausgeht, als auch in der kritisch reflektierenden Fassung, deren Sprecher bisher – wenn man von bloßen Scheinalternativen absieht – fast ausschließlich Schriftsteller gewesen sind und die in Aktivitäten von unten wie der Friedens- und der Menschenrechtsbewegung in der DDR eine gewisse, vielfach jugendliche, Massenbasis besitzt. Solche Muster fallen als Einstellungen zu vorhandenen Autoritäten und Institutionen unter den Begriff der Politischen Kultur (*Almond* und *Verba* 1963; *Reichel* in: *Greiffenhagen* u.a. 1981: 319 ff.; *Iwand* 1985: 269).
Von der herrschenden Seite her gehören dazu handlungsleitende Vorstellungen wie die vom friedlichen und ‚humanistischen' Wesen des Realsozialismus, die freilich in Beziehung zu setzen sind mit der realen Rolle militärischer Macht und Gewalt für dieses System. Die vorausgesetzte Überlegenheit des Realsozialismus über den Kapitalismus alter Prägung erweist sich als Normsetzung für eine ‚bessere' Industriegesellschaft, in gewisser Analogie zu sozialdemokratischem ‚Verbessern' dieser Gesellschaft ohne Antasten ihrer Grundstrukturen. Der zentrale Platz, den Sicherheit in der DDR einnimmt, impliziert eine Mehrdeutigkeit von Begriff und Sachverhalt, beginnend mit der sozialen Sicherheit als einem obersten *Wert* des realen Sozialismus bis hin zu den ausdrücklichen Staatsschutzformen von Sicherheit und der universellen Verhaltensnorm gemäß der Formel ‚Ordnung, Disziplin und Sicherheit'. Modernisierung als zunehmende Entleerung der überkommenen sozialistischen Leitideen, mit und aufgrund entsprechenden Wandels in der Gesellschaft selbst, führt mit einer gewissen Folgerichtigkeit zur Reaktivierung spezifischer nicht- und antisozialistischer Tradition. Darin sind gegenwärtig Elemente wie Umbewertung des Preußentums und neuerliche Hochschätzung der ‚deutschen Tugenden' besonders auffällig. Persönlichkeits- und

Erziehungsnormen, die sich, zumal in der DDR und bei den deutschen Kommunisten überhaupt, schon vordem nur sehr bedingt von bürgerlichen (Ideal-)Vorstellungen zu lösen vermochten, werden durch diese neuen nationalen Elemente ergänzt.
Dieses Mischungsverhältnis erscheint neuerdings in kulturtheoretischem Zusammenhang in der DDR als deutliche Idealisierung der bürgerlichen Vergangenheit und ihrer Träger, nicht zuletzt der bürgerlichen Intelligenz. Literaturerbe und Baudenkmäler, heißt es, würden seit langem gepflegt, doch „nicht so bewußt war bislang unsere Beziehung zu Sitten und Gewohnheiten des ‚bürgerlichen' Alltagslebens, ... des gegenseitigen Umgangs, der Achtung und Wertschätzung der Person und der Leistung anderer, die. Verbindung von qualifiziertem Spezialistentum mit humanistischer Allgemeinbildung und Achtung vor den Werten der Geschichte und Kultur". Die deutsche Bourgeoisie habe in ihrer Geschichte auch Tugenden hervorgebracht wie „wissenschaftlichen Entdeckergeist und technische Meisterschaft, geschäftlichen Sinn und kaufmännischen Verstand (!), Ordnungsliebe und Organisationstalent, Unternehmergeist (!) und Initiative". Auch „Formen des Umgangs, der Kultiviertheit der Sitten und Sprache" könnten „anregend für die Gegenwart sein". Die deutsche Intelligenz habe in der Vergangenheit große Traditionen und ein bedeutendes Erbe ausgebildet: „Forscherdrang und Entdeckergeist, wissenschaftliche Gründlichkeit und Genauigkeit, Solidität und Qualität technischer Leistungen, Arbeitsethos und Berufsstolz" – Eigenschaften also, die heute im Kontext von ökonomisch/technischer Rationalisierung und Effektivierung als besonders wünschenswert gelten (vgl. *Koch* u.a. 1982, 324f.). Dies sind freilich auch die Tugenden, die gemeinhin an die Traditionen der deutschen Sekundärtugenden: Ordnung, Fleiß, Sauberkeit, Pünktlichkeit und Treue anknüpfen können.
Auf der anderen Seite spricht weitgehende Kritik nicht von entwickelter sozialistischer Gesellschaft, sondern im Gegenteil vom „Ende einer Epoche von Sozialismus" und kritisiert an der Haltung dieser Endzeit Merkmale, die als Teil „faschistische(r) Unternehmungen" anzusehen seien (*Kunert* 1979: 336; *Süddeutsche Ztg.* 23.3.1979: 35). Diese Kritik gelangt, bei *Christa Wolf* und anderen Autorinnen und Autoren, zum impliziten Entwurf grundlegender Alternativen, indem sie über die Identitäten des Realsozialismus mit politischen Herrschaftsmustern der Vergangenheit hinaus zu einem so fundamentalen Herrschaftsmuster wie der sozialen Ungleichheit der Geschlechter vorstößt.
Derartige Kritik überschreitet den Rahmen von DDR- und Realsozialismus-Spezifik, aber sie erfaßt die realsozialistischen Gesellschaften mit, gesehen – durchaus im Einklang mit der, wenn auch noch nicht ganz offenen, Darstellung von der affirmativen Seite – als eine Form der sogenannten modernen Industriegesellschaft, zu der keine eigenen alternativen Potenzen entwickelt werden.

6. Ein Fazit

Zusammengefaßt läßt sich sagen: die realsozialistische DDR zeigt sich heute im Stil einer Übergangsgesellschaft, aber nicht mehr vom Kapitalismus zum Sozialismus, sondern vom Sozialismus zu einer „modernen Industriegesellschaft". Ihre Orientierungen und Praktiken schöpfen, weit entfernt von der behaupteten Entwicklung auf eigener Grundlage, mehr und mehr aus dem Fundus des Konkurrenz- und Partnersystems, so daß dessen nach wie vor angestrebte Ablösung, würde sie gelingen, nur die alten Zustände, allerdings unter einem anderen politischen Überbau, konservieren würde.

Anmerkungen

1 Eine Hierarchisierung von ‚Muster', ‚Konfiguration' und ‚Ethos' hat *Kluckhohn* (1943) versucht (vgl. *Girtler* 1979: 244). Zum Platz des strukturalen Ansatzes neben anderen Typen von Kulturdefinitionen und zu verschiedenen Fassungen des Begriffs ‚Kulturmuster' vgl. *Kroeber* und *Kluckhohn* 1952: 41 ff., 61 ff.
‚Kulturmuster' und ‚kulturelles Muster' verwende ich synonym. Für die Gesamtprägung (-‚gestalt': pattern of culture) steht der Begriff *Stil*, dessen Elemente (in einem systemtheoretischen Sinne) sind die Kulturmuster oder kulturellen Prägemuster (cultural patterns).

2 Zu näherer Klärung wäre ‚Wahrnehmung' soziologisch u.a. unter den Aspekten von Mentalitäten; Ideologie und Ideologiekritik; Vorurteil; Lebenswelt und Alltagswissen; Herrschaft, Gewalt und Recht zu untersuchen, zudem unter psychologischen und kommunikationswissenschaftlichen Gesichtspunkten.

3 *Rituale* ließen sich etwa einteilen in: wirtschafts- und gesellschaftspolitische (der ‚sozialistische Wettbewerb' u.ä.), staatspolitische (Kampagnen, Wahlen, Jubiläen, Versammlungen, Kundgebungen, Feiern, Jugend- und Sportfeste u.a.), Imitationen von Durchgangsriten (Jugendweihe u.ä.), öffentliche und fachliche Diskussionen, Bräuche und Traditionen einschließlich liturgischer ritueller Sprachformeln und Titulaturen.
Symbolik: politische (Fahnen und Embleme der Partei: Hoheitszeichen des Staates; Uniformen und zugehörige Zeichen; oppositionelle Symbole), subkulturelle (äußere Unterscheidungszeichen in der Jugendkultur; Spezialwortschatz und Sondersprachen; Graffiti; ‚alternative' Gebrauchsgegenstände), toposhafte Symbolik in Literatur, bildender Kunst etc.; Statussymbole (Demonstrativkonsum und Exklusivität; Distinktionen von Etablierten, Durchschnittsbürgern, Jugendlichen, Randgruppen und Aussteigern; Ehrungen und Auszeichnungen wie Titel, Orden, Prämien/Preise).

4 Topoi sind relativ fixe, historisch tradierte Auffassungs- und Darstellungsmuster zunächst in Geschriebenem. Nach *Lalande* (1968: 1137) bilden sie eine Art Repertoire, das das Auffinden von Problemlösungen erleichtert. Für die Sozialwissenschaften ist Topik besonders durch die Arbeit von *Viehweg* (1974^5) wieder in die Diskussion gebracht worden.

Soziale Kultur als politische Kultur: die DDR

Ralf Rytlewski

1. Einleitung

Eine vom Anspruch her sozialistische Gesellschaft wie die DDR kennt nicht die relative Ausdifferenzierung zwischen den gesellschaftlichen und den politischen Wertesystemen wie sie für westliche parlamentarische Systeme die Regel ist. Vielmehr enthalten bereits die gesellschaftlichen Grundorientierungen Merkmale politischer Ordnungsvorstellungen. Dieser Beitrag versucht, einige der uns bekannten sozialen Orientierungen unter Einschluß des Problems des Generationenverhältnisses auf – im engeren Sinne – Muster politischer Kultur in der DDR zu beziehen. Der Ansatz wird generell dadurch gerechtfertigt, daß wir sowohl für den Bereich der sozialen als auch für den der politischen Einstellungen in den meisten sozialistischen Gesellschaften keine hinreichend aussagefähigen Umfragedaten zur Verfügung haben.

2. Orientierungen der Bevölkerung in der DDR

Eines der bemerkenswerten Phänomene in der DDR ist, daß unterhalb der Decke der politischen und gesellschaftlichen Kerndogmen des offiziellen Marxismus-Leninismus die von der Bevölkerung gelebte Wertordnung seit Mitte der 70er Jahre stärker in Bewegung geraten ist. Ökologische Ungleichgewichte, Naturschäden, die Militarisierung der Gesellschaft, ungleiche Bildungschancen, der Einbruch der neuen Technologien in die Arbeitswelt, gebremste Karrieren der jüngeren Generation, da die Führungspositionen von den mittleren Jahrgängen noch auf längere Zeit besetzt sein werden, nicht zuletzt die aktuellen kultur- und zivilisationskritischen Debatten in Westeuropa haben Spuren im Denken und Handeln der Menschen hinterlassen. In der Sprache der Politik findet sich davon kaum etwas wieder. Erstaunlich, wie formelhaft die Parteisprache auch auf dem im Frühjahr 1986 durchgeführten XI. Parteitag der SED wieder geriet.

Dennoch ist sich offenbar die politische Führung des Landes der Vorstellung von einem gleichsam automatischen Fortschritt der gesellschaftlichen Entwicklung nicht mehr so gewiß. Wie ist sonst zu verstehen, daß ausgerechnet die Wertvorstellungen von „Sicherheit" und „Geborgenheit" der DDR inmitten einer sich verändernden Umwelt geradezu beschworen werden und daß damit eine eher konservative als fortschrittlich-vorwärtsstürmende Politik signalisiert wird? Wir müssen mithin nicht nur das offiziell gezeichnete Bild einer sich kontinuierlich, stabil und harmonisch auf das Jahr 2000 hinwegbewegenden Gesellschaft (*Der XI. Parteitag* 1986: 95) in den Blick nehmen, wenn wir Antworten auf die Frage hinsichtlich des Wertewandels, der ideologischen Ziele und der politischen Wertentscheidungen gewinnen wollen.

Innerhalb der Lebenswelt einer Gesellschaft können diese Wertebenen am besten mit dem Konzept der „Mentalitätsforschung" eingefangen werden. Anders als Ideologie beschreibt Mentalität die Prägung der Menschen durch ihre soziale Umwelt und die in ihr gemachten Lebenserfahrungen. In den Worten von *Theodor Geiger* meint Mentalität geistig-seelische Haltung und Lebensrichtung, Ideologie dagegen geistigen Gehalt, Überzeugungsinhalt (1932: 77 f.). Mentalität ist das Resultat der gewohnheitsmäßigen Orientierung in begrenzten Erfahrungsbereichen (*Blessing* 1971: 776). Als Instrument der Gruppenintegration besitzt sie eine wichtige etablierende Funktion in der Gesellschaft. Mentalität wirkt als bewegende Kraft im gesellschaftlichen Geschehen, ohne jedoch quantitativ exakt erfaßt werden zu können – zumal nicht in der nach wie vor empiriescheuen DDR –, da nicht jeder, der einem solchen kollektiv wirksamen „sozialen Block" (*Geiger*) angehört, über eine entsprechende Interessenartikulation und -organisation sozial eindeutig identifizierbar ist. Wenn daher im folgenden versucht wird, die mentale Gesamtlage der Bevölkerung zu skizzieren, so nur in der Weise, daß in der Art eines synthetischen Urteils jene moralisch-sozialen Kristallisationen benannt werden, auf die sich die verschiedenen Gruppen und Schichten in ihren werthaften Einstellungen und Denkmustern beziehen.

1. Seit den 70er Jahren ist es in der Bundesrepublik verbreitet, die Gesellschaft der DDR vornehmlich als eine *Industriegesellschaft* zu begreifen, die sich folglich an Leistung, Wirtschaftswachstum und der steigenden Bedeutung von Wissenschaft und Berufsausbildung orientiere (*Materialien* 1971: 34). Wiederholt ist auch betont worden, daß es sich um eine „deutsche" Gesellschaft handele (*Rudolph* 1972: 26). Zweifelsohne handelt es sich bei der DDR um eine Gesellschaft mit industriegesellschaftlicher Mentalität, d.h. einer grundsätzlich positiven Einstellung der Bevölkerung gegenüber Arbeit und Leistung, gegenüber öffentlicher und privater Ordnung. Die grundsätzlich positive Einstellung schließt nicht aus, daß in der Praxis zugleich massenhaft Leistungsverweigerung geübt wird, eine Art nationaler „go slow". Die nicht immer bewußte Leistungsverweigerung entsteht vor allem aus dem relativ begrenzten Nutzen, den eine intensivere Arbeitsweise bringen könnte, da differenzierte Konsum- und Reisemöglichkeiten fehlen, so daß die Einkommen nur schwer nach den individuellen Präferenzen ausgegeben werden können. Trotz der geringeren Flexibilität der zentralen Planwirtschaft gegenüber den Schwankungen im Nachfrageverhalten der Bevölkerung und einer – im Vergleich etwa zur Bundesrepublik – schmaleren Angebotspalette ähneln die im Konsum und im Freizeitverhalten dominierenden Präferenzstrukturen denen anderer entwickelter Industriegesellschaften (*Zahlenspiegel* 1984: 79 f.). Die begrenzte Leistungsbereitschaft hängt darüber hinaus mit den alltäglichen Legitimationsschwächen des politischen Systems zusammen, das außer dem Verfahren der „Eingaben" keine Möglichkeiten der direkten Entscheidungsbeteiligung anbietet.

2. Kulturell gesehen steht die Gesellschaft der DDR in erster Linie in der *Tradition der deutschen Arbeiterbewegung*. Neben der proletarischen Traditionslinie fand das kleinbürgerlich-idealistische Kulturverständnis von Kommunisten und Sozialdemo-

kraten der Weimarer Republik hier eine Fortsetzung. Schon der Tatbestand des nur „kleinen Besitzes", der mit Besitz und Bildung des gehobenen Bürgertums nicht konkurrieren konnte, ließ die Forderung entstehen, bürgerliche Kultur zu demokratisieren, d.h. allen zugänglich zu machen. Zugleich sollte die abgebrochene bürgerliche Revolution von 1848 als unumgängliche Vorbedingung einer deutschen sozialistischen Gesellschaft in der SBZ/DDR „vollendet" werden (*Haase* u.a. 1986). Im Ergebnis sind seit 1945 insbesondere die Werke der deutschen Klassiker – vor allen anderen das Werk Goethes – äußerst exklusiv verbreitet und popularisiert worden. Jede Schülerin und jeder Schüler der DDR kommt mit Goethes „Faust" in der einen oder anderen Weise lernend in Verbindung. Dies erreicht zu haben – zudem im Unterschied zur bundesrepublikanischen Schulwirklichkeit –, erfüllt die Deutschlehrer und alle „Weimarianer" mit großem Stolz. Die epigonal rezipierten Ideale der deutschen Klassik stellen mithin eine Quelle für die Orientierungen der Bevölkerungsgruppen dar.

3. Bei der DDR handelt es sich – eine Erbschaft Sachsens und Thüringens – um das *Kernland des Protestantismus.* Auch wenn die protestantische Kirche von der politischen Führung nach wie vor grundsätzlich nur geduldet wird, spielen ihr positives Staatsverständnis und ihre aktive Friedensorientierung dennoch eine große Rolle in der mentalen Prägung der Bevölkerung. Dies umso stärker, als seit Mitte der 70er Jahre nach einen wechselseitigen Lernprozeß die politische Führung und die Kirchenleitung in einem „großen historischen Experiment" (*Klaus Gysi*) gelernt haben, auf die weltanschauliche Konfrontation zu verzichten, wodurch es der Kirche ermöglicht wird, „ihren Dienst auf die gesamte Gesellschaft auszurichten" (*Schmitt* 1983: 139). Zahlreiche Friedensinitiativen der letzten Jahre haben dies unter Beweis gestellt (*Büscher* u.a. 1982).

4. Insofern die DDR in der Phase des Stalinismus gegründet wurde, entstand eine *politische Kultur*, die auch gegenwärtig noch stalinistische – im Ursprung leninistische – Momente aufweist. Diese sind in einem ganz mechanischen Verständnis einer „Revolution von oben" zu finden, das nicht nur für politisch-staatliche, sondern auch für alle gesellschaftlichen Fragen bürokratische Lösungen bereithält. Die bürokratisch-zentralistische Führungsweise fand wiederholt innerparteiliche und künstlerische Kritik. Mit der Zentralisierung von Entscheidungen in bürokratischen Führungsapparaten korrespondiert die auffallende politische Interessenlosigkeit der Arbeiter und der niederen und mittleren Spezialisten.

Öffentlichkeit wird in der DDR als Forum der politischen Führung inszeniert, um die Bevölkerung politisch in Wahlen und Demonstrationen, mit Prämien und Auszeichnungen sowie in „Volksaussprachen" zu mobilisieren und zu informieren. Ob und wie weit das dabei gezeigte normkonforme Verhalten der Bevölkerung mit entsprechenden Einstellungen parallel geht, ist schwer zu ergründen. Öffentlichkeit entsteht nur fragmentiert, denn neben die machtgestützte inszenierte Öffentlichkeit treten als weitere Formen die der westlichen Massenmedien (Radio, Fernsehen), der Kirchen und als Quasi-Öffentlichkeit die der Familien- und Freundeskreise. Die fragmentierte Öffentlichkeit setzt den Bürger voraus, der mehrere „Spachen" be-

herrscht. Die Wechselbeziehungen zwischen den Öffentlichkeiten werden in der Bevölkerung kaum deutlich (*Zagatta* 1984: 61 ff.). Sichtbar sind allenfalls die großen Rituale der Politik, die die Teilöffentlichkeiten überlagern (*Rytlewski* und *Kraa* 1986; → *Rytlewski, Sauer* und *Treziak*).
Seit dem Beginn der wohlfahrtsstaatlichen Politik der Führung der SED unter *Erich Honecker* werden die Massenorganisationen stärker in den Prozeß der politischen Entscheidungen einbezogen. Neuerlich zeichnet sich auch die Tendenz ab, die ehrenamtliche Mitwirkung der Bevölkerung bei der Politikdurchführung auszuweiten. Ein ausgreifender Pädagogismus, der alle Lebensphasen der Menschen ergreift und die DDR zu einer Art „pädagogische Maschine" formte, trägt dazu bei, daß sich die Bevölkerung heute kritisch-loyaler verhält als in den 50er Jahren.
Die am sowjetischen Modell orientierte politische Kultur läßt sich als eine solche Form charakterisieren, die ihre entscheidenden inhaltlichen und formalen Impulse „von oben" erhält. Die politische Kultur „von unten" überrascht durch eine ausgeprägte Tendenz zur sozialen und kulturellen Vergesellschaftung. Die Bevölkerung geht zahlreiche wechselseitige gesellschaftliche Bindungen ein, in Arbeitsgruppen der Schüler und Studenten, in Arbeitsbrigaden der Industrie- und Landwirtschaftsbetriebe, in Freundeskreisen und Tauschzirkeln und nicht zuletzt in den Kollektiven der Massenorganisationen und der SED selbst. Nicht wenige dieser kollektiven Formen haben offenbar Momente der bäuerlichen und frühindustriellen Wirtschaft, ergänzt um Stilelemente der Kommunistischen Partei und des Komsomol, aufgenommen (*Richert* 1966: 334 f.). Ihre partielle Unabhängigkeit von den bürokratischen Apparaten erleichtert ein bestimmtes Arrangement der Bevölkerung mit der politischen Führung, das sich in der Vergangenheit nahezu ausschließlich auf die Arbeitswelt bezog. Einige Hinweise sprechen dafür, daß es künftig gelingen könnte, das Arrangement auf Aspekte der massenkulturellen Lebensweise in der Freizeit auszudehnen. Solche Loyalitätszuwächse würden sich dann parallel zu der in den letzten Jahren stärker gewordenen Neigung vieler ergeben, sich in private Lebensräume zurückzuziehen. Aber auch die anhaltende Motorisierung, die Jagderlaubnis und die Erschließung weiterer Kolonien von Gartenlauben und Datschen werden politisch verantwortet. Private Nischen sind deshalb keineswegs grundsätzlich als „Widerstandsnester" zu interpretieren (*Gaus* 1986: 115 ff.).

5. Die Einbindung der DDR in den Hegemonialblock der UdSSR führte erneut zur Militarisierung der Gesellschaft (*Willems* 1984: 196 ff.). Nach dem Kriegsende 1945 intendierten zunächst die Umerziehungsprogramme der Siegermächte und antifaschistische Strömungen in der Bevölkerung einen Kulturwandel, der den Krieg als bevorzugte politische Lösungsform abschaffen und den Offizier von der Spitze der sozialen Prestigepyramide stoßen wollte. Diese Bemühungen der Nachkriegszeit waren nicht erfolglos. Inzwischen verstärkt sich der Anschein, als habe sich anstelle des preußisch-deutschen Militarismus der sowjetische Militarismus ausbreiten können, der sich jedoch weniger der Gesellschaft zuwendet und der vor allem am Staat orientiert ist. Ist die Militarisierung institutionell in Form von militärischen und paramilitärischen Einrichtungen, wie der Gesellschaft für Sport und Technik, weit fortge-

schritten, so stößt sie doch als Ziel der politischen Sozialisation auf die widrige und prekäre Grundsituation der Gesellschaft, deren nationale Identität nur schwach ausgeprägt und jederzeit anfechtbar ist. Begünstigend wirken sich eher die verbreiteten positiven Einstellungen der Bevölkerung gegenüber den Belangen einer ausreichenden öffentlichen Ordnung und Machtrepräsentation sowie eine gewisse Technikfaszination aus.

Insgesamt gesehen haben wir es also mit einer Gesellschaft zu tun, für die eine Gemengelage der Normen, Werte und sittlichen Muster typisch und ein dominantes mentales Generalmuster nicht zu bestimmen ist. Sie ist als Ausdruck der sozialen und kulturellen Differenziertheit einer sozialistisch verfaßten Industriegesellschaft zu sehen, deren mentale „soziale Blöcke" konkurrieren, kooperieren oder konfligieren. Verglichen mit der Sozialstruktur des Deutschen Reiches vor 1945 weist die DDR allerdings eine hohe Binnenhomogenität auf. Am Beginn der heutigen Gesellschaft stand die kalte Revolution, die das Besitzbürgertum zerschlug, während das Bildungsbürgertum und die Machtelite im Zuge der Entnazifizierung und der politischen Neuordnung ihrer sozialen und politischen Vorrechte entkleidet wurden. Die entstehende Gesellschaft der kleinen Leute mit dem loyalitätspflichtigen Staatsangestellten als dominantem Sozialtypus erreichte weitere Annäherungen, beispielsweise bei ländlichen und städtischen Arbeits- und Wohnverhältnissen. Insgesamt blieben jedoch wichtige sozialstrukturelle Differenzierungen bestehen und neue kamen hinzu (*Rytlewski* 1986: 122 ff.). Neuerdings erfährt die soziale Heterogenität eine theoretische Umwidmung zur „Triebkraft" der gesellschaftlichen Entwicklung (*Lötsch* und *Wittich* 1982: 67 ff.).

3. *Aspekte des Generationsverhältnisses*

Ein besonders signifikantes Muster der sozialen Kultur wird durch bestimmte Sozialisationsprozesse hervorgebracht und tradiert, die sich auf das Generationsverhältnis und den Generationswechsel der verschiedenen Schichten in der DDR auswirken. Wenngleich die Älteren aus der Gründergeneration inzwischen abgetreten sind, vollzog sich ein genereller Generationswechsel in den Positionen, die die faktische Entwicklung und das geistige Klima des Landes bestimmen, nur langsam und behutsam (*Ludz* 1968; *Meyer* 1984). Dies erleichterte im Bewußtsein vieler Zeitgenossen, die entscheidenden Vorgänge der Gründungsgeschichte der DDR zu konservieren: die Überwindung des Nationalsozialismus, die Übernahme des sowjetischen Herrschaftsmodells und den Bruch mit dem westlichen Deutschland. Zumindest die „Minderheit mit Nachkriegsgesinnung" (*Gaus* 1986: 47), die sich aus der Generation der über Fünfzigjährigen bildet, vermag und schätzt es, aus dem Bewußtsein einer eigenen Geschichte des Landes heraus zu argumentieren (vgl. *Haase* u.a. 1986).

Entstand in der DDR eine im „geistigen Niemandsland" beheimatete Gesellschaft, wie *Ernst Richert* 1966 aufgrund von vier typischen Entwicklungsbedingungen befürchtete: der eklatant ungeistigen kommunistischen Führung, der dünnen und müden geistigen Traditionsschicht, der Fluchtchance für eigenwillige Köpfe und der Heimatlosigkeit der linken Intelligenz (*Richert* 1966a: 121 f.)? Aus heutiger Sicht ergibt sich ein ambivalentes Bild. Verbreitet sind Ansätze zu einem linken Weltbild, das sich weniger aus dem Gedankengut des sowjetischen Marxismus-Leninismus als aus dem eines „dritten Weges" zwischen Kapitalismus und Kommunismus nährt. Für die quantitativ geringe politische Elite steht das sowjetische Vorbild sicherlich weiterhin außer Zweifel. Stark ins Auge fällt ferner, wie intensiv seit den 70er Jahren daran gearbeitet wird, die Bevölkerung historisch und kulturell in Regionen, Kommunen und dem Gesamtstaat zu „beheimaten", indem regionale Traditionen und Zeugnisse der Geschichte mit der Lebenspraxis der Bevölkerung verknüpft werden. Derartige Bemühungen der gesellschaftswissenschaftlichen Eliten und der Parteiführung wären nicht vorstellbar, wenn nicht an dieser Stelle das traditionelle marxistisch-leninistische Basis-Überbau-Schema verabschiedet bzw. „differenziert" worden wäre. Die „Stetigkeit im Kulturwandel" (*Alfred Vierkandt*), die Geschichtsmächtigkeit mentaler Blöcke hat die Gesellschaft der DDR davor bewahrt, in ein Niemandsland geführt zu werden.

Vor dem Hintergrund einer – in schnellebigen Konsumgesellschaften offenbar unterschätzten – beachtlichen historischen Beständigkeit von Traditionen, trivialen Motiven und althergebrachten Gewohnheiten sind auch die Anlässe zu bewerten, die auf einen generationsspezifischen Wertewandel in der DDR verweisen könnten. Dissidententum und jugendliche Opposition in Fragen, die sich auf ökologische Probleme, Rüstungspolitik und die allgemeine zivilisatiorische Entwicklung beziehen, lassen sich nicht dahingehend verallgemeinern, die jüngere Generation hätte eine Neubewertung wichtiger gesellschaftlicher Werte vorgenommen. Als Resultat verschiedener, z.T. als Intervallstudien angelegter, empirischer Untersuchungen wird im Gegenteil hervorgehoben, daß sich Wertorientierungen bisher nur wenig veränderten (*Starke* 1979; *Borrmann* und *Schille* 1980; *Friedrich* und *Müller* 1980). Wenn sich Änderungen ergaben – beispielsweise eine Konsumorientierung –, dann für Jugendliche und Eltern gemeinsam.

Ausgehend von empirischen Studien sind folgende Aspekte im Verhältnis der Jugendlichen zum „Sozialisationskartell" von Eltern, Schule und Betrieb bemerkenswert:

- Die Mehrzahl der Jugendlichen in der DDR hat auch über das 18. Lebensjahr hinaus recht enge Beziehungen zu den Eltern, die sich u.a. in übereinstimmenden Wertorientierungen äußern. Dies betrifft vor allem die Einstellungen zur Arbeit und zum Geschlechterverhältnis (*Friedrich* und *Müller* 1980: 188, 196).
- Indem die Eltern in der frühen Kindheit die entscheidende normative Sozialisation leisten, werden traditionelle Auffassungen von männlichen und weiblichen Rollen im Beruf, in der Familie und in der Freizeit übermittelt (*Borrmann* und *Schille* 1980: 108; *Starke* 1979: 127). Die Integration der Frauen in die Berufswelt hat bisher nicht zu „sozialistischen" Mann-Frau-Beziehungen geführt. In der Erziehung der Jungen und Mädchen bestehen weiterhin vielfältige geschlechtsdifferente familiäre Einflüsse auf die Berufswahl, die Freizeitgestaltung und die Partnerwahl.
- Der enorme pädagogische Aufwand zur ideologischen Beeinflussung der Jugendlichen produziert zwar ideologisches Wissen, nicht jedoch im selben Maße ideologische geprägte Einstellungen (*Schmitt* 1980: 228 f.; *Starke* 1979: 81). In jedem

Fall stellt die offizielle Wertordung eine zweite Sprache dar, in der der Großteil der Bevölkerung hervorragend kommunizieren kann. Das Training zweier Sprachen in Familie und Schule wirkt so lange systemstabilisierend, wie die systemtypische Hierarchie der sozialen Werte nicht ernsthaft angefochten wird.

- In der Freizeit bevorzugen Jugendliche die Gesellungsformen der Paarbeziehung und der nichtorganisierten Freizeitgruppe vor der organisierten Gruppe (*Voss* 1981: 237, 244). Die organisierten gesellschaftlichen Aktivitäten werden zunehmend durch jugendliche Eigeninitiative ergänzt, in deren Freiräume sich teilweise eine „zweite Kultur" ausprägen kann (*Thomas* 1985: 719).
- Zwar kommt es auch in der DDR zu Drogenmißbrauch, zu Jugendcliquen (Rowdytum) und zu Aussteigern, woraus sich allerdings bisher keine „Gegenkultur" oder „Jugendkultur" entwickelte. Typisch sind stattdessen Leistungsstreben, Karriereorientierung, Regelkonformität, Aufgeschlossenheit und soziale Mobilität (*Friedrich* und *Müller* 1980).
- Die positiven, während der Schulzeit idealisierten Erwartungen der Jugendlichen an die Arbeits- und Berufswelt werden in der Berufspraxis häufig enttäuscht. Dies fördert Neigungen zur Leistungszurückhaltung (Bummelanten- und Faulenzertum) und zum Rückzug in den privaten Lebensalltag (*Friedrich* und *Müller* 1980: 13). In nicht geringerem Maße werden die in der „ersten Arbeit" zurückgehaltenen Handlungsenergien in die „zweite Wirtschaft" nach Feierabend investiert (vgl. *Gumpel* 1982: 198 ff.). Auch diese Umlenkung wirkt solange durchaus systemstabilisierend, wie dadurch die marxistisch-leninistische Weltanschauung, insbesondere deren Wirtschaftslehre, nicht desavouiert wird.
- Wenn insgesamt gesehen Jugendliche wenig Eigenständigkeit zeigen, so schließt dies die studentische Jugend ein. Wie Intervallstudien ermittelten, haben sich die Studentinnen und Studenten der berufstätigen Jugend im Sexual- und Heiratsverhalten stark angenähert (*Starke* 1981: 119). Sie schätzen die materielle Sicherheit und die fachliche und soziale Betreuung ihrer Studiengänge und verhalten sich konformistisch. Am Protest derjenigen, die sich unter dem Dach der protestantischen Kirche für militärische Abrüstung und verbesserten Umweltschutz einsetzen, sind Studenten auffallend wenig beteiligt (*Husner* 1985: 109).

4. Zur Konkurrenz politischer Kulturen

Entgegen den Erwartungen der kommunistischen Parteiführungen verlaufen sozioökonomische und technologische Veränderungen nicht notwendigerweise synchron mit mentalen Umwälzungen. Aus der Verstaatlichung des Bodens und der Wirtschaftsbetriebe sowie der Errichtung einer Planwirtschaft entstehen „sozialistische Persönlichkeiten" nicht als mechanischer Reflex. Sie sind der verqueren Realität auch nicht pädagogisch-voluntaristisch abzutrotzen. Veränderungen der sozialen Werte verlaufen nach aller Erfahrung dieses Jahrhunderts langfristig, so daß sich in der DDR alte und neue Wertordnungen vermischen bzw. miteinander konkurrieren. Es reicht daher nicht aus, nur nach der dominanten politischen Kultur zu forschen.

In jüngster Zeit sind zahlreiche Versuche unternommen worden, den Political-Culture-Approach von *Gabriel A. Almond* und *Sidney Verba* strukturell, historisch und sozialpsychologisch zu erweitern bzw. zu differenzieren (*Iwand* 1985). Hier reicht es, darauf zu verweisen, daß politische Kultur sowohl die Entwicklungs- und Verhaltensmuster der Eliten als auch der Massen erfaßt. Politische Kultur meint den sozialen und weltanschaulichen Hintergrund politischer Ereignisse und betont insbesondere die Beziehungen zwischen dem politischem Regime und der Gesellschaft. Im Anschluß an *Raymond Williams* hat *Volker Gransow* vorgeschlagen, die Frage nach der politischen Kultur dialektisch-kritisch zu wenden in eine Untersuchung des kulturellen Prozesses insgesamt, der insofern auch politisch sei, als er die öffentliche soziale Auseinandersetzung über Lebensweise und den Kampf um Hegemonie einschließt (*Gransow* 1984: 430). Eine solche prozeßorientierte Analyse liegt bisher nicht vor. Verbreiteter ist stattdessen eine Typologie politischer Kultur, die offizielle politische Kultur von traditioneller und alternativer unterscheidet (vgl. *Krisch* 1984; *Lemke* 1985).

1. Danach enthält die *offizielle politische Kultur* als Elemente der kommunistischen Zielkultur bestimmte Werte wie Optimismus, Solidarität und den in die Zukunft verlängerten Führungsanspruch der Partei. Sie faßt die offiziellen Werte zu einem Leitbild zusammen, das in der DDR insbesondere betont:

- die Geltung des Marxismus-Leninismus als Grundlage des politischen Lebens,
- die Anerkennung der Arbeit als zentraler Wertkategorie und der Arbeitsleistung als grundlegendem Kriterium der sozialen Gerechtigkeit,
- den Vorrang gesellschaftlicher und kollektiver Ziele und Verhaltensweisen vor privaten und individuellen,
- die Einschränkung der staatsbürgerlichen Loyalität anstelle des ganzen „Deutschlands" auf die kleinere DDR (vgl. *Krisch* 1984).

Es ist nun schwierig zu ermitteln und zu entscheiden, in welchem Umfang dieses Leitbild der Wirklichkeit entspricht, da entsprechende Informationen in der DDR nicht veröffentlicht werden. So ist höchst strittig, ob die Bevölkerung ihr Land als deutsches Kernland begreift oder aber als Teil eines Gesamtdeutschlands. Immerhin kann mit guten Gründen angenommen werden, daß kollektiv organisierte Arbeit (Planwirtschaft) als zentraler sozialer Wert weitgehend akzeptiert wird. Ferner scheint sich das Familienleben insofern „sozialistisch" zu gestalten, als kollektive Erziehung und weibliche Erwerbstätigkeit sowohl stark verbreitet als auch weithin anerkannt sind.

2. Auf der anderen Seite demonstriert gerade die Situation der Familien das Neben- und Gegeneinander von offizieller und *traditioneller politischer Kultur*, wie sie nach der Kapitulation des Deutschen Reiches 1945, eingeschränkt auf das „humanistische Erbe" als Überlieferung, akzeptiert wurde und den Aufbau der SBZ/DDR beeinflußte. Die traditionelle politische Kultur reflektiert in gewisser Weise noch Einstellungen aus dem Kaiserreich und der nationalsozialistischen Ära. Für sie sind charakteristisch:

- politische Passivität,
- Unterstützung für autoritäres und paternalistisches Verhalten,
- undemokratische Strukturen im sozialen und individuellen Leben,
- die Erwartung, daß Deutschland seine nationale Einheit bewahre oder neu erreiche (*Reichel* 1981; *Dahrendorf* 1965: 448 ff.).

Freiheitliche und demokratische Orientierungen existierten in allen Epochen dieses Jahrhunderts. Sie konnten sich aber auch in der politischen Kultur der Weimarer Republik nicht als dominante Orientierung auf Dauer durchsetzen. In der DDR bemißt sich das Verhältnis der Bevölkerung zur Politik in erster Linie an den Leistungen, die der Staat als soziale Sicherheit, öffentliche Ordnung und wirtschaftlichen Fortschritt erbringt. Eine „Gesellschaft von Staatsangestellten" (*Richert*), in der Loyalität auf einem Treue-Sorge-Verhältnis beruht, bietet gute Ansatzpunkte für die Dominanz von Orientierungen an staatlichen Leistungen und zugleich für geringes Vertrauen in Konflikt, Opposition und spontanes politisches Engagement.

3. Wenn das Zusammenspiel und die Auseinandersetzung zwischen traditioneller und offizieller politischer Kultur die Entwicklung bis zu den 70er Jahren bestimmten, so erweiterte sich seitdem das Spektrum um Elemente einer *alternativen politischen Kultur*. Als Ansatz zu einer dritten Form hebt sie neue Themen in die öffentliche Wertdebatte. Dies sind Fragen des partnerschaftlichen Lebensstils, des Schutzes der Umwelt, der Friedenserziehung und der Kritik der Militarisierung der Gesellschaft. Diejenigen, die für derartige Sichtweisen eintreten, handeln zumeist außerhalb der institutionalisierten Massenorganisationen. Aus der Verbindung der Umweltschützer und Friedensgruppen mit der evangelischen Kirche erwächst jedoch auch eine organisatorische Alternative (*Wensierski* und *Büscher* 1981; *Büscher* u.a. 1982).

Die öffentliche marxistisch-philosophische Diskussion in der DDR hat bisher noch wenig dazu beigetragen, die Systematik der unterschiedlichen Orientierungen zu verdeutlichen. Jedoch mischt sich die Philosophie dann ein, wenn andere Zünfte Wertfragen öffentlich aufgreifen und zuspitzen, wie 1984/85 in einer Polemik zwischen Literaten und Naturwissenschaftlern zu den Chancen und Grenzen der Genforschung in der Zeitschrift „Sinn und Form" geschehen. Ganz anders entwickelt sich die Wertdebatte vergleichsweise in Ungarn und Polen, wo verschiedene Varianten einer Typologie von Werten und Wertsystemen diskutiert und empirische Analysen der gesellschaftlichen und individuellen Wertorientierungen publiziert werden. Ausgangspunkt solcher Arbeiten ist durchgängig die Kritik an der Disfunktionalität der offiziellen Wertordnung – eine Kritik, der sich die dominante politische Kultur der DDR bisher nicht anschließen mochte.

Politische und soziale Rituale in der DDR

Ralf Rytlewski, Birgit Sauer und Ulrike Treziak

1. Rituale – ein „anstößiges" Forschungsthema?

Die folgenden Vorbemerkungen stellen ein Plädoyer für Symbolforschung dar, wenngleich schon an dieser Stelle auf den heterogenen Stand der Forschung verwiesen werden muß. Dennoch erscheinen die unter dieser Forschungsrichtung versammelten Ansätze für die Erklärung grundlegender politischer Phänomene zum Teil erklärungskräftiger als andere Ansätze. Insbesondere solche politischen Systeme, die sich selbst nicht über Wahlen, sondern durch äquifunktionale Rituale legitimieren, sollten mit Hilfe der Ansätze der Symbolforschung untersucht werden.
Im folgenden sprechen wir die fünf zentralen Ansätze der Symbolforschung an, die wir aspekthaft für unsere Analyse der Ersten-Mai-Symbolik der DDR benutzen konnten.

1.1. Zur politologischen Diskussion

Im Anschluß an *Robert K. Merton* und die angelsächsische sozialwissenschaftliche Tradition wird der Ausdruck Ritual gewöhnlich pejorativ verwandt. „Ritualismus" meint dann ein Verhalten, in dem routinemäßig bestimmte Gesten, die die Bindung an ein Wertsystem ausdrücken sollen, nur äußerlich vollzogen werden.
Die religionshistorisch geprägte Ritualvorstellung bestimmt ganz ähnlich die vorherrschende Aversion der Kulturwissenschaftler und -praktiker der DDR einem Begriff gegenüber, der gängigerweise nur mit der Erforschung außereuropäischer primitiver Stämme in Verbindung gebracht wird. So hält *Siegfried Wollgast* die Verwendung des Ausdrucks „Ritual" in der deutschen Sprache „für völlig unangemessen", da er „zu stark religiös bzw. emotional negativ belastet" sei (*Wollgast* 1978: 622).
Diesem Vorbehalt wird von der ethnologisch und sozialpsychologisch inspirierten neueren Sozialwissenschaft entgegengehalten, daß Riten und Mythen auch in den zeitgenössischen industriellen Gesellschaften praktiziert werden. „Was sich bei den schriftlosen Völkern als komplizierte Dämonologie und Totemismus, in den Gebäuden der christlichen Kirche als nicht minder komplizierte Vorschriften von Gottesdienst und Lithurgie äußerte, zeigt sich in den Kulten der Massenkultur als mehr oder minder fetischisierter Umgang mit Konsumwaren, als mystische Erhöhung von Gegenständen und vor allem Personen" (*Seeßlen* 1983: 342).

Fundierten politologischen Einspruch gegen die Abwertung des Ritualbegriffs erhob *Murray Edelman* mit zwei Studien, deren hoher diagnostischer Wert und kritisches Potential – so *Claus Offe* im Vorwort – weithin anerkannt sind.[1] Edelman geht es darum, die Inszenierungsebene in die politische Analyse zu integrieren. Er macht darauf aufmerksam, daß Politik nur geringfügige materielle Resultate im Sinne von Gütern und Dienstleistungen oder Macht produziert und stattdessen primär symbolisch wirkt. Edelmans Studien sind zwar beifällig aufgenommen worden, ohne jedoch die politologische Erforschung der deutschen Situation nachhaltig anstoßen zu können. Dagegen wurden in einigen benachbarten Disziplinen inzwischen erhebliche Fortschritte bei der Klärung des Begriffs, der Identifizierung des Gegenstandes und Skizzierung der Wirkungsweise von Ritualen als den „stillen Verbündeten des sozialen Friedens" (*Seeßlen* 1983: 344) erzielt.

1.2. Ethnologische und anthropologische Ansätze

Der strenge Rationalismus in der Ethnologie und der Religionswissenschaft des 19. Jahrhunderts führte zu einer strikten Dichotomisierung von Religion und Magie. Die Auffassung, daß magische Praktiken und Rituale primitive Stufen der Wirklichkeitserfassung darstellen, ist inzwischen weitgehend überwunden und als wissenschaftstheoretisches Problem einer Forschergeneration entlarvt, die in einer bestimmten christlich-abendländischen Kulturtradition befangen war. Die kritische Wendung gegen diese Tradition ist verbunden mit den Leistungen von Wissenschaftlern wie *Max Weber, Emile Durkheim, Marcel Mauss, Bronislaw Malinowski* und *Claude Lévi-Strauss.* Magie und Ritus wie auch Religion und Kult wurden von ihnen wieder als eigenständige Manifestationen der Kultur und als Elemente der sakralen Sphäre erkannt. Folgenreich war insbesondere Malinowskis Wendung, Magie nicht mehr konträr, sondern komplementär zur Logik aufzufassen. Während Magie und magische Riten auf das Erreichen bestimmter Ziele ausgerichtet ist, finden Religion und religiöse Riten ihren Zweck in sich selbst.

Kennzeichnend für diesen Theoriestrang ist, daß Rituale vorzugsweise unter den Aspekten ihrer entweder positiven oder negativen Funktionen erörtert werden. Zu den Positiva wird gerechnet, daß Rituale dem einzelnen und der Gruppe Identität geben, die Integration erleichtern, Kontinuität des einzelnen und der Gruppe stabilisieren, sie vom Druck permanenter Lern- und Entscheidungsaufgaben entlasten und daß sie Sinn konstituieren und Emotionen kanalisieren. Dagegen gelten als Negativa, daß Rituale Probleme nur mit begrenzter Reichweite lösen können, daß sie gesellschaftliche und individuelle Probleme verschleiern und Konflikte nicht bearbeiten helfen, sondern diese verdrängen, und daß sie ferner durch Rollenzwang die traditionelle Daseinsordnung stabilisieren und durch Verhaltensklischees Lernprozesse und soziale Veränderungen erschweren.

1.3. Dialektisch-historische Theorietradition

Hier ist zunächst an die methodisch und konzeptuell originellen Forschungen von *Walter Benjamin*, *Norbert Elias* und *Erich Fromm* zu erinnern, die neuerlich etwa *George L. Mosse* und *Eike Hennig* beeinflußten. Bereits ihre Herleitung läßt erwarten, daß die von *Jürgen Habermas* entworfene Theorie des kommunikativen Handelns geeignet ist, höchst relevante Forschungsperspektiven zu eröffnen. Denn in dem Versuch, die theoretischen Grundlagen, die Leitbegriffe und normativen Kriterien für eine Theorie der Moderne zu entwickeln, greift Habermas auf *Webers* Theorie der Rationalisierung zurück, die er in eine Entwicklungslinie mit der materialistischen Theorie der Verdinglichung bringt (*Habermas* 1981 Bd. 1: 225, 461; Bd. 2: 449). Zweitens zieht er eine Entwicklungslinie von *George H. Mead* und *Durkheim* über die Lebensweltphilosophie hin zu *Talcott Parsons*. Mit System und Lebenswelt benennt Habermas die beiden Grundzustände einer jeden Gesellschaft. Indem der Begriff des kommunikativen Handelns sowohl die Interpretation von kulturellem Wissen wie Vorgänge der sozialen Integration und Vergesellschaftung meint, berührt Habermas Kernfragen des hier anstehenden Themas – etwa die nach dem Stellenwert und sozialen Ort zeitgenössischer Ritualisierungen.

1.4. Symbolischer Interaktionismus

Die seit Ende der 60er Jahre etablierte Theorie des symbolischen Interaktionismus befaßt sich mit dem „Spiel" zwischen Menschen und Gruppen, mit dessen verdeckten Regeln, den Perspektiven verschiedener Rollen, den erlaubten und unerlaubten Strategien und Techniken. Sich von der traditionellen Rollentheorie abgrenzend, sieht der Interaktionismus Menschen in verschiedenen Situationen befähigt, differierende Rollen zu übernehmen.

Im Rahmen eines Rückkopplungs-Modells ist die Fähigkeit zur Übernahme der Rollen der anderen, vor allem dem die Normen einer Gesellschaft repräsentierenden „generalisierten Anderen", die Voraussetzung für jede Kooperation. In der Forscherrolle des teilnehmenden Beobachters fand *Goffman* heraus, daß Interagierende häufig nach ihnen nicht bewußten Regeln handeln. In den Situationen von Partykonversationen, Statusduellen, Podiumsdiskussionen, Begrüßungen bilden die Teilnehmer füreinander ein Publikum, vor dessen Augen sie sich darstellen. Die von *Goffman* an Kleingruppen unternommenen Forschungen lassen den Schluß zu, daß diese Rituale zur Ausbildung einer sozialen Identität und als Teil der gesellschaftlichen Kommunikation notwendig sind.

1.5. Historiographie

Einige Historiker haben wiederholt die Dominanz einer zentristischen Geschichtsperspektive kritisiert, in der stets und ausschließlich unter dem Aspekt der „großen

Veränderungen" – wie der Modernisierung, Industrialisierung, Bürokratisierung – darüber entschieden wird, ob ein historischer Tatbestand in das Zentrum oder an den Rand des Geschehens gerückt werden soll. Entsprechend wird auch Kultur nur als relativ geschlossenes gesellschaftliches Teilsystem und nicht als ein dynamisches und prägendes Moment im tagtäglichen Ablauf thematisiert. Zu den Vertretern einer anderen Perspektive zählen die Arbeitsgruppe von *A. Lüdtke* und *H. Medick*, die historische Verhaltensforschung um *A. Nitschke* sowie im weiteren die französischen Mentalitätshistoriker. Um den sozialwissenschaftlichen Großbegriffen mehr Sensität für affektive und verhaltensbestimmte Handlungskomponenten und zudem mehr Aktualität zu verleihen, wird empfohlen, unsere Methodik durch das Feldforschungsparadigma zu ergänzen und zu korrigieren. Wenn sich im Ritual alltägliche Bedeutungen konstituieren und exponiert werden, dann sind erfahrungsnahe Konzepte und „dichte Beschreibungen" (*Geertz*) angemessener als die scheinbar hermetische Eindeutigkeit der Rückführung des Unbekannten auf das vertraute Grundmuster.

Betrachtet man diese hier nur skizzierte Forschungslandschaft, so fallen mehrere thematische Aspekte auf, die als ein erstes Fazit gelten könnten:

- Rituale in der Industriegesellschaft sind soziale Phänomene.
- Politisches Handeln und Verhalten sind, in einem von den Autoren unterschiedlich definierten Maße, ritualisiert.
- Die integrativen Wirkungsweisen rangieren vor anderen möglichen Wirkungen der Rituale.

Methodologisch und methodisch gesehen, handelt es sich darum, Bedeutungen zu analysieren. Einmal sind die im Ritual eingeschlossenen Symbole auf ihren Sinngehalt zu prüfen und dessen räumliche und zeitliche Geltung festzustellen und zum anderen sind die Relationen aufzudecken, die zwischen Ritualen und den jeweiligen sozialen und politischen Interessenlagen bestehen. So gesehen umfassen Rituale die Aspekte erstens der Handlung und des Verhaltens, zweitens des Sinns und der Moral und drittens der Gemeinschaft.

Am folgenden Fallbeispiel sollen Aspekte dieses Zusammenwirkens von Elementen politischer Rituale am Beispiel der Zentralsymbolik der DDR am Ersten Mai verdeutlicht werden.

2. *Herrschaft und Loyalität im politischen System der DDR*

2.1. Zur Begriffsbestimmung

Die grundlegenden Symbole eines politischen Gemeinwesens sind auf Herrschaft einerseits und auf Akzeptanz dieser Herrschaft andererseits, d.h. auf Loyalität der Bevölkerung bezogen. Um Herrschaft ausüben und bewahren zu können, ist es eine der vorrangigen – wenn nicht die entscheidende – Aufgabe der politischen Elite, dieses für die innenpolitische Stabilität ausreichende Maß an Loyalität zu sichern. Loyalität ist als ein „Quasi-Treueverhältnis" zu verstehen, als weitgehend gesinnungsmäßig verankertes bilaterales Vertrauen, das nicht auf formalisierten Rechtsbeziehungen basiert und damit nicht einklagbar ist (*Massing* 1980: 144). Die Voraussetzung für Loyalität ist ein Minimalkonsens in der Bevölkerung über die Legitimität der Herrschaft und die zentralen Werte und Normen in der Gesellschaft. Die Loyalitätsbeschaffung kann im einzelnen unterschiedlich verlaufen. Ihre Motive, Formen und Widersprüche stehen in der DDR unter dem Zeichen einer „abgenutzten" Ideologie, deren utopische Momente, d.h. diejenigen Momente, die geeignet sind, die Wirklichkeit zu sprengen, nicht jedoch sie zu versöhnen oder gar zu verdecken, verblaßten. Paradoxerweise macht, wie die Beobachtung zeigt, ihre Abnutzung zugleich ihren Erfolg aus.

In der DDR äußert sich Loyalität vor allem in der ausreichenden, die Produktion aufrechterhaltenden Arbeitsmotivation. Das unter der Formel „Einheit von Wirtschafts- und Sozialpolitik" seit den 70er Jahren laufende Entwicklungsprogramm greift das Bedürfnis der Bevölkerung nach Wohlstandsmehrung positiv auf. Zudem sucht sich die politische Herrschaft historisch und kulturell zu legitimieren. Dem dienen in besonderer Weise eine Reihe politischer und sozialer Rituale. Einige wurden bereits in der Nachkriegszeit zur gesteuerten Sozialisation und Reideologisierung der Bevölkerung entweder umgestaltet oder neu geschaffen.

2.2. Rituale im Alltag

Heute setzen zahlreiche Rituale im Alltag der Bevölkerung Zäsuren, die den Lebens- und Jahreszyklus markieren. Sie treten bevorzugt zum einen bei Fest- und Feiertagen zu bedeutenden Anlässen im persönlichen Leben des einzelnen, zum anderen bei gesellschaftlichen Feiertagen, die von der gesamten Bevölkerung begangen werden – oder begangen werden sollten – auf. Weiterhin enthalten die regionalen Heimat- und Volksfeste ritualisierte Handlungsabläufe, die in den verschiedenen Gebieten unterschiedlich gestaltet werden.

Den Charakter von Staatsfeiertagen haben die gesellschaftlichen Gedenktage, die in der Mehrzahl schon seit der Gründung der DDR begangen werden, wie etwa der Tag der Großen Sozialistischen Oktoberrevolution am 7. November, der Tag der Befreiung vom Hitlerfaschismus, der Tag der Gründung der DDR am 7. Oktober, der Gedenktag der Ermordung Karl Liebknechts und Rosa Luxemburgs. Das diesen Gedenktagen gemeinsame Ritual vollzieht sich in der Kranzniederlegung. Staatsfeiertage wurden in den letzten Jahren vermehrt durch einen „privaten" Teil ergänzt. Wo der Anlaß es zuläßt, wird der öffentliche Teil um Kulturveranstaltungen oder, wie am 1. Mai und am 7. Oktober, um Volksfeste erweitert.

Umgekehrt verlieren die Festtage zu Anlässen im persönlichen Leben ihren eindeutig privaten Charakter, indem ihren Inhalten gesellschaftliche Relevanz zugesprochen wird. Dies trifft besonders auf die Festtage der Kinder und Jugendlichen zu, die fast ausnahmslos darauf zielen, den jungen Menschen auf die Rolle des verantwortlichen Bürgers vorzubereiten, begonnen mit der sozialistischen Namensweihe kurz nach der Geburt. Die Schuleinführung wird zusammen mit den Eltern und Verwandten feierlich begangen, am 13. Dezember des 1. Schuljahres wird das Kind in

die Jugendorganisation der Jungen Pioniere, am gleichen Tag des 4. Schuljahres in die der Thälmann-Pioniere aufgenommen. Alljährlich wird am 13. Dezember der Geburtstag der Pionierorganisation gefeiert, am 1. Juni feiert man in Kindergärten und Schulen den Internationalen Kindertag. In der Regel im 14. Lebensjahr erleben die jungen Bürger zahlreiche Rituale, die den Übergang in das Erwachsenenalter markieren: Mit der Vollendung des 14. Lebensjahres wird der Personalausweis feierlich übergeben, im Herbst des Jahres wird die Aufnahme in die Freie Deutsche Jugend gefeiert. Die Mitgliedsbücher für diese Organisationen werden in der Regel im Beisein von Arbeiterveteranen und ehemaligen Widerstandskämpfern an einem Traditionsort des Kampfes der Arbeiterbewegung oder an Mahn- und Gedenkstätten übergeben. Im gleichen Lebensjahr findet die Jugendweihe statt, während der die Jugendlichen in Anwesenheit der Eltern und Verwandten ein feierliches Gelöbnis ablegen, getreu der Verfassung der DDR für die Sache des Sozialismus zu arbeiten und zu kämpfen.
Feierstunden finden auch anläßlich des Abschlusses der allgemeinbildenden Schule und der Beendigung der Berufsausbildung – neuerlich in so genannten ,,Arbeiterweihen" – statt, in denen symbolisch Werkzeuge und Geschenke von Kolleginnen und Kollegen überreicht werden.
Das für die Feiern typische Verbinden des einzelnen mit der Gruppe wiederholt sich im Leben des DDR-Bürgers mit auffallender Häufigkeit. Gemeinsam mit den Kollegen werden Brigadefeste, Betriebsausflüge zu verschiedensten Anlässen sowie der Ehrentag der Berufsgruppe, der man angehört, begangen. So finden Anfang Februar der Tag der Werktätigen des Post- und Fernmeldewesens, Mitte April der des Metallarbeiters statt. Auch der Internationale Frauentag wird am Arbeitsplatz gefeiert.
Die traditionalen und neuen Feste im Jahresverlauf, die bis in die 70er Jahre wegen ihres oft religiösen oder kleinbürgerlichen Charakters wenig thematisiert wurden, haben in den letzten Jahren einen Bedeutungszuwachs als gesellschaftliche Feste bekommen. Teilweise umgeht man den christlichen Charakter der Feste wie Ostern, Pfingsten, Weihnachten, indem ihr vorchristlicher Ursprung als Sonnen- und Jahreszeitenfest betont wird. Heimat- und Volksfeste, deren Ursprung in der Kultur der kleinen Leute gesehen wird, werden gerade in den 80er Jahren vielerorts neu belebt und gefördert.

2.3. Das Ritual zum Ersten Mai: Ein Zentralsymbol der DDR

Die Feiern zum Ersten Mai, die ihren Ursprung im Beschluß des Internationalen Arbeiterkongresses 1889 in Paris haben (vgl. *Korff* 1979; *Giovanoli* 1925; *Fricke* 1980), fanden im sowjetischen Sektor Berlins erstmals bereits 1946 als internationaler Kampftag statt, an dem 500000 Menschen aus allen Sektoren teilnahmen. Anknüpfend an Formen des Mai-Rituals der deutschen Arbeiterbewegung wurden aber zugleich neue Ritualisierungen eingeführt.
Die folgende Strukturbeschreibung des Erste-Mai-Rituals in Berlin (Ost) verdeutlicht eine zentrale symbolische Leistung des politischen Systems der DDR und die Art und Weise der Loyalitätsbeschaffung. Methodisch arbeitet die Strukturbeschreibung

mit den Kategorien der sozialanthropologischen Studie von *Mary Douglas* „Ritual, Tabu und Körpersymbolik" (1981). Ausgehend von der sprachwissenschaftlichen Untersuchung *Basil Bernsteins* (1980) erbringt Douglas den Nachweis, daß es sich bei den Elementen von Ritualen – die wesentlichen sind Symbole, Formalisiertheit des Ablaufs, Körperkontrolle und die Anordnung des Körpers im Raum – um restringierte Codes handelt. Wie für den restringierten sprachlichen Code gilt auch als Grundregel des symbolischen Verhaltens, daß der Mensch seine soziale Situation so wahrnimmt, wie er seinen Körper wahrnimmt. Rituale drücken somit soziale Beziehungen nicht nur aus, sondern reproduzieren sie, indem in ihrem Vollzug physiologisches und soziales Wahrnehmungsniveau der Partizipierenden koordiniert werden (*Douglas* 1981: 106).

2.3.1. Kategorie: Verdichtete Symbole

Symbole sind die Medien, mit denen im Ritual Deutungen der Wirklichkeit transportiert werden. *Edelman* nennt Symbole, die Emotionen wecken und die mit bestimmten Situationen verknüpft sind, Verdichtungssymbole. Mit ihnen werden verschiedenartige kognitive Gehalte zu Bedeutungsbündeln zusammengefaßt, und damit wird die Komplexität ihres Gehaltes reduziert. Sie sind verbal oder nonverbal codierte Informationen, deren Inhalte durch die politische Kultur definiert sind und die nur in Kenntnis dieses Codes verstanden werden können.

Die während der Mai-Demonstration in Berlin (Ost) am häufigsten benutzten Symbole sind, neben den roten Nelken, die Fahnen. Rote Fahnen der Arbeiterbewegung, schwarz-rot-goldene Fahnen mit den Emblemen des Staates und blaue Fahnen des Jugendverbandes deuten auf Vergangenheit, Gegenwart und Zukunft. Non-verbal wirken Porträts herausragender Persönlichkeiten, Orden und Abzeichen, Modelle und Losungen sowie Waffen. Zu den verbalen Symbolen zählen Parolen und Losungen sowie musikalische Beiträge. Eine Mischung aus verbalen und non-verbalen Symbolen sind die Festwagen, auf denen einzelne Betriebe oder Institutionen eine Bilanz ihrer Leistungen bieten. Die zentralen Aussagen dieser Symbole können zusammengefaßt werden a) als Darstellung einer langen Tradition der DDR in der internationalen Arbeiterbewegung, b) als Stolz auf die erbrachten Leistungen, c) Leistungsbereitschaft und Zukunftsoptimismus sowie d) die Bereitschaft und Fähigkeit, die Errungenschaften zu verteidigen.

Ein Vergleich der Parolen zum Ersten Mai mit den Vorgaben der politischen Führung in den verschiedenen Phasen der DDR verdeutlicht, wie hier Zustimmung zur Politik der SED und Bereitschaft zur Unterstützung des eingeschlagenen Weges in Szene gesetzt werden.

Traditionsbezüge zur Geschichte der Arbeiterbewegung werden seit der ersten Mai-Demonstration 1946 hergestellt durch das Mitführen überdimensionaler Porträts von Personen, die für die marxistische Weltanschauung stehen. Dies sind bis heute Marx, Engels und Lenin, bis in die 50er Jahre gehörte bekanntlich auch Stalin dazu. Seit Ende der 70er Jahre wird außerdem versucht, eine Traditionslinie zum deutschen

Humanismus durch Porträts von Gelehrten und Künstlern und erstaunlicherweise preußischen Heerführern zu symbolisieren.
Den Stolz auf die erbrachten Leistungen symbolisieren Transparente mit Meldungen über erfüllte oder übererfüllte Pläne, Produkte sowie Modelle beispielhafter Fertigungen, beachtlicher wirtschaftlicher Errungenschaften und wissenschaftlicher Leistungen. Daneben nehmen Symbole des sportlichen Ehrgeizes und Erfolges immer breiteren Raum ein. Beispielsweise präsentieren die Olympiasieger und Weltmeister aus der DDR am Ersten Mai ihre Medaillen.
Stolz auf die Errungenschaften soll Leistungsbereitschaft und Zukunftsoptimismus befördern. Sie werden symbolisiert durch Versprechen, die bereits guten Leistungen nochmals zu verbessern, deutlich sichtbar auf riesigen Transparenten oder auf kleinen selbstgefertigten Schildern einzelner Bürger. Die Anwesenheit der Jugend der DDR in gesonderten Marschblöcken soll Zukunftsoptimismus vermitteln. Typisch ist ein Spruchband, das die Jugendlichen des Deutschen Turn- und Sportbundes 1973 trugen: „Gesund und leistungsfähig, lebensfroh und optimistisch gestalten wir unsere sozialistische Zukunft" (*Neues Deutschland* 2.5.73).
Der Zukunftsoptimismus soll auch durch die Symbolisierung der Verteidigungsbereitschaft unterstrichen werden. Symbolträger waren zwischen 1956 und 1978 vor allem die Parade der Streitkräfte, aber auch die Marschblöcke der Kampfgruppen der DDR und der paramilitärischen Gruppen der Gesellschaft für Sport und Technik. Seit den 80er Jahren wird die Darstellung der Verteidigungsfähigkeit durch Symbole der DDR als Friedensstaat ergänzt.
Alle Einzelsymbole und Symbolbündel gipfeln in der Deutung dessen, worauf Leistungsstolz, Leistungsbereitschaft und Zukunftsoptimismus letztlich gründen sollen: die Verbundenheit von Partei und Volk. Die Konterfeis der Mitglieder des Politbüros der SED werden nicht nur an der Spitze des Demonstrationszuges gleich hinter den marxistischen Klassikern zur Schau gestellt. Jede symbolische Aussage im Demonstrationszug wird mit einem Porträt eines führenden Parteimitgliedes verbunden, in den meisten Fällen mit dem des Generalsekretärs. Als typisch kann ein Transparent aus dem Jahr 1986 gelten, das die Aufschrift trug: „Die beste Sache der Welt: Der Frieden und das Wohl und das Glück der Familien stehen im Mittelpunkt der Politik bei uns! Dafür danken wir der Partei!" (*Neues Deutschland* 2.5.86).

2.3.2. Kategorie: Der formalisierte Ablauf

Voraussetzung für die Wirksamkeit von Ritualen ist die korrekte Handhabung ihrer Elemente. Die formalisierten Handlungssegmente müssen in der richtigen Reihenfolge und zum richtigen Zeitpunkt vom Ritualteilnehmer nachvollzogen werden (*Douglas* 1981: 70). Zwei Bedeutungsaspekte des formalisierten Ablaufs sind für die Strukturbeschreibung der Erste-Mai-Demonstration zentral. Zum einen die historischen Veränderungen des Ablaufs, zum anderen die Art und Weise der Wirklichkeitsdeutung durch die Formalisierung.
Die Formalisiertheit stellt sich erstens dadurch her, daß die vom Zentralen Maikom-

mitee festgesetzte Marschroute, die Zugaufstellung, der zeitliche Ablauf und die zu verwendenden Parolen Tage vorher in den Tageszeitungen veröffentlicht und damit verbindlich werden. Zweitens entsteht Formalisiertheit während des Rituals selbst durch optische und akustische Reize (Taktstockbewegung, Glockenschlag, Fanfaren) und an zuvor bestimmten Orten (Ehrentribüne), die Signale sind, um festgelegte Handlungen zu vollziehen (Marschieren, Stillstehen, Winken).

Die Demonstration beginnt um 9.00 Uhr mit dem Glockenschlag vom Roten Rathaus. Zwischen 1956 und 1978, als der Demonstration eine Parade der Nationalen Volksarmee voranging, wurde das Mairitual mit militärischem Zeremoniell eröffnet. Heute beginnt die Demonstration mit der sich früher an das militärische Begrüßungszeremoniell anschließenden Eröffnungsrede des Vorsitzenden des Freien Deutschen Gewerkschaftsbundes. Die Ehrentribüne an der Karl-Marx-Allee ist Mittelpunkt des Rituals: dort filmen die Kameras des Fernsehens, dort wird die Demonstration eröffnet, dort treffen sich die Marschsäulen aus den Bezirken. Die Reihenfolge der Blöcke und Säulen des Zuges ist zwar nicht konstant – von 1949 bis 1967 bildeten die am Vorabend ausgezeichneten Aktivisten den ersten Block, seither ist es alljährlich eine andere Gruppe – wohl aber durch die Veranstalter im vorhinein festgelegt. In den folgenden Blöcken sammeln sich Mitglieder der Betriebe und die Mitarbeiter staatlicher Institutionen zu bezirklichen Gruppen. Nicht regional organisierte Blöcke bilden die Kampfgruppen, die Sportler und die Jugend. Am Ende der Demonstration marschiert der Block der Kampfgruppen. Während dieser an der Ehrentribüne vorbeizieht, wird die Internationale angestimmt. Dem formalisierten festlichen Teil der Demonstration folgt der in seiner Art nicht minder formalisierte und durchorganisierte Abbau: die Transparente, Plakate und Bilder werden auf bereitgestellten Lastwagen abtransportiert. Vor allem seit den 70er Jahren wird im Anschluß an die Demonstration das zentrale Volksfest auf dem Alexanderplatz als zweiter Höhepunkt des Rituals in den Ablauf integriert.

Die Teilnehmer müssen der Dramaturgie des Rituals folgen. Sie müssen sich zu einer bestimmten Zeit an einem bestimmten Ort aufstellen und den „Spannungsbogen" des Rituals bis zum Höhepunkt, der Konfrontation mit den Repräsentanten von Partei und Staat vor der Ehrentribüne, nachvollziehen. Die Bedeutung der Formalisierung liegt nach *Douglas* darin, daß sie den Partizipierenden einen gesellschaftlichen Ort zuweist, Verhaltensmuster vorgibt und eine Logik im Ablauf sozialer Begebenheiten herstellt. Zwar wird die Ordnung des Rituals in hohem Grade vorgegeben, doch stellt sie sich im Ritual durch die Partizipierenden praktisch erst her. Sie erleben Formalisiertheit und Ordnung als Teil und Ausdruck der eigenen Verhaltensweisen – eine wichtige Voraussetzung für das Akzeptieren gesellschaftlicher Ordnungsformen.

2.3.3. Kategorie: Körperkontrolle

Die Beschreibung der Körpersymbolik im Erste-Mai-Ritual ist deshalb von Bedeutung, weil im Ritual eine enge Korrespondenz von Körperwahrnehmung und -gebrauch und der Gesellschaftswahrnehmung existiert (*Douglas* 1981: 106 ff.).

Mit dem Wegfall der Militärparade seit 1978, die auch als Vorbild für die Körperkontrolle der anderen Teilnehmer/innen fungierte[2], ging die Lockerung strikter Körperkontrolliertheit einher. An die Stelle militärischer Disziplin traten andere Elemente der Körperkontrolle, die ebenfalls zu verstehen sind als vorgeschriebene Bewegungsabläufe auf vorgegebene Reize hin und die spontane Körperreaktionen zurückdrängen oder unmöglich machen: Die Mai-Demonstrationen der 80er Jahre machen insgesamt einen lockeren und heiteren Eindruck. Außerhalb der Blöcke der Kampfgruppen und der Jugendorganisationen bewegt sich der Zug im Spaziergangsschritt vorwärts, Kleinkinder werden auf den Schultern getragen oder springen durch die Menge. Neben Marschmusik ertönen populäre Gassenhauer und Schlager.
Dennoch schränken die massenhaft mitgeführten Fahnen, Transparente und Bilder wegen ihrer Schwere und Sperrigkeit die Handlungs- und Bewegungsmöglichkeit der Partizipierenden ein. Dies wird besonders deutlich beim Transport von solch gigantischen Plakaten, die nur zu viert mittels eines Gestells getragen werden können. Trommeln und rhythmisches Klatschen geben den Takt vor. Die am Rande stehenden Zuschauer sind aufgefordert, mit ihren Fähnchen und Blumen unablässig zu winken. Der unsichtbare Zugriff auf den Körper wird besonders sinnfällig, wenn der Demonstrationszug sich auf der Karl-Marx-Allee befindet. Dieser Ort induziert die Ausrichtung des Körpers auf die Ehrentribüne: Verbunden mit Hoch- und Hurra-Rufen winken und klatschen die Vorbeischreitenden, und einige ballen die Faust zum sozialistischen Gruß.

2.3.4. Kategorie: Die Anordnung von Körpern im Raum

Die Herstellung von Ordnung im Ritual wird körpersymbolisch unterstrichen durch die Exaktheit der räumlichen Menschenanordnung, die individuelle Handlungsmöglichkeiten begrenzt und als restringierter Code Ausdruck von sozialer Nähe bzw. Distanz ist.
Die Verortung der Ritualteilnehmer in einem Gesamtensemble verdeutlicht sich in dem Mosaik, das die Karl-Marx-Allee bildet: die Ehrentribüne und die gegenüberliegende Zuschauertribüne, säumendes Publikum und, farblich abgesetzt davon, abschirmende Volkspolizisten bilden eine unbewegliche Schleuse, durch die sich der Zug hindurchschieben muß. Diese Art der Bemächtigung des Körpers erfährt durch Raumornamente und „lebende Bilder" eine zusätzliche Ästhetisierung.
Die flächige Körperanordnung wird ergänzt durch die vertikale Perspektive. Visuell wahrnehmbare Symbole wie Fahnen und Transparente ragen über die Masse der Menschen hinaus. Die Konstruktion einer Ehrentribüne schafft neben der Hierarchisierung von Symbol und Mensch Hierarchien zwischen den politischen Repräsentanten und den Demonstrationsteilnehmern. War diese Tribüne bis in die 80er Jahre so hoch, daß sie von den Vorbeiziehenden als Mauer wahrgenommen werden mußte, und gab die Brüstung nur die Oberkörper der oben Stehenden frei, wird die Distanz inzwischen dadurch vermindert, daß zum einen nach sowjetischem Vorbild Kinder mit Blumen aus dem Zug auf die Ehrentribüne springen und zum anderen die Ehren-

tribüne abgesenkt wurde, so daß Volksnähe und Parteiverbundenheit im Händedruck symbolisch ausgedrückt werden können.
Indem Körper sich genau so verhalten, wie das Ritual es vorschreibt, vergegenwärtigt sich die Gemeinsamkeit zwischen physischem und sozialem Körper. Das Kongruentwerden dieser beiden Wahrnehmungsstrukturen im Vollzug des Rituals ist nach Douglas ein kulturenübergreifendes Muster symbolischen Verhaltens und soll die Grundlage für die Übernahme der Deutung der Wirklichkeit, wie sie die Initiatoren des Rituals geben, bilden: Verbundenheit der Bevölkerung mit der politischen Führung. Der Konsens über diese Wirklichkeitsdeutung wäre dann die Basis loyaler Mentalitätsstrukturen.

Anmerkungen

1 Im deutschen Schrifttum hat daneben *H. Pross* wiederholt auf die Allgegenwart von Ritualen aufmerksam gemacht. Für ihn ist die zentrale Veranstaltung unserer Kultur das industrielle Arbeitsritual, das zu regeln die Aufgabe der Politik ist. Auch die Politik selbst sei als Ritual organisiert, worin für *Pross* der Verzicht auf eine selbstbestimmte Kommunikation begründet ist. *Pross* favorisiert einen extrem weit gefaßten Ritualbegriff, wenn er unter Ritual alle zur Regelform gewordenen Abläufe mit stereotypisierten Ausdrucksmitteln faßt.

2 Vgl. die Filmaufzeichnungen des Gesamtdeutschen Instituts, Bonn, hier: Filmaufzeichnung L 99, „1. Mai 1961".

VII. Regionale und lokale Strukturen der Politischen Kultur in der Bundesrepublik

Die Bedeutung regionaler Politischer Kultur-Forschung unter besonderer Berücksichtigung Württembergs

Hans-Georg Wehling

1. Defizite und Leistungen des Ansatzes „Regionale Politische-Kultur"-Forschung

Blickt man zurück auf die bisherige Beschäftigung mit politischer Kultur im Rahmen der Politikwissenschaft der Bundesrepublik Deutschland, fallen zwei Defizite auf: Vernachlässigt worden ist zum einen der regionale Aspekt. Zum anderen hat man aktuell vorfindliche politische Kultur vorzugsweise auf dem Wege der Korrelation mit sozio-ökonomischen Daten zu erklären versucht, dabei bleiben jedoch – wie schon *Jürgen W. Falter* (1983) feststellen mußte – unerklärbare „Reste". Hier müssen deshalb „historische Tiefenbohrungen" vorgenommen werden, eine hermeneutische Vorgehensweise scheint dabei unerläßlich (vgl. *Steinbach* 1981).

Die genannten Defizite sind erklärbar, beide haben zudem miteinander zu tun: Solange Politische-Kultur-Forschung im Rahmen empirischer Sozialforschung mittels quantitativer Verfahren betrieben wird, ist die Distanz zur Region und die Scheu vor historischen Erklärungen nahezu unvermeidlich. Denn regionale Daten liegen selten vor. Historische Erklärungen erscheinen als zu willkürlich, kaum intersubjektiv nachprüfbar, als letztlich nur an das Plausibilitätsempfinden appellierend. Wer die Wirklichkeit nicht einfach verfehlen will, muß jedoch notfalls auf qualitative, unvollständige und lediglich Plausibilität beanspruchende historische Daten und Erklärungsmuster zurückgreifen.

Geschichte ist aber mehr als ein „Wühltisch", auf dem man nach Erklärungsmustern für aktuelle Umfragebefunde sucht. Hier lassen sich auch neue Besonderheiten entdecken, die sich sodann als neue Hypothesen fassen lassen. Dabei besteht allerdings kaum eine Chance, sie mit Hilfe der Methoden empirischer Sozialforschung zu verifizieren, vielmehr muß hier mit der hermeneutischen Methode gearbeitet werden.

Auch in einem dritten Punkt muß meines Erachtens Abschied von der bisherigen Ausrichtung der Politischen-Kultur-Forschung genommen werden: von einer zu engen normativen Anbindung des Konzepts, von seiner demokratietheoretischen Ausrichtung. Ausgangspunkt der Politischen-Kultur-Forschung war das Interesse an den psycho-sozialen Existenzbedingungen von Demokratie. Politische Systeme wurden dementsprechend daran gemessen, in welchem Umfang Grundüberzeugungen, Werte,

Einstellungen, Verhaltensmuster von Individuen und Gruppen demokratieförderlich oder -abträglich seien. Diese Frage ist zwar keineswegs irrelevant geworden, doch wie die Politikwissenschaft insgesamt mehr ist als eine Wissenschaft von der Demokratie, muß auch Politische-Kultur-Forschung – ohne die permanente Anstrengung, nach Kriterien politischer Kultur oder Unkultur zu suchen – zunächst einmal nach den Besonderheiten von Politik in unterschiedlichen regionalen, historischen usw. Kontexten fragen. Hinzu kommt, daß ein Großteil der untersuchten Denk- und Verhaltensmuster sich nicht eindeutig nach dem Kriterium demokratieförderlich oder -abträglich einstufen läßt.

Diesen Tatbestand möge folgendes Beispiel illustrieren: Die Schwaben sind bekannt für ihren Fleiß und ihre Selbstgenügsamkeit. Die historischen Ursachen dafür lassen sich ziemlich genau angeben: Sie liegen in der jahrhundertelang betriebenen rigorosen Arbeitserziehung durch eine wohlmeinende Obrigkeit angesichts eines an natürlichen Ressourcen armen Landes. Ein historisch spätes, jedoch in einer langen Tradition stehendes Beispiel dafür ist das „Generalrescript gegen die Übelhauser" des Herzogs Carl Eugen aus dem Jahre 1781. Danach konnte, wer „übel hauste", d.h. seinen Hof nicht fleißig betrieb, seines Hab und Guts verlustig gehen und zum Militär gezwungen werden (wenn er nicht älter als 40 war). Wer solche „Übelhauser" der Obrigkeit anzeigte, wurde mit einem Drittel des eingezogenen Gutes belohnt („Anbringdrittel"). – Unterstützt wurde solcher Druck von außen durch einen asketischen Protestantismus, gipfelnd im für Württemberg so einflußreichen Pietismus, der jeden auch noch so bescheidenen Luxus in der Lebensführung verdammt. Die Kirche hatte zudem ihren eigenen Kontroll- und Sanktionsapparat in Gestalt der „Kirchenkonvente", die als gemeindliche Sittengerichte von 1642 an bis gegen Ende des 19. Jahrhunderts in Württemberg bestanden und streng über die Lebensführung der Menschen wachten.

Die Folgen einer solchen Erziehungstradition sind einigermaßen sicher zu benennen: Sie zeigen sich im *privaten* Bereich als weitgehende Unfähigkeit zu Muße und Lebensgenuß (nicht ohne Grund hat sich der Witz ausgiebig der Ironisierung dieser Lebensform angenommen). Im *zwischenmenschlichen* Bereich läßt sich ein gewisser Mangel an Solidarität diagnostizieren (weil man ja gedrillt ist, das Verhalten des Nachbarn zu kontrollieren und öffentlich zu maßregeln). *Ökonomisch* führte die schwäbische Sozialisation zum Aufstieg Württembergs als einer krisenfesten, führenden Industrieregion, die aus diesem Grunde auch ein beträchtliches politisches Gewicht in der Bundesrepublik bekommen hat. – Doch wie sind diese Beobachtungen demokratietheoretisch zu bewerten? Am ehesten noch wird sich mit diesem Maßstab die mangelnde Solidarität bemessen lassen, unstrittig kann aber selbst das nicht sein. Unbeachtet lassen kann man aber deswegen dieses württembergische „Arbeitstrauma" und den ausgeprägten Hang zur sozialen Kontrolle nicht, weil sich sonst weder das Land im allgemeinen noch Politik in diesem Land im besonderen verstehen lassen.

Unbeschwert von normativen Einengungen sollte Politische-Kultur-Forschung danach fragen: Aufgrund welcher aktuellen und historisch tradierten Bedingungen sieht Politik – sowohl materiell als auch prozessual – von Land zu Land jeweils anders aus, warum weisen Menschen – bezogen auf das politische System im weitesten Sinne –

unterschiedliche Wertvorstellungen, Einstellungen und Verhaltensmuster auf? In welcher Weise werden diese vermittelt? Dabei stellen wir die These auf, daß solche Unterschiede nicht nur von Land zu Land im Sinne von politischem System zu politischem System bestehen, sondern auch innerhalb einunddesselben Landes: nicht nur entlang der Grenzen sozialer Schichtung – die immer beachtet worden sind, da sich politisch-kulturelle Befunde mit sozialstatistischen Daten korrelieren lassen – sondern auch *innerhalb* regionaler, ja sogar lokaler Grenzziehungen. Wir haben denn auch im obigen Beispiel nicht ohne Grund von Württemberg gesprochen und nicht von Baden-Württemberg, da die gemachten Aussagen für den badischen Landesteil so nicht gelten. Ja, sie gelten nicht einmal für Württemberg insgesamt, sondern ausschließlich für die altwürttembergischen Kernlande, die bis zur napoleonischen Neuordnung Deutschlands das Herzogtum Württemberg bildeten.

2. *Abgrenzungen, Definitionen, Thesen*

Die politische Kultur eines Landes kann man ansehen als ein Produkt aus geopolitischen Festlegungen, ökonomischen Gegebenheiten, kollektiven Schlüsselerlebnissen und obrigkeitlich-staatlichen Einwirkungen – wobei es davon abhängt, wie diese einzelnen Faktoren von den betroffenen Menschen perzipiert und verarbeitet worden sind. Da diese Faktoren nicht konstant sind, ist politische Kultur eine dynamische Größe: historisch geworden und der ständigen Veränderung ausgesetzt. Für Deutschland folgt aus der früheren politischen Kleinstaaterei auch eine Fragmentierung der aktuellen politischen Kultur: Deutschland weist eine solche Vielzahl historischer Landschaften auf – mit ihrer eigenen Territorialgeschichte, mit ihren eigenen Traditionen –, daß eine „nationale" Betrachtung nicht ausreicht.
Diese allgemeine These läßt sich zu folgenden Einzelthesen ausdifferenzieren:
1. Unterhalb der Ebene einer nationalen politischen Kultur kann es – wie in Deutschland – verschiedene regionale, ja sogar lokale politische Kulturen geben, die im Einzelfall sehr deutlich von der nationalen politischen Kultur abweichen können.
2. Eine regionale (ebenso wie eine lokale) politische Kultur ist Ausdruck und Ergebnis einer regionalen (bzw. lokalen) Sonderentwicklung, ist nicht zuletzt also historisch bedingt. Somit ist eine regionale (bzw. lokale) politische Kultur zu einem wesentlichen Teil der Inbegriff regionaler und lokaler Traditionen, insoweit sie Einstellungen und Glaubensüberzeugungen hervorbringen und sich auch heute noch verhaltenskonditionierend auswirken. Der Geltungskreis einer regionalen (bzw. lokalen) politischen Kultur ist durch historische Grenzen abgesteckt, die einstmals den Interaktionsrahmen für die Bürger untereinander, den Rahmen für politische Beteiligung und vor allem auch den Rahmen für obrigkeitlich-staatliche Einwirkungen (über Gesetze, Verordnungen und den zugehörigen Sanktionsapparat) abgaben. Frühere Grenzen sind zu einem guten Teil nur auf der politischen Landkarte erloschen, im Bewußtsein und im Verhalten von Individuen und Gruppen leben sie fort.
3. Weitergegeben werden die Inhalte politischer Kultur durch den Sozialisationsprozeß: durch Elternhaus, Schule, Kirche, Nachbarschaft, Vereine und mannigfache

informelle Gruppen. Dabei kann durchaus von den ursprünglichen Anlässen (obrigkeitlichen Erlassen, kollektiven Schlüsselerlebnissen usw.) abstrahiert worden sein.
4. Eine gemeinsame nationale politische Kultur kann die jeweiligen regionalen und lokalen politischen Kulturen entweder überlagern (z. B. eine preußisch geprägte nationale politische Kultur Deutschlands, aber genauso auch beispielsweise eine protestantisch geprägte altwürttembergische politische Kultur in Württemberg) oder ein Amalgam verschiedener regionaler und lokaler politischer Kulturen sein. Auf jeden Fall können regionale und lokale politische Kulturen sehr wesentlich Modifizierungen der nationalen politischen Kultur im regionalen und lokalen Bereich bedingen.
5. Der äußeren, politisch definierten und historisch tradierten Grenze entspricht eine mentale Grenze bei Individuen und Gruppen: Die politische Kultur eines Landes, einer Region oder auch einer Kommune wird begrenzt durch ein entsprechendes Wir-Bewußtsein. Dieses Wir-Bewußtsein produziert Eigenbilder und provoziert Fremdbilder. Den aufgezeigten mannigfachen Verwerfungen politischer Kulturen in Deutschland entsprechen im Hinblick auf das jeweilige Wir-Bewußtsein konzentrische Loyalitäten: Man ist zugleich Nürnberger, Franke, Bayer, Deutscher. Je nach Zeitumständen und konkreter Situation kehrt man mehr das eine oder andere besonders hervor.

Regionen sind also festumgrenzte Gebiete, sind Produkt historischer Eigenständigkeit, die es namentlich den ehemaligen Obrigkeiten erlaubten, ihre Untertanen in einem ganz gestimmten Sinne zu prägen. Erinnert sei hier nur an die Tatsache, daß nach dem Augsburger Religionsfrieden von 1555 es der jeweiligen Obrigkeit zukam, innerhalb ihrer territorialen Grenzen die Konfession der Untertanen zu bestimmen; gerade die Konfession hat sich von enormer verhaltensprägender Kraft erwiesen (vgl. *Wehling* 1984). Aber auch sonst haben die jeweiligen Obrigkeiten mit Reglementierungen ihrer Untertanen nicht gespart: nicht zuletzt aufgrund natürlicher Gegebenheiten, als Antwort auf die spezifischen Lebenslagen in einem Gebiet. Startvorteile beim Weg in die moderne Industriegesellschaft wie andererseits manche Rückständigkeit, auch heute noch, haben hier ihren Ursprung. Festzuhalten bleibt hier die Bedeutung der Grenze, weil sie den Rahmen der Einwirkungsmöglichkeiten absteckte. Auch das Wir-Bewußtsein ist an solche Grenzen gebunden.

Verwerfungen treten dadurch auf, daß solche Grenzen selten konstant geblieben sind. Vor allem die Napoleonische Neuordnung schuf neue Einheiten, legte neue Grenzen – und zwar in größerem Maßstab – fest. Dabei ergab sich ein Novum: die Neuentwicklung von Regionen innerhalb vorgegebener staatlicher Grenzen, aus Opposition gegen eine neue, ungeliebte Staatsmacht, gegen eine als fremd empfundene und mit der Gefahr der Überfremdung verbundene politische Kultur (vgl. *Gollwitzer* 1964). So bilden sich erst jetzt aus völlig zersplitterten historischen Gebieten die Regionen Franken und Pfalz in Bayern, Oberschwaben in Württemberg, Rheinland und Saar in Preußen heraus; erst jetzt kann man vom Wir-Bewußtsein her von Franken und Pfälzern, Oberschwaben, Rheinländern und Saarländern sprechen.

Die Fragmentierung einer nationalen politischen Kultur ist nicht nur für Deutschland kennzeichnend. Verwiesen sei hier beispielsweise auf Großbritannien, Italien,

die Schweiz, Belgien und Polen (vgl. in bezug auf Polen *Löffler* und *Wehling* 1986). Aber auch für scheinbar unitarische politische Systeme wie Frankreich kann eine regional ausgerichtete Perspektive Politischer-Kultur-Forschung fruchtbar sein.
Im folgenden soll versucht werden, unsere allgemeinen Aussagen zur regionalen politischen Kultur am Beispiel Württemberg zu konkretisieren.

3. *Konkretisierungen*

Alt-Württemberg, wie es über Jahrhunderte hinweg bis um die Wende vom 18. zum 19. Jahrhundert bestanden hat, war ein weitgehend abgeschlossenes Land: mit dem Schwarzwald im Westen, der Schwäbischen Alb im Südwesten und Südosten, dem Odenwald und dem Stromberg im Norden. Diese Wälle waren nicht gerade leicht überwindbar, entsprechend abseits lag das Land vom Verkehr, es war aber auch im Innern relativ schlecht erschlossen (und erschließbar) — ganz im Gegensatz etwa zu Baden mit seiner in jeder Hinsicht offenen Grenze gegenüber Frankreich und der Schweiz und mit dem Rhein als leistungsfähiger Verkehrsader (vgl. *Koziol* 1986). Eine innere Abschließung trat hinzu: Württemberg als geschlossen protestantisches Land mit vielfach katholischen Nachbarn. Zugleich war Württemberg ein armes Land: Es fehlte an Rohstoffen und Energiequellen.
Die genannte Abgeschlossenheit hat einen gewissen Konservatismus zur Folge, der sich bis heute z.B. in allen politischen Parteien bemerkbar macht, sich besonders aber in der Bevorzugung konservativer Parteien durch die Wähler äußert. Neue Ideen kommen nur schwer an. Das karge naturräumliche Potential zwingt zu äußerstem Fleiß und Sparsamkeit, zu disziplinierter und qualitativ hochwertiger Arbeit, belohnt den „Tüftler": Nur wer sich neue Produkte, die nicht jeder gleich nachahmen kann, ausdenkt, kann seine Lebenssituation verbessern. Geistige Wendigkeit im Hinblick auf die materielle Existenz ist erforderlich. So bildet sich eine — auch gerade die heutige Situation kennzeichnende — eigentümliche Dialektik heraus: konservative politisch-soziale Grundstrukturen bei gleichzeitiger Flexibilität und Innovationsfähigkeit im ökonomischen Bereich. Das Wagnis, immer neue Technologien anzuwenden, läßt sich — so die Perzeption — nur auf dem soliden Boden bewährter Strukturen erbringen: High Tech und CDU könnte man zugespitzt sagen. Systemveränderer — oder wer dazu abgestempelt werden kann — haben da keine Chancen. Es erfolgen aber auch keine radikalen Einbrüche: Die weit unterdurchschnittlichen Erfolge der NSDAP vor 1933 erklären sich so, ebenso die geringe Arbeitslosigkeit während der Weimarer Republik wie auch heute (vgl. *Schnabel* 1982).
Politische Kultur ist aber nicht bloß ein Ergebnis der Reaktion von Individuen, Gruppen und Obrigkeiten auf quasi objektiv gegebene, relativ konstante Gegebenheiten wie geopolitische Lage und naturräumliche Ausstattung. Auch so verschiedenartige „Überbauphänomene" wie Erbrecht und Konfession haben sich als von enormer Prägekraft erwiesen, wie bereits ein Vergleich zwischen protestantischen Alt-Württembergern (im Realteilungsgebiet) und katholischen Neuwürttembergern (im oberschwäbischen Anerbengebiet) deutlich werden läßt.

Die Erbsitte der Realteilung findet man – vereinfacht gesehen – vorwiegend im Altsiedelland (vgl. *Röhm* 1957): Besiedelt worden ist zunächst das fruchtbare und leichter erschließbare Land, das sich auch problemloser auf die Erben aufteilen ließ. Für abgelegenere, klimatisch und topographisch weniger günstige, unfruchtbarere Gebiete ließen sich Siedler nur gewinnen, wenn man ihnen größeren Landbesitz mit optimaler Betriebsstruktur, aber auch mehr Freiheiten einräumte. Die Besiedlung solcher Gebiete ließ sich auf Dauer nur aufrecht erhalten, wenn die Höfe auch nach erfolgtem Erbgang groß genug blieben, um davon leben zu können: d.h. wenn sie ungeteilt blieben. Langfristig entwickelten sich die Neusiedelgebiete so zu wohlhabenden Agrarregionen, mit einer Bevölkerung von hohem bäuerlichen Selbstbewußtsein, innerer Souveränität, Liberalität und Großzügigkeit: Der andere kann getrost tun und lassen, was er will, denn es berührt einen kaum, was er auf seinem (Einzel-) Hof treibt. Auf der anderen Seite bietet ein solches Gebiet keine guten Voraussetzungen für die spätere Industrialisierung.
Anders im Realteilungsgebiet: Der Besitz, gleichmäßig unter die Erben aufgeteilt, zersplittert sich im Laufe der Zeit rapide, was auch bei ertragreichen Böden allmählich zur Verarmung führt. So müssen zusätzliche Einkommensquellen gefunden werden. Vom Einzelnen wird eine gewisse Findigkeit verlangt, handwerkliches Geschick für den Zuerwerb – alles gute Voraussetzungen für die spätere Industrialisierung.
Die Besitzzersplitterung im Realteilungsgebiet verlangt zudem einen hohen Regelungsbedarf im Alltag. Wenn nicht nur die verschiedenen Äcker aufgeteilt worden sind, sondern auch Haus und Scheuer, ja sogar Geräte- und Waschkesselnutzung, dann häufen sich die Konfliktanlässe ins Unerträgliche: Nur Rücksichtnahme, Anpassung und eiserne Regelungen, obrigkeitliche wie auch wechselseitige Überwachung helfen hier, den „Krieg aller gegen alle" einigermaßen in Grenzen zu halten. Die so erlernte Disziplin und Anpassungsfähigkeit erweisen sich später ebenfalls als gute Ausgangsbedingungen für die Industrialisierung des Landes, für die die Übervölkerung der Realteilungsgebiete zudem die nötigen Arbeitskräfte bereithält.
Andererseits: Die Existenzabsicherung durch einen – wenn auch noch so kleinen – landwirtschaftlichen Besitz (und seien es auch „nur" ein oder zwei Bauplätze) macht das Land weniger krisenabhängig: Wer arbeitslos ist oder zu Kurzarbeit gezwungen ist, nagt nicht gleich am Hungertuch und läuft nicht aus Verzweiflung politischen Rattenfängern hinterher. So bleibt etwa der politische Radikalismus von links und rechts am Ende der Weimarer Republik in Württemberg zahlenmäßig gering, obwohl sonst die Sozial- und Wirtschaftsstruktur Württembergs eher für einen starken nationalsozialistischen Anhang sprechen müßten.[1]
Die Bedeutung der Konfession für die Prägung der Menschen, insbesondere für deren Wirtschaftsgesinnung, ist namentlich von *Max Weber* (1904–1919) herausgearbeitet und unter Berufung auf ihn immer wieder betont worden, so daß wir hier nicht detailliert darauf einzugehen brauchen. Aufmerksam gemacht werden soll aber darauf, daß *Max Weber* seine Thesen weitgehend auf historische Vorarbeiten aus dem deutschen Südwesten, insbesondere aus Württemberg stützt.[2] Auch Wirtschaftsgesinnung ist Teil der politischen Kultur, auch sie läßt sich regional festmachen und erklären. Andere konfessionell mitbedingte Verhaltensprägungen, die den Alltag der Menschen

betreffen, sind zumindest indirekt politisch relevant und insofern ebenfalls Bestandteil politischer Kultur (vgl. *Schmidtchen* 1979a; *Wehling* 1984).
Die Auswirkungen der Konfession auf Wahlverhalten und Parteiensystem sind zu bekannt, als daß hier darauf eingegangen werden müßte. Beachtet werden sollte jedoch, daß Konfession keine statische oder regional unterschiedslos wirkende Einflußgröße ist. So hat der Katholizismus im 19. Jahrhundert durch die „geistig-moralische Wende" des Ultramontanismus eine deutlich veränderte Gestalt erhalten, deren beträchtlicher Einfluß auf die politische Kultur wissenschaftlich kaum aufgearbeitet ist. Der Kulturkampf zwischen liberal-protestantischem Staat und ultramontan gewordener katholischer Kirche weist in Deutschland regional sehr unterschiedliche Intensität auf. So verlief er in Baden ausgesprochen heftig, ganz im Gegensatz zu Württemberg. Als Folge davon spielt Konfession für Parteienpräferenz und lokales Parteiensystem in Baden eine deutlich wichtigere Rolle als in Württemberg. Die CDU hat es in Baden im Vergleich zu Württemberg viel weniger vermocht, über den katholischen Bevölkerungsanteil hinaus protestantische Wähler und Mitglieder zu gewinnen. Das zeigt ein Vergleich von Gemeinde zu Gemeinde (vgl. *Koziol* und *Wehling* 1979). Mit der Kulturkampftradition hängt es u.a. zusammen, daß die Parteipolitisierung auch der Kommunalpolitik in Baden wesentlich ausgeprägter ist als in Württemberg. So spielen in Württemberg die parteipolitisch bewußt abstinenten Freien Wähler als „Rathausparteien" eine deutlich größere Rolle als in Baden, und in Württemberg wählt man eher einen parteilosen Bewerber zum Bürgermeister als in Baden (*Wehling* und *Siewert* 1984). Allerdings: Konfession und Kulturkampf sind hier nicht die einzigen Einflußgrößen. In (Alt-)Württemberg wirkte eine Fülle von Gegebenheiten und gezielten obrigkeitlichen Einflußnahmen homogenisierend, „vergemeinschaftend" wie *Klaus Koziol* im Anschluß an *Max Weber* pointierend formuliert hat.

4. *Konsequenzen für die Politische-Kultur-Forschung*

Der Faktor Region hat für die Politische-Kultur-Forschung eine zentrale Bedeutung. So muß diese Forschung z.B. darüber hinausgehen, eine Variable (z.B. Wahlverhalten) mit einer anderen (z.B. Konfession) lediglich zu korrelieren, auch wenn man so vordergründig eine gewisse Prognosefähigkeit gewinnt. Aufgabe Politischer-Kultur-Forschung ist vielmehr die *Erklärung* (z.B. warum wählen Katholiken in diesem Ausmaß CDU?). Angesichts regional sehr unterschiedlicher Befunde ist ein nationaler Erklärungsrahmen hierfür zu weit, muß vielmehr ein regionale Variationen berücksichtigender Forschungsansatz gewählt werden.
Für Politische-Kultur-Forschung reichen zudem Instrumentarium und Erkenntnisstand gängiger Politikwissenschaft allein nicht aus. Regionale und lokale Besonderheiten politischer Kultur sind historisch geworden, sind das Ergebnis vergangener politischer Entscheidungen und vor allem historischer Erfahrungen, die Menschen mit Politik gemacht haben – aktiv, meistens jedoch passiv als „Erleidende". Politische Kultur ist vor allem Destillat von Erfahrungen, die Menschen im Umgang mit

den Herausforderungen des Alltags gewonnen haben: mit den naturräumlichen Gegebenheiten, den wirtschaftlichen Erfordernissen zum Beispiel. Diese Erfahrungen, die – vielfach losgelöst vom jeweiligen konkreten Ereignis – in den Sozialisationsprozeß eingehen und über die ganze Palette von Sozialisationsagenturen weitergegeben werden, können sowohl gezielt vermittelt als auch indirekt als unbewußte Werthaltungen tradiert werden.

Politische Kultur herauszuarbeiten kann daher nicht Aufgabe der Politikwissenschaft allein sein, sondern ist nur in enger Kooperation mit anderen Wissenschaften zu leisten. Erforderlich scheint uns die Kooperation vor allem mit der Soziologie, der Geographie, der Volkskunde, mit den Wirtschaftswissenschaften und mit der Theologie. – Der Anspruch auf „Objektivität" und auf „intersubjektive Nachprüfbarkeit" wird sich aufgrund eines solchen Eklektizismus, aufgrund heterogener Ansätze und einer unvollkommenen Datenlage allerdings nur bedingt aufrechterhalten lassen. Ein Anspruch, der ohnedies bestenfalls annäherungsweise eingelöst werden kann.

Anmerkungen

1 So schreibt *Schnabel* (1982: 49): „Sowohl der hohe Protestantenanteil als auch die große Zahl von Selbständigen und mithelfenden Familienangehörigen sowie der überdurchschnittlich starke Anteil von Beschäftigten in der Landwirtschaft und im gewerblichen Mittelstand förderten in anderen Gebieten des Reiches den Aufstieg der NSDAP zur beherrschenden Partei."

2 So auf *Eberhard Gothein*, Wirtschaftsgeschichte des Schwarzwaldes und der angrenzenden Landschaften, Straßburg 1892, und auf die Dissertation seines (*Webers*) Schülers *Martin Offenbacher*, Konfession und soziale Schichtung, Tübingen und Leibzig 1900.

Auf den Spuren einer ehemaligen Reichsstadt

Zur Politischen Kultur der Gemeinde Isny im Allgäu*

Sylvia Greiffenhagen

1. *Theoretischer Zugang*

Die Arbeit ging aus einem Forschungsansatz über die regionale politische Kultur Oberschwabens an der Universität Tübingen unter der Leitung von H.-G. Wehling hervor. Die theoretischen Ansätze dieser Studie sind deshalb weitgehend diesem Arbeitszusammenhang verpflichtet (→ *Wehling*). Die Fragestellung der Studie lautet: Wie entstehen regionale und lokale politische Kulturen aus historischen Eigenentwicklungen einer Gegend; wie spiegeln sich in ihnen regionale und lokale Traditionen politischer, wirtschaftlicher oder auch religiöser Natur, die sich innerhalb ehemaliger Territorialgrenzen (die längst ‚vergessen' sein können) im Lauf der Geschichte herauskristallisieren?

Regionale politische Kultur-Forschung arbeitet historische Besonderheiten eines Raumes heraus, fragt nach den Bestimmungsgründen seiner politischen Kultur, nach Ursachen und Bedingungen der Kontinuität beziehungsweise Veränderungen dieser Kultur und schließlich nach der Weitervermittlung von Generation zu Generation (Sozialisation): Wie und durch welche Institutionen werden historische Erfahrungen, in der Geschichte gelernte Verhaltensformen weitergegeben (‚kollektives Gedächtnis')? Regionale politische Kultur-Forschung kann damit einen wichtigen Beitrag zum Verständnis regionaler Besonderheit liefern und so ein Stück ‚aufgeklärte Heimatkunde' (Wehling) bedeuten. Gleichzeitig treibt sie die Arbeit am Konzept der Politischen Kultur weiter voran: Innerhalb eines örtlich relativ eng begrenzten Untersuchungsgebiets lassen sich Faktoren und Bedingungen für die Entstehung und Entwicklung von politischer Kultur leichter und sicherer klären als im größeren Rahmen. Natürlich bedarf es einer Vielzahl einzelner Studien, wenn man allgemeingültige repräsentative Schlüsse aus solchen Vorarbeiten ziehen will.

Am Beispiel Isny sollte exemplarisch die politische Kultur ehemaliger oberschwäbischer Reichsstädte analysiert werden, ein Vorhaben, das sich als nicht realisierbar erwies: Die Reichsstädte waren autonome Gebilde, jede Stadt ein eigener kleiner Kosmos mit eigener Verfassung, eigenen politischen Institutionen, eigener Wirtschafts- und So-

* Dieser Forschungsbericht kann nur ausgewählte Aspekte der politischen Kultur der Gemeinde Isny darstellen. Eine detaillierte Analyse bietet die Dissertationsschrift der Autorin (im Erscheinen) zu diesem Thema.

zialstruktur, mit zahlreichen religiösen und kulturellen Besonderheiten. Jede Reichsstadt hat deshalb eine eigene, gerade nicht für alle Reichsstädte, sondern nur für sich selbst spezifische politische Kultur entwickeln können. Eine Vielzahl politischer Traditionen zeigte sich so schon auf engstem oberschwäbischem Raum. Trotzdem ließen sich auch allen Reichsstädten gemeinsame Merkmale entdecken: Reichsstädte weisen eine stärkere Partizipation als benachbarte Landstädte auf, sie haben ähnliche Wirtschaftsformen und einen ähnlichen ‚Wirtschaftsgeist' und vergleichbare Elitestrukturen. Immer aber zeigten sich auch bestimmte, nur für Isny spezifische Strukturen, die sämtlich in ökonomischen, politischen und religiösen Sonderentwicklungen der Stadt gründen. Diese Sonderentwicklungen und ihre Bestimmungskraft für die politische Kultur der Stadt in verschiedenen Phasen ihrer Geschichte zu analysieren, die Bedingungen für Kontinuität oder Wandel dieser politischen Kultur aufzudecken, ist das Ziel dieser Arbeit. Sie ist deshalb nicht ausschließlich der Politikwissenschaft im engeren Sinne verbunden, sondern Politikwissenschaft und Geschichtswissenschaft ergänzen sich in ihr. Als Politologin nutze ich den Exkurs in die Geschichte der Stadt, um Traditionen aufspüren zu können; aber die Fragen, die ich im Rahmen der historischen Nachforschung stelle, sind sozialwissenschaftliche Fragen nach Partizipationsmustern, Elitestrukturen und Wählerverhalten in verschiedenen historischen Phasen. Mit dieser Arbeitsweise rückt meine Studie in die Nähe neuerer Untersuchungen auf dem Felde der Volkskunde oder empirischen Kulturwissenschaft.

2. *Methodische Vorgehensweise*

Wie bereits angedeutet, stellt die Arbeit eine Kombination aus historischen und sozialwissenschaftlichen Vorgehensweisen dar. In erster Linie historisch orientiert waren die folgenden Verfahren:

- Auswertung der Sekundärliteratur über den Bodenseeraum einschließlich Österreichs und der Schweiz und über Verfassungs-, Wirtschafts-, Sozial-, Kultur- und Religionsgeschichte oberschwäbischer Städte;
- Auswertung der Quellen in Isnyer Archiven und Privatsammlungen, vor allem solchen des 19. Jahrhunderts, für das keine historische Darstellung vorliegt;
- Interviews (offene, narrative) mit alten Isnyer Bürgern über den Zeitraum 1890 bis zum Zweiten Weltkrieg;
- Auswertung von Festreden und Festschriften bei Stadtjubiläen, Abiturfeiern etc., von Theaterstücken zur Stadtgeschichte und anderer Zeugnisse städtischer Selbstdarstellung.

Diese Verfahren sollen dazu dienen, Einblick in die Entwicklung der politischen Kultur Isnys zu gewinnen, ihre Inhalte in verschiedenen politikgeschichtlichen Phasen zu bestimmen und ihre Überlagerung durch fremde politische Kulturen (z. B. die altwürttembergische im 19. Jahrhundert) zu analysieren. Außerdem soll eine Verdeutlichung der Selbstbilder und des Geschichtsbewußtseins Isnyer Bürger erreicht werden.
In Ergänzung zu dieser Vorgehensweise wurde mit einigen sozialwissenschaftlichen Verfahren gearbeitet:

- Auswertung demographischen Materials zur Erfassung der sozialen Struktur des heutigen Isny und der Wirtschafts-, Konfessions-, Alters-, Berufsstruktur etc. in verschiedenen Stadtteilen;
- Auswertung wahlsoziologischen Materials für verschiedene Stadtteile seit 1820;
- Auswertung der Isnyer Regionalzeitung;
- Auswertung der Gemeinderatsprotokolle seit 1800;
- Beobachtung;
- Interviews mit Vertretern von Stadt, Kirchen, Parteien, Vereinen, wichtigen Familien, Gewerbebetrieben;
- informelle Gespräche mit Isnyer Bürgern in Gaststätten, auf Festen etc.

Repräsentative Umfragen habe ich nicht angewandt. Nur wenige der Fragen, um die es mir ging, hätten mit solchen Methoden geklärt werden können: Mein Interesse galt eher den Bestimmungsgründen politischer Kultur als ihrer statistisch erfaßbaren Ausprägung. Viele der wichtigen Datensätze ließen sich übrigens auch ohne repräsentative Umfragen gewinnen. Die Isny-Seite der örtlichen Zeitung berichtet z. B. über alle Aktivitäten der örtlichen Vereine. Zahlreiche Vereinsmitglieder werden mit Namen genannt: als Vorstände oder Ehrenvorsitzende, als Schützenkönige, Vereinsmeister, Spender, Tombola-Preisträger etc. Aus solchen Berichten läßt sich eine Namenskartei anlegen, die über Doppel- und Mehrfachmitgliedschaften Auskunft gibt und die vor allem Präferenzen bestimmter Gruppen von Isnyer Bürgern für bestimmte Vereine aufdeckt: Es gibt, wie zu erwarten, typische ‚Prostestantenvereine' und typische ‚Katholikenvereine'; Vereine, in denen die alte Elite unter sich bleibt, und Vereine der neuen Elite, Vereine, in denen politisch Mächtige sich sammeln, und betont politikferne Vereine etc. Nachfragen in der später erfolgten Interview-Runde haben solche aus reiner Zeitungslektüre gewonnenen Einsichten bestätigt.

3. *Muster der lokalen politischen Kultur Isnys*

3.1. Isny als Teil der politischen Kultur des oberschwäbischen Raums

Isny war in seiner Geschichte eng mit dem ganzen Bodenseeraum verflochten. Politische, Verwandtschafts- und Handelsbeziehungen unterhielt es zu den oberschwäbischen oder bayerischen Nachbarstädten, vor allem aber nach Vorarlberg und zur Schweiz, in geringerem Maße auch zu Italien. 1806, im Reichsdeputationshauptschluß, fiel es als Teil des oberschwäbischen Raumes an das Königreich Württemberg, der östliche Teil des schwäbischen Allgäus ging an Bayern. Strikte Zollgrenzen trennten Oberschwaben von seinen traditionellen Nachbarregionen und zerrissen die oberschwäbische Teilregion Allgäu in zwei unorganische Hälften. Der Bodenseeraum sank zur Provinz ab.

Am Isnyer Beispiel werden Probleme des oberschwäbischen Raumes anschaulich, die als Bestimmungsfaktoren für seine regionale politische Kultur gelten müssen, z. B. das traumatische Schlüsselerlebnis des politischen und ökonomischen Abstiegs nach der Einverleibung in den württembergischen Staat, der gleichzeitige Verlust religiöser und

kultureller Identität und die Erfahrung, als Region im Königreich Württemberg benachteiligt zu sein. Diese Benachteiligung hält bis heute an. Entfremdung, Mißtrauen und Aggression prägen daher das Verhältnis Oberschwabens zum württembergischen Staat. ‚Stuttgart' ist für viele Oberschwaben eine Reizwort. Obwohl vor allem das katholische Oberschwaben durch hohe CDU-Stimmanteile das Fortbestehen der CDU-Landesregierung sichert, finden sich im Stuttgarter Kabinett und in der Verwaltungsspitze des Landes kaum oberschwäbische Mitglieder.
Wie die regionale politische Kultur, so ist auch die lokale politische Kultur Isnys von diesem Mißtrauen gegen die Stuttgarter Zentralregierung geprägt: Innerstädtische Fehlentwicklungen, ökonomische Rückschläge oder Mißerfolge der Regionalplanung werden mit dem Hinweis auf ein ‚traditionelles Desinteresse von Stuttgart' am oberschwäbischen Raum erklärt. Isnyer Jugendliche studieren in München, Innsbruck und Zürich, nicht in Tübingen oder Stuttgart; Isnyer Hausfrauen fahren zum Einkaufen nach Bayern oder, trotz Zollgrenzen, nach Vorarlberg und in die Schweiz. In dieser Beziehung erscheint Isny als ein nahtloser Teil seiner Region; in jeder anderen Hinsicht unterscheidet sich die lokale politische Kultur Isnys aber klar von der regionalen politischen Kultur seines Umlandes.

3.2. Soziale Spannungslinien

Einen Schlüssel für diese unterschiedlichen Muster der politischen Kultur der ehemaligen Reichsstadt Isny im Allgäu liefert die Analyse der sozialen Spannungslinien, die die Stadt seit 800 Jahren in zwei klar voneinander getrennte politische und ökonomische Lager spalten: Seit der Gründung der Stadt existierten innerhalb derselben städtischen Mauern zwei völlig voneinander getrennte Gemeinwesen, Kloster Isny und Stadt Isny, die beide ihre Entstehung demselben Grundherrn verdanken. Diese Situation unfreiwilligen Zusammenlebens zweier so unterschiedlicher Gemeinwesen auf engstem Raum barg von Anfang an Stoff für Konflikte. Man stritt um Wegerecht, Weide- und Wasserrechte, um Siedlungs- und Baurecht. Kloster und Stadt entwickelten sich im Lauf der Jahrhunderte politisch, ökonomisch und religiös weit auseinander: Die Stadt gewann Reichsfreiheit, das Kloster blieb abhängig. Die Stadt war gewerblich orientiert und blühte zu einer reichen Handelsstadt auf, das Kloster und eine vom Kloster abhängige Siedlung außerhalb der Isnyer Mauern (die ‚Vorstadt Isny') blieben agrarisch orientiert und ökonomisch relativ schwach; zum ökonomischen und politischen Gegensatz trat in der Reformation noch der konfessionelle: Die Stadt ging früh und entschieden zum Protestantismus über und duldete bis zum Reichsdeputationshauptschluß keine katholischen Einwohner; Kloster und Vorstadt Isny blieben katholisch. Diese Zweiteilung Isnys ließ einen institutionalisierten und kaum lösbaren Dauerkonflikt entstehen. Im Laufe der Zeit bildete sich aus dem Hauptwiderspruch zwischen Kloster und Stadt ein ganzes Bündel sozialer Spannungslinien heraus, die sämtlich in ein und derselben Richtung wirkten: der Vertiefung des Dualismus innerhalb der Gemeinde. Die wichtigsten, wenngleich nicht alle, Spannungslinien sind die folgenden:
– Stadt gegen Land;

– Freie Reichsstadt gegen grundherrlich-abhängiges Kloster;
– Protestantismus gegen Katholizismus (mit allen für Württemberg typischen Stereotypen);
– Kloster-Herren gegen die Stadt: Dem Kloster Isny verdankte die Stadt ihre mächtigsten Feinde: das Adelshaus Waldburg-Zeil, das als Klostervogtei immer wieder die ganze Stadt in seinen Einflußbereich zu ziehen versuchte, und vor allem das Adelshaus Quadt, das nach dem Reichsdeputationshauptschluß die Rechtsnachfolge im ehemaligen Isnyer Klosterbesitz antrat. Diese traditionellen Konflikte zwischen Kloster und Stadt gingen im 19. und frühen 20. Jahrhundert ungebrochen weiter, jetzt freilich als Konflikte zwischen dem Hause Quadt und der Stadt. Wichtigster Streitpunkt war wie in den Jahrhunderten zuvor das Wasser, jetzt aber nicht mehr für Wiesenbewässerungszwecke, sondern als Energiequelle in der Zeit der beginnenden Industrialisierung.

Der Dualismus zwischen Kloster und Stadt für die politische Kultur Isnys ist bestimmend geblieben: Ökonomische, politische und religiöse Frontlinien teilen die Stadt in zwei große Lager, offenkundig z. B. im Wählerverhalten, aber auch im Dauerkonflikt zwischen den beiden Stadtteilen (Kloster-) Vorstadt und (Reichs-)Stadt, der bis heute nichts an Brisanz eingebüßt hat. Als Gegengewicht dazu haben sich bestimmte, für den Fremden überraschende Konfliktlösungsmuster im Lauf der Jahrhunderte in Isny ausgebildet, denen noch heute eine wichtige Funktion zukommt: Strittige Fragen werden dilatorisch behandelt, zwar kontrovers diskutiert, aber in der Regel erst Jahre oder Jahrzehnte später entschieden. Fällt schließlich im Gemeinderat eine Entscheidung, so revidiert man sie meist schon nach wenigen Wochen: Das Gespräch mit dem Bürger habe wichtige neue Aspekte gezeitigt. Auf diese Weise ist jede Konfliktpartei zumindest zeitweise zufriedengestellt. Dauerhaft geltende Beschlüsse kommen bei Themen von weitreichender kommunalpolitischer Bedeutung selten zustande. Gleichzeitig versucht man in Isny, Probleme durch Rechtsverträge oder Rechtsentscheidung zu lösen. Tendenzen zur Verrechtlichung von politischen Entscheidungen, wie sie moderne Gesellschaften kennzeichnen, haben in Isny eine uralte, direkt ins Mittelalter zurückreichende und ungebrochene Tradition. (Bekanntlich manifestierten sich im Alltag mittelalterlicher Geschichte Machtkämpfe zwischen sozialen Gruppen häufig als Auseinandersetzungen auf juristischem Felde). Solche Konflikt-,Lösungs'-Muster haben sich im Umgang mit den strukturellen Konflikten der Stadt im Laufe ihrer Geschichte gut bewährt. Heute gefährden und verhindern sie vielfach dringend anstehende kommunalpolitische Entscheidungen; seit 1954 sucht die Stadt, die im Durchgangsverkehr Lindau–Kempten fast erstickt, z. B. nach einer Trasse für eine ortsnahe Umgehungsstraße; nicht einer der seit damals im Gemeinderat gefaßten Beschlüsse konnte bisher realisiert werden.

3.3. Wirtschaftsgeist

Immer wieder wird von Stadt- und Industriehistorikern ein ,typisch reichsstädtischer Handelgeist' konstatiert, dem sich unter anderem der Vorsprung ehemaliger Reichs-

städte vor Landstädten im Zeitalter der Industrialisierung verdanke. Am Beispiel Isnys lassen sich einige Faktoren solchen innovatorischen und dynamischen Wirtschafts-Sinns aller Reichsstädte aufzeigen.
Isnys lokale politische Kultur prägt ein außergewöhnlich lebendiger Wirtschaftsgeist: Die sozialen Spannungslinien verliehen dem städtischen Wirtschaftsleben große Kraft und Dynamik. Isny setzte in dem Maße auf Gewerbe und Industrie, in dem das Kloster die Stadt durch Entzug von Weiderechten und Landwirtschaftsflächen von der Agronomie fernhalten konnte. Dadurch hatte sich die Stadt selbst im ökonomischen Krisenjahrhundert zwischen 1650 und 1770 nicht zur Ackerbürger-Stadt entwickelt, wie alle seine benachbarten Städte. Es war deshalb für die Industrialisierung gerüstet und wurde in seiner Umgebung zu einer kleinen Industriehochburg. Mit der Einverleibung nach Württemberg sank Isny aus den oben erwähnten Gründen, die es nicht selbst zu vertreten hatte, auf das Maß eines Provinzstädtchens herab. Dennoch lebte bis heute in Isny ein ökonomischer Geist, dessen Wurzeln bis in die Jahrhunderte gewerblicher Hochblüte zurückreichen und der gekennzeichnet ist durch ein außerordentlich starkes Interesse an ökonomischen (gewerblichen) Themen, durch die dominierende Stellung des traditionsreichen Gewerbe- und Verkehrsvereins und auch durch die traumatische Angst, noch stärker als bisher in den Verkehrsschatten und damit ins endgültige Wirtschafts-Abseits abzurutschen.

3.4. Partizipation

In ehemaligen Freien Reichsstädten wird stärker partizipiert als in vergleichbaren anderen Städten. Der schlichte Verweis auf eine ‚traditionelle reichsstädtische Demokratie' liefert im Blick auf die eher oligarchischen Strukturen reichsstädtischer Herrschaft keine Erklärung für diese Tatsache. Am Beispiel Isnys lassen sich aber durchaus Elemente reichsstädtischer Herrschaft aufzeigen, die einen hohen Partizipationsgrad bedingen. Die Verfassungen verlangten z. B. vom Bürger aktive Teilnahme. So hatten von 300 Isnyer Bürgern in reichsstädtischer Zeit mindestens 50 Männer Positionen in städtischen Gremien, als Ratsherren, Bürgermeister, Amänner, Mitglieder von ‚Gericht' und ‚Gemeinde'. Dabei waren Verwandtschaftsbeziehungen ersten Grades und Schwager-Beziehungen in den Gremien strikt untersagt, so daß ein sehr viel größerer Kreis als diese 50 an der Stadtpolitik teilhatte!
Die lokale Partizipationskultur ist wiederum aus den sozialen Spannungslinien, den besonderen Konfliktlösungsmustern sowie aus den Wirtschaftsformen und dem hohen ökonomischen Dynamismus abzuleiten: Diese Faktoren führten zu typischen Isnyer Partizipationsformen: Die Stadt ist stärker politisiert als vergleichbare Städte; man geht keinem Streit aus dem Weg. Jeder Isnyer Bürger vertritt seine politische Meinung offen, so umstritten sie sein mag. Ein wichtiges Medium innerstädtischer Kommunikation sind Leserbriefe im Lokalteil der Zeitung. Schon im 19. Jahrhundert trugen die Isnyer Bürger politische Auseinandersetzungen häufig im „Blatt" aus. Heute toben mitunter förmliche Leserbrief-Schlachten. In den umliegenden Städten gelten die

Isnyer Bürger als heillos zerstritten, die Isnyer selbst empfinden ihr hohes Konfliktpotential als völlig normal.
Die Stadt, die im Laufe ihrer Geschichte immer einen politischen Unruheherd in der Region darstellte, ist heute eine Hochburg der Alternativen Bewegung. Friedensinitiativen, Umweltschutzgruppen und die Grünen strahlen vom Isnyer Zentrum ins ganze Oberland aus, bis weit in den bayerischen, Schweizer und vorarlbergischen Raum.

3.5. Eliten

Nahezu unverändert blieb über 600 Jahre Isnyer Geschichte die Struktur der städtischen Oberschicht. Weder das Ende der reichsstädtischen Autonomie und die Einverleibung in den württembergischen Staat noch die Industrialisierung, noch die seit fast 200 Jahren erlaubte Zuwanderung von Katholiken in die bis dahin rein protestantische Stadt, noch Erster Weltkrieg und Drittes Reich konnten die in reichsstädtischer Zeit gewachsene Struktur der Elite zerstören. Politisch, ökonomisch und kulturell dominieren weiter die ‚alten Familien'. Alle wichtigen Ämter und Positionen blieben in protestantischer Hand, obwohl seit 1860 die Katholiken die Mehrheit besitzen und seit der Jahrhundertwende mit fast 80 Prozent der Bevölkerung eine erdrückende Übermacht bildeten. Die entscheidende Wende, der Sprung in die Moderne, trat erst nach dem Zweiten Weltkrieg (genauer: nach 1950) ein. 1949 wurde zum letzten Mal ein Gemeinderat mit evangelischer Mehrheit gewählt. Seit Mitte der fünfziger Jahre verschwinden die alten Namen aus den Listen der Stadträte. Die alte Elite tritt ab, allerdings vorerst nur von der politischen Bühne. Grund und Boden und die Mehrheit der großen Gewerbebetriebe finden sich weiterhin im Besitz der Isnyer Protestanten. Mächtig wie eh und je ist auch die Evangelische Kirche als reichste Grundbesitzerin der Stadt (wenn man von den riesigen Ländereien des Fürstenhauses Waldburg-Zeil einmal absieht, die erst im Zeichen der Gemeindereform 1972 isnyisch wurden). Viele auf den ersten Blick unverständliche Vorgänge des Isnyer politischen Lebens finden heute ihre Erklärung in den Konflikten zwischen ‚alter' Isnyer Elite und neuentstehenden, ‚modernen' Eliten. Damit kommen zu den alten Konfliktfronten neue hinzu, ohne daß eine Minderung des traditionalen Gegensatzes auszumachen wäre. So setzen z. B. ‚alte' Familien den Entscheidungen einer ‚neuen' politischen Elite in Stadtparlament und -verwaltung ganz bewußt ihre ökonomische Macht entgegen.

4. Schluß

Die Vermutung, daß Geschichte die Strukturen gegenwärtiger politischer Kultur nachhaltig präge, ist verbreitet. Nachgewiesen ist dieser Zusammenhang bisher nur in seltenen Fällen. Meine Untersuchung zeigt ihn für Isny. Ihre Ergebnisse müssen verblüffen, jedenfalls solange nicht auch für andere Gemeinden ähnlich starke Wirkungen aus ihrer Geschichte aufgedeckt werden: Nichts konnte die in reichsstädtischer Zeit gewachsenen Strukturen grundlegend verändern, weder Industrialisierung und konfessionelle

Verschiebungen im 19. Jahrhundert noch Weltkriege und Drittes Reich. Der uralte Konflikt zwischen Kloster und Stadt prägte, wenngleich längst vergessen, weiterhin ihre Konturen. Isny steht in diesen Jahren vor wichtigen kommunalpolitischen Entscheidungen. Meine Arbeit konnte zeigen, daß einige der Hindernisse zur Bewältigung dieser Aufgaben in traditionellen Strukturen der politischen Kultur der Stadt liegen. Ich möchte deshalb wünschen, daß der wissenschaftliche Ertrag der Untersuchung auch für die politische Praxis Gewinn bringt.

Politische Kultur, sozialer Wandel und Wahlverhalten im Dienstleistungszentrum Frankfurt*

Konrad Schacht

Tiefgreifende soziale Wandlungsprozesse lassen die politische Kultur eines Landes oder einer Region nicht unberührt. Wie vermittelt auch immer, wird der Zerfall politisch relevanter Milieus, die Umstrukturierung organisatorischer Netzwerke oder der Wandel von Wertsystemen und Sozialisationsmechanismen die Qualität einer politischen Kultur verändern. So dürfte der Wandel der Industriegesellschaft hin zur Dienstleistungsgesellschaft auch für die politische Kultur der westlichen Demokratien weitreichende Folgen haben, die sich in der Diskussion über „Postmaterialismus" und Wertwandel bereits widerspiegeln.
Die Analyse des sozialen und politischen Wandels eines Dienstleistungszentrums in der Bundesrepublik kann Aufschluß darüber geben, mit welchen Wandlungstendenzen der politischen Kultur zu rechnen ist. Frankfurt eignet sich zur Analyse besonders gut, weil hier der Prozeß der „Tertiarisierung" (*Müller* 1983) sehr weit fortgeschritten und der politische Wandel besonders ausgeprägt ist. Die SPD hat hier einen dramatischen Machtverfall erfahren müssen, die CDU hat sich zu einer mit absoluter Mehrheit regierenden Großstadtpartei entwickelt, die ehemals starke FDP ist bei Kommunalwahlen zu einer Splitterpartei geworden, während die Grünen sich als wichtiger Faktor im Wählerspektrum herauskristallisierten.

1. Tertiarisierung und „sozialer Konflikt"

Während der wirtschaftlichen Entwicklung Frankfurts hat ein struktureller Wandel von Wirtschaft und Beschäftigten stattgefunden, auf den der Begriff der Tertiarisierung besonders gut zutrifft: 1977 waren 67,9 % der Frankfurter Beschäftigten im tertiären und nur noch 32,0 % im sekundären Sektor tätig. Gleichzeitig hat sich die Berufsstruktur gewandelt: Zwischen 1961 und 1977 sank der Arbeiteranteil von 41,1 % auf 29,2 % ab und stieg der Angestellten/Beamtenanteil von 43,2 % auf 60,5 % an.
Von besonderer Bedeutung für die politische Struktur der Stadt ist die Entwicklung der betrieblichen Strukturen in der Frankfurter Wirtschaft. Seit 1950 findet eine im-

* Die Ausführungen stützen sich weitgehend auf meine Untersuchung „Wahlentscheidung im Dienstleistungszentrum", die 1986 im Westdeutschen Verlag erschienen ist. Hier finden sich auch die Daten und Analysen, die im vorliegenden Text z. T. sehr knapp und ohne Quellenangabe referiert werden.

mer größere Konzentration der in Frankfurt Beschäftigten in den Großbetrieben statt: 1950 waren 29,9 % von ihnen in Betrieben mit 1 bis 9 Beschäftigten tätig, 1977 sind es nur noch 15,8 %; 1950 waren 20,2 % in Betrieben mit 500 und mehr Beschäftigten tätig, 1977 sind es 36,7 %. Die Entwicklung der betrieblichen Organisation des Frankfurter Handwerks zeigt ebenfalls eine deutliche Tendenz zur Betriebsvergrößerung: 1949 gab es in Frankfurt 10 158 Handwerksbetriebe, 1977 nur noch 4688; gleichzeitig blieb die Zahl der im Handwerk Beschäftigten etwa konstant, und die Zahl der Beschäftigten je Betrieb wuchs von 4,5 auf 10,7 an.

Der wirtschaftliche Strukturwandel der Stadt trifft vor allem die klassischen Kontrahenten des „sozialen Konflikts", die Selbständigen und die Arbeiter, die beide an mengenmäßiger Bedeutung verlieren, wenn auch ihre Anteile in den Bezirken das Stadtgebiet immer noch eindeutig differenzieren. Diese Entwicklung muß vor allem für die FDP und die SPD nachteilige Folgen haben, deren Wähleranteile relativ stabile Beziehungen zu den Berufsgruppen der Selbständigen und Arbeiter haben, wie ökologische Korrelationen zeigen.

Die FDP wird durch den generellen Rückgang des Selbständigenanteils betroffen, der sich im Rückgang der Handwerksbetriebe besonders deutlich zeigt. Mit dem Wandel der Betriebsstruktur und vor allem der Reduktion der Handwerksbetriebe scheint das „bürgerlich-liberale Milieu" in Frankfurt sein materielles Substrat verloren zu haben. Die Konzentration im Handwerk hat nicht nur die soziale Basis für die Rekrutierung eines FDP-nahen Honoratiorennetzwerks geschmälert, sie hat den Betriebsinhabern auch im wachsenden Maße ihre Meinungsführerfunktion für die Belegschaften genommen, die in den „feudalistischen" Strukturen der Kleinbetriebe wahrscheinlich zugunsten der FDP gewirkt hat. Die politischen Effekte der Erosion des „liberalen Milieus" werden gerade bei Kommunalwahlen deutlich, die als „Stammwählerwahlen" ein harter Indikator für die Stabilität und die Mobilisierungskraft einer lokalen Parteielite und ihrer Organisation bzw. persönlichen Netzwerke sind.

Für die SPD bedeutet die Tertiarisierung der Frankfurter Wirtschaft, daß sie ihre Wählerschaft nicht mehr nur bei ihrem klassischen „Koalitionspartner", den Arbeitern, suchen muß, sondern bei den Angestellten, die die Arbeiter in der Frankfurter Wählerschaft deutlich majorisieren. In der Wahlsoziologie gibt es eine breite Diskussion zu der Frage, was diese Situation für die SPD bedeutet. Hier sollen die Folgen der Tertiarisierung für die SPD in Frankfurt mit einem eher traditionellen industriesoziologischen Ansatz diskutiert werden. Wenn man davon ausgeht, daß neben der katholischen Kirche den gewerkschaftlichen Organisationsnetzen eine entscheidende Bedeutung bei der vorpolitischen Formierung von Wählerpotentialen zukommt, dann sind wichtige Ursachen der für die SPD in Frankfurt nachteiligen Wählerfluktuation im gewerkschaftlichen Organisationsverhalten der hier lebenden und arbeitenden Angestelltenschichten zu suchen. Die Tertiarisierung hat die Arbeitermilieus (in denen zusätzlich überwiegend Ausländer wohnen!) zu einem relativ unwichtigen Faktor des Elektorats werden lassen und hat zu einer Schwächung der organisatorischen Infrastruktur der Gewerkschaften geführt, die auf der politischen Ebene eine Reduktion der Stammwählerschaft der SPD mit sich bringt. Die SPD hat es deshalb bisher nicht leisten können, die nach wie vor gewerkschaftlich schlecht organisierten Angestellten zu einem neuen „Koalitionspartner" im „sozialen Konflikt" zu machen.

2. Katholizismus und „religiöser Konflikt"

Insbesondere *Pappi* hat im Anschluß an *Lipsets* und *Rokkans* „Cleavage"-Theorie immer wieder darauf hingewiesen, daß das deutsche Parteiensystem relativ stabil durch die Koalition der Arbeiter mit der SPD und die Koalition der Katholiken mit der CDU/CSU bestimmt wird. „Das deutsche Parteiensystem ist asymmetrisch, weil einer Partei der gewerkschaftlichen Wirtschaftsideologie nicht eine primär ökonomisch konservative Partei gegenübersteht, sondern eine religiös traditionelle Partei" (*Pappi* 1977: 196). Dieser „religiöse Konflikt" ist, wie Pappi zuletzt zusammen mit Terwey gezeigt hat (*Pappi* und *Terwey* 1982: 181), seit Anfang der fünfziger Jahre von einer großen Stabilität und beeinflußt das Wahlverhalten zugunsten der CDU. Diese Stabilität ist besonders deshalb überraschend, weil ein langfristiger Rückgang der Intensität kirchlicher Bindungen in der Bundesrepublik Deutschland zu beobachten ist (*Meulemann* 1983, → Quink). Die langfristige Entwicklung der konfessionellen Struktur der Frankfurter Wohnbevölkerung zeigt, daß der Katholikenanteil in der Bevölkerung kontinuierlich zugenommen hat und 1970 bei 35,7 % lag, d.h. etwas über dem hessischen Durchschnitt mit 32,8 %.

Der Prozeß der Tertiarisierung hat den Arbeiteranteil an der Frankfurter Bevölkerung sehr stark absinken lassen, während sich der Katholikenanteil an der Wohnbevölkerung bei deutlich über 30 % stabilisiert hat. Diese Entwicklung hat dazu geführt, daß die CDU als „Koalitionspartner" des Katholizismus inzwischen in Frankfurt ein sozialstrukturell breiter verankertes Stammwählerpotential haben dürfte als die SPD. Diese These stimmt jedoch nur, wenn die katholischen Wähler in Frankfurt trotz ihrer z. T. starken Konzentration in Arbeiterwohngebieten und trotz ihrer häufigen Kontakte mit den Angehörigen der säkularisierten Mittelschichten die politischen Bindungen an die CDU behalten haben. Daß dies der Fall ist, zeigt ein Vergleich zwischen der Sozialstruktur und der Wählerstruktur Hessens und des Rhein-Main-Gebiets, der auf einer Repräsentativumfrage basiert, die IPOS im Oktober/November 1979 in Hessen durchgeführt hat.

Die Sozialstrukturen Hessens und des Rhein-Main-Gebietes unterscheiden sich deutlich: Im Rhein-Main-Gebiet haben 48 % der Befragten mittlere Schulbildung und mehr, in Hessen nur 33 %; 62 % der Befragten aus dem Rhein-Main-Gebiet sind Angestellte, aber nur 45 % aus Hessen; 11 % der Bewohner des Rhein-Main-Gebiets wohnen noch in Dörfern, aber 34 % der Hessen. Die unterschiedliche Berufsstruktur hat Effekte für die Gewerkschaftszugehörigkeit: 17 % der Befragten aus dem Rhein-Main-Gebiet, aber 23 % der Befragten aus Hessen sind in einer Gewerkschaft. Während der Katholikenanteil im Rhein-Main-Gebiet und Hessen (33 % bzw. 32 %) etwa gleich ist, sind Unterschiede in der Kirchgangshäufigkeit festzustellen: Im Rhein-Main-Gebiet gehen 14 % der Befragten oft zur Kirche, in Hessen 22 %. Dieser Unterschied ist eine Folge der Urbanisierung, mit der die soziale Kontrolle der Kirchenmitglieder geringer wird, was zu einem Rückgang des Kirchenbesuchs führte. Dieser Effekt zeigt sich auch bei den Katholiken: 29 % der befragten Katholiken aus dem Rhein-Main-Gebiet, aber 46 % aus Hessen gehen oft in die Kirche.

Die Strukturen der Gewerkschaftsmitglieder und Katholiken in Hessen und dem Rhein-

Main-Gebiet spiegeln die entsprechenden Strukturen der Räume, in denen sie leben, wider. So haben 41 % der Gewerkschaftsmitglieder aus dem Rhein-Main-Gebiet mittlere Schulbildung und mehr, aber nur 27 % der Gewerkschaftsmitglieder aus Hessen. Bei den Katholiken ist die Diskrepanz ebenfalls vorhanden: 45 % der Katholiken aus dem Rhein-Main-Gebiet haben mittlere Schulbildung und mehr, aber nur 33 % der Katholiken aus Hessen.

Die unterschiedliche Sozialstruktur hat für die Parteipräferenzen der Katholiken und Gewerkschaftsmitglieder unterschiedliche Effekte. 51 % der Katholiken aus dem Rhein-Main-Gebiet und 49 % der Katholiken aus Hessen gaben als Parteipräferenz die CDU an, d.h. das urbanisierte Milieu des Rhein-Main-Gebiets hat die Bindungen zwischen Katholiken und CDU nicht geschwächt. Die Tertiarisierung hat sich nicht nur ungünstig auf die Organisationsquote der Gewerkschaften ausgewirkt, sondern auch auf das Verhältnis der Gewerkschaftsmitglieder zur SPD: 62 % der Gewerkschaftsmitglieder aus Hessen, aber nur 54 % der Gewerkschaftsmitglieder aus dem Rhein-Main-Gebiet gaben als Parteipräferenz die SPD an.

3. Grüne, Hochschulexpansion und alternatives Milieu

Die Wahlerfolge der Grünen werden überwiegend im Zusammenhang mit dem Wertwandel in westlichen Industriegesellschaften diskutiert, den vor allem *Inglehart* als Wandel von materialistischen zu postmaterialistischen Werten beschrieben und analysiert hat. Seine Träger sind überwiegend jüngere und gebildete Angehörige der Mittelschichten, die in einer Phase der Prosperität und des Friedens sozialisiert wurden und ein starkes Interesse an politischer Partizipation haben. Diese „stille Revolution" hat nach Inglehart weitreichende Folgen für die Struktur der Konfliktthemen der Politik in westlichen Nationen und könnte die Bedeutung des klassischen Links-Rechts-Schemas grundsätzlich wandeln (vgl. z. B. *Inglehart* 1983).

Die Wertwandelsdiskussion hat die Analyse der sozialstrukturellen Ursachen für die Entstehung der Grünen etwas in den Hintergrund treten lassen. So ist kaum untersucht worden, inwieweit die Grünen eine Folge der Statusinkonsistenzen sind, die im Gefolge der Bildungsexpansion auftreten und die zur Aktivität in politischen Bewegungen führen können, die auf Veränderungen drängen. *Meulemann,* der die Bildungsexpansion unter dem Gesichtspunkt ihrer politischen und sozialen Folgen diskutiert hat, formuliert vorsichtig, daß die Diskrepanzen zwischen Erwartungen und Realisierung zu Unzufriedenheit und unkonventionellem politischen Verhalten führen und daß Parteien und Bewegungen außerhalb des Rechts-Links-Spektrums Anhänger gewinnen und wieder verlieren werden, wenn ein neues Gleichgewicht wieder hergestellt ist (*Meulemann* 1982: 36).

Die von IPOS 1979 im Rhein-Main-Gebiet durchgeführte Umfrage läßt eine Analyse der Struktur der Anhänger dieser neuen Partei zu, die auch für die Frankfurter Grünwähler zutreffen dürfte. Danach haben 43 % der Anhänger der Grünen Abitur und Universitätsstudium und liegen damit weit über dem Durchschnitt aller Befragten (auch über dem Bildungsniveau der FDP-Anhänger, von denen 23 % Abitur und Studium aufweisen können). 66 % der Anhänger der Grünen sind unter 30 Jahre alt, d. h. die politische Sozialisation vieler Grünwähler begann erst nach dem Wechsel der Kanzlerschaft von der CDU zur SPD. 50 % der Grünwähler sind berufstätig und 19 % Gewerkschaftsmitglied (17 % der Befragten insgesamt), wobei hier die Gewerkschaften der Lehrer und Dienstleistungsberufe dominieren dürften. Der große Anteil der nicht Berufstätigen unter den Grünwählern ist auf Studenten und im Ausbildungssystem befindliche Befragte zurückzuführen, d. h. im Zusammenhang mit dem niedrigen Alter und dem hohen Bildungsniveau der Anhänger der Grünen zu sehen. Diese weichen von den Befragten insgesamt und den Anhängern der anderen Parteien auch durch einen relativ großen Anteil (29 %) von Befragten ab, die weder der katholischen noch der evangelischen Konfession angehören. Dies ist ein Indikator dafür, daß die Grünen eine neuartige politische Vertretung der säkularisierten Mittelschichten sind, die am ehesten im Gegensatz zu den Gruppen stehen, die sich den traditionellen Werten verpflichtet fühlen.

Die IPOS-Daten lassen den Schluß zu, daß ein großer Teil der Anhänger der Grünen Studenten sind oder aber die Universität noch nicht lange verlassen haben. Für die Erklärung des Erfolgs der Grünen in Frankfurt dürfte deshalb die Hochschulentwicklung der Stadt von besonderem Interesse sein. Um das quantitative Gewicht dieses Faktors für das Frankfurter Elektorat deutlich zu machen, wurde zu den jeweiligen Kommunalwahlen seit 1960 den Jungwählern die Anzahl der zu dieser Zeit an den wichtigsten Frankfurter Hochschulen Studierenden gegenübergestellt. Der Trend macht deutlich, daß die Studenten ein wachsendes Gewicht in der Stadt haben: 1960 kamen auf 100 Wahlberechtigte zwischen 21 und 30 Jahren 12 Studenten, 1981 sind es 30 Studenten, die auf 100 Wahlberechtigte von 18 bis unter 35 Jahren kommen.

Um die Hochschulen in Frankfurt hat sich inzwischen ein quantitativ relevantes Potential gesammelt, das sich zunehmend in einem alternativen Milieu organisiert, dessen „politischer Aktionsausschuß" (*Lepsius* 1973: 67) die Grünen zur Zeit sind. Diese neue Partei verfügt damit über ein relativ integriertes Wählerpotential, das politisch überdurchschnittlich interessiert ist. Gewicht hat dieses Milieu zusätzlich durch den allgemeinen Wertwandel hin zu mehr Umweltschutz bekommen, der die Legitimität der alternativen politischen Vorstellungen bei breiteren Wählerschichten erhöht hat. Ob diese Konstellation sich weiter zugunsten der Grünen entfaltet oder nicht, hängt im starken Maße davon ab, ob sie sich als „Aktionsausschuß" dieses neuen Milieus halten können und welche Strategie die anderen Parteien angesichts dieses neuen Wählerpotentials einschlagen.

4. Neue Mittelschichten und Wählerpotentiale der Parteien bei den „politisch Ungebundenen"

Entscheidend für den Wahlerfolg der Parteien in Frakfurt sind die neuen Mittelschichten geworden, deren politische Loyalität nicht durch Organisationsnetze, Glaubenssysteme oder soziale Milieus gesichert wird, auch wenn hier längerfristig neue organisatorische Bindungen in größerem Ausmaß denkbar sind. Zu diesen Schichten gehören große Teile der Angestellten und Beamten, aber auch aufstiegsorientierte Facharbeiter. Diese Schichten scheinen die Parteien sehr stark unter instrumentellen Gesichtspunkten zu bewerten und machen ihre Wahlentscheidung überwiegend von der „Politik" abhängig, die die Parteien gemacht haben bzw. machen wollen. Sie stellen am ehesten den Typ des „rationalen Wählers" dar, der „sich nur an erwarteten Nutzen aus Handlungen alternativer Regierungen" orientiert, „nicht aber an der Genugtuung, den sympathischeren Kandidaten oder die lebenslang präferierte Partei an der Macht zu sehen. Rationales Verhalten besteht mithin ausschließlich darin, so zu wählen, daß die bevorzugten politischen Alternativen. . . möglichst kompetent und effektiv verwirklicht werden" (*Rattinger* 1980: 49; unter Bezug auf *Downs* 1957). Das Verhalten dieser Wähler entspricht dem Konzept des „issue voting", nach dem der Wähler sich überwiegend an Sachfragen und nicht so sehr an Kandidaten oder Parteiloyalitäten orientiert (*Rattinger* 1980: 49; *Nie* u.a. 1979: 156ff. zur Entwicklung des „issue voting" in den USA).

Diese Orientierung der Wähler aus der modernen Mittelschicht macht es schwer möglich, die Potentiale der Parteien bei ihnen abzuschätzen. IPOS hat auf der Basis der 1979 durchgeführten Repräsentativumfrage im Rhein-Main-Gebiet versucht, die Wählerpotentiale von CDU, SPD und FDP in dieser Dienstleistungsregion zu bestimmen (*IPOS* 1980: 75 ff.) Die Ergebnisse dieser komplexen Analyse zeigen, welche Chancen die Parteien bei den politisch ungebundenen Wählern im Rhein-Main-Gebiet (und damit auch in Frankfurt) haben.

In einem ersten Untersuchungsschritt hat IPOS versucht, die politisch ungebundenen Wähler im Rhein-Main-Gebiet zu bestimmen. Aus den Befragten insgesamt wurden die Angehörigen des alten Mittelstandes und die Arbeiter ausgeschlossen, so daß nur Befragte übrigblieben, die zum „neuen Mittelstand" gehören. Innerhalb des „neuen Mittelstandes" wurden weitere Differenzierungen vorgenommen, um den Personenkreis zu bestimmen, der sich von der „Politik" in seiner Wahlentscheidung beeinflussen läßt. Ausgeschlossen wurden unter diesem Gesichtspunkt Befragte, die aufgrund ihrer Nähe zur Kirche Wahlnormen zugunsten der CDU vermuten lassen und solche, die explizite „Rechts"- oder „Links"-Ideologien aufgrund ihrer Selbsteinstufung auf einer entsprechenden Skala haben. Weil von „Politik" nur diejenigen inhaltlich beeinflußt werden können, die sich für sie interessieren, hat IPOS zusätzlich die politisch nicht interessierten Befragten aus der Gruppe des kirchlich und ideologisch nicht festgelegten „neuen Mittelstandes" ausgeschlossen. Von den als „gebunden" ausgeschlossenen Befragten insgesamt sind 51,3 % kirchlich fixiert, 28,5 % ideologisch fixiert und 35,5 % politisch uninteressiert. Insgesamt ist jeweils ein Viertel derer, die nach einem Kriterium ausgeschlossen wurden, gleichzeitig auch nach einem anderen Kriterium ausgeschlossen worden. Auch hier zeigt sich wieder, welche Rolle die kirchliche Bindung (zu der hier auch die mit dem Kirchgang gemessene Bindung an die evangelische Kirche gehört!) für die Bestimmung von Wählerstrukturen hat.

40% der Befragten stellen nach dem von IPOS angewandten Exklusionsverfahren „ungebundene Wähler" im Rhein-Main-Gebiet dar. In einer zweiten Untersuchungsphase hat IPOS versucht, das Potential der Parteien bei dieser Gruppe zu bestimmen. Aufgrund dieser Analyse, die hier nicht dargestellt werden kann, kommt IPOS zu dem

Ergebnis, daß 1979 50,3 % der „politisch Ungebundenen" zum SPD-Potential gehörten (20,2 % aller im Rhein-Main-Gebiet Befragten), 37,5 % zum CDU-Potential (15,1 % aller Befragten) und 43,3 % zum FDP-Potential (17,4 % aller Befragten). Das Ausmaß der Überschneidungen ist groß: 22,1 % der „Ungebundenen" gehörten dem Potential von zwei Parteien an und 24,4 % waren sogar in allen drei Parteipotentialen zu finden.

5. *Dienstleistungszentren ohne politische Kultur?*

Die Herausbildung einer großen Gruppe politisch ungebundener Wähler ist das wichtigste Ergebnis des sozialen Wandels der Stadt Frankfurt hin zu einem modernen Dienstleistungszentrum. Zwar haben alte Sozialstrukturen z. T. ihre Prägekraft noch erhalten und ist für eine Minderheit ein neues „alternatives Milieu" entstanden, der dominante Trend ist jedoch die Herausbildung einer großen Gruppe von Bürgern, die ohne feste politische Bindung und fixierte ideologische Bewußtseinsstrukturen Politik wahrnehmen und Wahlentscheidungen fällen.

Die politische Kultur der Mittelschichten des Rhein-Main-Raums wird geprägt durch eine privatistische Konsumhaltung, zweckrationale Kosten-Nutzen-Kalküle bei politischen Entscheidungen und eine skeptische Distanz zum politischen Geschehen und seinen Akteuren, die jedoch mit großer Aufmerksamkeit beobachtet werden. Darauf weisen Umfragen hin, die die Einstellungen der Bürger des Rhein-Main-Gebietes zu politischen Institutionen mit den Orientierungen der Bürger vergleichen, die in dem eher traditionalen übrigen Hessen wohnen (*Schacht* 1981).

Die Frage ist, ob dieses Politikverständnis der neuen Mittelschichten überhaupt die Basis für das sein kann, was man unter politischer Kultur zu verstehen hat. Dieses Konzept hatte immer einen stark normativen Akzent, der die Frage nach der Stabilität und Legitimität demokratischer Systeme aufwirft.

Es ist noch unklar, ob sich in der modernen Dienstleistungsgesellschaft eine politische Kultur rationaler Wähler entwickelt, die die agierenden Politiker und Parteien mit gut informierten, aber frei von Loyalitäten entscheidenden Wählern konfrontiert, die nur ihren eigenen Interessen folgen. Oder ob sich durch die Zerstörung bewußtseinsprägender Organisationen und Milieus eine dominierende Schicht politischer Opportunisten herausbildet, die gerade in Krisenzeiten zur Manipulationsmasse politisch gefährlicher Strömungen werden können. Die Chancen einer politischen Kommunikationsgesellschaft kritischer Bürger scheinen ebenso groß zu sein, wie die Gefahren sozialer Anomie, die für die politische Kultur der Zukunft nichts Gutes erwarten ließe.

Identität und Politische Kultur im Saarland

Bernd Krewer und Georg Jäger

1. *Die subjektive Dimension des Politischen*

Wenn man die unterschiedlichen Ansätze innerhalb der „Politischen-Kultur"-Forschung (vgl. *Iwand* 1985) betrachtet, so läßt sich als zentrales gemeinsames Erkenntnisinteresse sicherlich die Analyse der subjektiven Dimension des Politischen festhalten. Der folgende Beitrag stellt nun einen Versuch dar, diese „subjektive Dimension" unter einer psychologischen Perspektive zu betrachten und inhaltlich auszufüllen. Dies geschieht anhand der Beschreibung einer Untersuchung des psychologischen Institutes der Universität des Saarlandes zur regionalen politischen Kultur im Saarland. Diese Studie ist eingebunden in eine Reihe von Arbeiten zur regionalkulturellen Identität. Der allgemeine theoretische Analyserahmen, der unseren Arbeiten zugrundeliegt, ist gekennzeichnet durch eine *handlungstheoretische* Interpretation des Identitätskonzeptes (vgl. *Boesch* 1983; *Hubig* 1985). Wir sehen in der Anwendung eines solchen handlungstheoretischen Identitätskonzeptes auf den Bereich der politischen Handlungen im engeren Sinne eine Möglichkeit, die vorhandenen vielfältigen psychologischen Konzepte zur Analyse der „subjektiven Dimension" des Politischen zu integrieren und sie systematisch aufeinander zu beziehen.

a) Eine psychologische Handlungstheorie (*Boesch* 1976, 1980; *Eckensberger* und *Meacham* 1984; *Kaminski* 1981) erlaubt eine aufeinander bezogene Betrachtung kognitiver, affektiver und normativer handlungsleitender Strukturen. Somit können verschiedene psychologische Parameter, die in der „Politischen Kultur"-Forschung behandelt werden, in dem gleichen Analyserahmen betrachtet werden:

- Wahrnehmung und Wissensstand bezüglich des politischen Systems (Entwicklung des Nationenkonzeptes und Gesellschaftsverständnisses, Informiertheit über politisches Geschehen)
- verschiedene Konzepte des „attachment" an das politische System (Identität, Identifikation, support)
- grundlegende normative Strukturen (Werte, Einstellungen, Moralisches Urteil)
- Bedingungen von Handlungsbereitschaft im Sinne politischer Aktivität (Kontrollerwartung, Kompetenzbewußtsein, Motiventwicklung) [1].

b) Das Identitätskonzept dient innerhalb der „Politischen Kultur"-Forschung unter Bezugnahme auf *Erikson* (1966) dazu, die Kongruenz von personaler Identität und politischem System zu thematisieren (*Berg-Schlosser* 1972; *Pye* 1971; *Verba* 1965). In unserem handlungstheoretischen Analyserahmen wird *politische Identität* verstanden als ein individuelles Ordnungsprinzip von Handlungserfahrungen innerhalb des politischen Handlungsbereiches. Dabei werden Merkmale der eigenen Person und des politischen Systems derart integriert, daß sie zu situationsübergreifenden kognitiven, affektiven und normativen Generalisierungen in bezug auf die Eigenarten, Möglichkeiten und Fähigkeiten der im Rahmen bestimmter politischer Kontextbedingungen handelnden Person führen. Diese Generalisierungen dienen als Orientierungsgrundlage für die Planung zukünftiger Handlungen, indem sie die eigenen politischen Interessen und Kompetenzen sowie die Merkmale des politischen Systems über die Zeit und verschiedene Situationen hinweg berechenbar machen und zu handlungsleitenden Sollwerten zusammenfügen.

c) Da in Planung, Verlauf und Ergebnis von Handlungen immer topographische, kognitive und symbolische Strukturierungen sowohl des internen, individuellen als auch des externen, kollektiven Handlungsfeldes eingehen, bietet ein handlungstheoretisches Identitätskonzept die Möglichkeit, die im Bereich der „Politischen-Kultur"-Forschung so häufig geforderte Verknüpfung von *Mikro- und Makrosystem* (*Reichel* 1981) zu realisieren.

d) Eine Unterscheidung von Handlungstypen nach instrumenteller, sozialer und prinzipiengeleiteter Handlungsorientierung ermöglicht eine Differenzierung zwischen verschiedenen *Typen politischer Identität,* die durch eine unterschiedliche Gewichtung der angesprochenen Orientierungen bei der Integration der Handlungserfahrungen entstehen.

Tabelle 1 faßt noch einmal die oben angeführten Überlegungen zusammen. Sie diente auch als Gerüst für die Konstruktion des Fragebogens, der im Rahmen unserer Untersuchung zum Einsatz kam.

2. *Der Kontext von Handlungserfahrungen – Gründe für eine Regionalisierung Politischer Kultur*

Bei der Anwendung des handlungstheoretischen Identitätskonzeptes zur Analyse der politischen Identität einer bestimmten Person sind zwei Konkretisierungen der oben beschriebenen allgemeinen theoretischen Grundlagen notwendig:

1. die Betrachtung der spezifischen Kontextbedingungen, in denen politische Handlungserfahrungen stattfinden.
2. die Biographie der betrachteten Person, die eine lebenslaufspezifische Teilhabe an den jeweils möglichen politischen Erfahrungen innerhalb bestimmter sozialer und historischer Kontextbedingungen impliziert.

Die erste Konkretisierung führt direkt zum Konzept *Kultur.* Handlungstheoretisch läßt Kultur sich als Handlungsfeld (*Boesch* 1980) definieren, welches sich auszeichnet durch eine spezifische materielle und soziale Struktur, durch bestimmte von den Mitgliedern einer kulturellen Einheit geteilte kognitive Strukturierungen und gemeinsame Symbolbedeutungen, welche den Handlungselementen eine bestimmte Valenz zuweisen. Will man die spezifische Ausprägung eines solchen kulturellen Kontextes mit der kollektiven Geschichte und den Biographien der kulturtragenden Individuen in Beziehung setzen (vgl. *Pyes* Definition von Politischer Kultur, 1968: 218), so ist es wesent-

Tabelle 1: Dimensionen politischer Identität

Handlungstypus	Bereich des *Politischen Systems*	*Subjekt*	*Umwelt*
I Konkret-operatorisch			
Ia sachlich-instrumentelle Handlungen	Realisierung egoistisch-instrumenteller Interessen durch die Instanzen des politischen Systems 1. Befriedigung existientieller Grundbedürfnisse (Arbeit, Ordnung und Sicherheit, allgemeine Handlungsfreiheit) 2. Sicherung politischer Einflußnahme und Mitgestaltung 3. Informationsbedarf	Kompetenzbewußtsein Kontrollerwartung Aktivitätsbereitschaft	funktionale Symbolik
Ib sozial-kommunkative Handlungen	Verortung innerhalb der Vielfalt soziopolitischer Gebilde 1. Bedeutung von Zugehörigkeiten, die politische Relevanz aufweisen – sozialer Nahbereich (Nachbarschaft, Vereine) – politische Organisationen – regionale und nationale Orientierung – Persönlichkeiten und Massenbewegungen 2. Abgrenzung gegenüber Outgroups 3. Status-/Prestige-Gruppierungen	Zugehörigkeit, Attachment zum System Identifikation mit Personen/Bewegungen Einzigartigkeit Status	soziale Symbolik personale Symbolik Status-Symbolik
II reflexiv-abstrahierend	politische Ideen/Ideologien/Systemutopien (zum Beispiel: – Staatsbürger/Untertan – System – christlicher Staat – friedliche Koexistenz – Demokratie) als Entwurf einer „idealen" politischen Ordnung	Lebenssinn prinzipielle Lebensorientierung	biographische Symbolik ideologische Symbolik

lich, eine auf die alltägliche Lebenswelt bezogene und damit direkt handlungsrelevante Betrachtungseinheit zu wählen. Die *Region* als Betrachtungseinheit scheint in diesem Sinne gerade für die Untersuchung Politischer Kultur bedeutsam zu sein (vgl. *Wehling* 1985), und dies insbesondere in Anbetracht der spezifischen deutschen Entwicklung, die durch die Vielfalt der geographischen, politischen, historischen und ökonomischen Bedingungen und die relativ späte nationale Einigung gekennzeichnet ist. Auch in volkskundlichen Kulturanalysen wird die Bedeutung regionaler Einheiten für die Darstellung alltäglicher Aktivitätsfelder diskutiert (*Bassand* 1981; *Bausinger* 1982; *Greverus* 1978, 1979; *Gerndt* und *Schroubek* 1979; *Lipp* 1984). Die Region wird dabei als überschaubarer Lebensraum betrachtet, der in bestimmter Weise im Bewußtsein und in den Handlungsorientierungen der Bevölkerung verankert ist. Ihre Grenzen entsprechen einer mentalen Vorstellung, die in dem Wir-Bewußtsein und dem Zusammengehörigkeitsgefühl der Bewohner ihren Ausdruck findet. In unserem Untersuchungsansatz wird der Forderung nach Konkretisierung und Regionalisierung Rechnung getragen durch den Versuch, politische und kulturelle Identität auf den konkreten kulturellen Kontext zu beziehen, in dem die Identitätsentwicklung stattfindet. Aspekte der regionalspezifischen Alltagskultur (wie Dialekt, Wohn- und Arbeitsformen, historische Besonderheiten) werden in diesem Sinne als potentielle Identitätsanker betrachtet (*Krewer* u. a. 1985; *Eckensberger* und *Krewer* 1986). Zur Analyse regionaler politischer Kultur ist neben der Betrachtung der soziokulturellen Verankerung „regionaler Mentalitäten" insbesondere die Bedeutung von Regionalität für politische Entscheidungen relevant. Analysen regionalistischer Unabhängigkeitsbewegungen (*Blaschke* 1980; *Elkar* 1981) zeigen, daß regionale Zugehörigkeit vor allem dann als „Deutungskultur" (*Rohe* 1984) in politische Entscheidungen eingeht, wenn der Verlauf der regionalen Geschichte geprägt war durch politische Konflikte um Grenzziehungen und Selbstbestimmung, ökonomische Konflikte aufgrund von Benachteiligungen oder Ausbeutung der Peripherie durch eine Zentralgewalt und durch den Kampf um die Behauptung bestimmter soziokultureller, historischer oder ethnischer Eigenarten gegenüber Gleichschaltungsversuchen. Zusammenfassend läßt sich also feststellen, daß *regionale Politische Kultur* auf der historisch gewachsenen Spezifität alltagskultureller und geschichtsbezogener Handlungs- und Deutungsmuster beruht.
Vor diesem theoretischen Hintergrund soll nun die spezielle historische Entwicklung des Saarlandes betrachtet werden, um die Entwicklungsbedingungen für die Herausbildung einer „regionalen politischen Kultur" aufzuzeigen.

3. *Historische Entwicklung des Saarlandes: Genese einer regionalen Politischen Kultur*

3.1. Die Grenzlandsituation

Territoriale Zersplitterung, Randständigkeit und die Grenzlage zu Frankreich sind die zentralen politisch-territorialen Kennzeichen der Saarregion, die im Verlauf der saarländischen Geschichte zu häufig wechselnden Herrschaftsverhältnissen und zur Abhängigkeit der Region von fremden und fernen Zentralgewalten geführt haben. Zur Zeit der mittelalterlichen Territorialbildungen war das Saargebiet ohne eigenes Zentrum. Die starken Nachbarregionen hatten Besitztümer in dem mosaikartig zersplitterten Gebiet. Ein ständiger Wechsel der Besitzverhältnisse kennzeichnet diese Zeit. So läßt sich zumindest bis zur Zeit der Industrialisierung im 19. Jahrhundert das Land an der Saar beschreiben als „*passive Geschichtslandschaft,* die die von außen auf sie einwirkenden Kräfte aufnimmt und zu bewältigen sucht, aber nicht ihrerseits aktiv in die Nachbarräume ausstrahlt" (*Herrmann* 1977: 537). Die Bevölkerung war gezwungen, als Überlebensstrategie eine Anpassungsfähigkeit zu entwickeln, die es möglich machte, sich wechselnden Obrigkeiten unterzuordnen. Mit der Herausbildung der nationalstaatlichen Auseinandersetzungen zwischen Deutschland und Frankreich und parallel zur Entstehung eines bedeutenden Schwerindustriezentrums an der Saar geriet das Saarland in das Spannungsfeld zwischenstaatlicher Konflikte. So waren denn auch die politischen Grenzen des Saargebietes seit den französischen Revolutionskriegen Gegenstand internationaler Konferenzen und Vertragswerke (vgl. *Herrmann* 1977). Da der Saarbergbau als bedeutendster Produktionszweig schon 1754 Staatsbesitz geworden war, wechselte mit der Staatsmacht jeweils auch der größte Arbeitgeber der Region. Unterordnung und Loyalität gegenüber den wechselnden Herrschaften waren nun nicht mehr nur Kennzeichen einer politischen Untertanenkultur, sondern auch notwendige Anpassungsleistungen zur Erhaltung und Sicherung der eigenen Existenzgrundlage (*Horch* 1985). „Herausgekommen sind liebenswürdige Menschen, Opportunisten und Weise in einem..." (*Bungert* 1982: 7)

3.2. Kohle und Stahl aus „Saarabien"

Die Steinkohle- und Eisenerzvorkommen im Saar-Lor-Lux-Raum waren der Ausgangspunkt für eine zunächst verzögerte, dann aber rapide Entwicklung zu einem Industrierevier von überregionaler Bedeutung. Das Saarindustrierevier war und ist aufgrund seiner schwerindustriellen Monostruktur wirtschaftlich relativ eng mit den ähnlich strukturierten Industriegebieten Lothringens und Luxemburgs jenseits der deutschen Grenzen verbunden. Die industrielle Entwicklung stellt den eigentlichen raumbildenden Faktor der Region dar, welcher auch direkt in den territorialen und politischen Grenzziehungen zum Ausdruck kommt. (z. B. durch die im Versailler Vertragswerk 1919 vollzogene Abtrennung des „Saarkohlebeckens", die im wesentlichen die heutigen politischen Grenzen des Saarlandes festlegte.) Der Verlauf der wirtschaftlichen und der damit in Zusammenhang stehenden sozialstrukturellen Entwicklung weist einige regionale Besonderheiten auf, die z. B. im Vergleich mit dem industriell ähnlich ausgerichteten Ruhrgebiet Beachtung verdienen (*Horch* 1985; zum Ruhrgebiet: *Kühr* 1985; *Rohe* 1984). Die Tatsache, daß sich der Saarbergbau bereits vor der industriellen Nutzung im Staatsbesitz befand, führte im Zusammenhang mit der nationalstaatlichen Auseinandersetzung zwischen Deutschland und Frankreich bei der Saarbevölkerung zu einer direkten Verknüpfung von existentiellen Grundbedürfnissen mit nationalen Motiven. So waren die Befürchtungen um einen Verkauf der Saargruben an Frankreich zur Abgeltung revanchistischer Ansprüche Napoleons III ein regionalspezifischer Faktor für die ausgeprägte Anteilnahme der Bevölkerung an der Reichsgründung und für den Übergang vom Fortschrittsliberalismus zum Nationalliberalismus innerhalb des saarländischen Bürgertums (*Bellot* 1954: 69). Dies zeigte sich in der betont nationalen Einstellung der führenden Unternehmerfürsten (von Stumm, Röchling) in der privatwirtschaftlich organisierten Stahlindustrie besonders deutlich. Darüberhinaus bedeutete die Verstaatlichung der Saargruben, daß der Arbeiterbewegung an der Saar stets ein Staatsapparat als übermächtiger Gegner in sozialpolitischen Auseinandersetzungen gegenüberstand.

Die Regelung sozialer Konflikte in dieser Zeit war im wesentlichen durch das von Privatwirtschaft und Bergbau praktizierte System der partriachalisch-autoritären Betriebsführung und Fürsorge bestimmt, was großzügige soziale Unterstützungen an unbedingtes Wohlverhalten und an ein persönliches Treueverhältnis jedes einzelnen Arbeiters gegenüber dem Konzernherren band (vgl. *Klein* 1981). Die Disziplinierung durch die Arbeitgeber reichte bis weit in das Privatleben der Arbeiter hinein. Ohne Erlaubnis des Unternehmens durfte ein Arbeiter in „Saarabien" noch nicht einmal heiraten, wenn er nicht seinen Arbeitsplatz riskieren wollte. Sozialdemokratische und gewerkschaftliche „Regungen" wurden schon im Keim unterdrückt (vgl. *Bellot* 1954; *Horch* 1985). Das „Komitee der Arbeitgeber zur Bekämpfung der Sozialdemokratie", dem fast alle Unternehmer der Saar und die preußische Bergwerks- und Eisenbahndirektion angehörten, hatte wesentlichen Anteil daran, daß sozialdemokratische Organisationen bis zum ersten Weltkrieg im Saargebiet keinen entscheidenden politischen Einfluß hatten (zur „verspäteten" Arbeiterbewegung im Saarland: *Paul* 1984; von *zur Mühlen* 1979).

3.3. Eigenheim statt Klassenkampf

Durch den rapiden industriellen Aufschwung wurde das ursprünglich vorwiegend kleinbäuerlich bewirtschaftete Nordsaarland verstärkt in die Industrialisierung mit einbezogen. Zwar dehnten sich die im Dreieck Saarlouis–Saarbrücken–Neunkirchen konzentrierten Industrieanlagen räumlich kaum noch aus, doch die Privatisierung des dörflichen Gemeindelandes und die fortschreitende Parzellierung des Grundbesitzes (Realteilung als Erbfolgeregelung) verschlechterte die Lebensbedingungen der Landbevölkerung und bedingte deren Abwanderung in die Industrie. Die Arbeiterschaft an der Saar rekrutierte sich im Unterschied zum Ruhrgebiet fast vollständig aus Pendlern und Lothringen). Die relativ geringen Entfernungen zwischen Wohnort und Arbeitsplatz, die Einrichtung von Schlafhäusern und finanzielle Hilfen der Arbeitgeber zum Bau von Eigenheimen und zum Erwerb von Garten- und Ackerland verhinderten die Bau von Eigenheimen und zum Erwerb von Garten- und Ackerland verhinderten die Entstehung eines „echten" Proletariats[2]. Es entstand ein „Arbeiterbauerntum", das bis heute Landschaft und Bevölkerung im Saarland prägt, eine Mischform zwischen den von *Weinacht* (1984) unterschiedenen Typen der bodenständigen und der industriellen politischen Kultur. Eine gewisse wirtschaftliche Unabhängigkeit, bedingt durch einen kleinen landwirtschaftlichen Nebenerwerb, und die Bewahrung eines eher bäuerlichen Standesbewußtseins stellten Kompensationsmöglichkeiten für die im öffentlichen und beruflichen Leben notwendige Unterwerfung unter Obrigkeit und Unternehmerfürsten dar. Die Bestellung des eigenen Gartens, der Bau des eigenen Hauses mit Hilfe von Nachbarn, Freunden und Verwandten verband sich mit einem sozialen Bezugssystem, das auf Freizeit und Privatleben konzentriert war, zu einer Alltagskultur, die sich durch Rückzug auf das „HEIM" und die vertraute soziale Umgebung, Konservatismus, Harmoniestreben und Bodenständigkeit auszeichnet. Eine weitere Besonderheit der Entwicklung der saarländischen Arbeiterschaft war die besondere Bedeutung und Dominanz des politischen Katholizismus für die Arbeiterbewegung (*Bellot* 1954; *Faber* 1976). Die Bindung der saarländischen Arbeiter an den katholischen Glauben und die kirchliche Obrigkeit, die Zugehörigkeit zu christlichen Gewerkschaften und die Unterstützung christlicher Parteien, wie Zentrum, CVP und CDU, prägten über viele Jahre hinweg die politische Landschaft im Saarland. Die Stellungnahmen der Bischöfe von Trier und Speyer zu weitreichenden politischen Entscheidungen (z. B. den beiden Saarabstimmungen) scheinen bis in die jüngste Vergangenheit eine wesentliche Rolle in der Meinungsbildung der saarländischen Bevölkerung gespielt zu haben.

3.4. Die beiden Saarabstimmungen als kollektive Schlüsselereignisse

Für die Verankerung der „Regionalität" im Sinne von gemeinsamen Geschichtsbewußtsein und für die Konstitution eines „Wir"-Gefühles im politischen Bewußtsein der saarländischen Bevölkerung scheint den beiden Saarabstimmungen in den Jahren 1935 und 1955 eine entscheidende Bedeutung zuzukommen, und zwar aus folgenden Gründen:

- Das Saarland wird erstmals als politisch-administrative Verwaltungseinheit zusammengefaßt.
- Die Saarländer sind ausdrücklich zur Entscheidung über die politische Zukunft ihrer Region aufgerufen
- Im Vorfeld der beiden Abstimmungen findet eine tiefgreifende Mobilisierung und Politisierung der gesamten Bevölkerung statt. Diese Mobilisierung ist nur zu verstehen, wenn man die Zentralität der geforderten Entscheidung für die historisch gewachsene politische Kultur des Saarlandes berücksichtigt: Die Frage der nationalen Zugehörigkeit war für die Grenzlandregion seit jeher (und besonders nach den beiden verlorenen Weltkriegen) gekoppelt mit der Sicherung der Existenzgrundlagen und der Einflußmöglichkeiten auf die eigene ökonomische, soziale und politische Situation.

3.4.1. 1935: Unsichere Demokratie oder nationale Bindung, Tradition und machtvolle Sicherheit

Durch die Artikel 45–50 im Versailler Vertrag wurde das Saarindustriegebiet mit den dazugehörigen Wohn- und Versorgungszentren von der preußischen Rheinprovinz und der bayrischen Rheinpfalz abgetrennt. Für die Dauer von 15 Jahren übernahm eine vom Völkerbund ernannte und ihm verantwortliche Kommission die Regierung des Saarlandes. Nach dieser Zeit sollte sich die Bevölkerung des Saargebiets in einer Volksabstimmung entweder für die Beibehaltung der Völkerbundsverwaltung („status quo"), die Rückkehr zum Deutschen Reich oder für die Angliederung an Frankreich entscheiden. Frankreich übernahm als Reparationsleistung die Saargruben in Staatsbesitz, hatte die Zollhoheit über das Gebiet und erhielt noch weitere wirtschaftspolitische Vorrechte. Die Maßnahmen des französischen Staates, der nicht nur zum bedeutendsten Arbeitgeber an der Saar wurde, sondern der auch in den ersten Jahren die Politik der Regierungskommission entscheidend beeinflußte, stießen auf den Widerstand der Bevölkerung. Er manifestierte sich sowohl in den Konfrontationen der Gewerkschaften mit den staatlichen Arbeitgebern, als auch in der Ablehnung der Versuche, französischer Sprache und Kultur durch Zwangsmaßnahmen im Saarland Geltung zu verschaffen. Die Zugehörigkeit zum deutschen Kulturkreis stand außer Zweifel, die Rückgliederung in das Deutsche Reich wurde von allen großen politischen Gruppierungen uneingeschränkt befürwortet bis zum Zeitpunkt der Machtergreifung Hitlers 1933. (Zur ausführlichen Betrachtung der Zeit zwischen Kriegsende und Volksabstimmung 1935 siehe *Zenner* 1966.)
Von dieser Zeit an beginnt der eigentliche Abstimmungskampf, der die politische Landschaft im Saarland in zwei Blöcke teilte (zum Verlauf, zur Organisation und zu den entscheidenden Inhalten des Abstimmungskampfes siehe Bies 1978, 1984; *Paul* 1984; von *zur Mühlen* 1979; *Zenner* 1966). Ziel der „Deutschen Front", aus einer Parteiengemeinschaft von Zentrum, bürgerlichen Parteien und NSDAP entstanden, war die sofortige Rückgliederung des Saargebiets an das Deutsche Reich. Die von SPD und KPD gegründete „Einheitsfront" plädierte dagegen für die Beibehaltung des status quo bis zum Ende der nationalsozialistischen Herrschaft.
Gerhard *Paul* (1984) stellt in seiner Rekonstruktion der psycho-sozialen Bedingungen des Abstimmungskampfes die Verquickung mehrerer Faktoren heraus: Vor dem Hintergrund des halbproletarischen Charakters der Region, der durch die französische Fremdbestimmung erneut angeschürten Frage der nationalen Zugehörigkeit und eines durch Angst und Krise gezeichneten politischen Klimas fand die von der Deutschen Front betriebene Nationalisierung alltagskultureller Konformitätsmuster einen fruchtbaren Boden. Die Propaganda der Deutschen Front sprach eindeutig emotionale Inhalte an, nämlich die Beschwörung der Einheit und die Angst vor der Trennung, die auf gewachsene Bindungen zurückgehende Zugehörigkeit zu einer starken und gleichzeitig behütenden Nation. Darüberhinaus wurden religiöse Vorbehalte gegenüber dem Nationalsozialismus durch den direkten Aufruf der Bischöfe von Trier und Speyer zur Entscheidung für die Rückgliederung und die Betonung der christlichen Pflicht zur Vaterlandstreue aufgelöst[3]. Auf der Seite der „Einheitsfront" wirkten sich neben

internen Einigungsschwierigkeiten das Fehlen traditioneller sozialer Bindungen an Partei- und Gewerkschaftsorganisationen und das Fehlen einer konkreten gesellschaftlichen und politischen Alternative, die auch Möglichkeiten der direkten Identifikation beinhaltete, ungünstig aus. Die Idee des „status quo" sprach ausschließlich den Intellekt an, sie setzte ausgeprägte demokratische Tugenden voraus, für die es damals keinen politisch-kulturellen Hintergrund im Saarland gab (*Zenner* 1966). *Hennig* (1984) sieht im Verlauf und Ergebnis des Abstimmungskampfes an der Saar ein Paradebeispiel dafür, daß „katholische Dumpfheit und Autoritätsfixiertheit nicht mit Demokratie, daß Disziplin, Traditionsgebundenheit und Protesthaltung nicht mit demokratischem Sozialismus gleichzusetzen sind" (16). Am 13. Januar 1935 entschieden sich 90,3 % der wahlberechtigten Saarländer für die Rückgliederung des Saargebietes an Deutschland. Zieht man die Ergebnisse der letzten saarländischen Landesratswahl 1932 zum Vergleich heran, so zeigt das Abstimmungsergebnis, daß auch mehr als zwei Drittel der Anhänger des linken Parteienspektrums in dieser Situation nationale Zugehörigkeit höher bewerteten als die Hoffnung auf eine demokratisch-freiheitliche politische Ordnung.

3.4.2. 1955: Eine europäische oder eine deutsche Saar

Nach dem zweiten Weltkrieg entstand als Kompromiß zwischen den französischen Annektions- und Reparationsforderungen und dem angloamerikanischen Beharren auf dem Grundsatz nationaler Selbstbestimmung ein halbautonomer Saar-Staat, der wirtschaftlich an Frankreich angegliedert war (zur Saarpolitik in der Zeit nach dem zweiten Weltkrieg siehe *Fischer* 1959; *Freymond* 1961; *Hoffmann* 1963; *Schleiden* 1981; *Schmidt* 1959). Die von Johannes Hoffmann geführte christlich-soziale Regierung konnte im Laufe der Jahre zunehmende Autonomie gegenüber Frankreich durchsetzen, allerdings um den Preis der gleichzeitigen Distanzierung von der sich formierenden Bundesrepublik (z. B. Verbot prodeutscher Parteien im Saarland). Der autonome Status des Saarlandes war die Grundlage für einen relativ schnellen Wiederaufbau und die Etablierung einer Vielzahl regionaler Institutionen (Universität, Rundfunk). Die Politik von Johannes Hoffmann wurde von dem Ziel bestimmt, einen autonomen europäischen Saarstaat zu errichten (vgl. *Hoffmann* 1963). Seine an genuin saarländischen Interessen orientierte Politik, die erwähnte Einrichtung einer regionalen Infrastruktur in allen Bereichen des öffentlichen Lebens, die Übernahme öffentlicher Ämter durch Saarländer, all das ließ Regionalität zu einem bestimmenden Faktor der Politik werden, und fand auch in der Bevölkerung seinen Niederschlag in aufkommendem regionalen Selbstbewußtsein. Mit der Gründung der Bundesrepublik 1949 wurde die Saarfrage wieder zu einem Kernproblem der deutsch-französischen Beziehungen. Im Saarland wuchs seit 1950 eine prodeutsche Opposition heran. Unter der Führung der bis dahin ziemlich unbedeutenden DPS (Demokratische Partei Saar) unter Heinrich Schneider arbeitete sie – als ersten Schritt zur Wiedervereinigung Gesamtdeutschlands – auf die Rückgliederung des Saarlandes in die Bundesrepublik hin und sprach damit das im Bewußtsein der Grenzlandbevölkerung tief verwurzelte Problem der nationalen Zugehörigkeit wieder an. Mit der Einigung Frankreichs und der Bundesrepublik auf das „Saar-Statut" zeichnete sich eine europäische Lösung der Saarfrage ab. Die Saarländer waren aufgerufen, am 25.10.1955 in einer Volksabstimmung über Annahme oder Ablehnung dieser Lösung zu entscheiden. Dieser Volksabstimmung ging ein heftiger und leidenschaftlich geführter Abstimmungskampf voraus, der die saarländische Bevölkerung – quer durch alle politischen Lager und bis hinein in die Familien – in Befürworter und Gegner des Statutes spaltete. Am Abstimmungstag lehnten 67,7 % der Wähler das Saarstatut ab. Ausschlaggebend für das Ergebnis scheint vor allem die ungebrochene Kontinuität nationaler Motive gewesen zu sein, die der prodeutsche „Heimatbund" in seiner Politik aufgegriffen hatte. Die Politik von Johannes Hoffmann erschien in diesem Lichte als frankreichfreundlich, separatistisch, diktatorisch (Verbot der prodeutschen Parteien). Darüberhinaus wurde ihm der wirtschaftliche Ausverkauf des Saarlandes an Frankreich angelastet („Kohleklau"). Der von ihm vertretene Europagedanke verlor angesichts der Dominanz nationaler Egoismen in der internationalen Politik stark an Glaubwürdigkeit. Auch für die wirtschaftliche Entwicklung schien zu diesem Zeitpunkt die Zugehörigkeit zur Bundesrepublik lukrativer zu sein („deutsches Wirtschaftswunder vs französischer Staatsbankrott"). Die Bedeutung traditioneller Bindungen, die Hoffnung auf wirtschaftliche und politische Sicherheit im Schoße einer starken deutschen Nation, eine über Jahrzehnte gewachsene „Grenzländerunsicherheit" waren wohl ausschlaggebend dafür, daß die Mehrzahl der Saarländer nicht bereit war, im Rahmen eines „europäischen Experimentes" die Möglichkeiten regionaler Selbstbestimmung zu erproben (zum Verlauf und politischen Klima des Abstimmungskampfes siehe *Altmeyer* und *Kronenberger* 1980; *Reinert* 1980; *Schmidt* 1962).

3.5. Das Saarland als Bundesland

Die politische Entwicklung im Saarland nach 1955 war neben der politischen und wirtschaftlichen Eingliederung in die Bundesrepublik zunächst gekennzeichnet durch das langsame Überwinden der tiefen Risse und Gräben, die der Abstimmungskampf in der Bevölkerung geschaffen hatte. Die parteipolitische Landschaft war geprägt durch die eindeutige Dominanz christlich-konservativer Orientierungen, was sich auch darin ausdrückte, daß die CDU von 1956 bis 1985 ununterbrochen den Ministerpräsidenten stellte. Dem allmählichen, aber relativ kontinuierlichen Aufwärtstrend der Sozialdemokraten bis zum Gewinn der absoluten Mehrheit bei der Landtagswahl 1985 liegen sicherlich eine Reihe ökonomischer (Kohle- und Stahlkrise), sozialer (Veränderung von Vereins-, Gemeinde- und Berufsstrukturen) und ideeller (Einstellungen zu Kirche, Staat, Region) Veränderungen zugrunde, die hier im einzelnen nicht dargestellt werden können. Wir beschränken uns daher darauf, einige Besonderheiten der aktuellen saarländischen politischen Kultur und Entwicklung zu beschreiben und einige eher hypothetische Erklärungen dafür anzubieten. Die besondere ökonomische Krisensituation des Saarlandes hat ihre Wurzeln in der ungünstigen Grenzlage der Region und in der im Verlauf der Geschichte mehrmals erzwungenen wirtschaftlichen Umorientierung und

Ausrichtung auf verschiedene nationale Wirtschaftssysteme. Die Auswirkungen dieser ungünstigen Ausgangsbedingungen wurden noch dadurch verstärkt, daß die christlich-demokratische Saar-Regierung es über Jahrzehnte hinweg versäumte, der einseitig monostrukturellen Ausrichtung der saarländischen Wirtschaft auf den Montanbereich entgegenzuwirken und für die krisengeschüttelte Stahlindustrie brauchbare Sanierungskonzepte zu entwerfen. Diese Entwicklung hat das Saarland an den Rand des Staatsbankrottes geführt und war sicherlich auch der Hauptgrund für die Ablösung der christlich-liberalen Regierungskoalition. Das Wahlverhalten der saarländischen Bevölkerung ist jedoch bemerkenswert, insbesondere im Vergleich zu anderen Bundesländern mit einem ähnlich hohen Anteil an Industriearbeitern. Immerhin erfolgte dieser Regierungswechsel erst nach dreißig Jahren, als der ökonomische Druck direkte Auswirkungen auf das Alltagsleben der Saarländer hatte und sich die Schließung großer Industriebetriebe und der damit verbundene sprunghafte Anstieg der Arbeitslosenzahl auf Leben und Erscheinungsbild ganzer Städte auswirkte. Zu diesem ökonomischen Druck auf die traditionell eher konservative Grundeinstellung kam auch – was wohl nicht nur im Saarland zu verzeichnen ist – ein starker Rückgang der Bedeutung kirchlich-konfessioneller Bindungen und Sozialstrukturen. Ohne die traditionelle „Kleinräumigkeit" aufzugeben, wurden die entstandenen Orientierungslücken zumindest teilweise durch die Betonung regionaler und lokaler Bindungen und Gemeinsamkeiten ausgefüllt. Diese neue, allgemein zu beobachtende „Heimatbewegung" (*Lipp* 1985) oder neue „ideologische Bodenständigkeit" (*Weinacht* 1984) trifft nun im Saarland auf eine besondere Konstellation:

Zum einen verschmilzt sie mit den Residuen der noch immer vorhandenen traditionellen Bodenständigkeit zu einem „stolzen" Rückzug aufs Lokale und Regionale, was wohl nur wenig mit dem „Urbar-Machen der Moderne" (vgl. *Lipp* 1985) gemein hat. Zum anderen verbindet sie sich mit dem kollektiven Bewußtsein der spezifischen, historisch bedingten ökonomischen und politischen Benachteiligung der Grenzregion zu einem regionalen politischen Selbstbewußtsein, das zur Formulierung eigenständiger Interessen gegenüber dem großen Nachbarn Frankreich und dem eigenen Staatswesen in der Lage ist. Der Widerstand gegen das Kernkraftwerk Cattenom oder die Verabschiedung eines Saar-Memorandums zur Erhaltung der Eigenstaatlichkeit sind Beispiele für die Umsetzung von Regionalität in der aktuellen saarländischen Politik.

4. *Projektskizze: Regionale politische Identität im Saarland*

In unserer Untersuchung zur regionalen politischen Identität im Saarland haben wir versucht, die theoretisch beschriebenen Bestimmungsstücke politischer Identität (vgl. Tabelle 1) mit konkreten Aspekten der politischen Geschichte des Saarlandes in Beziehung zu setzen. Wir verfolgen dabei zwei miteinander verknüpfte, zentrale Erkenntnisziele:

a) Lassen sich verschiedene Typen der politischen Identitätsbildung, die jeweils aufgrund einer dominanten Handlungsorientierung zustande kommen, voneinander unterscheiden? Mit welchem soziodemographischen Variablen, mit welcher subjektiven Geschichtsrekonstruktion, mit welcher Parteiidentifikation stehen sie in Verbindung?

b) Wie werden die regional bedeutsamen Schlüsselereignisse (die oben beschriebenen Saarabstimmungen 1935 und 1955) von verschiedenen Kohorten (die an beiden/an einer/an keiner Abstimmung teilgenommen haben) subjektiv rekonstruiert, und in welchem Zusammenhang stehen diese subjektiven Rekonstruktionen mit anderen Variablen (soziodemographische Merkmale, politische Identität, Parteiidentifikation)?
Die Untersuchung stellt einen Versuch dar, schon auf Methodenebene ein abstraktes analytisches Modell (das handlungstheoretische Identitätskonzept) mit einem konkreten Handlungskontext in Verbindung zu setzen. Sie wird in Form einer Fragebogenerhebung mit 300 Probanden ab Herbst 1986 im Saarland durchgeführt.
Der Fragebogen enthält folgende Teile:
- Erhebung der soziodemographischen Daten
- Satzergänzungstest als Wissenstest bezüglich der historischen Ereignisse
- Satzergänzungstest zur Einübung der Rollenübernahme mit den damaligen gegnerischen politischen Gruppen
- die Bewertung politischer Kurzprogramme im Sinne der Erhebung eines groben Maßes für die Richtung der Parteiidentifikation
- Bewertung von Argumenten, die zur Begründung von Entscheidungen zu den folgenden drei historischen Abstimmungssituationen dienen:

1. 1935: Status Quo oder Rückgliederung an Deutschland
2. 1955: Saar-Statut ja oder nein
3. 1985: Saar-Lor-Lux-Staat oder Beibehaltung des Bundesland-Status (eine fiktive, auf die heutige politschen Umstände bezogene Abstimmungsentscheidung)

Die Konstruktion der Argumente wurde nach folgenden Kriterien vorgenommen:

1. Es wurden die Komponenten der politischen Identität gemäß Tabelle 1 ausgewählt.
2. Zu den drei Entscheidungsproblemen wurde dann für jede Entscheidungsrichtung je ein Argument zu den Komponenten der politischen Identität formuliert und zwar so, daß die in der jeweiligen, historischen Situation tatsächlich aufgetretenen politischen Meinungen und Ansichten die inhaltliche Ausfüllung darstellen.
3. Die Argumente wurden dann in bezug auf die theoretischen Grundlagen mittels Expertenratings und inhaltlich mittels Interviews mit Zeitzeugen vorgetestet und überarbeitet.

5. *Schlußbemerkung*

Die beschriebene Konzipierung und Umsetzung unserer Überlegungen zur politischen Identität macht die Notwendigkeit interdisziplinärer Zusammenarbeit besonders deutlich. Dabei scheint die in der „Politischen Kultur-Forschung" behandelte Frage nach der „subjektiven Dimension des Politischen" auf ein in den verschiedenen Sparten der Sozialwissenschaft thematisiertes gemeinsames Erkenntnisinteresse hinzuweisen: die Analyse des „developing individual in a changing world" (*Riegel* und *Meacham* 1976). Unter psychologischer Perspektive haben wir versucht, der in diesem Kernproblem angesprochenen Forderung nach Kontextualisierung allgemeiner psychologischer Prozesse durch die Betrachtung von Region als alltagsweltlichem Handlungsfeld gerecht zu werden. Die geschilderte Spezifität der politischen Geschichte des Saarlandes macht deutlich, daß es zum Verständnis unterschiedlicher Ausformungen der „subjektiven Dimension des Politischen“ notwendig ist, die Besonderheiten und Hintergründe ihrer Genese zu berücksichtigen.

Anmerkungen

1 Für die hier angesprochenen psychologischen Grundlagen politischer Orientierungen und politischen Verhaltens sei hier nur exemplarisch auf einige „Einstiegsmöglichkeiten“ verwiesen: *Ijzendorn* (1979), *Niemi* (1973), *Preiser* (1982), *Sticksrud* (1984), *Wacker* (1976), *Weinreich-Haste* (1986). Ein Beispiel für die Umsetzung des handlungstheoretischen Modells zur Analyse der Wechselwirkung zwischen den kognitiven (Wissensstand), affektiven (Betroffenheit und ihre Verarbeitung) und normativ-ethischen (Struktur des moralischen Urteils) Strukturen ist ein zur Zeit im Rahmen unserer Arbeitseinheit laufendes DFG-Projekt (vgl. *Kasper* u. a. 1986), das die Bedingungen der Entwicklung von Umweltbewußtsein im Kontext der Auseinandersetzung um die Einrichtung des Kohlekraftwerkes Bexbach untersucht.

2 Ein Hinweis auf den Eigenheimanteil macht dies deutlich: 1893 waren die Bergleute mit eigenem Haushalt untergebracht

	Saarrevier	Ruhrrevier
in eigenem Hause	66 %	15 %
in einer Werkswohnung	2 %	12 %
in Miete	32 %	73 %

Die Zahlen sind entnommen aus *Bungert* (1978: 118)

3 Die christliche Opposition gegen die Rückgliederung schloß sich im CSVB (Christlich-Sozialer Volksbund) erst im November 1934 gegen den Willen der offiziellen Kirchenleitung zusammen.

Besonderheiten der politischen Kultur Bayerns

Facetten und Etappen einer politisch-kulturellen Homogenisierung

Alf Mintzel

1. *Gehen in Bayern die Uhren wirklich anders? – Fragen für ein Super-Forschungsprogramm*

Die Ergebnisse der bayerischen Landtags- und Bezirkstagswahl vom 12. Oktober 1986 haben einmal mehr auf das „Phänomen Bayern" aufmerksam gemacht. Die Wahlanalytiker, die politischen Beobachter und Kommentatoren sahen sich wiederum veranlaßt, über die bayerischen Besonderheiten nachzudenken. Zu diesen Besonderheiten gehört die spezifische bayerische politische Kultur. Aber gibt es überhaupt *die* politische Kultur Bayerns? Welche Wirkungsfaktoren bedingen sie? Läßt sie sich messen? Ist in dieser Besonderheit lediglich ein „relativ großer Bayern*rest* zugunsten der CSU" zu sehen? (*Falter* 1982: 509). Eine quantifizierende Sekundäranalyse hatte 1982 zum Ergebnis geführt: „Bayerns Uhren gehen wirklich anders" (*Falter* 1982: 504–521). Doch trotz alle Raffinements der Analyse wurde am Ende die beschränkte Ergiebigkeit und methodische Unzulänglichkeit der Bemühungen eingestanden: „Alles zusammengenommen bedeutet das, daß auch hier noch ein nicht erklärter Rest an besonderem bayerischen Wahlverhalten übrig bleibt, der *weder* auf die sozialstrukturellen *noch* auf die attitudinalen Besonderheiten Bayerns zurückzuführen ist. Vermutlich läßt sich dieser Bayerneffekt durch die geschichtliche Entwicklung Bayerns, möglicherweise in Kombination mit einem vorhandenen Hochburgeneffekt, erklären. Teilweise mußten diese Erklärungen bis ins 19. Jahrhundert und früher zurückreichen, um die entsprechenden Gründe wenigstens interpretativ ausfindig machen zu können". (*Falter* 1982: 519 f.).
Schon Mitte der siebziger Jahre war gegen ideologisch verengte und empirisch wenig fundierte „Erklärungen" bzw. Einschätzungen der Standpunkt vertreten worden, daß es „einer landes- und sozialgeschichtlich fundierten und zeitlich tief abgestützten Struktur- und Entwicklungsgeschichte der CSU im Rahmen der gesellschaftlich-politischen Entwicklung Bayerns und der Bundesrepublik" (*Mintzel* 1975a, 1975b) bedürfe, um das „Phänomen Bayern" bzw. das „Phänomen CSU" erklären zu können. Erklärungsversuche, die besagten, in Bayern werde eine „Strauß-Bauern-Demokratie" kultiviert (*Imanuel Geiss* 1974, 186), Bayern sei ein „Rechts-Staat" (*Amery* und *Kölsch* 1974) oder Hort eines „Rechtskartells" („Rechtsblockes" oder dgl., siehe z. B. *Jung* und *Spoo* 1971; *Geiss* 1974), griffen analytisch zu kurz. Es wurde zudem einem zu verengten Gebrauch des Begriffes „politischer Kultur" entgegengehalten, daß „die konstitutive Gesamtheit der psychosozial verankerten Symbol- und Bewußtseinswelten

und die ihnen unterliegenden Realitätsbilder einer gesellschaftlichen Ordnung" mit einbezogen werden müssen (*Gebhardt* 1982: 91). „Der Begriff der politischen Kultur [sei] für die historisch-genetische Analyse einer spezifischen Ordnung nur brauchbar, wenn er die Herausbildung von Produktionsverhältnissen, Sozialstrukturen, Herrschaftsformen und Machtbeziehungen bis hinein in die sie bedingenden Bewußtseinsformen zu untersuchen erlaubt und für die Bestimmung der eigentümlichen Strukturmerkmale eines politischen Gemeinwesens, die hierfür konstitutive gesellschaftliche Ideen, Symbol- und Bewußtseinswelt als solche in die Darstellung mit einbezieht." (*Gebhardt* 1982: 91). Ob man nun zur Aufdeckung „der politischen Kultur Bayerns" diese wahlanalytisch auf einen „relativ großen Bayernrest" und auf einen „Bayerneffekt" reduziert und zur *interpretativen* Erklärung nach „historischen Schlüsselerlebnissen und kollektiven Erfahrungen" sucht, die mit künftigen „Spezialuntersuchungen" ermittelt werden sollen (*Falter* 1982: 521) oder ob man „die konstitutive Gesamtheit der psychosozial verankerten Symbol- und Bewußtseinswelten und die ihnen unterliegenden Realitätsbilder" in den Fokus der Analyse gerückt haben will, um den wabbeligen „Pudding", als der „politische Kultur" apostrophiert worden ist (*Kaase* 1983: 144), festzumachen, beide Programme laufen auf ein integriertes sozialwissenschaftliches Super-Forschungsprogramm mit NASA-Format hinaus (vgl. *Lipp* 1984: 1–56).
Auf der Grundlage sowohl quantitativer empirisch-analytischer als auch historisch-interpretativer Stückwerk-Befunde soll im folgendem in 14 erläuterten Thesen versucht werden, Besonderheiten der erst in den letzten Dezennien entstandenen politischen Kultur Bayerns auszumachen und Facetten und Etappen der politisch-kulturellen Homogenisierung aufzuzeigen. In diesem pointierenden und zeitraffenden Stenogramm muß verständlicherweise auf Einzelheiten und Feindifferenzierungen verzichtet werden.

2. *Die politische Kultur Bayerns als ideologische Fiktion*

Nach der Gründung des Königreiches Bayern (1806) und der Ausgestaltung Bayerns zu einem europäischen Mittelstaat durch territoriale Abtretungen und Arrondierungen (bis 1819) schloß der neugegründete bayerische Staat *eine Mehrzahl heterogener, voneinander deutlich abgrenzbarer und verwaltungsmäßig abgegrenzter politischer Kulturen ein, die ihrerseits in eine Vielzahl besonderer soziokultureller Milieus gegliedert waren.* Aufgrund dieser staatlichen Entstehungsgeschichte am Anfang des 19. Jahrhunderts gab es bis in die Gegenwart keine „politische Kultur Bayerns", sondern mehrere regionale Kulturen mit einer Vielzahl von soziokulturellen Milieus mit jeweils spezifischen Identitäten. „Die politische Kultur Bayerns" war, sofern von ihr im Sinn einer ganz Bayern umfassenden, geschichtlich gewachsenen, lebensweltlichen Einheit die Rede war, eine ideologische Fiktion – im offiziellen Sprachgebrauch mit der staatspolitischen Funktion der Integration.

3. *Politisch-kulturelle Heterogenität und Vielfalt und (sozio-)ökonomische Disparitäten als Integrationsproblem*

Das neue Bayern schloß drei große historisch-politische Traditionszonen ein: die fränkische (in den späteren Regierungsbezirken Ober-, Mittel- und Unterfranken), die schwäbische (im heutigen Regierungsbezirk Schwaben) und die altbayerische (in den Grenzen der heutigen Regierungsbezirke Ober- und Niederbayern sowie der Oberpfalz). In diesen neuen Raumeinheiten, vor allem in den fränkischen Regierungsbezirken und in Schwaben waren viele bunte Trümmer des Alten Reiches zusammengeschlossen worden. Die fränkischen und schwäbischen Räume waren eine Bündelung vielfach abgestufter Hoheitsrechte gewesen, konfessionell uneinheitlich und wirtschaftsstrukturell disparat (*Hofmann* 1954: 2; 1955, VII: 3). Davon rührt auch heute noch die charakteristische konfessionelle Gliederung Bayerns her: Mit dem Anschluß der markgräflich-brandenburgischen Gebiete Ansbach (im heutigen Regierungsbezirk Mittelfranken) und Bayreuth (heutiges östliches Oberfranken und östliche Teile Mittelfrankens) und der reichsstädtischen Territorien (Nürnberg, Rothenburg o. d. T., Windsheim und Weißenburg) war im neuen Bayern ein fränkisch-protestantischer „Korridor" entstanden, der vom nördlichen Oberfranken (Hof) über die Achse Nürnberg/Fürth bis nach Rothenburg o. d. T. an der westlichen Grenzlinie Mittelfrankens reichte. Dieser „Korridor" mit betont protestantisch-reformatorischer Tradition teilt auch heute noch das zu zwei Dritteln römisch-katholische Bayern in das katholische Mainfranken (Unterfranken und westliches Oberfranken mit den Bistümern Würzburg und Bamberg) und in ein vorwiegend katholisches Südbayern (Altbayern und Teile Schwabens). In der Oberpfalz und in Ober- und Niederbayern liegt der Kern des ehemaligen konfessionell geschlossenen, damals rein agrarischen Kurbayern. Allein in dieser Raumeinheit, in Altbayern, konnte von *einer* bayerischen politischen Kultur die Rede sein, eben von der kurbayerischen. Es hatte keine *gesamtbayerische bzw. neubayerische politische Kultur gegeben.* Ebensowenig war etwas von einem gesamtfränkischen Bewußtsein zu spüren (*Hofmann* 1955: 30). Auch heute gibt es *keine gesamtfränkische politische Kultur und Identität im Kontrast zum politisch-kulturellen Altbayern.*

Die fränkisch-protestantischen Gebiete hoben sich sowohl vom katholischen Mainfranken als auch vom altbayerischen Agrarraum durch ihre besonderen wirtschaftsstrukturellen und sozioökonomischen Gegebenheiten ab. Der Nürnberger Raum und Nordostoberfranken hatten schon im 18. Jahrhundert eine beachtliche Manufakturdichte erreicht, die ebenso hoch war wie die Kursachsens. Im protestantischen Franken gab es sowohl agrarisch-kleingewerbliche als auch frühindustrialisierte, klassenstrukturell schärfer konturierte Sozialmilieus. Die Gewerbepolitik der markgräflichen Regierungen hatte im 18. Jahrhundert eine Besiedelung ihres Territoriums mit österreichischen und französischen Glaubensflüchtlingen gefördert, deren Abwehrhaltung gegenüber dem gegenreformatorischen Katholizismus, ihrem konfessionspolitischen Schicksal entsprechend, stark gewesen war (siehe zu 2. *Max Spindler* 4. Bd., 2. Teilbd., 1975). *Heterogenität und Vielfalt und eine Vielzahl psychosozialer Symbol- und Bewußtseinswelten kennzeichneten die innere Situation Bayerns.* Dies war, allgemein gesprochen, keine bayerische Besonderheit, sondern auch in den anderen deutschen Mittelstaaten zu beobachten.

Der neue bayerische Staat stand vor der zentralen Aufgabe, die ehemals buntscheckige Territorienwelt Frankens und Schwabens sowie das ehemalige Kurbayern in eine gesamtbayerische Einheit zu verwandeln. Die obersten Prinzipien des bayerischen aufgeklärten Staatsabsolutismus lauteten *Vereinheitlichung* und *Zentralisierung* nach innen und Festigung der *Souveränität nach innen und außen.* Unter der Führung einer bürokratischen Elite wurde der zentralistische Verwaltungsstaat zum Instrument der *verwaltungsmäßigen Integration* der überkommenen Territorialwelt. Das sogenannte *Montgelas-System* (*Gebhardt* 1982: 93), getragen von einer fachlich hochqualifizierten und kompetenten, in der Mehrheit liberal und reformerisch, in Maßen spätaufklärerisch antiklerikal gesinnten, aus allen Landesteilen rekrutierten Beamtenschaft, *bereitete auf der Ebene der Verwaltung den Boden für eine sich erst allmählich entwickelnde gesamtbayerische politische Kultur vor.* In diesem Prozeß wurde die starke bayerische Staatsbürokratie selbst zu einem Traditionsfaktor. Territoriale und historisch-politische Kontinuität über mehr als 160 Jahre förderten diesen Prozeß. Darin liegt eine der historischen Besonderheiten der heute entwickelten *gesamt*-bayerischen Kultur.

4. Vitalität und Resistenz der politisch-kulturellen Räume

Die ministerialbürokratischen, verwaltungsmäßigen Strategien *politisch-kultureller Generalisierung* (Säkularisierung, Staatskirchenpolitik, bayerisches Heer, Generierung einer „Neubayern" und „Altbayern" verbindenden staatsbayerischen Identität) des „Montgelas-Systems" *stießen* in den verschiedenen Räumen des neuen Verwaltungsgehäuses *auf die Vitalität und damit auf die Barrieren und Reaktionen der überkommenen historisch-politischen Kulturen und soziokulturellen Kleinmilieus.* Die historisch gewachsenen Kontraste zwischen den drei großen Traditionszonen, die grosso modo auch Dialektlandschaften mit Misch- und Übergangszonen waren (und noch sind: *Ostfränkisch* mit einer westlichen, östlichen und südlichen Variante in der fränkischen Traditionszone, *Nord-* und *Mittelbayerisch* in Altbayern und *Schwäbisch* im Regierungsbezirk Schwaben), existierten als versteinerte (Architektur), vertonte (Musik/ Lied) und regionalspezifische Symbol- und Bewußtseinswelten fort. Mit ihnen wurde auch die Glaubensspaltung tradiert, protestantisch-religiöse und katholisch-religiöse Lebenswelt. Das markgräflich-brandenburgische, evangelisch-lutherische Franken war nach seiner Eingliederung in den neuen bayerischen Staat in eine konfessionelle Minderheitenposition gegenüber dem Katholizismus Altbayerns und Mainfrankens geraten und bezog demgegenüber eine politisch-kulturelle Defensivposition. Die bayerische Annektion der markgräflich-brandenburgischen und der reichsstädtischen Gebiete war dort eine der „historischen Schlüsselerlebnisse und kollektiven Erfahrungen" (*Falter* 1982: 521) der sog. Beutebayern gewesen. Erst diese Erlebnisse und Erfahrungen hatten einen partiellen fränkischen „Eigensinn" dieser Gebiete erzeugt, ohne daß es zu einem „gesamtfränkischen Bewußtsein" gekommen wäre. Dafür waren sich wiederum die katholisch-mainfränkischen und protestantischen-markgräflichen Gebiete zu fremd gewesen.

Als gegen Mitte des 19. Jahrhunderts das Staatsvolk ein eigenständiges verfassungspolitisches Gewicht erhielt und sich parteipolitisch zu formieren begann, wurde in der bayerischen Parteienlandschaft und in den bayerischen Parteienkonstellationen die Langlebigkeit und Vitalität der politischen Kulturen in den drei Traditionszonen prägnant sichtbar. Der fränkisch-protestantische „Korridor" mit seiner spezifischen Gewerbegeschichte wurde in Teilen zu einem politischen Traditionsgebiet sowohl des Nationalliberalismus (insbesondere in Westmittelfranken) als auch der Sozialdemokratie. Er bildete lange Zeit ein protestantisches „Sperrgebiet" für eine bayerisch-katholische Partei. Im katholischen Bayern resultierten aus der territorialen Entstehungsgeschichte mindestens zwei politische Grundströmungen des Katholizismus, eine bäuerlich-kleinbürgerliche, prononciert katholisch-konservative, bayerisch-patriotische im altbayerischen Raum und eine gemäßigt föderalistische, mehr „reichsorientierte" in Schwaben und Mainfranken. In den wenigen bayerischen urbanen Industrieinseln (Augsburg, Neu-Ulm, Nürnberg, München, Schweinfurt, Hof-Selb-Münchberg) entwickelten sich sozialdemokratische und nationalliberale Hochburgen (Einzelheiten und Feindifferenzierungen bei *Thränhardt* 1973). Die bayerische Parteienlandschaft blieb charakteristischerweise stark regionalisiert.

5. *Auch nach 1945 blieben „die geographischen Verteilungsmuster prägnanter als die soziographischen" (infas 1974)*

Die Parteienlandschaft, die Parteienkonstellationen und die Wählerlandschaft blieben bis in die jüngste Gegenwart, bis in die sechziger Jahre des 20. Jahrhunderts, von den jeweiligen überkommenen gesellschaftlich-politischen Strukturen und soziokulturellen Milieus in den drei Traditionszonen geprägt. Es gab unter dem Gesichtspunkt der gesellschaftlichen Basen und organisatorischer Verankerung bis in die sechziger Jahre keine in den Traditionszonen gleichermaßen verankerte wirklich „gesamtbayerische" Partei.

Die Traditionszonen und ihre Milieus hatten auch das NS-Regime überdauert. Obschon die Destruktionswirkungen auf die noch vorindustriellständisch geprägten bäuerlichen und handwerklichen Strukturen und auf die zahlreiche institutionellen Gebilde der überkommenen Honoratiorenmilieus nicht zu gering veranschlagt werden dürfen, hatte die egalisierende „Planierraupe" der NSDAP die Lebenskräfte der Traditionszonen nur gelähmt, nicht aber vernichtet. Bayern bildete nach 1945 ein besonders anschauliches Beispiel für die Revitalisierung und Reorganisierung historisch überkommener Milieustrukturen. Besonders das „katholische soziokulturelle Milieu" (*Lepsius* 1973: 74–77) vitalisierte und reorganisierte sich nach 1945 rasch und politisch überaus wirksam.

Als die amerikanische Besatzungsmacht ihre Lizenzierungspolitik lockerte und beendigte, kamen jene alten innerbayerischen Gegensätzlichkeiten und Konflikte wieder mit Kraft und Farbigkeit zum Vorschein, personifiziert von populistischen Charakterdarstellern des kleinen bayerischen „Welttheaters". Die CSU, bis 1948/49 besatzungspolitisch verordnete bürgerliche Integrationspartei, geriet von 1949 bis 1952/53 mit der abermaligen politischen Spaltung des katholischen Bayerns in eine akute Parteikrise. Die Bayernpartei entwickelte sich vor allem in Altbayern zu einer gefährlichen landespolitischen Konkurrentin (*Mintzel* 1983; *Unger* 1979). Viele Flüchtlinge, die in der Zeit der „Besatzungsdemokratie" in den Lizenzparteien von 1945/46 besatzungspolitisch zwangsintegriert waren, wanderten in Flüchtlingsparteien ab, eine allgemeine Hypothek der Kriegsfolgeereignisse. Die bayerische SPD war und blieb weitgehend die Partei der früh- und schon hochindustrialisierten fränkisch-protestantischen Gebiete und der städtischen Industrieinseln Bayerns, wo sie auch Teile der katholischen Arbeiterschaft integrierte, ohne hierdurch ihren dominant protestantischen, aber zugleich relativ kirchenfernen Charakter zu verlieren. Noch ausgeprägter war die F. D. F. in antiklerikaler Tradition eine Partei des proestantisch-besitzmittelständischen Frankens und der Städte geblieben. F. D. P.-Hochburgen bildeten die ehemaligen Markgrafschaften Ansbach und Bayreuth, das erst 1920 Bayern eingegliederte protestantische Coburg und – quasi insular – einige städtische Dienstleistungszentren und Verdichtungsgebiete mit einem hohen Anteil an höheren Beamten und Angestellten. Hinter der zitierten lapidaren Feststellung der Wahlanalytiker (infas-Report Wahlen, politogramm Nr. 39/40, Okt. 1974: A3) lagen die Lebenswelten der stark segmentierten politisch-kulturellen Verhältnisse, *die politischen Kulturen in Bayern.*

6. *Institutionelle Requisiten und Instrumentarien zur Entwicklung, Manifestation und Darstellung politischer Kultur*

Politische Kultur manifestiert sich nicht nur in einer individual- und sozialpsychologisch definierten kulturellen Identifikation und Identität handelnder Subjekte, Gruppen und Kollektive, nicht nur als regionalspezifische Alltagskultur, sondern in zu Institutionen und institutionellen Systemen verfestigten, zielgerichteten Handlungssystemen der übergeordneten politischen Sphäre. Der bayerische Verwaltungsstaat wurde schon als eine solche Institution genannt.
Zu den staatsbayerischen Strategien der politisch-kulturellen Generalisierung gehörte in den verschiedenen Phasen des historischen Prozesses *die Ausformung, Verteidigung und Verwandlung von Institutionen,* die als bayerische Identifikationsmuster dienen und somit zur Bildung einer staatsbayerischen Identität beitragen konnten. Diese Muster waren und sind Resultanten aus umfassenden Prozessen der Integration in übergeordnete Systeme und der Abgrenzung und Selbstbehauptung als Subsystem (Föderalismus-Problematik). So steht die CSU-Landesgruppe im Deutschen Bundestag in einer historisch-institutionell spezifisch bayerischen Tradition.
Mit seinem Beitritt in das Bismarcksche Reich, vom bayerischen Landtag drei Tage nach der Ausrufung des preußischen Königs Wilhelm I. zum deutschen Kaiser mit 102 Stimmen gegen die Stimmen von 48 bayerischen Patrioten gebilligt, gab Bayern 1871 wesentliche Rechte an den neuen deutschen Nationalstaat ab. Das Königreich Bayern wuchs in der Folgezeit immer mehr in das Reich und in seine Gesetzgebung hinein. Die *Rechtseinheit* wurde u. a. durch Vereinheitlichung im Zivil- und Strafprozeß, durch das Bürgerliche Gesetzbuch und durch das Handelsgesetzbuch hergestellt.

Die revolutionären Ereignisse der Jahre 1918/19, die Gründung des ersten Freistaates Bayern und dessen verfassungspolitische Einordnung in die Weimarer Republik brachten für Bayern wiederum eine gravierende Veränderung der makropolitischen Bedingungen. Mit der Integration in die neue politische Ordnung war abermals die Frage nach der bayerischen Identität und Selbstbehauptung als Subsystem aufgeworfen. Geschichte und Politik der Bayerischen Volkspartei (BVP) liefern beredte Zeugnisse hierfür. Der anhaltende verfassungspolitische Streit (Föderalismus versus Zentralismus und Unitarismus) zwischen dem neuen Freistaat Bayern und dem Reich war erneuter Ausdruck einer staatsbayerischen Identitäts- und der innerbayerischen Integrationsproblematik.

7. *Einzigartige, effektive institutionelle Lösungen nach 1945: die institutionelle Doppelrolle der CSU*

Historische Tradition und aktuelle Situation führten nach 1945 erneut zu einer bayerischen Sonderentwicklung im neuentstehenden westdeutschen Parteiensystem und zu einer gesonderten parlamentarischen Repräsentanz im Deutschen Bundestag. Die CSU schloß auf der Parteiebene mit der CDU in den Jahren 1947 bis 1949 lediglich eine lockere Arbeitsgemeinschaft und in den Vertretungskörperschaften des entstehenden westdeutschen Teilstaates nur eine Fraktionsgemeinschaft. Als die CDU 1950 ihre Bundesorganisation gründete, war in der CSU die Aufrechterhaltung der Parteiautonomie bereits zur Selbstverständlichkeit geworden. Die bayerische raison d'etrê, das innerbayerische Ringen um den „richtigen" bayerischen Kurs in der Nachkriegspolitik, führte 1949 im Deutschen Bundestag lediglich zu einer Fraktionsgemeinschaft der CSU-Landesgruppe mit der CDU, allerdings in einer neuartigen und effektiven Organisation.

Die landes- und bundespolitische Stoßkraft und die Wirkung der CSU resultieren seit Gründung der Bundesrepublik gerade aus ihrer institutionellen und politischen Doppelrolle als autonomer Landespartei mit besonderem Bundes-Charakter. Diese Doppelrolle ermöglicht es der CSU, als die Bayern schlechthin verkörpernde Landespartei in Erscheinung zu treten (und nicht als Annex der CDU) und im Bundesparlament über die Landesgruppe und andere Institutionen als „Bundespartei" mit besonderer Rücksichtnahme auf bayerische Belange bundesweit Einfluß zu nehmen. Die CSU kann in dieser Doppelfunktion nicht nur den besonderen gesellschaftlichen, kulturellen und wirtschaftlichen Entwicklungsbedingungen Bayerns besonders gut Rechnung tragen, sondern auch im Sinne des staatsbayerischen Mitspracheanspruchs und Gestaltungsauftrages in der deutschen und europäischen Politik in besonderer Weise Einfluß nehmen. Die CSU-Landesgruppe nimmt folglich eine strategisch-operative Schlüsselstellung ein und ist in dieser Schlüsselstellung ein eminent wichtiges Instrument der Durchsetzung und Verwirklichung der von ihr beschlossenen und mitgetragenen Politik. In der Institution der CSU-Landesgruppe haben die CSU und Bayern, historisch gesehen, ein neues, sehr effektives Instrument der staatsbayerischen Selbstdarstellung und innerbayerische Integration entwickelt. Die Institution der Landesgruppe steht in diesem historisch weiten Sinne durchaus in der Tradition der oben aufgezeigten Sonder- und Reservatsrechte.

Die Institution der CSU-Landesgruppe als eine besondere parlamentarische Repräsentanz mit Sonderstatus in der Fraktionsgemeinschaft und die Parteiautonomie der CSU sind sich gegenseitig bedingende Elemente. Zum Grundprinzip der Landesgruppe gehört seit 1949, sich nicht als „geborener" Bestandteil der CDU/CSU-Fraktion zu verstehen, sondern zu Beginn einer jeden Legislaturperiode autonom über die Fortsetzung der Fraktionsgemeinschaft zu beschließen. Dies kann sie aber nur als „Vertretung" einer autonomen Partei. Und gerade darin unterscheidet sich die CSU-Landesgruppe von den CDU-Landesgruppen und auch von der Landesgruppe der bayerischen SPD im Deutschen Bundestag. In dieser institutionellen Besonderheit, in diesem eigenartig bayerischen Konstruktionselement des Parteiensystems und parlamentarischen Systems der Bundesrepublik manifestiert sich ein historisch tiefverwurzelter staatsbayerischer „Eigensinn" und ein *wesentlicher,* zur Institution gewordener Bestandteil politisch-kultureller Identitäts*findung.* Denn diese Institution ist Resultat eines langen historischen Lernprozesses, resultiert aus erbitterten Kämpfen in der politischen Kursbestimmung und kollektiven politisch-kulturellen Identitätsfindung.

8. *Die große innerbayerische Flurbereinigung und politisch-kulturelle Homogenisierung Bayerns in zwei Phasen*

Spätenstens seit den 50er Jahren trat unter dem Aspekt der ehemals stark segmentierten, heterogenen politisch-kulturellen Verhältnisse in Bayern *ein fundamentaler Wandel* ein. Die Parteienlandschaft und Wählerlandschaft Bayerns wurde in dem Maße flächendeckend „schwarz", wie sich die CSU zur bayerischen Dominanzpartei entwickelte. Dabei halfen ihr die langanhaltende wirtschaftliche Prosperität der Adenauer-Ära ebenso wie ihre besondere politische Aktionsgemeinschaft mit der CDU, ihre Absorptions- und Integrationskraft zu entfalten. Es gelang der CSU in Bayern eine politisch-kulturelle „Flurbereinigung" größten Ausmaßes. Die alten Traditionszonen und ihre soziokulturellen Milieus verschwanden nicht von der wahl- und parteiengeographischen Landkarte. Im umfassenden Prozeß des ökonomischen, sozialstrukturellen und politisch-kulturellen Wandels verloren sie jedoch an strukturbestimmender Kraft. In der Landtagswahl von 1986 wurde dieser Prozeß abermals sichtbar.

Die wahl- und parteiensoziologische Analyse läßt zwei große Schübe bzw. Phasen erkennen: Der CSU gelang es in den 50er und 60er Jahren, den innerbayerischen „Bruderzwist" mit der BP zu ihren Gunsten zu entscheiden und gleichzeitig die bürgerlichen Kriegsfolge-Parteien (DG; BHE/GB) zu absorbieren. Die CSU wurde durch diese Absorptionsprozesse zur bayerischen Mehrheits- und Staatspartei schlechthin. Sie fand einen Mittelweg zwischen traditionsgebundener „Bayerntreue" und der notwendigen, unumgänglichen Öffnung und Modernisierung Bayerns. Sie schlug in realistischer Sicht den Kurs eines gemäßigten, zum Ausgleich geneigten Föderalismus ein. Im Prozeß der Modernisierung Bayerns, den die CSU im Rückenwind der Adenauer-Ära erfolgreich steuerte, wandelte sie sich selbst zu einer modernen, interkonfessionellen, breit verankerten Großpartei. Sie wurde quasi ein politischer Großkonzern, ein politischer „Multi", mit einem hochtechnisierten und hochkommunikativen politischen „Produktions- und Vertriebssystem". Die Bayernpartei hingegen, die sich hauptsächlich auf die alteingesessene Landbevölkerung Altbayerns gestützt und deren ideologische und traditionalistischen Bindungen vertreten hatte, scheiterete an ihrer partikularistischen Verteidigung überkommener Strukturen und prägnant katholisch-kurbayerischen Traditionen. Der zweite große Schub erfolgte nach Bildung der sozial-liberalen Koalition in Bonn (1969) und wurde wiederum auch durch exogene Faktoren mitbewirkt. Der *große* Einbruch in den ihr bis Ende der 60er Jahre in Teilen weitgehend verschlossenen fränkisch-protestantischen Raum und in das städtische Bürgertum ereignete sich erst nach 1969 und setzte sich bis zur Landtagswahl 1986 kontinuierlich fort. Brachte die katholisch-bayerische „Flurbereinigung" die CSU an die 50-Prozent-Grenze heran, so führte sie die zweite Phase weit über die Grenze, 1974 sogar über die 60-Prozent-Marke hinaus. (*Mintzel* 1975: 224f., 230). Die SPD wurde in diesem Prozeß zum großen Verlierer.

Dieser *fundamentale Prozeß der politisch-kulturellen Homogenisierung Bayerns* gehört zu den wirklich dramatischen regionalspezifischen Entwicklungen in der politischen Kultur in Deutschland. In einem umfassenden Wandlungsprozeß entwickelte sich unter Führung der bayerischen Hegemonialpartei, der CSU, erst vollends so etwas wie *eine* politische Kultur Bayerns. Die politischen Kultur*en* auf den alten historischen Fundamenten wurden zu Kulturen „dritter" oder „vierter Ordnung", je nach Bezugsebene, wirksam noch in lokalen Handlungsorientierungen und Identitäten, in lokalen und parochialen Sinn-Deutungs- und Wertmustern. Der fundamentale Prozeß der politisch-kulturellen Homogenisierung Bayerns wurde in der infas-Analyse der Landtagswahl 1986 lapidar mit dem Satz angedeutet: „Insgesamt sind die Regierungsbezirke in ihrer politischen Struktur näher aneinandergerückt (*FR* Nr. 238, 14.10.1986: 47; *SZ* Nr. 236, 14.10.1986: 24).

9. *Die Entwicklung der Parteibasen als ein harter Indikator für die Abschwächung der regionalspezifischen politischen Kulturen und ihrer Sozialmilieus*

Der Untergang der fränkischen und städtischen Wählerhochburgen der SPD durch die Eroberungen der CSU und das weit weniger dramatische Abschleifen der CSU-Hochburgen in den altbayerisch-ländlichen Räumen – welche Faktoren dabei im einzelnen immer am Werk gewesen sein mögen – bedeutet im Grunde eine *gesamtbayerische Nivellierung der politischen Landschaften Bayerns auf einem relativ hohen CSU-Niveau* (Schwaben 61,2 %; Mittelfranken 49,6 %; Oberfranken 55,0 %; Unterfranken 60,1 %; Oberpfalz 54,3 %; Niederbayern 60,6 %; Oberbayern 54,3 %). Dies läßt sich auch am Organisationsbild beider Parteien nachweisen. An den Parteibasen zeigen sich sowohl die Abschwächung der tradierten politisch-kulturellen Wirkkräfte der Traditionszonen als auch die politisch-kulturelle Homogenisierung Bayerns. Die CSU erweiterte ih[re] angestammte Parteibasis und wuchs mehr und mehr in die ehemals liberalen und sozialdemokratischen Milieus hinein. Die SPD ist 1985 in Bayern hingegen in 1283 politischen Gemeinden organisiert, also nur in 62 Prozent der politischen Gemeinden. Die Ära der sozial-liberalen Koalition erwies sich bei der SPD gerade in ihren ehemaligen Hochburgen als eine Zeit katastrophaler Destabilisierung. Die rapiden Mitgliederverluste gingen in die Tausende (1974–1981 rd. 12000), die Ortsvereine verringerten sich um fast ein Viertel, die personelle Decke wurde immer schmaler. Der Aufbruch oder die sogenannte Morgenröte des Hofer SPD-Parteitages (1985) wurde zu einer Farce, die 1985/86 zu hoch gesteckte Erfolgsmarke zum Bumerang. Nur zwei von 105 Direktmandaten blieben 1986 für die SPD übrig. Der Rückgang der SPD-Wahlergebnisse auf 27,5 Prozent und somit unter den Stand von 1950 (28%) kommt unter den derzeitigen Rahmenbedingungen einer *Parteikatastrophe* nahe.

10. Verkümmerte bayerisch-sozialdemokratische „Gegen-Kultur" zur „kulturellen Hegemonie" im konservativen „Bollwerk-Bayern"

Die Schwäche der SPD in Bayern, die immerhin einmal Hauptträger des Reformismus in der Sozialdemokratie war, liegt mit darin begründet, daß sie ihre Ansätze zu einem bayerischen Eigenprofil und einer bayerisch-sozialdemokratischen Identität wieder verkümmern ließ und einen spezifisch sozialdemokratischen Adaptionsprozeß an die politisch-kulturelle Entwicklung Bayerns versäumte. „Das Andere Bayern", das die bayerische SPD Ende der siebziger Jahre als Formel kreierte und als ein gesamtbayerisches Forum – zu spät – ins Leben rief, ließ sich bezeichnenderweise nicht im Sinne einer spezifisch bayerisch-sozialdemokratischen „Gegen-Kultur" zur „kulturellen Hegemonie" des CSU-Staates entwickeln. Es mangelte der SPD hierzu auch an populistischen Kräften, um dem demokratischen Populismus vieler CSU-Politiker wirksam entgegentreten zu können. Die bayerische SPD konnte schon wegen der zentralistischen und unitarischen Organistionsprinzipien, die noch dazu von einem in 100 Jahren gewachsenen Organisationskonservatismus der SPD-Bezirke zementiert worden waren, und aufgrund der verfassungspolitischen Grundrichtung *der SPD weder das Eigengewicht einer autonomen Landespartei* erlangen noch eine bedeutsame Stärkung ihrer Landesorganisation erreichen, geschweige denn, daß sie in Bonn einen parlamentarischen Sonderstatus hätte durchsetzen können.

Schon 1893 war die SPD des Kaiserreichs auf ihrem Kölner Parteitag landsmannschaftlichen Bestrebungen mit einem rigorosen Beschluß entgegengetreten: „Die politisch wie gewerkschaftlich organisierten Genossen müssen sich voll und ganz der Agitation zur Verfügung stellen und sollen nicht durch Zugehörigkeit zu Landsmannschaften oder Mitgliedschaften sogenannter Vergnügungsvereine, Klubs usw. ihre Parteipflicht vernachlässigen." Obschon auf dem Jenaer SPD-Parteitag 1905 Landesorganisationen statutarisch zögernd zugestanden worden waren, blieb der Bezirk die dominante Einheit. Der damalige Referent zum Entwurf des Organisationsstatuts, der die Bildung von Landesorganisationen durchsetzen wollte, weil es „in jedem Land (...) besondere Aufgaben zu erfüllen (gibt)", war bezeichnenderweise *Georg von Vollmar,* der Führer der bayerischen Sozialdemokraten und ein Hauptrepräsentant des Reformflügels der SPD. Es blieb in Bayern bei den drei SPD-Bezirken (Franken; Südbayern; Niederbayern/

Oberpfalz), die auch nach 1945 weder eine „gesamtfränkische" noch eine „südbayerische", noch eine gesamtbayerische SPD-Identität und bayerisch-sozialdemokratische „Gegen-Kultur" entwickeln konnten. Vielmehr wurden alte innerbayerische Traditions- und Konfliktlinien der Partei weiterhin konserviert und regionale Abkapselungen gefördert.
Auch nach 1945 hatten die Kräfte in der bayerischen Sozialdemokratie, die sich für eine Stärkung des Landesverbandes nach innen und nach außen einsetzten, um eine effektivere Repräsentanz und Arbeit der Sozialdemokratie des Freistaates Bayern zu erreichen, keinen großen Erfolg. Das Scheitern der Parteireform der SPD in Bayern 1971 und 1985 setzte diesen Bestrebungen vorläufig eine Ende. Die analytisch „blinde", parochial und pfründemental verengte Parteireform-Diskussion bildete einen der Tiefpunkte in der neuesten bayerischen SPD-Geschichte. Die CSU hatte längst die eminent politische Bedeutung des organisatorischen und institutionellen Instrumentariums erkannt und die Parteireform zur permanenten Aufgabe erklärt.

11. Späte Vollindustrialisierung und Entwicklung zur Industriegesellschaft unter konservativen Vorzeichen

Die spezifischen Formen der späten Vollindustrialisierung und der sie begleitende Prozeß der gesellschaftlichen Umschichtung zur modernen Industriegesellschaft standen unter konservativen Vorzeichen. Beides lief zugunsten der CSU. Obwohl es schon vor 1945 hochindustrialisierte „Inseln" im sonst agrarisch-handwerklichen Wirtschaftsraum gegeben hatte, setzte die Vollindustrialisierung Bayerns erst nach 1945 ein. Bayern blieben jedoch trotz seiner rapiden späten Vollindustrialisierung und trotz des gesellschaftlichen Umbruchs die „großen Schrecken" bzw. früheren „sozialen Kosten" solcher Prozesse erspart. Die großen sozialpolitischen Errungenschaften waren bereits erkämpft, soziale Spannungen und Konflikte konnten im spätindustrialisierten Bayern abgefangen und wesentlich abgemildert werden. Es entstand in der Phase der Vollindustrialisierung kein Industrieproletariat, schon gar nicht im ehemaligen Agrarraum, dessen freigesetzte Arbeitskräfte zum größten Teil in der Industrie und im Dienstleistungssektor unterkamen. Bayern wurde zum „Sonderfall einer werdenden spätindustriellen Gesellschaft mit dem eingeübten normativen Verhalten einer Besitzmittelstandsgesellschaft" (*Schreyer* 1969: 17). Die ökonomische Strukturpolitik und die Gesellschaftspolitik der CSU waren darauf ausgerichtet, die mittelständische Strukturfestigkeit Bayerns zu erhalten. Subventionistische Befriedungs- und Harmonisierungsstrategien dienten dazu, den umfassenden rapiden ökonomischen und gesellschaftlichen Wandlungsprozeß sozial zu entspannen und gesellschaftspolitisch im konservativen „Griff" zu behalten. Diese Politiken, nicht zuletzt auch die damit verbundene Kulturpolitik wurden in den spätindustrialisierten katholisch-konservativen Räumen Bayerns insbesondere durch die katholische Kirche erleichtert, die zur Fortdauer tradierter Verhaltensmuster maßgeblich beitrug. Meßtechnisch läßt sich dies wahrscheinlich nicht mehr über die konfessionelle Variable erfassen.
Trotz der charakteristischen Begleiterscheinungen des ökonomischen und gesellschaft-

lichen Umbruchs gelang es dem politischen Agenten der späten Vollindustrialisierung und Modernisierung Bayerns, der CSU, durch ihre konservative Gesellschafts- und Kulturpolitik eine spezifisch bayerische Gleichzeitigkeit ungleichzeitiger gesellschaftlich-historischer Prozesse zu ermöglichen, Überkommenes und moderne Industriegesellschaft miteinander zu verbinden. Das macht heutzutage wesentlich die soziokulturelle Eigenprägung Bayerns aus.

12. Konservative Prägung der sprachlichen und bildlichen staats-bayerischen Symbole im Dienste der politisch-kulturellen Homogenisierung

Der CSU gelang es tatsächlich, in der Öffentlichkeit – und dies nicht nur im bayerischen Raum – das Bild einer weitgehenden Identität von CSU und Bayern zu vermitteln. Diese Identität ist heute nicht bloß ein propagandistisches Kunststück und Kunstprodukt der CSU, kein den Bürgern nur eingeredetes Wunschbild der Staatspartei, sondern ein Stück bewußtseinsbestimmender Realität, an das die Parteipropaganda und staatliche Bayern-Image-Pflege anknüpfen kann. Die Partei, die das „schöne Bayern" geschaffen hat (*Riehl-Heyse* 1979) hält im Rückgriff auf die bayerische Staatstradition sprachliche und bildliche *Symbole* besetzt. Sie führt Löwe und Raute als Embleme der Partei, es bedarf nicht einemal mehr des Zusatzes des Parteinamens. Jeder weiß, welche Partei gemeint ist. „Wir in Bayern CSU '82", „Politik für Bayern, für Deutschland, für Europa" sind griffige, symbolträchtige Formeln. In Bayern und anderswo läuft die positiv besetzte Assoziationskette so: schönes Bayern – CSU – Strauß – moderne Industrie. Das „schöne Bayern", die „Landschaft" ist Kristallisationspunkt für verschiedene, auch gegensätzliche politische Philosophien. Die „bayerische Landschaft" hat Symbolkraft für konservative wie für progressiv/alternativ orientierte Menschen, steht für Geborgenheit im bekannten Alten, in der Tradition einerseits und für konkrete Utopie, für romantischen Rückzug und Ökologie andererseits. Die „Revierheger" und neuerdings so apostrophierten „Landschaftspfleger", die Forstbeamten und Landwirte, und mit ihnen die meisten konservativen Ökologen wählen die Staatspartei, ihre Partei. Es wäre falsch, in Bayern die ökologische Bewegung und Bestrebungen vollends mit „Den Grünen" zu identifizieren. Die Wahl „Der Grünen" ist in Bayern auch eine Ventilhandlung für diffusen und konkreten Protest gegen das dreieinige Machtkartell von Staat, Staatspartei und Kirche, gegen die mächtige Geschlossenheit dieser „unheiligen Dreieinigkeiten", die die „kulturelle Hegemonie" in Bayern ausübt, und gegen die Wertmuster des Industriesystems.

13. Junggrüne „Gegen-Kultur" zur „kulturellen Hegemonie"

Wenn es neuerdings einer Opposition gegen das Machtkartell gelingt, eine, wenngleich stark juvenil geprägte, „Gegen-Kultur" zur „kulturellen Hegemonie" zu bilden, dann wird diese durch „Die Grünen" und die vielfältigen Initiativgruppen und Zirkel um sie herum repräsentiert. Die „Republikaner" sind nur eine temporäre Variante der „kulturellen Hegemonie" am rechten Rand, wo es seit jeher politisch situativ – und dies nicht allein in Bayern – nicht völlig absorbierbare Gruppierungen gegeben hatte. „Die Grünen", die schon in den letzten bayerischen Kommunalwahlen (1984) zur dritten politischen Kraft in Bayern geworden waren, errangen in der Landtagswahl 1986 wider (eigenem) Erwarten sogar 7,5 Prozent, was ihnen zur Fraktionsstärke im Bayerischen Landtag verhalf. Die neue Kraft und *Gegen*bewegung ist fast überall dort organisatorisch-politisch rührig, wo die Folgeprobleme des rapiden Industrialisierungsprozesses, der demographischen Verdichtung und der Versorgungstechnik (Energiepolitik) am deutlichsten in Erscheinung treten: in den Verdichtungsräumen München, Nürnberg/Fürth, Aschaffenburg, Augsburg und Neu-Ulm, in den zentralen Orten mit besonderen Dienstleistungsfunktionen und in Schwerpunktgebieten mit spezieller Umweltbetroffenheit durch Autobahnbau, Atomkraftgewinnung/Entsorgung und Zersiedelung ländlicher Räume. Überall dort erhalten sie in bescheidenem Maße Unterstützung aus der Bevölkerung, insbesondere von Jungwählern.

Indes zeigt gerade auch die Entstehung und das Wirken der „Grünen" in Bayern, daß der Freistaat bei aller Besonderheit viele allgemeine bundesdeutsche Charakteristika und Entwicklungen aufweist, d. h. nicht abkoppelbar ist von den umfassenden ökonomischen Entwicklungen und Kulturprozessen (Depatriarchalisierung/Frauenemanzipation/Mitbestimmung/zunehmende Abständigkeit von der Kirche usw.). Bayern erlebte nach 1945 einen allgemeinen weiteren Säkularisierungsschub (Entklerikalisierung der Politik, Durchsetzung der Wertmuster des Industriesystems, Zunahme der Ehescheidungsquote, Zunahme von Abtreibungen, Abnahme der Kinderzahl usw.).

Auch die Situation der „Grünen" im Rahmen der bayerischen Parteienkonstellation ist jedoch durch bayerische Spezifika gekennzeichnet: „Die Grünen", in Bayern mehrheitlich „Realos", sind im Freistaat nicht nur mit einem überaus stark ausgeprägten, integrationskräftigen und ideologisch bindemittelfesten Konservativismus konfrontiert, sondern auch mit einer schwachen und schrumpfenden Sozialdemokratie. Indem „Die Grünen" charakteristischerweise überall dort an Boden gewinnen, wo die SPD ihre Basen und Rekrutierungsfelder hat, schwächen sie die ohnehin schwache Opposition und können gegen die erdrückende Übermacht des konservativen Parteikolosses doch nicht mehr ausrichten als die schwache Sozialdemokratie.

14. Eliteentscheidungen als gesellschaftsgestaltende Kraft

Vollindustrialisierung, demographische Verdichtungen, Technisierung und Breitenwirkung der Massenmedien waren starke Erosionskräfte, die die altgewachsenen politischen Kultur*en* und ihre Sozialmilieus abschliffen und nivellierten. Bayerns Landschaften nahmen in vieler Hinsicht die Physiognomie einer modernen westlichen Industrielandschaft an. Das ländlich-katholische Sozialgefüge unterlag einem breiten Destruktions- und Umgestaltungsprozeß. Aber gerade die spezifisch bayerische Entwicklung zum modernen Industriestaat und industriellen Wachstumsland in der Bundesrepublik wird letztlich als eine *bayerische* Leistung und als ein bayerischer Erfolg propagiert und gesehen, was das *gesamtbayerische Identitätsmuster* zu festigen hilft.

Die Umwandlung und Neuformung der historisch gewachsenen Strukturen hing somit nicht nur von den Formen des Industrialisierungsprozesses als solchem ab, sondern auch von den politischen und institutionellen Strategien der lokalen, regionalen und obersten Eliten, wie flexibel zum Beispiel die traditionelle klein- und mittelständische Honoratiorengesellschaft und ihre Eliten auf den umfassenden sozioökonomischen Strukturhandel reagierten wie sie sich an den Makro-Wandel anpaßten, wie sie ihn „verkrafteten". Es gelang den CSU-Eliten tatsächlich, die verschiedenen historisch gewachsenen Traditionszonen und Sozialmilieus zu integrieren, zu ihren Bedingungen zu nivellieren und mit gesellschaftsgestaltender Kraft zu einer neuen staatsbayerischen (Teil-)Gesellschaft zu verschweißen.
Die adaptive Entwicklung der CSU zu einem politischen Agenten der Modernisierung und die Selbstadaption zur modernen Partei mit gesellschaftsgestaltender Kraft zeigt, daß „politische Kultur" nicht nur als etwas in historischen Zeiträumen Gewachsenes, Überkommenes angesehen werden kann, sondern in Teilaspekten als etwas Geschaffenes, als Produkt einer zielgerichteten, auf Herrschaftsabsicherung und Herrschaftserweiterung abzielenden staatlichen und parteibestimmenden Politik zu betrachten ist. Die Partei ist mehr und mehr dazu übergegangen, durch zielgerichtete Organisationspolitik ihre Milieus zu schaffen. Das heißt mit anderen Worten, die Partei strukturiert gewissermaßen selbst ihr Vorfeld und schafft einen neuen, vielfach segmentierten und weitgehend informellen Typus von Interssenartikulation; sie kontrolliert und reguliert über verbandliche und informelle Netzwerke neue gesellschaftliche Zusammenhänge, sie schafft und erneuert auf diesem Wege im Vorfeld ihre zukünftige politische Subkultur. Es ist eine neue Form des Hineinwachsens der Partei in „ihre" Gesellschaft und in das verbandliche und institutionelle Vorfeld, das sie zu durchdringen und neu zu koordinieren versucht. Die CSU, zunächst selbst Resultante überkommener Strukturen und Kräfte, wurde auf gesamtbayerischer Ebene zum Gestalter einer regionalen, staatsbayerischen „politischen Kultur" und wirkt permanent an deren Geflecht und Wandel mit.
Bayerns Uhren gehen nicht anders und schon gar nicht gegenläufig. Spezifische historisch-gesellschaftliche und politische Rahmenbedingungen und industriegesellschaftliche Entwicklungsformen haben nach 1945 zu einem besonderen politischen „Bayerneffekt", zu bereichs- bzw. dimensionsspezifischen Retardations- und Akzelerationsprozessen geführt. Diese Spezifika und die Parallelität und Dualität von staatlicher Verwaltung und CSU-Organisation sowie die genuin bayerisch geprägte institutionelle Doppelrolle der CSU haben der CSU gegenüber ihren innerbayerischen Konkurrenzparteien einen fast nicht einholbaren politischen Effizienz-Vorteil gebracht, der bayerischen SPD einen politisch-institutionellen Nachteil. Die CSU wurde als bayerische Staatspartei gewissermaßen eine späte Erbin der aufgeklärten Regierung Montegelas. *Die* politische Kultur Bayerns ist erst entstanden. Sie ist Produkt langfristiger, durch die gut 180jährige territoriale Kontinuität Bayerns begünstigte politisch-kulturellen Homogenisierungsstrategien und -prozesse.

VIII. Politische Milieus und politische Bewegungen in der Bundesrepublik

Milieubedingungen des politischen Katholizismus in der Bundesrepublik*

Cornelia Quink

Der „politische Katholizismus" steht für eine politische Bewegung, die bis 1933 parteipolitisch eindeutig mit der Deutschen Zentrumspartei identifiziert werden konnte. Bei der Herausbildung des Parteiensystems im 19. Jahrhundert hatte sich die konfessionelle Spannungslinie als bedeutsamer Politisierungsfaktor erwiesen und entwickelte für das deutsche Parteiensystem eine langandauernde Prägekraft. Die konfessionelle Trennungslinie wurde jedoch nur einseitig in bezug auf eine Parteibildung politisiert, nur auf der Seite des Katholizismus. Es gab ein katholisches Milieu, eine katholische Partei, einen politischen Katholizismus, jedoch nichts vergleichbares auf protestantischer Seite. Das deutsche Parteiensystem war durch eine „konfessionspolitische Asymmetrie" (*Oberndörfer u. a.* 1985: 22) gekennzeichnet. Nur für den Katholizismus verliefen die dominanten parteipolitischen Konfliktlinien zwischen den Konfessionen.
Das Parteiensystem, das sich in der Bundesrepublik der Nachkriegszeit neu konstituierte, scheint jedoch in bezug auf den politischen Katholizismus einen radikalen Wandel zu signalisieren. Denn mit den Unionsparteien wurde eine christliche Sammlungspartei gegründet, die einen betont interkonfessionellen Anspruch erhob. Vom äußeren Erscheinungsbild her gesehen schien der konfessionspolitische Unterschied im deutschen Parteiensystem verschwunden zu sein.
Im folgenden soll versucht werden, dieses äußere Erscheinungsbild zu durchleuchten, um die Position des politischen Katholizismus im politisch-gesellschaftlichen System der Bundesrepublik deutlich zu machen. Zuerst sollen die Konstitutionsbedingungen und sodann die wesentlichen gesellschaftlichen Wandlungsprozesse, die für den politischen Katholizismus in der Bundesrepublik folgenreich waren, nachgezeichnet werden. Die 60er Jahre stellten dabei – als eine Phase der Kumulation gesellschaftlicher Wandlungsprozesse – eine Wegscheide der Entwicklung dar.

* Der Erinnerung an *Herbert Kühr* gewidmet, in dessen Arbeitszusammenhang ich wesentliche Förderung erfahren habe.

1. Konstitutionsbedingungen des politischen Katholizismus in der Bundesrepublik Deutschland

Die Entstehung des politischen Katholizismus in Deutschland ist auf spezifische historische Konstellationen und Konfliktlagen zurückzuführen, denen sich die katholische Kirche und die Katholiken im 19. Jahrhundert gegenüber sahen.
Säkularisierung, Industrialisierung und Nationalstaatsbildung markieren historische Entwicklungen, auf die die katholische Bevölkerung mit der Formierung einer katholischen Subkultur reagierte. Es entstand der Katholizismus als geschlossene Teilkultur, der sich durch die besondere katholische Sinnwelt und ein dichtes Netz konfessionsspezifischer Organisationen von der sich modernisierenden Umwelt abgrenzte.
Minderheitensituation und Kulturkampf im Kaiserreich brachten die Katholiken in Distanz zum Staat und verstärkten die subkulturelle Isolierung. Um gegenüber dem Staat die Rechte ihrer Religion und Kirche einzufordern, bedurfte es des „Auftretens der Katholiken als politische Kraft in Staat und Gesellschaft“ (*Klöcker* 1971: 130). Aus dieser Lage entstand der politische Katholizismus. Er bezeichnet die organisierten Anstrengungen von Katholiken, im politischen Raum für die Kirche und deren Rechte einzutreten sowie die von ihr repräsentierten Normen im öffentlichen Leben zur Geltung zu bringen[1]. Politischer Katholizismus ist gleichsam der Transmissionsriemen der Kirche in den politischen Raum.
Bis 1933 fand der politische Katholizismus seine wichtigste Organisationsform in der Deutschen Zentrumspartei. Der Nexus zwischen Zentrumspartei und Katholiken läßt sich durch den schon klassisch gewordenen Begriff des „Sozialmilieus“ bzw. „sozialmoralischen Milieus“ von *Lepsius* (1966) beschreiben. Die Zentrumspartei ist demnach der „politische Aktionsausschuß“ des katholischen Milieus. Die Mobilisierung und Politisierung der Wähler erfolgte dabei über die katholischen Suborganisationen und den Klerus. Da das Zentrum keine Mitgliederpartei war, nahm das katholische Vereinswesen hier eine wichtige Hilfsfunktion wahr, die sowohl Integration als auch Transformation, Mobilisierung und Rekrutierung umfaßte. Auch wenn sich ab dem Ende des 19. Jahrhunderts aufgrund von Modernisierungseinflüssen Auszehrungserscheinungen im katholischen Milieu bemerkbar machten, so blieben die Organisationen der katholischen Subkultur bis 1933 weitgehend intakt. Für die Zeit der Weimarer Repbulik zeigt die sogenannte „traditionelle organisatorische Trias von katholisch-sozialen Verbänden, christlichen Gewerkschaften und Zentrumspartei“ (*Kühr* 1983: 65) das anhaltende Inferioritätsgefühl und Sondergruppenbewußtsein der deutschen Katholiken.
Das Erscheinungsbild des politischen Katholizismus in der Bundesrepublik Deutschland der Nachkriegszeit scheint sich wesentlich von diesen Vorläufern zu unterscheiden. So muß eine Analyse der politischen Landschaft, die sich 1945 in den Besatzungszonen neu konstituierte, in bezug auf den politischen Katholizismus einen entscheidenden Einschnitt oder radikalen Bruch konstatieren. Denn in der Bundesrepublik Deutschland gibt es keine Partei auf vorwiegend katholisch-konfessioneller Grundlage, deren politischer Einfluß mit der Zentrumspartei bis 1933 vergleichbar wäre. Die wiedergegründete Deutsche Zentrumspartei führt nach minimalen Anfangserfolgen in ehemaligen Hochburgen des Katholizismus eine kaum erwähnenswerte Randexistenz.

Vom äußeren Erscheinungsbild besitzen die Katholiken somit keine eigene politische Repräsentation mehr. Statt dessen hat sich auf dem Mitte-Rechts-Spektrum des Parteiensystems mit den Unionsparteien eine christliche Sammlungspartei konstituiert mit einem betont interkonfessionellen Charakter, was sie durch das „C" in ihrem Namen demonstrativ hervorhebt. Mit der Gründung der Einheitsgewerkschaft wurde das Prinzip der christlichen Gewerkschaften zunächst aufgegeben. Die konfessionelle Spannungslinie scheint an Polarisierungskraft für die Organisationen im politischen Raum verloren zu haben.

Umfrageergebnisse aus den 50er Jahren weisen die Katholiken als „die eigentlichen Entdecker der Bundesrepublik als einer neuen politischen Heimat" aus (*Schmidtchen* 1973: 245). Diese äußeren Indikatoren weisen für die Anfangszeit der Bundesrepublik Deutschland nicht mehr auf ein fortbestehendes Sonderbewußtsein der Katholiken als Subkultur sowie ein spezifisch katholisches Inferioritätsgefühl hin. Die Katholiken konnten sich eher mit dem politischen System der Bundesrepublik Deutschland identifizieren als die Protestanten. Nur die sich in den 50er Jahren rasch neu konstituierenden Verbände des Laienkatholizismus knüpften organisatorisch an ihre Vorläufer an und präsentieren damit das Fortbestehen konfessioneller Trennungslinien in der bundesrepublikanischen Gesellschaft. Eine eigene politische Repräsentation scheinen die Katholiken jedenfalls nicht mehr zu benötigen.

Der offensichtliche organisatorische Traditionsbruch wirft eine ganze Reihe von Fragen auf: Markieren die Daten 1933 und 1945 wirklich einen totalen Bruch und Neuanfang in bezug auf den politischen Katholizismus? Bedeutete 1933 das Ende des politischen Katholizismus, wie das organisatorische Erscheinungsbild es nahelegt? Bedeutet der organisatorische Bruch auch die Auflösung des katholischen Milieus, wie sie von *Lepsius* mit der gewaltsamen Liquidierung des Parteiensystems für 1933 angesetzt wird?

Allzu leicht ist man versucht, den äußeren Strukturbruch mit tiefgreifenden inneren Wandlungsprozessen zu interpretieren. Gemeint sind dabei Wandlungsprozesse im Sinne eines allgemeinen Modernisierungs- und Säkularisierungsvorgangs, der sich als Ausdifferenzierungsprozeß eines spezialisierten religiösen Bereichs von den übrigen gesellschaftlichen Bereichen darstellte. Die „Ausdifferenzierung der Religion als spezifische Sinnprovinz des modernen gesellschaftlichen Lebens" (*Kaufmann* 1979: 79) impliziert den Bedeutungsverlust von Religion und Kirche in allen gesellschaftlichen Lebensbereichen und für die individuelle Lebensführung. Der Phase des Nationalsozialismus wird in diesem Prozeß eine zusätzliche Schubkraft zugeschrieben.

Der allgemeine Verweis auf den Säkularisierungsvorgang reicht jedoch weder zur Beschreibung noch zur Erklärung der in der Organisationsstruktur sich niederschlagenden Entwicklung im deutschen Parteiensystem nach 1945 aus. Er wird zudem widerlegt durch empirische Befunde, die die 40er und 50er Jahre als Phase eines „kirchlichen Hochgefühls" charakterisieren und ein selbstverständliches und hohes Prestige der Kirche in der Öffentlichkeit konstatieren (*Hanssler* 1978: 103; *Maier* 1976). Diese Befunde beziehen sich sowohl auf die hohe Kirchgangshäufigkeit als auch auf das allgemeine moralische Klima in der unmittelbaren Nachkriegszeit. Diese gegenläufigen Tendenzen sprechen gegen eine unbefragte Anwendung der Säkularisierungsthese

auf den Bruch der organisatorischen Entwicklung des politischen Katholizismus nach 1945.
Um Wandlungsprozesse und Kontinuitätslinien adäquat zu verorten, muß sowohl die veränderte Soziallage, die die Katholiken in der Bundesrepublik Deutschland vorfanden, einbezogen werden als auch die unter der organisatorischen Decke sich vollziehenden Veränderungen in den sozialen und politischen Alltags- und Lebenswelten.

2. *Die veränderten Milieubedingungen des politischen Katholizismus in der Bundesrepublik*

2.1. Die veränderte Soziallage der Katholiken

Die typische Ausgangssituation des „Ghettos" gab es, wie schon betont, nach 1945 für die Katholiken nicht mehr. Sie stellten nicht mehr wie in der Vergangenheit eine Minderheit von einem Drittel der Bevölkerung dar, sondern zogen durch die Gebietsveränderungen mit einem Konfessionsanteil von ca. 45 % mit den Protestanten fast gleich. Durch die Flüchtlings- und Wanderungsbewegungen vollzog sich eine konfessionelle Vermischung, die einen Kontakt zwischen Angehörigen verschiedener Konfessionen alltäglich machte. Die gemeinsamen Erfahrungen der Unterdrückung durch das totalitäre System des Nationalsozialismus bauten die Abwehrhaltung gegenüber anderen gesellschaftlichen Gruppen ab.
In dem Vakuum staatlicher Ordnung fiel der katholischen Kirche als der nahezu einzig weiterbestehenden und funktionierenden Institution eine einmalige gesellschaftliche Relevanz zu. Die Kirche erschien als Hort der Stabilität, der einigermaßen unbeschadet die Phase des Dritten Reiches überdauert hatte. Die 40er und 50er Jahre erlebten eine Blüte kirchlicher Geltung und katholischer Wirksamkeit. Der Schock des Zusammenbruchs ließ viele Menschen Zuflucht bei der Kirche und allgemein bei christlichen Werten suchen. Im Schlagwort von der „Rechristianisierung" der Gesellschaft kristallisierten sich die moralischen Schuldgefühle einer rat- und orientierungslosen, vor den Trümmern der Geschichte stehenden Bevölkerung. Not und Hunger verstärkten die Position der Kirchen als Fluchtpunkte moralischen Haltes. Dabei wollten die Katholiken aber nicht mehr etwas Besonderes sein, sondern durch zunehmende Betonung des gemeinsam Christlichen erfolgte die Zurückstellung konfessioneller Elemente. Kirche und Katholiken fühlten sich als Sieger gegenüber dem Nationalsozialismus und dementsprechend legitimiert, auf der Grundlage des Christentums eine neue Ordnung in Staat und Gesellschaft aufzubauen (*Gotto* 1983).
Damit hatten sich sowohl die äußeren als auch inneren Voraussetzungen für den deutschen Katholizismus als geschlossenes Sozialphänomen gewandelt. Angesichts der Etablierung und Aufwertung christlicher Ideen in der Gesellschaft erschien die traditionelle parteipolitische Organisation der Katholiken obsolet geworden zu sein (so *Maier* 1976: 465). Das Katholische brauchte keine organisatorische Verdichtung, um im öffentlichen Leben präsent zu sein, denn die Zeichen der Zeit standen in einem generellen „katholischen Zeitgeist". Die Katholiken waren erstmalig in der deutschen

Geschichte aus ihrer Defensivstellung herausgetreten. Angesichts der starken Stellung der Kirche als Institution erfolgte der organisatorische Neuaufbau des deutschen Laienkatholizismus nur zögernd. Erst in den 50er Jahren vollzog sich die rasche Wiederbelebung des Verbandskatholizismus, der aber deutlich näher an die amtliche Struktur der Kirche rückte.
Grundlegende Neuansätze in den parteipolitischen und gewerkschaftlichen Aktivitäten der deutschen Katholiken erscheinen als Reaktion auf diese gewandelte Soziallage.

2.2. Das katholische Sozialmilieu

Mit der Gründung von CDU und CSU vollzog sich somit ein organisatorischer Bruch in der Entwicklung des politischen Katholizismus. Die neuen Namen waren bewußt gewählt worden, um Diskontinuität zu präsentieren und die Chancen eines politischen Neuanfangs zu nutzen. In den Gründerkreisen kam es zu harten Diskussionen um die Frage: Zentrum oder CDU?, wobei letztlich das pragmatische Kalkül der Mehrheitsfähigkeit die Entscheidung bestimmte.
Vom Anspruch her verstanden sich die Unionsparteien als überkonfessionelle Sammlungsparteien auf christlicher Grundlage. Der neue Name und Anspruch der Partei verdeckt jedoch nur die Tatsache, daß die CDU sowohl organisatorisch und personell als auch weitgehend ideologisch an die alte Zentrumstradition anknüpfte. Dies zeigt sich u. a. in der eindeutigen Unterstützung der CDU/CSU durch den katholischen Episkopat, wodurch die rivalisierende Neugründung des Zentrums eine Episode blieb. Personell zeigt sich dies in den lokalen Gründerkreisen und in dem Führungspersonal der Anfangsjahre, wo alte Zentrumsleute eindeutig dominierten und die entscheidenden Träger der neuen Partei wurden (*Wieck* 1953; *Buchhaas* und *Kühr* 1979). Die restaurativen Tendenzen zeigten sich aber wesentlich auch darin, daß zunächst die Verbindung zwischen CDU/CSU und ihrer Wähler- bzw. Anhängerschaft über den gleichen traditionellen Milieu-Partei-Nexus lief wie bei der Zentrumspartei.
Das katholische Milieu oder die katholische Teilkultur, wie sie sich im 19. Jahrhundert herausgebildet hat, ist vor allem durch drei Merkmale gekennzeichnet[2]:

1. Das *katholische Wert- und Normensystem*, welches von der Amtskirche formuliert und durch sie zentral gesteuert wird.
2. Ein geschlossenes *Netzwerk katholischer Suborganisationen* in allen Lebensbereichen. Aufgrund ihrer wichtigen Rolle als Integrationsmechanismus bezeichnet *Naßmacher* (1970: 106) das katholische Milieu als „organisationszentriertes Milieu" (im Gegensatz zum „personalintegrierten Milieu").
3. Eine *totale Ritualisierung des Alltagslebens*. Durch die kirchlichen Riten und spezifischen Bräuche erfolgte eine weitgehende Einhegung sowohl des Alltags als auch des ganzen Lebens durch religiöse Bezüge (Initationsriten – Lebenszyklus: Taufe, Erstkommunion, Firmung, Hochzeit, Beerdigung; Alltagsriten: Tischgebete, Fleischverbot am Freitag, Fastentage, Buß- und Andachtsübungen zu bestimmten Tages- und Jahreszeiten, sonntäglicher Kirchgang, die Feiertage; das katholische Kalenderjahr mit: Fastenzeit – Ostern, Pfingsten, Adventszeit – Weihnachten; Prozessionen, Kirchweihfeste und andere Rituale).

Diese drei Merkmale bewirkten Integration, Abgrenzung von der Außenwelt, ein Eigenbewußtsein und die feste Verankerung konfessionsspezifischer Deutungsschemata im Bewußtsein der Zugehörigen.
Der sich auf gesamtgesellschaftlicher Ebene vollziehende Modernisierungsprozeß, definiert insbesondere als Ausdifferenzierung und Spezialisierung von Religion, konnte damit vom katholischen Alltagsbewußtsein ferngehalten werden (*Kaufmann* 1979: 73). Die Identität des katholischen Milieus beruhte quasi auf dieser Differenz, die aus tiefgreifenden Konflikten mit anderen gesellschaftlichen Gruppen bzw. der Gesamtgesellschaft erwachsen war.
Dieses katholische Milieu litt seit Ende des 19. Jahrhunderts infolge fortschreitender Industrialisierung, wachsender Mobilität und sozialer Differenzierung an Auszehrungs- und Schrumpfungserscheinungen. Einen Schlußpunkt setzte (nach *Lepsius* 1966: 66) die Auflösung der traditionellen Sozialmilieus durch die gewaltsame Liquidierung des Parteiensystems im Jahre 1933.
Kühr (1982: 23 ff., 1983: 63) und *Naßmacher* (1979: 71 ff.) dagegen behaupten die Restauration der Sozialmilieus, insbesondere im katholischen und sozialdemokratischen Bereich, nach 1945. Das katholische Milieu, so ihre These, setzte sich trotz Schrumpfungserscheinungen und Einebnungsversuchen der Nationalsozialisten nach 1945 erneut fort und besteht in Restbeständen noch heute.
Für diese These spricht zunächst ganz allgemein, daß Milieus und Milieustrukturen auf dauerhaften und tiefliegenden Grundorientierungen beruhen, die sich nur in einem sehr langsamen Wandlungsprozeß verändern. Ein Wandel erfolgt primär über eher langfristig wirkende Tradierungs- und Sozialisationsprozesse, wenn die bisherigen Deutungsmuster als nicht mehr plausibel im Sinne einer angemessenen Orientierung und Interpretation der Umwelt empfunden werden. Politisch-soziale Milieus bleiben somit solange relativ konstant, bis die milieubildenden Integrationsmechanismen durch sozialen oder politischen Wandel aufgehoben werden.
Die CDU/CSU konnte ihren milieuübergreifenden Anspruch zunächst nur durch das Bemühen um konfessionelle Parität in den nationalen Eliten realisieren. Ansonsten schlug sich hier mehr Anspruch als Wirklichkeit nieder. *Buchhaas* und *Kühr* (1979) können in einer Fallstudie zur CDU des rheinischen Ruhrgebiets aufzeigen, daß die CDU in den 40er und 50er Jahren vor allem in organisationspolitischer Hinsicht auf die traditionellen Mobilisierungsmechanismen des katholischen Milieus baute. Dies zeigte sich vor allem auf der Ebene der Lokalparteien mit ihren lokalen Führungseliten. Über die alten Zentrumsmitglieder war eine enge personelle Verflechtung zwischen CDU und den katholischen Standesorganisationen gegeben. Die kommunalen Eliten der CDU rekrutierten sich wesentlich aus dem früheren Zentrumspersonal mit einer typisch katholischen Verbandskarriere[3].
Des weiteren machte sich bei der CDU das gleiche organisationspolitische Defizit wie beim Zentrum bemerkbar. Es erfolgte keine ‚echte' Parteibildung im Sinne einer Mitgliederpartei, sondern die CDU ruhte auf dem Integrationsmoment des Regierungserfolgs. Der organisatorische Apparat der Lokal-, d. h. der Kreisparteien, war nur schwach entwickelt. Der katholische Verbandskatholizismus, der in den 50er Jahren forciert wieder aufgebaut wurde, und die Amtskirche übernahmen hier als Organisationsersatz

eine ähnliche Hilfsfunktion für die CDU wie für das Zentrum. Auf lokaler und regionaler Ebene kann die CDU daher zumindest in den 40er und 50er Jahren als Partei des katholischen Milieus charakterisiert werden. Aber auch bei den Bundestagswahlen wählten über 60 % der Katholiken CDU, wobei sich die Religionszugehörigkeit als wesentliche unabhängige Variable auch gegenüber anderen sozio-ökonomischen Faktoren herausstellte.

Der konstatierte organisatorische Traditionsbruch muß somit zunächst als ein Oberflächenphänomen bezeichnet werden. Die Rekrutierungs- und Mobilisierungsmuster blieben bei den Unionsparteien die gleichen wie beim Zentrum. Trotz Auszehrungserscheinungen existierte und funktionierte das katholische Milieu noch. Eine schlagartige Veränderung der Soziallage der Katholiken und der gesellschaftlichen Position der Kirche allein konnte noch keine Auflösung der katholischen Subkultur bewirken. Eine solche Betrachtungsweise sieht gleichsam nur die äußeren Strukturbedingungen und sozialen Voraussetzungen zur Bildung eines katholischen Milieus, dessen Stabilität und Zusammenhalt nicht nur auf gemeinsamen Interessenlagen beruhte. Der gesellschaftliche Wandel mußte erst die Bedeutung und Wirksamkeit der drei milieuintegrierenden Faktoren in Frage stellen, um den Auflösungserscheinungen zum Durchbruch zu verhelfen.

Das „C" im Namen der Unionsparteien steht somit für unterschiedliche Tendenzen in der Aufbauphase der Bundesrepublik Deutschland. Das „C", verstanden als christlich, symbolisiert den Zeitgeist der 40er und 50er Jahre. Die CDU wirkte hier prägend für die politische Kultur der Bundesrepublik. Das „C", verstanden als überkonfessionell im Sinne einer Volkspartei, steht für eine Entwicklung, die erst durch in den 60er Jahren voll sichtbar werdende Wandlungsprozesse in Gang gesetzt wurde und bis heute noch keinen Abschluß gefunden hat. Die 60er Jahre stellen dabei eine Wegscheide dieser Entwicklung dar.

3. *Der „Umbruch" der 60er Jahre und seine Folgen*

3.1. Formwandel von Religion und Kirche

Die Blüte kirchlicher Geltung und christlicher Werte in den 50er Jahren stellte sich jedoch bald als Scheinblüte heraus. Sie verdeckte, daß der allgemeine Säkularisierungsprozeß nur unter spezifischen Bedingungen für begrenzte Zeiträume aufgehalten werden konnte. Nur durch die historische Ausgangssituation im Nachkriegsdeutschland konnte die Kirchlichkeit der Katholiken auf einem hohen Niveau gehalten werden und erlangte die Kirche eine anerkannte und einflußreiche Stellung in der Öffentlichkeit. Die 40er und 50er Jahre stellen damit zwar eine kurze Phase der Stabilisierung dar, sie sind aber als eine historische Ausnahmesituation zu sehen, die gleichsam eine retardierende Wirkung hatte in bezug auf den Stellenwert von Kirche und Religion in einer modernen Gesellschaft.

Nachdem sich die politische Ordnung in der Bundesrepublik etabliert hatte und ein wirtschaftlicher Aufschwung zu verspüren war, machten sich Wandlungen im religiösen

Verhalten der Bevölkerung bemerkbar. Laut kirchlicher Statistik sank die Kirchenbesucherquote unter den Katholiken in den 50er Jahren allmählich von 51 % 1949 auf 47 % 1959. Diese Tendenz beschleunigte sich in den Folgejahren jedoch erheblich in einem rapiden Abfall von 47 % 1959 auf 37 % im Jahre 1969. 1972 lag diese Quote bei 32 % (*Groner* 1974: 255; *Keller* 1974: 79 f.). Diese Zahlen stellen sicherlich nur einen oberflächlichen und undifferenzierten Indikator für den Einstellungswandel zu Religion und Kirche dar. Sie sollen an dieser Stelle nicht mehr als ein Indiz für den in mehreren empirischen Untersuchungen nachgewiesenen starken Rückgang der öffentlichen religiösen Praxis und die abnehmende Relevanz der Kirche für das gesellschaftliche und das individuelle Leben darstellen (*Schmidtchen* 1972; *Golomb* 1974; *Boos-Nünning* und *Golomb* 1974; *Schmidtchen* 1979).
Die kirchlichen Werte werden als nicht mehr richtungsweisend für Orientierung und Lebensführung in der modernen Gesellschaft empfunden. Empirische Studien in den 60er Jahren haben gezeigt, daß sich in dieser Zeit im stärkeren Maße Fortschrittserwartungen und Erwartungen an die Selbstgestaltungsfähigkeit des Menschen etablierten (*Golomb* 1983; *Schmidtchen* 1972). Rationale Machbarkeits- und Organisationsvorstellungen bildeten sich als dominierende Orientierungen heraus. Religiöse Vorstellungen von der Gottangewiesenheit und Begrenztheit des Menschen traten demgegenüber in den Hintergrund.
Nach der Retardierung der 50er Jahre gewannen somit in den 60er Jahren gegeläufige säkulare Strömungen an Bedeutung. Religiöse Orientierungen wurden in den Raum des Privaten, der Innerlichkeit abgedrängt. Die Kirche wurde als Machtträger kritisiert. Die Kritik wurde sowohl im innerkatholischen Bereich deutlich, indem sich ein „anderer Katholizismus" stärker zu Wort meldete und die Übertragung demokratischer und pluralistischer Strukturen auf die Kirche forderte. Aber auch außerhalb der Kirche schlug die überwiegend kirchenfreundliche Stimmung in eine zunehmend kirchenfeindliche Haltung um. Der Öffentlichkeitsanspruch, die „Macht" der Kirche stand dabei im Zentrum der Kritik.
An der Wende von den 50er zu den 60er Jahren gewinnt schließlich auch die zeitgeschichtliche Kritik am Verhalten von Kirche und Katholizismus während der nationalsozialistischen Herrschaft an öffentlicher Bedeutung, beispielsweise in *Hochhuth's* „Der Stellvertreter" (1963). Neben dem eingetretenen Prestigeverlust wurden Kirche und Katholizismus somit auch in ihrer moralischen Legitimation geschwächt.
Als Fazit der Entwicklung ergab sich, daß die kirchliche Hochkonjunktur sich als Selbsttäuschung herausstellte. „Die Glaubenspraxis in den Gemeinden, die Identifikationsbereitschaft mit der Kirche, das gesellschaftliche und politische Wirkungsfeld des deutschen Katholizismus nahmen nach einer kurzen Aufwärtsentwicklung der ersten Jahre ab" (*Forster* 1981: 248). Der Säkularisierungsprozeß hatte die Bundesrepublik wieder eingeholt.
Zugleich bahnten sich innerkirchliche Wandlungsprozesse an, die eine Öffnung und partielle Kursänderung der Amtskirche signalisierten. Vor allen Dingen das II. Vatikanische Konzil wurde als Zeichen des Aufbruchs in diesem Sinne interpretiert. Die zunehmende Akzeptanz eines Pluralismus von Meinungen bzw. Meinungsverschiedenhei-

ten unter den Katholiken/Christen in politischen und sozialen Fragen schien sich darin anzudeuten (*Greinacher* und *Klostermann* 1978).
Mit der Pluralisierung im katholischen Bereich mußte auch der katholische Block in bezug auf seine prinzipielle Parteiorientierung an Festigkeit verlieren. Mit dem Ende der Adenauer-Ära setzte dann auch im katholischen Raum auf der Elitenebene eine Diskussion ein, ob die Katholiken ausschließlich in der CDU/CSU ihre politischen Vorstellungen realisieren sollten, oder ob es sinnvoller sei, sich in mehreren Parteien zu engagieren, um erhöhte Wirkung zu erzielen (*Buchhaas* und *Kühr* 1979: 151 ff.). Es zeichnet sich außerdem eine gewandelte Strategie der Kirche und ein verändertes, distanzierteres Verhältnis zu den Unionsparteien ab. Diese in den 60er Jahren sichtbar werdenden Wandlungsprozesse im kirchlichen und religiösen Bereich konnten nicht ohne Konsequenzen für den politischen Katholizismus bleiben.

3.2. Die Auflösung des katholischen Milieus

Der organisatorische Bruch in der Entwicklung des politischen Katholizismus 1945 war – wie eingangs dargestellt – nicht von einer einbruchartigen Erosion des katholischen Milieus begleitet worden, dieses litt aber zweifellos an zunehmenden Abschmelzungserscheinungen. Die CDU/CSU baute weiterhin auf die traditionellen Mobilisierungsmechanismen des Milieus.
Dieses befindet sich aber mit dem Formwandel von Religion und Kirche in einem Auflösungsprozeß, da die gravierenden, den Zusammenhalt des Milieus zersetzenden gesellschaftlichen Wandlungen seit den sechziger Jahren verstärkt auftreten. Der Wandel im religiösen Verhalten, abnehmende Kirchlichkeit und zunehmende Distanz zur Kirche signalisieren, daß sich der katholische Bevölkerungsteil zunehmend der übrigen Gesellschaft angleicht. Die empirischen Erhebungen durch *Schmidtchen* (1972; 1979) machen dies deutlich. Die Teilhabe an den Massenkommunikationsmitteln mit einer Informationsflut über alternative Weltauslegungen durchbricht die Einheitlichkeit des subjektiven Sinnsystems.
Mit der Nivellierung von Wertvorstellungen und Verhaltensweisen durch die modernen Massenmedien schwindet die Kohäsionskraft des katholischen Wert- und Normensystems, die erste Säule des Abgrenzungsmechanismus der katholischen Subkultur. Die erfahrene Inkongruenz von kirchlichen und gesellschaftlichen Wertvorstellungen wird durch Angleichung oder Ignorierung der katholischen Werte beseitigt (*Schmidtchen* 1972: 57 ff.). Für die zweite Säule, das Netz katholischer Suborganisationen, sind seit Mitte der 60er Jahre stagnierende oder schrumpfende Mitgliedszahlen (*Kühr* 1979a; 1982: 42 f.) sowie eine starke Überalterung der Verbandsmitglieder festzustellen (*Buchhaas* und *Kühr* 1979: 191). Die wachsende Lockerung kirchlicher Bindung bedeutete zugleich eine Reduzierung des katholischen Verbandseinflusses. Das Fehlen einer politischen Mikrostruktur machte sich jetzt für die CDU, die auf Amtskirche und katholisches Vereinswesen als Organisationsersatz gebaut hatte, als Manko bemerkbar.
In der De-Ritualisierung des Alltagslebens schwindet auch die Bedeutung der dritten

Säule des katholischen Milieus. Mit der abnehmenden Relevanz der Kirche geht die Prägung des Alltagslebens durch katholische Riten und Bräuche stark zurück. Die Kirche selbst hob z. B. einige traditionelle Trink- und Eßgebote auf und übernahm eine modifizierte Haltung in der Mischehenfrage. Auch die Anzahl der Konfessionsschulen reduzierte sich stark.
All diese Entwicklungen, die hier nur kurz angerissen werden konnten, führten dazu, „daß das traditionelle katholische Milieu als relativ geschlossene Sonderkultur sich in den 60er Jahren auflöste" (*Kühr* 1982: 46). Erst in und seit dieser Zeit nimmt die Bedeutung traditioneller Konfliktdimensionen, die das alte Milieu am Leben erhalten hatten, zunehmend ab. Die CDU reagierte nicht rechtzeitig auf diesen Wandel. Sie baute weiter auf die gleichen, jedoch nun überlebten Mobilisierungsmechanismen und „manövrierte sich damit selbst ins Abseits". Gleichzeitig bot sich für sie darin aber auch die Chance, die mit dem organisatorischen Bruch von 1945 angekündigte Entwicklung von einer „Milieupartei" zu einer modernen „Volkspartei" zu vollziehen.

3.3. Wandel im Parteiensystem – Kontinuität in der Wählerschaft

Auf diesem Hintergrund erscheint es als logische Konsequenz, daß mit dem Bedeutungsgewinn säkularer Strömungen in den 60er Jahren der Machtverlust der CDU einherging. 1957 erreichte die CDU/CSU bei den Bundestagswahlen die absolute Stimmenmehrheit. Danach setzte der Abwärtstrend ein. 1966 kam es zur Bildung der Grossen Koalition, 1969 zum Regierungswechsel. 1972 überflügelte die SPD mit ihrem bisher höchsten Ergebnis erstmalig und einmalig, wenn auch knapp, den Stimmenanteil der CDU/CSU. In diesem Trend – so will es scheinen – spiegeln sich die gesellschaftlichen Strukturveränderungen der 60er Jahre.
Die rückläufige Entwicklung der CDU und der Regierungswechsel verweisen jedoch noch auf einen weiteren Wandlungsprozeß: Die Beziehung des Katholizismus zu den parteipolitischen Formationen in der Bundesrepublik ist zumindest seit den 60er Jahren vielschichtiger geworden. Dabei dürfen CDU/CSU und politischer Katholizismus keinesfalls unbesehen identifiziert werden.
Das Godesberger Programm leitete 1959 eine Öffnung der SPD zur katholischen Kirche ein („Partnerschaft"). Die „Große Koalition" zeigte auch überzeugten Katholiken, daß der Graben zwischen Kirche und Sozialdemokratie gar nicht so tief sein konnte und machte für sie auch die SPD eher wählbar. Der nach dem II. Vatikanischen Konzil stärker werdende „andere Katholizismus" deklarierte die SPD zu seiner parteipolitischen Heimat. Führende katholische Sozialdemokraten wurden in das Zentralkomitee der deutschen Katholiken gewählt (z. B. Georg Leber), was eine Öffnung der katholischen Kirche gegenüber der Sozialdemokratie signalisierte.
Im Gegenzug machte sich eine größere Distanz der Unionsparteien zur Kirche und den katholischen Standesorganisationen bemerkbar. Die Hirtenbriefe vor Wahlen fielen seit den 60er Jahren zurückhaltender aus. Das ‚Aussterben' der alten Zentrumsgarde minderte die personelle Verflechtung zwischen Laienkatholizismus und Union. Es treten hier zunehmend Konkurrenzverhältnisse auf, z. B. zwischen Christlichen Sozialausschüssen (CDA) und Katholischer Arbeitnehmerbewegung (KAB) (*Kühr* 1979a).

Bis in die 50er Jahre war die CDU eher ein erweitertes Zentrum. Von dieser Ausgangsposition entwickelte sie sich zur bürgerlichen Sammlungspartei, indem sie die Kräfte rechts von der SPD, neben dem katholischen Lager vor allem die ehemals konservative und Teile der ehemals liberalen Anhängerschaft einsammelte (*Naßmacher* 1979: 119). Damit verkörperte sie den neuen Parteitypus der „Volkspartei", der durch eine breite, sozialstrukturell heterogene Basis gekennzeichnet ist. Durch die Auflösung des katholischen Milieus in den 60er Jahren bestimmt der volksparteiliche Charakter zunehmend das politische Profil der Union. Das Prinzip der Stimmenmaximierung verlangt die Berücksichtigung der heterogenen, unter ihrem Dach vereinigten Interessen. In der Oppositionszeit holte sie ihr organisationspolitisches Defizit auf und begann sich zur modernen Mitglieder- und Apparatpartei zu entwickeln. Damit vollzieht sie letztendlich auch in ihrer Binnenstruktur die Entwicklung, die sich im organisatorischen Traditionsbruch von 1945 angekündigt hatte.

Die verbreitete, globale These, daß der Wandel im religiösen Verhalten, die Erosion kirchlicher Bindung, die zunehmende Auflösung des katholischen Milieus in den 60er Jahren zur Stagnation der CDU und zu dem erheblichen Anstieg des SPD-Stimmenanteils 1972 geführt haben, muß jedoch auf dem Hintergrund einiger neuer wahlsoziologischer Studien eingeschränkt oder zumindest neu überdacht werden. Ihr steht ein wichtiger Befund auf der Wählerebene entgegen: Die Stabilität und Kontinuität konfessionellen Wählens in der Bundesrepublik von 1953 bis heute (*Mielke* und *Schoof* 1983; *Schmitt* 1984; *Pappi* 1985; *Schmitt* 1985; *Schacht* 1986).

Die aufgezeigten säkularen Trends und Neuorientierungen haben bemerkenswerterweise zu keiner Nivellierung der Unterschiede zwischen Katholiken und Protestanten hinsichtlich ihrer Parteipräferenz geführt. Die Konfessionszugehörigkeit determiniert das Wahlverhalten auch heute noch in unverminderter Stärke. Die Katholiken wählen nach einem Anstieg in den 50er Jahren durchgängig mit ca. 60 % die CDU. Das Ergebnis von 1972 stellte sich nur als ein kurzlebiger Einbruch unter die 60 %-Marke heraus. Zwischen 30 und 40 % der Protestanten wählen fast durchgängig die CDU (*Schmitt* 1984: 38).

Auch die Differenz zwischen den Konfessionen bei den SPD-Wählern ist im großen und ganzen konstant geblieben, allerdings mit den Protestanten in der stärkeren Position. Die mehrheitliche Parteiorientierung der Protestanten an der SPD bildete sich aber erst seit dem Ende der 60er Jahre heraus, nachdem der Anteil der Protestanten, die SPD wählen, kontinuierlich um ca. 20 % gestiegen war. Zum Stimmenzuwachs der SPD bis 1972 haben aber beide Konfessionen fast gleichermaßen beigetragen (Protestanten 19 %, Katholiken 16 %), jedoch in unterschiedlichem Rhythmus. Der Anteil für die SPD unter den Katholiken sank dagegen 1983 wieder fast auf den alten Stand der 50er Jahre (*Schmitt* 1984: 39 f., 54).

Die mit Abnahme der Kirchlichkeit, Milieuauflösung und Angleichung der Parteien zu Volksparteien totgesagte konfessionelle Konfliktlinie bestimmt weiterhin in unverminderter Stärke die Parteiorientierung der Katholiken. Die CDU/CSU blieb hinsichtlich ihrer Wählerschaft eine dominant katholische Partei. Die in Organisation und Elite vollzogene Neuorientierung hat bisher jedenfalls keine generelle Neuorientierung des katholischen Elektorats mit sich gebracht.

Es gibt bisher nur wenige Versuche, dieses erstaunliche Phänomen zu erklären. *Pappi* (1985) interpretiert die Stabilität der konfessionellen Unterschiede mit der Transformation des *konfessionellen Gegensatzes* in einen *religiösen Gegensatz*, bei dem sich kirchengebundene, traditionell-religiöse Überzeugungen und säkularisierte, laizistische Lebensauffassung gegenüberstehen. Diese Konfliktlinie trennt in der Wählerschaft die CDU/CSU von den anderen, eher laizistischen Parteien. Vor allem die höhere Kirchlichkeit prädisponiert somit die Katholiken für die CDU/CSU. *Schmitt* (1985) erklärt die Stabilität der konfessionellen Unterschiede im Wahlverhalten mit einer Verspätung der Entkonfessionalisierung. Sinkende Kirchenbindung und Milieuschrumpfung wirken sich parteipolitisch erst mit einer Phasenverschiebung aus. Den „wahlsoziologischen *Säkularisierungseffekt*" erwartet *Schmitt* erst für die künftigen Generationen. Diese Phasenverzögerung kommt dadurch zustande, daß sich bei den Katholiken, die sich von Kirche und Milieu entfernt haben, der Charakter der Parteibindung zwar änderte, die CDU/CSU-Parteibindung selbst jedoch erhalten blieb. Die Parteibindung wandelte sich von einer über den Milieunexus „sozial abgeleiteten" Parteiidentifikation in eine „originäre" Bindung an die Unionsparteien, d. h. in eine direkte Bindung ohne Vermittlung von Gruppenbindungen (*Schmitt* 1985: 326 f.). Die Wirkung des Milieus überdauert seine politische Prägekraft. Dieser Transfer der Unionsbindung hatte jedoch die spezifische Parteienkonstellation in der Bundesrepublik zur Voraussetzung, in der die Unionsparteien einerseits mit katholischem Profil und andererseits als Sammlungsbewegung rechts von der SPD auftraten. Dies ermöglichte den Katholiken Milieuverlust ohne parteipolitische Umorientierung. Durch den Wandel der Unionsbindung konnten die Unionsparteien den seit den 60er Jahren verstärkten Säkularisierungsprozeß auffangen und ihre katholische Wählerschaft ohne massive Einbrüche weiterhin an sich binden. Dieser Wandel war jedoch nur möglich „als Ergebnis des Verzichts der Unionsparteien, den Kulturkampf zum Kern ihrer Politik zu machen" (*Schmitt* 1985: 327). Eine empirische Fundierung dieses Erklärungsansatzes steht jedoch noch aus.

4. Fazit

Der politische Katholizismus in der alten Form existiert nicht mehr. Es gibt keine politische Organisation oder Partei, die unbesehen als gegenwärtige Erscheinungsform des politischen Katholizismus bezeichnet werden kann. Die Aufgabe des politischen Katholizismus, für die Rechte der Kirche und die Gleichberechtigung der Katholiken zu kämpfen, ist seit der Weimarer Republik weitgehend erfüllt. Die katholische Kirche bedarf in dieser Hinsicht keines politischen Transmissionsriemens mehr.

In den Unionsparteien werden zwar auch noch katholische Positionen vertreten, eher als in der SPD. Das betrifft vor allem immaterielle Werte, die von der Kirche vertreten werden (Abtreibung, Scheidung, Schulfrage). In sozial- und wirtschaftspolitischer Hinsicht ist diese traditionelle Übereinstimmung jedoch nicht mehr gegeben. Es kann somit keineswegs behauptet werden, daß die Unionsparteien den ‚Vortrupp' von Kirche und Katholiken im politischen Raum darstellen. Diesen Anspruch haben sie bei ihrer Gründung bewußt aufgegeben. Ihre Politik ist vielmehr durch den Doppelcharakter als Milieupartei des Katholizismus und als Sammlungsbewegung rechts von der SPD gekennzeichnet. Dies gilt im besonderen Maße seit ihrer Entwicklung zur Volkspartei.

Typisch katholisch-kirchliche Positionen werden von der Kirche verstärkt selbst als gesellschaftliche Macht in der Öffentlichkeit vertreten. Dennoch sind die Unionsparteien bis in die 60er Jahre hinein wahlsoziologisch als Parteien des katholischen Milieus zu charakterisieren. Die parteipolitische Affinität der katholischen Wählerschaft zu CDU/CSU überlebte den Säkularisierungsschub und den Milieuzerfall der 60er Jahre und hat sich bis heute nicht wesentlich verändert.

Anmerkungen

1 Der Begriff des politischen Katholizismus ist bis heute voller Unklarheit und nicht eindeutig definiert. Zur Problematisierung des Begriffs vgl.: *Klöcker* 1971; *Nell-Breuning* 1975 sowie *Altermatt* 1973.
Besonders eine allgemeine Begriffsdefinition, die der historischen Entwicklung vom Beginn des 19. Jahrhunderts bis in die Gegenwart der Bundesrepublik gerecht wird, bereitet große Schwierigkeiten. Hier wird davon ausgegangen, daß der Begriff des politischen Katholizismus gerade das von der Institution Kirche/Amtskirche abgelöste gesellschaftspolitische Engagement von Katholiken bezeichnet. So auch: *Forster* 1964: 39; *Nell-Breuning* 1980.

2 Die Charakterisierung des katholischen Milieus ist übernommen aus *Kühr* 1982: 29 ff. Bei *Kühr* findet sich eine ausführliche Beschreibung der Merkmale des katholischen Milieus, die hier nur in kurzer Zusammenfassung wiedergegeben werden können. Er stellt auch die Erosionserscheinungen im katholischen Milieu in den 60er Jahren, wie sie in diesem Aufsatz im Abschnitt 3 angesprochen werden, detaillierter dar. Vgl. auch: *Kühr* 1985.

3 *Buchhaas* und *Kühr* (1979: 186 ff.) weisen nach, daß in den 50er Jahren um die 60 % der CDU-Ratsmitglieder in den Städten Oberhausen, Duisburg und Essen aus früherem Zentrumspersonal bestanden.

Subkulturelle Aspekte des Rechtsextremismus

Hans-Gerd Jaschke

Bei den Wahlen zur französischen Nationalversammlung am 16. März 1986 erreichte der Front National mit seinem Führer Jean-Marie Le Pen 2,2 Millionen, d.h. 9,8 Prozent der abgegebenen Stimmen und den Einzug von 35 Abgeordneten in das Parlament. Zwanzig davon kommen aus dem Süden um Marseille, aus der Region Lyon und aus dem Großraum Paris. Hochburgen waren urban-industrialisierte Zentren, in denen der Ausländeranteil, besonders der Immigranten aus dem Maghreb, signifikant hoch ist. Mit einer handvoll geradezu klassisch-stereotyper konservativ-rechtsextremer Parolen – Ausländer raus, Frankreich den Franzosen, Sicherheit, Recht und Ordnung – hat es Le Pen als populistischer Agitator geschafft, Voraussagen über das parlamentarische Abseits rechtsextremer Parteien zu widerlegen.
Dennoch – nichts spricht dafür, daß sich Ähnliches in der Bundesrepublik auf absehbare Zeit wiederholen könnte. Nach Zwischenspielen kleiner Rechtsparteien auf der parlamentarischen Bühne in den fünfziger Jahren mußte die NPD 1971 den letzten der sieben Landtage, in denen sie vertreten war, räumen. Seitdem hat sich das politische und parlamentarische Abseits der bundesdeutschen extremen Rechten mehr und mehr verfestigt. Neuere Versuche gemäßigter Parteien rechts von CDU/CSU, wie der ÖDP, der „Republikaner" in Bayern und der „Weissen" in Niedersachsen, werden bei den anstehenden Wahlen mit einer Null vor dem Komma aller Voraussicht nach scheitern. Die ältere faschismustheoretische Einsicht, daß ökonomische Krisen rechte Protestpotentiale freisetzen und daß statusbedrohte bäuerlich-handwerklich-kleinhändlerische Mittelschichten deren soziale Basis werden, scheint zumindest für die Bundesrepublik nicht zu gelten: Ökonomische Krisen nach dem „Ölpreisschock" 1974, andauernde Massenarbeitslosigkeit, restriktive Sozialpolitik und sinkende Agrar-Erzeugerpreise haben weder ein rechtsextrem orientiertes Protestpotential noch eine Partei sichtbar werden lassen, die eine entsprechende Mobilisierung hätte herbeiführen können. Der jährlich wiederkehrenden Einschätzung des Bundesinnenministers bei der Präsentation des Verfassungsschutzberichtes, Rechtsextremismus bedeute keine aktute Gefahr für den Bestand der Freiheitlich-Demokratischen Grundordnung, ist zuzustimmen – sofern die ministerielle Optik auf Wahlergebnisse und zählbare Gesetzesverstöße beschränkt bleibt. Demgegenüber werden im folgenden die subkulturellen Dimensionen der organisierten Rechtsaußen überblicksweise vorgestellt: Aktionsfelder, die öffentlich wenig bekannt sind, die aber einen hohen Grad innerer stabiler und dynamischer Vernetzung aufweisen und als solche eine dauerhafte Quelle antidemokratischer Artikulation darstellen. Sie sind kaum quantifizierbar, kaum justiziabel und bisher kaum Gegenstand politikwissenschaftlicher Forschung, obwohl sich gerade hier die „Norma-

lität" des rechten Extremismus verbirgt. Hier muß sich zeigen, ob die Perspektiven des Rechts- und „Sicherheitsstaates" taugliche Mittel und Umgangsformen darstellen, mit einem antidemokratischen Ferment demokratisch intendierter politischer Kultur angemessen umzugehen.

1. Rechtsextremismus als Subkultur

Rottenbach bei Coburg. 178 Einwohner. Grenzort zur DDR. 21. Juni 1986. Seit mehr als zehn Jahren veranstaltet die NPD Oberfranken hier ihre Sommer-Sonnwendfeier. Mittags versammeln sich zwanzig Herren älteren Jahrgangs und einige Jugendliche vor der Gaststätte „Zum Auerhahn". 15 Uhr: Fußballspiel Junge Nationaldemokraten Oberfranken gegen Mittelfranken. Anschließend: Treffen beim „Auerhahn", Aufhängen von Plakaten, Verteilen von Handzetteln. Der „Auerhahn" wird zum belebten Zentrum des Dorfes, dessen Bewohner ihren gewohnten bäuerlichen Verrichtungen nachgehen. 18 Uhr: Vorstandssitzung der NPD Oberfranken im Sitzungssaal des „Auerhahn". Die Gaststätte ist fahnengeschmückt, mehr und mehr Besucher treffen ein. Gegen 21 Uhr sind es etwa 150, darunter eine 30-köpfige Gruppe von Skinheads und mehrere Teilnehmer in wehrsportähnlichen Aufzügen. 21 Uhr 30: Geschlossener Marsch zur Feuerstelle. Anzünden des Feuers, Gesang, beschwörende Reden. Der Feuerredner bekräftigt in nationalsozialistischem Pathos das „Reich" und brandmarkt die Umerziehung des deutschen Volkes. Beifall. Zwei Arme recken sich zum Hitlergruß. In der Dunkelheit, beobachtet von mehreren Polizeiwagen, Rückmarsch der Teilnehmer zum „Auerhahn", wo bis tief in die Nacht bei den Klängen lustiger Musikanten ein kameradschaftliches Beisammensein stattfindet. Kaum zu unterscheiden von jeder anderen Dorfkirmes.

Es gibt ihn, den politischen Alltag des organisierten Rechtsextremismus unterhalb der spektakulären Ebene von Strafprozessen, gewalttätigen Auseinandersetzungen und NS-Symbolik provokativ benutzender jugendlicher Bandenkriminalität. Sonnwendfeiern, „Kameradschaftsabende", Fahrten und Treffen gehören ebenso dazu wie die Motoren rechter Politik: Verlage, Theorie- und Strategieforen, Kaderschulungen, Parteitage, Arbeit in Kommunalparlamenten. Derartige Aktivitäten sind Teil einer Lebensweise, durchgeführt im Bewußtsein der Ablehnung durch die „offizielle" Mehrheitskultur, im partiellen Einklang jedoch, siehe das obige Beispiel, mit geronnenen traditionalistischen Orientierungen. Sie vermitteln den Aktivisten einen sinnstiftenden Lebens- und Arbeitszusammenhang, persönliche und soziale Beziehungen und die Möglichkeit einer praktizierten Haltung gegenüber der Lebenswelt: Sie umfaßt die Bestandteile der konservativen Sekundärtugenden, eingebunden in die völkischen Mythen des Heroismus und das Bewußtsein einer vermeintlich zukunftsträchtigen Elite.
Die öffentliche Aufmerksamkeit geht an Ereignissen wie dem oben skizzierten geradezu systematisch vorbei. Fixiert auf zählbare und personifizierbare politische Kriminalität entgeht ihr gerade das, was die Kontinuität zum Nationalsozialismus ausmacht: die randständige Existenz einer kaum gebrochenen faschistischen Ästhetik, deren ungebrochene Faszination das rechte Lager zusammenhält. Den Medien zuwenig spektakulär, den Bewohnern der Region eher gleichgültig, sind derartige politische Demonstrationen zur halböffentlich-halbprivaten Selbstdarstellung einer politischen Szene geworden, die sich selbst als „nationales Lager" versteht. Die Verfassungsschutzbehörden beziffern die Aktivisten seit Jahren auf etwa 20 000 Personen. Gut die Hälfte zählt zur Gefolgschaft des Münchener Verlegers und Herausgebers des kommerziell einträglichen

100 000-Auflage-Wochenblattes „Deutsche National-Zeitung", Frey. Weitere 6000 sind Mitglieder der NPD, die übrigen verteilen sich auf neonazistische Kleingruppen, Wehrsportgruppen und „Sonstige". Das Umfeld möglicher Sympathisanten ist schwer zu schätzen. Folgt man demoskopischen Erhebungen, dürften wenigstens zehn bis fünfzehn Prozent der Wahlbevölkerung zur „stillen Reserve" gehören. Ob, inwieweit und unter welchen Bedingungen dieses Potential mobilisierbar ist, kann wissenschaftlich nicht entschieden werden. Das Beispiel des französischen Front National lehrt, daß Prognosen über das parlamentarische Ende des Faschismus zumindest in Systemen, in denen das Mehrheitswahlrecht nicht uneingeschränkt gilt, mit großer Vorsicht begegnet werden muß.

Auffällig und erklärungsbedürftig ist die schiefe Altersstruktur. Obwohl wir über keine zuverlässigen empirischen Untersuchungen darüber verfügen, spricht alles für eine Polarisierung in Großväter und Enkel: Über Sechzig- und unter Dreißigjährige beherrschen das Altersprofil. Es fehlen die unpolitische „skeptische Generation" der fünfziger Jahre und die Generation der Studentenbewegung. Erklärende Hinweise dazu und zur gegenwärtigen subkulturellen Struktur des organisierten Rechtsextremismus liefern die historischen Entwicklungen nach 1945 (*Dudek* und *Jaschke* 1984).

Bis 1969, der Wahlniederlage der NPD bei der Bundestagswahl (4,3 %) dominieren ehemalige Nationalsozialisten und Deutschnationale das Lager rechtsaußen. Unversöhnt mit der parlamentarischen Demokratie und dem Verlust des Reiches verfolgen sie zwei Strategien: Bei Wahlen gelingt es auf Bundesebene der DRP 1949, auf Landesebene der SRP 1952, der DRP 1959 und der NPD zwischen 1966 und 1969, an der parlamentarischen Willensbildung teilzunehmen. Kleine, in den fünfziger Jahren erfolgreiche konservative Rechtsparteien zwischen CDU/CSU und offenem Rechtsextremismus (BHE, DP, WAV) vervollständigen das Bewußtsein der Möglichkeit, das historische Rad auch auf parlamentarischer Ebene noch einmal zurückdrehen zu können. Die zweite Strategie ist gruppendynamischer Natur: Solidarität und praktische Hilfe für die von der Entnazifizierung Bedrohten sind der tätige Fokus einer politischen Weltanschauung, die, fixiert auf lebensgeschichtlich geronnene Erfahrungen, zentriert ist auf die „guten" Seiten des Nationalsozialismus, auf „ewige" Werte wie Treue zum Soldatentum, zum Reich, zum Deutschtum. Im vorpolitischen Raum entsteht eine Kultur der „Ewiggestrigen". Verlage (NATION EUROPA), Zeitschriften (KLÜTER BLÄTTER), Treffen (LIPPOLDSBERGER DICHTERTAGE) konservieren im Verborgenen das Bewußtsein einer besseren Zeit und den Glauben an die Wiederkehr des „Reiches". Die These einer alliierten „Umerziehung" der Deutschen verfestigt das elitäre Selbstverständnis, bewirkt aber auch eine zunehmende politische Isolation. Übrig bleibt ein dichtes kommunikatives Beziehungsnetz, das – nicht eindeutig abgrenzbar – weit hineinreicht in den mit dem Grundgesetz mehr oder weniger versöhnten politischen Konservatismus und die Vertriebenenverbände.

Neben dem selbstverschuldeten politischen Abseits sind es Strategien von außen, die das subkulturelle Gefüge verstärken und zementieren: Eine halbherzig-zynische Entnazifizierung, die eindeutig Belastete in hohe Staatsämter bringt (Globke, Seebohm) und einer Vielzahl weniger Belasteten mittlere Positionen verschafft, das Verbot der mit 11 Prozent im niedersächsischen Landtag vertretenen neonazistischen SRP 1952, das die politische Justiz gegen Rechtsextremismus begründet, und die vordergründige Pathologisierung sind repressive, moralisch überlagerte Ausgrenzungen der extremen Rechten aus dem Grundkonsens der Demokraten. Sie begründen in der Erkenntnis, nicht die falsche politische Überzeugung zu vertreten, sondern der falschen Partei anzugehören, Deutungsmuster von Verfolgung und Entrechtung. Die verfassungspolitische Beseitigung differenzierter Brücken nach rechts im Konzept der „streitbaren Demokratie“ nach dem KPD-Verbotsurteil 1956, bei der nur noch „Demokraten“ und „Extremisten“ übrigbleiben, beabsichtigt die politische Endlagerung der rechten Extremisten (der linken natürlich auch). In der rechten Subkultur verliert die offene politische Willensbildung naturwüchsig an Boden: Es entstehen halbklandestine Codes, interne und externe Sprachregelungen, Gesinnungs-Radikalismus nach innen, (formal-) demokratische Bekenntnisse nach außen. Es ist dieser von außen verstärkte Zwiespalt, der das politische Scheitern des Rechtsextremismus zementiert: Diskutable – bzw. dem Diskurs des nicht ausgegrenzten rechten Konservatismus nahestehende Positionen – wie z. B. beim Großteil jüngerer Funktionäre der heutigen NPD – und eindeutig neonazistische, verfassungsfeindliche, werden öffentlich kaum mehr auseinandergehalten, alles verschwindet unter dem Mantel des stigmatisierenden Etiketts „Neofaschismus“ oder „Neonazismus“. Damit unterliegt praktisch jeder, der einer als rechtsextremistisch geltenden Organisation angehört, unabhängig von seiner je spezifischen politischen Orientierung, einem Selektionsmechanismus bundesdeutscher politischer Kultur, den Hennig kürzlich als „Neigung“ bezeichnet hat, „Faschismus aufs grob Anschauliche, insbesondere des Holocaust, zu verengen. Faschismus hat eben faschistisch zu sein, d. h. Terror ohne Diskurs, Terror und Diktatur sans phrase“ (*Hennig* 1985: 15).

Zum Stigma der extremen Rechten gehört die durch staatliche Ausgrenzungsmechanismen bewirkte Zerstörung eines politischen Zusammenhangs. Werner Hofmann hat ihn 1966 so formuliert:

> „Der Rechtsradikalismus nimmt die regierende Rechte beim Wort. Er spricht aus, was andere nur denken: Ihre verhohlenen Wünsche will er vollstrecken, ihre halben Unternehmungen zu Ende führen. Er tritt auf als der entschiedene, zu Taten drängende aktivistische, aggressive Vollender dessen, was die anderen bloß wollen. Er setzt sich hierbei hinweg über die institutionellen Hemmungen, die moralischen Bedenken, die taktischen und ideologischen Rücksichten derer, die ihre Macht durch das Interesse begrenzt finden. Der Rechtsradikalismus vermag unter diesen Umständen in der Haltung des Decouvrierenden aufzutreten, er ist das enfant terrible jener, die zu den Konsequenzen ihrer eigenen Absichten sich nicht bekennen wollen“ (*Hofmann* 1972: 145).

Bis auf die randständigen neonazistischen Minderheiten gilt diese Einschätzung für weite Teile des organisierten Rechtsextremismus nach wie vor. Das auferlegte Stigma bewirkt nun die Ächtung der von den Inhalten abgekoppelten politischen Ausdrucks*form* – per Definitionsgewalt der Behörden aufgeführt z. B. in den Verfassungsschutzberichten – wobei die Inhalte insoweit unangetastet bleiben, als sie großteils zu den Überzeugungen der rechten demokratischen Mehrheitskultur gehören und davon schwer trennbar sind. Zwei Beispiele für die Wirksamkeit dieser Sorte des „political engineering“ mögen dies verdeutlichen: Die Forderung nach „Ausländerstop“ gilt als extremistisch, wenn sie von der NPD oder ihr angehörenden Funktionären geäußert wird, nicht aber, wenn der als demokratisch geltende, der CDU angehörende Innensenator Lummer in Berlin diese Forderung erhebt. Die demagogische Vermutung, Juden seien immer zur Stelle, wenn irgendwo Geld in den Kassen klingelt, gilt als Bestätigung verfassungsfeindlichen Ideenguts, wenn sie von Mitgliedern rechtsextremer Organisationen verbreitet wird. Bekennt sich jedoch ein Angehöriger demokratischer Parteien – wie der CSU-Bundestagsabgeordnete Fellner – dazu, wird dies als entschuldbare Frage des politischen Anstands, als Unbedachtsamkeit gewertet, die allenfalls einen folgenlosen öffentlichen Ordnungsruf nach sich zieht.

Das Bewußtsein über die Wirksamkeit „hoheitlicher Verrufserklärungen" (*Seifert*) bei den Aktivisten ist die Triebfeder der Subkultur. Verbitterte Lagermentalität, Verfolgungssyndrome und bis ins Private reichende Abschottungen kennzeichnen ihre Infrastruktur. Dabei wird häufig übersehen, daß interne Rivalitäten, Konflikte und Fraktionierungen von Beginn an die Szene prägten. Bei diesen Voraussetzungen konnte diese im Kern hermetische, generationsspezifische Protestszene keine Attraktivität für die nachfolgende Generation entfalten.

2. *Jugend und Rechtsextremismus*

Erst im Verlauf der siebziger Jahre beginnt der Zulauf der Jüngeren, die heute ein wesentliches Aktivitätspotenital darstellen. Hoffnungen auf politische Entwarnung, weil sich das Problem der „Ewiggestrigen" aus biologischen Gründen von selbst erledigen würde, erwiesen sich als unbegründet. Am Anfang steht der lagerinterne Protest der „Jungen" gegen die „Alten" nach dem parlamentarischen Scheitern der NPD. Militanter Radikalismus und theoretische Neuorientierungen innerhalb einer in hohem Maß fraktionierten Rechtsaußen-Szene kennzeichnen die Situation am Beginn der siebziger Jahre. Daraus entwickelt sich eine heterogene, fraktionierte, neuformierte Rechte mit unterschiedlichen politischen und strategischen Schwerpunkten und differenzierten Motivstrukturen. Gegenwärtig läßt sie sich in vier Kommunikations- und Arbeitszusammenhänge gliedern:

– *die gemäßigte, disziplinierte Rechte*. Hierzu gehören die Jungen Nationaldemokraten als politische Organisation. Sie verstehen sich als nationalistische, verfassungstreue, die parlamentarisch-demokratischen Spielregeln respektierende Parteijugend. Sie unterhält enge Beziehungen zum Nachwuchs der Vertriebenenverbände und zu Teilen der rechten bündischen Jugend, ist aber auch organisatorischer „Durchlauferhitzer" für neonazistische Jugendliche. Zur gemäßigten Rechten gehören darüber hinaus das jugendliche Umfeld der Konservativen Aktion, einer rechten Hilfstruppe für die Union, und der Bund Heimattreuer Jugend (BHJ).
– *Theoriezirkel der „Neuen Rechten"*. Motiviert von der französischen Nouvelle Droite entstanden seit Mitte der siebziger Jahre kleine Theoriezirkel, die bemüht sind, aus dem intellektuellen Steinbruch der „Konservativen Revolution" eine zeitgenössische theoretische Orientierung für die gesamte Rechte zu erarbeiten. Im Mittelpunkt stehen kulturkritische Strategien des „dritten Weges" zwischen Kapitalismus und Kommunismus und eine „befreiungsnationalistische" Version der natio-

nalen Frage. Das Projekt „Neue Rechte", auch in anderen Ländern Westeuropas vorangetrieben (vgl. *Jaschke* 1986), wird getragen von Zeitschriftenzirkeln wie etwa WIR SELBST, NEUE ZEIT, JUNGES FORUM, ELEMENTE. Es hat mittlerweile Teile der NPD erreicht, deren programmatische Konzentration auf Neutralismus und Antikapitalismus fraglos auf Einflüsse der Neuen Rechten zurückgeht (*Jaschke* 1985).

- *die Neonazis.* Es sind randständige Reste der Wehrsportgruppen, Kampfbünde wie die ANS/NA und die mittlerweise neonazistisch unterwanderte und dominierte Freiheitliche Arbeiterpartei (FAP). Es handelt sich dabei großteils um depravierte Jugendliche aus Unterschichten. Die Aktivisten kommen großteils aus Milieus, deren Sozialisation Hemmschwellen zur Militanz vernachlässigt hat und deren Gebrauch von NS-Stilistik mit rigiden politischen und moralischen Ordnungsvorstellungen einhergeht (*Hennig*, 1982). Die positive Vermittlung der NS-Legende erfolgt durchweg über die Großelterngeneration (*Dudek* 1985: 234).
- *die unorganisierte Protestszene von rechts.* Im Umfeld von Skinheads, Fußballfans und deren schwach strukturierten peer groups haben sich Protestpotentiale entwickelt, deren provokativer Gebrauch von NS-Stilistik aufgrund der zumeist lokalen Schwerpunkte an Schulen, Jugendzentren und anderen Orten oft zu schweren, örtlichen Konflikten und erheblichem sozialpädagogischem Handlungsdruck führt (vgl. *Stöss* 1984).

Die oben skizzierte, historisch entstandene subkulturelle Infrastruktur des Rechtsextremismus durchdringt auch die gegenwärtige, eher von Jugendlichen und jungen Erwachsenen geprägte Szene. Durch äußeren Druck und traditionalistische Verhaltensmuster bewirktes elitäres Bewußtsein, Deutungsmuster von Verfolgung und Entrechtung und hohe kommunikative Dichte teilen sie mit der älteren Struktur des rechten Lagers. Dabei wird jedoch eine stärker werdende Polarisierung sichtbar: Der – generationsbedingte – politische Fatalismus der „alten" Rechten verschwindet zugunsten einer doppelten Radikalisierung: Während die neonazistischen und unorganisierten Milieus das Stigma offensiv akzeptieren, es ohne Rücksicht auf utilitaristische Güterabwägungen provokativ zur Schau stellen und sich damit öffentliche Aufmerksamkeit verschaffen, versuchen die gemäßigte disziplinierte Rechte und die Theoriezirkel der „Neuen Rechten" das Stigma zu unterlaufen durch Vernachlässigung und Abdrängung der NS-Symbolik und theoretische Neuorientierung. Das Absetzen aus der Subkultur wird jedoch durch zwei strukturelle Faktoren nachhaltig behindert: Der Faschismus-Vorwurf von außen trifft als politischer Kampfbegriff das *gesamte* rechte Lager und damit undifferenziert immer auch in stigmatisierender Weise die gemäßigte Rechte im NPD-Umfeld und die Zirkel der Neuen Rechten. Darüber hinaus behindern die lange verfestigten Vernetzungen mit der alten Rechten – organisatorisch, politisch, kommunikativ – eine tatsächlich eigenständige Perspektive von rechts. Dazu gehört, oft übersehen, auch die *kulturelle Praxis* des Netzwerks: lebenspraktische Orientierungen, subjektive Wertsetzungen, Sprachregelungen, Feierrituale, soziale Beziehungsmuster und Umgangsformen stiften einen gemeinsamen Lebenszusammenhang, der das *gesamte* rechte Lager zusammenhält. Nur am Rande sei hier vermerkt, daß gerade diese kulturelle Praxis selbst, auch in ihren Beziehungen zu anderen politischen Milieus, einer sozialwissenschaftlichen terra incognita gleichkommt. Zu fordern sind insbesondere gegenstandsbezogene gruppensoziologische Ansätze und – zum wiederholten Male – das „unmoralische" Einlassen auf die Subjektivität der „Betroffenen" als Individuen und politische Kleingruppen. Verharmlosende Ignoranz auf der einen, innerstaatliche Feinderklärungen (z. B. *Jesse* 1986) auf der anderen Seite sind wenig taugliche Voraussetzungen weiterführender Analysen einer politischen Außenseiter-Kultur.

3. Umgang mit Rechtsextremismus: Verrechtlichung und historisch-verzerrte „geistig-politische Auseinandersetzung"

„In der Bundesrepublik Deutschland unterliegt die Auseinandersetzung mit dem Rechtsextremismus besonderen Bestimmungsgrößen. Die Eroberungskriege und rassistischen Verbrechen der nationalsozialistischen Machtinhaber haben den politischen Kulturen Deutschlands und dem Staatswesen Bundesrepublik eine Hypothek aufgeladen, die das Verhältnis von Staat und Gesellschaft zum Rechtsextremismus noch auf Jahrzehnte bestimmen wird. . . .Die Verpflichtung zur Wahrung der Demokratie gilt nach innen und außen. Das außenpolitische Ansehen der Bundesrepublik Deutschland hängt im besonderen Maße davon ab, daß deutlich gemacht werden kann, daß der Extremismus in der Bundesrepublik Deutschland keine Rolle spielt und auch keine Chance hat, dies zu tun. Der Nachweis der Demokratiefähigkeit und der Resistenz gegenüber (rechts)extremistischen Bestrebungen bestimmt das Ansehen der Bundesrepublik Deutschland in fast der ganzen Welt." (*Kalinowski* 1985: 1 f.)

Dieses offenherzige Bekenntnis entnehmen wir der Einleitung einer im Bundesjustizministerium angefertigten Studie über Strafverfahren gegen rechts. Wenn „besondere" historische „Bestimmungsgrößen" den Umgang mit dem rechten Extremismus vorzeichnen, warum ist dann verfassungsrechtlich Links- und Rechtsextremismus im Konzept der „streitbaren Demokratie" gleichgesetzt worden bzw. warum wird dieser Konstruktionsfehler nach wie vor beibehalten? Warum werden, wenn schon historisch argumentiert wird, einstige Täter und Opfer heute gleichermaßen als Feinde der Verfassung bezeichnet und behandelt? Des weiteren müßte gefragt werden: Wenn außenpolitische Kalküle und Delegitimationsprobleme den Umgang mit rechts nachhaltig beeinflussen, ist dann nicht die *systematische* Verharmlosung eine ebenso zwangsläufige Folge wie etwa schnelles Aburteilen, Kriminialisieren und andere Formen der geräuschlosen politischen Verdrängung der unseligen Vergangenheit? Zeichnen sich hier nicht im Namen der Demokratie institutionelle und kollektive Umgangsformen ab, deren demokratische Qualität zu bezweifeln ist? Es kann daher nicht verwundern, wenn der Bundesinnenminister in seiner „innenpolitischen Leistungsbilanz 1982–1986" der Rechtsextremismus-Problematik nur wenige Zeilen widmet. Dem Bekenntnis zur „wehrhaften Demokratie" und zur „geistig-politischen Auseinandersetzung mit dem Extremismus" folgt der Hinweis, auch die Möglichkeiten des Vereinsverbots würden „entschlossen" eingesetzt (*BMI* 1986: 60). Beide Strategien sind seit Jahren die vorherrschende Variante im Umgang mit dem Rechtsextremismus. Aus der Sicht einer kritischen Sozialwissenschaft sollten wir sie als Problem der Verrechtlichung und als Problem einer *historisch verzerrten* „geistig-politischen Auseinandersetzung" problematisieren.

Vor dem Hintergrund einer stark ansteigenden Zahl von Gesetzesverstößen mit rechtsextremistischem Hintergrund (1974: 136 erfaßte Fälle, 1983: 2169 erfaßte Fälle) ist naturwüchsig die politische Justiz als Träger von Gegenmaßnahmen stärker gefordert. Die wachsende Inanspruchnahme der Justiz kommt Forderungen aus dem linken öffentlichen Spektrum entgegen, die Verbotsmaßnahmen für ein Gebot des „*Antifaschismus*" halten. Sie entspricht aber auch insofern einer in der politischen Kultur der Bundesrepublik angelegten Tendenz zur Verdrängung des kollektiven Schuldbewußtseins, als die Verrechtlichung des Rechtsextremismus immer auch einhergeht mit seiner Entpolitisierung. Die Reduktion politischer Zusammenhänge auf Straftatbestände verengt den politischen Protest auf die Erfüllung/Nichterfüllung strafrechtlich relevanter Delikte und entlastet von der Auseinandersetzung mit politischen Motivationen. Sie verschafft dem kollektiven Bewußtsein ein gutes Gewissen, indem Toleranzgrenzen aufgezeigt und Verstöße wirksam sanktioniert werden. Die zwangsläufige strafprozessuale Personalisierung tut ein übriges, die Wahrnehmung zu befördern, es handele sich um isolierte Einzeltäter, deren Aburteilung der Gesellschaft einen historisch verfänglichen Problemdruck vom Halse schafft. So taucht denn an keiner Stelle der Urteilsbegründung, in der am 30.6.1986 der ehemalige Führer der gleichnamigen Wehrsportgruppe, Hoffmann, zu einer langjährigen Freiheitsstrafe verurteilt wurde, implizit oder explizit der Begriff „Rechtsextremismus" auf.

Darüber hinaus erfüllt die Verrechtlichung des Umgangs mit Rechtsextremismus eine generalpräventive Funktion. Während nur 0,4 Prozent aller NPD-Mitglieder zwischen September 1978 und Dezember 1982 rechtskräftig wegen politischer Delikte verurteilt wurden, waren es bei neonazistisch Organisierten immerhin 14,3 Prozent (*Kalinowsky* 1985: 245). Praktisch ist somit eine Minderheit innerhalb der extremen Rechten strafrechtlich in Erscheinung getreten. Die kollektive öffentliche Wahrnehmung vermengt jedoch politische Kriminalität mit der *gesamten* extremen Rechten und stigmatisiert diese als Ganze. Die Eintrittsschwellen für den politischen Nachwuchs werden auf diese Weise spürbar erhöht. Kalinowsky bzw. das Bundesjustizministerium vertreten in diesem Zusammenhang die These, das Strafrecht übe „eine Steuerung und Kontrolle der politischen Kultur aus" (S. 251), ohne die Kompatibilität dieses Zwanges mit der geforderten argumentativen „geistig-politischen Auseinandersetzung" überhaupt zu diskutieren.

„Der Kampf gegen die Feinde unserer Staats- und Gesellschaftsform, gegen Terror und Gewalt", heißt es im Verfassungsschutzbericht für das Jahr 1984, „beginnt im Vorfeld der Gefahr und im Vorfeld der Gewaltanwendung." Die geforderte „geistig-politische Auseinandersetzung" ist mittlerweile eine breit akzeptierte Grundlage. Sie wird durchgeführt in zahlreichen Seminar- und Fortbildungsveranstaltungen der Erwachsenenbildung, in Schulen und außerschulischen Curricula. Obwohl zusammenfassende Erhebungen hierüber nicht vorliegen, kann eine Tendenz als vorherrschend ausgemacht werden: Der Nationalsozialismus und das Dritte Reich nehmen einen herausragenden Platz ein. Die Kenntnis dieser historischen Zusammenhänge, die „Aufarbeitung der Vergangenheit" „immunisiere" gegen rechts, so die verbreitete pädagogische Ausgangsannahme. Dabei wird jedoch häufig übersehen, daß die subkulturelle Struktur des rechten Lagers bei der Selbstrekrutierung keineswegs auf historische Zusammenhänge der NS-Symbolik angewiesen ist: Kameradschaft, männliche Tugenden, bündische Strukturen und autoritäre Parolen appellieren an Werte, die dem kollektiven Orientierungshorizont der politischen Kultur heute entnommen sind und keineswegs als solche auf NS-Zusammenhänge verweisen. Es gilt heute, die „geistig-politische Auseinandersetzung" nicht aus der Frontstellung Gut gegen Böse, „Demokraten" gegen „Extremisten" zu führen, sondern jene Schnittstellen, welche das rechte Lager mit der Mehrheitskultur verbindet, jene „Brücken nach rechts" zum Gegenstand diskursiver Auseinandersetzung zu machen. Die besondere Qualität der Problematik von Mehrheit und Minderheit besteht hier darin, daß die Minderheit existentiell an historisch gewordene kollektive Schuldgefühle und Verdrängungspraktiken appelliert. Eine demokratische politische Kultur darf diesen Zusammenhang nicht aus dem Prozeß ihrer Identitätsfindung abdrängen, die nach wie vor existenten „Brücken nach rechts" nicht verbergen. Die Qualität und Stabilität einer demokratischen politischen Kultur bemißt sich am Umgang mit ihren politischen Gegnern, aber auch daran, ob innerstaatliche Feinderklärungen oder selbstreflexive Diskurse diesen Umgang leiten.

Zur politischen Kultur der neuen sozialen Bewegungen

Karl-Werner Brand

Die politischen Orientierungs- und Handlungsmuster haben sich in den vergangenen zwei Jahrzehnten in der Bundesrepublik nachhaltig verschoben. An die Stelle des für die politische Kultur der Nachkriegs- und Wiederaufbaujahre charakteristischen Amalgams aus „staatsbürgerlichem" Pflichtdenken und privatistischem Rückzug, aus kleinbürgerlich-autoritären Tugend- und Ordnungsvorstellungen, Antikommunismus und formalistischem Demokratieverständnis, sind in breiten Bevölkerungsschichten – wenn auch in generations- und schichtspezifischer Akzentuierung – partizipative Orientierungs- und Handlungsmuster getreten. Haben sich diese Veränderungen auch in einem komplexen Bedingungsfeld ökonomischer, politischer und soziokultureller Modernisierung vollzogen, so waren die „neuen sozialen Bewegungen"[1] doch ein Hauptakteur dieses politisch-kulturellen Transformationsprozesses. In mehreren, einander folgenden Protestwellen wurden seit Ende der 60er Jahre, von der APO bis zur Friedensbewegung der 80er Jahre und der nach Tschernobyl wieder auflebenden Anti-AKW-Bewegung, überkommene Ordnungs- und Legitimationsmuster erschüttert und politische Sozialisationsprozesse in Gang gesetzt, die nicht nur den Erfahrungshorizont der jeweils nachwachsenden Alterskohorten nachhaltig prägten, sondern, im Sog gesellschaftsweiter Mobilisierungsprozesse, neuen Problemsensibilitäten und Wertmaßstäben, neuen Organisations- und Aktionsformen auch generationsübergreifend Geltung verschafften.

Nun sind die neuen sozialen Bewegungen ein heterogenes Feld von Einzelbewegungen und Milieus. Abwehrbewegungen gegen großtechnische, militärische oder bürokratische Modernisierungsprojekte stellen themen- und situationsspezifische Zweckbündnisse von Gruppen unterschiedlicher Betroffenheit, Interessenlage und politischer Couleur dar. Emanzipationsbewegungen treten in unterschiedlichen partikularistischen Gestalten auf. Suchbewegungen bilden ein buntes Spektrum sub- und gegenkultureller Lebensstile aus. Läßt sich angesichts dieser Heterogenität überhaupt von „neuen sozialen Bewegungen" als einem einheitlichen Typus sprechen? Weisen die in diesen Bewegungen vorfindbaren Formen politischer Kultur nicht nur die Züge pluralistisch aufgefächerter, partikularer Besonderheiten sondern auch gemeinsame, typische Merkmale auf? Bestimmen bei einem Rückblick auf die letzten 10 oder 20 Jahre nicht eher zeitspezifische Stimmungs- und Themenkonjunkturen, wechselnde subkulturelle Stile und veränderte politisch-ökonomische Rahmenbedingungen das jeweilige Profil dieser Bewegungen als immanente Lernprozesse und sich herausbildende neue Muster politischer Kultur? Diese Fragen ließen sich nur durch eine genauere Rekonstruktion der Prozesse der Entwicklung der neuen sozialen Bewegungen beantworten: der Brüche, Verwerfungen und Kontinuitätslinien zwischen den einzelnen Entwicklungsphasen, in denen sich sowohl die gesellschaftlichen Rahmenbedingungen als auch die Stoßrichtung, die Deutungsmuster und die Handlungsstrategien der Bewegungen in markanter Weise verschoben haben. Dazu können hier in einem ersten Argumentationsschritt nur einige Stichworte geliefert werden.

Das ideologisch schillernde Profil der neuen sozialen Bewegungen legt andererseits auch Analogien zu früheren zivilisationskritischen Bewegungen nahe. Die antimodernistische Emphase dieser Bewegungen rief deshalb auch vehemente, rechte wie linke, in- und ausländische Kritiken auf den Plan, die in den neuen sozialen Bewegungen das Wiederaufleben verhängnisvoller deutscher Traditionen der politischen Romantik, eines wirklichkeitsfremden Idealismus und irrationaler, lebensphilosophischer Strömungen zu erkennen glauben. Nicht nur mit Blick auf diese, sondern auch auf die komplementäre, obrigkeitsstaatliche Seite der überkommenen Muster deutscher politischer Kultur läßt sich freilich nach weiter wirkenden Traditionen fragen.

Ich möchte deshalb in einem zweiten Argumentationsschritte der Frage nachgehen, inwieweit die spezifische Gestalt der neuen sozialen Bewegungen in der Bundesrepublik einerseits von Traditionsüberhängen der deutschen politischen Kultur geprägt ist, inwieweit diese Traditionen andererseits durch die Effekte der neuen sozialen Bewegungen aber auch nachhaltig verändert wurden. Beginnen möchte ich diese Ausführungen mit einem Blick auf den empirischen Forschungsstand zur politischen Kultur der neuen sozialen Bewegungen.

1. *Zum Forschungsstand*

Generelle Bevölkerungsumfragen sind ein für die Zwecke der Bewegungsforschung wenig geeignetes Instrument. Zum einen besteht die Gefahr, daß die erreichbaren Fallzahlen zu niedrig bleiben, um hinreichend differenzierte und verläßliche Informationen über Mitglieder und Sympathisanten der einzelnen Bewegungen zu gewinnen. So wurde häufig versucht, stellvertretend von der Befragung der Wähler und Sympathisanten der GRÜNEN auf Wertorientierungen, ideologische Präferenzen und politische Partizipationsmuster der Anhänger neuer sozialer Bewegungen zu schließen (z. B. *Bürklin* 1984; *Schmidt* 1984). Daß dies ein fragwürdiges Unterfangen ist, zeigt sich bereits daran, daß die Ökologie- und die Friedensbewegung auch unter SPD- und CDU-Wählern eine breite, aktive Anhängerschaft findet (vgl. *Reuband* 1985; *Müller-Rommel* 1985a, 1985b). Zum anderen stellten Umfragen, die auf die statistische Verteilung und Korrelation einzelner Variablen zielen, ein allzu grobmaschiges Netz dar, um die *eigentümliche Gestalt* der Orientierungs- und Handlungsmuster in sozialen Bewegungen erfassen zu können.

Die Ergebnisse der wenigen einschlägigen quantitativen Untersuchungen geben dennoch erste Hinweise auf die politische Kultur in den neuen sozialen Bewegungen. Sie sollen hier deshalb in Stichworten referiert werden:

Theoretischer wie empirischer Bezugspunkt vieler Analysen der neuen sozialen Bewegungen ist die Wertwandel-Theorie *Ingleharts*. Sie konstatiert 1. die Verbreitung neuer „postmaterialistischer“

Werte in den jüngeren, unter materiell gesicherten Bedingungen aufgewachsenen Altersgruppen, 2. die erhöhte Bereitschaft der „Postmaterialisten" zum politischen Protest (da ihre Prioritäten im Rahmen des bestehenden Systems nur ungenügend Berücksichtigung finden), 3. die Ausbildung einer neuen politischen Konfliktlinie, die sich nicht mehr wie die alte „links-rechts" Dimension auf sozioökonomische sondern auf „postmaterialistische" Streitfragen bezieht (Fragen der Lebensqualität, des Umweltschutzes, der Selbstverwirklichung und Selbstbestimmung, der humanen Gesellschaft etc.); zugleich assimiliere die alte „links-rechts" Dimension die neuen Streitfragen, so daß sich eine neue „postmaterialistische Linke" herausbilde, die den Protest der neuen sozialen Bewegungen trage (*Inglehart* 1979, 1983).
Gestützt auf eine Eurobarometer-Umfrage von 1982 fragt *Müller-Rommel* (1985a, 1985b) nach den parteipolitischen Präferenzen der Anhänger der neuen sozialen Bewegungen (Anti-AKW-, Ökologie- und Friedensbewegung) in verschiedenen Ländern Westeuropas und nach dem Zusammenhang dieser Präferenzen mit ideologischen Orientierungsmustern und Wertprioritäten. Er kommt zu folgenden Ergebnissen: 1. „postmaterialistische" Wertorientierungen stehen, gekoppelt mit einem hohen Bildungsniveau, in einem deutlichen Zusammenhang mit der Bereitschaft, sich in den neuen sozialen Bewegungen zu engagieren; 2. in der Bundesrepublik (wie in den meisten anderen Ländern) ist die „mitte-links" Selbsteinstufung der Anhänger der neuen sozialen Bewegungen dominant, bei Anhängern der Friedensbewegung noch ausgeprägter als bei den etwas linkeren Atomkraftgegnern und „Ökologen"; 3. die „links-rechts" Dimension erfahre dabei eine „postmaterialistische" Neudefinition (so auch *Inglehart* und *Murphy* u. a. 1981); Anhänger der neuen sozialen Bewegungen präferieren – sofern vorhanden – kleinere „postindustrielle Linksparteien" oder „grüne" Parteien; 4. das gelte allerdings in geringerem Maße für die Anhänger der Friedensbewegung: sie sind in der Bundesrepublik überwiegend SPD-Wähler, gehören zwar überproportional der jüngsten Altersgruppe an, aber nur etwa zur Hälfte den „Postmaterialisten" und den formal höher Gebildeten; ideologisch ordnen sie sich überwiegend der „Mitte" und „mitte-links" Positionen zu.

Auf der Grundlage der SPIEGEL-Studie (1981) und einer Reihe von Wahlumfragen kommt *Küchler* (1983a, 1983b) zu dem davon scheinbar etwas abweichenden Ergebnis, 1. „daß das Aktivpotential der Friedensbewegung vornehmlich in den jüngeren Bürgern mit höherem Schulabschluß zu sehen ist" (1983b: 3), 2. „daß die höchste ‚typspezifische Wahrscheinlichkeit', die Friedensbewegung für notwendig zu halten (92,1 %), (aber) bei den Postmaterialisten unter den Hochgebildeten anzutreffen ist" (1983b: 10). Diese akzentuierte Interpretation der Befunde bezieht sich allerdings auf relative, gruppenspezifische Anteile an Anhängern der Friedensbewegung und nicht, wie bei *Müller-Rommel*, auf die Gesamtverteilung der Anhängerschaft auf diese einzelnen Gruppen (Alters-, Bildungsschicht, Postmaterialisten, usw.). Diese Sichtweise legt es nahe, die Unterstützung der Friedensbewegung als Manifestation eines generellen postmaterialistischen Einstellungssyndroms zu deuten, das in der Stationierungsfrage nur einen – vorübergehenden – Kristallisationskern gefunden habe.

Reuband (1985) bestreitet eben diese These. Auf der Basis einer EMNID-Umfrage von 1982 bestätigt er zwar das Ergebnis, daß die Anhänger der Friedensbewegung eher „postmaterialistisch" orientiert seien – je intensiver das Engagement in der Bewegung, desto stärker; diese Beziehung erkläre aber in erster Linie die unkonventionelle Handlungs- bzw. Protestbereitschaft und nicht die Einstellung zur „Nachrüstungs"-Thematik. Letztere sei auf eine themenspezifische Wertekonfiguration zurückzuführen, in der der „Weltfriede" (in Verbindung mit der Betonung von „Freiheit" und „Menschenrechten") die höchste Priorität besitzt. Andere Ergebnisse bestätigen und ergänzen die Befunde von *Müller-Rommel*: Nur unter den aktiven Mitgliedern der Friedensbewegung macht der Anteil der GRÜNEN eine knappe Mehrheit aus, bereits unter den „starken Anhängern" der 15–24jährigen nur noch ein Drittel; bei den über 25jährigen sind es bereits doppelt soviel CDU-

und dreimal soviel SPD-Wähler. Die Einstellung zur Gesellschaftsordnung sei bei jüngeren wie älteren Mitgliedern und Anhängern der Friedensbewegung überwiegend reformistisch (ca. 60 %) oder status-quo-orientiert (ca. 25 %). Je intensiver die Identifikation mit der Friedensbewegung, desto größer die Unzufriedenheit mit dem „Funktionieren der Demokratie"; eine generelle „Parteiverdrossenheit" sei aber nicht festzustellen.

Indikatoren wie die Postmaterialismusskala, ideologische Selbsteinstufungen auf der Links-Rechts Dimension oder Wahlpräferenzen stellen nur sehr grobe Orientierungspunkte für die Erfassung der politischen Kultur in den neuen sozialen Bewegungen dar. Die für jeden direkten Beobachter frappierende Heterogenität der Gruppen und Strömungen in diesen Bewegungen fällt durch die analytischen Raster quantitativer Umfragen fast völlig durch. Der generell vermittelte Eindruck, in den neuen sozialen Bewegungen formiere sich eine postmaterialistisch orientierte „Partizipationselite von jüngeren Bürgern mit höherem Schulabschluß" (*Küchler* 1983b: 15) mag für die Mehrheit des Mobilisierungspotentials zutreffen und damit auch für den politischen Stellenwert dieser Bewegungen von erheblicher Bedeutung sein; über die z. T. sehr gegensätzlichen politischen Orientierungs- und Handlungsmuster der in den verschiedenen Bewegungssträngen aktiven Gruppen, über das in gemeinsamen Konflikterfahrungen gewachsene neue Politik- und Demokratieverständnis, über den Diskurs der Bewegungen, über gelungene und nicht gelungene Lernprozesse und ideologische Reaktionsbildungen wird damit wenig oder nichts ausgesagt. Der direkte Zugang zu den Bewegungen ist deshalb unerläßlich.

Nun liegt zwar eine ganze Reihe (meist sehr bewegungsnaher) empirischer Arbeiten vor, in denen lokale Konflikte, Initiativen und Bewegungsorganisationen beschrieben und untersucht, oder in denen Bestandsaufnahmen von alternativen Projekten und sozialen Selbsthilfegruppen vorgenommen werden (vgl. die Literatur in *Brand* u. a. 1986 sowie in *Vilmar* und *Runge* 1986); wenn auch z. T. unter anderen Stichworten, so werden darin gewöhnlich doch diverse Aspekte der politischen Kultur dieser Gruppen oder Bewegungen beleuchtet. Hinzu kommen ideologiekritische Analysen spezifischer Bewegungsdiskurse, etwa die Studien von *Kohlenberger* und *Schwarz* (1982) und von *Deutz* u. a. (1982) zu Bewußtseinsformen bzw. zur politischen Ideologie in der „Zweiten Kultur" in West-Berlin. Diese Studien vermitteln bisher aber nur einen sehr bruchstückhaften, von unterschiedlichen Forschungsinteressen, methodischen Zugängen und politischen Standpunkten geprägten Einblick in die politische Kultur der neuen sozialen Bewegungen. Überblicksarbeiten zur Gesamtsituation der neuen sozialen Bewegungen (*Brand* u. a. 1983/1986; *Roth* 1985) oder zu einzelnen Bewegungssträngen (vgl. die Literatur ebd.) bleiben in dieser Hinsicht meist nicht nur recht kursorisch; jeder Versuch, aus diesen Bruchstücken ein Gesamtbild zu zeichnen, besitzt notgedrungen auch immer spekulativen Charakter.

Diese spekulativen Elemente verstärken sich noch, wenn das ideologisch schillernde Profil der neuen sozialen Bewegungen und deren *historische Analogien* zum Ausgangspunkt der Analyse der in ihnen entwickelten politisch-kulturellen Orientierungsmuster genommen wird. So ist die Wiederkehr klassischer zivilisations- und modernisierungskritischer Motive in den neuen sozialen Bewegungen nicht zu verkennen. Die Entfaltung einer „neuen Spiritualität" und Sensibilität, die Betonung ganzheitlicher Formen des Lebens und „natürlicher Kreisläufe", die Utopien der Versöhnung von Kopf und Bauch, von Mensch und Natur, die Sehnsucht nach Gemeinschaft, die Suche nach nicht-entfremdeten, egalitären Formen des Zusammenlebens, die Faszination durch nicht-szientistische Erfahrungsformen, durch den Mythos und das „Verrückte" – all diese Motive finden sich in jeweils anderen Akzentuierungen sowohl im gegenkulturellen Aufbruch der 60er als auch im Antimodernismus der 70er, in den „Ökopax"-Visionen der Friedensbewegung und im Jugendprotest der frühen 80er Jahre. Das periodische Auftreten derartiger zivilisationskritscher Strömungen legt eine zyklentheoretische Interpretation nahe. (Einen informativen Überblick über derartige Ansätze bietet *Bürklin* 1986.) Besonderer Beliebtheit erfreut sich dabei der Bezug auf die Theorie der „langen Wellen" des kapitalistischen Akkumulationsprozesses. Derartige Zusammenhänge sind empirisch allerdings noch kaum untersucht.

So setzt *Schwendter* (1982, 1984) auf der Grundlage einer umfassenden Sichtung literarischer und wissenschaftlicher Zukunftsentwürfe des 19. und 20. Jahrhunderts den Wechsel der gesellschaftlichen „Grundtonalität" von optimistischen Aufbruchs- und Entgrenzungsstimmungen zu einer pessimistischen Grundstimmung, zur Bewußtwerdung der Grenzen (des Machbaren, der Ressourcenbelastung), zur Wertschätzung „dezentraler", „natürlicher" Lebensformen, mit den auf- und absteigenden Wellen des langen Akkumulationszyklus in Verbindung. Eine dem Kondratieff-Zyklus parallele Entwicklung des politischen Themen- und Wertwandels stellen auch *Namenwirth* (1973) und *Weber* (1981) aufgrund einer quantitativen Inhaltsanalyse von amerikanischen Parteiprogrammen bzw. britischen Thronreden fest. *Bürklin* (1984) meint eine zyklische Abfolge von „realistischen" und „idealistischen" Weltanschauungen von der Aufklärung bis zur Gegenwart feststellen zu können, die er mit Zyklen der politischen Neugruppierung und Mobilisierung in Verbindung bringt. Inwieweit diese Befunde inhaltlich miteinander kompatibel sind, ist noch völlig offen.
Aufgrund der empirischen Probleme bei der Identifikation derartiger langer ökonomischer Wellen (vgl. *Kleinknecht* 1981; *Irsigler* und *Metz* 1984) und aufgrund der historischen Materiallage erschien es mir plausibler, die periodische Verdichtung zivilisationskritischer Strömungen (in der Romantik, um die Jahrhundertwende, in den 1960er und 70er Jahren) als Reaktion auf tiefgreifende gesellschaftliche Modernisierungsschübe zu deuten.

Einen anderen Ansatzpunkt für die Interpretation und Bewertung der politisch-kulturellen Orientierungsmuster der neuen sozialen Bewegungen bietet die historische Kontinuitätslinie der mittelschichtspezifischen Rekrutierung ihrer Trägergruppen.

So sieht *Eder* (1985) die neuen sozialen Bewegungen in der Tradition des „Kleinbürger-Radikalismus". *Vester* (1983, 1985) begreift sie als Resultat einer „historischen Neuformierung und Neuradikalisierung der Mittelschichten" deren sozial und politisch eher ausgegrenzte Teile der kommunikativen Dienstleistungsberufe zu den dominanten Trägern einer neuen emanzipativen „plebejischen" Bewegung würden. Beide rekurrieren dabei auf *Bourdieus* „Habitus"-Kategorien, um in den neuen sozialen Bewegungen vorfindbare ideologische Orientierungsmuster und Protestformen dem Habitus der verschiedenen Varianten des alten und neuen Kleinbürgertums zuzuordnen. Das vermittelt im einzelnen oft überraschende Einsichten, bleibt insgesamt – vor allem im Hinblick auf die Übertragbarkeit der historischen und sozialstrukturellen Kategorien – aber doch ein recht zweifelhaftes Unterfangen.

Dieser kursorische Überblick mag genügen, um den unzureichenden Forschungsstand zur politischen Kultur in den neuen sozialen Bewegungen zu dokumentieren. Im folgenden werde ich versuchen, die oben aufgeworfenen Fragen aus meiner eigenen Problemsicht zumindest in Stichworten zu beantworten.

2. *Die Herausbildung einer neuen Form der politischen Kultur*

Die Herausbildung der neuen sozialen Bewegungen und deren Verlaufsdynamik läßt sich in verschieden tief gestaffelten Ebenen rekonstruieren. Ganz an der Oberfläche verlaufen die Wellen einzelner, themenspezifischer Mobilisierungskampagnen. Sie entzünden sich an spezifischen Bewegungsaktionen (z. B. die „Selbstbezichtigungsaktion" als Startsignal der Kampagne gegen den § 218), an politisch gesetzten Daten (Verabschiedung von Notstands-Gesetzen, Volkszählung, Raketenstationierung, Baubeginn umstrittener großtechnischer Projekte, usw.) oder an kontingenten Ereignissen (überzogene, repressive staatliche Reaktionen auf Demonstrationen; größere, politisch zurechenbare Unfälle; plötzliche Zuspitzung internationale Krisen, o. ä.) – an Themen, die eine hinreichende Symbolkraft besitzen müssen, um weit geteilte Ängste, Enttäuschung oder Empörung, diffuse Entfremdungserfahrungen, konkrete Kritik und Veränderungshoffnungen brennpunktartig bündeln zu können.
Sowohl die Mobilisierungskraft derartiger Kampagnen und Mobilisierungswellen als auch die Intensität der dadurch bewirkten Veränderungen der politischen Kultur speist sich wesentlich aus zeittypischen Stimmungslagen und Problemsensibilitäten. Diese werden auf einer sehr generellen Ebene von *Tiefenströmungen* geprägt, die dem jeweils herrschenden Zeitgeist eine bestimmte „Grundtonalität" (*Schwendter*) verleihen. Ich habe an anderer Stelle die These breiter ausgeführt, daß die neuen sozialen Bewegungen ihre utopische Kraft, ihre inhaltliche Radikalität, ihre breite gesellschaftliche Resonanz, aber auch ihre inhaltliche Ambivalenz der katalysatorischen Wirkung einer neuen Welle zivilisationskritischer Strömungen verdanken, die in den 60er Jahren anhebt und zu Beginn der 80er Jahre wieder verebbt (*Brand* 1987b). Das bedeutet aber auch, daß sich die neuen sozialen Bewegungen in ihren heterogenen Strängen mit dem Abflauen dieser zivilisationskritischen Strömung gleichsam auf ihre eigenen Füße gestellt sehen. Die Mobilisierungsarbeit wird mühseliger, alltäglicher.
Die einzelnen Themenkonjunkturen und Mobilisierungskampagnen der neuen sozialen Bewegungen werden aber nicht nur von einer homogenen Grundströmung getragen. Diese verändert vielmehr in einer Art Pendelbewegung ihre spezifische „Tonalität". So läßt sich gegen Mitte der 70er Jahre ein grundlegender Stimmungsumschlag feststellen, der die Stoßrichtung und die Selbstthematisierung der neuen sozialen Bewegungen nachhaltig verändert. Gemeint ist der Wechsel von optimistischen Aufbruchs- und Entgrenzungsstimmungen zu einer pessimistischen Grundstimmung, zur Bewußtwerdung der „Grenzen des Wachstums" und des „Machbaren", zur Wende nach Innen, zur Wertschätzung des Kleinen und Überschaubaren, von Heimat und Tradition. Stehen die Bewegungen der späten 60er Jahre in bester Tradition der Aufklärung und eines unbegrenzten, revolutionären Fortschrittsglaubens, so werden in den Bewegungen der 70er Jahre fortschrittsskeptische und antimodernistische Haltungen dominant. Stellt die emphatische Einforderung der freigesetzten individuellen und gesellschaftli-

chen Emanzipationspotentiale der Moderne, der Glaube an die umfassende rationale Plan- und Gestaltbarkeit der gesellschaftlichen Entwicklung sowohl die Triebfeder des antiautoritären Protests als auch des nachfolgenden reformistisch-institutionellen Aufbruchs dar, so treten in den 70er Jahren die ökologischen und lebensweltlichen Belastungen des Modernisierungsprozesses in den Vordergrund. Das verleiht nicht nur dem Widerstand gegen großtechnische Projekte und Risikotechnologien sowie der Entwicklung „alternativer" Zukunftsentwürfe, sondern auch der „konservativen Trendwende", der Beschränkung auf das „politisch Machbare", eine breite Resonanz[2].
Finden die Bewegungen der 70er Jahre im Paradigmenwechsel dieser modernisierungskritischen Wende auch erst zu ihrem Selbstverständnis als „neue soziale Bewegungen", so erschöpft diese Stimmungslage weder die realen Anliegen der einzelnen Bewegungen noch deren spezifische Gestalt und Entwicklungsdynamik. Letztere läßt sich – von den nationalen Prägefaktoren einmal abgesehen (dazu weiter unten) – am besten begreifen, wenn wir auf einer mittleren Ebene *Entwicklungsphasen* unterscheiden, die den Entfaltungsrahmen der einzelnen Bewegungen in spezifischer Weise strukturieren und damit auch Diskontinuitäten in der Entwicklung, Themenverschiebungen, Veränderungen der Problemsicht, des Selbstverständnisses und der Handlungsstrategien verständlich machen. Bestimmungsgründe derartiger Phasen sind sowohl politisch-ökonomische Parameter (politischer Machtwechsel, Start oder Scheitern von Reformprogrammen, konjunkturelle Auf- und Abschwünge, nachhaltige Verschlechterung der materiellen Lebenschancen, internationale Krisenlagen) als auch Form und Ausgang wichtiger Einzelkonflikte (Notstandsgesetzgebung, Abtreibungsregelung, Stationierungsbeschluß) und die damit verbundene interne Entwicklung der Bewegungen. In bezug auf die Entwicklung der neuen sozialen Bewegungen in der Bundesrepublik lassen sich sechs derartige Phasen unterscheiden: 1. die 68er Bewegung, 2. Aufbruchstimmung und institutionelle Reform, 3. Ernüchterung und Formierung des neuen „ökologischen" Protests, 4. massive Konfrontation und Ausbruchsversuche aus dem status quo, 5. Krisenstimmung, Zukunftsängste und Katastrophenerwartung, 6. Dezentrierung und Diffusion der Bewegungsimpulse. (Eine ausführlichere Darstellung der Brüche und Kontinuitätslinien zwischen der 68er Bewegung und dem Protestzyklus der 70er und frühen 80er Jahre findet sich in *Brand* 1987a.)
In diesen sechs Entwicklungsphasen hat sich die Herausbildung der neuen sozialen Bewegungen als ein neuer Bewegungstypus vollzogen. Auf dem Boden der von der 68er Bewegung geschaffenen neuen Sensibilität für Fragen der Selbstverwirklichung, der Lebensqualität und der Möglichkeiten (und Einschränkungen) demokratischer Selbstbestimmung sowie auf der Grundlage der von ihr geschaffenen Infrastruktur an gegenkulturellen und politischen Projekten und der von ihr initiierten neuen Formen autonomer politischer Interessenvertretung und sozialer Selbsthilfe entwickeln sich in den 70er Jahren Bewegungen, die sich um neue Probleme und Widerstandssymbole kristallisieren, die neue Deutungs- und Kritikmuster ausbilden und sich aus breiteren, heterogenen Bevölkerungskreisen rekrutieren. Diese Bewegungen entzünden sich an Fragen der Selbstbestimmung und der „Lebensweise" sowie an den Folgelasten und Risiken des technischen, ökonomischen und politischen Modernisierungsprozesses. Getragen von einer antimodernistischen, zivilisationskritischen Strömung entwickeln

diese Bewegungen ihre thematische Stoßrichtung, ihr Selbstverständis, ihre Organisations- und Aktionsformen in einer zweifachen Frontstellung: gegen den seminar-marxistischen und kaderpolitischen Avantgardeanspruch, gegen das klassentheoretische Selbst(miß)verständnis und den ungebrochenen technisch-wissenschaftlichen Fortschrittsglauben der Neuen Linken auf der einen Seite, gegen das herrschende „Wachstumskartell" von Regierung, Kapital und Gewerkschaften auf der anderen Seite. Diese Frontstellung schiebt nicht nur neue politische Themen in den Vordergrund und bildet neue politische Konfliktlinien aus, sie stellt auch das herrschende politische Formprinzip in Frage. Sowohl die politischen Lernprozesse, die in den Bürgerinitiativen und in den Auseinandersetzungen mit den staatlichen Akteuren gemacht werden als auch die Lebensentwürfe und Wertvorstellungen gegenkulturell-emanzipativer Gruppen und Bewegungsstränge rücken ein *neues Politikverständnis* in den Vordergrund, in dem die Sensibilität für die politische Dimension des Privaten, in dem Prinzipien der Autonomie, der dezentralen Organisation und Selbstbestimmung, in dem unmittelbare Betroffenheit und diskursive, basisdemokratische Formen der Konsenbildung (sowie die komplementäre Ablehnung von Kaderprinzip und „Stellvertreterpolitik", von hierarchischen, stark institutionalisierten und bürokratischen Politikformen) einen hohen Stellenwert besitzen.

Dieses neue Politikverständnis wird durch die in den neuen sozialen Bewegungen ausgebildete industrialismuskritische Perspektive gestützt. Diese verleiht autonomistischen und partikularistischen Tendenzen, dem Rückgriff auf verschüttete Traditionen, auf archaische Mythen, auf romantische Utopien und ökologische Metaphern, aber auch einer neuen Körperlichkeit und Unmittelbarkeit ein besonderes Gewicht: erscheinen sie doch als die einzig verbliebenen, subversiven Formen des Widerstands gegen universell gewordene, das ganze Leben durchdringende Zwänge einer technokratisch-funktionalen Rationalität. Davon nähren sich freilich nicht nur „sanfte" Visionen gemeinschaftlichen Lebens oder „wertkonservative" Bestrebungen, natürliche Lebensräume und vertraute kulturelle Lebensformen zu bewahren; daraus speisen sich auch die Mythen der Militanz (vgl. *Kohlenberger* und *Schwarz* 1982). Diese Heterogenität der Milieus, der ideologischen Orientierungsmuster und subkulturellen Stilbildungen findet ihren gemeinsamen Nenner in der wechselseitigen Anerkennung des Prinzips der Autonomie, des Rechts auf Besonderheit, auf symbolisch-kulturelle Selbstverfügung (vgl. *Lau* 1985) – eine wechselseitige Toleranz, die nicht nur in gemeinsamen Widerstandserfahrungen sondern auch in der gemeinsamen Kritik an der Nivellierung, Anonymisierung und Entwertung des Einzelnen durch Bürokratisierungs- und Industrialisierungsprozesse ihre Stütze findet. Das schließt Spannungen, Konflikte und Spaltungstendenzen allerdings nicht aus, wenn es um die – in ihrer Notwendigkeit selbst umstrittene – Festlegung auf gemeinsame Handlungsstrategien und Widerstandsformen geht („gewaltfreie" Aktionen versus „unberechenbare" Vielfalt und Militanz). Die in unterschiedlichen Milieus und Bewegungen gewachsenen politisch-kulturellen Stile und Präferenzen prägen auch die Konfliktlinien innerhalb der GRÜNEN.

Über die antimodernistische, zivilisationskritische Emphase der Bewegungen der 70er und frühen 80er Jahre hinweg verweisen diese Merkmale der soziokulturellen Heterogenität auf *neue Formprinzipien sozialer Bewegungen und politischer Öffentlichkeit.*

Auch wenn das Verständnis des gegenwärtigen Transformationsprozesses industrieller Gesellschaften und der sich herausbildenden Konturen einer neuen, „postindustriellen" Gesellschaftsformation noch unscharf ist, so ist weder zu erwarten, daß sich entlang der neuen Konfliktthemen den Klassengegensätzen der industriellen Gesellschaft vergleichbare, sozialstrukturell klar geschiedene gesellschaftliche Lager, noch daß sich entsprechend geschlossene ideologische Systeme ausbilden. Die neuen Konflikte brechen vielmehr an vielen Punkten, anhand wechselnder Themen und unter Einbindung heterogener gesellschaftlicher Gruppen auf. Nicht mehr sozialstrukturell bestimmte, weitgehend homogene Lebenslagen und Problemerfahrungen sondern themenspezifische Betroffenheit und gemeinsame situative, von Fall zu Fall wechselnde Bedürfnisdefinitionen geben den Kristallisationskern für die Formierung neuer Kollektiver Akteure und sozialer Bewegungen ab. Diese stützen sich auf ein Netzwerk an Projekten, Initiativen und Selbsthilfegruppen, die über die Bewegungskonjunkturen und -flauten hinweg die materielle und soziale Infrastruktur für ad hoc entstehende, themenspezifische Mobilisierungskampagnen sichern. Diese „Graswurzelinitiativen" stellen für einen in den vergangenen 20 Jahren, mit jeder Mobilisierungswelle immer breiter gewordenen Bevölkerungssektor ein politisches Sozialisationsfeld dar, das kollektive Selbstorganisation und autonome Interessenvertretung zu einer neuen Selbstverständlichkeit werden läßt. *Vilmar* und *Runge* sprechen bundesweit von 400–600 000 Menschen, die allein in „sozialen Selbsthilfegruppen" engagiert sind (1986: 30); hinzu kommen Hunderttausende, die in Bürgerinitiativen oder autonomen Gruppen verschiedenster Art über längere oder kürzere Zeit aktiv werden. Neben die bestehenden Strukturen einer verbands- und parteiförmig organisierten, relativ hoch institutionalisierten Interessenvermittlung tritt so – nicht ohne Rückwirkung auf diese institutionellen Strukturen (vgl. *Schiller* 1985, *Raschke* 1985) – ein *neuer Typus kollektiver Interessenartikulation*, von themenspezifischen Organisations- und Mobilisierungsformen, die eine relativ flüssigen, offenen Charakter aufweisen.

Der kulturelle Pluralismus der neuen sozialen Bewegungen, die Betonung von Autonomie und diskursiven Formen der Willensbildung und Entscheidungsfindung, verweist aber auch auf einen neuen Mechanismus kultureller und politischer Integration, der für die Vielfalt lebensweltlicher Bedürfnisse und kultureller Ausdruckformen, für eine Pluralität von Lebensweisen und Sinndeutungen „durchlässig" ist. Angesichts fortschreitender Individualisierungs- und Heterogenisierungstendenzen signalisieren die neuen sozialen Bewegungen damit, in tastender oder provokativer Form, Möglichkeiten einer *reflexiveren* Art der politischen Vergesellschaftung und einer „argumentativen Rationalisierung staatlichen Handelns" (*Lau* 1985: 1120).

Das ist auch in den neuen sozialen Bewegungen nicht jedermanns Sache. Die Kontroversen um Gewaltfreiheit und Militanz belegen das. Träger des diskursiven Diskurses sind vor allem die neuen sozialen Dienstleistungsberufe, oder wohl genauer, die neue „*kommunikative Intelligenz*". Es ist ihre Sensibilität für Fragen der Selbstverwirklichung und Identitätsbildung, für ökologisch destruktive und sozial entmündigende Folgen industrieller und bürokratischer Modernisierung, die kommunikativen, basisdemokratischen Orientierungs- und Verhaltensmustern eine so hohe Bedeutung in den neuen sozialen Bewegungen verleiht. Und es ist der gesellschaftliche Status dieser Gruppen als konkurrierende, wenn auch z.T. marginalisierte Teile der neuen „postindustriellen" Eliten, ihre Verfügungsmöglichkeiten über gesellschaftlich notwendige Ressourcen (Information; kognitive, kommunikative und politische Handlungskompetenzen), die den neuen sozialen Bewegungen einen vergleichsweise hohen politischen Einfluß verschaffen.

3. Die Wechselwirkung von neuen sozialen Bewegungen und herrschender politischer Kultur

Im internationalen Vergleich ist das für die Bundesrepublik charakteristische Bild, die klare Scheidung von staatlich institutionalisierten, ins korporatistische System des politischen Entscheidungsprozesses eingebundenen, hoch zentralisierten Formen der Interessenvermittlung auf der einen und wenig formalisierten, dezentral organisierten, autonomen Bewegungen mit überwiegend anti-etatistischem und anti-institutionellem Selbstverständnis auf der anderen Seite, nicht die Regel, sondern die Ausnahme (vgl. *Brand* 1985). Diese spezifische Gestalt der neuen sozialen Bewegungen läßt sich in verschiedener Hinsicht als das *Produkt* überkommener Traditionen deutscher politischer Kultur begreifen:

1. In der historischen und sozialwissenschaftlichen Literatur wird die besondere Resonanz romantisch-idealistischer und zivilisationskritischer Strömungen in Deutschland, die Tradition des „Unpolitischen" und der harmonistischen Konfliktscheu, mit der Schwäche bürgerlich-demokratischer Bewegungen in Verbindung gebracht. Die Mittellage Deutschlands zwischen Ost und West mag darüberhinaus die (bereits in der Lebensreform um die Jahrhundertwende ausgeprägte) Faszination durch eine „Dritten Weg" verstärken. Es ist nicht von der Hand zu weisen, daß derartige Traditionslinien – vor allem das Fehlen fest verwurzelter demokratischer Konflikttraditionen – der antimodernistischen Stoßrichtung der neuen sozialen Bewegungen eine breitere Resonanz verschafft haben.
2. Die Kehrseite der Medaille ist die für Deutschland typische obrigkeitsstaatliche Tradition, die auch für die Bundesrepublik noch Geltung besitzt. Sie kommt in einem vergleichsweise hohen Maß an staatlicher Druchdringung der Gesellschaft zum Ausdruck: im Berufsbeamtentum, in der Etatisierung der Parteien, im hohen Verrechtlichungsgrad gesellschaftlicher Beziehungen, in der hoch institutionalisierten Form der Konfliktregulierung, im hohen verbandlichen Organisationsgrad und in der Einbindung der zentralen Interessenorganisationen in neokorporatistische Politikmuster. Das begründet auf der einen Seite ein relativ stabiles, aber nicht sehr anpassungsfähiges System selektiver Interessenvermittlung. Durch die autoritative Abschottung des politischen Systems gegenüber neuen, im Repräsentationskartell nicht vertretenen Interessen und Bedürfnissen werden diese, auf der anderen Seite, mit einer gewissen Notwendigkeit auf den Weg der außer- und gegeninstitutionellen Mobilisierung verwiesen. Diese obrigkeitsstaatliche Tradition kommt in staatlichen Reaktionen auf den Protest der neuen sozialen Bewegungen durchgängig zum Ausdruck: in der Praxis der „Berufsverbote", im perfektionistischen Ausbau sicher-

heitsstaatlicher Kontrollsysteme, in der Terroristenhysterie und der „Sympathisanten"-Hetze, in der paramilitärischen Aufrüstung und Reaktion der Polizei auf Demonstrationen an Bauzäunen usw., im legalistischen Politikverständnis, das GRÜNE, Atomkraft- und Stationierungsgegner, die „zivilen Ungehorsam" leisten, als „Staatsfeinde" abstempelt. Das fördert umgekehrt eine „fundamentaloppositionelle" Bewegungs-Emphase, autonomistische Selbstausgrenzungen und Militanz-Mythen.

3. Von entscheidender Bedeutung ist auch der durch den Nationalsozialismus bewirkte Traditionsbruch. So ist in keiner anderen westlichen Industrienation die Kluft zwischen den Generationen (in den politischen Ordnungs-, in den Wert- und Moralvorstellungen) so ausgeprägt wie in der Bundesrepublik (vgl. u. a. *Noelle-Neumann*, FAZ vom 24.7.1984). Gemeinsame „nationale" Traditionsbestände, die Konfliktlinien und Lagermentalitäten durch übergreifende, gemeinsame Identifikationsmöglichkeiten abfedern könnten, fehlen in der Bundesrepublik. Die politischen Konflikte erlangen dadurch rasch und unvermittelt den Charakter einer Auseinandersetzung ums Ganze.
   In anderer Weise beförderte die nationalsozialistische Zerschlagung des proletarischen Milieus die Gestalt und das politische Gewicht der neuen sozialen Bewegungen. Da die Arbeiterbewegung in der Bundesrepublik keine in alltäglichen Lebenszusammenhängen verankerte gesellschaftskritische Mobilisierungskraft mehr entfaltet, konnten sich die neuen sozialen Bewegungen, gleichsam auf freiem Terrain, themenspezifisch und quer zu den traditionellen Konfliktlinien entfalten.

Die in den spezifischen Traditionen deutscher politischer Kultur mitbegründete starke Polarisierungs- und Mobilisierungsfähigkeit der neuen sozialen Bewegungen verleiht ihnen nun aber auch eine vergleichsweise hohe Prägekraft, die eine *beschleunigte Veränderung dieser Traditionen* bewirkt.

1. Die neuen sozialen Bewegungen haben das allgemeine Problembewußtsein hinsichtlich der Belastungen und Risiken des industriellen Modernisierungsprozesses wesentlich geschärft. Sie haben darüberhinaus eine generell erhöhte Sensibilität für Fragen der Selbstverwirklichung geschaffen. Das führt sowohl gegenüber traditionellen Schranken der Selbstbestimmung als auch gegenüber neuen Einschränkungen zu erhöhter Konfliktbereitschaft; und es fördert die politische Relevanz von Lebensstilfragen.
2. Die neuen sozialen Bewegungen haben durch die umfassenden Mobilisierungsprozesse der 60er und 70er Jahre politische Lernprozesse ausgelöst, die partizipativen Mustern politischer Kultur, direkten, gewaltfreien Aktionen und basisdemokratischen Organisationsformen breite Geltung verschafften. Sie haben auf dieser Grundlage, neben den institutionalisierten Formen der Interessendurchsetzung, eine neue Form politischer „Bewegungs-Öffentlichkeit" und autonomer Interessenartikulation entwickelt.
3. In doppelter Hinsicht eröffnen die neuen sozialen Bewegungen ein neues Konfliktterrain.
   Der Versuch, überkommene Formen der Abhängigkeiten und Bindungen zu lösen, macht neue Zwänge sichtbar: die industrielle Standardisierung und Kommer-

zialisierung der Lebensstile, die Einbindung in immer komplexere, der eigenen Gestaltungsmöglichkeit entzogene Systemzwänge, die immer umfassendere „sicherheitsstaatliche" Organisation des gesellschaftlichen Lebens (*Hirsch* 1980). Der Protest gegen bürokratische Bevormundung und Kontrolle, gegen „Verdatung" und „Maschinisierung", gegen „Überwachungs"- und „Atomstaat", rückt somit eine *erste*, neue Konfliktlinie in den Vordergrund: die gegenläufige Entwicklung von fortschreitender Pluralisierung und Individualisierung, von wachsenden Selbstbestimmungsbedürfnissen auf der einen, verstärkter systemischer Steuerung, technokratischer Regulierung und Kontrolle des gesellschaftlichen Prozesses auf der anderen Seite.

Die Kämpfe der Ökologie- und Friedensbewegung führen zum anderen die Bedrohung der gesellschaftlichen Reproduktion durch die Folgen des industriellen Wachstums und durch die gewaltige Steigerung technischer Eingriffs- und Destruktionsmöglichkeiten vor Augen. Sie rücken aber auch alternative Gestaltungsmöglichkeiten der weiteren Entwicklung ins Blickfeld. Sie eröffnen damit eine *zweite* neue Konfliktlinie: den kulturellen und politischen Kampf um eine umwelt- und sozialverträgliche Lebensweise, um die inhaltliche Definition der gesellschaftlichen Entwicklungsziele und um die unterschiedlichen Mittel und Wege ihrer Realisierung.

4. Der Druck der neuen sozialen Bewegungen weicht die überkommene Links-Rechts Polarisierung der politischen Kultur auf und führt zu einer Reorganisation des Parteiensystems: anfangs der 70er Jahre durch die Entstehung der Neuen Linken, gegen Ende der 70er Jahre durch die Verbreitung „bunter" und „alternativer" Listen und die Entstehung der GRÜNEN. Die postmaterialistische Neudefinition von „links" und „rechts" nötigt insbesondere die Sozialdemokratie zur programmatischen Öffnung für die „neuen" Themen, was interne Fraktionskämpfe und Spannungen auslöst. Angesichts der breiten Mobilisierungskraft der neuen sozialen Bewegungen sehen sich aber auch die konservativen Parteien genötigt, eine Reihe dieser Themen (Umweltschutz, „Selbsthilfe", „neue Partnerschaft") aufzugreifen, um ihre polarisierende Wirkung zu entschärfen. Das gelingt umso eher, je mehr sich konservative und alternative Themen (im wertkonservativen Bereich) überschneiden.

Insgesamt hinterlassen die neuen sozialen Bewegungen eine ausgeprägt demokratisierende Wirkung auf die politische Kultur der Bundesrepublik. Sie führten zu einer Gewöhnung an offensive Partizipationsforderungen und an die konflikthafte Austragung von Interessengegensätzen, was inzwischen selbst Aktionen des zivilen Ungehorsams eine erstaunlich breite Akzeptanz verschafft. Das obrigkeitsstaatliche Erbe und das komplementäre, staatstragende Selbstverständis des Bürgers als Untertan macht so nicht nur einer modernisierten, der Dienstleistungsgesellschaft angepaßten technokratisch-konsumorientierten Version der politischen Kultur Platz. Die neuen sozialen Bewegungen bewirkten vielmehr einen Politisierungsschub, der die mit dem gesellschaftlichen Transformationsprozeß entstehenden neuen Problemlagen, Risiken und Entwicklungsmöglichkeiten der öffentlichen Diskussion überhaupt erst zugänglich macht. Sie entwickelten neue Formen politischer Öffentlichkeit, die die Abschottung techno- und expertokratischer Entscheidungsarenen durch die institutionalisierten Formen der

Interessenrepräsentation und -verflechtung durchbrachen und neuen, „postindustriellen“ Bedürfnissen, Werten und Sensibilitäten zumindest partielle Geltung verschafften.

Anmerkungen

1 Abweichend von den gängigen Zuordnungen verstehe ich unter den neuen sozialen Bewegungen nicht nur die seit Mitte der 70er Jahre einander folgenden Bewegungskonjunkturen; ich begreife vielmehr den antiautoritären Protest der 60er Jahre, die von ihm freigesetzten Bewegungsstränge und den Mitte der 70er Jahre anhebenden Protestzyklus als unterschiedliche Ausprägungsformen eines über verschiedene Mobilisierungswellen, über Brüche und Kontinuitätslinien sich entfaltenden *Typus neuer sozialer Bewegungen* (vgl. dazu ausführlicher *Brand* 1987a und *Brand* u. a. 1986).

2 Besitzt die Vermutung, daß sich der Wechsel gesellschaftlicher „Grundtonalitäten“ parallel zu den „langen Wellen“ des kapitalistischen Akkumulationsprozesses vollzieht, eine gewisse Plausibilität (vgl. *Schwendter* 1982, 1984), so ließe sich dieser Stimmungsumschwung als Reaktion auf den Umschlag des Akkumulationszyklus in eine längerfristige Abschwungsphase deuten.

„Krise der Arbeitsgesellschaft“ und „Politische Kultur“

Zur Verbindung von zwei globalen Konzepten*

Detlef Jahn und Ferdinand Müller-Rommel

1. *Theoretische Vorbemerkungen*

Die Begriffe „politische Kultur“ und „Krise der Arbeitsgesellschaft“ sind in den vergangenen Jahren fast schon zum Markenzeichen sozialwissenschaftlicher Forschung geworden. Es gibt kaum einen Beitrag, der gesellschaftlichen Wandel untersucht und nicht auf die Krise der Arbeitswelt bzw. auf die sich verändernde politische Kultur hinweist. Eine theoretische bzw. empirisch befriedigende Verbindung beider Forschungsfelder ist bislang allerdings noch nicht erfolgt. Dieser Umstand ist insofern besonders erstaunlich, als in beiden Konzepten u. a. die zentrale Frage gestellt wird, welche Einstellungsmuster, Werteorientierungen und Verhaltensweisen aus bestimmten Gesellschaftsstrukturen hervorgehen.

Im folgenden soll ein erster Versuch unternommen werden, beide Konzepte aufeinander zu beziehen. Dabei gehen wir von folgenden Voraussetzungen und Annahmen aus:

- Die Arbeit bestimmt in ihrer gesellschaftlich institutionalisierten Form als Erwerbsarbeit die individuelle Lebensführung. Das Gesellschaftsprinzip des ökonomischen Wachstums ist durch die Erwerbsarbeit „individuell installiert“ (*Habermas* 1985) und zwar einerseits durch den Zwang, seinen Erwerb durch produktives Tun zu erhalten (qualitativer Aspekt) und andererseits durch den Maßstab der Gratifikationszuwendung, der sich an formaler Bildung und Arbeitsleistung (quantitativer Aspekt) orientiert. (*Jahn* 1985, 1986)
- In westlichen Industriegesellschaften ist die Erwerbsarbeit aber auch von lebensweltlichen Bedingungen abhängig. Hierzu zählen u. a. Pflichtgefühl, soziale und emotionale Verbundenheit mit der Arbeitstätigkeit, der Arbeitssituation etc. Durch wachsende Bürokratisierung, Hierarchisierung und formale Organisation des Gesellschaftssystems werden die lebensweltlichen Elemente allerdings zunehmend absorbiert.
- Das Gesellschaftssystem und die Lebenswelt stehen in einem wechselseitigen Spannungsverhältnis:

* Eine erste ausführliche Fassung dieses Beitrags wurde auf dem Kongreß der American Political Science Association 1986 vorgestellt. Die Autoren danken dem Europäischen Hochschulinstitut (Florenz) für finanzielle Unterstützung.

Zum einen gehorcht jeder Bereich unterschiedlichen Evolutionsgesetzen (*System*: Expansion, Differenzierung; *Lebenswelt*: Rationalisierung, Entmythisierung). Ferner interveniert der systemische Bereich in den lebensweltlichen („Kolonisierung der Lebenswelt"). Desweiteren entwickeln sich System und Lebenswelt auseinander (Entkoppelung von System und Lebenswelt) und schließlich treten Integrationsprobleme gesellschaftlicher Teilsysteme auf. (*Habermas* 1981)

- Die sich aus dem Spannungsverhältnis von System und Lebenswelt ergebenden Konflikte sind in zahlreichen gesellschaftlichen Sektoren erkennbar. Der Arbeitsbereich stellt sich jedoch in diesem Zusammenhang als ein Schlüsselbereich dar, weil dieser, eingebettet im Wirtschaftssystem, gesellschaftlich bestandswichtige „Allokationsprobleme" zu lösen hat (z. B. Rekrutierung von Arbeitskräften und individuelle Gratifikationsdistribution). (*Offe* und *Hinrichs* 1984; *Berger* und *Offe* 1984) Störungen in diesem Bereich, wie etwa ein fundamentaler Einstellungswandel zur Arbeit verlangen eher nach Handlung als es Störungen im sozio-politischen System tun, da in letzteren schon weiterreichende, ausgehandelte Lösungsstrategien bestehen.
- Empirische Untersuchungen haben einen „Trend der sinkenden Arbeitsbereitschaft" in westlichen Industrienationen festgestellt (*Yankelovich* u. a. 1983), der sich durch die Absorption des „traditionell" organisierten Arbeitssektor durch den „industriell-marktwirtschaftlichen", Arbeitssektor erklärt, welcher sich vor allem an Rationalitätskalkülen orientiert. (*Lutz* 1984)
- Die strukturellen Veränderungen in der Erwerbsarbeit und der hieraus folgende Einstellungs- und Wertewandel bewirken eine neue Konfliktdimension in der politischen Kultur westlicher Industriegesellschaften. Im konventionellen Konflikt, der getragen wurde von der „Wachstumskoalition" (die divergierende Interessen durch den Grundkonsens zum Wirtschaftswachstum kontrollieren konnte), stehen letztlich quantitative Verhandlungsprobleme des Verteilungskampfes im Vordergrund. Hingegen entzündet sich der neue Konflikt an qualitativ unterschiedlichen Lebensformen, die sich bislang verhandelbaren Lösungsstrategien entziehen und somit gesellschaftlichen Konfliktstoff bergen.
- Die gesellschaftlichen Träger dieses neuen Konflikts sind jene Bevölkerungsteile mit neuen Werteorientierungen, die sowohl bei den Grünen Parteien, aber auch in den zahlreichen alternativen Gruppierungen zu finden sind. (*Müller-Rommel* 1985a)
- Zusammengefaßt argumentieren wir, daß die Arbeitsgesellschaft (und hier speziell die Krise der gegenwärtigen Arbeitsgesellschaft) für die Entfaltung von neuen Einstellungen und Werten verantwortlich ist, welche ihrerseits zu qualitativ neuem politischem Verhalten führt, was nicht nur die Arbeitswelt, sondern die gesamte politische Kultur tangiert. Im folgenden wird versucht, diesen Gedankengang empirisch zu erhärten.

2. *Krise der Arbeitsgesellschaft und soziopolitischer Konflikt: Die Bundesrepublik im internationalen Vergleich*

Wertwandel ist in unterschiedlicher Ausprägung in den meisten hochindustrialisierten westlichen Gesellschaften anzutreffen. Läßt sich dieser Wertwandel mit makrosozialen Faktoren, wie z. B. der Krise der Arbeitsgesellschaft in Verbindung bringen? Vorausgesetzt eine Verbindung wäre tatsächlich existent, dann stellt sich die Frage, ob der Zusammenhang zwischen Arbeitsgesellschaft und Wertwandel eine Herausforderung für die bisherige Stabilität der bundesdeutschen politischen Kultur bedeutet.

Die Bundesrepublik ist, gerade was den Wertwandel anbetrifft, von besonderem Interesse, weil sich hier im Vergleich zu anderen westeuropäischen Ländern, während der vergangenen 15 Jahre die größten Wertverschiebungen gezeigt haben. Um so wichtiger ist es, nachzuweisen, inwieweit die Bundesrepublik „ein besonderer Fall" im internationalen Vergleich ist. Es sei an dieser Stelle erwähnt, daß der westeuropäische Vergleich die Länder Belgien, Bundesrepublik Deutschland, Frankreich, Italien, Großbritanien und die Niederlande einbezieht. Lediglich für diese Länder standen die für die vorliegende Analyse notwendigen Datensätze zur Verfügung. Die Materiallage erlaubt keine Verwendung von elaborierten statistischen Verfahren. Um in einfacher Form einen Plausibilitätstest unserer Hypothesen vorzunehmen, genügte der Gebrauch des Spearman Rangkoeffizienten.

Wie läßt sich die „Krise der Arbeitsgesellschaft" empirisch operationalisieren? Im Grunde umfaßt der Begriff einen ambivalenten Prozess: einerseits impliziert er Indikatoren der „Arbeitsgesellschaft"; andererseits beinhaltet die Terminologie „Krise" zugleich auch gegenläufige Tendenzen innerhalb der Gesellschaft. In den „*Arbeitsgesellschaften*" ist die formale Erwerbsbeteiligung, d. h. der Anteil der lohnabhängigen Beschäftigten und die Produktivität hoch entwickelt. Zu den *gegenläufigen Tendenzen* der Arbeitsgesellschaft zählen einerseits die Entwicklung der Dienstleistungsarbeit und der Frauenerwerbsarbeit und andererseits jene Entwicklungen, die direkt einen Verlust der individuellen Bedeutungsrelevanz der Erwerbsarbeit indizieren (vgl. zur Operationalisierung Appendix A).

Die „Krise" der Arbeitsgesellschaft ist umso größer, je ausgeprägter der Grad der Arbeitsgesellschaft und je ausgeprägter die gegenläufigen Tendenzen in einer Gesellschaft sind.

Tabelle 1 zeigt, daß Großbritannien am ehesten als „echte" Arbeitsgesellschaft bezeichnet werden kann. Dies ist zweifellos bedingt durch den langen Prozeß der Industrialisierung in diesem Land. Die Bundesrepublik und die Niederlanden folgen auf dem zweiten Platz; Italien entspricht am wenigsten den Kriterien einer Arbeitsgesellschaft. Betrachten wir den Grad der gegenläufigen Tendenzen, so ändert sich das Bild, denn die Bundesrepublik unterliegt gerade diesen Prozessen am stärksten. Dies vermutlich weniger aufgrund der Absortions- und Erosionsprozesse in der Arbeitsgesellschaft, sondern vielmehr wegen des Verlustes der individuellen Bedeutungsrelevanz der Erwerbsarbeit. Der höchste Grad von Krisentendenzen in einer Arbeitsgesellschaft ist wiederum in der Bundesrepublik zu finden, gefolgt von Großbritannien und den Niederlanden.

Tabelle 1: Der Grad der Krise von Arbeitsgesellschaften in sechs europäischen Ländern

	Arbeitsgesell. (Rang)	Gegenläuf. Tendenzen (Rang)	Grad der Krise d. Arbeitsgesell. (Rang)	
	I.	II.	Index $\frac{I. + II.}{2}$	Grad
Belgien	4.5	4	4.25	4
Frankreich	4.5	5	4.75	5
BR Deutschland	2.5	1	1.75	1
Italien	6	6	6	6
Niederlanden	2.5	2	2.25	3
Großbritannien	1	3	2	2

Quelle: Basiert auf Berechnungen von Tabelle A1 und A2 (Appendix)

Wenden wir uns nun dem Zusammenhang unseres Index mit anderen Faktoren zu, die oftmals als unabhängige Variable zur Erklärung des Wertwandels dienen. Das Aufkommen postmaterialistischer Werte wird herkömmlich einerseits mit ökonomischen Faktoren, wie z. B. dem Bruttosozialprodukt bzw. der Inflationsrate, in Verbindung gebracht (*Inglehart* 1986, 1987) aber auch über den Anteil des Dienstleistungssektors erklärt (*Cotgrove* und *Duff* 1981; *Chandler* und *Siaroff* 1986). Wir stellen hingegen die Hypothese auf, daß der hier entwickelte Begriff der „Krise der Arbeitsgesellschaft" ein besserer Prediktor für den Wert*wandel* ist, als die beiden herkömmlich verwendeten Faktoren.

Unsere Ergebnisse zeigen, daß der Rangkoeffizient auf eine deutlichen Zusammenhang von postmaterialistischen Wert*orientierungen* und ökonomischen Variablen (.71) bzw. der Entwicklung des tertiären Sektors (.49) hinweist. Zur Erklärung des *Wandels* von Werten nimmt jedoch das Zusammenhangsmaß deutlich ab (.43 bzw. .09). Ein starker Zusammenhang besteht zwischen den Faktoren Krisentendenzen in der Arbeitsgesellschaft und postmaterialistischer Wertorientierung (.77). Noch stärker ist die Relation zwischen Wert*wandel* und dem Index „Krise der Arbeitsgesellschaft" (.83).

Tabelle 2: Rangkoeffizient zwischen Inflation*, Größe des Dienstleistungssektors, Krise der Arbeitsgesellschaft und Wertorientierung bzw. Wertwandels in sechs europäischen Ländern.

	Wertorientierung	Wertwandel
Inflationsrate	.71	.49
Dienstleistungssektor	.49	.09
Krise der Arbeitsgesell.	.77	.83

* die Betrachtung des BSP ergibt die gleiche Rangfolge

Diese Ergebnisse bestätigen die Vermutung, daß Wertwandel in langfristigen strukturellen Veränderungen *zu suchen ist, wie z. B. in der institutionalisierten Form von Erwerbsarbeit.*

Wenden wir uns nun der zweiten Frage nach der Bedeutung des Wertwandels für den gesellschaftlichen Konflikt zu. Prinzipiell lassen sich zwei Entwicklungen vorstellen: Zum einen kann der Wertwandel über eine allmähliche Veränderung im soziopolitischen Bereich, hin zu postmaterialistischen Einstellungen führen, d. h. einen kontinuierlichen Prozeß innerhalb der politischen Kultur einleiten, der wenig gesellschaftlichen Konfliktstoff liefert. Zum anderen kann der Wertwandel aber auch eine Polarisierung innerhalb der Gesellschaft verursachen, *der starken gesellschaftlichen Konfliktstoff liefert.*

Tabelle 3 verdeutlicht, wie sich die Polarisierung des Konflikts um materialistische und postmaterialistische Werte von 1970/71 bis 1984 in der Bundesrepublik verändert hat: *1970/71* war die Konfliktlinie im internationalen Vergleich eher unbedeutend (Bundesrepublik: 4. Rangplatz). 1984 nimmt die Bundesrepublik den Spitzenrang ein.

Für den Zusammenhang der in Tabelle 3 aufgeführten Faktoren liegt ein hoher Rangkoeffizient vor (.88). Dies bedeutet, daß die Krisentendenzen in sogenannten Arbeitsgesellschaften in hohem Zusammenhang mit Wertwandel und vor allem mit zunehmender Wertpolarisierung stehen.

3. *Grüne, Neue Soziale Bewegungen und politische Kultur*

Wie zeigt sich nun der, durch die Krise der Arbeitswelt maßgeblich beeinflußte Wertewandel auf der politischen Erscheinungsebene? Um dieser Frage nachzugehen, wird im folgenden die Beziehung zwischen Werteorientierungen und Einstellungen gegenüber

- politischen Partizipationsformen, die vom Staat organisiert und garantiert werden (z. B. Wahlen), sowie
- politischen Partizipationsformen, die unkonventionell sind und von staatlicher Seite unmittelbar nicht beeinflußt werden können (z. B. Aktivitäten in neuen sozialen Bewegungen)

untersucht.

In verschiedenen Wahlstudien wurde bereits nachgewiesen, daß Veränderungen in der Parteipräferenz der Bundesbürger zu einem nicht unerheblichen Teil auf einen allgemeinen Wertewandel in der Bevölkerung zurückzuführen ist. Insbesondere die Unterstützung der Grünen steht in einem engen Zusammenhang mit neuen Werteorientierungen. (*Müller-Rommel* 1985b)

Das Zahlenmaterial in Tabelle 4 belegt, daß sich die Bevölkerungsteile mit neuen und mit alten Werteorientierungen recht ungleich auf die politischen Parteien verteilen: Während 62 % der Materialisten die CDU/CSU präferieren, zählen rund die Hälfte der Postmaterialisten zu den Anhängern der Grünen. Zwar ist es richtig, daß sich das Wählerpotential der Grünen überwiegend aus Bürgern mit neuen Werteorientierungen zusammensetzt (*Schmidt* 1984); ebenso richtig ist aber auch, daß der Wertewandel keineswegs gänzlich an den Wählern der etablierten Parteien vorbeigegangen ist. Nahe-

Tabelle 3: Wertpolarisierung in sechs europäischen Ländern

	1970/71						Rang	1984						Rang	Differenz 1970–1984	Rang
	Mat. %		Post-Mat. %		Index			Mat. %		Post-Mat. %		Index				
Belgien	32	X	14	=	448		2	36	X	10	=	360		6	– 4	6
Frankreich	41	X	11	=	451		1	36	X	12	=	432		3	– 2	5
BR Deutschland	44	X	10	=	440		4	23	X	20	=	460		1	+ 3	1
Italien	41	X	10	=	410		5	44	X	9	=	396		5	0	4
Niederlanden	34	X	13	=	442		3	21	X	21	=	441		2	+ 1	3
Großbritannien	36	X	7	=	252		6	24	X	17	=	408		4	+ 2	2
					Summe 2443							Summe 2497				

Länder in der Rangfolge des Grades der Wertpolarisierung

1970/71	1984
Frankreich	BR Deutschland
Belgien	Niederlanden
Niederlanden	Frankreich
BR Deutschland ↗	Großbritannien
Italien	Italien
Großbritannien	Belgien

Quelle: Eurobarometer 1970/71 und 1984

Tabelle 4: Parteipräferenz und Werteorientierung (in %)

Werteorientierung	N	Grüne	CDU/CSU	SPD	FDP	Nicht-Wähler
Materialisten	281	2	62	23	8	4
Mischtypen	2030	7	46	29	11	7
Post-Materialisten	160	46	9	21	13	10

Quelle: *Allbus* 1982

zu die Hälfte aller Befragten mit neuen Werteorientierungen präferieren eine der etablierten Parteien (Tabelle 4).

Politikstrategisch bedeutet dies, daß die Grünen mit ihren programmatischen Forderungen der neuen Politik zusätzlich gerade diese Wählergruppierungen mit neuen Werteorientierungen noch potentiell ansprechen und gewinnen könnten. Daß dieses zu einem gewissen Teil schon geschehen ist, verdeutlichen die Befunde der Wählerwanderung von der SPD zu den Grünen.

Die Landtagswahlen in Baden-Württemberg 1984 und in Bayern 1986 haben jedoch gezeigt, daß auch CDU/CSU Wähler, quasi an der SPD als Oppositionspartei vorbei, gleich die Grünen gewählt haben. Insofern trifft der Wertewandel in begrenztem Umfang auch die etablierten Parteien.

Zweifellos sind die etablierten Parteien gegenwärtig dabei, ihre teilweise schwerfällig arbeitenden Parteiapparate auf das neue Politikverständnis einzustellen. Solange sich jedoch die etablierten Parteien lediglich auf der programmierten Ebene und nicht in der konkreten materiellen Politikproduktion dem neuen Politikverständnis annähern, werden die Grünen und ihre Anhänger auch in absehbarer Zukunft eine relevante politische Kraft in der politischen Kultur der Bundesrepublik bleiben.

Eine weitverbreitete These besagt, daß neue Werteorientierungen auch in einem starken Zusammenhang zur politischen Beteiligung in neuen sozialen Bewegungen stehen. Betrachtet man die spärlich vorhandenen und zudem leicht veralteten Umfragedaten, in denen sich die Befragten als aktive Unterstützer bzw. als Opponenten von neuen sozialen Bewegungein einstufen mußten, so läßt sich diese These empirisch stützen. Rund ein Drittel der aktiven Unterstützer von drei neuen sozialen Bewegungen stufen sich als Postmaterialisten ein. (Vgl. Tabelle 5)

In welchem Zusammenhang stehen diese Ergebnise zur politischen Kultur in der Bundesrepublik?

Bedeutend für die politisch-kulturelle Entwicklung ist vor allem die Fähigkeit der Grünen und der außerparlamentarisch politisch aktiven neuen sozialen Bewegungen sich als alternative Kraft zu den etablierten Parteien und staatlichen Institutionen zu behaupten.

Die Grüne Partei verhilft einem Großteil der Bürger mit neuen Werteorientierungen zu parlamentarischer Vertretung. Zwar sahen die Grünen eine parlamentarische Beteiligung zunächst als taktische Unterstützung außerparlamentarischer Bürgerinitiativen und weniger als parlamentarisches Standbein der neuen sozialen Bewegungen; mittler-

Tabelle 5: Werteorientierung der Anhänger neuer sozialer Bewegungen in der Bundesrepublik (in %)

		N	Materia-listen	Post-Materia-listen	Mixed	0
Ökologie-	aktiv. Unt.	71	19,3	34,4	38,8	7,5
bewegung	Opponent	210	34,4	6,0	51,7	7,9
Antikernkraft-	aktiv. Unt.	90	15,2	35,5	43,6	5,7
bewegung	Opponent	389	35,3	7,8	49,8	7,1
Friedens-	aktiv. Unt.	105	23,8	28,7	41,3	6,3
bewegung	Opponent	281	34,1	5,0	54,2	6,8

Quelle: *Müller-Rommel* und *Watts* 1984

weile entwickeln sie sich allerdings zu einer konstruktiven parlamentarischen Kraft. In der 10. Legislaturperiose des deutschen Bundestages (1983 bis September 1986) gingen z. B. 732 kleine Anfragen von insgesamt 887 (SPD 121; FDP/CDU/CSU 34) und 79 große Anfragen (SPD 49 FDP/CDU/CSU 23) von den „Grünen" aus.
Bislang ist die Rolle der Grünen im bundesrepublikanischen Parteiensystem noch widersprüchlich: *Einerseits* sind sie Sprachrohr von neuen politischen Streitfragen und können von daher verstärkt Bürger mit neuen Werteorientierungen mobilisieren. Die etablierten Parteien verspüren durch diesen Prozeß eine Loyalitätsverlust der zur Folge hat, daß sich im Parteiensystem das Kräfteverhältnis zwischen den Parteien durch vermehrte Wählerbewegungen verändert (Volatilität). *Andererseits* beeinflussen die Grünen, aber auch die neuen sozialen Bewegungen die politische Debatte, indem sie kontroverse Streitfragen in die politische Diskussion bringen. Erweisen sich die neuen Streitfragen als populär, dann werden sie nicht selten von den etablierten Parteien aufgenommen. Dies bedeutet freilich, daß die Grünen und die neuen sozialen Bewegungen die programmatische Entwicklung und den praktisch-politischen Kurs der etablierten Parteien nachhaltig beeinflussen. Paradoxerweise leiten die Grünen dadurch einen Prozeß ein, um sich selber als politische Kraft überflüssig zu machen. Indem nämlich die etablierten Parteien um die Re-Integration von Bevölkerungsgruppen mit neuen Werteorientierungen bemüht sind, entziehen sie den Grünen zunehmend die Wählerbasis.
Mittelfristig ist jedoch nicht damit zu rechnen, daß die etablierten Parteien alle wichtigen Streitfragen der neuen Politik programmatisch integrieren oder gar praktisch-politisch umsetzen können. Insofern wird die politische Kultur der Bundesrepublik auch weiterhin durch Grüne und neue soziale Bewegungen bestimmt sein.

4. Zusammenfassung

Im vorliegenden Beitrag wurde der Versuch unternommen, die Konzepte „politische Kultur" und „Krise der Arbeitsgesellschaft" aufeinander zu beziehen. Im einzelnen konnte empirisch nachgewiesen werden, daß zwischen Wertewandel und langfristigen strukturellen Veränderungen der Erwerbsarbeit ein deutlicher Zusammenhang besteht. In der Bundesrepublik hat sich – wie in keinem anderen untersuchten westeuropäischen Land – über den Werte*wandel* hinaus eine Werte*polarisierung* entwickelt, die theoretisch einen starken gesellschaftlichen Konflikt erwarten läßt. Auf der politischen Erscheinungsebene zeigt sich dieser Konflikt einerseits durch die Wahlerfolge der Grünen und andererseits durch den großen Zulauf, den die neuen sozialen Bewegungen haben. Dieser gesellschaftliche Konflikt, der letztlich unter anderem durch die Krise der Arbeitsgesellschaft unterstützt wird, verändert die politische Kultur der Bundesrepublik. Trotz des vergleichsweise ausgeprägten politischen Konflikts ist jedoch eine fundamentale Herausforderung oder gar Bedrohung der politischen Kultur nicht in Sicht. Dies vor allem, weil die Bürger mit neuen Werteorientierungen in ihrer überwiegenden Mehrheit keineswegs Revolutionäre sind, die das politische System unter Ein-Einsatz von manifester politischer Gewalt verändern wollen. Vielmehr besitzen diese Bürger mehrheitlich ein demokratisches Gedankengut. Sie versuchen in erster Linie im Rahmen von demokratischen Strukturen für eine qualitative Verbesserung der Lebensverhältnisse einzutreten und verändern damit die politische Kultur der Bundesrepublik kontinuierlich aber nicht radikal.

Appendix (A): Zur Operationalisierung des Begriffes „Krise der Arbeitsgesellschaft"

Die „Krise der Arbeitsgesellschaft" wird unter folgenden Variablenbündel operationalisiert: 1) Variablen, die den Grad der Arbeitsgesellschaft ausdrücken; 2) Variablen, die für gegenläufige Tendenzen zur Arbeitsgesellschaft stehen. Beide Variablenbündel werden 3) aufeinander bezogen und liefern die Indexvariablen zur „Krise der Arbeitsgesellschaft".

1) Arbeitsgesellschaft

Arbeitsgesellschaft wird durch folgende Indikatoren operationalisiert:
a) Der Anteil von Erwerbstätigen in der Bevölkerung (Erwerbsquote)
b) Der Anteil von abhängiger Lohnarbeit an der Gesamtbeschäftigung
c) Produktivität gemessen am BSP pro Arbeitsstunde in relativen Preisen 1979
Der Index der Arbeitsgesellschaft ergibt sich aus der Summe der einzelnen Rangplätze, die durch die Anzahl der Indikatoren dividiert werden.

2) Gegenläufige Tendenzen

Unter gegenläufige Tendenzen werden jene Entwicklungen erfaßt, die hinsichtlich der Erwerbsarbeit eine strukturelle und eine individuelle Bedeutungsrelevanz haben.

2.1. Strukturelle Indikatoren

(a) Anstieg der Dienstleistungsbeschäftigten von 1900 bis 1975 im Verhältnis zum Anteil der Dienstleistungsbeschäftigten 1970/75.
Die Zeitspanne ergibt sich aus der Überlegung, daß strukturelle Veränderungen nur im historischen Kontext zu sehen sind.

(b) Anstieg des Frauenanteils an der 15 bis 64jährigen Frauenbevölkerung von 1950 bis 1974 im Verhältnis zum Anteil der Frauenbeschäftigungsquote 1976.
Die Zeitspanne ergibt sich aus der Tatsache, daß in diesem Zeitraum (1950–76) der Absorbtionsprozeß der Frau ins Erwerbsleben in den meisten Industrienationen stattgefunden hat.

(c) Veränderung des ökonomischen Wachstums von 1960–1973 zu 1975–1982.

2.2. Individuelle Faktoren

a) Differenzen in der Erwerbsrate 1960/1979 (Prozentdifferenzwert) Indikator für Veränderungen in der Teilnahme der Bevölkerung am Arbeitsmarkt
b) Differenzen im Arbeitsvolumen 1950/1979 (Arbeitsstunden pro Person – Differenzwert)

3. Krise der Arbeitsgesellschaft

Der Begriff „Krise der Arbeitsgesellschaft“ wird erfaßt, indem der Rang, der sich aus dem Status der „Arbeitsgesellschaft“ (unter 1.) und jener der sich aus der Intensität der „gegenläufigen Tendenzen“ ergibt, aufsummiert wird. D. h., der höchste Krisengrad ergibt sich für jene Länder, in denen sowohl Indikatoren der Arbeitsgesellschaft, als auch die gegenläufigen Tendenzen am ausgeprägtesten sind.

Tabelle A1: Arbeitsgesellschaft (Ausprägung)

	Erwerbsquote 1979		Lohnarbeitsquote 1980		Arbeitsproduktivität 1979		Index (B + D + F)/3	Rang
	% A	Rang B	% C	Rang D	in USD E	Rang F		
Belgien	39.05	5	83.3	4	7.31	2	3.7	4.5
Frankreich	40.58	3	83.2	5	7.11	3	3.7	4.5
BR Deutschland	41.59	2	87.1	3	6.93	4	3.0	2.5
Italien	39.16	4	71.4	6	5.83	5	5.0	6
Niederlanden	35.03	6	87.7	2	7.48	1	3.0	2.5
Großbritannien	44.89	1	92.0	1	5.48	6	2.7	1

Quelle: Spalte A: *Maddison* 1982: 186/187, Tabelle B4; 210, Tabelle C8
Spalte C: *OECDa* 1985
Spalte E: *Maddison* 1982: 212, Tabelle C10

Tabelle A2: Der Grad der gegenläufigen Tendenzen

	strukturelle Faktoren							individuelle Faktoren					
	Zunahme DL-Beschäftigte 1900–1970/71		Zunahme Frauenerwerbsarbeit 1950–1976		Veränderung d. Wirtschaftswachstum 1960–1973 zu 1975–1983		Index (B + D + F)/3	Differenz in der Erwerbsrate 1960/1979		Differenz im Arbeitsvolumen 1950/1979		Index (G + I + L)/3	Rang
	% A	Rang B	% C	Rang D	% E	Rang F	G	% H	Rang I	Std. K	Rang L		
Belgien	29.1	6	33.17	1	– 2.9	3	3.3	4.9	6	– 536	2	3.8	4
Frankreich	45.4	2	9.36	4	– 3.0	2	2.7	1.2	3	– 262	6	3.9	5
BR Deutschland	42.6	3	7.19	5	– 2.1	5	4.3	– 4.6	1	– 597	1	2.1	1
Italien	47.9	1	3.57	6	– 2.6	4	3.7	3.6	5	– 431b	4	4.2	6
Niederlande	38.2a	4	9.40	3	– 3.5	1	2.7	1.4	4	– 529	3	3.2	2
Großbritannien	29.4	5	26.01	2	– 1.9	6	4.3	0.8	2	– 341	5	3.7	3

Quellen: Spalte A: Pollard 1979: 18/19, Tabelle 1.1.
Spalte C: Maddison 1982: 193, Tabelle C3, C4
Spalte E. OECD Economic Studies 1985: 123, Tabelle 39
Spalte H: Mitchell 1980: 27–37, Tabelle B1; 159–173, Tabelle C1
Spalte K. Maddison 1982: 210, Tabelle C8

a OECD 1985 für 1973
b 1987

Tabelle A3: Größe des Dienstleistungssektors, Inflationsrate und post-materialistische Wertorientierung und Wertwandel in sechs europäischen Ländern

	Größe des Dienstl. sektor (% Beschäft.) 1970/75		Inflationsrate 1974–1978		Anteil der Post-Mat. 1984		Wertwandel von 1970/71 zu 1984			
	%	Rang	%	Rang	%	Rang	PM/M-Verhältnis[b] 1970/71	PM/M-Verhältnis 1984	Wertwandel-Index = Diff. 1970/71–84	Rang
	A	B	C	D	E	F	G	H	I	
Belgien	55.6	2	9.2	3	10	5	–18	–26	+ 8	6
Frankreich	45.6	4	10.7	4	12	4	–30	–24	– 6	4
BR Deutschland	44.6	5	4.8	1	20	2	–34	– 3	–31	1
Italien	40.5	6	17.0	6	9	6	–31	–35	+ 4	5
Niederlande	57.6a	1	7.8	2	21	1	–21	0	–21	3
Großbritannien	52.4	3	16.1	5	17	3	–29	– 7	–22	2

Quellen: Spalte A: *Pollard* 1979: 18/19, Tabelle 1.1.
Spalte C: *Schmidt* 1982: 206, Tabelle 23
Spalte E, G, H: European Community Survey

a *OECD* 1985, für 1973

b Prozentanteil der Postmaterialisten minus Prozentanteil der Materialisten

IX. Einstellungen zum politischen System der Bundesrepublik

Trends politischer Unterstützung in der Bundesrepublik

Dieter Fuchs

1. Problemstellung

Seitdem das politische System der Bundesrepublik besteht, wurden Zweifel hinsichtlich seiner Stabilität geäußert. Diese sind zunächst einmal durch die besondere Geschichte der Bundesrepublik begründet. Mit der Verabschiedung des Grundgesetzes im Mai 1949 wurden zwar demokratische Institutionen eingeführt, aber wie die Daten von *Merritt* und *Merritt* (1970, 1980) zeigen, konnte man seitens der Bevölkerung bestenfalls von einer passiven Akzeptanz der neuen Institutionen ausgehen. Aus der Perspektive der Errichtung einer stabilen Demokratie war somit das entscheidende Problem die Herausbildung eines Legitimitätseinverständnisses der Bevölkerung mit den neuen Institutionen. Nach der Auffassung verschiedener Autoren konnte dieses Problem etwa Anfang der 70er Jahre mit der Etablierung eines legitimen politischen Systems als gelöst betrachtet werden (*Conradt* 1980; *Fuchs* 1984; *Pappi* 1982).

Spätestens seit Mitte der 70er Jahre wurde das politische System der Bundesrepublik aber mit einer neuen Kategorie von Problemen konfrontiert, die für alle westlichen Industriegesellschaften galten, also nicht mehr spezifisch für die Bundesrepublik waren. Die konkrete Bestimmung dieser Probleme variiert stark nach theoretischen und politischen Positionen. Am zugespitztesten wurden sie in den verschiedenen Krisenhypothesen über die westlichen Demokratien formuliert, wie z. B. der Demokratiekrise, der Legitimitätskrise und der Regierbarkeitskrise (*Crozier* u. a. 1975; *Habermas* 1973; *O'Connor* 1973; *Offe* 1972; *Rose* und *Peters* 1978). Auf einer abstrakten Ebene kann man den gemeinsamen Kern dieser Problembestimmungen in der Annahme zusammenfassen, daß die gesellschaftliche Modernität Probleme generiert, die mit den bestehenden Strukturen der politischen Systeme nicht umstandslos zu verarbeiten sind. Diese Probleme sind quantitativer Art (wie z. B. die sogenannte Anspruchsinflation), vor allem aber qualitativer Art (neue politische Präferenzen und unkonventionelle Formen politischer Partizipation). In der Terminologie von *Easton* (1965b: 58 f.) handelt es sich um „volume stress" und „content stress", der tendenziell die Stabilität der politischen Systeme bedrohen kann.

Die verschiedenen Krisenhypothesen entstanden hauptsächlich auf der Basis theoretischer Plausibilitäten. Damit blieb die Frage offen, ob sich die westlichen Industriegesellschaften im allgemeinen und die Bundesrepublik im besonderen tatsächlich in einem

Prozeß politischer Destabilisierung befinden, der bestandsgefährdende Ausmaße annehmen kann. Diese Frage ist empirisch nicht direkt zu überprüfen. Man kann sich jedoch die Theorien über den Wandel politischer Systeme zu Nutze machen, die übereinstimmend als eine der wichtigsten Determinanten der Systemstabilität die Legitimität dieser Systeme in den Augen ihrer Mitglieder ansehen (*Easton* 1965b; *Eckstein* und *Gurr* 1975; *Linz* 1978). Da in diesen Theorien Legitimität als eine Einstellung begriffen wird, kann man die angesprochene Frage auf der Ebene von Mikrodaten analysieren. Eine Destabilisierung des politischen Systems müßte sich vor allem in einer Erosion der Unterstützung dieses Systems durch die Bevölkerung ankündigen und ausdrücken. Wandlungen von Systemen vollziehen sich in der Regel als Prozesse; deshalb ist eine empirische Analyse auf der Grundlage nur einiger Querschnittsdaten nicht ausreichend. Wir stützen unsere Analyse aus diesem Grund im wesentlichen auf vorhandene Zeitreihen. Konkret handelt es sich dabei um die Indikatoren der Demokratiezufriedenheit des Eurobarometers und der Forschungsgruppe Wahlen (Mannheim)[1].

2. *Das Konzept politischer Unterstützung von David Easton*

Als theoretischer Bezugsrahmen der empirischen Analyse politischer Unterstützung hat sich weitgehend die Systemtheorie *Eastons* und sein Konzept politischer Unterstützung durchgesetzt (*Easton* 1965a, 1965b, 1975). Damit ist der von *Easton* selbst gewünschte Dialog zwischen theoretischen Positionen und empirischen Befunden in Gang gekommen. Als eines der gravierendsten Probleme bei diesem Dialog hat sich die Zuordnung von empirischen Indikatoren zu den analytischen Unterscheidungen *Eastons* erwiesen. Als ein Beispiel sei hier die Verwendung desselben Indikators („Zufriedenheit mit dem Funktionieren der Demokratie" des Eurobarometers) einmal für „diffuse Unterstützung" (*Franz* 1985) und einmal für „spezifische Unterstützung" (*Schmitt* 1985) angeführt. Wenn man sich den theoretischen Stellenwert der Unterscheidung beider Unterstützungsformen vergegenwärtigt, dann sind derartige Inkonsistenzen wenig befriedigend. Einer der Gründe für solche Konfusionen dürfte in einer häufig zu groben Rezeption der Theorie von *Easton* liegen, ein anderer aber in einigen Unklarheiten bei Easton selbst. Deshalb scheint uns eine erneute Darstellung seines Unterstützungskonzepts an dieser Stelle notwendig zu sein.

Unterstützung wird bei *Easton* im Sinne der allgemeinen Einstellungstheorie als eine Einstellung verstanden, mit deren Hilfe sich eine Person bewertend (positiv, negativ) gegenüber einem Objekt orientiert (*Easton* 1975: 436). Solche bewertenden Orientierungen können auf unterschiedlichen Quellen gründen. Eine Quelle ist die Zufriedenheit mit den Outputs des politischen Systems bzw. mit den Akteuren, die diese Outputs produzieren (Autoritäten). Diese Quelle ist das wichtigste Definitionselement der sogenannten „spezifischen Unterstützung". Davon unterschieden wird eine Zustimmung mit dem Objekt als solchem. Das Objekt wird also nicht unterstützt, weil es bestimmte Leistungen erbringt, die für den Unterstützenden von Nutzen sind, sondern „um seiner selbst willen" (*Easton* 1975: 445). Diese Quelle ist das wichtigste Definitionselement der „diffusen" Unterstützung. Neben dem *Outputbezug* gibt es eine weitere Dimension, mit deren Hilfe die beiden Unterstützungsformen unterschieden werden, und zwar der ***Objektbezug***. In der Theorie *Eastons* gibt es drei Objektklassen des politischen Systems: politische Gemeinschaft, Regime und Autoritäten. Politische Gemeinschaft bezieht sich auf das Kollektiv der Mitglieder eines politischen Systems, das i. d. R. mit Begriffen wie die Franzosen oder die Deutschen bezeichnet und identifiziert wird; das Regime konstituiert sich aus geregelten und stabilen Verhaltenserwartungen, und diese werden untergliedert in grundlegende Werte und Normen und die Institutionenstruktur (Structure of Authority); Autoritäten sind die Autoritätsrollen und die konkreten Inhaber dieser Autoritätsrollen, die den alltäglichen politischen Entscheidungsprozeß realisieren. Die Zuordnung der beiden Unterstützungstypen zu diesen Objektklassen ist asymmetrisch: spezifische Unterstützung bezieht sich ausschließlich auf Autoritäten, während sich diffuse Unterstützung auf alle drei Objektklassen bezieht (Easton 1975: 445) (siehe Schaubild 1).

Eine weitere Differenzierung des Unterstützungskonzepts nimmt *Easton* vor, indem er diffuse Unterstützung zweidimensional begreift. Die beiden Dimensionen ergeben sich aus unterschiedlichen Quellen einer Identifikation mit dem Objekt als solchem. Die eine Quelle entspringt aus der Überzeugung des Individuums, daß das Objekt den eigenen moralischen Werten entspricht. *Easton* nennt diese Dimension diffuser Unterstützung „Legitimität". Die andere Quelle beruht, wie bei spezifischer Unterstützung, letztlich auf Output-Zufriedenheit, aber im Unterschied zu spezifischer Unterstützung nicht auf kurzfristigem Nutzen, sondern auf einer *Generalisierung*, die aufgrund einer Bewertung einer Serie von Outputs – möglichst von verschiedenen Autoritäten – zustandekommt. *Easton* nennt diese Dimension diffuser Unterstützung „Vertrauen" und knüpft dabei vor allem an *Gamson* an (*Easton* 1975: 445 f.).

Auf der Grundlage der beiden erläuterten Definitionskriterien (Outputbeziehung, Objektzuordnung) läßt sich das Unterstützungskonzept folgendermaßen graphisch darstellen:

Schaubild 1: *Eastons* Konzept politischer Unterstützung

			Unterstützungsobjekte		
			Politische Gemeinschaft	Regime	Autoritäten
Unterstützungstypen	Diffus	Quellen: Normen/Werte	Identifikation mit der politischen Gemeinschaft	Regime-Legitimität	Autoritäten-Legitimität
		Generalisierter Nutzen		Regime-Vertrauen	Autoritäten-Vertrauen
	Spezifisch	Kurzfristiger Nutzen			Zufriedenheit mit den alltäglichen Outputs

Es ergeben sich also sechs unterschiedliche Unterstützungsformen, die sich hinsichtlich ihres funktionalen Stellenwertes für die Stabilität bzw. Persistenz des politischen Systems hierarchisch anordnen lassen: Identifikation mit der politischen Gemeinschaft, Regime-Legitimität, Regime-Vertrauen, Autoritäten-Legitimität, Autoritäten-Vertrauen und Zufriedenheit mit den alltäglichen Outputs (spezifische Unterstützung). Innerhalb dieser Hierarchie können zusätzlich zwei kritische Schwellen für die Regimepersistenz unterschieden werden, und zwar die zwischen spezifischer und diffuser Unterstützung und die zwischen diffuser Unterstützung der Autoritäten und diffuser Unterstützung des Regimes (*Easton* 1975: 444 ff.). In dem Maße, in dem sich Unzufriedenheiten der Bürger über diese Schwellen hinaus generalisieren, ergeben sich Persistenzprobleme für das Regime.

In der bisherigen Darstellung des Konzepts wurden die behaupteten Unklarheiten im Konzept *Eastons* nur implizit angesprochen. Die wichtigste betrifft das Kriterium des Outputbezugs. Bei der Erläuterung „diffuser" Unterstützung betont *Easton* häufig die Output-Unabhängigkeit als das entscheidende Definitionskriterium. Andererseits führt er bei seiner Differenzierung von „diffuser" Unterstützung in „Legitimität" und „Vertrauen" bei der Bestimmung von „Vertrauen" wieder eine Output-Beziehung ein. *Easton* versucht diesen Widerspruch gewissermaßen unter der Hand aufzulösen, indem er ein weiteres Kriterium heranzieht, mit dem er den Outputbezug wiederum differenziert, nämlich das der Generalisierung. Bei der spezifischen Unterstützung handelt es sich dann um kurzfristigen Outputbezug und bei der diffusen um generalisierten. Auf diese Weise grenzt er aber nicht diffus und spezifisch voneinander ab, sondern nur eine Dimension diffuser Unterstützung (Vertrauen) von spezifischer Unterstützung. Auch das zweite Unterscheidungskriterium zwischen diffuser und spezifischer Unterstützung – der Objektbezug – ist u. E. zu einer eindeutigen Bestimmung der Unterstützungsformen nicht sehr geeignet, da es hier schon die erwähnte Asymmetrie gibt: Spezifische Unterstützung bezieht sich ausschließlich auf Autoritäten und diffuse auf alle drei Objektklassen des politischen Systems, d. h. es gibt bei Autoritäten eine doppelte Zuordnung. Eine weitere Unklarheit bei *Easton*, die für die empirischen Analysen bedeutsam sein kann, betrifft die Objektebene, d. h. konkreter den theoretischen Status der Institutionen des politischen Systems. Strenggenommen ordnet *Easton* Institutionen den Autoritäten zu. Das Regime ist durch die spezifische Zusammenhangs*struktur* der einzelnen Institutionen gekennzeichnet (*Easton* 1965a: 193). Das ist einerseits plausibel, denn im Sinne von *Eastons* Persistenzbegriff muß auch eine grundlegende Veränderung einzelner Institutionen nicht notwendigerweise eine Veränderung der Regimestruktur implizieren. Andererseits stellt *Easton* im Hinblick auf die Regimepersistenz auch den Unterschied zwischen der Rollenstruktur (Institutionen) und Rolleninhabern heraus (*Easton* 1975: 445). Wenn an der theoretischen Relevanz dieser Unterscheidung festgehalten werden soll, dann muß man entweder die Institutionen eindeutig dem Regime zuordnen oder die Autoritäten noch einmal ausdrücklich in Rollenstruktur und Rolleninhaber untergliedern, wobei diese Untergruppen dann unterschiedliche Bedeutung für die Regimepersistenz haben.

Die Darstellung des Konzepts politischer Unterstützung sollte einerseits den theoretischen Bezugsrahmen umreißen, der für die nachfolgende empirische Analyse verwendet

Stimulusobjekt Demokratie also eher die Werte-Normen-Dimension als die Institutionen-Dimension angesprochen. Das Bewertungskriterium des Stimulusobjekts ist das ***Funktionieren in der Bundesrepublik***. Damit wird einem normativen Anspruch die Wirklichkeit der Bundesrepublik gegenübergestellt. Das ist grundsätzlich sehr sinnvoll, denn die Werte bzw. Normen als solche dürften eine nahezu 100%ige Akzeptanz bei der Bevölkerung haben, d. h. auf dieser Ebene gibt es keinen Dissens. Wichtig für die Bewertung des politischen Systems der Bundesrepublik ist, ob ihre strukturellen Arrangements die Realisierung der Werte bzw. Normen auch gewährleisten. Dieses Problem der Entsprechung von gegebenen Werten/Normen mit den vorhandenen Institutionen bzw. der Institutionenstruktur ist auch der Kern der Definitionen von Legitimität bei *Easton* und anderen Wissenschaftlern (z. B. *Kelman* 1969; *Lipset* 1981).

Ein Problem bei dem Eurobarometer-Indikator ist, ob und inwieweit die relativ allgemeine Bezugnahme auf die Bundesrepublik und der Begriff des Funktionierens nicht die Möglichkeit zuläßt, perzipierte Defizite bei der „Entsprechung“ auf Rolleninhaber zurückzuführen und eben nicht auf Rollenstrukturen. Dennoch meinen wir, daß es sich eher um einen Indikator für „Regime-Unterstützung“ (Regime-Legitimität) handelt. Zunächst stellt das Stimulusobjekt relativ zweifelsfrei einen Regimebezug her. Ein Autoritätenbezug wäre also in jedem Falle nur ***indirekt***. Falls nun Funktionsdefizite tatsächlich auf Autoritäten und nicht auf Institutionen zurückgeführt werden, dann bezieht sich dieses perzipierte Defizit vermutlich – wenn man das dargestellte Demokratieverständnis zugrundelegt – auf eine bestimmte Kategorie von Outputs – solche nämlich, die einen Bezug zu den demokratischen Werten und Normen haben, und nicht auf Outputs im Sinne der Befriedigung instrumenteller Interessen. Die mögliche Konfusion mit der Autoritätenebene würde sich also auf die diffuse Unterstützung der Autoritäten beziehen (Autoritäten-Legitimität) und nicht auf spezifische Unterstützung, und nach *Easton* steht die Autoritäten-Legitimität in einem relativ engeren Zusammenhang mit Regime-Legitimität als spezifische Unterstützung.

Gegenüber dem Eurobarometer-Indikator ist der Indikator der Forschungsgruppe Wahlen in zwei Hinsichten problematischer. Erstens werden drei Stimulusobjekte vorgegeben (Demokratie, politische Parteien, politisches System). Es ist also schon von daher gesehen unklar, worauf sich der Befragte primär bezieht, auf die Stimuli für die Systemebene (Demokratie, politisches System) oder den Stimulus für die Ebene konkreter Akteure (politische Parteien). Politische Parteien sind zudem nach *Easton* keine Autoritäten, d. h. dieses Objekt hat in seinem Konzept politischer Unterstützung keinen systematischen Stellenwert. Zweitens wird nur ein allgemeines Bewertungskriterium vorgegeben, d. h. die Bewertung läßt sich nicht nach instrumentellen oder moralischen Grundlagen differenzieren. Daß dieser Indikator dennoch *auch* Regime-Unterstützung mißt, zeigt eine Korrelation von .43 (Pearson's r) mit einem Index aus zwei Indikatoren, die relativ eindeutig Regime-Unterstützung messen[3].

3.2 Demokratiezufriedenheit im Bevölkerungsaggregat

Das Schaubild 2 zeigt auf der Grundlage beider Indikatoren die Demokratiezufriedenheit[4] im Zeitverlauf von April 1977 bis September 1986 (Forschungsgruppe Wahlen) bzw. November 1976 bis November 1985 (Eurobarometer)[5]. Da die Eurobarometer-Zeitreihe und weitere im folgenden analysierte Zeitreihen zu wenig Zeitpunkte haben, die zudem bei den verschiedenen Zeitreihen teilweise unterschiedlich liegen, sind wesentliche Voraussetzungen der Anwendung statistischer Methoden der Zeitreihenanalyse (wie z. B. den ARIMA-Modellen von Box und Jenkins) nicht erfüllt. Wir beschränken uns deshalb auf die Interpretation der optisch ausmachbaren Zeitverläufe.

Bei dem Indikator der Forschungsgruppe Wahlen (FGW) zeigt sich ein recht klares Verlaufsmuster. Es lassen sich vier verschiedene Phasen unterscheiden. Die erste Phase reicht bis kurz vor die Bundestagswahl 1980 und ist durch eine fast gleichbleibend hohe Demokratiezufriedenheit gekennzeichnet; sie flukturiert um 80 % (mit leicht ansteigender Tendenz). Daran schließt sich die zweite Phase mit einem rapiden Abfall der Demokratiezufriedenheit an, die ihren Tiefpunkt im Februar 1982 mit nur 54 % hatte. Die nach diesem Tiefpunkt einsetzende Aufstiegsphase hat ihren Höhepunkt kurz vor der Bundestagswahl 1983 mit wieder rund 80 % Demokratiezufriedenheit. In der vierten Phase, die kurz nach der Bundestagswahl einsetzt, pendelt sich die Demokratiezufriedenheit um die 70 % ein.

Der Trend der Demokratiezufriedenheit bei dem Eurobarometer-Indikator (EB) stimmt in zwei wichtigen Aspekten mit dem Indikator der Forschungsgruppe Wahlen überein. Auch hier zeigt sich ein Absinken der Demokratiezufriedenheit, das Anfang 1980 be-

Schaubild 2: Demokratiezufriedenheit (FGW / EB)

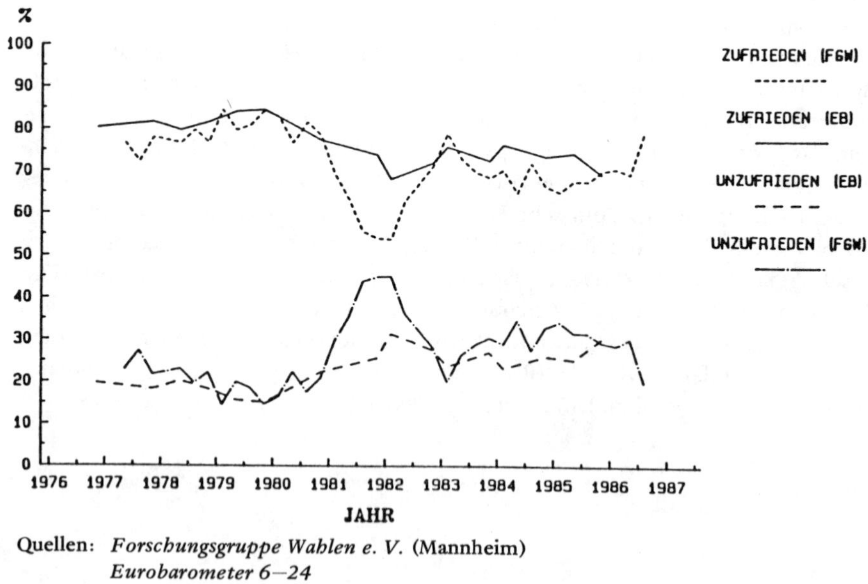

Quellen: *Forschungsgruppe Wahlen e. V.* (Mannheim)
Eurobarometer 6–24

ginnt und seinen Tiefpunkt im Frühjahr 1982 hat; ebenso läßt sich nach der Bundestagswahl 1983 ein Einpendeln der Demokratiezufriedenheit auf einem niedrigeren Niveau als vor der Abstiegsphase feststellen. Der Unterschied zwischen den beiden Indikatoren liegt vor allem in dem erheblich stärkeren *Ausmaß* des Absinkens der Demokratiezufriedenheit in den Jahren 1981/82 bei dem Indikator der Forschungsgruppe Wahlen. Wenn wir davon ausgehen, daß die Abnahme der Demokratiezufriedenheit in dieser Phase auf Situationseinflüsse zurückgeht, dann bedeutet das, daß der Indikator der Forschungsgruppe Wahlen überproportional stark auf diese Einflüsse reagiert hat.

Es stellt sich die Frage, welche Situationsfaktoren das mehr oder weniger starke Absinken der Demokratiezufriedenheit bewirkt haben könnten. Das Ereignis mit den objektiv und subjektiv sicherlich stärksten Konsequenzen, das zeitlich mit diesem Absinken zusammengeht, ist die Wirtschaftsrezession, die etwa Anfang 1980 begann und durch Wachstumseinbrüche sowie einem starken Ansteigen der Arbeitslosenzahlen im Winter 1980/81 und nochmals im Winter 1981/82 gekennzeichnet war. Als weitere im engeren Sinne politische Ereignisse lassen sich die Nachrüstungsdebatte, die Kernenergiekontroverse und die Parteispendenaffäre anführen. Es ist aber davon auszugehen, daß diese Ereignisse für die Mehrheit der Bevölkerung eher eine sekundäre Bedeutung haben. Möglicherweise haben sie einen verstärkenden Effekt für die Herausbildung einer allgemeinen Stimmungslage, die vor allem durch die wirtschaftliche Entwicklung geschaffen wurde. Einen empirischen Hinweis, daß es einen Zusammenhang zwischen den erwähnten Ereignissen und der Entwicklung der Demokratiezufriedenheit gegeben hat, gibt das Schaubild 3.

Da Auswirkungen auf Einstellungen nicht über objektive Ereignisse als solche erfolgen, sondern über die subjektive Perzeption dieser Ereignisse, wurden in dem Schaubild zwei subjektive Indikatoren berücksichtigt. Der eine bezieht sich direkt auf die Einschätzung der wirtschaftlichen Entwicklung. Er stammt von Allensbach, und die konkrete Frageformulierung lautet: „Wie sehen Sie unsere wirtschaftliche Entwicklung: Glauben Sie, daß es mit unserer Wirtschaft in den nächsten sechs Monaten eher bergab oder eher bergauf geht?" (*Allensbacher Jahrbuch der Demoskopie* 1978–1983). Der andere Indikator bezieht sich auf die Einschätzung der allgemeinen Verhältnisse in der Bundesrepublik. Dieser Indikator stammt von Infas, und die Frageformulierung ist die folgende: „Finden Sie, daß die Verhältnisse in der Bundesrepublik heute Anlaß zur Beunruhigung bieten, oder finden Sie das nicht?"[6]

Ein Vergleich der vier Zeitreihen zeigt in dem uns interessierenden Aspekt eine erstaunlich übereinstimmende Verlaufsform. Die Verschlechterung der Einschätzungen setzte etwa Anfang 1980 ein – bei der Demokratiezufriedenheit kurz unterbrochen durch die Bundestagswahl 1980 – mit einem Tiefpunkt Ende 1981/Anfang 1982 und einer Aufwärtsbewegung, die etwa im Frühjahr 1982 begann. Dieser Verlauf ist ungefähr parallel zu *objektiven* Wirtschaftsentwicklung, wie hier nicht dargestellte Zeitreihen objektiver Indikatoren (Arbeitslosenquote, Inflationsrate, Bruttosozialprodukt) zeigen. Ein Zusammenhang zwischen Wirtschaftsentwicklung und Demokratiezufriedenheit auf der Grundlage der sichtbaren Verlaufsformen der Zeitreihen ist natürlich kein wirklicher Beweis. Die ähnliche Verlaufsform der Zeitreihen könnte z. B. auch durch parallele Fehlerprozesse oder durch eine unspezifizierte Variable, die auf alle vier Indikatoren

Schaubild 3: Perzeption der allgemein./wirtsch. Verhältnisse und Demokratiezufriedenheit

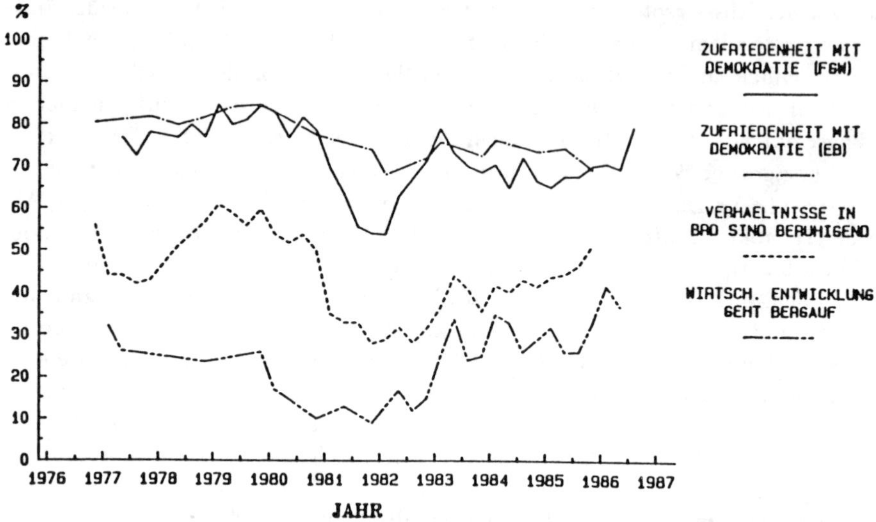

Quellen: *Forschungsgruppe Wahlen e. V.* (Mannheim)
Eurobarometer 6–24
infas (Bad Godesberg)
Allensbach

wirkt, erzeugt worden sein. Es soll hier auch nicht unerwähnt bleiben, daß statistische Zeitreihenanalysen zu widersprüchlichen Ergebnissen über den Einfluß von wirtschaftlichen Faktoren auf politisches Verhalten und politische Einstellungen gekommen sind (z. B. *Norpoth* und *Yantek* 1983; *Kirchgässner* 1983). Die ausgeprägte Parallelität der Verläufe in den Jahren 1981/82 macht u. E. aber doch plausibel, daß die Wirtschaftsrezession einer der entscheidenden Situationsfaktoren gewesen ist, die zu dem Absinken der Demokratiezufriedenheit führten.

Eine weitere Differenzierung des möglichen Einflusses wirtschaftlicher Faktoren auf die Demokratiezufriedenheit wollen wir in Anknüpfung an ein Ergebnis der neueren amerikanischen Wahlforschung vornehmen. Dort wurde gezeigt, daß für die Popularität des Präsidenten und für die Wahlentscheidungen der Bürger die Einschätzung der *allgemeinen* wirtschaftlichen Situation einen größeren Effekt hat als die Einschätzung der *persönlichen* wirtschaftlichen Situation (*Kinder* und *Kiewiet* 1981; *Kiewiet* und *Rivers* 1985). Hinsichtlich der Demokratiezufriedenheit scheint ein paradoxer Gegensatz zu diesem Befund zu existieren. Die Korrelation zwischen Demokratiezufriedenheit und Lebenszufriedenheit der Befragten ist in allen Eurobarometern relativ hoch (durchschnittlich r = .30). Bei einer Einstellung, die zur primären Lebenswelt der meisten Befragten wohl ferner liegt als Einstellungen zur Regierung und zu Parteien, gibt es also einen relativ starken Zusammenhang mit der persönlichen Lebenssituation. Diese Problem kann hier nicht geklärt werden; es soll lediglich eine mögliche Lösungsrichtung angedeutet werden. Regierungen werden plausiblerweise für die Entwicklung der nationalen Ökonomie mitverantwortlich gemacht, weil hier eine Steuerungserwartung seitens der Bürger vorliegt. Für die persönliche wirtschaftliche Lage und die persönliche Lebenszufriedenheit sind die kurzfristigen Schwankungen der nationalen Ökonomie nur eine Determinante neben anderen und möglicherweise nicht einmal die wichtigste. Es wäre vorstellbar, daß zwei sehr unterschiedliche, aber komplementäre Faktoren von den Bürgern als wesentliche Ursache ihrer persönlichen Lebenssituation angesehen werden: erstens die Selbstverantwortung der Individuen und zweitens allgemeine strukturelle Faktoren – wie z. B. die Strukturen des ökonomischen und politischen Systems – die erfolgreiches individuelles Handeln erst ermöglichen. Beides sind Aspekte von grundlegender und langfristiger Art. Im Sinne dieser Argumentation kann von folgenden Zusammenhängen zwischen persönlicher Lebenszufriedenheit bzw. allgemeiner Wirtschaftslage und den Indikatoren der Demokratiezufriedenheit ausgegangen werden: Je stärker der Indikator die Einstellung zur Regimestruktur erfaßt, desto stärker dürfte der Effekt der persönlichen Lebenszufriedenheit auf das Antwortverhalten sein, und je stärker der Indikator die Einstellung zu politischen Autoritäten erfaßt, desto stärker dürfte der Effekt der allgemeinen Wirtschaftslage sein. Aus einer anderen Perspektive werden damit auch die relativ geringeren Schwankungen des Eurobarometer-Indikators gegenüber dem Indikator der Forschungsgruppe Wahlen verständlich.

Die persönliche Lebenszufriedenheit bewegt sich nach den Eurobarometern zwischen 1976 und 1985 auf einem hohen durchschnittlichen Niveau von etwa 85 %, und die Fluktuation um diesen Durchschnittswert ist gering. Wenn man die relativ hohe Korrelation zwischen Demokratiezufriedenheit und persönlicher Lebenszufriedenheit auf der Basis der Individualdaten zugrundelegt, dann scheint die persönliche Lebenszufriedenheit eine stabile positive Ressource für die Demokratiezufriedenheit darzustellen und damit auch für die Persistenz des politischen Systems. Demgegenüber werden kurzfristige Schwankungen der Demokratiezufriedenheit offenbar von *allgemeinen* Entwicklungen bewirkt, und das heißt, vor allem von der wirtschaftlichen Entwicklung.

Aus dem behaupteten Einfluß wirtschaftlicher Entwicklungen auf die Demokratiezufriedenheit sollte u. E. nicht der Schluß gezogen werden, daß die Regime-Unterstützung von spezifischer Unterstützung determiniert wird und damit von kurzfristigen und variablen Faktoren abhängig ist. Der Einfluß dieses spezifischen Faktors wirkt sich nach unseren Daten in Form von *begrenzten* Schwankungen auf einem insgesamt hohen Niveau der Demokratiezufriedenheit aus (das gilt jedenfalls für den Eurobarometer-Indikator), und eine *völlige* Unabhängigkeit der Regime-Unterstützung von spezifischer Unterstützung ist wenig plausibel, zumal dann, wenn der Indikator für Regime-Unterstützung sich auf eine relativ niedrige System-Ebene bezieht. Es drängt sich allerdings die spekulative Überlegung auf, was mit der Demokratiezufriedenheit passieren würde, wenn die Wirtschaftsrezession zeitlich länger gestreckt wäre oder wenn das Wirtschaftswachstum dauerhaft in die Nähe des Nullwachstums gehen würde? Erst unter solchen Bedingungen könnte sich empirisch wirklich zeigen, wie stark die Institutionenstruktur des Regimes der Bundesrepublik „um ihrer selbst willen" akzeptiert wird.

3.3 Demokratiezufriedenheit nach Parteianhängerschaften

Die Bindung an politische Parteien ist der wichtigste sozialpsychologische Mechanismus zur Orientierung der Durchschnittsbürger in der politischen Welt (*Miller* 1976: 22 ff.). Damit kann die Komplexität der Politik bei relativ geringen Informationskosten reduziert werden. Von dieser zentralen Stellung der Parteibindung aus gesehen wird auch der Transfer plausibel, der in der Regel von den Anhängern der Parteien, die an der Regierung sind, auf die Systemunterstützung vorgenommen wird (*Kaase* 1985: 116 f.). Mit anderen Worten: Die Demokratiezufriedenheit variiert mit der Identifikation für eine Regierungs- bzw. Oppositionspartei (siehe dazu auch Berger u. a. 1984). Dieser sogenannte Regierungs-/Oppositionsmechanismus führt zwar ein Element kurzfristigen Wandels in die Demokratiezufriedenheit ein, aber aus der Systemperspektive ist es relativ gleichgültig, auf welche konkreten Parteianhängerschaften sich die unter- bzw. überdurchschnittliche Demokratiezufriedenheit jeweils stützt. Wenn ausschließlich der Regierungs-/Oppositionsmechanismus wirksam ist, dann ist der Nettoeffekt für die Demokratiezufriedenheit bei einem Regierungswechsel identisch.

Die Variation der Demokratiezufriedenheit mit der Identifikation für eine Regierungs- bzw. Oppositionspartei zeigt die Aufschlüsselung nach Wahlabsicht bei beiden von uns analysierten Indikatoren in den Schaubildern 4 und 5. Wahlabsicht ist zwar nicht identisch mit Parteiidentifikation, korreliert mit dieser aber so hoch, daß sie für unsere Zwecke als ein akzeptabler Ersatzindikator dienen kann. Er hat zudem den Vorteil, daß weniger Befragte aus der Analyse herausfallen – was besonders bei der Gruppe der Grünen-Wähler wichtig ist.

Schaubild 4: Demokratiezufriedenheit nach Wahlabsicht (EB)

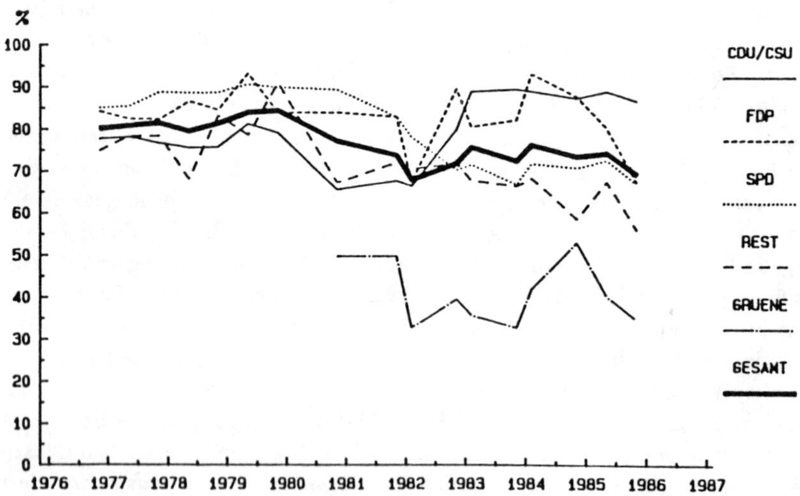

Quelle: *Eurobarometer 6–24*

Schaubild 5: Demokratiezufriedenheit nach Wahlabsicht (FGW)

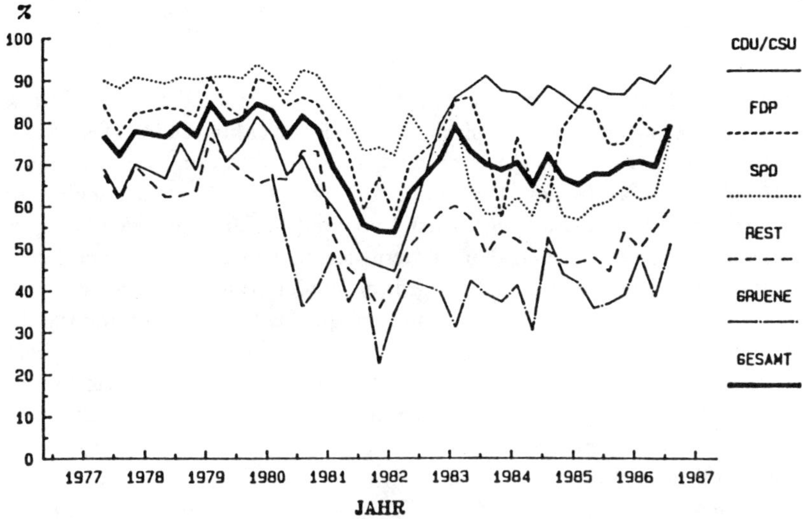

Quelle: *Forschungsgruppe Wahlen e. V.* (Mannheim)

Das Muster ist in beiden Fällen eindeutig: Die Demokratiezufriedenheit ist bei den Anhängern der jeweiligen Regierungsparteien überdurchschnittlich hoch und bei den Anhängern der jeweiligen Oppositionsparteien überdurchschnittlich niedrig. Der Schnittpunkt zwischen den beiden großen Parteien ist exakt nach dem Regierungswechsel im Herbst 1982. Klammert man einmal die Umschwungsphase in den Jahren 1981/82 aus, dann ist die Ähnlichkeit der Demokratiezufriedenheit der Anhänger der jeweiligen großen Regierungspartei bemerkenswert. Sie fluktuiert bei den SPD-Anhängern von 1976 bis 1980 und bei den CDU/CSU-Anhängern von 1983 bis 1986 um die 90%. Was die beiden Phasen vor und nach den Jahren 1981/82 aber unterscheidet, ist die Demokratiezufriedenheit der Anhänger der jeweiligen großen Oppositionspartei. Diese ist bei den SPD-Anhängern 1983 bis 1986 im Durchschnitt niedriger als bei den CDU/CSU-Anhängern 1976 bis 1980. Bei den Grünen-Anhängern ist die Interpretation schwieriger, da die Zeitreihe erst Ende 1980 beginnt und die Schwankungen z. T. beträchtlich sind. Eindeutig ist aber, daß die Demokratiezufriedenheit der Grünen-Anhänger während des gesamten berücksichtigten Zeitraumes von allen Parteianhängerschaften die niedrigste ist.

Insgesamt haben sich also die Distanzen der Demokratiezufriedenheit zwischen den Anhängern der Regierungsparteien und der Oppositionsparteien nach der Phase von 1981/82 vergrößert, was ausschließlich auf die relativ geringere Demokratiezufriedenheit der Anhänger der Oppositionsparteien zurückgeht. Diese Entwicklung kann mit dem Regierungs-/Oppositionsmechanismus allein nicht erklärt werden.

3.4 Demokratiezufriedenheit und die neue politische Konfliktlinie

3.4.1 Die neue politische Konfliktlinie

Die westlichen Industriegesellschaften befinden sich gegenwärtig in einem Transformationsprozeß, der zu einer neuen Stufe gesellschaftlicher Entwicklung führt. Diese Stufe wird in Anknüpfung an *Bell* (1973) häufig als „postindustriell“ bezeichnet und damit von der „industriellen“ unterschieden. *Parsons* (1971) nimmt die Abgrenzung über die Begriffe „early modernity“ und „full modernity“ vor und betont damit den übergreifenden Charakter eines noch andauernden Modernisierungsprozesses. Auf der Ebene der Sozialstruktur besteht über die Annahme grundlegender Wandlungsprozesse weitgehend Übereinstimmung; weniger Einigkeit hingegen gibt es bei der Bestimmung des *politischen* Wandels im Rahmen des allgemeinen Modernisierungsprozesses. *Inglehart* (1977, 1981) hat einen Versuch unternommen, über eine Theorie des Wertewandels den Bezug von Sozialstruktur und Politik herzustellen. Dieser Versuch ist nicht unumstritten, aber es muß u. E. nicht jeder Aspekt der theoretischen Begründung und der empirischen Beweisführung akzeptiert werden, um der Argumentation in ihrer Grundstruktur zuzustimmen. Eine der wichtigsten politischen Konsequenzen des von *Inglehart* postulierten Wertewandels (inhaltlich: von materiellen zu postmateriellen Werte-Prioritäten) ist die Herausbildung einer sogenannten neuen politischen Konfliktlinie. Dafür lassen sich inzwischen eine Vielzahl mehr oder weniger systematischer empirischer Evidenzen anführen, so daß *Dalton* (1986: 428) etwas verwundert konstatieren kann, daß trotz der „Evolution postmaterieller Politik in der Bundesrepublik“ die Theorie *Ingleharts* immer noch auf verschiedenen Ebenen kritisiert wird. Wir gehen im folgenden von dem Bezugsrahmen dieser Theorie – und das heißt vor allem der Annahme der Herausbildung einer neuen politischen Konfliktlinie als Folge eines Wertewandels – aus und skizzieren kurz die für unsere Zwecke wichtigsten Argumente.

Die durch ökonomische und soziale Wandlungen bewirkte Entstehung neuer Werteprioritäten konkretisierte sich politisch vor allem in neuen Issue-Orientierungen (z. B. Umweltschutz, Anti-Kernenergie, Abrüstung), aber auch in einem neuen Stil der Artikulation und Vertretung politischer Interessen (*Barnes, Kaase* u. a. 1979). Als Folge davon wurde das politische System mit Herausforderungen konfrontiert, die es nicht problemlos verarbeiten konnte. Der Hauptgrund liegt in der Struktur der historisch gewachsenen Parteiensysteme (*Lipset* und *Rokkan* 1967), die nicht in der Lage waren oder sein konnten, sich auf die neu entstandenen gesellschaftlichen Problemlagen hinreichend einzustellen. Daraus entstanden Spannungen für das politische System, die sich zunächst in der Herausbildung von unkonventionellen politischen Bewegungen außerhalb des Parteiensystems äußerten. Mit der Gründung der Partei der Grünen und ihrem Einzug in die Parlamente fand in der Bundesrepublik die neue politische Konfliktlinie ihren Ausdruck auch innerhalb des Parteiensystems.

Die Diskussion über die Auswirkungen der neuen politischen Konfliktlinie auf das politische System konzentrierte sich bisher auf die Frage nach der Stabilität bzw. der Veränderung des Parteiensystems: liegen Dealignment-, Realignment- oder Realigning-Prozesse vor? (*Dalton* 1984, 1986). Das war angesichts der konkreten Form der Herausforderung des politischen Systems auch plausibel: die Herausforderung richtete sich an die Parteien und vor allem an die durch die Parteien besetzten Autoritätsrollen mit dem Anspruch der Berücksichtigung der neuen Issues. Es stellt sich aber die Frage, ob bei einer andauernden Nichtberücksichtigung dieser Ansprüche – in der Einschätzung derer, die sie stellen – Auswirkungen auch auf die Regimestruktur zu erwarten sind. Nach den Theorien politischer Systeme gibt es auch bei legitimen Systemen „in the long run" Rückwirkungen auf das Legitimitätseinverständnis der Bürger, wenn andauernde Outputdefizite vorliegen (*Easton* 1965b; *Lipset* 1981). Zwar ist in diesen Theorien nicht spezifiziert, wie lang „in the long run" denn ist, aber gerade wegen dieses theoretischen Informationsdefizits ist eine empirische Überprüfung, ob es gegenwärtig schon Rückwirkungen spezifischer Unzufriedenheiten auf die Regime-Unterstützung gibt, sinnvoll. Die Wahrscheinlichkeit von Auswirkungen einer Outputunzufriedenheit auf die Regime-Unterstützung ist bei der besonderen Kategorie von Issues, die im Rahmen der neuen politischen Konfliktlinie thematisiert werden, vermutlich größer als bei Issues der alten politischen Konfliktlinie. Die neuen Issues beziehen sich nicht auf die Erfüllung materieller *Gruppen*interessen, sondern werden verstanden als *kollektive* Interessen mit moralischer Qualität. Damit wird über diese spezifische Art von Issues ein relativ direkter Bezug zu einer der Legitimitätsgrundlagen des Systems hergestellt, die besagt, daß die politischen Strukturen über die konkurrierenden egoistischen Gruppeninteressen hinaus auch die Verwirklichung der Allgemeininteressen gewährleisten. Diese Legitimitätsgrundlage wird in der Regel mit der Formel vom „Allgemeinwohl" umschrieben.

3.4.2 Demokratiezufriedenheit nach Typen politischer Orientierung

Nach *Dalton* (1986: 444) ist die Entstehung einer neuen politischen Konfliktlinie erst dann wahrscheinlich, wenn sich die neuen Issue-Orientierungen der Bürger in generalisierte politische Orientierungen transformieren. Mit einer solchen Transformation verbunden ist eine Änderung der politischen Bewertungsschemata, was wiederum zu grundlegenderen Verhaltensänderungen der Bürger führen kann. *Dalton* (1986: 442 ff.) hat einen solchen Prozeß der Verhaltensänderung bezüglich der Umstrukturierung von Parteibindungen dargestellt. In unserem Zusammenhang interessiert vor allem die Frage, ob sich bei der Transformation in generalisierte politische Orientierungen auch Auswirkungen auf die Einstellungen zum Regime ergeben haben.

Die Generalisierung politischer Einstellungen erfolgt in der Regel anhand des Links/Rechts-Schemas. Das Links/Rechts-Schema ist das institutionalisierte generalisierte Kommunikationsmedium zumindest der politischen Systeme Westeuropas, und es konnte empirisch gezeigt werden, daß die überwiegende Mehrheit der Bürger ein angemessenes Verständnis dieses Schemas hat bzw. daß sie es bedeutungsvoll anwenden kann (*Fuchs* 1983; *Inglehart* und *Klingemann* 1976; *Klingemann* 1982). Die Selbsteinstufung auf einer Links/Rechts-Skala ist deshalb das relativ geeignetste Meßinstrument zur Erfassung der generalisierten politischen Orientierung der Bürger. Für unsere Zwecke ist die Selbsteinstufung auf der Links/Rechts-Skala aber etwas zu abstrakt, da wir eine Orientierung erfassen wollen, die die behaupteten Wandlungen auf der Issue-Ebene auch systematisch mitreflektiert. Wir benötigen also ein entsprechendes Kriterium der Respezifikation der allgemeinen Links/Rechts-Orientierung. Es liegt nahe, hierzu den Materialismus/Postmaterialismus-Index von *Inglehart* zu verwenden, der ja das gebräuchlichste Meßinstrument zur Erfassung der neuen Werte- oder Issueprioritäten ist. Das Meßinstrument verlangt von den Befragten die Herstellung einer Präferenzordnung von vier Werten bzw. Issues, von denen zwei als materialistisch bezeichnet werden (Aufrechterhaltung von Sicherheit und Ordnung, Kampf gegen Preissteigerungen) und zwei als postmaterialistisch (Schutz der freien Meinungsäußerung, verstärktes Mitspracherecht der Bevölkerung bei wichtigen Regierungsentscheidungen). Auf der Grundlage dieser Präferenzordnung werden vier Typen gebildet: ein „reiner" Postmaterialist, ein „gemischter" Postmaterialist, ein „gemischter" Materialist, ein „reiner" Materialist. Die „reinen" Typen setzen an erste *und* zweite Stelle postmaterialistische bzw. materialistische Werte/Issues, und die „gemischten" Typen setzen nur an die erste Stelle einen postmaterialistischen bzw. materialistischen Wert/Issue.

Aus der Kombination beider Meßinstrumente – der Links/Rechts-Skala und dem Materialismus/Postmaterialismus-Index – konstruierten wir eine Typologie politischer Orientierung. Bei der Kombination wurden die beiden Meßinstrumente dichotomisiert, so daß vier Typen politischer Orientierung unterschieden werden können: linke Materialisten, linke Postmaterialisten, rechte Materialisten, rechte Postmaterialisten. Diese Typologie ist zuerst von *Klingemann* (1982, 1983) vorgeschlagen worden, der sie zudem hinsichtlich sozialstruktureller und einstellungsmäßiger Korrelate empirisch analysiert hat. Eines der für uns relevanten Ergebnisse dieser Analyse *Klingemanns* ist, daß sich die linken Materialisten und die linken Postmaterialisten stärker und systematischer voneinander unterscheiden als die rechten Materialisten und die rechten Postmaterialisten. Das bestätigt die häufig geäußerte These, daß sich die neue politische Konfliktlinie vor allem in Form einer Differenzierung des linken Spektrums auswirkt, und zwar sowohl auf der Orientierungsebene als auch auf der Ebene des Parteiensystems.

Im Schaubild 6 ist der Trend der Demokratiezufriedenheit auf der Grundlage des Eurobarometer-Indikators für die vier Typen politischer Orientierung jeweils gesondert ausgewiesen.

Der Trend der rechten Materialisten und der linken Materialisten entspricht ungefähr dem der Parteianhängerschaften der CDU/CSU bzw. der SPD (siehe Schaubilder 4, 5), denjenigen Parteien also, die von diesen Typen politischer Orientierung jeweils überwiegend präferiert werden. Das bedeutet, daß vor dem Regierungswechsel im Herbst 1982 die Demokratiezufriedenheit der linken Materialisten etwas höher war als die der rechten Materialisten, und nach dem Regierungswechsel war es umgekehrt. Für die Unterschiede dieser beiden Typen politischer Orientierung ist offenbar hauptsächlich der Regierungs-/Oppositionsmechanismus wirksam.

Diejenige Subgruppe, deren Trend sich von allen anderen am augenfälligsten unterscheidet, ist die der linken Postmaterialisten. Ihre Demokratiezufriedenheit war in der Phase Ende 76 bis Ende 77 deutlich niedriger als die der anderen Subgruppen; in diesem Zeitraum lagen der Höhepunkt des Terrorismus in Deutschland und einer der Höhepunkte der Anti-Kernkraft-Bewegung. Anfang 1978 hatte sich das Niveau der

Schaubild 6: Demokratiezufriedenheit nach Typen politischer Orientierung

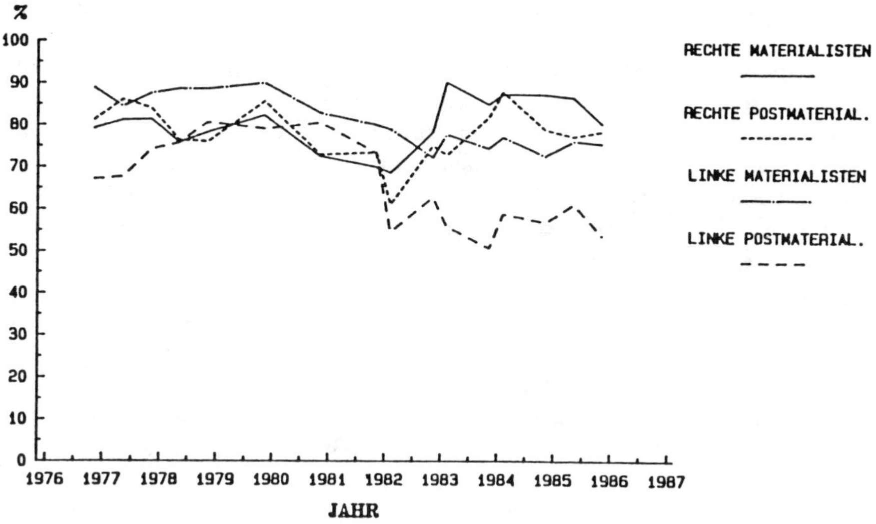

Quelle: *Eurobarometer 6–24*

Demokratiezufriedenheit der linken Postmaterialisten wieder dem der anderen Subgruppen angenähert. Die relativ niedrige Demokratiezufriedenheit in der Phase 76/77 kann also als eine Konsequenz von Situationsfaktoren gesehen werden.

Etwas anders sieht die Entwicklung nach dem Herbst 1980 aus. Die Demokratiezufriedenheit der linken Postmaterialisten sank im Rahmen des allgemeinen Trends – allerdings auf ein deutlich niedrigeres Niveau als bei den anderen Subgruppen. Im Unterschied zur Phase 76/77 erfolgte darauf aber keine Annäherung der Demokratiezufriedenheit an die anderen Subgruppen, sondern sie pendelte sich auf dem niedrigen Niveau des „Tiefpunktes“ vom Frühjahr 1982 ein. Über die Gründe dieser „abweichenden“ Entwicklung kann man nur Vermutungen anstellen. Zwei ineinandergreifende Faktoren könnten eine Rolle gespielt haben: erstens die *Kumulation* von Problemen, auf die die linken Postmaterialisten besonders sensibel reagiert haben (Kernenergie, Parteispendenaffäre, Nachrüstung, Volkszählung, Umweltfragen), und zweitens die Übernahme der Regierung durch die CDU/CSU-FDP-Koalition. *Dieser* Wechsel in der Besetzung der wichtigsten Autoritätenrolle erzeugte bei den linken Postmaterialisten sicherlich nicht die Erwartung, daß ihre politischen Präferenzen im Rahmen der normalen politischen Prozesse künftig eine größere Berücksichtigung erfahren.

In unserem theoretischen Bezugsrahmen können die linken Postmaterialisten als die ideologischen Träger der neuen politischen Konfliktlinie angesehen werden. Rückwirkungen aus Unzufriedenheiten mit der Berücksichtigung der neuen Issues durch die Autoritäten müßten sich deshalb am ehesten bei diesem Typ politischer Orientierung ausdrücken. Die empirisch festgestellte unterdurchschnittliche Demokratiezufriedenheit der linken Postmaterialisten steht demzufolge im Einklang mit unseren theoreti-

schen Erwartungen. Aus theoretischen und empirischen Gründen identifizieren wir also die linken Postmaterialisten als den Typ politischer Orientierung mit dem größten systemkritischen Potential.
In einem politischen System, in dem über die Verteilung der Macht auf konkurrierende politische Akteure letztlich die Stimmenrelation bei Wahlen entscheidet, hängen politische Konsequenzen von Einstellungen wesentlich von der Größe der Gruppe ab, die diese Einstellungen haben. Von daher gesehen ist die Quantität der linken Postmaterialisten ein zentraler Aspekt. Die Tabelle 2 enthält den Anteil der Typen politischer Orientierung im Zeitverlauf. Die Prozentuierungsbasis ist jeweils die Gesamtheit der gültigen Werte der einzelnen Querschnittserhebungen.
Der Anteil der linken Postmaterialisten hat im Zeitverlauf stark zugenommen. Die Zunahme erfolgte allerdings diskontinuierlich, denn sie vollzog sich vor allem zwischen dem Herbst 1981 und dem Herbst 1982. Wichtig sind die Relationen der Gruppen zueinander. Innerhalb der Linken sind die linken Postmaterialisten seit dem Herbst 1983 größer als die linken Materialisten, und bezogen auf alle vier Typen sind die linken Postmaterialisten seit dem Herbst 1984 die relativ größte Gruppe. Die linken Postmaterialisten stellen nach diesen Daten also keinesfalls eine vernachlässigbare Minorität dar. Diese quantitative Zunahme der linken Postmaterialisten kann als eine der erwähnten empirischen Evidenzen für *Daltons* (1986: 420) These der „Evolution postmaterieller Politik in der Bundesrepublik" gedeutet werden.

Tabelle 2: Anteil der Typen politischer Orientierung im Zeitverlauf

	Linke Materialisten	Linke Postmaterialisten	Rechte Materialisten	Rechte Postmaterialisten
1976 (H)*	30,2	16,7	42,2	10,9
1977 (F)*	29,4	10,9	46,0	13,7
1977 (H)	26,9	12,5	50,8	9,7
1978 (F)	25,4	14,5	46,6	13,4
1978 (H)	29,4	15,9	42,1	12,6
1979 (H)	27,2	17,6	41,1	14,1
1980 (F)	28,5	18,5	44,0	9,0
1980 (H)	33,3	13,5	43,2	10,0
1981 (F)	33,2	15,9	42,4	8,5
1981 (H)	30,6	14,9	44,0	10,5
1982 (F)	26,9	21,7	38,9	12,6
1982 (H)	32,8	27,7	30,6	8,8
1983 (F)	28,7	28,3	32,9	10,1
1983 (H)	23,2	27,5	37,0	12,2
1984 (F)	24,4	28,4	34,0	13,1
1984 (H)	28,4	30,1	27,8	13,7
1985 (F)	24,3	30,1	27,4	18,1
1985 (H)	29,0	30,8	29,1	11,0

Quelle: *Eurobarometer* 6–24
* Herbst, Frühjahr

4. *Krise oder Flexibilität des politischen Systems?*

Wir gingen bei unserer Analyse politischer Unterstützung von der Möglichkeit aus, daß sich das politische System der Bundesrepublik in einer Krise befinden könnte und knüpften dabei an die Vielzahl von Krisenhypothesen an, die für die westlichen Industriegesellschaften formuliert worden sind. Trotz der extensiven Verwendung des Krisenbegriffs bleibt sein theoretischer Status häufig unklar (*Kaase* 1982: 21). Es besteht eine verbreitete Neigung, fast jede Art von Problemen und Spannungen zu einer Krise hochzustilisieren, so daß *Schaar* ironisch von einer „time of crisis, even an Age of Crisis" spricht, in der wir uns befinden (*Schaar* 1981: 331). Mit dieser extensiven Verwendung des Krisenbegriffs wird aber seine analytische Erklärungskraft vernutzt. Nach der funktionalistischen Systemtheorie kann erst dann von einer Krise geredet werden, wenn der Bestand eines Systems bedroht ist. Das Bestandsproblem bezieht sich auf die grundlegenden Strukturen eines Systems, das, was in der Theorie von *Easton* mit Regime bezeichnet wird. Das Regime wiederum besteht aus drei Komponenten, die sich, bezogen auf ihre Wichtigkeit für den Bestand des gesamten Regimes, hierarchisch anordnen lassen: die Werte und Normen des Regimes, die Struktur der Autoritätsrollen und die einzelnen Autoritätsrollen[7]. Die hierarchische Anordnung impliziert, daß Wandlungen auf einer niedrigeren Systemebene zugunsten der Stabilität höherer Systemebenen möglich sind. Genau diese spezifische Verknüpfung von Wandel und Stabilität ist der Kerngedanke des Persistenzbegriffs bei *Easton* (*Easton* 1965b: 84).

Diese begrifflichen Klärungen sollten u. a. dazu dienen, die relativ allgemeine Behauptung von einer Krise des politischen Systems zu einer sinnvollen Fragestellung zu konkretisieren. Die traditionelle Perspektive der Diskussion über Stabilität und Wandel politischer Systeme war die Alternative zwischen Demokratie und Diktatur (z. B. *Grew* 1978; *Linz* 1978); es ging also um die Frage nach der Art des Regimes insgesamt. Diese Perspektive steht u. E. in der Bundesrepublik längst nicht mehr zur Debatte. Wie die verfügbaren Daten zeigen, werden die Werte und Normen des demokratischen Regimes der Bundesrepublik und die zentralen Institutionen, die die Zusammenhangsstruktur der Autoritätsrollen im wesentlichen konstituieren (Parlament, Mehrparteiensystem, Grundgesetz) von der überwiegenden Mehrheit der Bevölkerung akzeptiert (*Conradt* 1980; *Fuchs* 1984; *Institut für Demoskopie Allensbach* 1979; *Pappi* 1982). Auch aus einer anderen Blickrichtung scheint die „Systemfrage" als Alternative zwischen Demokratie und Diktatur obsolet zu sein. Systemwandel ist nur denkbar, wenn politische Eliten auch alternative Modelle anbieten, die die Art und Richtung des Wandels spezifizieren. Im Falle der Bundesrepublik werden solche Modelle vor allem im Kontext der verschiedenen Protestbewegungen und der Partei der Grünen diskutiert. Diese Diskussion ist sehr vielschichtig und z. T. auch widersprüchlich. Wir unterstellen, daß die Programme der Grünen am ehesten eine gewisse Verbindlichkeit für diese politischen Elitegruppen haben. Die in diesen Programmen vorgeschlagenen Systemwandlungen beziehen sich nicht auf fundamentale Systemalternativen (wie z. B. Demokratie/Diktatur oder repräsentative Demokratie/Rätedemokratie), sondern eher auf Ergänzungen der repräsentativen Demokratie durch Elemente direkter Demokratie (siehe z. B. das Landesprogramm NRW der Grünen). Wenn man berücksichtigt, daß die Beteiligung an politischen Entscheidungsprozessen einer der Werte ist, die die ideologische Orientierung der linken Postmaterialisten bilden, dann hat diese Richtung des Systemwandels vermutlich die größten Resonanzchancen bei der Gruppe der linken Postmaterialisten. Falls also mit der geäußerten Unzufriedenheit über das Funktionieren der Demokratie überhaupt ein Wunsch nach Systemwandel verknüpft ist, dann dürfte er sich am ehesten auf die Einführung von Elementen direkter Demokratie in das System repräsentativer Demokratie beziehen. Im Hinblick auf das Regimekonzept von *Easton* ist der Systemwandel, der u. E. also überhaupt zur Diskussion stehen kann, auf der relativ niedrigen Systemebene der einzelnen Autoritätsrollen (Institutionen) anzusiedeln.

Im Sinne der Systempersistenz kann ein begrenzter Strukturwandel auf der Ebene der einzelnen Autoritätsrollen als ein Mittel des politischen Systems zur Stabilisierung der nächsthöheren Systemebene gesehen werden. Die Frage ist aber, ob im Falle der Bundesrepublik dieses Mittel überhaupt notwendig ist. Die bisherige Verarbeitungsform des durch die Herausbildung der neuen politischen Konfliktlinie generierten Stresses deutet auf eine beachtliche Flexibilität des politischen Systems in der Anpassung an veränderte Umweltbedingungen hin. Zumindest zwei Reaktionsweisen des politischen Systems sind bisher festzustellen: erstens eine zunehmende Aufnahme von Themen der neuen politischen Konfliktlinie auch durch etablierte Parteien (vor allem durch die Sozialdemokraten) und zweitens eine Differenzierung des Parteiensystems durch den Einzug der Grünen in die Parlamente. Durch diese Wandlungen unterhalb der Strukturebene wurde die Eigenkomplexität des politischen Systems in dem Sinne erhöht, daß die Kapazität zur Aufnahme neuer politischer Themen vergrößert wurde.

Für die weitere Entwicklung der Demokratiezufriedenheit der linken Postmaterialisten ist sicherlich nicht nur die Möglichkeit der *Artikulation* ihrer Interessen innerhalb des Parteiensystems von Bedeutung, sondern auch die Wahrnehmung, daß diese Interessen in der Entscheidungstätigkeit der Autoritäten *Berücksichtigung* finden. Für dieses Problem sind u. E. aber zwei Möglichkeiten des politischen Systems noch nicht ausgeschöpft: erstens eine stärkere Priorität von neuen Issues in der Politik auch einer konservativen Regierung, und zweitens Regierungswechsel auf Länder- und/oder Bundesebene. Aus den erläuterten Gründen ist es also nicht unwahrscheinlich, daß das politische System der Bundesrepublik mit den neuen Herausforderungen ohne jeden Strukturwandel fertig wird.

Anmerkungen

1 Für die Bereitstellung der Daten danke ich der *Forschungsgruppe Wahlen e. V.* (Mannheim).

2 Insgesamt wurden den Befragten 23 verschiedene Aspekte vorgelegt. Siehe dazu: *Institut für Demoskopie Allensbach* 1979: 44 f.

3 Der Mittelwertindex „Systemunterstützung" wurde aus den folgenden Fragen gebildet: „Das politische System der Bundesrepublik ist gerecht und fair" und „Das politische System der Bundesrepublik schützt die grundlegenden Freiheiten der Bürger". Bezogen auf die analytischen Differenzierungen *Eastons* ist das Einstellungsobjekt „politisches System" der Regimeebene zuzuordnen und die Beurteilungsstandards „Gerechtigkeit" und „Freiheit" sind moralischer Art. Der Mittelwertindex kann also als ein Meßinstrument für „Regimelegitimität" betrachtet werden (siehe dazu *Fuchs* 1981).

4 Die beiden Zufriedenheits- bzw. Unzufriedenheitskategorien wurden jeweils zusammengefaßt.
5 Für den Eurobarometer-Indikator sind 17 Zeitpunkte vorhanden und für den Indikator der Forschungsgruppen Wahlen 58 Zeitpunkte. Die Daten der *Forschungsgruppe Wahlen* wurden zur besseren Übersicht zu Quartalswerten zusammengefaßt.
6 Für die Bereitstellung der Daten danke ich *infas* (Bad Godesberg).
7 In Anlehnung an Autoren wie *Lipset* (1981) und *Almond* und *Powell* (1978) ordnen wir auch die einzelnen Autoritätsrollen eindeutig dem Regime zu.

Eliten als Hüter der Demokratie?

Zur Akzeptanz demokratischer Institutionen und freiheitlicher Werte bei Eliten und Bevölkerung in der Bundesrepublik*

Ursula Hoffmann-Lange

1. *Einleitung*

Die aktuelle Diskussion über die politische Kultur der Bundesrepublik (z. B. *Reichel* 1981; *Röhrich* 1983) knüpft in ihrer pessimistischen Diagnose über das „schwierige Vaterland" vielfach an ältere Studien an (v. a. *Almond* und *Verba* 1963; *Dahrendorf* 1965). Sie betont ebenso wie jene die Kontinuität obrigkeitsstaatlicher und autoritärer Einstellungen sowie die Gefahr, die diese für die Demokratie darstellen. Neuere empirische Arbeiten, die das große Ausmaß der Veränderungen politischer Orientierungen in der Bundesrepublik belegen und ein im internationalen Vergleich wesentlich optimistischeres Bild zeichnen, sind demgegenüber weit weniger zur Kenntnis genommen worden (z. B. *Conradt* 1974, 1980; *Rausch* 1980; *Baker* u. a. 1981).
Diese Kontinuität in der Diagnose suggeriert eine tatsächlich nicht gegebene Konstanz der Fragestellungen von älteren und neueren Analysen. Ging es den früheren Autoren nämlich um die Erklärung des Scheiteren demokratischer Institutionen in der Weimarer Republik und um die Bestimmung der Chancen der Demokratie in der Bundesrepublik, so wird der Fortbestand dieser Instituitonen in den jüngeren Arbeiten als gegeben vorausgesetzt. Hier gilt die Kritik mehr ihrer Unvollkommenheit. Defizite werden vor allem im Hinblick auf die Achtung von Minderheitsrechten und den Ausbau von Beteiligungsrechten konstatiert. Dies kommt in folgendem Zitat über die Entwicklung der Bundesrepublik in den siebziger Jahren deutlich zum Ausdruck:

> „In den vergangenen Jahren kreuzten sich zwei gegenläufige Entwicklungen. Auf der einen Seite nahm das politische Bewußtsein zunehmend demokratische Züge des angelsächsischen Musters an. Der Sinn für Toleranz, Kompromiß, Opposition und Freiheitsrechte wuchs. . . In scharfen Gegensatz zu dieser Entwicklung traten in der praktischen Politik der vergangenen zehn Jahre Tendenzen zu staatlicher Repression, Verfolgung radikaler Ansichten. . . , Einengung des politischen Meinungsfeldes, politische Polarisierungen mit dem gegenseitigen Vorwurf der Verfassungsfeindschaft, auch Umdeutungen wichtiger politischer Institutionen wie des Bundesrates oder des Bundesverfassungsgerichts." (*Greiffenhagen* und *Greiffenhagen* 1979: 319)

Die Vermengung der beiden Fragestellungen nach der Stabilität demokratischer Institutionen und nach dem Ausmaß der in ihrem Rahmen praktizierten Liberalität hat viel

* Wertvolle Anregungen zu diesem Beitrag verdanke ich *Herbert Döring* und *Christian Lange*.

zu der Begriffsverwirrung um das Konzept der politischen Kultur beigetragen (vgl. dazu *Kaase* 1983). Es scheint daher wünschenswert, beide getrennt zu untersuchen.
Neben anderweitig bereits publizierten Zahlen wird sich die folgende Analyse hauptsächlich auf eigene Auswertungen von Umfragedaten stützen, die 1981/82 im Rahmen des Forschungsprojektes „Führungsschicht in der Bundesrepublik Deutschland 1981/82" erhoben wurden, das eine Elite- und eine Bevölkerungsumfrage umfaßte. Zusätzlich werden zwei frühere Elitenumfragen zum Vergleich herangezogen[1].

2. *Akzeptanz und Stabilität demokratischer Institutionen*

Durch die historische Erfahrung des Nationalsozialismus hat sich die Frage nach den Voraussetzungen einer demokratischen politischen Ordnung in Deutschland stets mit besonderer Dringlichkeit gestellt. Die deutsche Entwicklung war für die politikwissenschaftliche Demokratieforschung vor allem deshalb eine Herausforderung, als sie die Vorstellung eines geradlinigen Zusammenhangs von sozioökonomischer Entwicklung und politischer Demokratisierung in Frage stellte. Damit wurde die Wichtigkeit soziokultureller Faktoren für die politische Entwicklung deutlich (*Lepsius* 1969: 199). Eine Vielzahl von Autoren nahm in diesem Sinne zur Erklärung der deutschen Sonderentwicklung Bezug auf politische Traditionen, die sich in von anderen Nationen abweichenden Orientierungen gegenüber politischen Institutionen niederschlugen (z. B. *Dahrendorf* 1965).
Ein in diesem Zusammenhang wichtiger Erklärungsansatz ist die „Konsenstheorie der Demokratie (vgl. z. B. *Bachrach* 1962). Sie basiert auf der Grundannahme, daß Demokratie in erster Linie in der allgemeinen Akzeptierung von Spielregeln („rules of the game") besteht, die die Form der Austragung von Zielkonflikten festlegen. Zu diesen gehören vor allem die Grundrechte sowie Grundprinzipien der Konfliktregulierung, wie die Anerkennung von Interessenkonflikten und des Majoritätsprinzips. Daneben ist aber auch die Akzeptanz der politischen Institutionen dazuzurechnen, da diese als konkrete Institutionalisierungen der Spielregeln verstanden werden können.
Die bekannte und vielfach dokumentierte demokratiefeindliche Haltung eines Teils der Eliten in der Weimarer Republik[2] sowie die damalige Wählerunterstützung für extremistische Parteien deuten darauf hin, daß in der Bundesrepublik zur Zeit ihrer Gründung im Vergleich zu den etablierten Demokratien ein gewisser Nachholbedarf im Umgang mit demokratischen Institutionen bestand. Im Gegensatz zu Weimar waren die Voraussetzungen für die dauerhafte Etablierung einer demokratischen Regierungsform jedoch wesentlich günstiger. Die totale militärische Niederlage war so offenkundig, daß eine Dolchstoßlegende keinen breiten Anhang finden konnte. Die politische Entwicklung seit der Endphase der Weimarer Republik hatte sowohl rechts- als auch linksextreme Parteien gründlich diskreditiert, so daß die gemäßigten Parteien von Anbeginn eine überwältigende Wählermehrheit erhielten. Die militärische Besetzung und die politische Konstellation im Kalten Krieg ließ zudem keine erkennbare Alternative zur Westintegration der Bundesrepublik zu. Hinzu kam der wirtschaftliche Aufschwung, dessen Beitrag zur Legitimierung der neuen Republik sehr hoch zu veranschlagen ist[3].
Eine Reihe von Indikatoren zeigt, daß in der Bevölkerung der Bundesrepublik inzwi-

schen sowohl die Anerkennung demokratischer Spielregeln als auch die Zufriedenheit mit den politischen Institutionen weit verbreitet sind. Schon Ende der sechziger Jahre lehnte eine überwiegende Mehrheit Diktatur und die Anwendung von Gewalt als Mittel der Politik ab und befürwortete zudem das Recht auf Meinungsfreiheit und die Existenz politischer Opposition (*Adrian* 1977: 144). Auch von dem vielfach beschworenen Mangel an Kompromißbereitschaft ist nichts (mehr) zu bemerken. 85 % der Befragen stimmten 1982 der Aussage zu: „Auch wer in einer Auseinandersetzung Recht hat, sollte einen Kompromiß suchen". Auch die im Jahre 1980 erhobenen Zahlen *Bürklins* (1984) bestätigen diese hohe Akzeptanz demokratischer Spielregeln (→ *Fuchs*).
Für die Eliten gibt es zwar keine direkten Vergleichszahlen, eine Reihe von Indikatoren spricht jedoch dafür, daß auch bei ihnen die Akzeptanz demokratischer Prinzipien und der politischen Institutionen hoch ist. Bereits 1968 stimmten über 80 % der Aussage zu, daß die Bevölkerung in allgemeinen Wahlen einen möglichst großen Einfluß auf die personelle Zusammensetzung und das Programm der Regierung haben soll. Mehr als 70 % hielten soziale Konflikte für eine Haupttriebkraft gesellschaftlicher Entwicklung und über 90 % artikulierten 1981 eine hohe Kompromißbereitschaft.
Zudem zeigt sich die verbreitete Unterstützung für die politischen Institutionen an dem großen Prozentsatz derer, die ihnen in der Elitenumfrage 1972 gleichbleibenden oder gesteigerten politischen Einfluß zubilligten. Dies gilt nicht nur für die Institutionen Bundespräsident, Bundestag, Bundesregierung und Bundesverfassungsgericht, sondern auch für die politischen Parteien allgemein, bei aller Umstrittenheit des Einflusses einzelner Parteien. Während sich bei dem Wunsch nach mehr, gleichbleibendem oder weniger Einfluß für die einzelnen Parteien die bekannten politischen Konfliktlinien herauskristallisierten[4], kann von einer Parteienfeindlichkeit, die sich auf die generelle Rolle der Parteien bezieht, keine Rede mehr sein (*Hoffmann-Lange* u. a. 1980: 61 ff.).
Häufig wird als Beleg für die inzwischen erreichte Stabilität der Demokratie in der Bundesrepublik auf den hohen Stimmenanteil der etablierten Parteien bei Bundestagswahlen verwiesen (z. B. *Weil* 1981: 90). Wie die Erfahrungen der Weimarer Republik jedoch zeigen, kann sich das Wahlverhalten durch Verschiebung der politischen Spektren innerhalb weniger Jahre drastisch verändern, so daß diesem Indikator nur wenig prognostische Kraft zugesprochen werden kann. Demgegenüber dürfte dem Ausmaß der affektiven Bindung an die etablierten politischen Parteien eine größere Bedeutung für die Makroebene des politischen Systems zukommen (*Gluchowski* 1983: 445). Für die Bundesrepublik bewegen sich die Anteile auf die Frage nach einer längerfristigen Parteineigung bei etwa 70 % (*Gluchowski* 1983: 453; *Falter* 1977: 504). Im letzten Jahrzehnt ist jedoch eine Zunahme von „Wechselwählern" zu beobachten (→ *Schacht*, → *Müller-Rommel*).
Da die Frage nach der Parteiidentifikation nur in der Bevölkerungs-, nicht aber in den Elitenumfragen enthalten war, wurden als Ersatzmaß die Sympathiewerte für die im Bundestag vertretenen Parteien verwendet. 81.8 % der befragten Nichtpolitiker in den Eliten und 68.1 % der Befragten in der Bevölkerung vergaben einen eindeutigen ersten Rang für eine der etablierten Parteien SPD, CDU/CSU und FDP. In der Bevölkerung entspricht dieser Prozentsatz weitgehend dem Anteil derer, die eine Parteiidentifikation mit einer dieser Parteien angaben (66.4 %).

Berücksichtigt man zusätzlich das Ausmaß der Sympathie, so haben 62.2 % der Eliten und 54.4 % der Bevölkerung eine eindeutige Parteipräferenz *und* gaben der von ihnen bevorzugten Partei mindestens einen Sympathiewert von + 3. Damit weisen also die Eliten eine noch engere Bindung an die etablierten Parteien auf als die Bevölkerung, was noch durch die große Zahl von Parteimitgliedern (43.4 %) unterstrichen wird.

3. Freiheitliche Werthaltungen

Auch wenn demokratische Grundprinzipien und politische Institutionen nicht umstritten sind, kann es durchaus Dissens über ihre inhaltliche Ausgestaltung geben. Nicht nur in der Bundesrepublik, sondern auch in amerikanischen Umfragen hat sich gezeigt, daß die Anwendung der demokratischen Prinzipien in der Praxis weit weniger einhellig befürwortet wird. So fand *Adrian* in der Bundesrepublik zwar eine Zustimmung von 93 % für das Prinzip Meinungsfreiheit, aber nur 44 % der Befragen stimmten der Forderung zu, daß auch Kommunisten in den Massenmedien zu Wort kommen sollten. Nur 21 % lehnten ferner das Statement ab, daß Meinungsfreiheit dort ihre Grenze haben müsse, wo wichtige moralische Überzeugungen und sittliche Grundwerte berührt werden (1977: 144, 153). Vergleichbare Diskrepanzen fand *Bürklin* für die Abwägung zwischen Demonstrationsrecht und öffentlicher Ordnung: „Nur noch 28 % der Bevölkerung gehen in ihrer Konflikttoleranz so weit, Streiks und Demonstrationen auch dann noch für legitim zu halten, wenn in deren Folge die öffentliche Ordnung gefährdet werden könnte." (1984: 159)

Solche Diskrepanzen sind häufig als Indiz für eine geringe Konsistenz politischer Überzeugungen bei den Befragten betrachtet worden. Diese Interpretation übersieht jedoch, daß es keinen rein logischen Ableitungszusammenhang zwischen einem allgemeinen Prinzip und seiner Anwendung in der Praxis geben muß. Die Bewertung von konkreten Situationen erfordert nämlich normalerweise die gleichzeitige Berücksichtigung mehrerer, möglicherweise konfligierender Werte. Bereits *McClosky* (1963: 368) und *Bluhm* (1974: 93 f.) haben in einem ähnlichen Zusammenhang darauf hingewiesen, daß die demokratische Doktrin die teilweise inkompatiblen Grundwerte Freiheit und Gleichheit enthält, aus denen eine widerspruchsfreie Ableitung von Verhaltensregeln für den Einzelfall nicht möglich ist (vgl. dazu auch *Weil* 1981: 7 ff.).

Zudem bedarf die Ableitung von Einzelmaßnahmen aus allgemeinen Prinzipien nicht nur logischer Ableitungsregeln, sondern auch potentiell strittiger Situationsinterpretationen. „Die zentralen demokratischen Legitimationsnormen sind interpretationsbedürftig und einer nahezu beliebigen Auslegung offen." (*Döring* 1977: 82).

Ein Gutteil der in den bisherigen Demokratieskalen enthaltenen Items erfordert in diesem Sinne eine Entscheidung zwischen freiheitlichen Prinzipien und Erwägungen der politischen Stabilität bzw. inneren Sicherheit. Die Befragten werden dabei je nach ihrer persönlichen Werthaltung und Situationseinschätzung eine Priorität für eine liberale oder eine autoritäre Lösung äußern.

Die Analyse solcher Items bezieht sich also auf die Alternative autoritäre vs. freiheitliche Demokratie (*Weil* 1981: 5). Insofern hängt die Frage nach dem Ausmaß freiheitlicher Werthaltungen zwar nicht direkt mit der Stabilität politischer Institutionen zusammen, weist aber dennoch einen engeren Bezug zur politischen Ordnung auf als das vielleicht in den bisherigen Ausführungen zum Ausdruck kam.

Alle drei Elitestudien sowie die Bevölkerungsumfrage von 1982 enthielten fünf Statements, deren Antwortverteilungen einen wichtigen Anhaltspunkt für die Verbreitung freiheitlicher Werthaltungen geben können. In einer Faktorenanalyse einer größeren, zwölf Items umfassenden Fragenbatterie der Elitenumfrage von 1968 erzielten diese Items die höchsten Ladungen auf dem ersten Faktor, den *Roth* als „autoritär, dogmatisch – nicht autoritär, freizügig" charakterisierte (1976: 68).

Tabelle 1 bestätigt zuvor schon in den USA gefundene Ergebnisse, nach denen politische Eliten wesentlich liberaler eingestellt sind als der Bevökerungsdurchschnitt (*Prothro* und *Grigg* 1960; *McClosky* 1964). Die nichtpolitischen Eliten stimmen mit den politischen weitgehend überein. Eine deutliche Mehrheit aller Eliten votiert in allen fünf Fragen für freiheitliche Lösungen.

Bei der Beurteilung der Ergebnisse ist allerdings zu berücksichtigen, daß die beurteilten Items alle relativ „hart" in dem Sinne formuliert waren, daß Liberalität im Sinne von Meinungsfreiheit, Kontrolle und Ablösung von Regierungen sowie freiem Spiel der Interessengruppen nicht mit illiberalen Verhaltensweisen (z. B. Zensur, Einschränkung der Organisationsfreiheit), sondern mit Stabilität und Kontinuität, also konkurrierenden Werten, kontrastiert wurden[5]. Damit hängen die Antworten auch davon ab, wieviel Liberalität die Befragten ohne Gefahr für die Stabilität meinen tolerieren zu können.

Um die Zusammenhänge freiheitlicher Werthaltungen mit anderen Merkmalen zu untersuchen, wurden die Antworten auf die fünf Items zu einem Liberalismus-Index zusammengefaßt[6]. Der Index stellt eine einfache Addition der Punktwerte dar und hat einen Wertebereich von 5 bis 30. Je höher der Wert, umso freiheitlicher die Haltung eines Befragten. Der Durchschnittswert dieses Index beträgt 19.8 für die politischen Eliten, 18.7 für die nichtpolitischen und 13.5 für die Bevölkerung.

Erwartungsgemäß zeigt sich in der Bevölkerungsumfrage ein nicht unbeträchtlicher Zusammenhang zwischen Schulbildung und Indexwert (eta = .33). Der durchschnittliche Punktwert der Befragten mit Abitur ist mit 17.2 nur unwesentlich niedriger als der der Eliten. Auch dies bestätigt frühere Umfrageergebnisse: bereits *Lipset* (1962: 105) und *Prothro* und *Grigg* (1960: 288) konstatierten den überragenden Effekt der Ausbildung auf *demokratische Werthaltungen*. *Kaase* fand ebenfalls bei Studenten weit höhere Werte als bei anderen Jugendlichen und dem Bevölkerungsquerschnitt (1971: 167). Inwieweit es sich hierbei um dauerhaftere Persönlichkeitsmuster handelt, muß jedoch offen bleiben.

Die Ausbildung ist zudem von größerer Bedeutung als das politische Interesse (r = .18). Daraus läßt sich schließen, daß freiheitliche Werthaltungen in erster Linie durch schulische Sozialisation und erst in zweiter durch die Beschäftigung mit politischen Fragen vermittelt werden. Bei den Eliten zeigt sich aber andererseits, daß politische Aktivität für deren Erlernen ebenfalls von Bedeutung ist. Die geringe Korrelation zwischen Ausbildung und Index in den Eliten ist nämlich ganz offensichtlich nicht nur darauf zurückzuführen, daß die Eliten zu 85 % aus Abiturienten bestehen und daher nur eine geringe Varianz in der Höhe der genossenen Ausbildung aufweisen. Vielmehr erreichen

Tabelle 1: Freiheitliche Werthaltungen in Eliten und Bevölkerung
(Alle 5 Statements waren in negativer (autoritärer) Richtung formuliert, so daß die Prozentsätze der Befragten, die sie ablehnten, ausgewiesen werden.)

	1981/1982			1972		1968	
% Ablehnung für:	Politische Eliten[1]	Nicht-politische Eliten[2]	Bevölkerung	Politische Eliten[1]	Nicht-politische Eliten[2]	Politische Eliten[1]	Nicht-politische Eliten[2]
1. In der Bundesrepublik kommt es weniger auf eine wirksame öffentliche Kontrolle der Regierung an, als vielmehr darauf, daß es überhaupt eine starke, zielbewußte und handlungsfähige Regierung gibt.	65.5	57.2	20.3	77.3	67.5	73.7	61.2
2. Meinungs- und Diskussionsfreiheit müssen dort ihre Grenzen haben, wo elementare moralische Überzeugungen und sittliche Grundwerte berührt werden.	52.2	41.9	21.1	50.0	44.6	47.0	47.8
3. Demokratie ist auf die Dauer in Deutschland nur möglich, wenn sich eine starke politische Führung über alle Gruppeninteressen hinwegsetzt	60.4	60.9	40.0	52.2	58.0	43.5	53.1
4. Stabilität und Kontinuität der politischen Führung sind für die Bundesrepublik wichtiger als eine möglichst hohe Chance der Ablösung einer Regierungspartei durch die Opposition.	65.5	61.5	27.8	58.5	46.4	68.7	53.7
5. Das Gemeinwohl in der Bundesrepublik und die Interessen des ganzen Volkes werden grundsätzlich durch die ständigen Forderungen und Auseinandersetzungen der Interessengruppen gefährdet	61.7	55.4	27.4	59.0	55.9	56.3	54.6
Durchschnittlicher Prozentsatz	61.1	55.4	27.3	59.4	54.5	57.8	54.1

gerade die Gruppen mit dem kleinsten Abiturientenanteil, nämlich SPD-Politiker und Gewerkschaftseliten, die höchsten Indexwerte.

Die zwischen den Elitesektoren gefundenen Unterschiede entsprechen nur teilweise den landläufigen Erwartungen[7]. Die Extremgruppen passen dabei noch am ehesten in gängige Klischees: Kultur- und Medien-, aber auch die Gewerkschaftseliten weisen die höchsten, Wirtschafts- und Militäreliten die niedrigsten Werte auf. Demgegenüber sind die Verwaltungseliten weit liberaler als es das Bild der klassischen, konservativen Ministerialbürokratie sowie der noch 1968 recht niedrige Durchschnittswert vermuten lassen (vgl. *Roth* 1976: 96). Dadurch wird erneut der Wandel dieser Gruppe vom Instrument des Obrigkeitsstaats zu einer modernen, politisch aufgeschlossenen Elite bestätigt (vgl. dazu *Steinkemper* 1974). Die Wissenschaftseliten erreichen dagegen nur mittlere Werte. Dies könnte darauf zurückzuführen sein, daß in dieser Gruppe Natur- und Ingenieurwissenschaftler dominieren[8].

Beim Vergleich der Sektoren ist jedoch zu berücksichtigen, daß der Liberalismus-Index auch mit der Parteipräferenz zusammenhängt, deren Verteilung wiederum stark zwischen den Sektoren variiert. Da sich aufgrund der Daten nicht entscheiden läßt, in welcher kausalen Beziehung diese drei Variablen zueinander stehen, kann man aus den Ergebnissen nur bedingt einen einseitigen Einfluß der Sektorzugehörigkeit auf freiheitliche Werthaltungen ableiten.

Eine Analyse des Zusammenhangs zwischen den Indexwerten und dem Alter der Befragten ergab für 1981/82 eine deutliche Abnahme der Punktwerte mit zunehmendem Lebensalter. Der Korrelationskoeffizient beträgt –.29 für die Bevölkerung und –.31 für die Eliten. Dieser Zusammenhang könnte darauf hindeuten, daß wir es hier mit einem säkularen Prozeß der Zunahme freiheitlicher Werthaltungen bei den jüngeren Alterskohorten, also mit Wertewandel, zu tun haben. Gegen eine solche Interpretation spricht allerdings die in Tabelle 1 zutage tretende bemerkenswerte Stabilität der Verteilungen für die Eliten im Aggregat[9]. Der durchschnittliche Indexwert stieg zwischen 1972 und 1981 lediglich von 18.9 auf 19.8 in den politischen Eliten und von 18.3 auf 18.7 in den nichtpolitischen (1968: 19.1 und 18.4). Für die Bevölkerung liegen ältere Vergleichszahlen nur für das zweite und dritte Statement von Tabelle 1 vor. Auch hier ergaben sich 1969 identische Prozentsätze der Zustimmung bzw. Ablehnung (*Adrian* 1977: 153 f.).

Trotz des gefundenen Zusammenhangs stützt die Entwicklung der Werte im Aggregat also keinesfalls die Annahme, daß freiheitliche Werthaltungen in Eliten und Bevölkerung seit 1968/69 in nennenswertem Maße zugenommen haben. Da sich ein ähnlicher Zusammenhang zwischen Alter und Liberalismus-Index auch in den beiden früheren Elitestudien ergab, legen die Ergebnisse eher die Annahme eines Lebenszykluseffekts nahe[10].

Die Werte in Tabelle 2 weisen einen deutlichen Zusammenhang zwischen Partei(präferenz) und freiheitlichen Werthaltungen aus. Ein solcher Zusammenhang fand sich auch schon in den beiden früheren Elitenumfragen sowie bei den Demokratieskalen von *Kaase* und *Adrian* (*Kaase* 1971: 174; *Roth* 1976: 96; *Adrian* 1977: 242 ff.; *Hoffmann-Lange* u. a. 1980: 54, 69).

Die Tatsache, daß die Anhänger von SPD und FDP freiheitlichere Einstellungen als die

Tabelle 2: Index-Mittelwerte für Politiker bzw. Anhänger verschiedener Parteien

Partei	Politische Eliten	Nichtpolitische Eliten	Bevölkerung mit Abitur	Bevölkerung ohne Abitur
SPD	21.9	21.5	17.6	12.7
CDU/CSU	17.4	16.6	14.0	12.4
FDP	21.4	19.4	16.7	13.1
Grüne	–	24.9	20.9	17.1
Insgesamt	19.8	18.7	17.2	12.8

der CDU/CSU aufweisen, ist allerdings nicht weiter verwunderlich, da der Konflikt über liberale Werte im deutschen Parteiensystem von jeher eine Rolle gespielt hat. Er trennt Sozialdemokraten und Liberale von der CDU/CSU mit ihrer eher religiös-traditionalen Ausrichtung (vgl. dazu auch *Pappi* 1977: 196; *Hoffmann-Lange* 1980: 181 ff.). *Kaase* kam angesichts seiner Ergebnisse zu dem Schluß, daß das von ihm gemessene Demokratieverständnis als „linksliberal" gekennzeichnet werden kann (1971: 174).
Die in Tabelle 3 enthaltenen Korrelationen zwischen dem Index und den Sympathiewerten für die einzelnen Parteien bestätigen im übrigen für die Bevölkerung Kaases Ergebnis, daß der Index zwar eine negative Beziehung zum Sympathiewert für die CDU/CSU aufweist, jedoch nicht mit der Einschätzung der SPD zusammenhängt. Das bedeutet, daß die SPD auch in weniger freiheitlich eingestellten Wählerkreisen Sympathien findet. Die Tatsache, daß diese Partei freiheitliche Werte vertritt, spielt also offensichtlich für die Wahlentscheidung ihrer Wähler keine Rolle[11]. Entsprechend weisen lediglich die SPD-Anhänger mit Abitur und die in den Eliten deutlich höhere Indexwerte auf (Tabelle 2).
Die geringen Korrelationen für die FDP erklären sich aus deren Mittelstellung im Parteiensystem: sie wird von SPD- und CDU/CSU-Anhängern gleichermaßen positiv eingeschätzt. Die Index-Mittelwerte ihrer Anhänger in Eliten und Bevölkerung zeigen jedoch ihr freiheitliches Profil.
Die Anhänger der Grünen heben sich schließlich von den anderen Gruppen in den nichtpolitischen Eliten und in der Bevölkerung deutlich als die liberalste Gruppe ab, was auch ihrem Selbstverständnis entspricht. Auch *Bürklin* fand einen vergleichbaren Zusammenhang zwischen seiner Skala der Konfliktakzeptanz, deren Statements in etwa dieselbe Dimension wie der Liberalismus-Index abdecken, und der Wahlbereitschaft für die Grünen (1984: 214). In einem komplexeren Kausalmodell spielte diese Dimension jedoch als Erklärungsfaktor eine nur untergeordnete Rolle (1984: 220).

4. *Einstellungen zur Bürgerpartizipation*

Neben freiheitlichen Werthaltungen enthalten die meisten Demokratieskalen auch Items, die die Einstellungen zur politischen Partizipation messen. Schließlich soll ja nicht nur die Unterstützung für freiheitliche, sondern für freiheitliche *und* demokratische Institutionen gemessen werden. Allerdings macht das Spannungsverhältnis zwi-

Tabelle 3: Korrelationen der Werte des Liberalismus-Index mit ausgewählten Einstellungsvariablen

	Politische Eliten	Nichtpolitische Eliten	Bevölkerung
Todesstrafe[1]	−.33	−.40	−.41
Radikalenerlaß[2]	.40	.40	.17
Aggressiver Weltkommunismus[3]	−.49	−.46	−.49
Abbau von Sozialleistungen[4]	−.43	−.30	−.11
Links-Rechts-Skala[5]	−.48	−.44	−.21
Parteienskalometer:[6]			
SPD	.38	.29	−.05
CDU	−.43	−.38	−.26
CSU	−.44	−.39	−.28
FDP	.19	.01	−.11
Grüne	.31	.28	.23

1 Vollständiger Text: „Vieles spricht dafür, für bestimmte Verbrechen die Todesstrafe auch in der Bundesrepublik einzuführen."
2 Vollständiger Text: „Der Ministerpräsidentenerlaß zur Beschäftigung von Extremisten im öffentlichen Dienst sollte aufgehoben werden."
3 Vollständiger Text: „Die größte Gefahr für die westlichen Demokratien ist nach wie vor der aggressive Weltkommunismus, dem nur mit Härte begegnet werden kann."
4 Vollständiger Text:„ Angesichts der gegenwärtigen Staatsverschuldung sollte auch ein Abbau von Sozialleistungen in Betracht gezogen werden."
5 Werte von 1 „links" bis 10 „rechts"
6 Sympathiewerte von + 5 bis − 5

schen den Werten Freiheit und Gleichheit die Zusammenfassung beider Elemente des Demokratiekonzepts zu einer gemeinsamen Skala problematisch. Die Analyse von *Roth* zeigt deutlich, daß wir es hier auch auf der Einstellungsebene mit statistisch unabhängigen Konzepten zu tun haben (1976: 70 f.).

Zur Messung der Einstellungen zur Bürgerpartizipation wurde zunächst die Bewertung des folgenden Statements verwendet: „Demokratie kann nur verwirklicht werden, wenn der Einzelne die Chance hat, sich nicht nur an den allgemeinen Wahlen zu beteiligen, sondern auch am Arbeitsplatz weitgehend mitzubestimmen". Damit wurde nicht nur die Aufgeschlossenheit für eine Erweiterung des traditionellen Partizipationsreservoirs erhoben, sondern auch der Wunsch nach Übertragung partizipatorischer Forderungen auf den wirtschaftlichen Bereich. Im Vergleich zu dem ebenfalls im Fragebogen enthaltenen spezifischeren Item der betrieblichen Mitbestimmung ist es jedoch weicher formuliert und weist einen deutlich geringeren Zusammenhang mit der Parteipräferenz auf.

Bei der Bevölkerung besteht wie erwartet kein Zusammenhang zwischen dieser Frage und dem Liberalismus-Index (r = −.05). Bei den Eliten sind die beiden Einstellungsbereiche hingegen nicht unabhängig voneinander (r = .30).

Die Einstellung zur Mitbestimmung hängt dabei erheblich enger mit der Parteipräferenz zusammen als freiheitliche Werthaltungen (r = −.56 im Vergleich zu r = −.41).

Partizipation an ökonomischen Entscheidungen ist also stärker im parteipolitischen Konfliktraum verankert, sie trennt die eher umverteilungsorientierte SPD von den ökonomisch konservativeren bürgerlichen Parteien.
Auch statistisch an sich voneinander unabhängige Ziele lassen sich auf eine einzige Dimension reduzieren, wenn man die Befragten auffordert, eine Rangordnung der Ziele nach Wichtigkeit vorzunehmen. Manche Wertforscher vertreten sogar die Auffassung, daß die Bedeutung eines Wertes in erster Linie in der Priorität besteht, die ihm gegenüber anderen Werten eingeräumt wird (z. B. *Rokeach* 1973; *Inglehart* 1977). In Anbetracht des möglichen Spannungsverhältnisses zwischen Freiheits- und Partizipationsrechten ist daher die relative Priorität, die diesen beiden Werten zugeordnet wird, von besonderem Interesse.
Die Werte in Tabelle 4 zeigen, daß bei einer Prioritätsentscheidung zwischen den Zielen „freie Meinungsäußerung" und „mehr Bürgerpartizipation" die sowohl beim Liberalismus-Index als auch bei der Mitbestimmungsfrage gefundenen Unterschiede zwischen den Parteien weitgehend verschwinden. Sie werden fast vollständig von dem ins Auge springenden Unterschied zwischen Eliten und Bevölkerung überlagert.
Fast 80 % der Politiker und 75 % der übrigen Eliten räumen dem Freiheitsrecht Priorität vor vermehrter Bürgerpartizipation ein. Bei der Bevölkerung ist das Verhältnis zwischen diesen Werten dagegen fast ausgeglichen, die Partizipationsforderung liegt sogar leicht in Führung. Hier manifestiert sich also offensichtlich der Wunsch nach mehr Beteiligungsrechten oder zumindest nach mehr Kontrolle von Eliteentscheidungen, während die Eliten überwiegend der Erhaltung der Freiheitsräume Vorrang einräumen[12].

5. *Schluß*

In deutlichem Gegensatz zur Weimarer Republik, wo die parteienstaatliche Demokratie als Institution umstritten war, werden heute – dies haben auch unsere Umfragedaten untermauert – nicht nur die demokratischen Institutionen, sondern auch demokratische Spielregeln von der breiten Mehrheit der Bevölkerung und der Eliten akzeptiert. Damit ist es an der Zeit, sich von dem Vorurteil über anhaltende freiheitsfeindliche Züge in der öffentlichen Meinung der Bürger und Eliten in der Bundesrepublik zu trennen. Häufig gebrauchte Zerrbilder, die je nach politischem Standort ein Abgleiten unserer demokratischen Ordnung in eine Diktatur rechter oder linker Prägung befürchten lassen, dienen lediglich dem Zweck, in den Erfahrungen der Weimarer Republik begründete Ängste für den politischen Tageskampf zu instrumentalisieren.
Wichtiger als die Frage nach der Stabilität der Institutionen ist demgegenüber, wie freiheitlich und wie demokratisch die freiheitlich-demokratische Grundordnung in der Alltagspraxis gehandhabt wird. Dies hängt nicht zuletzt von den Werthaltungen strategischer Gruppen ab, die als Inhaber oder Kontrolleure politischer Macht die Entwicklung der politischen Institutionen beeinflussen. Unsere Umfragedaten erlaubten erstmals einen Vergleich zwischen Elite- und Bevölkerungseinstellungen in der Bundesrepublik. Er hat ergeben, daß die Präferenz für liberale gegenüber autoritären Lösungen bei den

Tabelle 4: Befürwortung vermehrter Bürgerpartizipation durch die Anhänger verschiedener Parteien in Eliten und Bevölkerung

Partei	% für: Demokratie erfordert auch Mitbestimmung am Arbeitsplatz[1]	% für mehr direkte Bürgerbeteiligung auf kommunaler Ebene[2]	% freie Meinungsäußerung vor mehr Bürgerbeteiligung[3]	% mehr Bürgerbeteiligung vor freier Meinungsäußerung[3]
Politische Eliten	78.5	55.2	79.2	20.8
SPD	96.7	63.1	76.0	24.0
CDU/CSU	60.7	42.1	80.8	19.2
FDP	76.0	80.0	87.5	12.5
Nichtpolitische Eliten	67.9	51.7	74.4	25.6
SPD	92.8	59.0	69.4	30.6
CDU/CSU	54.4	42.1	79.0	21.0
FDP	69.0	62.1	75.8	24.2
Grüne	96.7	80.0	62.1	37.9
Bevölkerung	83.5	–	46.0	54.0
SPD	88.5	–	47.1	52.9
CDU/CSU	78.9	–	46.2	53.8
FDP	81.4	–	50.9	49.1
Grüne	92.2	–	43.5	56.5

1 Text des Statements: „Demokratie kann nur verwirklicht werden, wenn der Einzelne die Chance hat, sich nicht nur an den allgemeinen Wahlen zu beteiligen, sondern auch am Arbeitsplatz weitgehend mitzubestimmen."

2 Vollständiger Fragetext. „In letzter Zeit hört man häufiger die Forderung nach mehr direkter Bürgerbeteiligung an politischen und Verwaltungsentscheidungen auf *kommunaler* Ebene – ohne den Umweg über Parteien und Verbände. Wie ist Ihre Meinung dazu?" Es wurde nur die Antwort „wünschbar und machbar" berücksichtigt. Diese Frage war in der Bevölkerungsumfrage nicht enthalten.

3 Vollständiger Fragetext: „Auch in der Politik kann man nicht alles auf einmal haben. Auf dieser Liste finden Sie einige Ziele, die man in der Politik verfolgen kann. Wenn Sie zwischen diesen verschiedenen Zielen wählen müßten, welches Ziel erschiene Ihnen persönlich am wichtigsten? Nennen Sie mir bitte den entsprechenden Buchstaben. Welches Ziel erschiene Ihnen am zweitwichtigsten? Und welches Ziel käme an dritter Stelle?"

A Aufrechterhaltung von Ruhe und Ordnung in diesem Lande.
B Mehr Einfluß der Bürger auf die Entscheidungen der Regierung.
C Kampf gegen die steigenden Preise.
D Schutz des Rechtes auf freie Meinungsäußerung.

Eliten weit stärker ausgeprägt ist als in der Bevölkerung. Dies entspricht bereits früher in den USA gefundenen Ergebnissen.

Schon *Lipset* hat ein Bündel von Erklärungsfaktoren hierfür genannt, unter denen niedriger Berufsstatus und die damit einhergehende größere ökonomische Unsicherheit sowie geringere Bildung die wohl wichtigsten sind (1962: 105 ff.). Aufgrund ähnlicher Ergebnisse haben Autoren wie *Dahl, Prothro* und *Grigg* sowie *McClosky* die Eliten als Hauptstützen liberal-demokratischer Institutionen angesehen.

Dabei darf man jedoch nicht außer Acht lassen, daß freiheitliche Werte auch bei den

Eliten nicht unumstritten sind. Der Konflikt über das Ausmaß, zu dem liberalen Prinzipien der Vorrang gegenüber Erwägungen der inneren Sicherheit gegeben werden soll, ist in allen westlichen Parteiensystemen verankert und trennt konservative von liberal-progressiven Kräften. Dieser Konflikt wird stets von neuem aktuell, sobald es um konkrete Fragen der Handhabung staatlicher Macht geht. Volkszählung und Demonstrationsstrafrecht sind nur die jüngsten Beispiele hierfür. Wegen der wenig liberalen Haltung der Bevölkerung können sich die Vertreter von „law and order" in solchen Fragen leicht auf die „schweigende Mehrheit" berufen, während den Vertretern liberaler Lösungen nur der normative Appell an die Bedeutung freiheitlicher Prinzipien bleibt.

Hieraus kann der Liberalität eine Gefahr erwachsen, auf die schon *McClosky* (1964: 379) und *Bachrach* (1962: 443) hingewiesen haben: Die mangelnde Verankerung freiheitlicher Werte in der Bevölkerung gibt den Eliten einen großen Handlungsspielraum bei der Konkretisierung liberaler Rechte in der Alltagspraxis. Auch die liberalen Segmente der Eliten sind jedoch nicht dagegen gefeit, bei einer wahrgenommenen Gefahr für die Stabilität der bestehenden Institutionen freiheitliche Rechte einzuschränken, wie die Praxis des Radikalenerlasses zeigt. Gerade wegen der deutschen Vergangenheit liegt eine Überbetonung von Stabilitätserwägungen nahe, die zur Einschränkung von Liberalität führen kann (vgl. dazu *Smith*, 1979: 202 ff.). Allerdings hat die Analyse auch gezeigt, daß innerhalb der Bevölkerung die Befragten mit höherer Schulbildung und speziell die Anhänger der Grünen mit ihren deutlich liberaleren Werthaltungen eine wichtige Korrektivfunktion wahrnehmen können.

Das latente Spannungsverhältnis zwischen Freiheits- und Gleichheitsrechten bewirkt, daß die Haltungen zur Bürgerpartizipation und freiheitliche Werthaltungen weitgehend unabhängig voneinander variieren. Dennoch sind auch in der Partizipationsfrage die politischen Fronten ähnlich verteilt. Bei den etablierten Parteien erwiesen sich SPD und FDP erneut aufgeschlossener als die CDU/CSU. Sie haben dabei allerdings unterschiedliche Modelle im Auge. Wie die öffentliche Diskussion über die Mitbestimmung hinreichend gezeigt hat, denken SPD-Vertreter eher an Partizipationsrechte für Organisationen (sprich: Gewerkschaften), die der FDP dagegen an solche für den einzelnen Bürger.

Die Zustimmung zu vermehrter Bürgerpartizipation kann jedoch ebenso wie die verbale Befürwortung freiheitlicher Werte eher deklamatorischen Charakter haben. Geht man davon aus, daß erst die relative Priorität, die ein Wert genießt, Rückschlüsse auf seine Bedeutung zuläßt, so zeigt sich, daß für die überwältigende Mehrheit der Eliten Freiheitsrechte Vorrang vor Partizipationsrechten haben. In der Bevölkerung ist dagegen der Wunsch nach mehr Partizipationsmöglichkeiten stärker ausgeprägt. Hier deutet sich ein durch die Stellung im Herrschaftssystem determinierter struktureller Konflikt an: Von der Teilnahme ausgeschlossene Gruppen, darunter besonders die Grünen, fordern mehr Teilnahmechancen, während die etablierten Gruppen, die diese bereits genießen, das bestehende repräsentative Regierungssystem für ausreichend halten.

Anmerkungen

1 Alle drei Elitestudien wurden unter der Leitung von Rudolf Wildenmann, Universität Mannheim, durchgeführt. In diesen 1968, 1972 und 1981 durchgeführten Umfragen wurden führende Positionsinhaber aus Politik, Verwaltung, Wirtschaft, Gewerkschaften, Massenmedien, Wissenschaft und weiteren Sektoren befragt. Ihre Ergebnisse sind in maschinenlesbaren Codebüchern dokumentiert, die vom Zentralarchiv für Empirische Sozialforschung, Köln, erstellt wurden:

1968: *Rudolf Wildenmann*, Eliten in der Bundesrepublik; ZA-Nr. 1138.

1972: *Ursula Hoffmann-Lange* u. a., Westdeutsche Führungsschicht. Hrsg. von Werner Kaltefleiter und Rudolf Wildenmann; ZA-Nr. 0796.

1981: *Rudolf Wildenmann* u. a., Führungsschicht in der Bundesrepublik Deutschland 1981. Tabellenband, Universität Mannheim 1982.

Die Anfang 1982 durchgeführte Bevölkerungsumfrage, die einen Teil des Fragenprogramms der Elitenumfrage von 1981 enthielt, war Teil einer Mehrthemenbefragung von GETAS. Die Elitestudie 1981 wurde von der Deutschen Forschungsgemeinschaft finanziert. Die Bevölkerungsumfrage wurde zusätzlich durch die Fritz Thyssen Stiftung gefördert.

2 Vgl. die diesbezüglichen Arbeiten von *Megerle* und *Steinbach* (1981, 1982), *Erdmann* und *Schulze* (1980), *Dahrendorf* (1965) sowie die Streitschrift von *Fischer* (1979). Allerdings liegt kaum systematisch gesammeltes Material zur schlüssigen Beantwortung dieses Problemkreises vor. In erster Linie sind historische Analysen einzelner Organisationen und Gruppen durchgeführt worden. Inhaltsanalysen von Dokumenten (Parteiprogrammen, Verbandsverlautbarungen, Sitzungsprotokollen usw.) gibt es dagegen meines Wissens bisher nicht (vgl. dazu auch *Döring* 1977).

3 Vgl. dazu *Conradt* (1978: 50) und *Weil* (1981: 30 ff.). Beide Autoren betonen in Anlehnung an *Boynton* und *Loewenberg*, daß zu Beginn vor allem der Mangel an einer glaubwürdigen Alternative zur Legitimierung der neuen politischen Ordnung beitrug.

4 Fast 51 % der Wirtschaftseliten wünschten weniger Einfluß für die SPD und entsprechend fast 52 % der Gewerkschaftseliten weniger für die CDU.

5 Die durchweg in autoritärer Richtung formulierten Items können zusätzlich noch durch eine Zustimmungstendenz einen überhöhten Anteil autoritäter Antworten hervorgerufen haben. Eine solche Zustimmungstendenz nimmt erfahrungsgemäß mit zunehmendem Ausbildungsniveau ab, so daß sie bei den durchweg gut ausgebildeten Eliten eine geringere Rolle spielt.

6 Die Items wurden in ,,liberaler" Richtung vercodet, so daß ein höherer Punktwert eine freiheitlichere Haltung indiziert. Die durchschnittliche Korrelation der einzelnen Items mit dem Index betrug .67 und mehr. Diese Werte liegen deutlich über den von *Kaase* (1971: 158), *Roth* (1976: 53 ff.) und *Adrian* (1977. 196 ff.) berichteten. Dies ist natürlich in erster Linie darauf zurückzuführen, daß nur diejenigen Items zum Index zusammengefaßt wurden, die bei Roth auf einem Faktor luden. Allerdings lagen die Interkorrelationen auch zwischen diesen Items bei Roth etwas niedriger, obwohl er ausschließlich Eliteninterviews analysierte, bei denen die Korrelationen normalerweise höher als in Bevölkerungsumfragen sind. Im vorliegenden Fall wurden dagegen Eliten- und Bevölkerungsinterviews zusammengefaßt.

7 Index-Mittelwerte für die verschiedenen Elitesektoren

Politik	19.8	
Verwaltung	20.0	
Wirtschaftsunternehmen	15.9	
Wirtschaftsverbände	15.8	
Gewerkschaften	20.9	eta = .38[1]
Massenmedien	20.5	
Wissenschaft	18.6	
Militär	16.4	
Kultur	22.7	

1 Bei der Berechnung des eta-Wertes wurden nur die in der Tabelle ausgewiesenen Sektoren berücksichtigt.

8 In die Auswahl kamen neben den Universitätsrektoren die Leiter der wichtigsten Forschungsförderungseinrichtungen sowie der größten mit öffentlichen Mitteln geförderten Forschungsinstitute (darunter auch Forschungsabteilungen von privaten Wirtschaftsunternehmen). Damit

spiegelt diese Befragtengruppe die Prioritäten der Forschungsförderungspolitik in der Bundesrepublik wider, die den Vorrang der Technologieforschung betont.

9 Die geringfügigen Fluktationen dürften in erster Linie auf Unterschiede in der Befragtenpopulation zurückzuführen sein. Neben personellen Veränderungen spielen hier die Positionenauswahl, das Größenverhältnis der verschiedenen Sektoren sowie die Ausschöpfungsrate eine Rolle.

10 Um diese Vermutung zu prüfen, wurde die Entwicklung der Werte einzelner Kohorten im Zeitablauf untersucht. Es zeigte sich, daß der Mittelwert der bis 1917 Geborenen zwischen 1968 und 1981 von 17.2 auf 13.8 (1972: 16.5) gesunken ist. Diese besonders starke Abnahme in der ältesten Kohorte kann allerdings auch auf die sektoral unterschiedliche Verweildauer von Personen in den Eliten zurückzuführen sein. Während es z. B. bei den Verwaltungseliten und den liberaleren Gewerkschafts- und Medieneliten relativ strikte Ruhestandsregelungen gibt, bleiben Wirtschaftsführer oft wesentlich länger beruflich aktiv. Bei den Jahrgängen von 1931 bis 1940 ist die Abnahme dagegen weit weniger ausgeprägt. Die Werte sanken seit 1968 von 21.1 auf 19.8 und reichen zur Bestätigung eines Lebenszykluseffekts nicht aus. Die Ergebnisse legen jedoch zumindest eine gewisse Vorsicht gegenüber einer voreiligen und ungerechtfertigt optimistischen Interpretation der Kohortenunterschiede nahe.

11 Ökonomische Gründe dürften hier eher maßgeblich sein. Übrigens hat schon Lipset auf das Paradox hingewiesen, daß die Organisationen der Arbeiterbewegung seit ihrer Entstehung zu den Triebkräften politischer Demokratisierung gehörten, während ihre Anhängerschaft einen Hang zum Autoritarismus aufweist (1962: 97).

12 Diese Zahlen weichen erheblich von den im Allensbacher Jahrbuch der Demoskopie für 1983 berichteten ab, wo sich auf die Frage, ob dem Befragten Freiheit oder Gleichheit wichtiger sei, 60 % für die Freiheit, aussprachen (S. 224). Die Abweichung ist vermutlich darauf zurückzuführen, daß die Allensbacher Frage auf eine grundlegende Präferenz zwischen beiden Werten abzielt, unsere Frage dagegen nach aktuellen politischen Prioritäten fragte. In der aktuellen Bewertung wird erfahrungsgemäß Bereichen, in denen die Befragten ein Defizit empfinden, eine höhere Priorität eingeräumt als solchen, die man als gesichert betrachtet.
Wie der Gallup Report 1981 (S. 181) zeigt, ordnen im internationalen Vergleich die Bundesdeutschen der Freiheit einen geringeren Stellenwert ein als insbesondere Engländer und Franzosen. Da die dort abgedruckten Verteilungen jedoch wiederum trotz gleichen Wortlauts der Fragestellung stark von denen des Allensbacher Jahrbuchs abweichen, lassen sich auf der Basis der verfügbaren Daten offensichtlich keine endgültigen Schlüsse ziehen. Weitere Forschungen sind hier erforderlich.

Persönlichkeit, politische Einstellungen und Wahlverhalten

Siegfried Schumann

1. Stand der Forschung

Der Gedanke, politische Einstellungen und politisches Verhalten mit Persönlichkeitsmerkmalen oder gar „der" Persönlichkeit (wie auch immer definiert) in Verbindung zu bringen, ist alles andere als neu. So schrieb etwa *Gordon W. Allport* schon vor dem II. Weltkrieg: „. . . the political nature of man is indistinguishable from his personality as a whole, and ... his personality as a whole is not the sum-total of his specific reactions, but rather a congruent system of attitudes, each element of which is intelligible only in the light of the total pattern. A man's political opinions reflect the characteristic modes of his adjustment to life." (1929–30: 238).

In den Hauptströmungen der empirischen Wahlforschung hat sich dieser Gedanke allerdings kaum niedergeschlagen. So erklärten *Lazarsfeld* u. a. (1944) das Wahlverhalten in erster Linie aus Variablen wie dem sozioökonomischen Status des Wählers, seiner Religionszugehörigkeit und dem Urbanisierungsgrad seines Wohnortes. *Campbell* u. a., (1960) erklärten Wahlverhalten vorwiegend aus einer in der Regel stabilen emotionalen Bindung an eine Partei (Parteiidentifikation) sowie, in geringerem Maße, aus der Einstellung des Wählers zu aktuellen politischen Sachfragen (issues) und seiner Vorliebe zu bestimmten Kandidatenpersönlichkeiten. Das Modell des rationalen Wählers schließlich, wie es etwa von *Downs* (1957) oder von *Key* (1966) angeregt wurde, betrachtet den Wähler als überlegt entscheidendes, individuelle Kosten und Nutzen abwägendes Subjekt.

In diesen drei „klassischen" Ansätzen ist für Persönlichkeitsmerkmale als erklärende Variablen bezüglich des Wahlverhaltens kaum Platz. Lediglich in der Bundesrepublik kommt derzeit mit der Heranziehung des Postmaterialismus-Ansatzes von *R. Inglehart* (1977) zur Erklärung der Wahlerfolge der Grünen in einem Teilbereich der Wahlforschung diese Vorstellung zum Tragen. Da jedoch m. W. alle Versionen der Inglehart-Skala eine Vielzahl von politischen Zielen (issues) beinhalten, dürften empirisch gefundene Zusammenhänge zwischen einem so operationalisierten „Postmaterialismus" als Persönlichkeitsmerkmal und dem Wahlverhalten stark überschätzt werden.

Ältere Forschungsarbeiten zu theoretischen Konstrukten wie „Autoritarismus" (*Adorno u. a.*, 1950), „Dogmatismus" (*Rokeach*, 1960), „Konservatismus" im Sinne von *Wilson* (1973) oder Eysencks T-Faktor (vgl. *Eysenck* und *Wilson* 1978) bemühten sich zwar vereinzelt auch um den Nachweis eines Zusammenhangs entsprechender Variablen mit politischen Präferenzen bzw. dem Wahlverhalten. Die dabei erzielten, sehr unterschiedlichen und meist mit schwerwiegenden methodischen Mängeln behafteten

Ergebnisse lassen jedoch in keinem Fall einen auch nur annähernd sicheren Schluß auf entsprechende Beziehungen zu – widerlegt werden derartige Vorstellungen damit allerdings auch nicht (näheres hierzu in *Schumann*, 1988).

2. *Die Untersuchung und ihr Ansatzpunkt*

Seit etwa Mitte der 60er Jahre wurde in der Politischen Wissenschaft die Idee eines Zusammenhangs zwischen Persönlichkeitsmerkmalen und dem Wahlverhalten, vermutlich nicht zuletzt aufgrund einer oft zitierten negativen diesbezüglichen Äußerung im „American Voter" (*Campbell* u. a. 1960: 506), nicht mehr ernsthaft weiterverfolgt. Trotzdem ist aus verschiedenen Gründen, selbst unter der Annahme valider Messungen, schwer einzusehen, daß eine derartige Beziehung nicht bestehen sollte. Zum einen läßt sich bezweifeln, ob die damaligen enttäuschenden Forschungsergebnisse aus den USA auf die heutige Bundesrepublik und ihr Parteiensystem übertragbar sind. Hier stellen sich gleichzeitig die Fragen der interkulturellen Vergleichbarkeit und der Veränderung des Elektorats über die Zeit. Zum anderen widerspricht eine solche Vorstellung zumindest der bundesdeutschen Alltagserfahrung. Von bestimmten Menschen, um diesen Punkt nur kurz anzudeuten, „kann man sich einfach nicht vorstellen", daß sie beispielsweise CSU wählen könnten – ohne daß dies auf dritte Einflußfaktoren oder auf die besonders intensive Identifikation mit einer anderen Partei rückführbar wäre.

Von diesen Zweifeln getrieben führte der Verfasser eine Reihe von Untersuchungen zum Thema „Persönlichkeit, politische Einstellungen und Wahlverhalten" durch (*Schumann* 1984a + b, 1985, 1986), welche allesamt die eben angesprochene Skepsis untermauerten. Im folgenden werden ausschnittweise einige ausgewählte Ergebnisse einer neuen Arbeit zu diesem Thema, welche sich in erster Linie um die Erklärung von Wahlverhalten bemüht (*Schumann* 1988; in Vorbereitung), vorab berichtet. Genauere Angaben zu den hier aus Platzgründen nur skizzenhaften Ausführungen sind dort nachzulesen. Analysiert wird in dieser Arbeit ein angenähertes Zufallssample von über 300 Probanden aus der Bundesrepublik und Westberlin, erhoben im Winter 1985/86, in dem jüngere Personen und Großstadtbewohner etwas sowie Personen mit höheren Schulabschlüssen deutlich überrepräsentiert sind. Hinsichtlich der Verteilung der berichteten Wahlabsicht ergaben sich jedoch keine größeren Verzerrungen im Vergleich zu einem „echten" Zufallssample, abgesehen von einem erhöhten Grünen-Anteil (vgl. Tabelle 2), welcher auf den tendenziell erhöhten Anteil jüngerer und formal höher gebildeter Probanden zurückzuführen sein dürfte. Erhoben wurde das Sample durch den Einwurf eines Fragebogens (ca. 500 Items) samt Freiumschlag mit der Bitte um Beantwortung und anonyme Rücksendung in willkürlich ausgewählte Hausbriefkästen. Der Rücklauf betrug etwa 50 Prozent. Da die Verteilung ausschließlich auf Dienstreisen erfolgte, treten im Sample auch entsprechende Verzerrungen hinsichtlich der Repräsentation der Bundesländer auf. Überhaupt nicht vertreten ist jedoch nur das Saarland.

3. *Definitionen*

Die Untersuchung hat ergeben, daß Persönlichkeitsmerkmale das Wahlverhalten neben anderen Faktoren mit beeinflussen. Dabei werden „Persönlichkeitsmerkmale" als latente Variablen aufgefaßt, welche über Cluster von Einstellungen der betreffenden Person erschlossen werden können. Die jeweiligen Einstellungen eines solchen Clusters sollen sich dabei zum einen auf möglichst viele inhaltlich unterschiedliche Themenbereiche beziehen oder beziehen lassen, um zu gewährleisten, daß tatsächlich eine „hinter" ihnen liegende Struktur die Clusterbildung verursacht und nicht nur ihre inhaltliche Ähnlichkeit, und es soll zum zweiten (etwa nach Expertenrating) die Wahrscheinlichkeit minimal sein, daß ein solches Cluster „erlernt" wurde, z. B. über öffentliche Diskussionen, durch welche eine Übereinstimmung über die Zusammengehörigkeit inhaltlich unterschiedlicher Einstellungen gestiftet werden könnte.

Die Frage der Stabilität von Persönlichkeitsmerkmalen über die Zeit ist in dem oben dargestellten Ansatz bewußt ausgeklammert. Trotz dieser Ausklammerung bei der *Definition* ist es selbstverständlich auch weiterhin von größtem Interesse zu erfahren, ob ein als solches definiertes „Persönlichkeitsmerkmal" über längere Zeit hinweg stabil ist oder nicht.

Um Mißverständnissen vorzubeugen, sei an dieser Stelle auch der Begriff „Einstellung" definiert. Als „Einstellung" wird jede verbale (oder schriftliche) subjektive, d. h. nicht an einem allgemein akzeptierten Maßstab nachprüfbare Äußerung eines Menschen verstanden, welche ohne entscheidenden situativen, insbesondere sozialen Druck stattfindet. Die Äußerung „Ich bin 181 cm groß" z. B. ist nach dieser Definition keine Einstellung, wohl aber die Äußerung „Meist erweisen sich Neuerungen letztlich als schlecht", es sei denn, sie kommt unter entscheidendem situativen Druck, etwa dem einer anwesenden Autoritätsperson, zustande.

Auch hier handelt es sich um eine ausgesprochen sparsame Definition. Obwohl davon auszugehen ist, daß eine so definierte Einstellung in der Regel eine kognitive, eine affektive und eine konative Komponente (mehr oder weniger stark ausgeprägt) aufweist, daß sie mehr oder weniger zentral oder intensiv ist etc. erscheint es für die Zwecke dieser Arbeit nicht notwendig, solche Kriterien in die Definition mit aufzunehmen. Nebenbei bemerkt bleiben dadurch insbesondere die beiden wichtigen Aspekte des Erwerbs von Einstellungen sowie der Einstellungs-Verhaltenskonsistenz als Forschungsfragen offen.

Als „politische Einstellungen" werden im folgenden Einstellungen bezeichnet, die sich auf im engeren Sinne politische Themen beziehen wie etwa auf Fragen der Innen-, der Außenpolitik oder des politischen Systems allgemein, keinesfalls jedoch auf spezifische Fragen aus dem persönlichen Bereich ohne Bezug zur „großen Politik".

4. *Das Persönlichkeitsmerkmal „Stabilität"*

In den o. g. Voruntersuchungen des Verfassers stellte sich Schritt für Schritt ein Persönlichkeitsmerkmal, welches als „Affinität zu einem stabilen kognitiven Orientierungssystem" bezeichnet wurde, als relevant zur Erklärung des Wahlverhaltens (Wahlsonntagsfrage) heraus. Ob es sich bei diesem Merkmal, das im Weiteren kurz „Stabilität" genannt wird, um das einzige oder auch nur um das wichtigste derartige Merkmal handelt, sei vorerst dahingestellt. Als zentraler Punkt ist jedoch festzuhalten, daß ein derartiges, Wahlverhalten (mit) erklärendes Persönlichkeitsmerkmal überhaupt feststellbar ist. Nun aber zur näheren Definition des hier untersuchten Merkmals „Stabilität":

Ein „*stabiles kognitives Orientierungssystem*" beinhaltet:
1. die *eindeutige* und *allgemeingültige* Zuordnung von Beschreibungsmerkmalen und Bewertungen zu „Objekten" (im weitesten Sinne) der Umwelt,
2. *eindeutige* und *allgemeingültige* Verhaltensregeln
3. sowie die zeitliche Stabilität der Punkte 1 und 2.

Unter dem Persönlichkeitsmerkmal „*Affinität zu einem stabilen kognitiven Orientierungssystem*" (*Stabilität*) ist die Kombination folgender Punkte zu verstehen:
1. das Vertreten von Einstellungen, welche auf das Vorhandensein eines „stabilen kognitiven Orientierungssystems" (s. o.) hinweisen,
2. das Vertreten von Einstellungen (Zielsetzungen), welche auf den Erhalt bzw. den Aufbau eines „stabilen kognitiven Orientierungssystems gerichtet sind,
3. das Vertreten von Einstellungen, welche auf die positive Bewertung eines „stabilen kognitiven Orientierungssystems" schließen lassen sowie
4. die Selbsteinschätzung als „zeitlich stabil" bezüglich der eigenen
   a. Merkmale,
   b. Einstellungen und
   c. Verhaltensweisen.

Nach der oben gesetzten Definition weist das Persönlichkeitsmerkmal „Stabilität" Ähnlichkeiten sowohl mit dem Konservatismus-Ansatz als auch mit dem Dogmatismus-Ansatz von *Rokeach* auf. Zur Abgrenzung gegenüber diesen Ansätzen ist jedoch folgendes zu bemerken: Gegenüber der Vorstellung von „Konservatismus" im Sinne eines Persönlichkeitsmerkmals (nicht einer Ideologie etwa im Sinne *Karl Mannheims* (1927) !) als „Abneigung gegen jegliche Art von Neuerungen" oder „Unmut über Veränderungen" weist das Stabilitäts-Konzept einen deutlichen Unterschied auf. Nicht ein Festhalten an *jeder* Art von Status Quo oder der Unmut über *jede* Art von Veränderung wird hier als zentrales Merkmal angesehen, sondern die Affinität zu einer *bestimmten* („stabilen") Art von Status Quo und der Unmut über eine Entfernung von diesem. Neuerungen und Veränderungen bergen so zwar immer noch meist Unsicherheiten und „Instabilitäten" im Sinne der obigen Definition in sich und werden daher meist abgelehnt, *falls* sie jedoch als „stabilitätsfördernd" gesehen werden, werden sie unterstützt. Eine „konservative Revolution" etwa ist damit nicht mehr unbedingt ein „Paradoxon", wie dies z. B. von *Klemperer* (1974: 312) feststellen muß.
Zu dem Open/Closedmindedness-Ansatz von *Rokeach* (1960) besteht insofern eine Ähnlichkeit, als bei der „Affinität zu einem stabilen kognitiven Orientierungssystem" unter anderem auch eine „kognitive Struktur" mit angesprochen ist und nicht ausschließlich ein bestimmter „Inhalt". Im Gegensatz zum Open/Closedmindedmess-Ansatz bezieht sich „Stabilität" jedoch nicht *nur* auf die bestimmte Form eines kognitiven Orientierungssystems, was unter anderem die Messung des Merkmals erheblich erleichtert.

Zur Messung des Merkmals „Stabilität" werden zwei Skalen parallel eingesetzt, wobei die Items der Skala „Stabilität I" voll ausformuliert sind, während die Skala „Stabilität II" im Catchphrase-Format gehalten ist. Bei letzterer wird nach der eher positiven (vs. eher negativen) spontanen, ersten Empfindung beim Lesen einer Reihe von Begriffen gefragt. Die Items beider Skalen sind zusammen mit einigen Testkennwerten in Tabelle 1 berichtet. Die angegebenen Itemnummern beziehen sich, wie in allen folgenden Tabellen auch, auf den in *Schumann* (1988) berichteten Fragebogen. Der Skalenwert errechnet sich für beide Skalen jeweils als Summe der zustimmenden (vs. ablehnenden) bzw. der „positiv-" (vs. „negativ-") Antworten. Beide Skalen sind weitgehend eindimensional. Ihre interne Konsistenz, geschätzt über „Cronbach's Alpha", liegt bei „.75" für Skala I bzw. „.70" für Skala II. Beide Skalen korrelieren positiv mit dem „Alter" (um „.45") und negativ mit der Höhe des Schulabschlusses (um „–.35"). Ansonsten wurden keine Zusammenhänge mit derartigen Variablen festgestellt.
Beide Skalen stehen u. a. in einer positiven Beziehung zu Außenkriterien zur Messung von „Konventionalismus", der „Ablehnung von Kritik", der „Affinität zu ‚Härte', ‚Stärke' und ‚Macht'", entsprechenden Haltungen in der Kindererziehung, der „Ablehnung von Fremdgruppen" sowie mit der Ansicht, in einer ganzen Reihe von Lebensbereichen werde sich in Zukunft bezüglich der persönlichen Zufriedenheit nichts ändern (vs. Verbesserung bzw. Verschlechterung). Beide Skalen korrelieren weiter im Sinne der obigen Definition positiv mit einer Reihe von Selbsteinschätzungen wie z. B. als „diszipliniert", „ordentlich", „gehorsam", „konservativ" etc. und negativ mit Selbsteinschätzungen wie etwa „veränderungsfreudig", „kritikfreudig" etc.. Alle diese bisher berichteten Ergebnisse ändern sich nicht wesentlich unter Kontrolle von „Alter" und „Bildung" (Schulabschluß). Auf der verbalen Ebene schließlich weichen Probanden, welche in der offen formulierten Begründung ihrer „Wahl" (Wahlsonntagsfrage) das Wort „stabil" verwenden, auf beiden Skalen signifikant nach oben hin vom Mittelwert ab. Diese ausgewählten Beispiele mögen genügen um zu demonstrieren, daß die beiden Stabilitätsskalen offensichtlich hinreichend valide Meßinstrumente darstellen.

5. *Empirische Forschungsergebnisse*

Bezüglich des Zusammenhangs von „Stabilität" und „Wahlverhalten" zeigt Tabelle 2 eine positive Korrelation mit der Wahl der CDU/CSU und eine negative mit der Wahl der Grünen. Entsprechende Werte ergaben sich u. a. auch schon in *Schumann* (1985) – ebenfalls unter Kontrolle von „Alter" und „Bildung". Unter der „Wahl" wird hier wie im folgenden immer die Beantwortung der „Wahlsonntagsfrage" verstanden.
Es erhebt sich nun die Frage, auf welche Weise die in Tabelle 2 berichteten Zusammenhänge zustandekommen. Hierzu vorab einige grundsätzliche Bemerkungen. Ich gehe davon aus, daß die in der Politischen Wissenschaft bekannten Faktoren zur Erklärung des Wahlverhaltens, wie etwa die Wahl nach Parteiidentifikation, nach Cleavages, nach politischen Issues oder nach „strategischen" Überlegungen etc., allesamt auf der Individualebene prinzipiell mögliche Entscheidungsmuster darstellen, welche für ein bestimmtes Individuum, einzeln oder in Kombination, zum Tragen kommen können.

Tabelle 1: Die Items der Skalen „Stabilität I“ und „Stabilität II“ mit einigen Testkennwerten

Item Nr.	Wortlaut des Items/Skala	TRS	ZUS	VER
	Stabilität I			
230	An bestimmte Regeln hat man sich einfach zu halten. Man kann nicht immer alles begründen.	35	67	2
231	Es gibt nun einmal nur *eine* Wahrheit. Deshalb kann man auch immer sagen, was wahr und was falsch ist.	38	23	0
232	Es gibt ungeschriebene Gesetze, die niemand brechen darf, und das ist gut so.	36	54	2
956	Ich lasse mich in meinem Handeln stets von festen Prinzipien leiten.	41	34	5
941	Wenn ich mir einmal eine Meinung gebildet habe, können andere sie in der Regel nicht mehr ändern.	27	32	3
917	Die Menschen kann man klar in zwei verschiedene Gruppen einteilen, in gute und in schlechte.	36	16	2
948	Die Menschen, die ich achte und schätze, sind sich ziemlich ähnlich.	40	44	3
921	Die meisten Ideen, die heute veröffentlicht werden, sind das Papier nicht wert, auf dem sie gedruckt sind.	35	31	6
916	Meist erweisen sich Neuerungen letztlich als schlecht.	36	13	5
233	Man sollte alte Traditionen bewahren, auch wenn sie nicht mehr ganz zeitgemäß sind.	29	52	2
237	Wir werden auch in Zukunft unser Leben weiterführen können wie bisher.	30	38	4
242	Niemand kann die Welt verändern.	45	31	2
245	Niemand kann den Menschen ändern.	39	36	5
918	Das Schicksal der Menschen ist nun einmal vorgeschrieben. Dem kann keiner entfliehen.	36	26	3
	Stabilität II			
108	Disziplin	52	75	2
109	Ruhe und Ordnung	46	76	2
110	feste Regeln	42	60	3
111	eiserne Prinzipien	30	13	3
118	altbewährte Methoden	38	58	4
119	Tradition	43	73	2
779	Stabilität	39	92	5
780	Veränderung (negativ)	–30	71	7
120	Reformen (negativ)	–18	84	2

TRS *Trennschärfe*; Korrelation (X 100) mit der korrigierten Gesamtskala
ZUS Schwierigkeitskoeffizient; Anteil der *zustimmenden* Antworten in Prozent aller gültigen Antworten
VER Prozentanteil der *Antwortverweigerer* im Sample

Tabelle 2: Korrelation der Stabilitätsskalen mit der Wahlabsicht (Koeffizienten × 100)

Item Nr.	Item	I	I'	II	II'	N (%)
515	Falls heute Bundestagswahlen wären, würde ich wählen:					
	CDU/CSU	29	17	35	29	(33)
	FDP	−9	−12	−0	3	(6)
	SPD	−3	−2	−12	−14	(34)
	Grüne	−29	−16	−42	−32	(15)
	würde nicht wählen/Stimmenthaltung	3	8	13	14	(12)

I Korrelation mit Stabilitätsskala I
II Korrelation mit Stabilitätsskala II
' jeweils auspartialisiert: „Alter" und „Bildung"
N Anteil der betreffenden „Wähler" in Prozent des Gesamtsamples (301 Probanden mit gültigen Antworten = 100 %).

Unter welchen Bedingungen welche Entscheidungsmuster bei welchen Personen ggf. in welcher Kombination das Wahlverhalten erklären, ist Thema einer derzeit anlaufenden Forschungsarbeit und muß an dieser Stelle offen bleiben. Daß für verschiedene Individuen sehr unterschiedliche Faktoren die Wahl ein und derselben Partei bedingen können, sei kurz an einigen Beispielen aus den offen formulierten Begründungen von Probanden für ihre „Wahlentscheidung" zugunsten der CDU/CSU illustriert. Hier finden sich Begründungen wie: „rein gefühlsmäßig", „sie verwirklicht die christlichen Grundsätze auch in der Politik", „ich bin Unternehmer. . .", „Schuldenabbau, Senkung der Inflationsrate", „kleineres Übel" oder einfach „Stabilität". Ähnlich unterschiedliche Begründungen finden sich auch für die „Wahl" der übrigen Parteien.
Bezüglich des Persönlichkeitsmerkmals „Stabilität" wird nun erstens davon ausgegangen, daß es mit einzelnen Komponenten der oben angesprochenen „Entscheidungsmuster" in Beziehung steht – davon später – und zweitens, daß es auch alleine die Wahl einer bestimmten Partei erklären kann. Hierzu nur ein ausgewähltes Beispiel. Von denjenigen Probanden, welche „positiv" empfinden beim Lesen des Begriffs „Tradition" – ein Item aus der Stabilitätsskala II – und sich selbst auch als „traditionsverbunden" einschätzen (N = 63), wählen 48 Prozent diejenige Partei, zu der ihrer Meinung nach „Tradition" am besten paßt. Weitere Analysen für eine Reihe anderer Begriffe erbrachten ebenfalls entsprechende Ergebnisse.
Nun könnte entgegnet werden, daß ein Wähler, der, unabhängig von seinem Wahlverhalten, positiv empfindet beim Lesen von „Tradition" und der sich auch selbst, ebenfalls vom Wahlverhalten unabhängig, als „traditionsverbunden" einschätzt, jeder Partei, die er aus irgendwelchen anderen Gründen wählt, zuschreibt, „Tradition" passe am besten zu ihr. Im Falle einer solchen Rationalisierung aber müßten von denjenigen Probanden, welche sich nach dem oben beschriebenen Muster entscheiden, die verschiedenen Parteien ähnlich oft „gewählt" werden wie im Gesamt- bzw. Restsample (vgl. Tabelle 2). Dies ist jedoch nicht der Fall. Die Verteilung für die genannten Probanden

lautet: CDU/CSU (73%), SPD (23%), NPD (3%) und übrige Parteien (0%). Ferner könnte entgegnet werden, im Elektorat herrsche weitgehende Übereinstimmung über die „Zusammengehörigkeit" von „CDU/CSU" und „Tradition" und deshalb schätzten sich, unter einem gewissen Konsistenzdruck, die „Wähler" der CDU/CSU vermehrt als „traditionsverbunden" ein bzw. berichteten deshalb verstärkt, den Begriff „Tradition" als „positiv" zu empfinden. Es ist jedoch kaum vorstellbar, daß, auf das Merkmal „Stabilität" in seiner ganzen Breite bezogen, ein Wähler derart viele Einstellungen aus unterschiedlichen Themen– und Lebensbereichen alle auf seine Wahlentscheidung hin bezieht und entsprechend ausrichtet oder sie sogar von Wahl zu Wahl mit der gewählten Partei ändert. Soweit ein kurzes Beispiel zum Beleg der Annahme, daß das Persönlichkeitsmerkmal „Stabilität" durchaus die Wahl derjenigen Partei, der entsprechende Merkmale zugeschrieben werden, zu erklären vermag.

Wie bereits erwähnt, steht neben dem eben betrachteten direkten Zusammenhang „Stabilität" auch mit einer Reihe weiterer Merkmale in Beziehung, welche ihrerseits wieder mit der Wahlentscheidung zusammenhängen. Nachdem die Darstellung aller diesbezüglichen Ergebnisse den Rahmen dieser Arbeit bei weitem sprengen würde, ist in Tabelle 3 eine kleine Auswahl davon, unter Berücksichtigung nur der CDU/CSU und der Grünen, gleichsam zur Demonstration ohne weiteren Kommentar berichtet.

Etwas ausführlicher dargestellt werden soll der Zusammenhang zwischen politischen Einstellungen, dem „Wahlverhalten" und „Stabilität". Zu diesem Zweck sind in den Tabellen 4 und 5 zur Illustration entsprechend dem Vorgehen in Tabelle 3 einige Einzelitems aus den dort genannten vier politischen Einstellungsskalen analysiert. Zum einen ergibt sich dabei der zu erwartende Befund einer Konfundierung der „Wahlabsicht" sowohl mit speziellen politischen Issues als auch mit Einstellungen zum politischen System der Bundesrepublik allgemein (Tabelle 5). Zum anderen jedoch zeigt sich auch hier wieder ein Zusammenhang zwischen den genannten politischen Einstellungen und dem Merkmal „Stabilität" (Tabelle 4).

Alle Ergebnisse der Tafeln 3 bis 5 wurden auch unter Kontrolle von „Alter" und „Bildung" berechnet, wobei sich die Ergebnisse nicht wesentlich änderten. Im übrigen werden die Koeffizienten etwa ab „.17" auf dem .01-Level und ab etwa „.22" auf dem .001-Level signifikant.

6. Zusammenfassung und Ausblick

Zusammenfassend lassen sich, um zum Ausgangspunkt der Überlegungen zurückzukommen, eine Vielzahl von Zusammenhängen des Merkmals „Stabilität" mit Faktoren, welche ihrerseits mit „Wahlverhalten" in Beziehung stehen, feststellen – sowie darüber hinaus ein direkter Zusammenhang von „Stabilität" mit dem „Wahlverhalten". Damit untermauert die vorliegende Arbeit erneut die Ansicht, daß es allgemein von Nutzen ist, die Größe „Persönlichkeit" in die Analyse des Wahlverhaltens mit einzubeziehen. Ein solches Vorgehen würde im übrigen auch denjenigen theoretischen Modellen zur Analyse individuellen politischen Verhaltens Rechnung tragen, welche den Erklärungsfaktor „Persönlichkeit" mit berücksichtigen. Derartige Modelle wurden

Tabelle 3: Korrelation der Stabilitätsskalen und der Wahlabsicht mit verschiedenen Merkmalen (Koeffizienten × 100)

Merkmal (ggf. Itemnummer(n))	Stabilitätsskala I	 II	Wahlabsicht CDU	 Grüne
Gleiche Wahlentscheidung wie die eigene wird auch vermutet von:				
Vater (562/515)	32	30	30	−38
Mutter (567/515)	25	26	41	−30
Ein wählbarer Politiker *muß unbedingt*: (416, 419, 420)				
– unverrückbar feste Ziele haben	42	31	18	−21
– die Parteidisziplin respektieren	34	32	26	−21
– eine „Führerpersönlichkeit" sein	23	27	15	−18
Politische Einstellungsskalen:				
Linke Einstellungen A)	−29	−47	−54	37
Rechte Einstellungen B)	61	59	34	−30
Autoritäre Einstellungen C)	63	68	46	−41
Neigung zum Nationalsozialismus D)	39	48	24	−23
Fühle mich in unserer Gesellschaft benachteiligt (408)	−19	−21	−11	13
Bin unzufrieden mit:				
– derzeitiger Regierung in Bonn (710)	−25	−38	−65	31
– unserer politischen Führung (354)	−31	−33	−68	23
– der Demokratie allgemein (708)	*−8	−26	−34	28
– unserem politischen System (353)	−8	−17	−40	28
Gewählte Partei wird angesehen als beste Interessenvertretung von:				
allen Berufsgruppen E)	19	21	24	−9
allen Verdienstgruppen F)	22	25	18	−6
Auswahlhäufigkeit des Wertes: G)				
hoher Lebensstandard	38	26	21	−21
Selbstverwirklichung	−38	−40	−14	32

CDU CDU/CSU
A Wertebereich: 0–18; AM: 6.9; SD: 4.1; „Alpha": .85; 18 Items
B Wertebereich: 0–21; AM: 6.5; SD: 5.1; „Alpha": .89 21 Items
C Wertebereich: 0–10; AM: 4.0; SD: 2.7; „Alpha": .78 10 Items
D Wertebereich: 0– 8; AM: 1.4; SD: 1.7; „Alpha": .70; 8 Items
E Arbeiter, Angestellte, Beamte, Selbständige und selbständige Landwirte (Items 634 bis 642)
F weniger Verdienende, Durchschnittsverdiener und besser Verdienende (Items 666 bis 670)
G Ausgewählt wurde zwischen den 10 möglichen jeweiligen 2er-Kombinationen aus den oben genannten und drei weiteren, also insgesamt 5 „Werten" (471–480).
* kurvilineare, negative Beziehung

Tabelle 4: Korrelation der Stabilitätsskalen mit ausgewählten Items verschiedener politischer Einstellungsskalen (Koeffizienten × 100)

Item Nr.	Item	I	II	ZUS
922	Unser Volk wird durch die linken Journalisten in Rundfunk und Fernsehen systematisch irregeführt.	40	38	21
969	Die DKP (Deutsche Kommunistische Partei) sollte verboten werden.	32	31	30
962	In unserem Staat sollten Gruppen- und Verbandsinteressen sich *bedingungslos* dem allgemeinen Wohl unterordnen.	40	31	38
965	Wir sollten endlich wieder Mut zu einem starken Nationalgefühl haben.	35	42	46
970	Solange eine blutende Grenze unser Vaterland zerreißt, darf es in Europa keinen Frieden geben.	31	29	10
971	Es geht nicht an, daß weiterhin Ausländer bei uns beschäftigt werden, während Millionen von Deutschen arbeitslos sind.	39	33	28
973	Die Jugend soll Sport treiben, ihre Pflicht tun und sich freuen, aber sich nicht vorzeitig mit politischen oder sexuellen Dingen beschäftigen	47	40	23
977	Freiheit und Zukunft Deutschlands sind nur gesichert, wenn die Bundeswehr mit den modernsten Waffen ausgerüstet ist; dafür müssen wir auch Opfer bringen.	34	40	30
1018	Der Arbeiter muß an seinem Platz dem Vaterland dienen. Es geht nicht an, daß die Gewerkschaften ihn zu Streiks ermuntern.	49	39	15
234	Sicherheit kann ein Staat nur durch äußere Stärke erlangen.	39	43	32
243	Politische Entscheidungen sollten die fällen, die den nötigen Überblick haben, und nicht der kleine Mann auf der Straße.	34	35	46
1022	Es war eine der guten Seiten am Nationalsozialismus, daß er für Ruhe und Ordnung gesorgt und wilde Demonstrationen, wie wir sie heute erleben, unterbunden hat.	42	43	25
964	Die NATO drängt mit einer aggressiven Außenpolitik die Sowjetunion in eine immer schwierigere Situation	−14	−27	29
972	In Westdeutschland wird der Arbeiter immer noch ausgebeutet, auch wenn man sich heute dazu verfeinerter Methoden bedient.	−20	−32	39
1024	Das Wirtschaftssystem Westdeutschlands ist ungerecht und nutzt die Arbeiterschaft schamlos aus.	−13	−29	16
979	Die USA streben nach der Weltherrschaft.	−20	−21	45
923	Ich halte es für gut, wenn Kundgebungen der „wieder auferstandenen" nationalsozialistischen Gruppen durch Gegendemonstranten gestört werden.	−13	−23	58

I Korrelation mit Stabilitätsskala I
II Korrelation mit Stabilitätsskala II
ZUS Schwierigkeitskoeffizient; Anteil der *zustimmenden* Antworten in Prozent derjenigen Pbn, die das Item beantwortet haben.

Tabelle 5: Die Korrelation der Wahlabsicht mit ausgewählten Items verschiedener politischer Einstellungsskalen (Koeffizienten × 100)

Item Nr. A)	Wahl: (515) CDU/CSU	FDP	SPD	Grüne	NW
922	37	−3	−18	−22	−1
969	37	−6	−18	−26	6
962	16	−4	−3	−20	6
965	30	−2	−12	−25	2
970	23	−9	−8	−14	−3
971	17	2	−3	−18	−2
973	25	−1	−10	−23	6
977	41	12	−22	−25	−11
1018	40	−7	−21	−18	−1
234	33	1	−16	−25	4
243	20	4	−8	−19	2
1022	27	−9	−12	−22	10
964	−38	−11	24	28	−4
972	−45	−13	29	31	−5
1024	−28	−8	18	29	−15
979	−29	−5	11	20	8
923	−21	−6	17	16	−9

A) Wortlaut der Items siehe Tabelle 4

z. B. vorgeschlagen von *Falter* (1973: 39), *Greenstein* (1975: 14), *Milbrath* (1965: 28) oder *Smith* (1968: 17), fanden aber, wohl aufgrund der bereits angesprochenen enttäuschenden Forschungsergebnisse aus den USA, m. W. bisher keine praktische Anwendung.

Die praktische Einbeziehung der Größe „Persönlichkeit“ (im oben ausgeführten Sinne) in die empirische Wahlforschung könnte durchaus gravierende Folgen für die Theoriebildung in diesem Fach und darüber hinaus haben. Hier könnte zum Beispiel ein erster Schlüssel liegen für eine Verbindung von bisher eher „nebeneinander“ existierenden Theorien und Ansätzen zur Analyse des Wahlverhaltens. Und könnte nicht ein solcher Ansatz mit dazu beitragen, die Stabilität oder Veränderbarkeit politischer Kultur zu erklären? Dies sind nur einige der noch offenen Fragen, die zur Forschung auf einem Gebiet anregen können, das derzeit weitgehend als weißer Fleck auf der Landkarte der Politischen Wissenschaft erscheint.

Denkbilder vom Staat in bundesrepublikanischen Parteiprogrammen

Manfred Opp de Hipt

1. Denkbilder: Interpretation und Konstruktion der Wirklichkeit

Denkbilder[1] dienen dazu, der uns umgebenden Realität Sinn und Bedeutung zuzuweisen, sie überschaubar und damit handhabbar zu machen. Sie erklären, wie etwas angeblich funktioniert, wozu es nützt, was verbessert werden muß, wie also ein Ding oder Vorgang zu *verstehen* ist. Wahrnehmung und Wertung sind bei diesem Prozeß unauflöslich miteinander verknüpft. Denkbilder zeigen, was Menschen an einem Phänomen bzw. Vorgang schätzen oder was ihnen daran mißfällt. Sie legen fest, welche Sichtweisen von ‚etwas' in Frage kommen. Denkbilder sind in sprachlicher Form fixiert, in ihnen kulminiert die Fähigkeit der *Sprache*, die Art und Weise vorzugeben, in der das menschliche Denken die Realität interpretiert bzw. erst konstruiert. (*Whorf* 1963; *Berger* und *Luckmann* 1977; *Schumann* 1975).
Denkbilder ließen sich, soweit sie übliche und nicht nur individuelle Sichtweisen formulieren, auch als *Topoi* (*Baeumer* 1973) oder *Stereotype* (*Lippmann* 1964) bezeichnen. Vor allem aber ist der Begriff Denkbild mit dem der *Metapher* verwandt und über weite Strecken sogar identisch, sofern als Metapher ein nicht schmückender, sondern in erster Linie bedeutungszuweisender und Emotionen weckender Sprachgebrauch verstanden wird, der „patterns of orientation" (*Almond* und *Verba* 1965: 13) produziert. *Lakoff* und *Johnson* (1980: 5) definieren: „The essence of metaphor is understanding and experiencing one kind of thing in terms of another" (vgl. *Black* 1962; *Ortony* 1979; *Weinrich* 1980). Während allerdings bei der Metapher immer auch die Assoziation farbiger, übertragener Formulierungen mitschwingt, ist dieser Aspekt beim Denkbild völlig irrelevant. Denkbilder sind ein in der Sprache *allgegenwärtiges* Phänomen (vgl. *Bamberg* 1982).

2. Denkbilder vom Staat als Gegenstand der Analyse von Parteiprogrammen

Dieser Beitrag untersucht Denkbilder in den Parteiprogrammen von CDU und SPD mittels computerunterstützter (vgl. *Klingemann* 1984) sowohl quantitativer als auch qualitativer *Inhaltsanalysen*. Gegenstand sind Denkbilder vom Staat. Sie wurden durch ein aus 52 Kategorien bestehendes Kategorienschema erfaßt, in das die insgesamt identifizierten 781 Staatsbilder (509 bei der CDU, 272 bei der SPD) eingeordnet wurden. Die Studie, die stärker explorativ als hypothesentestend angelegt ist, hat aufgrund der Materiallage ein deutliches Schwergewicht in den *70er Jahren*. Untersucht wurden folgende Programme:

SPD

Godesberger Programm der SPD von 1959 (49 Denkbilder)

Orientierungsrahmen der SPD von 1975 (203 Denkbilder)

„Sicherheit für Deutschland" – Wahlprogramm der SPD von 1980 (20 Denkbilder)

CDU

Ahlener Programm der CDU von 1947 (22 Denkbilder)

Berliner Programm der CDU von 1971 (50 Denkbilder)

Beschlüsse des Hamburger Parteitages (1973) in Ergänzung zum Berliner Programm (16 Denkbilder)

Mannheimer Erklärung der CDU von 1975 (139 Denkbilder)

Grundsatzprogramm der CDU von 1978 (209 Denkbilder)

„Für Frieden und Freiheit in der Bundesrepublik Deutschland und in der Welt" – Wahlprogramm der CDU/CSU von 1980 (73 Denkbilder)

Auf der Suche nach Differenzen zwischen SPD und CDU fiel zunächst auf, daß die Christdemokraten erheblich häufiger Denkbilder benutzen, in denen der Staat als *Belastung* oder *Gefahr* erscheint. In der Kategorie, die mit den Beispielen „Der Staat ist außer Kontrolle geraten, nicht mehr steuerbar, er mischt sich überall ein, bevormundet" umschrieben ist, wurden für die CDU zehn, für die SPD keine Nennung codiert. Bei einer anderen Kategorie desselben Themenkomplexes, in der es nicht um einen ziellos hypertrophen, sondern um einen absichtsvoll allgegenwärtigen *Interventionsstaat* geht, taucht die SPD dreimal, die CDU aber 22mal auf. Betrachtet man ergänzend zu den quantitativen Daten die einzelnen Fälle, verstärkt sich der Eindruck einer massiven Staatsabwehr bei der CDU. Sie befürchtet „Freiheitseinbußen" durch eine „Explosion staatlicher Aufgaben" (Wahlprogramm von 1980: 29; Seitenangaben hier und im folgenden nach *Pulte* 1979) und beklagt die Entstehung eines „staatlich-bürokratischen Zwangslenkungssystems" (Hamburger Beschlüsse: 26), während die SPD weitaus vorsichtiger anmerkt, staatliche Entscheidungen „können sich. . . vom Standpunkt des Einzelnen als Fremdbestimmung darstellen" (Orientierungsrahmen: 26).

Bei dem Versuch, die Art der Bedrohung bzw. Belastung zu spezifizieren, die die Union vom Staat befürchtet, fallen zwei Komplexe ins Auge:

- Denkbilder in *wirtschaftsliberaler* Tradition, die die ökonomische Macht des Staates und seine Eingriffe ins Marktgeschehen fürchten;
- Denkbilder, die das *Subsidiaritätsprinzip* ansprechen, indem sie die Forderung aufstellen, der Staat solle sich mit direkten Hilfen für sozial Schwache möglichst zurückhalten und stattdessen Hilfe zur Selbsthilfe betreiben.

Besonders deutliche quantitative Unterschiede treten beim Thema Subsidiarität zutage. Die CDU formuliert 15 Aussagen, die die Vorstellungen enthalten, der Staat habe sich im sozialen Bereich mit dem Setzen von Rahmenbedingungen zu begnügen und Raum für „freie Initiative" (Grundsatzprogramm: 18) bzw. „eigenständige Lebensführung und Entscheidungsfreiheit" (Mannheimer Erklärung: 32) zu gewähren. Die SPD dagegen zeigt für die Forderung nach Hilfe zur Selbsthilfe, die seit den 70er Jahren nicht nur von der Union, sondern auch von den neuen sozialen Bewegungen aufgenommen wurde und mit einer allgemeinen ,Staatsverdrossenheit' einherging, so gut wie keine Sensibilität.

Ungleich häufiger und in der Regel zustimmend stellen sich die Sozialdemokraten dagegen einen mit *Steuerungs-*, *Planungs-* und *Kontrollfunktionen* beschäftigten Staat vor. In insgesamt 26 Fällen, d. h. in knapp 10 v. H. aller von der SPD benutzten Denkfiguren lassen sich entsprechende Bilder beobachten, während bei der CDU nur 11 Fälle auftreten. Die SPD verwendet den Begriff „Planung" mit Bezug auf den Staat (auch in Wortkombinationen wie „Planungsfähigkeit" usw.) sechsmal; bei der CDU taucht der Begriff nicht auf. Die Begriffe „Steuerung" und „Lenkung" – wiederum auch in Kombinationen – erscheinen bei der SPD siebenmal, bei der CDU einmal. Die meisten der von den Sozialdemokraten angesprochenen Staatseingriffe finden im ökonomischen Bereich statt, die Aussagen sind allerdings nicht so konkret, daß sich entscheiden ließe, *wie* die staatliche Regulierung im einzelnen auszusehen hätte. Trotz der häufigen Verwendung des Wortes Planung wird – soviel läßt sich festhalten – die Forderung nach Planwirtschaft im sozialistischen Sinne an keiner Stelle erhoben.

Auch im Denkbild der CDU gehören Eingriffe im ökonomischen Bereich zwar durchaus zu den Aufgaben des Staates, sie werden jedoch seltener erwähnt und mit wesentlich größerer Zurückhaltung formuliert. Wieder sind die schon vom Subsidiaritätsprinzip oder von den wirtschaftsliberalen Aussagen her bekannten Denkmuster zu entdecken. Der Staat, so heißt es, soll „Orientierungsdaten" und „Rahmendaten" setzen (Grundsatzprogramm: 31, 27).

Nach dem Thema ,der Staat als Steuerer, Planer und Kontrolleur' handelt das in der Wahrnehmung der SPD zweitwichtigste Denkbild, das 8,5 v. H. aller sozialdemokratischen Denkbilder ausmacht, von der *Leistungsfähigkeit* des Staates oder richtiger: von seiner mangelnden Leistungsfähigkeit. Dieser Topos hat eine bemerkenswerte historische Entwicklung hinter sich. Vor 1975 gibt es weder bei SPD noch bei CDU auch nur eine Aussage, in der die Leistungsfähigkeit des Staates problematisiert wurde. Im Jahre 1975 finden sich dagegen im Orientierungsrahmen der SPD plötzlich 23 einschlägige Nennungen (11 v. H. aller Denkbilder des Orientierungsrahmens) und in der Mannheimer Erklärung der CDU 14 Nennungen (10 v. H. aller Denkbilder der Mannheimer Erklärung). In der Folgezeit verliert die Thematik etwas an Bedeutung, bleibt aber weiterhin relevant. Kein anderes Denkbild hat eine vergleichbare Entwicklung durchgemacht.

Bei der SPD liegen die Gründe für die Relevanz des Problems auf der Hand. Wer großen Wert auf die staatliche Steuerung und Planung sozialer und vor allem ökonomischer Prozesse legt und – im Gegensatz zur CDU – nicht das Subsidiaritätsprinzip, sondern direkte Hilfeleistungen favorisiert, für den muß ein Mangel an Leistungsfähigkeit, der diese Erwartungen zunichte machen kann, größte Bedeutung erhalten. Folgerichtig findet sich in den Äußerungen der SPD häufig der Appell, dem festgestellten Mißstand abzuhelfen. Teils bleibt es bei diesen allgemeinen Aufforderungen, teils werden auch Mittel und Wege zu ihrer praktischen Umsetzung genannt, wie beispielsweise eine Verbesserung der Koordination (Orientierungsrahmen: 32), Kapazitätserweiterung (42), „Ausbau des Instrumentariums zur wirtschaftlichen Diagnose und Prognose" (45), etc. Gelegentlich tauchen in diesem Zusammenhang auch Begriffe wie „Versorgungsdenken" (33) auf, die eher im Vokabular der CDU mit ihrer Aversion gegen abhängig machende Dienstleistungen des Staates zu vermuten wären. Die Argumentation der SPD weicht aber insofern vom Denkmuster der Union ab, als sie nichts Grundsätzliches gegen Dienstleistungen einzuwenden hat, sondern Sachzwänge in den Vordergrund stellt:

„Die wachsenden Anforderungen der Gesellschaft an den Staat bergen die Gefahr in sich, die Leistungsfähigkeit des Staates zu überfordern und eine bürokratische Ausweitung des Staatsapparates zu erzeugen, dessen Kosten unerträglich wachsen und dessen Effektivität doch immer weit hinter den gesellschaftlichen Anforderungen zurückbleibt." (Orientierungsrahmen: 33).

Hier nimmt die SPD in Ansätzen Argumente von Staatskritikern auf, die von den ‚Grenzen des Wohlfahrtsstaates' oder vom ‚Staatsversagen' sprechen.
Für die CDU ließe sich, im Gegensatz zur SPD, vermuten, daß Bedrohung staatlicher Leistungsfähigkeit sie nicht sonderlich kümmere, da sie ohnehin für einen Abbau direkter staatlicher Leistungen plädiere. Bis zu einem gewissen Grad wird diese These auch durch das deutlich geringere Engagement der CDU im Bereich der entsprechenden Kategorien bestätigt. Andererseits lassen sich die Stichworte Leistung und Subsidiarität durchaus argumentativ verknüpfen, z. B. wenn es heißt, der Staat würde durch „Überschätzung seiner Leistungsfähigkeit" die „Bereitschaft der Einzelnen zu solidarischem und verantwortlichem Handeln" ersticken (Grundsatzprogramm: 12). Bei dieser Interpretation ist von zentraler Bedeutung, daß die CDU während der 70er Jahre in der Opposition saß und das Thema Leistungsschwäche ihr die Gelegenheit gab, diese der SPD/FDP-Koalition anzulasten, was sie beispielsweise im Wahlprogramm von 1980 zweimal ausdrücklich tut.
In den bisher vorgestellten Denkbildern sehen beide Parteien den Staat als einen *technischen Apparat*, der Steuerungs- und Planungsfunktionen hat, die soziale Versorgung der Bürger übernimmt, sich bezüglich seiner Zuständigkeit zurückhalten soll, Leistungs- und Kapazitätsschwächen zeigt, etc. Die SPD steht diesem Apparate-Staat fast uneingeschränkt positiv gegenüber und fürchtet nur, er könne seine Aufgaben nicht mehr im geforderten Umfang erfüllen, während die CDU massives Mißtrauen erkennen läßt und bedrohliche Tendenzen zur *Entmündigung* der Bürger und zur Störung des freien Marktes beschreibt.
Weitere Vorstellungen aus den sozialdemokratischen Programmen fügen sich bruchlos in dieses Bild ein. Für die SPD sind emotionale Beziehungen zwischen Bürgern und Staat kein Thema, sie nimmt den Staat nicht als Objekt von *Vertrauen* oder *Ehrfurcht* wahr. Sie wendet sich ausdrücklich gegen die ihrer Ansicht nach ideologische Annahme, der Staat habe das *Gemeinwohl* zu erkennen und zu realisieren, und auch das Bild eines starken Staates bleibt ihr offenbar fremd. Das sozialdemokratische Vokabular ist stärker technologisch gefärbt und weckt nur selten die Vorstellung vom Staat als einer Persönlichkeit mit ‚menschlichen' Eigenschaften. Diese vor allem für den Orientierungsrahmen typische Wahrnehmungsweise ist bis hinein in grammatisch-stilistische Eigenarten zu verfolgen. Spricht die SPD vom Staat, so tut sie es zumindest in den 70er Jahren in adjektivischen Wendungen, d. h. eine typische sozialdemokratische Formulierung lautet: ‚staatliches Handeln', während die CDU eher ‚der Staat handelt'

schreibt. Diese Seite der sozialdemokratischen Denkbilder vom Staat läßt sich sicherlich auch aus der Entstehung und Tradition dieser Partei während der wilhelminischen Epoche heraus verstehen, aus der Ablehnung des machtorientierten Obrigkeitsstaates einerseits und der Bewunderung seiner technischen Effizienz andererseits.

Die Union kennt neben dem Staatsapparat, den sie ablehnt, noch einen anderen Staat, der ihre uneingeschränkte Zustimmung erhält. Diesem Staat, der dem Gemeinwesen den Weg weist, sollen die Bürger, wie die CDU in 14 Denkbildern betont (SPD: ein Denkbild), ihr Vertrauen schenken. Quasi als Gegenleistung für das gewährte Vertrauen kümmert sich der Staat um das Gemeinwohl (14 CDU-Denkbilder), schützt die Bürger vor Gefahren, die in der Regel allerdings nicht genannt werden (24 CDU-Denkbilder), und muß, um *Schutz* zu gewähren, natürlich auch *stark* sein bzw. Durchsetzungsfähigkeit oder *Autorität* besitzen. Die SPD dagegen hält sich in diesen Bereichen deutlich zurück oder wendet sich sogar – wie im Fall des Gemeinwohls – ausdrücklich gegen entsprechende Vorstellungen, was die CDU mit dem Satz quittiert: „SPD und FDP setzen den ordnenden, die Freiheit der Bürger schützenden Staat ständigem Verdacht aus." (Wahlprogramm von 1980: 30)

Gefahren für den nicht als *Leistungsmaschinerie*, sondern als Führungs- und *Vaterfigur* verstandenen Staat sieht die CDU vor allem von Seiten gesellschaftlicher Interessengruppen. Anders jedoch als die SPD, die ebenfalls einen Konflikt zwischen Staat und Gruppen unterstellt, wobei sie besonders auf die Großunternehmen verweist, geht in der Vorstellung der CDU die Bedrohung des Staates nicht von bestimmten einzelnen Gruppen aus, sondern vom *Gruppensystem*, zu dessen Spielball der Staat werden kann.

In anderen Bereichen bleiben sowohl Union als auch Sozialdemokraten eher konturlos und unterscheiden sich voneinander nur wenig. Dies gilt besonders für den Komplex der *Werte, Normen* und *Freiheitsrechte*, für die der Staat zu sorgen hat bzw. die er durch Selbstbeschränkung und Gesetzestreue ermöglicht. Hier nennen die beiden Parteien ungefähr die gleichen Ziele und Aufgaben des Staates, was nicht ausschließt, daß CDU und SPD mit identischen Begriffen unterschiedliche Vorstellungen verbinden. Beispielsweise verwenden beide Parteien etwa gleich häufig die Schlagworte „*Rechtsstaat*", „*Sozialstaat*" und „*demokratischer Staat*", wobei es Hinweise darauf gibt, daß die CDU den Rechtsstaat stärker mit ‚Recht und Ordnung' in Verbindung bringt als die SPD. Für eine genauere, über gewisse vage Tendenzen hinausgehende Bestimmung des Rechtsstaates bzw. von Werten wie ‚Freiheit' etc. reichen jedoch Umfang und Aussagekraft des analysierten Materials nicht aus.

Während die Frage nach Werten und Normen nicht differenziert genug angesprochen wird, um klar voneinander abgrenzbare Standpunkte sichtbar werden zu lassen, bleibt das Thema *Staatszweck*, verstanden als die Frage nach dem grundsätzlichen *Sinn* des Staates, fast völlig ausgeblendet. Zwar könnten eine Reihe von Aussagen der Parteien traditionellen Positionen klassischer Theorien der Staatsrechtfertigung zugeordnet werden, doch verweisen CDU und SPD heute in keiner Weise mehr auf das vormals übliche Denkbild, daß die Existenz des Staates der Begründung *bedarf*. Auch wenn der Staat als Gefahr gesehen wird, so doch immer nur in speziellen Formen oder Auswüchsen. Grundsätzliche Zweifel an seinem Sinn werden nicht einmal der Zurückwei-

sung für wert gehalten. Auch das Denkbild vom Staat als einem Gebilde, dem *Opfer* darzubringen sind, womöglich „Opfer an Gut und Blut" (*Heller* 1934: 217) ist in keinem der Programme aufzufinden. Nicht einmal an *Pflichten* der Bürger gegenüber dem Staat wird deutlich erinnert, in der Kategorie, in der diese oder ähnliche Wendungen aufzutauchen hätten, ist „*Mitverantwortung*" die gebräuchlichste Vokabel. Eine solche Haltung läßt sich einerseits als Abwendung von autoritären oder gar totalitären Staatsbildern interpretieren, die den Einzelnen nur als ‚Rädchen im Getriebe' sahen. Andererseits zeigt sich hier wohl auch die Scheu, allzu grundsätzliche, tendenziell ‚unangenehme' und bei der Wählerschaft womöglich wenig beliebte Fragen wie die nach Opfern oder, davon angestoßen, nach dem ‚letzten' Sinn des Staates zu stellen.
Es wäre allerdings kurzschlüssig, darum den Parteien Opportunismus vorzuwerfen. Sie folgen nicht zuletzt einem allgemeinen Trend weg von der philosophischen und hin zur sozialwissenschaftlichen Betrachtung des Staates, für die es nach Aussage von *Bull* (1977: 31) „keine objektiven Zwecke sozialer Systeme, sondern nur ‚Funktionen'" gibt.

3. Schluß

Abschließend läßt sich festhalten: Einige Merkmale des SPD-Denkbildes erinnern an die von *Almond* und *Verba* in ihrer Civic-Culture-Studie so genannte „*subject culture*", zu deren Merkmalen die Orientierung „toward the output aspects of the system" gehöre, nicht aber die Orientierung „toward specifically input objects, and toward the self as an active participant" (*Almond* und *Verba* 1965: 15). Ein Staat, der den Vorstellungen entspricht, die die SPD vor allem in den 70er Jahren entwickelte, produziert Untertanen vielleicht insofern, als er seine Bürger zu passiver Erwartungshaltung erzieht. Nur schwer jedoch läßt sich mit dem sozialdemokratischen Denkbild von der Dienstleistungsmaschine die Vorstellung verbinden, diese könne von den Bürgern Gehorsam, Pflichterfüllung oder gar Ehrfurcht erwarten. Gemessen daran befindet sich die CDU in größerer Gefahr, daß ihr Denkbild eines starken, bei der Durchsetzung des Gemeinwohls die Sonderinteressen souverän überwindenden Staates antidemokratisch zugespitzt werden kann.

Anmerkung

1 Ausführliche Erläuterungen zum Begriff Denkbild und seiner sprachtheoretischen Begründung sowie zu Verlauf und Methoden der Programm-Analyse finden sich in der Dissertation des Verfassers über „Denkbilder in der Politik. Die Vorstellungen der SPD und CDU vom Staat. Eine Sprachanalyse" (Berlin 1986). Die Arbeit wird 1987 veröffentlicht (Westdeutscher Verlag, Opladen).

Der Bundestag im Urteil der Bürger

Zur Parlamentarismusperzeption in der Bundesrepublik

Suzanne S. Schüttemeyer

„Weil es mir normalerweise von Jahr zu Jahr besser ging. Und das lag mit an der Regierung."
„Weil die Resultate der Regierung und der Volksvertretung für mich nicht nützlich sind."
„Weil der Bundestag viele sozialpolitisch wichtige Fragen aufgegriffen und vertretbar gelöst hat."
„Weil die falsche Partei an der Regierung ist."
„Die Interessen des kleinen Mannes werden von der jetzigen Regierung vernachlässigt."
„Es ist eine starke Opposition vorhanden."
„Der Parlamentarismus ist im Prinzip eine gute Regierungsform."
„Es ist zwar nicht alles so gekommen, wie man es gewünscht hatte, aber in einer Demokratie geht es halt nach der Mehrheit. Zum Bundestag gibt es eben keine Alternative."

Dies sind Antworten, die bei einer Repräsentativerhebung auf die Frage gegeben wurden: „Warum haben Sie einen günstigen/ungünstigen Eindruck von der bisherigen Arbeit des Bundestages in Bonn?" Sie erhellen exemplarisch, wie unterschiedlich die Vorstellungen über Sein und Sollen des Parlaments in der Bundesrepublik sind: Zuweilen wird der Bundestag mit der Regierung gleichgesetzt, zuweilen die Leistungen der Opposition betont, einige Befragte machen konkrete Einzelmaßnahmen und parlamentarische Beschlüsse zum Maßstab ihrer Bewertung, andere stellen bei ihrem Urteil auf die allgemein befriedende Funktion des Parlamentarismus ab. Die Vielschichtigkeit der Begründungen für die jeweilige Meinung über den Bundestag verdeutlicht, mit wieviel Vorsicht Umfragedaten zu Einstellungen gegenüber Institutionen interpretiert werden müssen. Weder können negative Antworten ohne weiteres mit grundsätzlicher Ablehnung, noch können positive Antworten mit grundsätzlicher Akzeptanz der Institution als solcher gleichgesetzt werden.

1. *Parlamentarismusperzeption als Faktor der Überlebensfähigkeit parlamentarischer Demokratie*

Das Parlament als Kernstück der demokratischen Verfassungsordnung ist auf breite Akzeptanz – mindestens im Grundsätzlichen, wenngleich nicht für jede Einzelentscheidung – seitens der Bürger angewiesen. Ist diese nicht vorhanden, kann das Parlament nicht mehr die Legitimation von Politik erbringen, verliert seine Rolle als Garant des sozialen Friedens und über kurz oder lang seine Existenz, wie das Beispiel des Deutschen Reichstages in der Weimarer Republik belegt. Zeitlich oder qualitativ vor solcher

radikalen Bedrohung und Zerstörung parlamentarischer Existenz ist bei mangelnder kognitiver, evaluativer oder affektiver Verankerung des Parlaments bei den Bürgern die ungehinderte Erosion der im Parlament realisierten tragenden Prinzipien repräsentativer Demokratie denkbar (vgl. *Schüttemeyer* 1986: 23). Daher kommt der Frage, wie die Bürger Parlament und Parlamentarismus perzipieren, welche normativen Vorstellungen sie von Strukturen und Funktionen des Parlaments haben und wie sie die jeweiligen parlamentarischen Leistungen bewerten, außerordentliche Bedeutung für die Wandlungs- und Überlebensfähigkeit der parlamentarischen Demokratie zu. So bietet etwa ein breiter ideologischer und institutioneller Grundkonsens einen erheblichen Vertrauensvorschuß für die politischen Handlungsträger, der Defizite in konkreten Alltagsleistungen zu überbrücken vermag. Wird dieser Konsens aber zu breit, kann er notwendige Anpassungs- und Modernisierungsprozesse verhindern und damit längerfristig zur Bestandsgefährdung führen; schrumpft der Konsens zu sehr, geraten Parlament und politisches System unter akuten, auf Dauer nicht zu befriedigenden Legitimationsdruck. Das Problem – theoretisch wie methodologisch und empirisch bisher ungelöst – besteht in der Bestimmung der Grenze:
Wieviel Konsens ist nötig, um Zusammenhalt zu garantieren? Wann wird der nichtkontroverse Sektor so groß, daß er den offenbar ebenso erforderlichen Dissens erdrückt, der die Dynamik einer Gesellschaft ausmacht? Wie klein darf der nicht-kontroverse Sektor werden, wieviel darf umstritten sein, bevor Gefahr für den Fortbestand eintritt? Wieviel Dissens ist nötig, um Zusammenhalt zu garantieren, der im hier zugrunde liegenden Verständnis eben nicht harmonistisch gedacht ist?

2. *Das Politische-Kultur-Konzept als Analyserahmen*

Bei allen theoretischen und methodologischen Einwänden, die gegen das Konzept Politische Kultur erhoben wurden, ist festzuhalten, daß es den Versuch darstellt, mikro- und makropolitische Ebene miteinander zu verknüpfen und daß es einen Forschungsrahmen bietet für die „zentrale Frage nach dem systematischen Zusammenhang zwischen individuellen Merkmalen und institutionellen Faktoren" (*Kaase* 1971: 143, 1986: 216). Das Konzept macht die häufig fraglos unterstellte Kongruenz zwischen Politischer Kultur und den jeweiligen politischen Strukturen gerade zum Gegenstand der Erkenntnis, auch wenn einzelnen Studien zum Teil vorzuwerfen ist, diese Frage durch ihre mehr oder minder unausgesprochene Orientierung an anglo-amerikanischen Demokratievorstellungen präskriptiv vorentschieden zu haben.
Es kann also nicht darum gehen, anhand der Parlamentarismusperzeption nachzuweisen, ob die Bundesrepublik eine „demokratische" Politische Kultur besitzt oder ob die Deutschen „gute" oder „schlechte" Demokraten sind. Vielmehr wird es darum gehen, die Soll-Vorstellungen und Ist-Einschätzungen der Bürger vom Bundestag zu erheben und diese in Beziehung zu setzen zu den Strukturen und Funktionen parlamentarischer Demokratie.
Auf der Grundlage derartiger empirischer Einzeluntersuchungen und im Vergleich mit anderen politischen Systemen dürften Fortschritte möglich sein bei der Ermittlung, ob

es eine dem Parlamentarismus spezifische Politische Kultur gibt. Die sich unmittelbar stellenden Fragen nach den für die Politische Kultur eines Landes konstitutiven Elementen sowie nach den Unterscheidungskriterien zwischen „allgemein demokratischer" und parlamentarischer Politischer Kultur oder gar zwischen den Politischen Kulturen parlamentarischer und präsidentieller Regierungssysteme belegen noch einmal: „. . .ohne eine wie auch immer theoretisch transformierte und empirisch umgesetzte ***konkrete Fragestellung*** (sind) keine Antworten zu erwarten." (*Kaase* 1983: 167 f.). In diesem Sinne versteht sich die Ermittlung und Analyse der Parlamentarismusperzeption der Bundesbürger als Beitrag zur Politische-Kultur-Forschung.

3. *Diffuse und spezifische Unterstützung als Kategorien der Parlamentarismusperzeption*

Das diffuse/specific-support-Konzept *Eastons* kann hier nicht im einzelnen erörtert werden (vgl. dazu z. B. *Schüttemeyer* 1986: 39 ff.). Unterstützung als „major summary variable", die ein System mit seiner Umwelt verbindet, wird – so *Easton* – „authorities", „regime" und „political community" gewährt, Amtsinhabern („occupants of authority roles"), der Verfassungsordnung („constitutional order") und den Systemmitgliedern als Gruppe mit politischer Arbeitsteilung („the members of a political system seen as a group of persons bound together by a political division of labor") (vgl. *Easton* 1965a: 177, 190, 212). Sie kann spezifisch, d. h. vom konkreten, politischen Output abhängig sein oder diffus, d. h. unabhängig von der täglichen Leistung dem System gleichsam um seiner selbst willen entgegengebracht werden. Auf jeden Fall ist Unterstützung multidimensional zu begreifen: Es ist sowohl hinsichtlich der Arten als auch der Objekte und der Abhängigkeiten von Arten und Objekten der Unterstützung zu differenzieren.

Für die Untersuchung der Einstellungen zum Bundestag bedeutet dies: Objekt der Einstellungen ist nicht nur die Gesamtinstitution, sondern sind auch die Abgeordneten, die einzelnen Parlamentsfunktionen sowie die Grundsätze parlamentarischen Verfahrens. Außerdem ist die Wirkung dieser Faktoren und ihrer je spezifischen Ausprägung in der Bundesrepublik auf die Parlamentsunterstützung zu berücksichtigen. Differenziert man die Art dieser Unterstützung über spezifische und diffuse hinaus und fragt nach kognitiven, normativen, evaluativen und affektiven Orientierungen, so lassen sich für die Einstellungen zum Bundestag zudem noch Motive ermitteln.

Aus diesem breit aufgefächerten Begriff der Parlamentarismusperzeption ergibt sich ein Analyseraster, mit dem Parlaments- und Parlamentarismusbild der Bevölkerung präziser ausgeleuchtet werden können, als wenn lediglich eine Einstellungsdimension (zumeist durch „Zufriedenheit" oder „Vertrauen" operationalisiert) gegenüber dem Parlament als Ganzem ermittelt wird. Auf dieser Grundlage können Fragen zum Verhältnis Bürger/Bundestag formuliert werden, z. B.:

– Was wissen die Bürger vom Bundestag? Wie sollte der Bundestag ihrer Meinung nach funktionieren?

- Wie beurteilen die Bürger die Arbeitsweise des Bundestages? Ist sich die Bevölkerung im klaren darüber, daß das Parlament mehr ist als das sichtbare Plenum?
- Wie bewerten die Bürger die Artikulations- und Gesetzgebungsleistung des Bundestages, d. h. sind sie mit dem Ergebnis der parlamentarischen Interessenvertretung zufrieden?
- Wie bewerten die Bürger die Kontrolleistung des Bundestages? Wird die Exekutive streng genug in ihrem Tun überwacht? Oder soll das Parlament (inklusive Opposition) „Helfer der Regierung" sein?
- Gibt es ein „plebiszitäres Mißverständnis" bei der Mehrheit der Bürger, demgemäß das Parlament an den im Einzelfall festgestellten Willen der Bevölkerung gebunden werden soll?
- Wird der Bundestag von den Bürgern als Institution aus eigenem Recht wahrgenommen? Oder sind es die Regierung oder die im Parlament vertretenen Parteien, die bei Fragen nach der Parlamentsbewertung in den Antworten gemeint sind?
- Wie wird der einzelne Abgeordnete beurteilt? Besser oder schlechter als das Gesamtparlament?
- Welchen Einfluß haben Faktoren wie Art des Regierungssystems, Parlamentstypus, Abgeordnetenrolle etc. auf die Parlamentsunterstützung?
- Gibt es über konkrete, aktuelle Zufriedenheit mit bestimmten Leistungen hinaus auch diffuse Unterstützung für den Bundestag?
- Wenn es diesen „Vertrauensvorschuß" gibt: Worauf beruht er? Auf Einsicht in die Vernünftigkeit der parlamentarischen Formen der Konfliktregelung, auf emotional begründeter Zuneigung, auf bloßer Gewöhnung?

Im vorliegenden Rahmen können diese Fragen nicht erschöpfend behandelt werden (vgl. im einzelnen *Schüttemeyer* 1986). Nachfolgend werden einige Ergebnisse vorgestellt, auf deren Basis in nächster Zukunft weitergehende Untersuchungen – voraussichtlich im europäischen Vergleich – angestellt werden sollen.

4. *Zur Parlamentarismusperzeption der Bundesbürger*

Während zahlreiche Organisationen und Institutionen ihr öffentliches Image regelmäßig in Meinungsumfragen erheben lassen, sind für den Deutschen Bundestag keinerlei derartige Bemühungen festzustellen. (Übrigens sind auch für andere europäische Parlamente entsprechende Daten – wenn überhaupt – nur eklektisch und sporadisch gewonnen worden.) Da es bisher keine theoretisch und methodologisch fundierte, konzeptionell geschlossene Repräsentativerhebung der Einstellungen zum Bundestag gibt, stützen sich unsere Befunde zunächst auf verstreut vorhandenes Material von Meinungsforschungsinstituten, Archiven etc.

4.1. Kognitive Ebene

Aus Umfragen, die Kenntnisse über die Arbeitsweise und die Binnenstruktur des Bundestages sowie über das Verfahren der Bundestagswahl zum Gegenstand hatten sowie aus Daten, welche die aktuelle Informiertheit und das Interesse am Bundestag zu quantifizieren versuchen, läßt sich – wenn auch mit Vorbehalt (vgl. dazu *Schüttemeyer* 1986: 118 ff., 140 f.) – der Bevölkerungsanteil schätzen, der über einigermaßen fundierte formale Kenntnisse und Interesse am Parlament verfügt: Er liegt sicher nicht über einem Drittel, wahrscheinlich eher zwischen einem Fünftel und einem Viertel der bundesdeutschen Erwachsenen.

Ohne Zweifel hängt ein krisenfestes Parlamentsbild nicht allein von Kenntnissen über das Parlament ab; diese sind aber erforderlich für die Herausbildung adäquater Maßstäbe der Parlamentsbeurteilung. Dies gilt insbesondere für einen Staat wie die Bundesrepublik, wo demokratische Einstellungen nicht auf lang etablierten Traditionen beruhen, sondern Geschichtsbrüche kaum einen anderen als den rational-pragmatischen Einstieg in eine parlamentarische Demokratie offenließen (vgl. auch *Almond* und *Verba* 1963).
Ein vergleichbarer Befund für Österreich, nach dem Information, Interesse und sozialer Status die Nähe zum Parlament determinieren, wovon wiederum eine realistisch-kritische, aber insgesamt positive Parlamentsbeurteilung abhängt (vgl. *Ucakar* und *Gerlich* 1981), macht deutlich, wie wichtig genauere Daten zur kognitiven Verankerung des Bundestages sind. Derzeit muß angesichts der Materiallage fraglich bleiben, ob Kenntnis und Interessen genügend breit, d. h. bei einer genügend großen Zahl der Bürger, und genügend tief, d. h. in der nötigen Differenzierung, in der Bundesrepublik vorhanden sind, damit die Unterstützung für den Bundestag mehrheitlich positiv-kritisch ausfällt. Es darf aber vermutet werden, daß der größte Teil der Bundesbürger zu wenig und Falsches über den Bundestag weiß, was bestenfalls eine klischeehaft-positive, schlimmstenfalls eine klischeehaft-negative Einstellung zum Parlament zur Folge hat.

4.2. Normative und evaluative Ebene

Die Soll-Vorstellungen, die der Bürger von den Aufgaben eines Parlaments hat, bestimmen ganz wesentlich seine Beurteilung des Bundestages. Sind diese Vorstellungen falsch im Sinne der strukturellen und funktionalen Vorgaben parlamentarischer Demokratie, können falsche Erwartungen entstehen, die bei – zwangsläufiger – Nichterfüllung zu Negativurteilen führen können. Um festzustellen, ob Normvorstellungen und Bewertungen von Parlament und Parlamentarismus bei den Bundesdeutschen „stimmig" sind oder ob sie relativ unverbunden, eventuell gebrochen und widersprüchlich nebeneinander stehen, wird im folgenden bei der Ermittlung der Parlamentarismusperzeption nach Parlamentsfunktionen getrennt. Bei der gewählten Differenzierung in Gesetzgebungs-, Kontroll-, Wahl-, Artikulations-, Öffentlichkeits- und Legitimationsfunktion kam es darauf an, die parlamentarischen Aufgaben möglichst umfassend abzudecken (zur Gültigkeit des in der Summe unveränderten, lediglich demokratietheoretisch neu zu begründenden Funktionenkatalogs *Bagehots* von 1867 siehe *Thaysen* 1976: 13 sowie *Hübner* und *Oberreuter* 1977: 12).
Aus Umfragen unter Abgeordneten (vgl. *Badura* und *Reese* 1976) sowie aus dem Befund über die Verbreitung von Kenntnissen über den Bundestag erscheint der Schluß erlaubt, daß ein beträchtlicher Teil der Bürger normativ von einem dualistischen Gewaltenteilungsmodell ausgeht, d. h. das Parlament als Ganzes der Regierung gegenübergestellt sieht. Außerdem wird das Parlament offenbar überwiegend als „Macher" von Gesetzen identifiziert. Dieses Bild ist insgesamt eher den Bedingungen präsidentieller als jenen parlamentarischer Demokratie angemessen, die von der weitgehenden Interessenkongruenz zwischen Mehrheit und Regierung geprägt ist und die Gesetzesinitiati-

ve bei Kabinett (und Ministerialbürokratie) verortet. Vor dem Hintergrund dieses normativen „Mißverständnisses" dürften viele Bürger antworten, wenn sie nach ihrem Eindruck von der Arbeit des Bundestages gefragt werden.

Tabelle 1: Bewertung der Arbeit des Bundestages

Frage: „Haben Sie einen günstigen oder ungünstigen Eindruck von der bisherigen Arbeit des Bundestages in Bonn?"

	Günstig %	Ungünstig %	Unentschieden %	Kein Urteil %
1950	21	32	24	23
1956	29	19	27	25
1959	33	14	30	23
1962	34	15	31	20
1964*	30	21	25	24
1972	34	27	27	12
1977*	30	32	26	12
1978	39	18	31	12
1982	18	37	32	13
1984	37	24	24	15

* ohne den Zusatz „. . .bisherigen. . ."
Quelle: *Schindler* 1983: 1047; sowie Zuma-Bus 7, 1984.

Da allem Anschein nach die Gesetzgebungstätigkeit des Parlaments von den Bürgern am ehesten wahrgenommen wird (vgl. *Ucakar* und *Gerlich* 1981: 58), können die Daten der Tabelle 1 weitgehend als Bewertung der legislatorischen Leistung des Bundestages interpretiert werden. Demzufolge können sich – seit zwanzig Jahren nahezu unverändert – ca. zwei Fünftel der Bürger nicht zu einem Urteil entschließen. Zwar war der absolute Tiefstand von 1982 zwei Jahre später wieder überwunden; immer noch hat aber jeder vierte Befragte einen explizit ungünstigen Eindruck von der parlamentarischen Arbeit. Knappe zwei Fünftel urteilen positiv.

Die Gründe für das jeweilige Urteil sind sehr unterschiedlich, wie die eingangs zitierten Antworten aus der Umfrage 1984 ausweisen. Sie beinhalten u. a. Auffassungen über ganz persönliche Vor- oder Nachteile aus der jeweiligen Gesetzgebung sowie parteipolitische Übereinstimmungen oder Gegensätze. Sie belegen außerdem die häufige Identifikation von Regierung und Parlament. So dürfte etwa der für 1982 dokumentierte extrem ungünstige Eindruck vom Bundestag auf den desolaten Zustand der sozialliberalen Regierungskoalition zurückzuführen sein. Daß dies mehr als impressionistische Evidenz ist, daß es sich vielmehr bei der Identifikation von Parlament und Regierung um ein außerordentlich stabiles Beurteilungsmuster handelt, wird aus Schaubild 1 ersichtlich. Die Kurve der Zufriedenheit mit dem Bundeskanzler läuft nahezu vollständig parallel zur Kurve der Positivbewertung des Parlaments; die Anteile der Befragten, die einen ungünstigen Eindruck vom Bundestag hatten und nicht mit der Politik des jeweiligen Kanzlers einverstanden waren, sind seit 1964 genau gleich groß oder unterscheiden sich nur um einen Prozentpunkt.

Schaubild 1: Bewertung der Arbeit des Bundestages und Bewertung der Politik des Bundeskanzlers

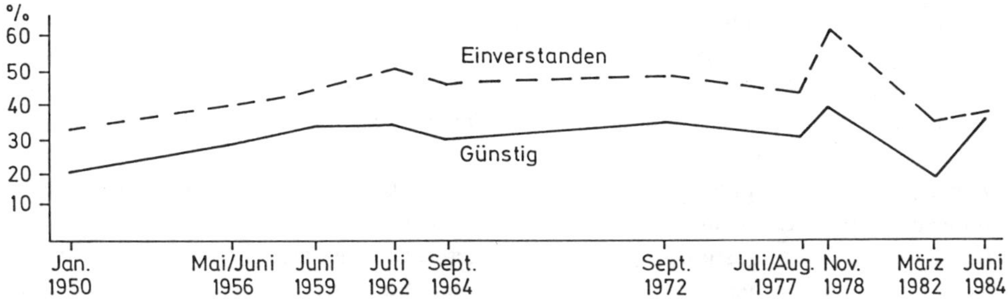

Frage: „Haben Sie einen günstigen oder ungünstigen Eindruck von der bisherigen Arbeit des Bundestages in Bonn?
Frage: „Sind Sie im großen und ganzen mit der Politik von Bundeskanzler... einverstanden oder nicht einverstanden?"

		Jan. 50	Mai/Juni 56	Juni 59	Juli 62	Sept. 64
günstig	%	21	29	33	34	30
einverstanden	%	33	40	44	50	46
		Sept. 72	Juli/Aug. 77	Nov. 78	März 82	Juni 84
günstig	%	34	30	39	18	37
einverstanden	%	48	43	61	34	39

Quellen: Zusammengestellt nach den Daten obiger Tabelle 1 und *E. Noelle-Neumann* u. a., Jahrbücher der öffentlichen Meinung bzw. der Demoskopie, Bd. IV, Faltblatt; Bd. VII, S. 85, Bd. VIII, S. 240.

Da Kanzler und Minister aus der Mehrheit des Bundestages hervorgehen und da weitgehend eine partei- bzw. koalitionspolitisch vermittelte Interessenkongruenz herrscht, ist die Gleichläufigkeit der Bewertungen aus der Kenntnis der Strukturen des parlamentarischen Regierungssystems heraus nicht verwunderlich. Indes: Über diese Kenntnis verfügt nur eine Minderheit der Bürger, so daß anzunehmen ist, daß diese Gleichsetzung zumeist unbewußt erfolgt und die Tatsache reflektiert, daß eher der Kanzler (und die Minister) die Politik für den Bürger verkörpern als einzelne Abgeordnete oder der Bundestag. Die eigentliche gesetzgeberische Leistung des Parlaments, die Grenzen des Zumutbaren abzustecken, wird kaum sichtbar, wozu das wenig transparente und verästelte Gesetzgebungsverfahren, die Kompliziertheit vieler Materien sowie das vorherrschend kooperative Oppositionsverhalten im Deutschen Bundestag beitragen (vgl. *Friedrich* 1975: 260; *Veen* 1973. *Schindler* dokumentiert für die 9. Legislaturperiode lediglich 9,4 % kontrovers verabschiedete Gesetze; durch den Einzug der GRÜNEN dürfte Opposition im Bundestag (vorübergehend?) stärker kompetitive Züge tragen). Wird der Bundestag überwiegend undifferenziert als „Gesetzgeber" wahrgenommen, darf es nicht verwundern, wenn er mit der Regierungsleistung identifiziert wird und mit der Regierung „steht und fällt".

Die Orientierung am dualistischen Gewaltenteilungsmodell steht also offenbar weitgehend unverbunden neben der Einschätzung der Gesetzgebungsleistung des Bundestages, der eben nicht als eigenständige Größe hierbei perzipiert wird. Das normative Mißverständnis vom Parlament als „Macher" der Gesetze behindert (zusammen mit anderen Faktoren) die Wahrnehmung der genuinen legislatorischen Leistung des Bundestages.

Für die Bewertung parlamentarischer Kontrolle ist festzustellen: Verschwommene, teilweise widersprüchliche normative Vorstellungen, bruchstückhafte Kenntnisse und inkongruente, häufig stereotype Beurteilungen kennzeichnen die Perzeption dieses Teils parlamentarischer Arbeit durch die Bürger. So meinten z. B. 85 % der Bevölkerung 1980, der Bundestag tue alles, um die Regierung wirksam zu kontrollieren. Gleichzeitig stimmten 70 % der Meinung zu, Aufgabe der Opposition sei es nicht, die Regierung zu kritisieren, sondern ihre Arbeit zu unterstützen (vgl. *Wildenmann* 1980). Bis zu 85 % halten eine Opposition für „unbedingt notwendig" (vgl. *Noelle-Neumann* und *Piel* 1983: 255).

Es ist nicht anzunehmen, daß die Bürger die wissenschaftlich bestimmte Variationsbreite parlamentarischer Kontrolle (z. B. Inter- und Intraorgankontrolle, evidente und effiziente) kennen – nicht einmal Abgeordnete legen diese der Selbsteinschätzung ihrer Kontrolltätigkeit zugrunde (vgl. *Maier u. a.* 1969: 19). Vielmehr dürfte sich das Urteil auf die Wahrnehmung der evidenten Interorgankontrolle, also primär der verbalen Auseinandersetzung von Mehrheit und Opposition im Plenum, stützen, ohne daß die parlamentarische „Mitregierung" gemäß dem überwiegend kooperativen Oppositionsstil in der Bundesrepublik einbezogen wird.

Die bisherige Datenlage läßt also keinen anderen Schluß zu, als daß Opposition zwar formal von den Bundesbürgern anerkannt, bei Assoziation mit Konflikt jedoch uminterpretiert wird. Folglich steht auch die überwältigend positive Bewertung der aktuellen Kontrolleistung des Bundestages auf tönernen Füßen: Es ist fraglich, wie sie sich entwickelt, wenn Opposition konfliktreicher wird. Das positive Urteil könnte in diesem Sinne krisenfester werden, wenn es realitätsgerechter wird, d. h. weitere Facetten parlamentarischer Kontrolle einbezieht.

Gehören Gesetzgebung und Kontrolle zum „Vermutungsbestand" (*Oberreuter* 1980: 164) parlamentarischer Funktionen bei den Bürgern, so gilt dies nicht für die Wahl- und Rekrutierungsfunktion. Die Entwicklung der Bundestagswahlen zu Kanzlerwahlen hat zur Folge, daß die Wähler es offenbar als Selbstverständlichkeit betrachten, daß der Bundestag bei der Kanzlerbestellung dem Mehrheitsvotum der Wählerschaft folgt. Kommt es zum Regierungswechsel während einer Legislaturperiode, wird dem Bundestag seine verfassungsmäßige Rolle als Wahlorgan geradezu streitig gemacht: Nach dem konstruktiven Mißtrauensvotum vom 1. Oktober 1982 forderten 70 Prozent der Bürger Neuwahlen (vgl. *Noelle-Neumann* und *Piel* 1983: 352). Für den Übergang zur Großen Koalition stellte *Hennis* fest: „Mit der Wahl Kiesingers aus der Mitte des Bundestages maßten sich die beiden großen Parteien für das Verständnis gewichtiger Teile der öffentlichen Meinung ein Recht an, das dem Bundestag nur noch nach vorherigen Wahlen zustehen sollte." (*Hennis* 1974: 229)

Die Artikulationsfunktion als parlamentarische Vertretung von Interessen wird dem Bundestag offenbar ganz selbstverständlich von den Bürgern zugerechnet (für eine politikwissenschaftliche Definition dieser Funktion s. *Hübner* und *Oberreuter* 1977: 34). Bei der Beurteilung der diesbezüglichen Parlamentsleistung zeichnet sich eine Tendenz ab, die – bei ihrer Bestätigung durch präziser differenzierende und konzeptionell aufeinander abgestimmte Fragen – die bisher gängige Vermutung widerlegen würde, im parlamentarischen Regierungssystem genieße die Institution Parlament höheres Ansehen als der einzelne Parlamentarier. Wird nach der Orientierung von „Politikern" am Wählerwillen gefragt, so stellen 11 bis 18 % der Bürger diesen ein gutes Zeugnis aus; wird nach „den Abgeordneten in Bonn" gefragt, was als Urteil über das gesamte Parlament interpretiert werden kann (s. dazu Näheres bei *Schüttemeyer* 1986: 209 f.), fällt die Bewertung schon besser aus; sind schließlich die „Wahlkreisabgeordneten" Gegenstand der Frage, glaubt über die Hälfte der Bürger an positive Resonanz.
Nach den bisher vorliegenden Daten hat der Bundestag also eine Mittelstellung inne zwischen allgemeiner Politikferne und Skepsis gegenüber Politikern einerseits und positiver Bewertung der Einzelabgeordneten andererseits.

Schaubild 2: Responsivität der Bundestagsabgeordneten im Urteil der Bürger

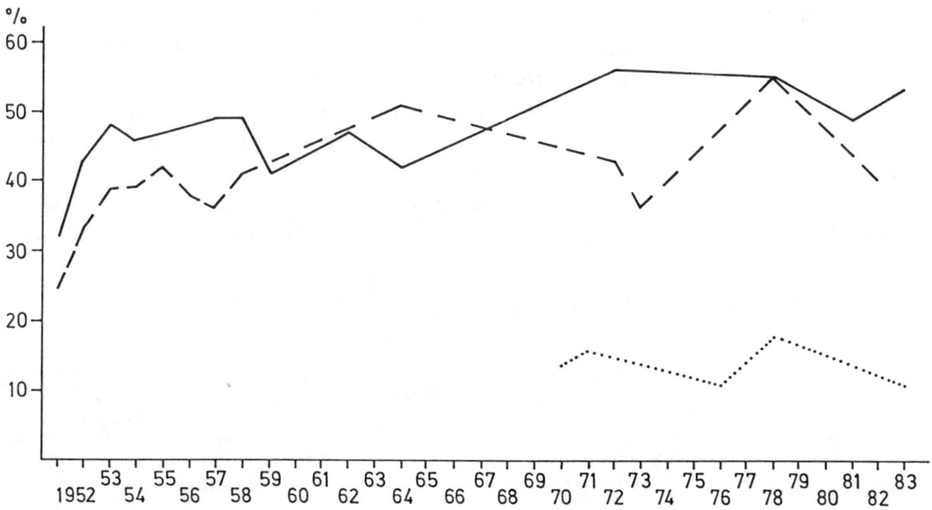

—— Brief an Abgeordneten würde gelesen werden

– – Abgeordnete vertreten die Interessen der Bürger

..... Es stimmt nicht, daß sich die Politiker nicht um den Wählerwillen kümmern

Zusammengestellt nach Daten des Instituts für Demoskopie, Allensbach; siehe *Schüttemeyer* 1986: 211.

Dagegen gibt es Anlaß, die normative Perzeption parlamentarischer Interessenartikulation als defizitär unter den Bedingungen repräsentativer Demokratie zu vermuten. Zum einen wird nahezu ungeteilt der Behauptung zugestimmt, die Interessen des Volkes sollten immer über den Interessen einzelner stehen; zum anderen wollen 62 Prozent der Bürger den Abgeordneten bei Abstimmungen an ihren Willen binden, auch wenn er anderer Auffassung ist. Daß diese Positionen in pluralistischen Systemen nur bei äußerst differenzierter Betrachtungsweise vereinbar sind, kann hier nicht näher dargelegt werden. Da eine solche differenzierte Betrachtungsweise nach unseren bisherigen Befunden nicht als kognitive Grundlage dieser Umfrageergebnisse anzunehmen ist, bleibt festzuhalten: Die Artikulationsfunktion des Bundestages wird normativ unzutreffend, aber durchaus parlamentsfreundlich von der Bevölkerung perzipiert.

Für die Öffentlichkeitsfunktion – also die Aufgabe des Parlaments, Informationen zu vermitteln und politische Verantwortung zu verdeutlichen – ist wiederum festzustellen, daß sie nicht zum Vermutungsbestand parlamentarischer Funktionen gehört. Die häufig kritisierten „leeren Bänke" des Bonner Plenarsaales belegen eher, wie stark die Bürger in ihrer Parlamentsbewertung auf das Plenum fixiert sind, als daß es sich dabei um ein begründetes Urteil über die Vermittlung von Politik durch den Bundestag handelt. Verschiedene Faktoren tragen dazu bei, daß das Parlament in dieser Rolle kaum je gesehen wird: (1) die personelle und sachpolitische Verzahnung von Mehrheit und Regierung – die Regierungsmitglieder genießen als Handlungsträger die meiste öffentliche Aufmerksamkeit; (2) die Arbeitsweise des Bundestages – vieles geschieht unter Ausschluß der Öffentlichkeit in den Ausschüssen, das Plenum ist selten attraktiv; (3) die Massenmedien – sie sind nicht mehr nur Hilfsorgane für die Politikvermittlung, sondern hierbei eigenständige Konkurrenten des Parlaments.

Aus den hier knapp skizzierten Befunden zur Perzeption der Parlamentsfunktionen läßt sich ein Raster erstellen, mit dem der Zusammenhang von institutionellen Faktoren und Parlamentsbild befragt werden kann.

In dem angestrebten internationalen Vergleich könnten die acht möglichen Merkmalskombinationen je nach Parlamentsansehen mit Plus- oder Minuszeichen versehen werden. Damit ließe sich die Annahme systemspezifischer Abhängigkeit des Parlamentsansehens überprüfen und Richtungen für seine Verbesserung aufzeigen.

	Arbeits-parlament*		Rede-parlament*
Parlamentarisches Regierungssystem	Abgeordnetenrolle: bürgernah		Abgeordnetenrolle: bürgernah
	Abgeordnetenrolle: bürgerfern		Abgeordnetenrolle: bürgernfern
Präsidentielles Regierungssystem	Abgeordnetenrolle: bürgernah		Abgeordnetenrolle: bürgernah
	Abgeordnetenrolle: bürgerfern		Abgeordnetenrolle: bürgerfern

* Zur näheren Erläuterung dieser Parlamentstypen s. *Steffani* 1969.

5. *Zur diffusen Unterstützung für den Bundestag*

Die in Repräsentativerhebungen gestellten Fragen zum Urteil über den Bundestag sind unterschiedlich zu bewerten hinsichtlich ihrer Eignung, diffuse Unterstützung zu messen. Als Gradmesser tagespolitischer Zufriedenheit und weitgehend parteipolitischer Präferenzen erwiesen sich in unserer Untersuchung solche Fragen, die zwar auf ein Gesamturteil über den Bundestag zielen, durch ihre Formulierung aber die Bewertung jener Merkmale beim Befragten hervorrufen, die für ihn am Parlament besonders auffällig oder faßbar sind.
Fragen, die diese Assoziationen nicht oder deutlich weniger hervorriefen, wurden mit einigen Einschränkungen als Maß für die Bewertung der parlamentarischen Legitimationsleistung im Sinne eines Gesamturteils über den Bundestag interpretiert (zur näheren Begründung siehe *Schüttemeyer* 1986: 241 ff.). Dabei liegt die positive Meinung über den Bundestag seit 1956 über den Werten des Kanzlers (1983 sogar um 21 Prozentpunkte), während die positive Kanzlerbeurteilung zwischen 11 und 22 Punkten über dem günstigen Eindruck von der konkreten Arbeit des Bundestages rangiert. Auch wird der Zusammenhang zwischen Parteipräferenz und guter Meinung über das Bonner Parlament schwächer; 1983 überwogen zum ersten Mal ebenfalls bei den Oppositionsanhängern die positiven Urteile über den Bundestag (s. Tab. 2 und 3.).

Tabelle 2: Wie denken Sie über den Bundestag?

Frage: „Wie denken Sie über den Bonner Bundestag als unsere Volksvertretung?"

		Ausgesprochen gut %	Im Grunde gut %	Mäßig %	Schlecht %	Ohne Meinung %	%
	1951	7	28	31	9	25	100
	1952	3	27	35	13	22	100
Mai	1953	9	37	31	10	13	100
November	1953	17	42	25	4	12	100
Mai	1954	9	40	37	10	4	100
September	1955	14	43	33	6	4	100
Juli	1956	6	40	37	12	5	100
September	1957	11	44	30	7	8	100
März	1958	10	40	37	9	4	100
April	1958	6	31	41	16	6	100
November	1959	8	48	30	5	9	100
Juli	1960	6	46	35	6	7	100
Dezember	1961	6	49	25	6	14	100
Mai	1963	4	42	36	7	11	100
Januar	1965	3	49	34	4	11	100
August	1967	5	53	28	4	10	100
Januar	1970	6	47	31	5	11	100
Mai	1983	11	56	27	4	0	100

Quelle: *Emnid*, Informationen Nr. 4, 1983, S. 11 und Nr. 5/6, 1983, S. 30.

Tabelle 3: Wie denken Sie über den Bundestag? (nach Parteienpräferenz 1983)

	Total	CDU CSU	SPD	FDP	Sonst. Part.	Keine K.A.
			Parteienpräferenz			
	%	%	%	%	%	%
Ausgesprochen gut	11	19	6	2	2	7
Im Grunde gut	56	59	54	82	34	55
Mäßig	27	18	34	14	57	34
Schlecht	4	4	6	1	7	3
Keine Angabe	*	*	*	*	–	1
N	1004	425	340	50	68	121

Quelle: *Emnid*, Informationen Nr. 4, 1983, S. A 25 ff.

Auch wenn diese Frage nicht voll und ganz die Bewertung der parlamentarischen Legitimation von Politik erfaßt, so erlaubt sie doch ein vorläufiges Urteil: Die Mehrheit der Bürger – und zwar in allen Geschlechts-, Alters-, Bildungs- und Berufsgruppen (vgl. zur soziodemographischen Aufschlüsselung der Daten aus Tab. 2 Emnid 1983: S. A 25 ff.) – erkennt den Bundestag als Legitimationsinstanz politischen Handelns an.

Von den bisher gestellten Fragen erscheint jene nach dem „Vertrauen" in den Bundestag am besten geeignet, diffuse Unterstützung zu messen, da sie den vergleichsweise höchsten Abstraktionsgrad aufweist. Daß parlamentsfreundliche Antworten – zum Teil sogar erheblich – häufiger gegeben werden als bei allen anderen untersuchten Formulierungen, ist auch ein Indiz dafür, daß diese Frage etwas anderes mißt als Zufriedenheit mit konkreten Parlamentsleistungen oder die Gesamtbewertung der Parlamentsfunktionen. Zudem determiniert Regierungs- und Oppositionsanhängerschaft erheblich weniger die Antworten als bei den anderen Fragen.

Die „Vertrauen-Frage" ist kein völlig sicheres, trennscharfes Instrument zur Messung diffuser Parlamentsunterstützung. Sie steht noch in gewisser Abhängigkeit von aktuellen politischen Ereignissen und von Parteipräferenz; sie tut dies aber in deutlich gerin-

Tabelle 4: Vertrauen in den Bundestag

Frage: „Ich lese Ihnen jetzt eine Reihe von öffentlichen Einrichtungen und Organisationen vor. Sagen Sie mir bitte bei jeder Einrichtung oder Organisation, ob Sie ihr Vertrauen entgegenbringen oder ob das nicht der Fall ist. Wie ist das mit dem Bundestag?"

	Vertrauen	Kein Vertrauen
	%	%
Februar 1979	67	31
März 1981	64	32
März 1982	61	38
Mai 1983	76	21
Mai/Juni 1984	68	29

Quelle: *Emnid*, Aktueller Politischer Dienst, Februar 1979 und März 1981; Informationen Nr. 3, 1982, S. 9, S. A 4 und Nr. 4, 1983, S. 9, S. A 5 sowie Nr. 5, 1984, S. A 17 ff.

Tabelle 5: Vertrauen in den Bundestag nach Parteienpräferenz 1984

		Parteienpräferenz				
	Total	CDU CSU	SPD	FDP	Sonst. Part.	Keine K. A.
	%	%	%	%	%	%
Vertrauen	68	79	64	62	37	63
Kein Vertrauen	29	16	33	35	59	33
Keine Angabe	4	4	3	3	4	4
N	1926	734	629	99	148	316

Quelle: *Emnid*, Informationen, Nr. 5, 1984, S. A 17 ff.

gerem Ausmaß als alle anderen vorliegenden Fragen zur Perzeption des Bundestages. Folglich kann vorläufig festgestellt werden: Mehr als zwei Drittel der Bundesbürger bringen dem Bonner Parlament diffuse Unterstützung entgegen. In keiner Geschlechts-, Alters-, Bildungs- oder Berufsgruppe fällt dieser Anteil unter 60 Prozent (vgl. Emnid 1984: S. A 17 ff.). Lediglich bei den Anhängern „sonstiger Parteien" sinkt das Vertrauen auf 37 Prozent.

6. Schlußbemerkung

Die hier vorgestellten Befunde sind zweifelsohne günstig für den Bundestag, insbesondere wenn man bedenkt, wie vergleichsweise jung die parlamentarische Demokratie der Bundesrepublik ist. Darüber dürfen aber die Lücken und Defizite in der Perzeption einzelner parlamentarischer Funktionen nicht vergessen werden.

Noch können wir keine genauen und empirisch abgesicherten Aussagen darüber treffen, ob und wie sich diffuse und spezifische Unterstützung gegenseitig beeinflussen. Daher ist die Entwicklung der diffusen Unterstützung für den Bundestag schwer vorherzusagen. Die festgestellte schmale kognitive, normativ häufig unzutreffende, oft positiv-verschwommene evaluative Basis der diffusen Unterstützung könnte aber – nicht zuletzt vom Parlament und seinen Abgeordneten selbst – verbreitert und zurechtgerückt werden. Parlamentsgewöhnung ist keine schlechte Voraussetzung für die Leistungs- und Überlebensfähigkeit parlamentarischer Demokratie. Noch besser wäre mehr Einsicht in die „alternativlose Vernünftigkeit", mehr positiv-kritische Akzeptanz des Parlaments. Hieran zu arbeiten, bleibt Bundestag und Bürgern ständig aufgegeben.

Verwaltungskultur

Roland Sturm

1. Konzepte und Analyseansätze

Sowohl das Bemühen um eine definitorische Vergewisserung über den Begriff der „Verwaltungskultur“ als auch insbesondere die Anwendung dieses Konzeptes als analytisches Instrument sind bisher über ein Anfangsstadium nicht hinausgekommen. Erste Überlegungen zum Konzept der Verwaltungskultur kreisten um den Versuch einer inhaltlichen Verbindung der mit ihm in Beziehung gesetzten Termini *Verwaltung* und *Kultur*. Dieser generell auf kulturelle Muster bezogene nicht a priori politisch-kulturelle Ansatz der Verwaltungsanalyse ist aus einem zweifachen Blickwinkel fruchbar.

Aus der *Außenperspektive* kann der verwaltungsbezogene Kulturbegriff zur Erfassung dessen verdichtet werden, was gemeinhin als „Bürokratiesyndrom“ bezeichnet wird und was immer wieder zum Gegenstand auch der literarischen Auseinandersetzung mit dem Thema „Bürokratie“ gemacht wurde (*Kafka*). Beklagt wird in diesem Zusammenhang die häufig beschriebene wachsende Bürokratisierung aller Facetten des sozialen Lebens (*Bělohradský* 1985), die nicht nur ein quantitatives Phänomen ist, sondern auch qualitativ neue Maßstäbe setzt. Sie begründet die aus der Außenperspektive gemachte Beobachtung, daß Verwaltungen ein quasi „kulturelles“ Eigenleben entwickeln. Sie sprechen eine eigene Sprache, folgen eigenen Hierarchien und sind einer eigenständigen Entscheidungslogik verpflichtet, die auf einem der Bürokratie eigenen Wertesystem beruht. Die Kluft zwischen allgemeiner und verwaltungskultureller Normbezogenheit machen extreme Negativbilder, wie der „Schreibtischtäter“ oder *Hannah Arendts* Analyse der Figur Eichmanns deutlich. Aus der Außenperspektive ist Verwaltungskultur das Wertesubstrat der vom Bürger als „Dickicht der Bürokratie“ (*Wollmann* 1980) erfahrenen bürokratischen Eigendynamik.

Der Außenperspektive des Zusammenhangs von Verwaltung und Kultur steht eine eigenständige *Innenperspektive* gegenüber. Auch aus dieser „Betroffenenperspektive“ spielen die subkulturellen Merkmale der Bürokratie, die ihr vom Bürger aus der Außensicht zugeschrieben werden, eine Rolle. Einerseits verbindet sich mit der persönlichen Involviertheit auch ein höheres Maß an Kenntnis von und Verständnis für den Normenkosmos der Großorganisation Verwaltung, andererseits wächst der Druck zur Konformität und zur Akzeptanz dieser Normen. Verwaltungskultur ist aus dieser Perspektive eine spezifische Form der Organisationskultur.

In einer dritten Perspektive wird Verwaltungskultur mit allgemeineren Fragen der *Wertorientierung von gesellschaftlicher Entscheidungsfindung* verbunden. Anders als die Innen- und Außensicht der Verwaltungen, die alleine den bürokratischen Kontext in den Vordergrund stellen, ist diese Sichtweise an Entscheidungsprozessen orientiert, wobei die Verwaltung nur ein Ort von vielen in der Gesellschaft ist, an dem Entscheidungen fallen. Stile des Verwaltungshandelns sind lediglich eine Subkategorie der gesellschaftlich relevanten Stile politischen Handelns.

Während für die Analyse der Innen- und Außensicht der Verwaltungen organisationssoziologische Theoreme Erklärungsmuster bereitstellen können, bewegt sich die Debatte um *Politikstile der Verwaltung* eher im Bereich der Entscheidungstheorie. In einer von dem Kontinuum zwischen ökonomischen und politischen Rationalitätsannahmen geprägten Argumentation der Schwerpunktmäßigen Annahmen über letztendliche Entscheidungsgründe (*Kramer* 1979: 2) sind Stile des Verwaltungshandelns eher Residualwerte, die nur allmählichem politischem Wandel unterliegen und eher unmerklich stärker ökonomisch oder politisch begründete Entscheidungen durch Beeinflussung der Handlungsalternativen oder Handlungsmuster prägen. „Mit Hilfe des Konzeptes der Verwaltungskultur", so *Prokop* (1986: 20), der dieses v. a. in der hier skizzierten dritten Perspektive verortet, „können kulturell bedingte politisch-administrative Problemverarbeitungsmuster beschrieben und in Tendenzaussagen erklärt werden."

Die drei erwähnten Ansätze der Verwaltungskulturforschung sind

a) *interdependent. Werner Jann* (1983: 28 ff.) hat darauf hingewiesen, daß ein kausaler Zusammenhang zwischen ihnen hergestellt werden kann. Die Wertorientierung, die sich in den Politikstilen der Verwaltung niederschlägt, ist rückgekoppelt einerseits an den Wertehorizont der Verwaltung selbst (Innensicht), andererseits aber auch an die sich in Erwartungen an die Verwaltung manifestierenden Wertorientierungen der Bürger (Außensicht).

b) *geprägt von politischer Kultur* im weitesten Sinne. Sie können von den Analysestrategien der Politischen Kultur-Forschung nicht nur profitieren, teilweise basieren sie sogar auf Begründungszusammenhängen, die die Politische Kultur-Forschung erst bereitzustellen in der Lage ist. Bevor im einzelnen auf den Zusammenhang zwischen Verwaltungskultur und Politischer Kultur eingegangen werden kann, ist es zunächst erforderlich, kurz die beiden wichtigsten Analysestrategien der Politischen Kultur-Forschung zu umreißen.

2. *Die Analysestrategien der Politischen Kultur-Forschung*

Die konzeptionelle Debatte innerhalb der Politischen Kultur-Forschung ist geprägt von einer Zweiteilung der Argumentation auf unterschiedlichen Grundlagen. Selten werden jedoch die Prämissen der einzelnen Argumentationsstränge deutlich gemacht. Die Reflexion über die Stringenz beider Argumentationszusammenhänge wird häufig dadurch behindert, daß eine permanente Mischung von Komponenten beider stattfindet. Die rivalisierenden Analysestrategien, auf denen diese Argumentationsstränge beruhen, können *Shell* (1981: 195 f.) und *Gransow* und *Offe* (1981: 551 ff.) folgend metatheoretisch zum einen *empirisch-analytischem* Arbeiten und zum anderen einem *normativen* Untersuchungsansatz zugerechnet werden.

Charakteristisch für die „*Empiriker*" ist der Rückgriff auf analytische Muster, Kategorien und Methoden der US-amerikanischen „Klassiker" der „Political Culture"-Forschung der 60er Jahre, z. T. verbunden mit einer vehementen Verteidigung ihrer Arbeiten gegen „alte Mißverständnisse", vor allem gegen die Unterstellung eines „normativen Bias des systemtheoretischen Ansatzes" (*Kaase* 1983: 146, aber *Falter* 1982c: 208 ff.; zu einem Überblick über die entsprechende Genese vgl. *Dias* 1971). Zentrale Bedeutung für diesen Zweig der Politischen Kultur-Forschung hat noch immer die bereits 1963 erschienene Studie „The Civic Culture" von *Almond* und *Verba*, über deren theoretischen und methodischen Horizont im Verständnis der „Empiriker" keine neuere Arbeit konzeptionell hinausgreift. Nach Meinung *Kaases* (1983: 150) legen „der Verlauf der deutschen Diskussion" und die „allgemeine Tendenz in Wissenschaft und Publizistik, unter Politischer Kultur hoch divergente Sachverhalte zu fassen, . . .es nahe, die theoretische Grundlegung strikt auf die ursprünglichen Protagonisten zu konzentrieren und dieser Darstellung dann eine kritische Diskussion folgen zu lassen."

Die „*Normativisten*" verwenden den Politische Kultur-Begriff dagegen häufig, ohne ihn definitorisch zu klären. Offensive Plädoyers, wie dasjenige *Peter Reichels* (1981: 49) für „Partizipation und Demokratisierung als vorrangiger Wertorientierung des politischen Kulturkonzeptes" sind selten.

Gerade in der Evaluierung vorfindbarer Erscheinungsformen von Politischer Kultur unterscheiden sich die Perspektiven der Analyse der „Empiriker" und der „Normativisten" grundlegend. Für „Empiriker" steht das Vorhandensein Politischer Kultur als zentraler Komponente politischer Systeme (*Almond* und *Powell* 1978^2: 12) außer Frage. Fraglich ist lediglich der theoretische und methodische Zugang zu konkreten Erscheinungsformen politischer Kultur. Für „Normativisten" impliziert der Begriff „Politische Kultur" eine Reihe, meist systematisch in einem demokratietheoretischen Zusammenhang verbundener Grundtatbestände. Fraglich ist aus dieser Sicht, inwieweit dieses Normeninventar in existierenden Gesellschaften auffindbar ist, welches relative Gewicht einzelne Normen haben, etc. Nur unter solchen Voraussetzungen ist es möglich, Defizite Politischer Kultur oder einen allgemeinen Mangel an Politischer Kultur zu konstatieren.

Beide Sichtweisen sind offen für ein breites Spektrum politischer Positionen. Messungen Politischer Kultur können ebenso wie Bestandsaufnahmen vorgenommen werden, ohne daß dies, methodisch gesehen, linke oder rechte Parteinahme voraussetzt. Ein entscheidender Unterschied zwischen beiden Positionen besteht allerdings darin, daß es für „Normativisten" kein neutrales Terrain gibt, nach dessen Erkundung Werturteile nachgeschoben werden können. Während der „Empiriker" – auch wenn er sich bewußt ist, „daß die Entscheidung über die zu wählende Datenbasis durch theoretische, methodologische, forschungspraktische und nicht zuletzt durch wertende Gesichtspunkte bestimmt wird" (*Kaase* 1983: 155) – sich einreden kann, er beschreibe ja zunächst einmal nur vorfindbare Formen der Politischen Kultur, ist mit der normgeleiteten Eruierung von Defiziten Politischer Kultur (z. B. *Brüggemann* u. a. 1978) eine explizite politische Positionsbestimmung verbunden.

Beide Analysestrategien der Politischen Kultur-Forschung prägen den theoretischen und methodischen Zugang zur Analyse der Verwaltungskultur. Dies verbindet sich mit der allgemeineren Frage nach dem Gewicht der politisch-kulturellen Grundausstattung für die drei Aspekte der Verwaltungskultur.

3. Verwaltungskultur und Politische Kultur

Es ist sinnvoll, die Außen- und Innensicht der Verwaltungskultur in ihrer Verbindung zum analytischen Zugriff der Politischen Kultur-Forschung gemeinsam zu behandeln. Anders als die dritte Perspektive der Politikstile der Verwaltung beschreiben diese beiden Ebenen der Verwaltungskultur

a) Eigenschaften einer eigenständigen ***subkulturellen*** Entität und
b) konzentrieren sich auf eine Analyse der inner- und außerhalb der Verwaltung feststellbaren *Haltungen, Meinungen und Gefühle* („attitudes, beliefs, and feelings", *Almond* und *Powell* 1978[2] : 25).

Die subkulturelle Realität einer so verstandenen Verwaltungskultur kann analog der Dichotomie der Analysestrategien der Politischen Kultur-Forschung zum einen mit Mitteln der empirisch-analytischen Bestandsaufnahme aufgespürt, also durch Umfragen, Interviews und Dokumentenanalyse abgebildet werden. Sie kann aber auch danach befragt werden, ob sie, gemessen an einem normativen Raster, „gute" oder „schlechte" Verwaltungskultur ist. Dieses Raster kann sogar normativ umgemünzt werden in ein Konzept der Organisationsführung, wie beispielsweise das von *Banner* (1977) diskutierte Konzept der „*intensiven Verwaltungskultur*".
Innen- und Außenperspektive der *Verwaltungskultur in der Bundesrepublik* werden durch die vorhandenen Daten nur wenig umfassend abgebildet. Die Wertehaltung der Außenwelt zur Verwaltung war in den Jahren 1950 bis 1978 von breitgestreuten negativen Erfahrungen mit der Bürokratie bestimmt. Über 60 % der Befragten bestätigten in einer Reihe von Allensbach-Umfragen in diesem Zeitraum (*Noelle-Neumann* und *Piel* 1983: 300), daß sie sich schon einmal über die Bürokratie geärgert haben, wobei am häufigsten die umständliche und zu komplizierte Arbeitsweise der Verwaltung in Verbindung mit zu langen Wartezeiten als Quelle dieses Ärgers genannt wurden. Dies mag man als Indiz dafür werten, daß die Binnenlogik des Verwaltungshandelns und die allgemeine Erwartungshaltung an dieses auseinanderklafften. 1971 beantworteten 42 % der Bürger die Infas-Frage, ob sie persönlich Vertrauen in die Verwaltung haben, ablehnend. Die Aufschlüsselung nach Berufen ergab, daß das Mißtrauenspotential mit 54 % ausgerechnet bei den Beamten selbst am größten war (*Greiffenhagen* 1979: 83). Potenziert sich hier die doppelte Betroffenheit der Beamten, die sowohl die Innen- als auch die Außenperspektive kennen? Es gibt allerdings, so scheint es, deutliche Grenzen der Verdrossenheit des Bürgers gegenüber der Verwaltung: „Mißmut, der sich ohnehin auf spezifische Sozialgruppen beschränkt, erstreckt sich eher auf den Ertrag, weniger auf die grundsätzliche Legitimität der staatlichen Leistungserbringung." (*Prätorius* 1982: 200). Normativ gewendet könnte man negativen empirischen Befunden zur Außenperspektive der Verwaltungskultur ein Bild der wünschenswerten Verwaltungsrealität gegenüberstellen, die auch positiver auf Außenstehende wirkt – eine Technik, die von Verwaltungsreformern ja immer wieder angewandt wurde.

Die Abbildung der Innenperspektive der Verwaltungskultur fragt nach dem Selbstverständnis des öffentlichen Dienstes, in Begriffen der Politischen Kultur-Forschung ausgedrückt, also nach dem Durchsetzungsgrad einer wie auch immer gearteten Wertehierarchie. So glaubte man beispielsweise feststellen zu können, daß Ende der 70er Jahre im Selbstverständnis der Bürokraten die traditionelle Beamtenrolle, die den Beamten als Träger nicht in Frage zu stellender staatlicher Hoheitsgewalt definiert, allmählich ersetzt wurde durch eine Tendenz zum politisch sensitiven, flexibel auf die Wünsche der Bürger eingehenden Amtsverständnis (vgl. *Bosetzky* 1978: 110 f.).

Wie weit diese – aus normativen Gründen begrüßte – Wandlung der internen Merkmale der Verwaltungskultur tatsächlich stattfand, ist aufgrund der Datenlage schwierig zu beurteilen. Es ist durchaus denkbar, daß die „obrigkeitsstaatliche Auffassung der Politik" (*Greiffenhagen*) innerhalb der Verwaltungen und die damit verbundenen Attitüden sich in der personellen Kontinuität des deutschen Berufsbeamtentums langsamer abbauen als in anderen Ländern, in denen der Wechsel zwischen Industrie und Verwaltung weitaus üblicher ist. In seiner weit vorpreschenden Kritik an der Staatsbürokratie hat *Ulrich Lohmar* (1978: 69 ff.) noch eher traditionelle Werthaltungen als Regelungsmechanismen der bürokratischen Binnenstruktur identifiziert. *Lohmar* nennt die vier Zentralbegriffe

a) Pflicht – „das bedeutet zugleich Flucht vor der Einsicht, daß greifbare Leistungserlebnisse und sachlich mit dem eigenen Tun eindeutig verbundene Erfolge im bürokratischen Alltag der öffentlichen Administration nur selten erreichbar sind. Pflicht ist aber auch der Versuch, sich in dieser Situation abzuheben von der vermeintlich einseitigen und simpleren Tätigkeit solcher Mitbürger, die nur einem ‚Erwerbsstreben' nachgehen."
b) Gemeinwohl, dessen „inhaltliche Ausformung" sich „letzten Endes aus einer Mischung von ideologischen Überzeugungen und Entscheidungen der an der Politik im weitesten Sinne Beteiligten" ergibt und „methodisch aus der Kombination von hierarchischen Abläufen und Mehrheitsentscheidungen" hervorgeht.
c) Objektivität. „Die Zuflucht zu einer vermeintlich möglichen ‚Objektivität' entlastet den Beamten von ständigen Entscheidungen über den inhaltlichen, gesellschaftlichen und sachlichen Stellenwert seines Tuns. . .".
d) Sache. „Der Beamte ist überzeugt, stets sachgerecht zu entscheiden. . .".

Ob *Lohmars* Analyse das Selbstverständnis des öffentlichen Dienstes heute korrekt umreißt, ist hier von zweitrangiger Bedeutung. Für forschungsstrategische Überlegungen beispielhaft ist seine Herausarbeitung einer Wertehierarchie, die die Dynamik der Innenperspektive der Verwaltungskultur bestimmt, auch wenn seine empirischen Befunde in der Darstellung stark normativ belastet sind.

Die dritte Perspektive der Analyse von Politikstilen als Verwaltungskultur sprengt tendenziell den subkulturellen Rahmen der beiden ersten Aspekte der Verwaltungskulturanalyse. Sie geht auch über den Bezugsrahmen der feststellbaren Attitüden hinaus, weil sie *das Handeln* der Verwaltung thematisiert. Handlungsrelevante Wertekonstellationen gelten für alle Bereiche der Gesellschaft, was bereichsspezifische Variationen nicht ausschließt. Aus dieser Perspektive heißt das Problem der Verwaltungskulturanalyse deshalb gerade nicht, wie oben, Bürokratie, sondern „policy". Gefragt wird nicht wie eine Verwaltungsentscheidung beurteilt wird (Außenperspektive) oder warum sie fällt

(Innenperspektive), sondern welchen Beitrag die Verwaltungsentscheidung zu der Art und Weise der Entscheidungsfindung auf einem Politikfeld leistet. Letzterer schlägt sich nieder in dem von der Verwaltung favorisierten Politikstil. Auch hier ist selbstverständlich wieder der doppelte Zugang (deskriptiv/empirisch oder präskriptiv/normativ) der Politischen Kultur-Analyse möglich.

Die Politikstilanalyse greift also Anregungen der Politischen Kultur-Forschung auf und versucht diese durch die Verbindung der von der Politischen Kultur-Forschung geleisteten Einstellungsanalyse mit der Verhaltensanalyse bestimmter Akteure auf bestimmten Politikfeldern zu vertiefen (vgl. *Sturm* 1985). Unter Politikstilanalyse ist die Untersuchung auf Policy-Bereiche bezogener nationaler Entscheidungsfindungsprozeduren zu verstehen, soweit sie sich, eingebettet in formelle und informelle politische Strukturelemente, auf verhaltensleitende Normen, Regeln und tradierte Verhaltensmuster beziehen. Politikstile sind ebensowenig wie die in sie einfließenden Politische Kultur-Variablen konstant. Es gibt keinen ‚Nationalcharakter' von Bereichsbürokratien oder politischen Eliten. Jeweils historische Ausprägungen einzelner Politikstile sind Spiegel der jeweils vorherrschenden politischen Verhaltensmuster bei politischen Entscheidungen (*Freeman* 1985: 10f.).

In der praktischen Umsetzung wirken Politikstile als informelle Selektionsmuster, deren Effektivität relativ wenig nach außen deutlich wird, weil der Betrachter mit den jeweiligen Ergebnissen politischen Entscheidens konfrontiert wird, ihm aber die Information über mögliche vom jeweiligen Entscheidungsträger erwogene oder nicht erwogene Entscheidungsmöglichkeiten fehlt.

Politische Kultur manifestiert sich als handlungsanleitendes Element dadurch, daß sie die Optionsmöglichkeiten des Verwaltungshandelns begrenzt (*Elkins* und *Simeon* 1978/79: 141), bzw. dadurch, daß sie angemessenes von unangemessenem Entscheiden trennt (*Patrick* 1984: 289). Man könnte mit *Jann* (1983: 523) von einer „Kontingenztheorie des Policy-Making" sprechen: „Verwaltungskultur umfaßt diejenigen Faktoren, die die verschiedenen Regierungswechsel überdauern. Dabei ist davon auszugehen, daß kulturelle Faktoren sich zwar im Laufe der Zeit ändern, daß sie aber trotzdem eine erhebliche regionale und historische Konstanz aufweisen." Diese Konstanz kann in auf Verwaltungshandeln bezogenen Typologien abgebildet werden (vgl. Figur 1).

Deskriptive Kataloge der die Handlungsoptionen der Verwaltungskultur beschreibenden Muster der Problemdefinition und der Problemlösung wurden bisher zum einen nur bezogen auf bestimmte policies erstellt und sind zum anderen Subkategorien von Politikstilen, die für eine gesamte Gesellschaft in Anspruch genommen werden. Für die Politikfelder Bekämpfung des Drogenmißbrauchs und der Jugendarbeitslosigkeit kann man, so *Jann* (1983: 520), im deutschen Falle die Verwaltungskultur als *Regelungskultur* charakterisieren, deren Methode der Problemlösung auf Konflikt und Mißtrauen

Figur 1: Facetten des Politikstils

a) Problemdefinition	aktiv oder reagierend
b) Problemlösung	inkremental oder fundamental (Intention)
	Konflikt oder Konsens (Methode)

Quelle: *Sturm* 1985a: 59.

als Wertebasis bzw. Methode beruhen. Der Entscheidungsprozeß der Verwaltungen bezüglich dieser policies ist fragmentiert, kompliziert, immobil, status quo-orientiert und formalisiert.
Im Unterschied zu *Jann*, der Politikstile an bestimmte policies anbindet, versucht *Kenneth Dyson* (1982: 17 ff.) den nationalen (und damit auch das Verwaltungshandeln einbeziehenden) deutschen Politikstil zu umreißen. Er hebt als Ziel politischen Entscheidens in der Bundesrepublik das Herstellen von Konsens hervor, trifft sich allerdings mit *Janns* Analyse im Hinblick auf die Methoden zum Erreichen dieses Konsens. Lösungen werden, so *Dyson*, im Streitfalle eher autoritativ (durch Entscheidung der höheren Ebene) oder formalisiert (durch den Gerichtsweg außerhalb des eigentlichen Entscheidungsprozesses) gesucht.
Die Frage der Verallgemeinerungsfähigkeit der hier exemplarisch vorgestellten Befunde *Janns* und *Dysons* über Policy-Bereiche, gesellschaftliche Entscheidungsträger (die Verwaltung ist nur einer unter vielen) und Zeitabläufe hinweg bleibt ein offenes Forschungsproblem. Antworten können nur duch eine größere Zahl national (politikfeldvergleichend) und international vergleichender Analysen gefunden werden, denn nur die vergleichende Analyse ermöglicht gesicherte Aussagen über die Spezifika von Politikfeldern und die Zeit- und Akteurgebundenheit der Wirkungsweise dieser letzteren Variante der Verwaltungskultur.

4. Fazit

Die Verwaltungskulturanalyse ist eine sinnvolle Erweiterung und Ergänzung der Politischen Kultur-Analyse. Auch wenn entsprechende konzeptionelle Überlegungen sich noch in der Anfangsphase befinden zeichnen sich bereits gangbare Analysestrategien zur Erarbeitung von Teilevidenzen der einzelnen Aspekte von Verwaltungskultur ab (vgl. Figur 2).
Für keinen der hier skizzierten sechs Untersuchungsansätze liegen bereits ausreichende Studien vor. Verwaltungskulturanalyse ist bisher vor allem ein *Forschungsprogramm.* Als solches kann sie erfolgreich sein, wenn es ihr gelingt, vergleichende und interdisziplinäre Arbeiten anzuregen und damit auf einen neuen Aspekt der Politischen Kultur-Forschung aufmerksam zu machen. Sie muß aber scheitern, wenn die Forschungspraxis mit einer unzulässigen Überbewertung des Partialphänomens Verwaltungskultur befrachtet würde, die übersieht, daß Verwaltungskultur in einen Verursachungszusammenhang hineinwirkt, der es verbietet, in irgendeinem Falle Verwaltungskultur zur einzigen oder alleine gültigen Politikergebnisse verursachenden Variablen zu machen.

Figur 2: Verwaltungskulturanalyse

	Verwaltungskultur		
	als ‚Subkultur'		
Analysestrategien der Politischen Kultur-Forschung	a) aus der Außenperspektive	b) aus der Innenperspektive	als ‚politisch-administratives Problemverarbeitungsmuster' (Politikstil)
empirisch / deskriptiv	X	X	X
normativ / präskriptiv	X	X	X

X. Perspektiven der Politischen-Kultur-Forschung

Dirk Berg-Schlosser und Jakob Schissler

Wie die Beiträge dieses Bandes dokumentieren, hat die Politische-Kultur-Forschung in der Bundesrepublik in den letzten Jahren einige wichtige Schritte in Hinblick auf eine stärkere konzeptionelle Strukturierung und empirische Anreicherung dieses Ansatzes unternommen. Dennoch bleiben bedeutsame Lücken, die in diesem Band nicht geschlossen werden konnten. Darüber hinaus werden in Zukunft auch weiterhin neue Teilbereichstheorien, neue wissenschaftsphilosophische und -theoretische Konzepte entwickelt werden, die für den Ansatz der Politischen-Kultur-Forschung von Bedeutung sind und die Forschung in diesem Bereich anregen.

Einerseits werden dadurch die Forschungsansätze noch heterogener werden, die Zahl der jeweiligen Begründungen für einzelne Forschung mit Hilfe des Ansatzes wird zunehmen. Damit steigt die Summe der Aussagen, die allesamt nach einem gemeinsamen Nenner suchen, immens an, ohne daß dieser Nenner wohlfeil zu erwerben wäre. Andererseits wird aber diese Forschung, die nicht von einem autoritativen Ansatz ausgeht und nur in bestimmten Bereichen der Forschung in kumulativer Absicht durchgeführt wird, nach zusammenfassenden synoptischen Interpretationen verlangen. Diese heterogenen Forschungsergebnisse werden aber dichtere Interpretationen als bisher über die politische Kultur in Deutschland erlauben. Nur scheinbar paradox verhält sich zu dieser Feststellung der Tatbestand, daß durch diese Art des Vorgehens freilich auch die Lücken der bisherigen Arbeiten sichtbarer werden: Dies genau ist der Zweck dieser Art von offener, vor-paradigmatischer Forschung. Metaphorisch ausgedrückt könnte man diesen Tatbestand mit einem Netz vergleichen, das immer größer und dichter geflochten wird, wobei jedoch die Zahl der Löcher zugleich zunimmt. Die regulative Idee dahinter, die allerdings niemals vollständig eingelöst werden kann, geht davon aus, daß aus dem Netz eines Tages ein dicht geknüpftes Gewebe wird. So weit ist die Forschung nicht, sie folgt aber der richtigen Spur.

Ein Teil der Beiträge in diesem Band besteht noch aus „research in progress" und wird erst in den nächsten Jahren fertiggestellt. Andere Felder sind aus diversen, meist forschungspraktischen Gründen in diesem Band nicht abgedeckt worden: So vermissen wir Beiträge über die politische Kultur der Arbeiterbewegung (vgl. z. B. *J. Mooser* 1984), über den Liberalismus (vgl. z. B. *Lothar Albertin* 1980) und zur Außenpolitik (vgl. *Hans-Peter Schwartz* 1985; *Gebhardt Schweigler* 1985). Auch die Forschung zur Kultur von Verwaltungsstilen (vgl. *Kenneth Dyson* 1977; *Jann* 1986) müßte noch erweitert werden. Der Beitrag der Juden zur politischen Kultur Deutschlands sowie der Weg Deutschlands hin zum Völkermord an den Juden sind als wichtige Elemente der deutschen Geschichte auf unsere Fragestellungen zu beziehen. Hier können freilich nur Stichpunkte umrissen und nicht konkrete Forschungsprogramme vorgegeben werden.

Eine wichtige Ergänzung zu den bundesrepublikanischen Arbeiten muß die ausländische Forschung bleiben. Die nunmehr verstärkt komparative Orientierung des Arbeitskreises „Politische-Kultur-Forschung“, die sich zunächst dem westeuropäischen Umfeld unter Einbeziehung ausländischer Kollegen widmen soll, und die Arbeitszusammenhänge des „European Consortium for Political Research“ und der „International Political Science Association“ bieten hierfür wichtige Ansatzpunkte.
Gerade im Falle der prekären Elemente der deutschen Politischen Kultur ist es unverzichtbar, die ausländische Perspektive zu gewinnen, um nicht von eigenen Tabus oder von eigenen Verzerrungen in bestimmten Sichtweisen gehindert zu werden. So waren z. B. die Beiträge von Autoren wie *Blackbourn* und *Eley* oder *Calleo* sehr hilfreich, um die Diskussion über die spezifischen Elemente der deutschen Geschichte zu präzisieren. Auch die gegenwärtige „Historikerdebatte“ sollte unserer Auffassung nach von „außen“ kommentiert werden, um der Gefahr zu entgehen, aus dem kleinen geistigen Ghetto der Bundesrepublik heraus verbissen „Helden“ und „Schurken“ zu produzieren. Im Bereich der Politischen-Kultur-Forschung arbeitet etwa *Stephen Kalberg* vom „Center for European Studies“ an der Harvard University, um nur ein Beispiel zu nennen, an Themen wie „National Political Identity Crisis in the Federal Republik of Germany“ und über „West German and American ‚deep‘ customs“ (vgl. auch *Kalberg* 1987) – Arbeiten, die sicherlich auch in unsere Arbeitszusammenhänge transferiert werden sollten.
Ein weiterer interessanter Bereich der Kultur-Forschung wird sich bei der Analyse von kulturellen Regelsystemen in Policy-Bereichen bzw. in ‚issue-areas‘ auftun. *Birgitta Nedelmann*, in Absetzung von der „traditionellen politischen Kultur-Forschung“, wie sie meint, kommt zu dem Schluß, daß stärker als bisher die Kulturproduktion und die kulturellen Merkmale in politischen und sozialen Konflikten in unterschiedlichen Problemfeldern sowie bei sozialen Bewegungen untersucht werden sollten. Auch dies wird in dem vorliegenden Band erst ansatzweise angesprochen. Die Erforschung einer „culture of an issue“ (*Nedelmann*) ist aber nicht erst sei 1983 von *Gamson* und *Lasch* thematisiert worden, sondern in ihrer Neuausgabe von „Comparative Politics“ (1978) haben *Almond* und *Powell* bereits ausführlich über die allgemeinen Merkmale von policy-culture nachgedacht. Auch der Arbeitskreis „Politische-Kultur-Forschung“ hat auf dem Jahreskongreß der DVPW 1985 in Bochum diesem Thema eine Sitzung gewidmet. Über diese epistemologische Bemerkung hinweg ist jedoch *Nedelmann* in ihrer Argumentation voll zuzustimmen und ihr Beitrag ist ein wichtiger Schritt in der konkreten Entwicklung dieses Bereiches der Politischen Kultur-Forschung (vgl. auch zum Konflikt über die Startbahn West: *Nessel* und *Novak* 1982).
Außer diesen bisher noch bestehenden Defiziten in der Forschung, die hier nur beispielhaft angesprochen werden konnten, und dem bereits erwähnten Fortschritt in der Entwicklung neuer makrotheoretischer Konzepte gibt es noch eine dritte Größe, die die konkrete Politische-Kultur-Forschung beeinflussen wird, nämlich der Wandel der westdeutschen Gesellschaft in einer ungewissen Zukunft. Hiermit verbunden sind Wandlungsprozesse im politischen System bzw. möglicherweise auch Umbrüche, die zu neuen Regelsystemen führen. Damit würden Elemente der politischen Kultur neu akzentuiert oder gar ausgetauscht werden. Es ist hier nicht der Ort, über Qualität und

Richtung dieser Wandlungen von Industriesystem, Gesellschaft, Kultur und Politik zu spekulieren. Diese Entwicklungen müssen jedoch auch im internationalen Kontext gesehen werden. Angesichts des hohen Grades der internationalen Verflechtung der Bundesrepublik und der zunehmenden weltweiten Interdependenzen werden sich Krisen in diesem Bereich bei uns besonders drastisch bemerkbar machen. Schwächen und Stärken der deutschen Politischen Kultur werden dann bei einer Verschlechterung dieser internationalen Rahmenbedingungen erneut auf den Prüfstand gestellt werden.

Eine wichtige Dimension der Politischen Kultur Deutschlands wird in Wissenschaft und praktischer Politik die Frage nach der staatlichen Identität bleiben (*Schissler* 1987). Zur Zeit wird diese Frage im Ausland, insbesondere in den USA, intensiver behandelt als bei uns, vor allem aufgrund der Tatsache, daß deutsche Selbstsuche sich zum Teil amerika- und NATO-kritisch artikuliert (vgl. *Kalbergs* Beitrag von 1987, aber auch workshops über Deutschland während der Jahrestagung der „International Studies Association" 1986 in Los Angeles sowie Vorträge am „American Institute for Contemporary German Studies", Washington, D.C., in den letzten Jahren deuten in diese Richtung). Innerhalb der Bundesrepublik wird dieses Thema nur in Teilen des Kulturbetriebes politisch diskutiert. In der praktischen Politik trägt dieses Thema derzeit vor allem zur Akzentuierung der politischen „Lager" bei. Die Trennung verschärft sich hierbei auch an dem Streitpunkt, ob die deutsche Frage der Tendenz nach als geschlossen (SPD, Grüne) oder als offen (CDU/CSU, FDP) zu interpretieren ist (vgl. *Sommerakademie der Konrad-Adenauer-Stiftung 1986*: Geschichtsbewußtsein und Politikverständnis, i. E.).

Eine wichtige Perspektive für die Forschung sollte immer auch das Bemühen sein, an der vordersten Front theoretisch-methodischer Entwicklungen zu stehen. Im Moment scheint im Bereich der Business- und der Public-Administration-Forschung die Verknüpfung von Mikro- und Makro-Konzeptionen am besten zu gelingen. Die Forschungsrichtung, die hier relevant ist, firmiert unter Begriffen wie Firmenkultur (Corporate Culture) und Corporate Identity (vgl. *Oswald Neuberger* und *Ain Kompa* 1986). Diese Forschungen, die heute Hochkonjunktur in der Unternehmensberatung haben, verdanken ihre Prominenz der Krise vieler Industriefirmen, die sich auf neue Formen innerbetrieblicher Autoritätsgestaltung, auf neue Anforderungen der Märkte und auf neue Konkurrenten einstellen müssen. Insbesondere die Deregulierung in den USA, die bereits vor der Reagan-Administration einsetzte, führte zu verstärkten Anstrengungen, die Firmen „aufzupolieren" und auf den neuesten Stand strategischer Unternehmensplanung zu bringen. Die Wirtschaftswissenschaften entdeckten in diesem Zusammenhang die „Kultur der Unternehmen" als eine zu erforschende und zu beeinflussende Größe. Die heutigen Studiengänge der renommierten Universitäten in den USA und in Europa im Bereich von „Business Administration" verwenden die anwendungsbezogenen Erkenntnisse aus der Strategie- und Kulturforschung der Sozialwissenschaften und bauen diese Kenntisse in die betriebswirtschaftliche Ausbildung ein. Die vormals aus den ökonomischen Studiengängen meist ausgeschlossenen soziologischen und kulturellen Faktoren erhalten so eine späte Rechtfertigung. Jedoch ist es nicht nur dieser Trend einer marktschreierischen Ausbildung, der das Konzept der Firmenkulturforschung prägt. Die ernsthafte Forschung an einigen Universitäten beinhaltet die gelun-

gene Zusammenfassung der Erkenntnisse der Kulturforschung aus Anthropologie, Soziologie und Psychologie (vgl. *Administrative Science Quarterly* 1983). Mit der forschungsstrategischen Durchdringung dieser drei Fachrichtungen ist der „Organizational-Culture"-Forschung mehr gelungen als man bisher von der politologischen oder der sozialwissenschaftlichen Kulturforschung im allgemeinen sagen kann (vgl. jedoch *KZSS*, Sonderheft 27, 1986).
In einem programmatischen Beitrag baut z. B. *Maryan Schall* auf den bisherigen Erkenntnissen auf und bestimmt die beiden grundlegenden Forschungsansätze der Kulturforschung wie folgt:

„*Smircich*. . . differentiated organizational culture as a variable of the organization from organizational culture as an epistemological device or metaphor for the organization, that is, she differentiated between defining culture as something an organization has (variable: consistent with the functionalist research paradigm) and something the organization is (metaphor: consistent with the interpretive research paradigm)." (*Maryan S. Schall*, ASQ 1983: 557)

Aus diesen beiden Paradigmen, dem funktionalen und dem interpretativen, resultieren unterschiedliche Aussagensysteme, die in der Politischen-Kultur-Forschung bislang noch unsystematisch vermischt werden. Dadurch entsteht häufig das Gefühl der Beliebigkeit und eklektischen Zuordnung von funktionalen Leistungen einer Kultur einerseits mit substantiellen kulturellen Zuordnungen zu Situationen oder Institutionen andererseits. Unabhängig davon, ob eine Organisation (Institution, politisches System etc.) eine politische Kultur **hat** oder ob Teile von ihr Kultur **sind**, kann der Kulturbegriff für beide Bereiche allgemein gefaßt werden:

„A definition of organizational culture. . . usefully incorporates. . . : a relatively enduring, interdependent symbolic system of values, beliefs, and assumptions evolving from and imperfectly shared by interacting organizational members that allows them to explain, coordinate, and evaluate behavior and to ascribe common meanings to stimuli encountered in the organizational context, these functions are accomplished through the mediation of implicit and explicit rules that act as cultural warrants. In this definition, 'symbolic' means interpretive, having interactive meaning and value. . . and symbolic interactionist perspective, 'imperfectly' indicates that cultures are not totally consensual and implies the potential existence of subcultures. The critical inclusion of implicit and explicit mediating rules will be explained in what follows." (*Maryan S. Schall*, ASQ 1983: 557).

Im Bereich der Geltung von Regeln (rules) liegt dann die empirische Leistung der Firmen- oder Organisations-Kultur-Forschung. Hier versucht diese Forschung, anthropologische Erkenntnisse, soziologische Ergebnisse aus der Kleingruppenforschung und psychologische Gesetzmäßigkeiten zu verbinden, um den kulturellen Haushalt von Mitgliedern von Organisationen voll auszuleuchten. Dabei werden z. B. Unterschiede zwischen „Untergebenen" und dem „Management" sehr genau erforscht, um auf diese Weise feststellen zu können, ob die „Befehle" von oben unten „verstanden" und umgesetzt werden, oder ob unten „Obstruktionspolitik" herrscht, bzw. ob die Spitze versagt in der Vorgabe klarer Regeln. Ein wichtiger Aspekt dabei, der auf die Identitätsforschung des politischen Kultur-Ansatzes übergreifen sollte, ist die Frage nach dem Firmenziel bzw. nach der Corporate Identity. Eine Firma sollte ein einheitliches (kulturelles) Ziel haben, weil damit die Entscheidungen auf allen Ebenen der Organisation

besser synchronisiert werden können. „Identity" hat dabei eher etwas mit der visuellen Symbolik zu tun, den „Wappen" und „Uniformen", die die Firmen sich weltweit verpaßt haben. Diese „Identity" soll dann aber auch in den Stil eines jeden einzelnen Mitgliedes der Firma gegenüber der Außenwelt eingehen und dort Wirkung zeitigen.
Die Analogien zu der politischen Kultur einer Gesamtgesellschaft liegen auf der Hand, wenngleich die Identität eines pluralistischen Gemeinwesens nicht die Kohäsion aufweist, die z. B. eine japanische Firmengruppe auszeichnet. Die Analogie zu diesem Ansatz der Kulturforschung sollte vielmehr so verstanden werden, daß die methodischen Überlegungen und empirischen Ergebnisse für die Politische Kultur-Forschung gewinnbringend zu übertragen sind, ohne daß die Resultate dieser Forschung allerdings in jedem Falle erstrebenswert sein müßten. Was diese Forschungsrichtung der Politischen-Kultur-Forschung voraus hat, ist, daß ihre Überlegungen in vielfältigen Unternehmensberatungen „getestet" werden können, daß mithin der Wandel, d. h. der Übergang von einer Kultur zu einer anderen, z. T. bewußt inszeniert wird. Wir können diese Strategien, Methoden und Ergebnisse für kulturelle Kleingruppen- und Organisationsforschung (Regierung, Verwaltung, Bundestag, Gewerkschaften, Verbände etc.) benutzen, um den Bereich der politischen Kultur in diesen „Organisationen" auf Fehlverhalten (undemokratische Einstellungen) oder auf Unterbestimmtheit des kulturellen Faktors hin zu befragen. Die Frage nach der Wirkungsweise von Kultur ist jedenfalls in diesen Forschungen und vor allem im Praxisfeld der Unternehmensberatung bereits so weit vorangetrieben, daß der Transfer dieser Ergebnisse ein wichtiges Forschungsdesiderat darstellt.
Da ein Großteil dieser Forschung jedoch pragmatisch und anwendungsbezogen orientiert ist, steht der wissenschaftstheoretische und wissenschaftslogische Stellenwert dieser Kulturforschung nicht im Zentrum der Aufmerksamkeit. Die kulturelle Indikatorenforschung (vgl. *Zvi Namenwirth* und *Robert Philip Weber* 1984) liefert in dieser Hinsicht eine wichtige konzeptionelle Ergänzung, die sich um den Status von kulturellen Aussagen im Unterschied zu sozialen Aussagen in wissenschaftstheoretischer Absicht bemüht. Auch die Unterscheidung von *Rohe* (in diesem Band) zwischen Soziokultur und Deutungskultur weist in diese Richtung. Was für die Organisationskultur-Forschung jedoch unproblematisch ist, nämlich der Übergang von kultureller Symbolik hin zu sozialer Regelbildung (rules), kann von einer wissenschaftstheoretisch ambitionierten „cultural-indicator"-Forschung nicht vernachlässigt werden. Jedoch auch *Namenwirth* und *Weber,* die diese Forschung mit an vorderster Stelle repräsentieren, haben bisher das „missing link" zwischen dem strukturalen Kulturbegriff, den sie verwenden, und den kulturellen Manifestationen im symbolisch gesteuerten Regelverhalten von Gruppen oder Individuen nicht geliefert. Das „missing link" eines strukturellen Ansatzes sollte in Analogie zum linguistischen Strukturalismus eine Transformationsgrammatik sein, oder eine Grammatik, die zumindest mit Plausibilität den Zusammenhang zwischen Struktur und Pragmatik (langue und parole) erklären kann. Die Politische Kultur-Forschung ist jedoch noch weiter von der Lösung dieses Problems entfernt als es die Kulturindikatorenforscher sind.
Auf die zweite große Problemstellung neben der Frage der Transformation von Kultur in Regeln wies in einem Papier zum APSA-Kongreß 1986 *Harry Eckstein* hin, nämlich

den Umstand, daß es in der Kulturforschung an einer Einheit der Logik hinsichtlich der Zuordnung von normativen und faktischen Aussagen mangelt (siehe unter philosophischer Fragestellung *Ernst Tugendhat* 1976). Denn gerade Kulturbegriffe bzw. kulturelle Tatbestände enthalten in allen ihren Elementen zugleich Sinndeutungen und materielle Substrate. Eine Klärung und Weiterführung dieser Frage könnte den Status des Kulturkonzeptes im Sinne wissenschaftstheoretischer Reflexion erhöhen. Auch dies kann hier freilich wiederum nur als Desiderat angemerkt werden.

Ein drittes Problem, das *Eckstein* ebenfalls als zentral benennt, besteht in der arbeitsteiligen Zuordnung der Politische Kultur-Forschung zu anderen politikwissenschaftlichen Ansätzen. Auch in dieser Hinsicht stehen unsere Arbeiten nicht im luftleeren Raum, wie manche Kritiker vermuten, noch befinden sie sich in einem gallertartigen Zustand (Pudding), mit dem Beliebiges veranstaltet werden kann. So ist z. B. die im Einführungskapitel angesprochene Arbeit von *Wildavski* (1984), die explizit den programmatischen Titel „From Political Economy to Political Culture" trägt, bei aller Kritikwürdigkeit im einzelnen nicht als eine bloße Rückkehr zu dem weitgehend deskriptiv bleibenden Politische Kultur-Konzept der Anfangsjahre zu verstehen. Sie will vielmehr bewußt die Abstraktheit und inhaltliche Enge universeller „rational choice"-Ansätze überwinden, um so auf unterschiedliche Formen von „bounded rationality" (*Herbert Simon*), die jeweils auch „context-" und „culture-bound" ist, hinzuweisen (vgl. auch *J. DeNardo* 1985). Eine solche Anwendung ergibt sich u. a. bei der Frage, wie im sozialen Handeln Kultur selektiert wird. Wenn wir Kultur von der Makro- auf die Mikroebene ohne Verlust der Kontrolle des Ablaufs überführen wollen, ergibt sich selbst bei großer Klarheit immer wieder das Problem, ob in konkreten sozialen Situationen die vorher erforschte und als wirkmächtig angesehene Kultur auch tatsächlich bei anstehenden Entscheidungen eine Rolle spielt oder nicht. Ein Beispiel: Selbst wenn die Elemente der „liberal tradition" in den USA klar definiert werden und ihre Umsetzung nach den Prinzipien und Doktrinen der amerikanischen Politik „völlig" bekannt wären, so kann doch niemand vorhersagen, in welcher Weise z. B. Präsident Reagan bei seinen nächsten Entscheidungen zur Außenwirtschaftspolitik sich dieser Elemente als Teil der „rules" bedienen wird bzw. ob er von ihnen „bestimmt" wird. Dieses Problem einer tentativen Lösung zuzuführen, kann nur dadurch geschehen, daß die Politische-Kultur-Forschung die Vorgaben der „social"- oder „rational choice"-Theorien heranzieht, um von daher eine Systematik für den Gebrauch kultureller Regeln im Wählen sozialer Strategien aufzubauen.

Die hier versuchten Vorschläge beziehen sich zwangsläufig immer nur auf Teilaspekte des gesamten Forschungsprozesses. Die „scientific community" ihrerseits wird selektieren und zum Teil neue Forschungseinrichtungen und -felder finden. Dennoch sind hinsichtlich der drei hier skizzierten forschungsstrategischen Möglichkeiten der „grossen" Theoriebildung für die kommenden Jahre noch hinreichende Möglichkeiten zum weiteren Ausbau des Ansatzes der Politische Kultur-Forschung gegeben. Gerade durch ihre bewußte Verbindung von kulturspezifischen und historischen Elementen einerseits und stärker sozialwissenschaftlich systematisierten Fragestellungen andererseits kann sie einen wichtigen Beitrag zur inhaltlichen Auffüllung des englischen Aphorismus leisten: „Political science without history has no root, history without political science bears no fruit."

Literaturverzeichnis

Hinweis: Standardwerke zur Politischen Kulturforschung sind durch *, die Deutschland betreffenden wichtigen Arbeiten durch ** gekennzeichnet.

Abramowitz, A. I., 1980: The United States: Political Culture Under Stress, in: Almond Gabriel A./Verba, Sidney (Hrsg.): The Civic Culture Revisited, Boston.

*Adorno, Th. W./Frenkel-Brunswik, E./Levinson, D./Nevitt, R., 1950: The Authoritarian Personality. New York/London.

Adrian, W., 1977: Demokratie als Partizipation. Versuch einer Wert- und Einstellungsanalyse. Meisenheim.

Akademie für Politische Bildung, Materialien und Berichte Nr. 56, 1980: Individuum und Gesellschaft in der Politischen Sozialisation, Tutzingen.

Albers, G., 1975: Entwicklungslinien im Städtebau. Ideen, Thesen, Aussagen 1875–1945 in Bauwelt Fundamente 46.

Albertin, L., 1980: Politischer Liberalismus in der Bundesrepublik, Göttingen.

Albrecht, D. u. a. (Hrsg.), 1983: Politik und Konfession. Festschrift für Konrad Repgen zum 60. Geburtstag, Berlin.

Allensbacher Jahrbuch der Demoskopie 1978–1983, Band VIII. München 1983.

Allerbeck, K. R./Hoag, W., 1984: 16- bis 18jährige: 1962 und 1983, Frankfurt (nicht im Buchhandel).

Allerbeck, K. R. und Hoag, W., 1985: Jugend ohne Zukunft? München.

Allport, G. W., 1929–30 „The Composition of Political Attitudes“. The American Journal of Sociology 35, 220–238.

Allport, G. W., 1958: The Nature of Prejudice, New York.

Almond, G. A., 1956: Comparative Political Systems, in: The Journal of Politics, XVIII, 391–409.

Almond, G. A./J. S. Coleman (Hrsg.) 1960: The Politics of the Developing Areas, Princeton.

*Almond, G. A./Verba, S., 1963: The Civic Culture. Political Attitudes and Democracy in five Nations, Princeton/New York. (reprint 1965 Boston)

Almond, G. A./Powell, G. B., Jr., 1966: Comparative Politics, Boston.

*Almond, G. A./Powell, B., Jr., 1978: Comparative Politics, Boston.

*Almond, G. A./Verba, S. (Hrsg.), 1980: The Civic Culture Revisited, Boston.

Almond, G. A., 1983: „Communism and Political Culture Theory“, in: Comparative Politics. Jan. 1983.

Alter, P., 1985: Nationalismus, Frankfurt/Main.

Altermatt, U., 1973: Politischer Katholizismus. Überlegungen und Hinweise zu Begriff und Gegenstand des politischen Katholizismus im allgemeinen und des politischen Katholizismus der Schweiz im besonderen, in: Reformatio 22, 486–496.

Altmeyer, K./Kronenberger, F. R., 1980: Nachgefragt: 23. Oktober 1955; Zeugnisse und Dokumente zum 25. Jahrestag der Volksbefragung im Saarland. Saarbrücken.

American Council on Education and University of California Los Angeles, 1986: Freshman Survey 1986, Los Angeles.

Amery, C., 1963: Die Kapitulation oder Deutscher Katholizismus heute, Hamburg.

Amery, C. und Kölsch, J. (Hrsg.), 1974: Bayern – ein Rechts-Staat? Das politische Porträt eines deutschen Bundeslandes. Reinbek.

Anderson, L. M./Barkin, K., 1982: The Myth of the Puttkamer Purge and the Reality of the Kulturkampf: Some Reflections on the Historiography of Imperial Germany, in: Journal of Modern History 54: 647–686.

Angehrn, E., 1985: Geschichte und Identität, Berlin/New York.

Annis, A. D./Meier, N. C., 1934: The Induction of Opinion through Suggestion by Means of ‚Planted Content‘, in: The Journal of Social Psychology, 5, 65–81.

Arns, D. E., 1979: Grass-roots politics in the Weimar republic. Long-term structural change and electoral behavior to Hessen-Darmstadt 1930, Buffalo.

Arensberg, D. M., 1954: The Community – Study Method, in: AJS, 60. Jg., 109–124.

Atkin, D. K., 1978: Broadcast News Programming and the Child Audience, in: Journal of Broadcasting, 22, 47–61.

Atkin, C. K./Gantz, W., 1978: Television News and the Child Audience, in: Public Opinion Quarterly, 42, 183–198.

Atkin, C. K./Neuendorf, K., 1980: Television News Exposure and Children's Knowledge about Political Figures. Unveröffentlichtes Manuskript.

Atkin, C. K., 1981: Communication and Political Socialization, in: Nimmo, D. D./Sanders, K. R.: Handbook of Political Communication, Beverly Hills/London, 299–328.

Axen, H., 1973: Der VIII. Parteitag der SED über die Entwicklung der sozialistischen Nation in der DDR, der SED-Bezirksleitung Berlin, in: Deutschland Archiv 2/1974, S. 192 ff.

Babbie, E. R., 1973: Survey Research Methods, Belmont.

Bachrach, P., 1962: Elite Consensus and Democracy, in: Journal of Politics 24/1962, 439–452.

*Badie, B., 1983: Culture et Politique, Paris.

Badura, B./Reese, J., 1976: Jungparlamentarier in Bonn – ihre Sozialisation im Deutschen Bundestag, Stuttgart.

Baeumer, M. L. (Hrsg.), 1972: Toposforschung, Darmstadt.

**Baker, K. L./Dalton, R. J./Hildebrandt, K., 1981: Germany Transformed. Culture and the New Politics, Cambridge, London.

Balk, T., 1984: „Hier spricht die Saar"; Ein Land wird interviewt! St. Ingbert.

Bamberg, M., 1982: Metapher, Sprache, Intersubjektivität, in: Muttersprache, Jg. 92 (1982) H. 1, 49–62.

Banner, G., 1977: Der menschliche Faktor. Unterwegs zu einer intensiven Verwaltungskultur?, in: transfer 4: Planung in öffentlicher Hand, Opladen, 79–92.

*Barnes, S. H./Kaase, M. u. a., 1979: Political Action. Mass Participation in Five Western Democracies, Beverly Hills.

Barry, B. M., 1970: Sociologists, Economists and Democracy, London.

Bartezko, D., 1985: Illusionen in Stein. Stimmungsarchitektur im deutschen Faschismus, Reinbek.

**Barzini, L., 1983: Auf die Deutschen kommt es an. Die unzuverlässigen Europäer, München.

Bassand, M., 1981: L'identite culturelle. Saint-Saphorin.

**Baum, R. C., 1967: Values And ‚Uneven' Political Development in Imperial Germany. Ph. D. Diss., Harvard University, Cambridge, Mass.

Baum, R. C., 1981: The Holocaust and the German Elite, London.

Bausinger, H., 1982: Kulturelle Identität. Gutachten für die Deutsche UNESCO-Kommission, Bonn.

Becker, T., 1985: Die Bürgschaft, 2. Aufl. Zürich.

Becker, W., 1983: Liberale Kulturkampf-Positionen und politischer Katholizismus. S. 47–71, in: O. Pflanze (Hrsg.), Innenpolitische Probleme des Bismarck-Reiches. München.

Becker, W. (Hrsg.), 1986: Die Minderheit als Mitte. Die Deutsche Zentrumspartei in der Innenpolitik des Reiches 1871–1933, Paderborn.

Behrmann, G. C., 1980a: „Die ‚Systemrelevanz' politischer Sozialisation: Zur Revision der politischen Theorie politischer Sozialisation", in: Akademie für Politische Bildung, Materialien und Berichte Nr. 56, 16–48.

Behrmann, G. C., 1980b: Politische Sozialisation und Nationale Identität, in: Bundeszentrale für Politische Bildung (Hrsg.), 1980: Verfassung und Geschichte, Bonn, S. 243–265.

Bell, D., 1973: The Coming of Post-Industrial Society. A Venture in Social Forecasting. New York.

Bellah, R. N., 1957: Tokugawa Religion, Boston.

Bellah, R. N., 1964: Religious Evolution, in: American Sociological Review, 29, 358–374.

Bellah, R. N., 1967: Civil Religion in America, in: Daedalus, 96, 1–21.

Bellah, R. N., 1974: American Civil Religion in the 1970s, in: Richey, R. E./Jones, D. G. (Hrsg.), 1974: American Civil Religion New York.

*Bellah, R. N., 1980: Introduction, in: Bellah, R. N./Hammond, E. (Hrsg.): Varieties of Civil Religion, San Francisco.

Bellot, J., 1954: Hundert Jahre politisches Leben an der Saar unter preußischer Herrschaft (1815–1918). Rheinisches Archiv Nr. 45, Bonn.

Bělohradský, V., 1985: Bürokratie und Kultur in der modernen Gesellschaft, in: Diamond, S./Narr, W.-D./Homann, R., (Hrsg.): Bürokratie als Schicksal? (Leviathan Sonderheft 6), Opladen, 126–135.

Bender, P., 1981: Das Ende des ideologischen Zeitalters. Die Europäisierung Europas, Berlin.
Bender, P., 1984: Fest im Westen – Brücke zum Osten, in: Die Zeit v. 10.2.84, Nr. 7.
Bendix, R., 1977: Nation-Buildung and Citizenship. Berkeley etc.
*Benedict, R., 1935: Patterns of Culture, London (dt.: Urformen der Kultur, Reinbek 1955).
Benjamin, W., 1963: Das Kunstwerk im Zeitalter seiner technischen Reproduzierbarkeit, Frankfurt/Main.
Berben, T./Roebroek, J./Therborn, G., 1985: Beyond Correlations and Beside Policy: The Politics of Welfare States. Paper prepared for the IPSA Congress in Paris, Juli 15–20.
Berdahl, R.M. u.a., 1982: Klassen und Kultur. Sozialanthropologische Perspektiven in der Geschichtsschreibung, Frankfurt a.M.
Berelson, B.B., 1948: Communication and Public Opinion, in: Schramm, W. (Hrsg.): Communications in Modern Society, Urbana. Wieder abgedruckt in: Schramm, W. (Hrsg.), 1960: Mass Communication, Urbana/Chicago/London, 527–543.
*Berg-Schlosser, D., 1972: Politische Kultur, München.
Berg-Schlosser, D', 1980: „Politische Kultur der Bundesrepublik – Sammelbesprechung", in: PVS-Literatur, Heft 1, 36–42.
Berg-Schlosser, D., 1981a: „Forum Politische Kultur", in: PVS, 1, 110–117.
Berg-Schlosser, D., 1981b: „Demokratische Persönlichkeit", in: Greiffenhagen, M. u.a. (Hrsg.): Handwörterbuch zur Politischen Kultur der Bundesrepublik, Opladen, 123–130.
Berg-Schlosser, D., 1983: Politische Kultur, in: Mickel, W.M. (Hrsg.): Handlexikon zur Politikwissenschaft, München.
Berg-Schlosser, D., 1984: „Politische Kultur der Bundesrepublik: Ansprüche und Wirklichkeit – Smamelbesprechung", Soziologische Revue, 7, 339–347.
Berg-Schlosser, D., 1985: Politische Kultur, in: Pipers Wörterbuch zur Politik, 1, München–Zürich, 746–751.
Berg-Schlosser, D., 1986: German Political Culture: Aspects of National Identity, System Support and the New Social Movements – Some Recent Findings, Paper prepared for delivery at the 27. Annual Convention of the International Studies Association, March 25–29, Anaheim, Ca., USA.
Berger, J./Offe, C., 1984: Die Zukunft des Arbeitsmarktes. Zur Ergänzungsbedürftigkeit eines versagenden Allokationsprinzips. In: Offe, C.: „Arbeitsgesellschaft": Strukturprobleme und Zukunftsperspektiven, Frankfurt, M./New York, 87–117.
Berger, M./Gibowski, W./Roth, D., 1984: Wie zufrieden sind die Deutschen mit ihrem Staat?, in: Liberal, 26, 79–82.
*Berger, P.L./Luckmann, T., 1969: Die gesellschaftliche Konstruktion der Wirklichkeit. Eine Theorie der Wissenssoziologie, Frankfurt/Main (reprint 1977, 1984).
Bergmann, J./Megerle, K., 1982: Gesellsdhaftliche Mobilisierung und negative Partizipation. Zur Analyse der politischen Orientierung und Aktivitäten von Arbeitern, Bauern und gewerblichem Mittelstand in der Weimarer Republik, in: Steinbach, P. (Hrsg.), Probleme politischer Partizipation im Modernisierungsprozeß, 376–437, Stuttgart.
Bergmann, K., 1985: Identität, in: Bergmann u.a., 1985: Identität 29–36, Frankfurt.
Bernstein, B., 1980: Studien zur sprachlichen Sozialisation, Düsseldorf.
**Berschin, H., 1979: Deutschland. Ein Name im Wandel. Die Deutsche Frage im Spiegel der Sprache, München/Wien.
Bertram, H., 1983: „Wertwandel in der modernen Industriegesellschaft", in: Kohr 47–60.
Beyer, J./Holtmann, E., 1985: „Auch die Frau soll politisch denken" oder „Die Bildung des Herzens". Frauen und Frauenbild in der Kommunalpolitik der frühen Nachkriegszeit 1945–1950, in: AfS XXV/1985, 385–419.
Biege, H.-P. u.a., 1978: Zwischen Persönlichkeitswahl und Parteientscheidung. Kommunales Wahlverhalten im Lichte einer Oberbürgermeisterwahl, Königstein/Ts.
Bies, L., 1978: Klassenkampf an der Saar 1919–1935. Frankfurt.
Bies, L./Olschewski, C. u.a., 1984: Der Kampf um die Zukunft des Saargebietes 1934/35. Wissenschaftliche Schriftenreihe der Humboldt-Universität, Ost-Berlin.
Binder, L. u.a., 1971: Crises and Sequences in Political Development. Princeton.
Black, Max, 1962: Models and Metaphors, Ithaca/N.Y.
Blackbourn, D., 1977: The Mittelstand in German Society and Politics, 1871–1914, in: Social History 4: 409–433.
Blackbourn, D./Eley, G., 1980: Mythen deutscher Geschichtsschreibung. Die gescheiterte Revolution von 1848. Frankfurt.

Blackbourn, D., 1983: Die Zentrumspartei und die deutschen Katholiken während des Kulturkampfes und danach, in: Pflanze, O. (Hrsg.): Innenpolitische Probleme des Bismarck-Reiches. München, 73–94.
**Blackbourn, D./Eley, G., 1984: The Peculiarities of German History, Oxford.
Blaschke, J., 1980: Handbuch der europäischen Regionalbewegungen. Frankfurt.
Bleistein, R., 1973: „Jugend – auf kritischer Distanz zur Kirche", in: Forster, K. (Hrsg.): Befragte Katholiken – Zur Zukunft von Glaube und Kirche, Freiburg, 151–163.
Blessing, W. K.: Zur Analyse politischer Mentalität und Ideologie der Unterschichten im 19. Jahrhundert, in: Zeitschrift für Bayerische Landesgeschichte 34, 768–816.
Bloch, E., 1962: Erbschaft dieser Zeit, Frankfurt/Main.
Bluhm, W. T., 1974: Ideologies and attitudes. Modern Political Culture. Englewood Cliffs.
Blumler, J. G./Katz, E. (Hrsg.), 1974: The Uses of Mass Communications: Current Perspectives on Gratifications Research, Beverly Hills/London.
BMI (Hrsg.), 1986: Innenpolitische Leistungsbilanz 1982–1986, Bonn.
Boden, U./Bortz, J./Braune, P./Franke, J., 1975: Langzeiteffekte zweier Tageszeitungen auf politische Einstellungen der Leser, in: Kölner Zeitschrift für Soziologie und Sozialpsychologie, 27, 755–780.
Böckelmann, F., 1971: Die schlechte Aufhebung der autoritären Persönlichkeit, München.
Boesch, E. E., 1976: Psychopathologie des Alltags. Zur Psychologie des Handelns und seiner Störungen. Bern.
Boesch, E. E., 1980: Kultur und Handlung. Einführung in die Kulturpsychologie. Bern.
Boesch, E. E., 1983: Das Konzept der Identität aus kulturpsychologischer Sicht. Saarbrücken: unveröffentlichtes Manuskript.
Boguslawski, A., 1982: Rückzug aus Europa? Das europapolitische Bewußtsein der Deutschen im Spiegel der Demoskopie, in: Europa-Archiv, Folge 1, 9–20.
Bondy, F., 1981: Warum wollen die Deutschen geliebt werden, in: Scheel, W. (Hrsg.), Die andere deutsche Frage. Kultur und Gesellschaft der Bundesrepublik Deutschland nach dreißig Jahren, Stuttgart, 46–52.
Bonfadelli, H., 1981: Die Sozialisationsperspektive in der Massenkommunikationsforschung. Neue Ansätze, Methoden und Resultate zur Stellung der Massenmedien im Leben der Kinder und Jugendlichen, Berlin.
Boos-Nünning, U./Golomb, E., 1974: Religiöses Verhalten im Wandel. Untersuchungen in einer Industriegesellschaft, Essen.
Borrmann, R./Schille, H.-J., 1980: Vorbereitung der Jugend auf Liebe, Ehe und Familie, Berlin (Ost).
Bortz, J., 1979: Lehrbuch der Statistik. Berlin etc.
Bosetzky, H., 1978: Selbstverständnis und Ansehen des öffentlichen Dienstes, in: Laux, E. (Hrsg.): Das Dilemma des öffentlichen Dienstes – Anspruch, Erwartungen, Realitäten, Bonn, 105–127.
Boulding, K. N., 1956: The Image, Knowledge in Life and Society, Ann Arbor.
*Bourdieu, P., 1970: Zur Soziologie der symbolischen Formen, Frankfurt (reprint 1974).
Bourdieu, P., 1976: Entwurf einer Theorie der Praxis. Frankfurt.
Bourdieu, P., 1979: La Distinction. Critique sociale du jugement, Paris.
Bourdieu, P., 1981: Titel und Stelle – Über die Reproduktion sozialer Macht. Frankfurt.
*Bourdieu, P., 1984: Die feinen Unterschiede. Kritik der gesellschaftlichen Urteilskraft, Frankfurt a. M. (3. Auflage).
Bourdieu, P., 1984a: Questions de Sociologie, Paris.
Bourdieu, P., 1985: Sozialer Raum und ‚Klassen'. Lecon sur la leçon. Zwei Vorlesungen. Frankfurt.
Bourdieu, P., 1986: Der Kampf um die symbolische Ordnung. P. Bourdieu im Gespräch mit A. Honneth u. a., in: Ästhetik und Kommunikation, 16. Jg.
Bracher, K. D., 1955: Die Auflösung der Weimarer Republik, Stuttgart.
Bracher, K.-D., 1980: Demokratie und Machtvakuum: zum Problem des Parteienstaats in der Auflösung der Weimarer Republik, in: Erdmann, K. D./Schulz, H. (Hrsg.): Weimar. Selbstpreisgabe einer Demokratie. Eine Bilanz heute. Düsseldorf, 109–134.
Bracher, K.-D., 1986: Das Modewort Identität und die Deutsche Frage, in: FAZ, v. 9. August, Nr. 182.
**Brand, K.-W., 1982: Neue soziale Bewegungen, Opladen.
*Brand, K.-W. (Hrsg.), 1985: Neue soziale Bewegungen in Westeuropa und den USA. Ein internationaler Vergleich, Frankfurt/New York.

Brand, K.-W., 1986a: Neue soziale Bewegungen – ein neoromantischer Protest?, in: Wasmuht, U. (Hrsg.): Alternativen zur alten Politik, Heidelberg (im Erscheinen).
Brand, K.-W., 1986b: Kontinuität und Diskontinuität in den neuen sozialen Bewegungen, in: Neue soziale Bewegungen in der Bundesrepublik Deutschland, hrsg. von der Bundeszentrale für politische Bildung, Bonn (im Erscheinen).
Brand, K.-W./Büsser, D./Rucht, D., 1986: Aufbruch in eine andere Gesellschaft. Neue soziale Bewegungen in der Bundesrepublik. Aktualisierte Neuausgabe, Frankfurt/New York.
Brandt, P./Amon, H. (Hrsg.), 1981: Die Linke und die nationale Frage. Dokumente zur deutschen Einheit seit 1945, Reinbek.
Brämer, R., 1983: Anspruch und Wirklichkeit sozialistischer Bildung, München.
Brecht, B., 1973: Arbeitsjournal, 2 Bände, Frankfurt/Main.
Bredow, W. von/Burrichter, C., 1985: Perspektiven der Deutschlandpolitik, in: Civis, Nr. 4, S. 4–15.
Brenner, H., 1963: Die Kunstpolitik des Nationalsozialismus, Reinbek.
Broszat, M., 1982: Plädoyer für Alltagsgeschichte, in: Merkur 414, 36. Jg.
*Brown, A./Gray, J. (Hsg.), 1977: Political Culture and Political Change in Communist States, London.
*Brown, A. (Hrsg.), 1984: Political Culture and Communist Studies, New York.
Brüggemann, H., 1978: Über den Mangel an politischer Kultur in Deutschland, Berlin.
Buchhaas, D./Kühr, H., 1979: Von der Volkskirche zur Volkspartei. Ein analytisches Stenogramm zum Wandel der CDU im rheinischen Ruhrgebiet, in: Kühr, H. (Hrsg.), Vom Milieu zur Volkspartei. Funktionen und Wandlungen der Parteien im kommunalen und regionalen Bereich, Königstein/Ts., 136–232.
Buchholz, W., 1976: Die NS-Gemeinschaft „Kraft durch Freude". Freizeitgestaltung und Arbeiterschaft im Dritten Reich, Diss. München.
Büchner, P., 1983: Vom Befehlen und Gehorchen zum Verhandeln. Entwicklungstendenzen von Verhaltensstandards und Umgangsnormen seit 1945, in: Preuß-Lausitz u. a., 1983, 196–212.
Bürklin, W. P., 1984: Grüne Politik. Ideologische Zyklen, Wähler und Parteiensysteme, Opladen.
Bürklin, W. P., 1986: Evolution und Zyklen, in: Kaase, M. (Hrsg.): Politische Wissenschaft und politische Ordnung. Festschrift zum 65. Geburtstag von Rudolf Wildenmann, Opladen.
Bull, H.-P., 1977: Die Staatsaufgaben nach dem Grundgesetz, Kronberg/Ts., 2. Aufl.
Bundesministerium für innerdeutsche Beziehungen (Hrsg.), 1985: Zahlenspiegel. Bundesrepublik Deutschland/Deutsche Demokratische Republik ein Vergleich, Bonn.
Bungert, G., 1978: Zur Sonderentwicklung der Saargegend im 19. Jhd., in: Steegmann, M. (Hrsg.): Musik und Industrie. Regensburg, 113–127.
Bungert, G., 1982: Typisch saarländisch. Frankfurt.
Büscher, W. u. a. (Hrsg.), 1982: Friedensbewegung in der DDR. Texte 1978–1982, Hattingen.
Burden, H. T., 1967: Die programmierte Nation. Die Nürnberger Reichsparteitage, Gütersloh.
**Calleo, D. P., 1980: Legende und Wirklichkeit der deutschen Gefahr, Bonn (engl. 1978).
*Campbell, A./Converse, P. E./Miller, W. E./Stokes, D. E., 1960: The American Voter. New York.
Cassirer, E., 1923: Philosophie der symbolischen Formen, Berlin.
Chaffee, S. H./Ward, L. S./Tipton, L. P., 1970: Mass Communication and Political Socialization, in: Journalism Quarterly, 47, 647–659 u. 666. Deutsche Fassung, 1973: Massenkommunikation und politische Sozialisation, in: Aufermann, J./Bohrmann, H./Sülzer, R. (Hrsg.): Gesellschaftliche Kommunikation und Information. Forschungsrichtungen und Problemstellungen. Ein Arbeitsbuch zur Massenkommunikation II, Frankfurt/Main, 471–494.
Chaffee, S. H./McLeod, J./Atkin, Ch. K., 1971: Parental Influence on Adolescent Media Use, in: Kline, F. G./Clarke, P. (Hrsg.): Mass Communication and Youth, Beverly Hills/London.
Chaffee, S. H., 1977: Mass Communication in Political Socialization, in: Renshon, Stenley Allen (Hrsg.): Handbook of Political Socialization, New York.
Chandler, W. M./Siaroff, A., 1986: Postindustrial Politics in Germany and the Origin of the Greens, in: Comparative Politics, 303–325.
Childers, T., 1976: The social bases of the National socialist vote, in: The Journal of Contemporary History, 17–42.
Childers, T., 1983: The Nazi vote, London.
Claunch, J. (Hrsg.), 1966: Mathematical applications in Political Science, Dallas.
Claußen, B., 1978: Zur Interdependenz historischen und politischen Lernens. Fragestellungen und Argumente aus der Sicht einer Kritischen Politikdidaktik, in: Geschichtsdidaktik 3, 12–24.

Claußen, B., 1983: Sozialisationsforschung, in: Lippert/Wakenhut, 1983, 298–308.

Claußen, B., 1984: Politische Bildung und Kritische Theorie. Fachdidaktisch-methodische Dimensionen emanzipatorischer Sozialwissenschaft. Opladen.

Claußen, B., 1985a: Die ‚autoritäre Persönlichkeit' verdrängt – und doch aktuell, in: Westermanns Pädagogische Beiträge 37, 205–207.

Claußen, B., 1985b: Politische Sozialisation und Politische Kultur, in: Koch, Gerd (Hrsg.), 1985: Experiment: Politische Kultur. Berichte aus einem neuen gesellschaftlichen Alltag, Frankfurt, 26–43.

Claußen, B., 1985c: Politische Sozialisation, in: Nohlen/Schultze 1985, 776–781.

Claußen, B., 1987: Sozialisation im neuzeitlichen Deutschland. Hinweise zum Geschichtsbewußtsein als Aspekt der politischen Sozialisation und zur Geschichtlichkeit des politischen Lernens, in: Claußen, B., 1987: Problemfelder politischen Lernens und seiner Didaktik in der sozialwissenschaftlichen Diskussion, Frankfurt, im Druck.

Claußen, B./Wasmund, K. (Hrsg.), 1982: Handbuch der politischen Sozialisation. Braunschweig.

Coleman, J. S., 1962: The Adolescent Society, Illinois.

Collins, W. A., 1979: Children's Comprehension of Television Content, in: Wartella, E. (Hrsg.): Children Communicating, Beverly Hills/London, 21–52.

Conradt, D. D., 1974: West Germany: A Remade Political Culture? Some Evidence from Survey Archives. Comparative Political Studies 7/1974, 222–238.

**Conradt, D. D., 1978: The German Polity. New York: Longman 1978.

Conradt, D. D., 1980: Changing German Political Culture, in: Almond, G. A./Verba, S. (Hrsg.): The Civic Culture Revisted. Boston, 212–272.

Conway, H. M./Stevens, A. J./Smith, R. G., 1975: The Relation between Media Use and Children's Civic Awareness, in: Journalism Quarterly, 52, 531–538.

Cotgrove, S./Duff, A., 1981: Environmentalism, Values and Social Change, in: British Journal of Sociology, 92–110.

**Craig, G. A., 1982: Über die Deutschen, München.

Crozier, M./Huntington, S.P./Watanuki, J., 1975: The Crisis of Democracy. New York.

Czempiel, E.-O., 1982: Deutschland – USA: Kooperation und Irritationen, in: Außenpolitik, H. 1, 14–29.

Dahl, R. A.: A Preface to Democratic Theory. Chicago.

Dahl, R. A., 1961: Who Governs? Democracy and Power in an American City. New Haven.

**Dahrendorf, R., 1965: Gesellschaft und Demokratie in Deutschland, München reprint 1968.

* Dalton, R. J., 1981: „The Persistence of Values and Life Cycle Changes", in: Politische Vierteljahresschrift, Sonderheft 12, Opladen, 189–207.

* Dalton, R. J., 1984: The West German Party System between two Ages, in: Dalton, R. J./Glanagan, Scott C./Beck, Paul A.: Electoral Change in Advanced Industriel Democracies. Princeton: 104–133.

* Dalton, R. J., 1986: Wertewandel oder Wertewende. Die neue Politik und Parteienpolarisierung, in: Klingemann, H. D./Kaase, M. (Hrsg.): Wahlen und politischer Prozeß. Analysen aus Anlaß der Bundestagswahl 1983. Opladen: 427–454.

Davis, Winston, 1987: Religion and Development: Weber and The East Asian Experience", in: Weiner/Huntington: Understanding Political Development. Boston.

Demerath, N. J./Williams, R. H., 1985: Civil Religion in an Uncivil Society, in: Wade, Clark Roof: Religion in America Today, in: The Annals of the American Academie of Political and Social Sciences No. 480, 154–166.

DeNardo, J., 1985: Power in Numbers, Princeton.

Denkler, H./Prümm, K. (Hrsg.), 1976: Die deutsche Literatur im Dritten Reich, Stuttgart.

De Sosa, M. A., 1982: New Keys to the Nazi Revolution: Factors Facilitating the Nazi Seizur of Power in Germany During 1933–1934, Ph. D., University of Oregon.

Deutsch, K. W., 1966: Nationalism and Social Communication, Cambridge (Mass.).

Deutsch, K. W., 1972: Nationenbildung – Nationalstaat – Integration, Düsseldorf.

Deutschland – wohin?, 1985: Gespräche über die Deutschen mit Ralf Dahrendorf u. a., Konstanz.

Deutz, M./Schroeder, K./Süß, W., 1982: Zum Problem einer Zweiten Kultur in Berlin (West). Von der APO zur Alternativbewegung, Berlin-Forschung, FU Berlin.

Devereux, G., 1981: Baubo, Frankfurt a. M.

*Devine, D. J., 1972: The Political Culture of the United States. The Influence of Member Values on Regime Maintenance, Boston.

*Dias, P. V., 1971: Der Begriff ‚Politische Kultur' in der Politikwissenschaft, in: Oberndörfer, D. (Hrsg.): Systemtheorie, Systemanalyse und Entwicklungsländerforschung, Berlin, 409–448.

Dieckmann, W., 1985: Sprachkultur und politische Kultur, in: Jahrbuch 1984 des Instituts für Deutsche Sprache, Düsseldorf, 182–210.

*Dittmer, L., 1977: Political Culture and Political Symbolism: Toward a Theoretical Synthesis, in: World Politics XXIX, 552–583.

Dittmer, L., 1981: The Comparative Analysis of Political Culture, Paper at International Conference on Political Culture in the United States in the Seventies: Continuity and Change, Center for the Study of North America (ZENAF), University of Frankfurt/Main, June 15th–June 20th.

Dodo, C. H., 1985: State and Bureaucracy: the Anglo-American Case, Paper prepared for the IPSA Congress in Paris July 15–20.

Döring, H., 1977: Perspektivenwandel von Staatsideologie, Demokratiebewußtsein und Verfassungswandel in der politischen Kultur Deutschlands, in: Zapf, W. (Hrsg.), Probleme der Modernisierungspolitik. Meisenheim am Glan: Anton Hain 1977, 74–87.

Döring, H., 1986: Political Trust im interkulturellen Vergleich der Survey-Forschung, Manuskript.

Dollinger, H., 1980: Probleme deutschen Staatsverständnisses heute, in: PuK 5/1980, 3–14.

Donsbach, W./Hamdane, M./Kembi, M. A./Kepplinger, H. M./Skik, R., 1985: Les Effets de la Television dans un Milieu rural Tunisien, in: Communications, 11, 75–97.

Dorr, A., 1986: Television and Children. A Special Medium for a Special Audience, Beverly Hills/London/New Delhi.

*Douglas, M., 1970: Natural Symbols, New York.

*Douglas, M., 1974: Ritual, Tabu und Körpersymbolik. Sozialanthropologische Studien in Industriegesellschaft und Stammeskultur, Frankfurt/M. reprint 1981.

Downs, A., 1957: An Economic Theory of Democracy, New York.

Dreitzel, H. P., 1962: Selbstbild und Gesellschaftsbild. Wissenssoziologische Überlegungen zum Image-Begriff, in: Europäisches Archiv für Soziologie, H. 3, 181–228.

Drew, D./Reeves, B., 1980: Learning from a Television News Story, in: Communication Research, 7, 121–135.

Dricke, D., 1980: Kleine Geschichte des 1. Mai. Berlin.

Duby, G., 1985: Die Zeit der Kathedralen. Kunst und Gesellschaft 980–1420, Frankfurt a. M.

Dudek, P., 1985: Jugendliche Rechtsextremisten, Köln.

**Dudek, P./Jaschke, H. G., 1984: Entstehung und Entwicklung des Rechtsextremismus in der Bundesrepublik, Opladen (2 Bde.).

Durkheim, E., 1984: Die elementaren Formen des religiösen Lebens (1912), Frankfurt a. M.

Dux, G., 1982: Die Logik der Weltbilder. Sinnstrukturen im Wandel der Geschichte, Frankfurt/Main.

DVPM-Mitteilungen Nr. 87 (1983): Bericht des Arbeitskreises Politische Kultur-Forschung.

**Dyson, K., 1977: Party, State and Bureaucracy in Western Germany, Beverly Hills.

*Dyson, K., 1980: The State Tradition in Western Europe. Oxford.

Dyson, K., 1982: West Germany: The Search for a Rationalist Consensus, in: Richardson, J. (Hrsg.): Policy Styles in Western Europe, London, 17–46.

Easton, D., 1953: The Political System, New York.

Easton, D./Hess, R. D., 1962: „The Childs Political World", in: Midwest Journal of Political Science, 6, 229–243.

Easton, D., 1965a: A Framework for Political Analysis, Englewood Cliffs, N. J.

Easton, D., 1965b: A System Analysis of Political Life, New York.

Easton, D./Dennis, J., 1969: Children in the Political System, New York.

Easton, D., 1975: A Re-Assessment of Political Support, in: British Journal of Political Science, 435–457.

Eckart, R., 1970: Politische Partizipation und Bürgerinitiative, in: Offene Welt Nr. 101.

Eckensberger, L. H./Meacham, J. A., 1984: The essentials of action theory, in: Human Development, 27, 166–172.

Eckensberger, L. H./Krewer, B., 1985: Die kulturvergleichende Perspektive, in: Herrmann, T./Lantermann, E. D. (Hrsg.): Persönlichkeitspsychologie, München, 116–124.

*Eckstein, H./Gurr, T. R., 1973: Patterns of Authority: A structural Basis for Political Inquiry. New York: J.

Eckstein, H., 1975: „Case Studies in Political Explanation" in Greenstein/Polsby: Handbook of Political Science, Vol. 7, Reading, Mass.

Eckstein, H., 1986: Cultural Man and Political Culture, Paper: Annual Meeting of the American Political Science Association, Washington, D. C.

*Edelman, M., 1972: Politics as Symbolic Action, Chicago.

*Edelman, M., 1976: Politik als Ritual. Die symbolische Funktion staatlicher Institutionen und politischen Handelns, Frankfurt/Main.

Eder, K., 1985: Geschichte als Lernprozeß? Zur Pathogenese politischer Modernität in Deutschland, Frankfurt/Main.

Eisenstadt, S. N., 1982: Revolution und die Transformation von Gesellschaften, Opladen.

Elkar, R. J., 1981: Europas unruhige Regionen – Geschichtsbewußtsein und europäischer Regionalismus, Stuttgart.

Elkins, D. J./Simeon, R., 1974: Regional Political Cultures in Canada, in: Canadian Journal of Political Science/Revue canadienne de science politique, VII, no. 3, 397–437.

Elkins, D. J./Simeon, R., 1979: A Cause in Search of its Effect, or What Does Political Culture Explain?, in: Comparative Politics 11, Nr. 2, 127–145.

*Elms, A. C., 1976: Personality in Politics, New York.

Emmerich, W., 1977: „Massenfaschismus" und die Rolle des Ästhetischen. Faschismustheorie bei Ernst Bloch, Walter Benjamin, Bertold Brecht, in: Winkler, L. (Hrsg.): Antifaschistische Literatur, Bd. 1, Kronberg Ts.

Emnid, 1979 und 1981: Aktueller Politischer Dienst, Bielefeld.

Emnid, 1982, 1983 und 1984: Informationen, Nr. 3, 4 und 5, Bielefeld.

Erdmann, K. D./Schulze, H., 1980: Weimar. Selbstpreisgabe einer Demokratie. Eine Bilanz heute. Kölner Kolloqium der Fritz Thyssen Stiftung, Juni 1979, Düsseldorf.

*Erikson, E., 1966: Identität und Lebenszyklus, Frankfurt (reprint 1981[7]).

Euro-Barometer, 1982: Nr. 18/Dezember.

Eschenburg, T., 1984: Die Republik von Weimar. Beiträge zur Geschichte einer improvisierten Demokratie, München.

Eysenck, H. J./Wilson, G. D., 1978: The Psychological Basis of Ideology, Baltimore.

Faber, K. G., 1976: Die südlichen Rheinlande von 1816 bis 1956, in: Petri, F./Drege, G. (Hrsg.): Rheinische Geschichte, Bd. II, Düsseldorf: Schwamm-Verlag.

Fagen, R., 1969: The Transformation of Political Culture in Cuba, Stanford.

Falter, J. W., 1973: Faktoren der Wahlentscheidung: Eine Wahlsoziologische Analyse am Beispiel der Saarländischen Landtagswahl 1970. Köln, Berlin, Bonn, München.

Falter, J. W., 1977: Einmal mehr: Läßt sich das Konzept der Parteiidentifikation auf deutsche Verhältnisse übertragen?, in: Kaase, M. (Hrsg.): Wahlsoziologie heute. Analysen aus Anlaß der Bundestagswahl 1976. Opladen, 476–500. (Politische Vierteljahresschrift 18/1977, Heft 2/3.)

Falter, J., 1982a: Der „Positivismusstreit" in der amerikanischen Politikwissenschaft, Opladen.

Falter, J. W., 1982b: Bayerns Uhren gehen wirklich anders. Politische Verhaltens- und Einstellungsunterschiede zwischen Bayern und dem Rest der Bundesrepublik, in: Zeitschrift für Parlamentsfragen, Jg. 13 (1982), H. 4, Dezember 1982, 504–521.

Falter, J. W., 1982c: Radikalisierung des Mittelstandes oder Mobilisierung der Unpolitischen? Die Theorien Seymour Martin Lipset und Reinhard Bendix über die Wählerschaft der NSDAP im Lichte neuerer Forschungsergebnisse, in: Steinbach, P., 1982, 438–469.

Falter, J. W., 1983: Bayerns Uhren gehen wirklich anders, in: ZParl 13, 1983, 504–521.

Falter, J. W., 1984: Die Wähler der NSDAP 1928–1933: Sozialstruktur und parteipolitische Herkunft, in: Michalka, W. (Hrsg.), Die nationalsozialistische Machtergreifung, Paderborn/München/Wien/Zürich, 47–59.

Faris, E., 1975: ‚Take-off point for the National Socialist Party: The Landtag election in Baden 1929', in: Central European History, Vol. 8/1975.

Fenner, Chr., 1984: Parteiensysteme und Politische Kultur. Ein Vorschlag zur systematischen Verortung von Parteien in der Politischen Kulturforschung, in: Österreichische Zeitschrift für Politikwissenschaft 84/1, 37–52.

Fenner, Chr., 1983: Politische Kultur, in: Pipers Wörterbuch zur Politik 2, München–Zürich, 343–351.

Feist, U./Liepelt, K., 1983: „Neue Eliten und alte Parteien. Anmerkungen zu einer Nebenfolge der Bildungsreform", in: Kaase, M./Klingemann, H. D.: Wahlen und politisches System, Opladen. 81–100.

Fernsehen im Alltag von Kindern. Eine Repräsentativ-Untersuchung des Kommunikations- und Konsumverhaltens von Schulkindern bis 13 Jahre, in: Kinder, Medien, Werbung. Ein Literatur- und Forschungsbericht, Frankfurt/Main, 297–607.

Filipp, S.-H. (Hrsg.), 1981: Kritische Lebensereignisse, München.
Fischer, A., 1985: Jugendliche und Erwachsene '85: Generationen im Vergleich. Herausgegeben vom Jugendwerk der Deutschen Shell. 5 Bde., Leverkusen.
Fischer, F., 1979: Bündnis der Eliten. Zur Kontinuität der Machtstrukturen in Deutschland 1871–1945, Düsseldorf.
Fischer, P., 1959: Die Saar zwischen Deutschland und Frankreich, Frankfurt.
Flora, P. u. a., 1983: States, Economy and Society in Western Europe, 1815–1975, Frankfurt.
Fogt, H., 1982: Politische Generationen. Empirische Bedeutung und theoretisches Modell, Opladen.
Forster, K., 1964a: Kirche und Öffentlichkeit, in: Maier, H. (Hrsg.), Deutscher Katholizismus nach 1945. Kirche – Gesellschaft – Geschichte, München, 36–57.
Forster, K. (Hrsg.), 1964b: Katholizismus und Kirche. Zum Weg des deutschen Katholizismus nach 1945, (Studien und Berichte der Katholischen Akademie in Bayern 28), Würzburg.
Forster, K., 1981: Der deutsche Katholizismus in der Bundesrepublik Deutschland, in: Rauscher, A. (Hrsg.): Der soziale und politische Katholizismus. Entwicklungslinien in Deutschland 1803–1963, Bd. I, München, 209–264.
Fraenkel, E., 1964: Deutschland und die westlichen Demokratien, unveröffentlicht.
Frank, B., 1974: Kinder vor dem Bildschirm. Sehgewohnheiten und Sehinteresse, in: Heygster, A.-L./Stolte, D.: Fernsehkritik, Mainz, 49–78.
Franz, G., 1985: Zeitreihenanalysen zu Wirtschaftsentwicklung, Zufriedenheit und Regierungsvertrauen in der Bundesrepublik Deutschland, in: Zeitschrift für Soziologie, 14, 64–88.
Free, L. A./Cantril, H., 1967: The Political Beliefs of Americans, New Brunswick.
Frei, D., 1985: Feindbilder und Abrüstung. Die gegenseitige Einschätzung der UdSSR und der USA, München.
Freeman, G. P., 1985: National Styles and Policy Sectors: Explaining Structured Variation, Paper IPSA Weltkongreß, Paris.
Freymond, J., 1961: Die Saar 1945–1955. München.
Friedländer, S., 1984: Kitsch und Tod. Der Widerschein des Nazismus, München.
Friedrich, M., 1975: Parlamentarische Opposition in der Bundesrepublik Deutschland: Wandel und Konstanz, in: Oberreuter, H. (Hrsg.), Parlamentarische Opposition. Ein internationaler Vergleich, Hamburg, 230–265.
Friedrich, W./Müller, H. (Hrsg.), 1980: Zur Psychologie der 12–22jährigen. Resultate einer Intervallstudie, Berlin (Ost).
Frisch, M., 1962: Tagebuch 1946–1949, Frankfurt/Main.
Fromm, E., 1980: Arbeiter und Angestellte am Vorabend des Dritten Reiches. Eine sozialpsychologische Untersuchung (1930), überarb.
Fuchs, D., 1981: Dimensionen politischer Unterstützung, in: Kaase, M./Klingemann, H. D. (Hrsg.): Politische Psychologie. Sonderheft der PVS, Opladen: 208–225.
Fuchs, D., 1983: The Left/Right-Schema as a Political Code. Paper prepared for the ECPR Workshop on „Ideology after the end of Ideology Debate", Freiburg, March 20–25.
Fuchs, D., 1984: Zur Entwicklung der Unterstützung des politischen Systems der Bundesrepublik Deutschland. Manuskript für die Tagung des Arbeitskreises „Politische Kulturforschung" der DVPW in Königstein/Ts. vom 26.–28. September.
Fuchs, W. u. a., 1978: Lexikon zur Soziologie, Opladen [2]1978.
Gabriel, K./Kaufmann, F.-X. (Hrsg.), 1980: Zur Soziologie des Katholizismus, Mainz.
Gabriel, O. W., 1981: „Politische Kultur – Zum Schlagwort deformiert", in: PVS, 22, 204–209.
**Gabriel, O. W., 1986: Politische Kultur und Postmaterialismus in der Bundesrepublik, Opladen.
Gaensslen, H./Schubö, W., 1976: Einfache und komplexe statische Analyse, München.
Gall, L., 1984: Europa auf dem Weg in die Moderne 1850–1890, München/Wien.
Gamson, W. A., 1968: Power and Discontent, Homewood.
Gamson, W. A./Lash, K. E., 1983: The Political Culture of Social Welfare Policy, in: Spiro, S. E./Yuchtman-Year, E. (Hrsg.), Evaluating the Welfare State: Social and Political Perspectives, New York, 397–415.
Gaus, G., 1986: Wo Deutschland liegt. Eine Ortsbestimmung, München.
Gebhardt, J., 1976: Die Krise des Amerikanismus, Stuttgart.
Gebhardt, J., 1977: Politische Demokratie und Gewaltenteilung in Schweden, in: Civitas – Jahrbuch für Sozialwissenschaften 15, 51–91.
Gebhardt, J., 1980: Symbolformen gesellschaftlicher Sinndeutung in der Krisenerfahrung, in: Vondung, K. (Hrsg.): Kriegserlebnis, Göttingen.

*Gebhardt, J., 1982: „Bayern – Deutschlands eigenwilliger Freistaat", in: Roth, R.A. (Hrsg.): Freistaat Bayern, München 83–104.

Gebhardt, J., 1986: Politische Kulturforschung – ein Beitrag zur vergleichenden Analyse soziokultureller Ordnungszusammenhänge, in: Barloewen, C. v./Werhahn-Mees, K.: Japan und der Westen III, Frankfurt, 60–77.

Gehrig, G., 1979: American Civil Religion: An Assessment, Society for the Scientivic Study of Religion 3, Storrs.

Geiger, Th., 1930: Panik im Mittelstand, in: Die Arbeit 7 (10), 1930, 637–654.

**Geiger, Th., 1932: Die soziale Schichtung des deutschen Volkes (Neuauflage) Stuttgart 1967.

Geiss, T., 1974: Konservatismus und Fortschritt, in: Greiffenhagen, M. (Hrsg.): Der neue Konservatismus der siebziger Jahre, Reinbek bei Hamburg.

Geller, H., 1976: Einflußmöglichkeiten und Einflußnormen der Kirchen auf das Leben des einzelnen in der Bundesrepublik Deutschland, in: Broockmann, H.W. (Hrsg.): Kirche und moderne Gesellschaft, Düsseldorf, 31–60.

Genschel, H., 1980: Politische Erziehung durch Geschichtsunterricht. Der Beitrag der Geschichtsdidaktik und des Geschichtsunterrichts zur politischen Erziehung im Nationalsozialismus, Frankfurt.

Gerbner, G./Gross, L., 1976: Living with Television: The Violence Profile, in: Journal of Communication, 26, 173–199.

Gerdes, D., 1985: Regionalismus als soziale Bewegung, Frankfurt/New York.

Gerndt, H./Schroubek, G.R., 1979: Regionale Kulturanalyse. München, Institut für deutsche und vergleichende Volkskunde.

Gerstenberger, H., 1981: „Zur Ideologie eines kritischen Begriffs", PVS, 22, 117–122.

Giovanoli, F., 1925: Die Maifeierbewegung. Ihre wirtschaftlichen und soziologischen Ursprünge und Wirkungen, Karlsruhe.

Gillis, G.S., 1978: Germany, in: Grew, R. (Hrsg.), Crisis of Political Development in Europe and the United States, Princeton, 313–345.

Girtler, R. 1979: Kulturanthropologie, München.

Glotz, P., 1980: Über politische Identität, in: Merkur, Heft 12, 1177–1187.

Gluchowski, P., 1983: Wahlerfahrung und Parteiidentifikation. Zur Einbindung von Wählern in das Parteiensystem der Bundesrepublik, in: Kaase, M./Klingemann, H.D. (Hrsg.): Wahlen und politisches System. Analysen aus Anlaß der Bundestagswahl 1980, Opladen, 442–477.

Gluchowski, P./Veen, H.-J., 1983: „Tendenzen der Nivellierung und Polarisierung in den Wählerschaften CDU/CSU und SPD von 1959–1983. Eine Fortschreibung", in: Zeitschrift für Parlamentsfragen, 14, 545–555.

Gluchowski, P., 1987: „Lebensstil und Wandel der Wählerschaft in der Bundesrepublik Deutschland", in: Aus Politik und Zeitgeschichte 12/87, 18–32.

Goffman, E., 1980: Rahmen-Analyse. Ein Versuch über die Organisation von Alltagserfahrung, Frankfurt a.M.

Goffman, E., 1981: Strategische Interaktion, München–Wien.

Gollin, A./Anderson, T., 1980: America's Children and the Mass Media, New York.

Gollwitzer, H., 1964: Die politische Landschaft in der deutschen Geschichte des 19. und 20. Jahrhundert, in: Zeitschrift für bayerische Landesgeschichte 27, 523–552.

Golomb, E. (Hrsg.), 1974: Kirche und Katholiken in der Bundesrepublik, Aschaffenburg.

Golomb, E., 1983: Sozialer und religiöser Wandel im Ruhrgebiet, in: Kühr, H. (Hrsg.): Kirche und Politik, Berlin, 95–113.

Gorschenek, G. (Hrsg.), 1976: Katholiken und ihre Kirche in der Bundesrepublik Deutschland, München/Wien.

Gothein, E., 1892: Wirtschaftsgeschichte des Schwarzwaldes und der angrenzenden Landschaften, Straßburg.

Gotto, K., 1983: Zum Selbstverständnis der katholischen Kirche im Jahre 1945, in: Albrecht, D. u.a. (Hrsg.): Politik und Konfession. Festschrift für Konrad Repgen zum 60. Geburtstag, Berlin, 465–481.

Gotto, K., 1985: Wandlungen des politischen Katholizismus seit 1945, in: Oberndörfer, D. u.a. (Hrsg.): Wirtschaftlicher Wandel, religiöser Wandel und Wertwandel. Folgen für das politische Verhalten in der Bundesrepublik Deutschland, Berlin, 221–235.

Greinacher, N./Klostermann, F., 1978: Vor einem neuen politischen Katholizismus?, Frankfurt a.M.

Gottschalch, W., 1977: Schülerkrisen. Autoritäre Erziehung, Flucht und Widerstand, Reinbek.

*Gramsci, A., 1980: Zu Politik, Geschichte und Kultur, Frankfurt.

Gransow, V., 1984: Fünf Kulturen und ein Trilemma. Notizen zur DDR-Kulturpolitik, in: DDR Report 8 (1984), 430–433.

Gransow, V./Offe, C., 1981: „Politische Kultur und sozial-demokratische Regierungspolitik", Das Argument, 128, 551–564.

**Grebing, H., 1986: Der „deutsche Sonderweg" in Europa. 1806–1945. Eine Kritik, Stuttgart.

Greenstein, F. I., 1975: „Personality and Politics", in: Greenstein, F. I./Polsby, N. W.: Handbook of Political Science, Volume 2: Micropolitical Theory. Addison-Wesley Publishing Company.

**Greiffenhagen, M. und S., 1979: Ein schwieriges Vaterland, München.

**Greiffenhagen, M./Greiffenhagen, S./Prätorius, R. (Hrsg.), 1981a: Handwörterbuch zur politischen Kultur der Bundesrepublik Deutschland, Opladen.

Greiffenhagen, M., 1981b: Die Aktualität Preußens, Frankfurt.

Greinacher, N./Risse, H. T. (Hrsg.), 1966: Bilanz des deutschen Katholizismus, Mainz.

Greven, M. T., 1982: Vom Wohlfahrtsstaat zum autoritären Staat der ‚reinen' Politik. Eine zugespitzte Frage bezüglich der politischen Konsequenzen von Niklas Luhmanns' Politische(r) Theorie im Wohlfahrtsstaat', in: PVS-Literatur 23, 143–152.

Greverus, I.-M., 1978: Kultur und Alltagswelt, München.

Greverus, I.-M., 1979: Auf der Suche nach Heimat, München.

Grew, R. (Hrsg.), 1978: Crisis of Political Development in Europe and the United States. Princeton.

Groh, D., 1973: Negative Integration und revolutionärer Attentismus, Frankfurt/M.

Groner, F., 1974: Trends in der katholischen Kirche im Bundesgebiet Deutschland nach dem Konzil, in: Herder Korrespondenz 28, 251–257.

Großhans, H., 1972: Öffentlichkeit und Stadtentwicklungsplanung. Düsseldorf.

Groth, O., 1915: Die politische Presse Württembergs, Staatswissenschaftliche Diss. Tübingen.

Güllner, M., 1977: Chance oder Ende der Kommunalpolitik, in: Demokratische Gemeinde 8/1977, 800–804.

Güllner, M., 1986: Der Zustand des lokalen Parteiensystems: Chance oder Ende der Kommunalpolitik, in: Hesse, J. J. (Hrsg.): Erneuerung der Politik „von unten"? Stadtpolitik und Selbstverwaltung im Umbruch, Opladen, 26–37.

Günther, W. (Hrsg.), 1983: Parteien und Wahlen in Oldenburg. Beiträge zur Landesgeschichte im 19. und 20. Jahrhundert, Oldenburg.

Gumpel, W. (Hrsg.), 1982: Symposiom: Alltag im Sozialismus, Köln.

Haase, H., 1981: Kinder, Jugendliche und Medien. Eine Literaturexpertise, in: Kinder, Medien, Werbung: Ein Literatur- und Forschungsbericht, Frankfurt, 5–294.

Haase, H. u. a., 1986: Die SED und das kulturelle Erbe, Berlin (Ost).

Habermas, J., 1973: Legitimationsprobleme im Spätkapitalismus, Frankfurt/M.

Habermas, J., 1974: Können komplexe Gesellschaften eine vernünftige Identität ausbilden?, in: Habermas, J./Heinrich, D.: Zwei Reden, Frankfurt/M.

Habermas, J. (Hrsg.), 1979: Stichworte zur ‚Geistigen Situation der Zeit', 2 Bde., Frankfurt.

*Habermas, J., 1981: Theorie des kommunikativen Handelns, 2 Bde., Frankfurt/M.

Habermas, J., 1985: Die neue Unübersichtlichkeit, in: Merkur, 1–14.

Habermas, J., 1986: Eine Art Schadensabwicklung. Die Apologetischen Tendenzen in der deutschen Zeitgeschichtsschreibung, in: Die Zeit v. 11.7., Nr. 29.

Häsing, H. u. a. (Hrsg.), 1981[4]: Narziß. Ein neuer Sozialisationstypus? Bensheim.

*Haffner, S., 1940: Germany: Jekyll and Hyde, London.

Hamel, I., 1967: Völkischer Verband und nationale Gewerkschaft. Der Deutschnationale Handlungsgehilfen-Verband 1893–1933, Frankfurt/M.

*Hamilton, R., 1982: Who voted for Hitler?, Princeton.

Hanke, I., 1984: Die politische Kultur, in: Rausch, H./Stammen, Th. (Hrsg.): DDR. Das politische, wirtschaftliche und soziale System, 2. überarb. Aufl., München.

Hanssler, B., 1978: Der Pluralisierungsprozeß im deutschen Katholizismus und seine gesellschaftlichen Auswirkungen, in: Langner, A. (Hrsg.): Katholizismus im politischen System der Bundesrepublik 1949–1963, Paderborn 193–122.

Hassner, P., 1982: Was geht in Deutschland vor? Wiederbelebung der Deutschen Frage durch Friedensbewegung und Alternative Gruppen, in: Europa-Archiv, Folge 17, 517–526.

Hennig, E., 1973: Thesen zur deutschen Sozial- und Wirtschaftsgeschichte 1933 bis 1938, Frankfurt.

Hennig, E., 1979: Faschistische Ästhetik und faschistische Öffentlichkeit, in: Hinz, B. u. a. (Hrsg.): Die Dekoration der Gewalt, Giessen.
Hennig, E., 1979a: Kontinuitäten zum historischen Faschismus und jugendliches Politikverhalten in der Bundesrepublik Deutschland, in: Paul, G./Schoßig, B. (Hrsg.), 1979: Jugend und Neofaschismus. Provokation oder Identifikation? Frankfurt.
Hennig, E., 1980: Regionale Unterschiede bei der Entstehung des Faschismus, PVS, 21. Jg., 152–173.
Hennig, E., 1982: Neonazistische Militanz und Rechtsextremismus unter Jugendlichen, Stuttgart/Berlin/Köln/Mainz.
Hennig, E., 1982a: Bürgerliche Gesellschaft und Faschismus in Deutschland, Frankfurt.
**Hennig, E. (Hrsg.), 1983: Hessen unterm Hakenkreuz, Frankfurt.
Hennig, E., 1984: Vorwort zu G. Pauls „Deutsche Mutter – heim zu Dir!", in: Paul, G., 13–18.
Hennig, E., 1985: ‚Zur wahlsoziologischen und politisch-kulturellen Analyse der Gemeinden des Landkreises Kassel 1928–1933', Manuskript zur Tagung des AK „Politische Kulturforschung" in der DVPW v. 13.3.–15.3.1985 in Tutzing.
Hennig, E., 1985a: Antifaschismus und „Neue Rechte", in: WIDERSPRÜCHE 16, 15 ff.
Hennig, E., 1987: Oberzwehren wie es früher war. Einige Bemerkungen über die Zeit der Weimarer Republik unter besonderer Berücksichtigung der Wahlen in Oberzwehren, Kassel (als Ms, 66 S., vervielfältigt v. d. Stadtsparkasse Kassel).
Hennig, E., 1987a: Der Nationalsozialismus als Vorgeschichte der Nachkriegszeit – dargestellt am Beispiel Hessen, Ms. (81 S.), ersch. in: Deutschland 1945–1949, hrsg. v. Hans-Gerd Schumann, Darmstadt.
Hennig, E., 1988: Die Wahlentwicklung im Landkreis Kassel (1928–1933), Ms. (79 S.), ersch. in: JB des Landkreises Kassel.
Hennis, W., 1974: Die Rolle des Parlaments und die Parteiendemokratie, in: Löwenthal, R./Schwarz, H.-P. (Hrsg.): Die zweite Republik. 25 Jahre Bundesrepublik Deutschland – eine Bilanz, Stuttgart, 203–243.
Hennis, W., 1977: Ende der Politik?, in: Hennis, W.: Politik und praktische Philosophie, Stuttgart, 176–197.
Hennis, W., 1983: Identität durch ‚Errungenschaften'? Zu einigen Wandlungen der politischen Kultur in der Bundesrepublik, in: Institut der deutschen Wirtschaft (Hrsg.): Wirtschaftliche Entwicklungslinien und gesellschaftlicher Wandel, Köln, 29–41.
Hernegger, R., 1981: Gesellschaft ohne Kollektiv-Identität, München.
Herrmann, H. W., 1977: Die Zuordnung des Landes an der Saar zu einem historischen Raum, in: Hoppstädter, K./Herrmann, H. W. (Hrsg.): Geschichtliche Landeskunde des Saarlandes. Saarbrücken.
Hershberg, Th., 1981: Philadelphia. Work, Space, Family and Group Experience in the 19th Century. Essays toward an Interdisciplinary History.
Herz, Th., 1979: „Der Wandel von Wertvorstellungen in westlichen Industriegesellschaften", in: Kölner Zeitschrift für Soziologie und Sozialpsychologie 31, 282–302.
Hille, B., 1985: Familie und Sozialisation in der DDR, Opladen.
**Hillenbrand, M. J., 1983: Germany in a Era of Transition, special issue der Reihe „The Atlantic Papers", The Atlantic Institute for International Affairs, Paris, Dez. 1983.
**Hillgruber, A., 1986: Zweierlei Untergang. Die Zerschlagung des Deutschen Reiches und das Ende des europäischen Judentums, Berlin.
Hillmann, K. H., 1986: Wertwandel, Darmstadt.
Himmelweit, H. T./Oppenheim, A. N./Vince, P., 1958: Television and the Child. An Empirical Study of the Effect of Television on the Young, London/New York/Toronto.
Himmelweit, H. T./Swift, B., 1977: Priciples of Continuities and Discontinuities in the Media Usage and Taste: A Longitudinal Study of Adolescents Re-examined at Ages 25 and 33, in: Journal of Social Issues, 31.
Hinz, B., 1974: Die Malerei im deutschen Faschismus, Kunst und Kulturrevolution, München.
Hinz, B. u. a. (Hrsg.), 1979: Die Dekoration der Gewalt. Kunst und Medien im Faschismus, Giessen.
Hirsch, J., 1980: Der Sicherheitsstaat. Das „Modell Deutschland", seine Kosten und die neuen sozialen Bewegungen, Frankfurt a. M.
Hochheimer, W., 1972: Die permanente Reproduktion der autoritären Persönlichkeit. Zur Problematik der Erziehungsmechanismen und sozialen Kontrollen in der organisierten Gesellschaft, in: Hartfiel, G. (Hrsg.), 1972[3]: Die autoritäre Gesellschaft, Opladen, 54–96.

Hochstein, B., 1984: Die Ideologie des Überlebens. Zur Geschichte der politischen Apathie in Deutschland, Frankfurt/New York.
Höpken, H., 1983: Die Geschichte der Kasseler Arbeiterbewegung 1914 bis 1933, Marburg.
Hofmann, H. H., 1954: Mittel- und Oberfranken am Ende des Alten Reiches (1792). Kommission für Bayerische Landesgeschichte, München.
Hofmann, H. H., 1954: Franken seit dem Ende des Alten Reiches. Mit 8 Karten und 1 Beilage. Kommission für Bayerische Landesgeschichte, München.
Hoffmann, J., 1983: Das Ziel war Europa, München.
Hoffmann-Lange, U., 1977: Politische Einstellungsmuster in der Westdeutschen Führungsschicht. Dissertation Mannheim.
Hoffman-Lange, U./Neumnnn, H./Steinkemper, B., 1980: Konsens und Konflikt zwischen Führungsgruppen in der Bundesrepublik Deutschland. Frankfurt.
Hoffmann-Lange, U., 1980: Sozialliberale und konservative Vorstellungen in der FDP, in: Albertin, L. (Hrsg.): Politischer Liberalismus in der Bundesrepublik. Göttingen.
Hofmann, W., 1972: Abschied vom Bürgertum. Essays und Reden, Frankfurt.
Hofheinz, R./Calder, K., 1982: The East-Asia Edge, New York.
Holtmann, E. (Hrsg.), 1985: Nach dem Krieg – vor dem Frieden. Der gesellschaftliche und politische Neubeginn nach 1945 im Kreis Unna, Köln.
Holtmann, E., 1986a: Politische Positionseliten in der „Stunde Null" – Versuch einer lokalen Typisierung, in: Kraiker, G. (Hrsg.): 1945 – Die Stunde Null?, Oldenburg.
Holtmann, E., 1986b: Politik und Nichtpolitik. Lokale Erscheinungsformen Politischer Kultur im frühen Nachkriegsdeutschland. Habil-Schrift (Ms.) Erlangen.
Holtmann, E., 1987: Die neuen Lassalleaner: SPD und HJ-Generation nach 1945. Das Beispiel des Unterbezirks Hamm-Unna, in: Broszat/Henke/Woller (Hrsg.): Von Stalingrad zur Währungsreform. Sozialgeschichte des Umbruchs in Deutschland, München.
Hopf, Ch./Weingarten, E. (Hrsg.) 1979: Qualitative Sozialforschung, Stuttgart.
Horch, H., 1985: Der Wandel der Gesellschafts- und Herrschaftsstrukturen in der Saarregion während der Industrialisierung (1740–1914). St. Ingbert.
Hornung, K., 1983: Nation/Nationalsozialismus/Nationalstaat, in: Mickel, W. M. (Hrsg.), Handlexikon zur Politikwissenschaft. München.
Hubig, Ch., 1985: Handlung – Identität – Verstehen. Weinheim.
Hübner, E./Oberreuter, H., 1977: Parlament und Regierung. Ein Vergleich dreier Regierungssysteme, München.
Hurrelmann, K./Ulich, D. (Hrsg.), 1983: Handbuch der Sozialisationsforschung, Weinheim/Basel.
Husner, G., 1985: Studenten und Studium in der DDR, Köln.
*Hyman, H. H., 1959: Political Socialization, New York.
Iggers, G. G., 1978: Neue Geschichtswissenschaft. Vom Historismus zur Historischen Sozialwissenschaft. München.
Ijzendoorn, van, M. H., 1979: Moralität, Kognition und politisches Bewußtsein, in: Zeitschrift für Pädagogik, 25, 1979, 547–567.
Inglehart, R./Klingemann, H. D., 1976: Party identification, ideological preference and the left-right dimension among Western publics, in: Budge, J./Crewe, I./Fairlie, D. (Hrsg.): Party identification and beyond, London, 243–273.
*Inglehart, R., 1975: The Silent Revolution: Changing Values and Political Styles Among Western Publics, Princeton, N. J. reprint 1977.
Inglehart, R., 1979a: „Wertwandel in westlichen Gesellschaften: Politische Konsequenzen von materialistischen und postmaterialistischen Prioritäten", in: Klages und Kmieciak: Wertewandel und gesellschaftlicher Wandel, Frankfurt 279–316.
Inglehart, R., 1979b: „Value Priorities and Socioeconomic Change", in: Barnes/Kaase u. a.: Political Action, Beverly Hills. 305–342.
Inglehart, R., 1979c: Wertwandel und politisches Verhalten, in: Matthes, J. (Hrsg.): Sozialer Wandel in Westeuropa, Frankfurt.
Inglehart, R., 1980: „Zusammenhang zwischen sozioökonomischen Bedingungen und individuellen Wertprioritäten", in: Kölner Zeitschrift für Soziologie und Sozialpsychologie 32, 144–153.
Inglehart, R., 1981: Postmaterialism in an environment of insecurity, in: American Political Science Review, 75, 880–900.
Inglehart, R., 1983: Traditionelle politische Trennungslinien und die Entwicklung der neuen Politik in westlichen Gesellschaften, in: Politische Vierteljahresschrift 24, 139–165.

Inglehart, R., 1986: Vergleichende Wertwandelforschung, in: Berg-Schlosser, D./Müller-Rommel, F. (Hrsg.): Vergleichende Politikwissenschaft, Opladen.

Inglehart, R., 1987: The Decline of Marxism, in: American Political Science Review, (i. E.)

*Inkeles, A./Levinson, D. J., 1969: „National Character: The Study of Modal Personality and Socio-Cultural Systems", in: Lindsey, G., Handbook of Social Psychology, Cambridge/Mass., Bd. 4, 418–506.

*Institut für Demoskopie Allensbach, 1979: Demokratieverankerung in der Bundesrepublik Deutschland. Eine empirische Untersuchung zum 30jährigen Bestehen der Bundesrepublik. Allensbach (Selbstverlag).

Institut für Gesellschaft und Wissenschaft an der Universität Erlangen-Nürnberg (Hrsg.), 1986: Der XI. Parteitag der SED. Gesellschafts- und wissenschaftspolitische Aspekte, Erlangen.

IPOS (Berger, M./Gibowski, W. G./Roth, D.), 1980: Der neue Mittelstand. Lebenslagen, Bewußtseinsformen, politisches Verhalten (Berichtband). Mannheim.

Irsigler, F./Metz, R., 1984: The statistical evidence of „long waves" in pre-industrial and industrial times, Social Science Information, No. 1.

*Iwand, W. M., 1985: Paradigma Politische Kultur, Opladen.

**Jäckel, E., 1986: Hitlers Herrschaft. Vollzug einer Weltanschauung, Stuttgart.

Jahn, D., 1985: Arbeit als Schlüsselkategorie der ökonomischen und sozialen Entwicklung. University of Bielefeld (unpublished Master's Thesis).

Jahn, D., 1986: Some Remarks on the Notion of Labour Society – A Reply to Simo Aho, in: Acta Sociologica, 61–68.

Jaide, W., 1983: Wertwandel? Grundfragen zur Diskussion, Opladen.

James, W., 1902: The Varieties of Religious Experience, Boston.

Jann, W., 1983: Staatliche Programme und ‚Verwaltungskultur'. Bekämpfung des Drogenmißbrauchs und der Jugendarbeitslosigkeit in Schweden, Großbritannien und der Bundesrepublik Deutschland im Vergleich, Opladen.

*Jann, W., 1986: „Vier Kulturtypen, die alles erklären?", PVS, Heft 4, 361–377.

Janssen, J. M. (Hrsg.), 1985: Lieben Sie Deutschland? Gefühle zur Lage der Nation, München/Zürich.

Jaspers, K., 1947: Vom europäischen Geist (Vortrag in Genf, September 1946), München.

Jaspers, K., 1985: Psychologie der Weltanschauungen, München/Zürich (erste Auflage Berlin/Heidelberg 1954).

Jaschke, H.-G./Loiperdinger, M., 1983: NSDAP und Gewalt vor 1933. Ästhetische Okkupation und physischer Terror, in: Friedensanalysen 17, Faszination der Gewalt. Politische Strategie und Alltagserfahrung (Redaktion Reiner Steinweg), Frankfurt.

Jaschke, H. G., 1985: Was ist, woher kommt, wo steht die „Neue Rechte" in der Bundesrepublik?, in: WIDERSPRÜCHE 16, 23 ff.

Jaschke, H. G., 1986: Wölfe im Schafpelz? Der europäische Rechtsradikalismus bemüht sich um ein intellektuelles Profil, in: DIE ZEIT 10.1., 16.

Jesse, E., 1986: Die Demokratie und ihre Gegner, in: Politische Studien 286, 150–163.

Jennings, M. K./Niemi, R., 1974: The Political Character of Adolescence, Princeton.

John, E., 1980: Kultur – Kunst – Lebensweise, Berlin (Ost).

Jürgens, M., 1970: Der Staat als Kunstwerk. Bemerkungen zur Ästhetisierung der Politik, in: Kursbuch Nr. 20.

Jugendwerk der Deutschen Shell, o. J., 1977: Jugend in Europa. Ihre Eingliederung in die Welt der Erwachsenen. Eine vergleichende Analyse zwischen der Bundesrepublik Deutschland, Frankreich und Großbritannien 1977. 3 Bde., Hamburg.

Jugendwerk der Deutschen Shell, 1980: Die Einstellungen der jungen Generation zur Arbeitswelt und Wirtschaftsordnung: 1979, Hamburg.

Jung, H./Spoo, E. (Hrsg.), 1971: Das Rechtskartell. Reaktion in der Bundesrepublik, München.

Kaase, M., 1971: Demokratische Einstellungen in der Bundesrepublik Deutschland, in: Wildemann, R. (Hrsg.): Sozialwissenschaftliches Jahrbuch für Politik, Band 2, München, 119–326.

Kaase, M., 1971a: Die politische Mobilisierung von Studenten in der BRD, in: Allerbeck, K./Rosenmayr, L. (Hrsg.): Aufstand der Jugend? Neue Aspekte der Jugendsozialarbeit, München, 155–178.

Kaase, M., 1976: Bedingungen unkonventionellen politischen Verhaltens in der Bundesrep. Deutschland, in: PVS-SH 7/1976, 179 ff.

Kaase, M., 1981: Demokratieskala, in: Greiffenhagen, M./Greiffenhagen, S./Prätorius, R. (Hrsg.):

Handwörterbuch zur politischen Kultur der Bundesrepublik Deutschland. Opladen: Westdeutscher Verlag 1981, 118–123.

**Kaase, M./Klingemann, H.-D., 1983: Wahlen und politisches System. Analysen aus Anlaß der Bundestagswahl 1980, Opladen.

*Kaase, M., 1983: „Sinn oder Unsinn des Konzepts „Politische Kultur" für die vergleichende Politikforschung, oder auch: der Versuch, einen Pudding an die Wand zu nageln", in: Kaase/Klingemann, 144–172.

Kaase, M., 1985: Systemakzeptanz in den westlichen Demokratien, in: Randelzhofer, A./Süß, W. (Hrsg.): Konsens und Konflikt. 35 Jahre Grundgesetz, Köln, 99–125.

Kaase, M., 1986: Das Mikro-Makro-Puzzle der empirischen Sozialforschung. Anmerkungen zum Problem der Aggregatstabilität bei individueller Instabilität in Panelbefragungen, in: Kölner Zeitschrift für Soziologie und Sozialpsychologie 38. Jg. (1986), H. 2, 209–222.

Kaase, M., 1982: Legitimacy Beliefs and the Democratic Order: Theory, Facts and Fiction. Paper prepared for the Conference on „Representation and the State: Problems of Governability and Legitimacy in Western European Democracies", Stanford University Okt., 11–15.

Kalberg, S., 1987: A „National Political Identity Crisis" in the Federal Republic of Germany, in: German Politics and Society, The Center for European Studies, Harvard University, No. 10, 1987, 3–8.

Kalinowsky, H., 1985: Rechtsextremismus und Strafrechtspflege, hrsg. vom Bundesministerium der Justiz, Bonn.

Kaminski, G., 1981: Überlegungen zur Funktion von Handlungstheorien in der Psychologie, in: Lenk, H., Handlungstheorien-interdisziplinär, Bd. 3, 1. München.

Kappner, H.-H., 1983: Adornos Reflexionen über den Zerfall des bürgerlichen Individuums, in: Arnold, H. L. (Hrsg.), 1983[2]: Theodor W. Adorno, München.

Kasper, E./Nieder, A./Sieloff, U., 1986: Oekologie und Oekonomie – ein Widerspruch?, in: Günter, R./Winter, G. (Hrsg.): Tagungsband zum Workshop über Umweltprobleme der Sektion Politische Psychologie, Weinheim.

Katz, D., 1978: Nationalismus als sozialpsychologisches Problem, in: Winkler, H.-A. (Hrsg.): Nationalismus, Göttingen, 67–84.

Katz, E./Lazersfeld, P., 1955: Personal Influence; The Part Played by People in The Flow of Mass Communications (Glencoe, Ill., The Free Press, 1955).

Katz, E./Blumler, J. G./Gurevitch, M., 1974: Uses of Mass Communication by the Individual, in: Davison, W. Ph./Yu, F. T. C. (Hrsg.): Mass Communication Research. Major Issues and Future Directions, New York, 11–35.

Kaufmann, F. X., 1979: Kirche begreifen. Analysen und Thesen zur gesellschaftlichen Verfassung des Christentums, Freiburg i. Br.

Kavanagh, D., 1972: Political Culture, London.

Kavanagh, D., 1980: „Political Culture in Britain; The Decline of The Civic Culture" in: Almond/Verba, 1980: The Civic Culture Revisited, Boston.

Kavanagh, D., 1985: British Politics, Oxford.

Keller, F., 1974: Die religiöse Praxis, in: Golomb, E. (Hrsg.): Kirche und Katholiken in der Bundesrepublik, Aschaffenburg, 78–90.

Kelly, G. A., 1984: Politics and Religious Consciousness in America, New Brunswick.

Kelman, H. C., 1969: Pattern of Personal Involvment in the National System: A Socio-psychological Analysis of Politic Legitimacy, in: Rosenau, J. N. (Hrsg.): International Politics and Foreign Policy. New York: Free Press, 276–288.

Kepplinger, H. M./Hachenberg, M., 1980: Die fordernde Minderheit. Eine Studie zum sozialen Wandel durch abweichendes Verhalten am Beispiel der Kriegsdienstverweigerung, in: Kölner Zeitschrift für Soziologie und Sozialpsychologie, 30, 508–534. Wieder abgedruckt unter dem Titel Media and Conscientious Objection in the Federal Republic of Germany, in: Paletz, D. (Hrsg.): Political Communication Research: Problems, Studies, and Assessments, Norwood 1986.

Kepplinger, H. M., 1981: Gesellschaftliche Bedingungen kollektiver Gewalt, in: Kölner Zeitschrift für Soziologie und Sozialpsychologie, 33, 469–503.

Kepplinger, H. M., 1984: Development of Communication in Postwar Germany: Remarks on Media Use and Social Change, in: Bulletin of the Institute for Communications Research, Keio University, Tokyo, 23, 1–29.

Kepplinger, H. M./Martin, V., 1986: Die Funktionen der Massenmedien in der Alltagskommunikation, in: Publizistik, 31, 118–128.

Kepplinger, H. M., 1986: Begriffe und Modelle langfristiger Medienwirkung. In Vorbereitung.

Kettenacker, L., 1981: Sozialpsychologische Aspekte der Führer-Herrshaft, in: Hirschfeld, G./ Kettenacker, L. (Hrsg.): Der „Führerstaat": Mythos und Realität, Stuttgart.

Key, V. O., 1966: The Responsible Electorate: Rationality in Presidential Voting 1936–1960. New York.

Kiewiet, R. D./Rivers, D., 1985: A Retrospective on Retrospective Voting, in: Elau, H./Lewis-Beck, M. S. (Hrsg.): Economic Conditions and Electoral Outcomes. New York: Agathon Press, 207–231.

Kinder, D. R./Kiewiet, R. D., 1981: Sociotropic Politics: The American Case, in: British Journal Of Political Science, 11, 129–161.

Kirchgässner, G., 1983: Welche Art der Beziehung herrscht zwischen der objektiven wirtschaftlichen Entwicklung, der Einschätzung der Wirtschaftslage und der Popularität der Parteien: Unabhängigkeit, Scheinunabhängigkeit, Scheinkorrelation oder Kausalbeziehung? Eine empirische Untersuchung für die Bundesrepublik Deutschland von 1971 bis 1982, in: Kaase, M./ Klingemann, H. D. (Hrsg.): Wahlen und politisches System. Analysen aus Anlaß der Bundestagswahl 1980. Opladen: 222–256.

Kirk, J./Miller, M. L., 1986: Reliability and Validity in Qualitative Research, Beverly Hills: Qualitative Research Methods Vol. 1.

Kiss, G., 1985: Zum Problem der soziologischen Thematisierbarkeit von Nation, Hekt. Manuskript.

Kißler, I., 1979: Politische Sozialisation. Eine Einführung, Baden-Baden.

Kitzmüller, E. u. a., 1973: Der Wandel der nationalen Frage in der Bundesrepulbik. Nationalstaat ohne Nationalökonomie?, in: Aus Politik und Zeitgeschichte, B 33, 3–30 u. B 34, 3–30.

*Klages, H./Kmieciak, P. (Hrsg.), 1979: Wertwandel und gesellschaftlicher Wandel, Frankfurt und New York.

Klages, H., 1981: Gemeinden und Kreise als soziale Gebilde, in: Handbuch der kommunalen Wissenschaft und Praxis, Bd. I, Berlin 1981, 342–354.

*Klages, H., 1984: Wertorientierung im Wandel. Rückblick, Gegenwartsanalyse, Prognose, Frankfurt/Main.

Klein, H., 1981: Das Saarland vom Wiener Kongreß bis zum 1. Weltkrieg, in: Staerk, D. (Hrsg.): Das Saarlandbuch. Saarbrücken, 175–182.

Kleinknecht, A., 1981: Lange Wellen oder Wechsellagen? Einige methodische Anmerkungen zur Diskussion, in: Petzina, D./Roon, G. van (Hrsg.): Konjunktur, Krise, Gesellschaft, Stuttgart.

Klemperer, K. von, 1974: „Konservativismus", in: C. D. Kernig (Hrsg.): Marxismus im Systemvergleich – Geschichte: Band 2, Frankfurt und New York.

Klineberg, O., 1966: Die menschliche Dimension in den internationalen Beziehungen, Bern/Stuttgart.

Klingemann, H. D., 1982: Conflicting Modes of Political Orientation or what happens to the German Left? The Case of West-Berlin. Paper prepared for the Conference on „Representation and the State: Problems of Governability and Legitimacy in Western European Democracies. Stanford University, Okt., 11–15.

Klingemann, H. D., 1983: The Fragile Stability. Social Structure, Modes of Political Orientation and the West-German Party System. Paper to be presented at the Meeting of the IPSA-Executive Committee, Free University of Berlin, January 7.

*Klingemann, H. D. (Hrsg.), 1984: Computerunterstützte Inhaltsanalyse in der empirischen Sozialforschung, Frankfurt/M., New York.

Klöckner, M., 1971: Der politische Katholizismus. Versuch einer Neudefinierung, in: Zeitschrift für Politik 18, 124–130.

Klönne, A., 1984: Zurück zur Nation? Kontroversen zu deutschen Fragen, Köln.

Kluckhohn, C./Kelley, W.: The Concept of Culture, in: Linton, R. (Hrsg.): The Science of Man in the World Crisis, New York 1945.

Kluckhohn, C., 1951: „The Concept of Culture", in: Lerner, D./Lasswell, H. D. (Hrsg.): The Policy Sciences,

Koch, H./Hanke, H./Ziermann, Ch./Barthel, W., 1982: Zur Theorie der sozialistischen Kultur, Berlin (Ost) 1982.

**Koch-Hillebrecht, M., 1977: Das Deutschlandbild. Gegenwart, Geschichte, Psychologie, München.

Kocka, J., 1977: Sozialgeschichte, Begriff – Entwicklung – Probleme.

Köcher, R., 1983: „Jugend und Kirche", in: Noelle-Neumann, 134–140.

Köhler, A., 1985: Wiedervereinigung – Wunsch und Wirklichkeit. Empirische Beiträge zur Frage der nationalen Orientierung unter innerdeutschen Aspekten, in: Weidenfeld, W. (Hrsg.): Nachdenken über Deutschland, Köln, 147–163.

König, F./Rahner, K. (Hrsg.), 1983: Europa. Horizonte der Hoffnung, Graz u. a.
Kohlenberger, L./Schwarz, H.-A., 1982: Abschlußbericht des Projekts „Zum Problem einer ‚Zweiten Kultur‘ in West-Berlin“, Berlin-Forschung, FU Berlin.
Kohr, H. U. u. a. (Hrsg.), 1983: Reproduktion von Gesellschaft, Weinheim und Basel.
Koigen, D., 1912: Die Kultur der Demokratie, Jena.
Kommission der Europäischen Gemeinschaft (Hrsg.): Euro-Barometer (erscheint halbjährlich).
Konrád, G., 1985: Mitteleuropäische Meditationen, Frankfurt/Main.
Korff, G., 1979: Volkskultur und Arbeiterkultur. Überlegungen am Beispiel der sozialistischen Maifesttradition, in: Geschichte und Gesellschaft, Heft 1.
Korte, K.-R., 1984: Der Traum vom ‚anderen‘ Deutschland. Schriftsteller leiden am deutschen Weg, in: Deutschland-Archiv, H. 9, 958–962.
Korte, K.-R., 1985a: Suchbewegungen. Wo ist der deutsche Standort?, in: Weidenfeld, W. (Hrsg.), Nachdenken über Deutschland. Materialien zur politischen Kultur der Deutschen Frage, Köln, 19–36.
Korte, H.-R., 1985b: Wer sind wir? Die Deutsche Frage als Thema unserer politischen Kultur, in: Liberal, H. 4, 115–123.
Korte, K.-R., 1985c: Die Nation: Chance zur Selbstverwirklichung? Wertwandel und nationale Frage, in: Deutschland-Archiv, H. 8, 828–830.
Koselleck, R., 1979: Kriegerdenkmale als Identitätsstiftungen der Überlebenden, in: Identität (= Poetik und Hermeneutik VII), hrsg. von O. Marquard und H. Stierle, München 1979, 256–276.
Kosing, A., 1975: Theoretische Probleme der Entwicklung der sozialistischen Nation in der DDR, in: Deutsche Zeitschrift für Philosophie, Heft 2.
Kosing, A., 1976: Nation in Geschichte und Gegenwart, Berlin (Ost).
Kosthorst, E., 1974: Die Teilung Deutschlands und die Entstehung zweier deutscher Staaten. Eine didaktische Analyse, in: Politik und Kultur, H. 3, 14–33.
Kosthorst, E., 1978: Die Deutsche Frage in der politischen Bildung. Öffentliche Anhörung des Ausschusses für innerdeutsche Beziehungen, Zur Sache, Nr. 2, 27–40.
Koziol, K./Wehling, H.-G., 1981: Parteien auf dem Dorf, in: SOWI. Sozialwissenschaftliche Informationen für Unterricht und Studium 10, 25–28.
Koziol, K., 1986: Badener und Württemberger. Untersuchungen zur regionalen politischen Kultur, Dissertation Tübingen.
Kraiker, G., 1972: Politischer Katholizismus in der BRD. Eine ideologische Analyse, Stuttgart u. a.
Kramer, F. A., 1979: Contemporary Approches to Public Budgeting, Cambridge (Mass.).
**Kracauer, S., 1979: Von Caligari zu Hitler, Eine psychologische Geschichte des deutschen Films, Frankfurt/Main.
Kraus, S./Davis, D., 1976: The Effects of Mass Communication on Political Behavior, Pennsylvania.
Kraut, G./Schwarz, H.-P., 1979: „Vom Geiste der Gemeinschaft“, in: Hinz, B. u. a. (Hrsg.): Die Dekoration der Gewalt, Gießen.
Krewer, B./Momper, M./Eckensberger, L. H., 1985: Das Saarland war zumeist Objekt der Geschichte, in: Wehling, H. G. (Hrsg.), 1985: 90–115.
Krippendorff, E., 1966: „Politische Kultur“, Neue Politische Literatur, 11, 398–404.
Krisch, H.: Politische Kultur in der Deutschen Demokratischen Republik, in: o. Hrsg. 1984: Lebensbedingungen in der DDR. Siebzehnte Tagung zum Stand der DDR-Forschung in der Bundesrepublik Deutschland 12.–15. Juni 1984, Köln.
Kroebner, A. L./Kluckhohn, C., 1952: Culture. A Critical Review of Concepts and Definitions, Cambridge/Mass.
**Krockow, Ch. Graf von, 1970: Nationalismus als deutsches Problem, München.
Krockow, Ch. Graf von, 1981: Tradition und Geschichtsbewußtsein im sozialen Wandel, in: Politik und Zeitgeschichte, B 17, 3–9.
Krockow, Ch. Graf von, 1983: Scheiterhaufen. Größe und Elend des deutschen Geistes, Berlin.
Kulke, Ch., 1983: Politische Sozialisation, In: Hurrelmann/Ulich 1983: Handbuch der Sozialisationsforschung, 745–776, Basel.
Kunczik, M., 1975: Gewalt im Fernsehen, Köln.
Kunert, G., 1979: Die Schreie der Fledermäuse, München.
Küchler, M., 1982: Staats-, Parteien- oder Politikverdrossenheit?, in: Raschke, J. (Hrsg.): Bürger

und Parteien. Ansichten und Analysen einer schwierigen Beziehung. Opladen: Westdeutscher Verlag 1982: 39–54.
Küchler, M., 1983a: Die Anhänger der Friedensbewegung in der BRD – Einstellungsmuster, Wertorientierungen und soziodemographische Verankerung, Referat zur Tagung der ÖGPW am 20./21.11.82 in Wien, Mimeo.
Küchler, M., 1983b: Friedensbewegung und politisches System, Referat zur Fachtagung der DVPW am 11.–13.10.83 in Mannheim.
Kühr, H., 1979a: Die katholische Arbeiterbewegung im Ruhrgebiet nach 1945, in: Rohe, K./Kühr, H. (Hrsg.): Politik und Gesellschaft im Ruhrgebiet, Königstein/Ts., 74–92.
Kühr, H., 1979b: Vom Milieu zur Volkspartei. Funktionen der Parteien im kommunalen und regionalen Bereich, Königstein/Ts.
Kühr, H., 1982: Lokalpartei und Kirche. Zur Geschichte und gegenwärtigen Bedeutung ihres Verhältnisses in einer industrialisierten Region, in: Kühr, H./Simon, K.: Lokalpartei und vorpolitischer Raum, Melle 13–218.
Kühr, H., 1983: Katholizismus und parteienstaatliche Demokratie, in: Kühr, H. (Hrsg.): Kirche und Politik, Berlin, 59–78.
Kühr, H., 1985: Katholische und evangelische Milieus. Vermittlungsinstanzen und Wirkungsmuster, in: Oberndörfer, D. u. a. (Hrsg.): Wirtschaftlicher Wandel, religiöser Wandel und Wertwandel. Folgen für das politische Verhalten in der Bundesrepublik, Berlin, 245–261.
Kühr, H., 1985a: Das Ruhrgebiet in Schwarz und Rot, in: Wehling, H. G. (Hrsg.), 58–75.
Kuhn, Th., 1976²: The Structure of Scientific Revolutions, New York.
Kultur und Gesellschaft 1986: Sonderheft der Kölner Zeitschrift für Soziologie und Sozialpsychologie, Bd. 27.
Kundera, M., 1974: Un Occident Kidnappé oder Die Tragödie Zentraleuropas (deutsche Übersetzung in: Kommune, Forum für Politik und Ökonomie).
Lakatos, I., 1970: „Falsification and the Methodology of Scientific Research Programmes", in: Lakatos, I. / Musgrave, A. (Hrsg.): Criticism and the Growth of Knowledge, Cambridge/Mass. 91–195.
Lakoff, G./Johnson, M., 1980: Metaphors we live by, Chicago, London.
Lampugnani, V. M., 1982: Partizipation am Protest. Architektur zwischen Konsument und Kultur-Produkt: Überlegungen zu einer nachdenklichen Avantgarde, in: Freibeuter 12.
Landesprogramm NRW, o. Jg.: Die Grünen. Düsseldorf: Landesverband NRW.
Landeszentrale für politische Bildung Baden-Württemberg (Hrsg.), 1984: Konfession – Eine Nebensache? Politische, soziale und kulturelle Ausprägungen religiöser Unterschiede in Deutschland. Mit Beitr. von Schmidtchen, G. u. a., Stuttgart u. a.
Lane, Ch., 1981: The Rites of Rulers, London.
Lalande, A., 1968: Vocabulaire technique et critique de la philosophie, Paris 1986¹⁰.
Langenbucher, W. R./Rytlewski, R./Weyergraf, B. (Hrsg.), 1983: Kulturpolitisches Wörterbuch Bundesrepublik Deutschland/DDR im Vergleich, Stuttgart.
Langner, A. (Hrsg.), 1978: Katholizismus im politischen System der Bundesrepublik 1949–1963, Paderborn u. a.
Langstien, Th., 1981: Die Organisation des Ideologischen im Reichsparteitagsfilm, in: Argument-Sonderband Nr. 62.
**Laqueur, W., 1985: Was ist los mit den Deutschen?, Frankfurt/Main.
Lau, Ch., 1985: Zum Doppelcharakter der neuen sozialen Bewegungen, Merkur Heft 12, 1115 ff.
*Lazarsfeld, P. F./Berelson, B./Gaudet, H., 1944: The People's Choice: How the Voter Makes Up His Mind in a Presidential Campaign. New York.
*Larsen/Hagtvet/Myklebust (Hrsg.), 1980: Who were the Fascists, Bergen/Oslo/Tromse.
v Lederer, G., 1983: Jugend und Autorität. Über den Einstellungswandel zum Autoritarismus in der Bundesrepublik Deutschland und den USA. Opladen.
Lehmann, A., 1983: Erzählstruktur und Lebenslauf. Autobiographische Untersuchungen. Frankfurt/New York.
Lehmbruch, G., 1967: Proporzdemokratie: Politisches System und Politische Kultur in der Schweiz und in Österreich, Tübingen.
Lehner, F., 1979: „Die „Stille Revolution": Zur Theorie und Realität des Wertwandels in hochindustrialisierten Gesellschaften", in: Klages und Kmieciak: Wertewandel und gesellschaftlicher Wandel, Frankfurt, 317–327.
Lehnert, D./Megerle, Kl., 1985: Politische Kultur in der Weimarer Republik, Identitäts- und Kon-

sensprobleme in einer fragmentierten Gesellschaft, Manuskript zur Tagung des AK „Politische Kulturforschung" in der DVPW v. 13.3.–15.3.1985 in Tutzing.

Leithäuser, Th., 1981: Praxis, Wiederholungszwang und Zeiterfahrung, in: Schülein, J. A. u. a.: Politische Psychologie. Entwürfe zu einer historisch-materialistischen Theorie des Subjekts. Frankfurt, 107–123.

Lemberg, E., 1964: Nationalismus (2. Bde.), Reinbek.

Lemke, Ch., 1985: Political Culture and Political Change in the GDR. Tendencies and Perspectives in the 1980s. Paper presented at the Hamilton Conference on modern german Politics, 26.–28.4.

Lenk, K., 1982: Politische Soziologie, Strukturen und Integrationsformen der Gesellschaft, Stuttgart.

Lenzer, G. A. M., 1962: Staatsbürgerliches Verhalten im kommunalen Bereich. Eine soziologische Untersuchung der politischen Anteilnahme in einer bayerischen Marktgemeinde, phil. Diss. München.

Lepsius, M. R., 1966: Parteiensystem und Sozialstruktur. Zum Problem der Demokratisierung der deutschen Gesellschaft, in: Abel, W. u. a. (Hrsg.): Wirtschaft, Geschichte und Wirtschaftsgeschichte, Stuttgart, 56–80.

Lepsius, M. R., 1969: Demokratie in Deutschland als historisch-soziologisches Problem, in: Adorno, Th. W. (Hrsg.): Spätkapitalismus oder Industriegesellschaft. Verhandlungen des 16. Deutschen Soziologentages. Stuttgart, 197–213.

Lepsius, M. R., 1973: Parteiensystem und Sozialstruktur: Zum Problem der Demokratisierung der deutschen Gesellschaft, (wiederabgedruckt) in: Ritter, G. A. (Hrsg.): Die deutschen Parteien vor 1918 (Neue wissenschaftliche Bibliothek 61, Geschichte), Köln.

**Lepsius, M. R., 1978: From Fragmented Party Democracy to Government by Emergency Degree and National Socialist Take over: Germany, in: Linz, J. J./Stepan, A. (Hrsg.): The break down of Democratic Regimes, Baltimore.

Lepsius, M. R., 1984: Institutional Structures and Political Culture, in: Doering, H./Smith, G. (Hrsg.): Party Government und Political Culture in Western Germany, London.

Lepszy, N., 1984: „Die „Versäulungsdemokratie" in der Krise? Zur politischen Kultur der Niederlande", in: Reichel, P. (Hrsg.): Politische Kultur in Westeuropa, Frankfurt, 270–291.

Leroi-Gourhan, A., 1984: Hand und Wort. Die Evolution von Technik, Sprache und Kunst, Frankfurt a. M.

Leseranalyse Kinderpresse, 1978, München.

Lévi-Strauss, C., 1984: Die elementaren Strukturen der Verwandtschaft, Frankfurt a. M.

*Linz, J., 1978: The Breakdown of Democratic Regimes. Crisis, Breakdown and Reequilibration. Baltimore: The Johns Hopkins University Press.

Linz, J. J., 1979: Some Notes Toward a Comparative Study of Fascism in Sociological Perspective, in: Laqueur, W. (Hrsg.): Fascism: A Reader's Guide, Harmondsworth, 13–78.

Lipp, W., 1979: Zur Plurivalenz von Kultur, in: Kölner Zeitschrift für Soziologie und Sozialpsychologie, 31. Jg., Opladen.

Lipp, W. (Hrsg.), 1984: Industriegesellschaft und Regionalkultur. München.

*Lippert, E./Wakenhut, R. (Hrsg.), 1983: Handwörterbuch der Politischen Psychologie, Opladen.

Lippmann, W., 1964: Die öffentliche Meinung, München.

Lipset, S. M./Bendix, R. (Hrsg.), 1953: Class, Status and Power, Glencoe (Illinois).

Lipset, S. M., 1960: Political Man – The social bases of politics, Garden City/New York, erweiterte Auflage 1981.

*Lipset, S. M., 1962: Soziologie der Demokratie, Neuwied.

*Lipset, S. M./Rokkan, S., 1967: Party Systems and Voter Alignments, New York.

Lipset, S.M./Schneider, W., 1983: The Confidence Gap, New York.

Lipset, S.M., 1985: „The Confidence Gap; Down But Not Out", unpublished paper.

Löcherbach, D., 1983: Nation und Kollektivität, in: PVS, 24. Jhg., Heft 2, 188–202.

Löffler, B./Wehling, H.-G., 1986: Polens politische Kultur, in: Wehling, H.-G.: Polen, Stuttgart.

Lönne, K.-E., 1986: Politischer Katholizismus im 19. und 20. Jahrhundert. Frankfurt.

Löser, J./Schilling, U., 1984: Neutralität für Mitteleuropa. Das Ende der Blöcke, München.

Lötsch, M./Freitag, J., 1981: Sozialstruktur und soziale Mobilität, in: Jahrbuch für Soziologie und Sozialpolitik, Berlin (Ost) 1981.

Lötsch, M./Wittich, D.: Wissenschaftlich-technischer Fortschritt und Sozialstrukturtheorie, in: Jahrbuch für Soziologie und Sozialpolitik 1982 (1982), 55–69.

Löwenthal, R., 1979: Prolog: Dauer undVerwandlung, in: Löwenthal, R./Schwarz, H.-P.: Die zweite Republik. 25 Jahre Bundesrepublik Deutschland. Eine Bilanz, 3. Aufl. Stuttgart, 11–24.
Lohmar, U., 1978: Staatsbürokratie. Das hoheitliche Gewerbe, München.
Loiperdinger, M., 1980: „Triumph des Willens". Einstellungsprotokoll, München.
*Loiperdinger, M., 1986a: Der Parteitagsfilm „Triumph des Willens" von Leni Riefenstahl. Rituale der Mobilmachung, Leverkusen.
Loiperdinger, M., 1986b: „Triumph des Willens" – VI. Reichsparteitag der NSDAP in Nürnberg, 4.–10. September 1934 (= Publikation zur Filmedition G 138 des Instituts für den Wissenschaftlichen Film), Göttingen.
Loomis, C. P./Beegle, J. A., 1946: The spread of German Nazism in rural areas, in: American Sociological Review 11/1946, 724–734.
Loreck, J., 1978^2: Wie man früher Sozialdemokrat wurde. Das Kommunikationsverhalten in der deutschen Arbeiterbewegung und die Konzeption der sozialistischen Parteipublizistik durch August Bebel. Bonn.
Loth, W., 1984: Katholiken im Kaiserreich. Der politische Katholizismus in der Krise des wilhelminischen Deutschlands. Düsseldorf: Droste.
Loth, W., 1984a: Träume vom Deutschen Reich. Gefahren einer Wiedervereinigung für das Europäische Gleichgewicht und den Frieden, in: Die Zeit v. 12.10., Nr. 42.
Ludz, P. Ch., 1968: Parteielite im Wandel, Köln, Opladen.
Lübbe, H., 1977: Geschichtsbegriff und Geschichtsinteressen. Analytik und Pragmatik der Historie, Basel.
Lübbe, H., 1981: Staat ohne Symbol. Anmerkungen zum Stichwort „Politische Kultur", in: Die Politische Meinung, H. 194, 6–10.
Lübbe, H., 1981: Staat und Zivilreligion, in: Achterberg, N. u. a.: Legitimation des modernen Staates, Wiesbaden, 40–64.
Luhmann, N., 1977: Einfache Sozialsysteme, in: Auwärter/Kirsch/Schröter, Seminar: Kommunikation, Interaktion, Identität, 2. Aufl. Frankfurt/M. 1977, 3–34.
Luhmann, N., 1984: Zur Semantik der Selbstbeschreibung politischer Systeme, in: PVS Sonderheft 15, 99–125.
Lutz, B., 1984: Der kurze Traum immerwährender Prosperität. Frankfurt/M.
Maddison, A., 1982: Phases of Capitalist Development. Oxford.
Mai, G., 1983: Die Nationalsozialistische Betriebszellen-Organisation. Zum Verhältnis von Arbeiterschaft und Nationalsozialismus, in: VfZG H. 4, 31. Jg.
Maier, H. (Hrsg.), 1964: Deutscher Katholizismus nach 1945. Kirche – Gesellschaft – Geschichte, München.
Maier, H./Rausch, H./Hübner, E./Oberreuter, H., 1969: Zum Parlamentsverständnis des fünften Deutschen Bundestages. Die Möglichkeit von Zielkonflikten bei einer Parlamentsreform, Bonn.
Maier, H., 1976: Der deutsche Katholizismus seit 1945. Zeitgeschichtliche Perspektiven und aktuelle Folgerungen, in: Herder-Korrespondenz 30, 490–496.
Maier, H., 1985: Politischer Katholizismus, katholische Politik. Der Weg in ein neues Selbstverständnis, in: Die Neue Ordnung 39, 131–146.
Mann, G.: Gedanken zur Nation der Deutschen, in: Deutschland – die geteilte Nation, Heidelberg 1983.
Mannheim, K., 1928/29: Das Problem der Generationen, in: Kölner Vierteljahreshefte für Soziologie, 7, 157–195 und 309–330.
Mannheim, K., 1927: „Das konservative Denken: Soziologische Beiträge zum Werden des politischhistorischen Denkens in Deutschland" Archiv für Sozialwissenschaft und Sozialpolitik 57: 68–142, 470–495.
Mauss, M., 1984: Die Gabe. Form und Funktion des Austauschs in archaischen Gesellschaften (1950), Frankfurt a. M.
March, J. G./Olson, J. P., 1984: The New Institutionalism: Organizational Factors in Political Life, in: APSR 78, 734–749.
Marquardt, O./Stierle, K. (Hrsg.), 1979: Identität, München.
Mason, T. W., 1975: Arbeiterklasse und Volksgemeinschaft. Dokumente und Materialien zur deutschen Arbeiterpolitik 1938–39, Opladen.
Massing, O., 1983: Loyalität, in: Handwörterbuch der Politischen Psychologie, hrsg. v. Lippert, E./Wakenhut, R., Opladen, 143–169.
Materialien zum Bericht zur Lage der Nation, 1974, Hrsg. Bundesminister für innerdeutsche Beziehungen.

Mathes, R., 1985: Was wissen wir von der Wirkung der Presse?, in: Die Presse in der deutschen Medienlandschaft. Zusammengestellt von Otto Roegele. Bundeszentrale für politische Bildung (Hrsg.), Bonn, 34–38.

Matthes, J., 1975: Volkskirchliche Amtshandlungen, Lebenszyklus und Lebensgeschichte. Überlegungen zur Struktur volkskirchlichen Teilnahmeverhaltens, in: J. Matthes (Hrsg.), Erneuerung der Kirche. Stabilität als Chance? Gelnhausen/Berlin, 83–112.

Matthes, J., 1985: Erfahrung durch Konstrukt, Ms.

McClosky, H., 1964: Consensus and Ideology in American Politics. American Political Science Review 58/1964, 361–382.

McQuail, D./Blumler, J. G./Brown, J. R., 1972: The Television Audience: A Revised Perspective, in: McQuail, D., (Hrsg.): Sociology of Mass Communications. Harmodsworth, 135–165.

Mead, G. H., 1969: Sozialpsychologie, Neuwied–Berlin.

Mead, G. H., 1973: Geist, Identität und Gesellschaft, Frankfurt a. M.

Meckstroth, Th., 1972: Conditions of partisan realignments. A study of electoral change, Ph. D. Minnesota.

Medick, H., 1978: Die proto-industrielle Familienwirtschaft, in: Preußer, N. (Hrsg.) 1983: Armut und Sozialstaat, München 191–255.

Medick, H., 1984: „Missionare im Ruderboot"? Ethnologische Erkenntnisweisen als Herausforderung an die Sozialgeschichte, in: Geschichte und Gesellschaft, 10. Jg., 295–319.

**Megerle, K.&Steinbach, P., 1981: Politische Kultur in der Krise I, Neuere Beiträge zur Bestimmung der politischen Kultur in der Weimarer Republik, in: PVS-Literatur, 22. Jg., Heft 2/1981, 123–157, Opladen.

**Megerle, K./Steinbach, P., 1982: Politische Kultur in der Krise II, in: PVS-Literatur, 23. Jg., Heft 1/1982, 6–26, Opladen.

Megerle, K., 1982: Württemberg im Industrialisierungsprozeß. Stuttgart.

Melchert, S., 1978: Fragen zur Definition von Kultur und Körperkultur im Kulturpolitischen Wörterbuch 1978, in: Wiss. Ztschr. der Pädagogischen Hochschule „Karl Liebknecht", Potsdam, 24 (1980), H. 3.

Mentzel, J. P./Pfeiler, W., 1972: Deutschlandbilder. Die Bundesrepublik aus der Sicht der DDR und der Sowjetunion, Düsseldorf.

**Merritt, A. J./Merritt, R. L., 1970: Public Opinion in Occupied Germany. Univ. of Illinois.

**Merritt, A. J./Merritt, R. L., 1980: Public Opinion in Semisovereign Germany. Univ. of Illinois.

Merker, R., 1983: Die bildenden Künste im Nationalsozialismus. Kulturideologie, Kulturpolitik, Kulturproduktion, Köln.

Merton, R. K., 1957: Social Theory and Social Structure, Glencoe, Ill. 2. Auflage.

Metz-Göckel, S., 1986: Erlebte Geschichte reflektieren, in: Geschichtsdidaktik 11, 28–32.

Meulemann, H., 1982: Soziale und politische Konsequenzen der Bildungsexpansion. Statusinkonsistenz 1961, 1972 und 1980 (paper). Köln.

Meulemann, H., 1983: Value Change in West Germany 1950–1980: Integrating the Empirical Evidence, in: Social Science Information 22, 4/5 (1983), 777–800.

Meulemann, H., 1985: „Wertwandel und Wertstruktur in der Bundesrepublik", in: Politische Vierteljahresschrift 26, 29–51.

Meyer, G.: „Parteielite im Wandel?" Tendenzen der Kooptationspolitik im politischen Führungskern der DDR seit 1971, in: o. Hrsg. 1984: Lebensbedingungen in der DDR. Siebzehnte Tagung zum Stand der DDR-Forschung in der Bundesrepublik Deutschland 12.–15. Juni 1984, Köln.

Meyer, Th. u. a. (Hrsg.), 1984: Geschichte der deutschen Arbeiterbewegung. Darstellung, Chronologien – Dokumente. 3 Bde., Bonn.

Meyer-Palmedo, I., 1985: Das dörfliche Verwandtschaftssystem, Frankfurt/New York.

Michalka, W. (Hrsg.), 1984: Die nationalsozialistische Machtergreifung, Paderborn/München/Wien/Zürich.

Mielke, G./Schoof, P., 1983: „Konfession und Wahlverhalten in der Bundesrepublik Deutschland", in: Oberndörfer, D./Schmitt, K. (Hrsg.): Kirche und Demokratie, Berlin 75–94.

*Milbrath, L. W., 1965: Political Participation: How and Why Do People Get Involved in Politics. Chicago.

Miller, M., 1986: Kollektive Lernprozesse. Studien zur Grundlegung einer soziologischen Lerntheorie. Frankfurt.

Miller, W. E., 1976: The Cross-National Use of Party Identification as a Stimulus to Political Inquiry, in: Budge, J./Crewe, I./Fairlie, D. (Hrsg.): Party Identification and Beyond. London.

Milosz, C., 1986: West- und Östliche Gelände. München.

Mintzel, A., 1975: 21 Thesen zur Entwicklung der CSU. Ergebnisse einer parteiensoziologischen Analyse, in: Zeitschrift für Parlamentsfragen, Jg. (1975), H. 2, 218–233.
Mintzel, A., 1977: Geschichte der CSU. Ein Überblick, Opladen 1977.
Mintzel, A., 1978²: Die CSU. Anatomie einer konservativen Partei 1945–1972. Mit einem Vorwort von Otto Stammer (Schriften des Zentralinstituts für sozialwissenschaftliche Forschung der Freien Universität Berlin, Bd. 26), Opladen.
Mintzel, A., 1983: Die Bayernpartei, in: Stöss, R. (Hrsg.): Parteien-Handbuch. Die Parteien der Bundesrepublik Deutschland 1945–1980, Bd. 1: AUD bis EFP (Schriften des Zentralinstituts für sozialwissenschaftliche Forschung der Freien Universität Berlin, Bd. 38), Opladen.
Mintzel, A., 1985: Das traditionskräftige und staatlich selbstbewußte Bayern. Bayerns politische Kultur im Wandel, in: Regionale politische Kultur, Hrsgg. von der Landeszentrale für politische Bildung, Baden-Württemberg, Stuttgart.
Mitchell, B., 1980: European Historical Statistics 1750–1975. London.
Mohler, P.Ph., 1984: Wertewandel in Deutschland: 1917–1971, (Abitur 1917–1971), in: Klingemann, 1984: Computerunterstützte Inhaltsanalyse in der empirischen Sozialforschung, Frankfurt/M., 279–301.
Mommsen, H., 1980: Nationalismus und transnationale Integrationsprozesse in der Gegenwart, in: Bundeszentrale für Politische Bildung (Hrsg.): Verfassung und Geschichte der Bundesrepublik Deutschland im Unterricht, Bonn, 267–285.
Mommsen, H., 1979: Zum Problem des deutschen Nationalbewußtseins in der Gegenwart, in: Der Monat 31, 75–83.
Mommsen, K., 1980: Nationalismus und transnationale Integrationsprozesse in der Gegenwart, in: Bundeszentrale 1980, 267–285.
Mommsen, W. J., 1984: Preußisches Staatsbewußtsein und deutsche Reichsidee. Preußen und das Deutsche Reich in der jüngsten deutschen Geschichte. Geschichte in Wissenschaft und Unterricht 35: 685–705.
**Moore, B., 1982: Ungerechtigkeit. Die sozialen Ursachen von Unterordnung und Widerstand, Frankfurt (neue Auflage 1984).
*Moore, B., 1987: Social Origins of Dictatorship and Democracy, Boston.
Mooser, J., 1984: Arbeiterleben in Deutschland. 1900–1970. Klassenlagen, Kultur und Politik, Frankfurt.
Moosmann, E. (Hrsg.), 1980: Heimat. Sehnsucht nach Identität, Berlin.
Mosse, G. L., 1976: Die Nationalisierung der Massen. Politische Symbolik und Massenbewegungen in Deutschland von Napoleonischen Kriegen bis zum Dritten Reich, Frankfurt/Berlin.
Mosse, G. L., 1985: Nationalsozialismus und Sexualität. Bürgerliche Moral und sexuelle Normen, München.
Moul, H., 1976: Identity and the Sacred, Oxford.
Müller, E. W./König, R. u. a., 1984: Ethnologie als Sozialwissenschaft, Opladen 1984 (Sonderheft 26 der KZfS).
Müller, N., 1979: Empirische Herrschaftstheorie. Zur Beziehung zwischen Kontextdifferenzierung, politischer Herrschaft und politischer Sozialisation. Opladen.
Müller, W., 1983: Wege und Grenzen der Tertiarisierung, in: Matthes, J. (Hrsg.): Krise der Arbeitsgesellschaft? Verhandlungen des 21. Deutschen Soziologentags in Bamberg. Frankfurt, 142–160.
Müller-Rommel, F., 1983: „Die Postmaterialismusdiskussion in der empirischen Sozialforschung: Politisch und wissenschaftlich überlebt oder immer noch zukunftsweisend?", in: Politische Vierteljahresschrift, 24, 218–228.
Müller-Rommel, F./Watts, N., 1984: Zur elektoralen Verankerung der Anhänger neuer sozialer Bewegungen, in: Falter, J. u. a. (Hrsg.): Politische Willensbildung und Interessenvermittlung. Opladen.
Müller-Rommel, F., 1985a: New Social Movements and Smaller Parties: A Comparative Perspective, in: West European Politics, 41–54.
Müller-Rommel, F., 1985b: Social Movements and the Greens: New Internal Politics in Germany, in: European Journal of Political Research, 53–67.
Müller-Rommel, F., 1985c: Peace Movements in Western Europe: Protagonists of a New Dimension of Political Conflict? Paper prepared for the Annual Meeting of the Midwest Political Science Association, Chicago, April 1985.
Münch, R., 1982: Basale Soziologie: Soziologie der Politik, Opladen.

Münch, R., 1984: Die Struktur der Moderne. Grundmuster und differentielle Gestaltung des institutionellen Aufbaus der modernen Gesellschaft, Frankfurt.

Murphy, D. u. a., 1981: Haben „links" und „rechts" noch Zukunft? Politische Vierteljahresschrift, Heft 4, 460–465.

Namenwirth, J. Z., 1973: Wheels of Time and the Interdependence of Value Change in America, Journal of Interdisziplinary History III, 3.

Namenwirth, J., Z.: Why Cultural Indicators, in: Melischek, G./Rosengren, K. E./Stappers, J. (Hrsg.), Cultural Indicators: An International Symposium, Österreichische Akademie der Wissenschaften, Wien 1984.

Namenwirth, J. Z./Weber, R. P., 1984: Culture Indicators Research: A Content-Analytic Perspective.

Narr, W.-C., 1972: Theoriebegriffe und Systemtheorie, Stuttgart u. a. 3. Aufl.

Naßmacher, K.-H., 1979: Zerfall einer liberalen Subkultur. Kontinuität und Wandel des Parteiensystems in der Region Oldenburg, in: Kühr, H. (Hrsg.): Vom Milieu zur Volkspartei. Funktionen und Wandlungen der Parteien im kommunalen und regionalen Bereich, Königstein/Ts., 30–134.

Naumann, F., 1915: Mitteleuropa, Berlin.

National Institute of Mental Health, 1983: Television and Behavior: Ten Years of Scientific Progress and Implications for the Eighties, in: Wartella, E./Whitney, D. Ch. (Hrsg.): Mass Communication Review Yearbook 4, Beverly Hills/London/New Delhi, 23–35.

Neale, S., 1979: Triumph of the Will – Notes on Documentary and Spectacle, in: Sceen, vol. 20, no. 1.

Nedelmann, B., 1986: Das kulturelle Milieu politischer Konflikte in: Kultur und Gesellschaft, Kölner Zeitschrift für Soziologie und Sozialpsychologie, Sonderheft 27/1986, 397–414.

Negt, O./Kluge, A., 1972: Öffentlichkeit und Erfahrung. Zur Organisationsanalyse von bürgerlicher und proletarischer Öffentlichkeit, Frankfurt/Main.

Nell-Breuning, O. von, 1980: Katholizismus, in: Gabriel, K. und Kaufmann, F.-X. (Hrsg.): Zur Soziologie des Katholizismus, Mainz, 24–38.

Nell-Breuning, O. von, 1980: Katholizismus, in: Gabriel, K. und Kaufmann, F.-X. (Hrsg.), Zur Soziologie des Katholizismus, Mainz, 24–38.

Neuberger, O./Kompa, A., 1986: Serie Firmenkultur: Das Gesicht der Firma, in: Psychologie heute, Juni–Sept. 1986.

Neumann, S., 1977: Die Parteien in der Weimarer Republik, Stuttgart[4].

Nessel, R./Nowack, C., 1982: Startbahn 18 West, Frankfurt/M.

Nie, N. H./Verba, S./Petrocik, J. R., 1979: The Changing American Voter. Cambridge Mass./London.

Niemi, R., 1973: Political Socialization. In: Knutson, J. N. (Hrsg.): Handbook of Political Psychology. San Francisco.

Niethammer, L., 1972: Traditionen und Perspektiven der Nationalstaatlichkeit für die Bundesrepublik Deutschland, in: Außenpolitische Perspektiven des westdeutschen Staates, Bd. 2, München, 13–107.

Niethammer, L., 1982: Von den Schwierigkeiten der Traditionsbildung in der Bundesrepublik, in: Ruppert, W. (Hrsg.): Erinnerungsarbeit. Geschichte und demokratische Identität in Deutschland, Opladen, 55–69.

Niethammer, L., 1985: Das kritische Potential der Alltagsgeschichte, in: Geschichtsdidaktik 10, 245–247.

Nipperdey, Th., 1955: Kulturgeschichte, Sozialgeschichte, historische Anthropologie, in: VSWG 55, 2, 145–164.

Nipperdey, Th., 1961: Die Organisation der deutschen Parteien vor 1918. Düsseldorf.

Nipperdey, Th., 1985: War die Wilhelminische Gesellschaft eine Untertanengesellschaft?, in: Deutsche Frage und europäisches Gleichgewicht. FS f. A. Hillgruber zum 60. Geburtstag, hrsg. v. K. Hildebrand und R. Pommerin, 67–82.

**Nipperdey, Th., 1986: Nachdenken über die deutsche Geschichte, München.

Nitschke, A., 1981: Historische Verhaltensforschung, Stuttgart.

Noakes, J., 1971: The Nazi Party in Lower Saxony 1921–1933, London.

Noelle-Neumann, E. (Hrsg.), 1976: Allensbacher Jahrbuch der Demoskopie, 1974–1976, Wien.

Noelle-Neumann, E., 1982: Fernsehen und Lesen. Ein Werkstattbericht, in: Gutenberg-Jahrbuch 1982, Mainz, 35–46.

**Noelle-Neumann, E., 1983: Eine demoskopische Deutschstunde. Edition Interfrom, Zürich–Osnabrück.

Noelle-Neumann, E./Piel, E. (Hrsg.), 1983: Allensbacher Jahrbuch der Demoskopie 1978–1983, Band VIII, München u. a.

Noelle-Neumann, E./Herdegen, G., 1984: Die öffentliche Meinung, in: Jahrbuch der Europäischen Integration 1983, Bonn, 305–319.

Noelle-Neumann, E./Herdegen, G., 1985: Die öffentliche Meinung, in: Weidenfeld, W./Wessels, W. (Hrsg.), Jahrbuch der Europäischen Integration 1984, Bonn, 299–320.

Noelle-Neumann, E./Ring, E., 1985: Das Extremismuspotential unter jungen Leuten in der Bundesrepublik Deutschland 1984, Bonn.

Noelle-Neumann, E., 1986: Zur Forschungsstrategie der Medienwirkungsforschung, in: Medienwirkungsforschung in der Bundesrepublik Deutschland. Teil I Berichte und Empfehlungen, Weiheim, 129–141.

Noelle-Neumann / Köcher, R., 1987: Die verletzte Nation. Über den Versuch der Deutschen, ihren Charakter zu ändern, Stuttgart.

Nohlen, D./Schulze, R.-O., 1985: Pipers Wörterbuch zur Politik 1, München.

Nolte, E., 1986: Vergangenheit die nicht vergehen will, in: FAZ, 6.6.1986.

Norpoth, H./Yantek, T., 1983: Von Adenauer bis Schmidt: Wirtschaftslage und Kanzlerpopularität, in: Kaase, M./Klingemann, H. D. (Hrsg.): Wahlen und politisches System. Analysen aus Anlaß der Bundestagswahl 1980. Opladen, 198–221.

Novak, M., 1974: Choosing Our Kings: Powerful Symbols in Presidential Politics; New York.

Nunner-Winkler, G., 1980: Struktur und Inhalt politischer Orientierungen, in: Akademie für politische Bildung Tutzing. Materialien und Berichte. Individuum und Gesellschaft in der Politischen Sozialisation. Hrsg. von G. Schmidt, Tutzing.

**Oberndörfer, D./Rattinger, H./Schmidtt, K., 1985: Wirtschaftlicher Wandel, religiöser Wandel und Wertwandel. Eine Einführung, in: Oberndörfer, D. u. a. (Hrsg.), Wirtschaftlicher Wandel, religiöser Wandel und Wertwandel. Folgen für das politische Verhalten in der Bundesrepublik Deutschland, Berlin, 9–44.

Oberreuter, H., 1980: Vorurteile statt Vorwissen? Das Parlament als Unterrichtsgegenstand, in: Klatt, H. (Hrsg.), Der Bundestag im Verfassungsgefüge der Bundesrepublik Deutschland. Beiträge zum dreißigjährigen Bestehen des Deutschen Bundestages, Bonn, 161–166.

Oberreuter, H., 1981: Autokratie der Medien, in: Politische Meinung 26, 11–21.

O'Connor, J., 1973: The Fiscal Crisis of the State, New York.

OECD 1985: Labour Force Statistics 1963–1983, Paris.

OECD Economic Studies 1985: The Role of the Public Sector, Paris.

Oel, P., 1972: Die Gemeinde im Blickfeld ihrer Bürger, Stuttgart.

Offe, C., 1972: Strukturprobleme des kapitalistischen Staates, Frankfurt/M: Suhrkamp.

Offe, C./Hinrichs, K., 1984: Sozialökonomie des Arbeitsmarktes: primäres und sekundäres Machtgefälle, Frankfurt/M.

Ortony, A. (Hrsg.), 1979: Metaphor and Thought, Cambridge u. a.

Offenbacher, M., 1900: Konfession und soziale Schichtung, Dissertation Tübingen und Leipzig.

Oldemeyer, E., 1979: Zum Problem der Umwertung von Werten, in: Kages, H./Kmieciak, P. (Hrsg.): Wertwandel und gesellschaftlicher Wandel, Frankfurt/M.

Organizational Culture, in: Administrative Science Quarterly, Vol. 28, No. 3, 1983.

*Pappi, F. U./Laumann, E., 1974: Gesellschaftliche Wertorientierungen und politisches Verhalten, in: Ztschr. f. Soziologie, April, 157–188.

Pappi, F. U., 1977: Sozialstruktur, gesellschaftliche Wertorientierungen und Wahlabsicht, in: Kaase, M. (Hrsg.): Wahlsoziologie heute. PVS 1977, Heft 2/3, 195–229.

Pappi, F. U., 1982: Die politischen Institutionen der Bundesrepublik Deutschland: Zum Legitimitätseinverständnis der Bevölkerung, in: Außenschulische Bildung, 3, B 72–B 79.

Pappi, F. U./Terwey, M., 1982: The German Electorate: Old Cleavages and New Political Conflicts, in: Döring, H./Smith, G. (Hrsg.): Party Government and Political Culture in Western Germany. London, 174–196.

Pappi, F. U., 1985: Die konfessionell-religiöse Konfliktlinie in der deutschen Wählerschaft. Entstehung, Stabilität und Wandel, in: Oberndörfer, D. u. a. (Hrsg.): Wirtschaftlicher Wandel, religiöser Wandel und Wertwandel. Folgen für das politische Verhalten in der Bundesrepublik Deutschland, Berin, 263–290.

*Pappi, F. U., 1986: „Politische Kultur", in: Kaase, M. (Hrsg.): Politische Wissenschaft und politische Ordnung, Opladen, 279–291.

*Parsons, T./Shils, E. (Hrsg.), 1951: Toward a General Theory of Action, Cambridge.
Parsons, T., 1971: The system of modern societies, Englewood Cliffs, N. J.
XI. Parteitag der SED 1986: Direktive des XI. Parteitages der SED zum Fünfjahrplan für die Entwicklung der Volkswirtschaft der DDR in den Jahren 1986–1990, Berlin (Ost).
Passchier, N., 1980: The electoral geography of the Nazi landslide. The need for community studies, in: Larsen u. a. (Hrsg.), 1980, 283–300.
Pateman, C., 1980: „The Civic Culture; A Philosophical Critique", in: Almond/Verba: The Civic Culture Revisited.
*Patrick, G. M., 1984: Political Culture, in: Sartori, G. (Hrsg.): Social Science Concepts: A Systematic Analysis, Beverly Hills, London, 265–314.
Paul, G., 1984: „Deutsche Mutter – heim zu Dir!" Der Saarkampf 1933–1935, Köln.
Piel, E., 1985: Wie deutsch sind die Deutschen?, in: Die neue Ordnung, Institut für Gesellschaftswissenschaften Walberberg, Heft 1, Februar 1985, 4–15.
Pinno, H., 1985: Ochshausen – 5. März 1933. Eine rote Bastion wird geschleift, Fuldabrück – Vorabdruck aus, Kammler, J. u. a. (Hrsg.) 1987: Kassel in der Zeit des Nationalismus, Bd. 2, Fuldabrück.
**Plessner, H., 1969^5: Die verspätete Nation, Stuttgart.
Pohlmann, U., 1986: Nur die Sieger zählen, die Funktion der Schönheit bei Leni-Riefenstahl, in: tendenzen, Nr. 155.
Pollard, S., 1979: The Rise of the Service Industries and White-Collar Employment, in: Gustavson, G. (Hrsg.): Post Industrial Society, London, 17–43.
Popkin, S., 1979: The Rational Peasant, Berkeley, Calif.
Postman, N., 1985: Wir amüsieren uns zu Tode, Frankfurt a. M.
Prätorius, R., 1982: ‚Verwaltungskultur' – Erkundungen zu einem amorphen Thema, in: Hesse, J. J. (Hrsg.): Politikwissenschaft und Verwaltungswissenschaft (= PVS Sonderheft 13), Opladen, 264–271.
Preiser, S. (Hrsg.), 1982: Kognitive und motivationale Aspekte politischen Engagements. Weinheim.
Preuß-Lausitz, U. u. a., 1983: Kriegskinder – Konsumkinder – Krisenkinder. Zur Sozialisationsgeschichte seit dem Zweiten Weltkrieg, Weinheim/Basel.
Priester, K., 1979: Zur Geschichte konservativer Gesellschaftsbilder in der Politischen Bildung der Bundesrepublik, in: Haug, F. u. a. (Red.), 1979: Dreißig Jahre Bildungspolitik in der Bundesrepublik, Berlin, 171–185.
Prokop, H., 1986: Verwaltungskultur. Charakteristische Muster politisch-administrativen Handelns in westeuropäischen Ländern, in: Der Bürger im Staat, Heft 1, 18–22.
*Pross, Harry, 1974: Politische Symbolik, Stuttgart.
Pross, Harry, 1980: Über politischen Ritualismus, in: Merkur, 884–892.
Pross, Harry, 1982: Zum Symbolbegriff in der Politikwissenschaft, in: Lurker, M.: Bibliographie zur Symbolik, Ikonographie und Mytholog Internatinales Referateorgan. Ergänzungsband 1: Beiträge zu Symbol, Symbolbegriff und Symbolforschung, 139–145, Baden-Baden.
**Pross, Helge, 1982: Was ist heute deutsch? Wertorientierungen in der Bundesrepublik, Reinbek.
Prothro, J. W./Grigg, Ch. M., 1960: Fundamental Principles of Democracy. Bases of Agreement and Disagreement, in: Journal of Politics 22/1960, 276–294.
Przeworski, A./Teune, H., 1970: The Logic of Comparative Social Inquiry, New York.
Pulte, P. (Hrsg.), 1979 ff.: Parteiprogramme, Darmstadt, Neuwied (Loseblattsammlung).
PVS-Redaktion, 1982: Symposium Politische Kultur, Dokumentation der Tagungspapiere, Duisburg.
*Pye, L. W./Verba, S. (Hrsg.), 1965: Political Culture and Political Development, Princeton.
Pye, L. W., 1968: Political culture, in: Sills, D. L. (Hrsg.): Encyclopedia of the Social Science, New York, 218–224.
Pye, L. W., 1969: Introduction, in: Pye/Sidney/Verba: Political Culture and Political Development, Princeton, 3–26.
Pye, L. W., 1971: Identity and the political crisis, in; Binder, L./Coleman, J. S. (Hrsg.): Crises and sequences in political development, New York: Princeton.
*Pye, L. W., 1972: Culture and Political Science: Problems in the Evaluation of the Concept of Political Culture, in: Social Science Quarterly, Vol. 53, 285–296.
Pye, L. W., 1985: Asian Power and Politics; The Cultural Dimensions of Authority, Cambridge Mass.
Rabe-Kleberg, U./Zeiher, H., 1984: Kindheit und Zeit. Über das Eindringen moderner Zeitorgani-

sation in die Lebensbedingungen von Kindern, in: Zeitschrift für Sozialisationsforschung und Entwicklungssoziologie 4, 29–43.
Rabinbach, A. G., 1978: Die Ästhetik der Produktion im Dritten Reich, in: Schnell, R.: Kunst und Kultur im deutschen Faschismus, Stuttgart.
Ranney, A.: Television and Politics, im Erscheinen.
Raschke, J., 1985: Soziale Konflikte und Parteiensystem in der Bundesrepublik, in: Aus Politik und Zeitgeschichte B 49/85.
Rattinger, H., 1980: Empirische Wahlforschung auf der Suche nach dem rationalen Wähler, in: ZfP 1/1980, 44–58.
**Rausch, H., 1980: Politische Kultur in der Bundesrepublik Deutschland, Berlin.
Rausch, H., 1983: Politisches Bewußtsein und politische Einstellungen im Wandel, in: Weidenfeld 1983: Die Identität des Deutschen, München, 119–153.
Rauscher, A. (Hrsg.), 1977: Kirche und Katholizismus 1945–1949, München u. a.
Rauscher, A. (Hrsg.), 1981 und 1982: Der soziale und politische Katholizismus. Entwicklungslinien in Deutschland 1803–1963, 2 Bde., München.
Regler, G., 1978: Im Kreuzfeuer; Ein Saar-Roman, Hildesheim.
Reinert, W., 1980: Der Dicke muß weg. Ein Saar-Roman, Dillingen-Saar.
Reich, W., 1971: Massenpsychologie des Faschismus, Köln.
Reichel, P., 1980: „Politische Kultur – mehr als ein Schlagwort?", PVS, 4, 382–399.
**Reichle, P., 1981: Politische Kultur der Bundesrepublik, Opladen.
Reichel, P., 1981a: „Politische Kultur zwischen Polemik und Ideologie-Kritik", in: PVS, 4, 415–422.
Reichel, P., 1985: Politische Kultur in Deutschland, in: Fetscher, I./Münkler, H. (Hrsg.): Politikwissenschaft, Reinbek b. Hamburg.
Reichley, A. J., 1985: Religion in American Public Life, Washington, D. C.
Reicheley, A. J., 1986: Religion and the Future of American Politics, in: Political Science Quaterly, Vol. 101, 23–48.
Reimers, K. R., 1979: Der Reichsparteitag als Instrument totaler Propaganda. Appell, Feier, Kult, Magie, in: Zeitschrift für Volkskunde, H. II.
Renshon, St. A. (Hrsg.), 1977: Handbook of Political Socialization, New York und London.
Reuband, K.-H., 1985: Politisches Selbstverständnis und Wertorientierungen von Anhängern und Gegnern der Friedensbewegung, in: Zeitschrift für Parlementsfragen, Heft 1, 25–45.
Richardson, J., 1982: Policy Styles in Western Europe, London.
Richert, E., 1966: Die neue Gesellschaft in Ost und West, Gütersloh.
Richert, E., 1966: Das zweite Deutschland. Ein Staat, der nicht sein darf, Frankfurt a. M., Hamburg.
Richey, R. E./Jones, D. G. (Hrsg.), 1974: American Civil Religion, New York.
Riegle, K. F./Meacham, J. A. (Hrsg.), 1976: The developing individual in a changing world. (2 Vols.), The Hague.
Riemers, S., 1932: Zur Soziologie des Nationalsozialismus, in: Die Arbeit, 1932, Jg. 9, Heft 2, 101–118.
Riehl-Heyse, H., 1979: CSU – Die Partei, die das schöne Bayern erfunden hat, München.
Ritter, G. A., 1985: Die deutschen Parteien 1830–1914, Göttingen.
Rodnick, D., 1948: Post-War Germans, New Haven.
Röhm, H., 1957: Die Vererbung des landwirtschaftlichen Grundeigentums in Baden-Württemberg, Forschungen zur deutschen Landeskunde 102.
**Röhrich, W., 1983: Die verspätete Demokratie – Zur politischen Kultur der Bundesrepublik, Köln.
Rogowski, R., 1974: Rational Legitimacy, Princeton, New Jersey.
Rohe, K., 1975: Politische Sozialisation und Sozialisation des Politischen. Zu Gegenstand und Fragestellung Politischer Sozialisationsforschung, in: Sociologia Internationalis 13, 29–55.
*Rohe, K., 1982a: Zur Typologie politischer Kulturen in westlichen Demokratien. Überlegungen am Beispiel Großbritanniens und Deutschlands, in: Dollinger, H./Gründer, H./Hanschmidt, A. (Hrsg.): Weltpolitik, Europagedanke, Regionalismus. Festschrift für Heinz Gollwitzer zum 65. Geburtstag am 30. Januar 1982, Münster.
Rohe, K., 1982b: Parlamentarisierung und Demokratisierung. Zur Darstellung der verfassungspolitischen Entwicklung Deutschlands und Großbritanniens im 19. und 20. Jahrhundert in deutschen und englischen Schulgeschichtsbüchern, in: Jeismann, K.-E./Schissler, H. (Hrsg.): Engli-

sche und deutsche Geschichte in den Schulbüchern beider Länder, Studien zur Internationalen Schulbuchforschung, Bd. 33, Braunschweig, 36–49.
Rohe, K., 1982c: Wahlanalyse im historischen Kontext. Zur Kontinuität und Wandel von Wählerverhalten, in: Historische Zeitschrift 234, 337–357.
Rohe, K., 1983: Kontinuität und Wandel deutscher politischer Kultur in der Bundesrepublik. Thesen und Hypothesen, Beitrag zur Arbeitsgruppe Politische Kulturforschung der DVPW in der Akademie für Politische Bildung Tutzing, 26.–28.7.1983.
**Rohe, K., 1984: Politisches System und politische Kultur in der Bundesrepublik Deutschland: Befunde, Probleme, Perspektiven, in: Jeismann, K.-E. (Hrsg.): Die Bundesrepublik Deutschland und die Vereinigten Staaten von Amerika. Aspekte der politischen Kultur, der Wirtschaftsbeziehungen und der Sicherheitspolitik, Studien zur Internationalen Schulbuchforschung, Bd. 36, Braunschweig, 25–54.
Rohe, K., 1984a: Großbritannien: Krise einer Zivilkultur?, in: Reichel, P. (Hrsg.): Politische Kultur in Westeuropa. Bürger und Staaten in der Europäischen Gemeinschaft, Frankfurt/New York, 167–193.
Rohe, K., 1984: Regionalkultur, regionale Identität und Regionalismus im Ruhrgebiet, in: Lipp (Hrsg.): Industriegesellschaft und Regionalkultur, München.
Rohe, K./Buhr, R.M., 1986: Grundkurs Politik. Einführung in die Theorie der Politik, Studienbrief Fernuniversität Hagen.
Rokeach, M., 1960: The Open And The Closed Mind: Investigations into the Nature of Belief Systems and Personality Systems, New York.
*Rokeach, M., 1973: The Nature of Human Values, New York.
Rokkan, S., 1970: Citizens, Elections, Parties. Approaches to the Comparative Study of the Processes of Development, Oslo.
*Rokkan, S., 1975: Dimensions of State Formation and Nation-Building: A Possible Paradigm for Research on Variations Within Europe. 562–600, in: Tilly, C. (Hrsg.): The Formation of National States in Western Europe, Princeton.
Rokkan, S./Urwin, D.W. (Hrsg.), 1982: The Politics of Territorial Identity. Studies in European Regionalism, London etc.
Rokkan, S. u. a., 1969: Comparative Survey Research, Den Haag.
Rolff, H.-G./Zimmermann, P., 1985: Kindheit im Wandel. Eine Einführung in die Sozialisation im Kindealter, Weinheim/Basel.
Roloff, E.-A., 1961: Bürgertum und Nationalsozialismus 1930–1933. Braunschweigs Weg ins Dritte Reich, Hannover.
Ronge, V., 1985: Von drüben nach hüben. DDR-Bürger im Westen, Wuppertal.
Ronneberger, F. (Hrsg.), 1971: Sozialisation durch Massenkommunikation. Der Mensch als soziales und personales Wesen Band IV, Stuttgart.
Roof, W.C. (Hrsg.), 1985: Religion in America today, in: The Annals of the American Academy of Politics and Social Sciences, No. 480.
Rose, R./Peters, G., 1978: Can Government go bankrupt?, New York.
*Rose, R., 1984: National Pride; Cross-National Surveys (Studies in Public Policy No. 136). Glasgow: Centre for the Study of Public Policy, University of Strathclyde.
*Rosenbaum, W.A., 1975: Political Culture, New York.
*Rosenberg, M., 1968: The Logic of Survey Analysis, New York.
Rosengren, K.E., 1984: Cultural Indicators for the Comparative Study of Culture, in: Melischek, G./Rosengren, K.E./Stappers, J. (Hrsg.): Cultural Indicators: An International Symposium, (Sitzungsberichte Österreichische Akademie der Wissenschaften, Philosophisch-historische Klasse, Bd. 416), Wien, 11–22.
Rossade, W., 1986: Paradigmenwechsel in der Kulturwissenschaft der DDR, in: Tradition und Fortschritt in der DDR. XIX. Tagung zum Stand der DDR-Forschung in der Bundesrepublik Deutschland, Köln.
Roth, G., 1963: The Socialdemocrats in imperial Germany, New York.
Roth, D., 1976: Zum Demokratieverständnis von Eliten in der Bundesrepublik Deutschland, Frankfurt: Lang.
Roth, R., 1985: Neue soziale Bewegungen in der politischen Kultur der Bundesrepublik – eine vorläufige Skizze, in: Brand, K.-W. (Hrsg.): Neue soziale Bewegungen in Westeuropa und den USA, Frankfurt/New York.
Rubin, A.M., 1978: Child and Adolescent Television Use and Political Socialization, in: Journalism Quarterly, 55, 125–129.

Rüsen, J./Becher, U. A., 1981: Geschichtsbewußtsein, in: Greiffenhagen u. a. 1981a: Handwörterbuch zur politischen Kultur der Bundesrepublik Deutschland, Opladen, 180–182.

Rüsen, J., 1984: Geschichtsbewußtsein und menschliche Indentität. Gefahren und Chancen der Geschichtsschreibung, in: Aus Politik und Zeitgeschichte, B 41, 3–10.

Rudolph, H., 1972: Die Gesellschaft der DDR – eine deutsche Möglichkeit?, München.

Rudolph, H., 1984: Die Deutsche Frage – neu gestellt? Zur Kritik des neuen Patriotismus vor dem Hintergrund von Jakob Kaisers Brücke-Konzept, in: Mut zur Einheit, Köln, 147–163.

Rytlewski, R./Kraa, D., 1978: Politische Rituale in der UdSSR und der DDR, in: Aus Politik und Zeitgeschichte, B 3 (1987), 33–48.

Rytlewski, R., 1986: Die DDR – eine planwirtschaftliche „Mittelstandsgesellschaft" zwischen Blockintegration und Nationalstaatlichkeit, in: Röhrich, W. (Hrsg.) 1986: Gesellschaftssysteme der Gegenwart, Opladen.

Sachse, C. u. a., 1982: Angst, Belohnung Zucht und Ordnung. Herrschaftsmechanismen im Natiosozialismus, Opladen.

Saxer, U./Bonfadelli, H./Hättenschwiler, W., 1980: Die Massenmedien im Leben der Kinder und Jugendlichen. Eine Studie zur Mediensozialisation im Spannungsfeld von Familie, Schule und Kameraden, Zug/Schweiz.

Scott, J., 1977: The Moral Economy of The Peasant, New Haven.

Searing, D. D., 1982: Rules of the Game in Britain: Can the Politicians be Trusted?, in: American Political Science Review 76/1982: 239–258.

Schaar, J. H., 1981: Legitimacy in the modern state. New Brunswick, N. J.: Transaction Books.

**Schacht, K., 1981: Politische Kultur und Bürgerbewußtsein in Hessen, in: Schissler, J. (Hrsg.): Politische Kultur und politisches System in Hessen, Frankfurt, 183–204.

Schacht, K., 1986: Wahlentscheidung im Dienstleistungzentrum, Opladen.

Schäfer, H.-D., 1981: Das gespaltene Bewußtsein. Deutsche Kultur und Lebenswirklichkeit 1933–45, München.

Schäfer, H.-P., 1986: Jugend im interkulturellen und innerdeutschen Vergleich, in: Festschrift für Oskar Anweiler zum 60. Geburtstag, Berlin (West).

Schäfers, B., 1972: Partizipationschancen nach dem Städtebauförderungsgesetz, in: Lauritzen, L. (Hrsg.): Mehr Demokratie im Städtebau, Hannover.

**Schaffner, B., 1948: Fatherland: A Study of Authoritarianism in The German Family, New York.

Schall, M. S., 1983: A Communication-Rules Approach to Organizational Culture, in: Administrative Science Quarterly, Vol. 28, 557–581.

Scharpf, F., 1973: Planung als politischer Prozeß. Frankfurt.

*Schemeil, Y., 1985: „Les cultures politiques", in: Grawitz, M./Leca, J. (Hrsg.): Traité de Science Politique, Paris, 237–307.

*Scheuch, E. K., 1968: „The cross-cultural use of sample surveys", in: Rokkan, S. (Hrsg.): Comparative Research across Cultures and Nations, Paris, 176–209.

Schieder, Th., 1961: Nation und Nationalstaat in der Deutschen Geschichte, in: Aus Politik und Zeitgeschichte, B 12, 3–15.

Schiller, Th., 1985: Verbändepluralismus und die Entstehungsbedingungen politischer Bewegungen, Zentralinstitut für sozialwissenschaftliche Forschung, FU Berlin.

Schindler, P., 1983: Datenhandbuch zur Geschichte des Deutschen Bundestages 1949–1982, Bonn.

Schirmbeck, P., 1984: Adel der Arbeit. Der Arbeiter in der NS-Zeit, Marburg.

Schissler, J., 1987: The Case of Germany in Political Culture Research: Historical and Epistemological Issues, in: German Politics and Society, The Center for European Studies, Harvard University, No. 10, 1987, 9–16.

Schissler, J., 1981: „Anmerkungen zur deutschen politischen Kultur", in: PVS 2/1981, 199–204.

Schlegel, Th., 1983: Zur Faschisisierung des Mittelstandes in der Weimarer Republik. Ideologisch-sozialpsychologische und sozialgeschichtlich-empirische Aspekte des Mittelstandes 1919–1933, Diplomarbeit, vorgelegt am FB Gesellschaftswissenschaften der Universität Frankfurt/M.

Schleiden, K. A., 1981: Vom Waffenstillstand 1945 über Autonomie zum Bundesland, in: Staerk, D. (Hrsg.): Das Saarlandbuch, Saarbrücken, 212–227.

Schlögel, K., 1986: Die Mitte liegt ostwärts. Die Deutschen, der verlorene Osten und Mitteleuropa, Berlin.

Schmahl, E./Seipel, W., 1933: Entwicklung der völkischen Bewegung, Giessen.

Schmeer, K., 1956: Die Regie des öffentlichen Lebens im Dritten Reich, München.

Schmidt, G., 1976: Identität. Gebrauch und Geschichte eines modernen Begriffs, in: Muttersprache, 333–354.

Schmidt, G./Rüsen, J. (Hrsg.), 1986: Gelehrtenpolitik und politische Kultur in Deutschland 1830–1930. Referate und Diskussionsbeiträge, Bochum.
Schmidt, M. G., 1982: Wohlfahrtsstaatliche Politik unter bürgerlichen und sozialdemokratischen Regierungen – Ein Vergleich, Frankfurt/M.
Schmidt, M. G., 1984: Demokratie, Wohlfahrtsstaat und neue soziale Bewegungen – Der Beitrag des Parteienwettbewerbs und der Regierungspolitik zur Entstehung der neuen sozialen Bewegungen, in: Aus Politik und Zeitgeschichte B 11/84, 3–14.
Schmidt, R. H., 1959: Saarpolitik 1945–1957, 3 Bände, München.
Schmidtchen, G., 1972: Zwischen Kirche und Gesellschaft, Freiburg i. Br.
Schmidtchen, G., 1973: Protestanten und Katholiken. Soziologische Analyse konfessioneller Kultur, Bern.
**Schmidtchen, G., 1979: Was den Deutschen heilig ist. Religiöse und politische Strömungen in der Bundesrepublik Deutschland, München.
Schmidtchen, G., 1979a: Protestanten und Katholiken. Soziologische Analyse konfessioneller Kultur, 2. Auflage Bern und München.
Schmiederer, U./Schmiederer, R., 1970: Der neue Nationalismus in der politischen Bildung, Frankfurt.
Schmidtt, D., 1926: Die geistesgeschichtliche Lage des heutigen Parlamentarismus, reprint 1961[3], Berlin.
Schmitt, H., 1983: Party Government in Public Opinion. An European Cross-National Comparison, in: European Journal of Political Research, 11, 353–376.
Schmitt, K., 1980: Politische Erziehung in der DDR, Paderborn.
Schmitt, K., 1982: Kirche und Weltanschauungsstaat, in: Oberndörfer, D. u. a. (Hrsg.), 1982: Kirche und Demokratie, Paderborn.
Schmitt, K., 1984: Inwieweit bestimmt auch heute noch die Konfession das Wahlverhalten? Konfession, Parteien und politisches Verhalten in der Bundesrepublik, in: Konfession – eine Nebensache? Politische, soziale und kulturelle Ausprägungen religiöser Unterschiede in Deutschland. Hrsg. v. d. Landeszentrale für politische Bildung Baden-Württemberg, Stuttgart u. a., 21–57.
Schmitt, K., 1985: Religiöse Bestimmungsfaktoren des Wahlverhaltens. Entkonfessionalisierung mit Verspätung?, in: Oberndörfer, D. u. a. (Hrsg.): Wirtschaftlicher Wandel, religiöser Wandel und Wertwandel. Folgen für das politische Verhalten in der Bundeserepublik Deutschland, Berlin, 291–329.
Schnabel, Th. (Hrsg.), 1982: Die Machtergreifung in Südwestdeutschland. Das Ende der Weimarer Republik in Baden und Würtenberg 1928–1933, Stuttgart.
Schnell, R. (Hrsg.), 1978: Kunst und Kultur im Dritten Reich, Stuttgart.
Schock, R., 1984: „Haltet die Saar Genossen!" Antifaschistische Schriftsteller im Abstimmungskampf 1935, Berlin.
Schön, E., 1972: Die Entstehung des Nationalsozialismus in Hessen, Meisenheim a. Glan.
Schöpps-Potthoff, M., 1984: Die veranstaltete Masse. Nürnberger Reichsparteitag der NSDAP, in: Pross, Helge/Buß, Eugen (Hrsg.): Soziologie der Masse, Heidelberg.
Schramm, W./Lyle, J./Parker, E. B., 1961: Television in the Lives of Our Children, Stanford, Kalif.
Schreyer, K., 1969: Bayern – ein Industriestaat. Die importierte Industrialisierung. Das wirtschaftliche Wachstum nach 1945 als Ordnungs- und Strukturproblem, München/Wien.
Schreiber, G., 1984: Hitler. Interpretationen 1923–1983, Darmstadt.
Schriften des Vereins für Socialpolitik Bd. 22, 1883: Bäuerliche Zustände in Deutschland I, Leipzig.
Schriften des Vereins für Socialpolitik Bd. 54, 1892: Die Verhältnisse der Landarbeiter in Deutschland II, Leipzig.
Schüttemeyer, S. S., 1986: Bundestag und Bürger im Spiegel der Demoskopie. Eine Sekundäranalyse zur Parlamentarismusperzeption in der Bundesrepublik, Opladen.
Schütz, A., 1971: Gesammelte Aufsätze. Bd. I: Das Problem der sozialen Wirklichkeit, Bd. III: Studien zur phänomenologischen Philosophie, Den Haag.
Schultze, R.-O., 1987: „Die Bundestagswahl 1987 – eine Bestätigung des Wandels", in: Aus Politik und Zeitgeschichte 12/87, 3–17.
Schulz, E., 1982: Die deutsche Nation in Europa. Internationale und historische Dimensionen. Schriften des Forschungsinstituts der Deutschen Gesellschaft für Auswärtige Politik e. V., Europa Union Verlag Bonn.
Schulz, E./Danylow, P., 1985: Bewegung in der Deutschen Frage? Die ausländischen Besorgnisse über die Entwicklung in den beiden deutschen Staaten, Zweite Aufl., Bonn.

Schulze, G., 1977: Die Familie als politischer Sozialisationsfaktor, in: Würzbacher, G. (Hrsg.): Familie als politischer Sozialisationsfaktor, 2. Aufl., Stuttgart, 309–337.
Schulze, H., 1980: Das Scheitern der Weimarer Republik als Problem der Forschung, in: Erdmann, K.-D./Schulze, H. (Hrsg.): Weimar. Selbstpreisgabe einer Demokratie. Eine Bilanz heute. Düsseldorf, 23–41.
**Schulze, H., 1982: Weimar. Deutschland 1917–1933, Berlin.
Schumann, H.-G., 1975: Ideologische Probleme der Nachrichtensprache, in: Erich Strassner (Hrsg.): Nachrichten. Entwicklungen – Erfahrungen, München, 199–216.
Schumann, S., 1984a: Rechtsautoritäre (politische) Einstellungen und verschiedene Persönlichkeitsmerkmale ihrer Vertreter. München: Forschungsbericht 84.01 der Hochschule der Bundeswehr München, Fachbereich Pädagogik.
Schumann, S., 1984b: Rechtsautoritäre (politische) Einstellungen und das Selbst- bzw. Weltbild ihrer Vertreter. München: Forschungsbericht 84.02 der Hochschule der Bundeswehr München, Fachbereich Pädagogik.
Schumann, S., 1985: Wahlverhalten und Persönlichkeit: Einige empirische Forschungsergebnisse. Berlin: Forschungsbericht des Zentralinstituts für sozialwissenschaftliche Forschung der Freien Universität Berlin.
Schumann, S., 1986: Politische Einstellungen und Persönlichkeit: Ein Bericht über empirische Forschungsergebnisse. Frankfurt am Main, Bern und New York.
Schumann, S., 1988: Wahlverhalten und das Persönlichkeitsmerkmal „Stabilität", im Erscheinen.
Schwan, A., 1983; Frei vor Vereint. Die Wiederbelebung der Nationalen Fragen ändert nichts an der Raison der Bundesrepublik, in: Die Politische Meinung, H. 206, 31–39.
Schwan, G., 1986: Das deutsche Amerika-Bild seit der Weimarer Republik, in: Aus Politik und Zeitgeschichte, B 26, 3–15.
Schwartz, H.-P., 1985: Die gezähmten Deutschen. Von der Machtbesessenheit zur Machtvergessenheit, Stuttgart.
Schwendter, P., 1982: Zur Geschichte der Zukunft, Zukunftsforschung und Sozialismus, Band 1, Frankfurt a. M.
Schwendter, R., 1984: Zur Zeitgeschichte der Zukunft. Zukunftsforschung und Sozialismus, Band 2, Frankfurt a. M.
Schweigler, G., 1974: Nationalbewußtsein in der Bundesrepublik Deutschland und der DDR, 2. Aufl., Düsseldorf.
**Schweigler, G., 1975: National Consciousness in Divided Germany, Beverly Hills.
Schweigler, G., 1981: Nation, in: Greiffenhagen, M. und S./Prätorius, R. (Hrsg.), Handwörterbuch zur politischen Kultur der Bundesrepublik Deutschland, Opladen.
Schweigler, G., 1985: Grundlagen der außenpolitischen Orientierung der Bundesrepublik Deutschland. Rahmenbedingungen, Motive, Einstellungen, Baden-Baden.
Seeßlen, G., 1983: Kult, in: Langenbucher, W./Rytlewski, R./Weyergraf. B. (Hrsg.): Kulturpolitisches Wörterbuch Bundesrepublik Deutschland/DDR im Vergleich, Stuttgart, 342–344.
Shapiro, H. L., 1971: Man, Culture, and Society, London etc.
Sheehan, J. J., 1983: Der deutsche Liberalismus, München.
Sheehan, J. J., 1984: Some Reflections in Liberalism in Comparative Perspective, in: Köhler, H. (Hrsg.): Deutschland und der Westen, Berlin.
**Shell 1985: Jugendliche und Erwachsene 85, Generationen im Vergleich. Band 3, Jugend der fünfziger Jahre – heute, Opladen.
Shell, K. L., 1981: Politische Kultur – Ist der Begriff noch zu retten?, in: PVS 22, 195–199.
Sider, G. M., 1982: Bande, die zusammenbinden. Kultur und Agrikultur. Eigenheit und Eigentum in der Dorffischerei Neufundlands, in: Berdahl u. a., Klassen und Kultur. Sozialanthropologische Perspektiven in der Geschichtsschreibung.
**SINUS-Institut, 1981: „Wir sollten wieder einen Führer haben ...", Reinbek.
**SINUS-Institut, 1983: Die verunsicherte Generation. Jugend und Wertewandel, Opladen.
SINUS-Institut, 1984: Jugendforschung in der Bundesrepublik, Opladen.
SINUS-Institut, 1985: Jugend privat. Verwöhnt? Bindungslos? Hedonistisch?, Opladen.
SINUS-Institut, 1985: Die verunsicherte Generation. Jugend und Wertewandel, Schriftenreihe des Bundesministers für Jugend, Familie und Gesundheit, Band 200/1 und 200/2, Stuttgart.
Sironneau, J.-P., 1982: Sécularisation et religions politiques, Den Haag.
Smid, St., 1985: Pluralismus und Zivilreligion, in: Der Staat, 24, 3–30.
Smith, M. B., 1968: „A Map For The Analysis of Personality and Politics", in: Journal of Social Issues 24, No. 3: 15–28.

**Smith, G., 1979: Democracy in Western Germany, London.
Smith, W. O., 1962: The Meaning and End of Religion, New York.
Sobel, M. E., 1981: Lifestyle and Social Structure, New York etc.
Söllner, A., 1985: Kritische Theorie, in: Nohlen/Schultze 1985: 485–487.
Somit, A./Tanenhaus, J., 1967: The Development of American Political Science, Boston.
Sontag, S., 1981: Im Zeichen des Saturn, München.
**Sontheimer, K., 1962: Antidemokratisches Denken in der Weimarer Republik, München (2. Aufl. 1964).
Sommer, Th., 1986: Jenseits von Pendelschwung und Wellenschlag. Vom Wertewandel in unserer zeit, in: Die Zeit, v. 3.1., Nr. 2.
Spengler, J., 1980: Origins of Economic Thought And Justice, Carbondale, Illinois.
Spindler, M. (Hrsg.), 1975: Handbuch der bayerischen Geschichte. Vierter Band. Das neue Bayern 1800–1970. 1. und 2. Teilbd., München.
Spode, H., 1980: „Der deutsche Arbeiter reist": Massentourismus im Dritten Reich, in: Hauck, G. (Hrsg.): Sozialgeschichte der Freizeit, Wuppertal.
Spode, H., 1982: Arbeiterurlaub im Dritten Reich, in: Sachse, C.: Angst, Belohnung Zucht und Ordnung. Herrschaftsmechanismen im Nationalsozialismus, Opladen.
**Stael, G. de., 1813: De l'Allemagne, Paris.
Stagl, J., 1986: „Über den Einfluß kultureller Inhalte auf soziale Strukturen", in: Zeitschrift für Politik, 23, 115–147.
Starke, K., 1981: Junge Partner. Tatsachen über Liebesbeziehungen im Jugendalter, 2. Aufl., Leipzig.
Starke, K., 1979: Jugend im Studium, Berlin (Ost).
Steffani, W., 1969: Amerikanischer Kongreß und Deutscher Bundestag – ein Vergleich, in: Kluxen, K. (Hrsg.): Parlamentarismus, 2. Aufl., Köln u. a., 241–248.
Steil, A., 1984: Die imaginäre Revolte, Marburg 1984.
Steinbach, P., 1976: Regionale Parteigeschichte, historische Wahlforschung und moderne Landesgeschichte. Hessisches Jahrbuch für Landesgeschichte 26: 200–266.
*Steinbach, P., 1981: Zur Diskussion über den Begriff der „Region" – eine Grundfrage der modernen Landesgeschichte, in: Hess. JB für Landesgeschichte, 31. Jg., 185–210.
*Steinbach, P. (Hrsg.), 1982: Probleme politischer Partizipation im Modernisierungsprozeß, Stuttgart.
Steinbach, P., 1983: Deutungsmuster der historischen Modernisierungstheorie für die Analyse westeuropäischer Wahlen. S. 158–246, in: Büsch, O./Steinbach, P. (Hrsg.): Vergleichende europäische Wahlgeschichte, Berlin.
Steinbach, P., 1984a: Perspektiven politischer Integration. Die Europawahlen im Lichte der europäischen Nationalstaatsbildungen des 19. Jahrhundert. Geschichte in Wissenschaft und Unterricht 35, 434–452.
Steinbach, P., 1984b: Politische Kultur. Politische Wertvorstellungen zwischen ständischer Gesellschaft und Moderne. 197–214, in: Ploetz: Das deutsche Kaiserreich, Freiburg/Würzburg.
Steinbach, P., 1986: Wahlen und Wahlkämpfe im Deutschen Kaiserreich 1865–1881, Berlin i. E.
Steinbach, P., 1986a: Modernisierungstheorie und politische Beteiligung. Zur Analyse politischer Partizipation im langfristigen Wandel (Manuskript).
Steinkemper, B., 1974: Klassische und politische Bürokraten in der Ministerialverwaltung der Bundesrepublik Deutschland, Köln.
**Stern, F., 1974: Das Scheitern illiberaler Politik, Frankfurt.
Sternberger, D., 1980: Komponenten der geistigen Gestalt Europas, in: Merkur, H. 9, 228–238.
Sternberg, F., 1933: Der Niedergang des deutschen Kapitalismus, Berlin.
Stiksrud, A., 1984: Jugend und Werte, Weinheim.
Stöss, R., 1984: Die Entwicklung des Rechtsextremismus, in: Die Bundesrepublik in den siebziger Jahren, hrsg. von Glaeßner, G.-J./Holz, J./Schlüter, T., Opladen, 53–70.
Stoffl., K., 1980: „Wertwandel als Erklärungskonzept für Veränderungen des politischen Durchsetzungsverhaltens", in: Rosenmayr, L.: Politische Beteiligung und Wertwandel in Österreich, München.
Stollmann, R., 1976: Faschistische Politik als Gesamtkunstwerk, in: Denkler, H./Prümm, K. (Hrsg.): Die deutsche Literatur im Dritten Reich, Stuttgart.
Stommer, R., 1985: Die inszenierte Volksgemeinschaft, Marburg.
Strout/Cushing, 1974: The New Havens and New Earth, Political Religion in America, New York.

Sturm, H./Haebler, R. von/Helmreich, R., 1972: Medienspezifische Lerneffekte. Eine empirische Studie zu Wirkungen von Fernsehen und Rundfunk, München.

Sturm, H./Holzheuer, K./Helmreich, R., 1978: Emotionale Wirkungen des Fernsehens – Jugendliche als Rezipienten, München/New York.

Sturm, H./Grewe-Partsch, M., 1978: Das Fernsehen: Vermittler von Gewalt und Angst?, in: Fernsehen und Bildung, 12, 28–41.

Sturm, H./Brown, J. R. (Hrsg.), 1979: Wie Kinder mit dem Fernsehen umgehen. Nutzen und Wirkung eines Mediums, Stuttgart.

Sturm, R., 1985: Die Politikstilanalyse. Zur Konkretisierung des Konzeptes der Politischen Kultur in der Policy-Analyse, in: Hartwich, H.-H. (Hrsg.): Policy-Forschung in der Bundesrepublik Deutschland, Opladen, 111–116.

Sturm, R., 1985a: Budgetary Politics in the Federal Republic of Germany, in: West European Politics 8 (3), 56–63.

Summa, R., 1978: Kasseler Unterschichten im Zeitalter der Industrialisierung, Marburg.

Taylor, C. L., 1978: Interpretation und die Wissenschaften vom Menschen, in: Gadamer, H. G./ Boehm, G. (Hrsg.): Die Hermeneutik und die Wissenschaften, Frankfurt/M.

Taylor, C. L./Jodice, D., 1983: World Handbook of Social and Political Indicators, New Haven.

Tenbruck, F. H., 1962: Jugend und Gesellschaft, Freiburg.

**Tenbruck, F. H., 1979: Alltagsnormen und Lebensgefühle in der Bundesrepublik, in: Löwenthal, R./Schwarz, H.-P.: Die zweite Republik, 25 Jahre Bundesrepublik Deutschland. Eine Bilanz, 3. Aufl., Stuttgart, 289–310.

*Tenbruck, F. H., 1979a: „Die Aufgaben der Kultursoziologie", KZfSS, 399–421.

Tenbruck, F. H., 1984: Die unbewältigten Sozialwissenschaften, Graz.

Teppe, K., 1976: Das deutsche Identitätsproblem. Eine historisch-politische Provokation, in: Aus Politik und Zeitgeschichte, B 20–21, 29–39.

**Thadden, R. v., 1984: Preußen und Europa vor der Reichsgründung, in: Köhler, H. (Hrsg.): Deutschland und der Westen, Berlin.

Thamer, H.-U., 1986: Verfügung und Gewalt. Deutschland 1933–45, Berlin.

Thaysen, U., 1976: Parlamentarisches Regierungssystem in der Bundesrepublik Deutschland, 2. Aufl., Opladen.

Thomas, R., 1983: Sozialer Wandel in der DDR – Transformation oder Modernisierung?, in: Ruffmann, K.-H./Altrichter, H. (Hrsg.): ‚Modernisierung' versus ‚Sozialismus'. Formen und Strategien sozialen Wandels im 20. Jahrhundert, Erlangen.

Thomas, R., 1985: Jugend in der DDR – zwischen Systemintegration und Alternativbewußtsein, in: DDR Report 12 (1985), 718–721.

Thränhardt, D., 1973: Wahlen und politische Strukturen in Bayern 1848–1953. Historisch-soziologische Untersuchungen zum Entstehen und zur Neuerrichtung eines Parteiensystems. Hrsgg. von der Kommission für Geschichte des Parlamentarismus und der politischen Parteien. (Beiträge zur Geschichte des Parlamentarismus in den politischen Parteien, Bd. 51), Düsseldorf.

*Tilly, C. (Hrsg.), 1975: The Formation of National States in Western Europe, Princeton.

Tolley, H., 1973: Children and War: Political Socialization to International Conflict, New York.

Tönnies, 1926: Die Entwicklung der sozialen Frage bis zum Weltkriege, Berlin.

Treinen, H., 1978: Ästhetik im Alltag, in: Kölner Zeitschrift für Soziologie und Sozialpsychologie, Sonderheft 20, 299–313.

Trescher, H. G., 1981: Anpassung an den autoritären Charakter?, in: Häsing u. a., 1981, 87–99.

Troller, G. St., 1986: Im Spiegel der Welt. Nicht deutsch genug. Wie das Ausland unser Land sieht, in: Die Zeit, v. 11.4., Nr. 16.

Trotha, T. von, 1979: „Zur Entstehung von Jugend", in: Kölner Zeitschrift für Soziologie und Sozialpsychologie, 34, 254–277.

Trotha, T. von, 1983: „Sozialer Wandel, Jugend und Jugendprotest", in: Kohr u. a. (Hrsg.): Reproduktion von Gesellschaft, 77–98, Basel.

Tschajanow, A., 1923: Die Lehre von der bäuerlichen Wirtschaft, Berlin.

Tucker, R. C., 1973: „Culture, Political Culture, and Communist Society", Political Science Quarterly, Juni 1973.

Tugendhat, 1976: Vorlesungen zur Einführung in die sprachanalytische Philosophie, Frankfurt/M., 107–121.

Turner, H. A., 1972: Faschismus und Antimodernismus, in: Turner, H. A.: Faschismus und Kapitalismus in Deutschland, Göttingen.

**Twain, M., 1966: Zu Fuß durch Europa, Göttingen.

Tyrell, A., 1977: III. Reichsparteitag der NSDAP 19.–21. August 1927, Nürnberg – „Eine Symphonie des Kampfeswillens" (= Publikation zur Filmedition G 122 des Instituts für den Wissenschaftlichen Film), Göttingen.

Tyrell, A., 1978: IV. Reichsparteitag der NSDAP, Nürnberg 1929 (= Publikation zur Filmedition G 140 des Instituts für den Wissenschaftlichen Film), Göttingen.

Ucakar, K./Gerlich, P., 1981: Staatsbürger und Volksvertretung. Das Alltagsverständnis von Parlament und Demokratie in Österreich, Salzburg.

Unger, I., 1979: Die Bayernpartei. Geschichte und Struktur 1945–1957 (Studien zur Zeitgeschichte, Bd. 16. Hrsgg. vom Institut für Zeitgeschichte München), Deutsche Verlags-Anstalt, Stuttgart.

Veen, H.-J., 1973: Die CDU/CSU-Opposition im parlamentarischen Entscheidungsprozeß, München.

Venohr, W. (Hrsg.), 1982: Die Deutsche Einheit kommt bestimmt, Bergisch Gladbach.

Verba, S., 1965: Conclusion: Comparative Political Culture, in: Pye, L. W./Verba, S. (Hrsg.), 1965: Political Culture and Political Development, Princeton, 512–560.

**Verba, S., 1965: „Germany: The Remaking of Political Culture", in Pye, L. W./Verba, S.: Political Culture and Political Development, Princeton, New Jersey.

Vester, M., 1983: Die Neuen Plebejer, Thesen zur Klassen- und Schichtungsstruktur und zu den Entwicklungsperspektiven der neuen sozialen Bewegungen, in: Hartwich, H. H. (Hrsg.): Gesellschaftliche Probleme als Anstoß und Folge von Politik, Opladen.

Viehweg, Th., 1974: Topik und Jurisprudenz (1953), München 1974[5].

Voegelin, E., 1930: Die Politischen Religionen, Wien.

Voegelin, E., 1959: Die Neue Wissenschaft von der Politik, München.

Voegelin, E., 1966: Anamnesis, München.

Volkmann, H./Bergmann, J. (Hrsg.), 1984: Sozialer Protest, Opladen.

Vollrath, E., 1982: Probleme der Konstitution einer Philosophie des Politischen im deutschen Sprachraum, in: Philosophisches Jahrbuch 1982, S. 225–246.

Vondung, K., 1971: Magie und Manipulation. Ideologischer Kult und politische Religion des Nationalsozialismus, Göttingen.

Voß, P., u. a., 1981: Die Freizeit der Jugend, Berlin (Ost).

Wacker, A., 1976: Die Entwicklung des Gesellschaftsverständnisses, Frankfurt.

Wagner, K., 1986: Leben auf dem Lande im Wandel der Industrialisierung, Frankfurt.

Wallraven, K./Lippert, E., 1976: Der unmündige Bürger. Ideologien und Illusionen politischer Pädagogik, München.

Ward, S./Wackman, D. B./Wartella, E., 1977: How Children Learn to Buy: The Development of Information – Processing Skills, Beverly Hills.

Wartella, E., 1980: Children and Television. The Development of the Child's Understanding of the Medium, in: Wilhoit, G. C./Bock, H. de (Hrsg.): Mass Communication Review Yearbook 1, Beverly Hills/London, 516–553.

Wartella, E./Reeves, B., 1985: Historical Trends in Research on Children and the Media, in: Journal of Communication, 35, 118–133.

Weber, A., 1969: Soziale Merkmale der NSDAP-Wähler. Eine Zusammenfassung bisheriger empirischer Untersuchungen und eine Analyse der Länder Baden und Hessen, Phil. Diss., Freiburg i. Breisgau.

Weber, M., 1925: Wirtschaft und Gesellschaft, Tübingen.

*Weber, M., 1948: Die protestantische Ethik und der Geist des Kapitalismus, Frankfurt/Main, reprint.

Weber, M., 1968[3]: Wissenschaftslehre, Tübingen.

Weber, R. Ph., 1984: Content Analytic Cultural Indicators, in: Melischek, G./Rosengren, K. E./ Stappers, J. (Hrsg.): Cultural Indicators: An International Symposium, Österreichische Akademie der Wissenchaften, Wien.

Weber-Schäfer, P., 1968: Oikoumene und Imperium: Studien zur Ziviltheologie des chinesischen Kaiserreiches, München.

**Wehler, H.-U., 1973: Das Deutsche Kaiserreich 1871–1918.

Wehler, H.-U. (Hrsg.), 1973a: Moderne Deutsche Sozialgeschichte.

Wehler, H.-U., 1975: Modernisierungstheorie und Geschichte.

Wehler, H.-U., 1979: Geschichtswissenschaft heute, in: Stichworte zur ‚Geistigen Situation der Zeit', Bd. 2, Politik und Kultur.

Wehler, H.-U., 1982: Geschichtswissenschaft heute, in: Habermas, J. (Hrsg.): Stichworte zur geistigen Situation der Zeit, Bd. 2, 4. Aufl. Frankfurt/Main, 709–753.

Wehling, H. G. (Hrsg.), 1984: Konfession eine Nebensache? Politische, soziale und kulturelle Ausprägungen religiöser Unterschiede in Deutschland, Stuttgart.

Wehling, H.-G./Siewert, H.-J., 1984: Der Bürgermeister in Baden-Württemberg, Stuttgart.

**Wehling, H.-G. (Hrsg.), 1985: Regionale politische Kultur, Stuttgart. Zweite Auflage 1986.

Wehling, H.-G., 1985: Regionale politische Kultur in der BRD, in: Wehling, H. G. (Hrsg.): Regionale Politische Kultur, Stuttgart.

Weidenfeld, W., 1981: Die Frage nach der Einheit der deutschen Nation. Olzog Verlag München–Wien.

**Weidenfeld, W. (Hrsg.), 1983: Die Identität der Deutschen, München/Bonn.

Weidenfeld, W. (Hrsg.), 1985: Die Identität Europas, Bonn/München.

**Weidenfeld, W. (Hrsg.), 1985: Nachdenken über Deutschland. Materialien zur politischen Kultur der Deutschen Frage, Köln.

Weil, F. D., 1981: Post-Fascist Liberalism. The Development of Political Tolerance in West-Germany since World War II. Dissertation, Cambridge: Harvard University.

Weinacht, P.-L., 1984: Alte und neue Bodenständigkeit: eine typologische Studie zur Politischen Kultur in Deutschland, in: Lipp (Hrsg.).

Weinreich-Haste, H., 1950: Kohlberg's contribution to political psychology, in: Modgil, S./Modgil, C.: Lawrence Kohlberg – consensus and controversy –, Philadelphia.

Weinrich, H., 1980: Metapher, in: Ritter, J./Gründer, K. (Hrsg.): Historisches Wörterbuch der Philosophie, Bd. 5, 1179–1186. Darmstadt.

Wensierski, P./Büscher, W. (Hrsg.), 1981: Beton ist Beton. Zivilisationskritik aus der DDR, Hattingen.

White, D. S., 1976: The Splintered Party. National Liberalism in Hessen and the Reich, 1867–1918, Cambridge/London.

White, D. S., 1979: Political Culture and Soviet Politics, London.

White, D. S., 1984: Political Culture in Communist States, in: Comparative Politics, April 1984.

Whorf, B. L., 1973: Sprache, Denken, Wirklichkeit. Beiträge zur Metalinguistik und Sprachphilosophie, Reinbek.

Wiatr, J., 1980: „The Civic Culture From a Marxist Sociological Perspective", in: Almond, A./Verba, S.: The civic culture revisited, Boston.

Wieck, H. G., 1953: Die Entstehung der CDU und die Wiedergründung des Zentrums im Jahre 1945, Düsseldorf.

Wiese, L. (Hrsg.), 1928: Das Dorf als soziales Gebilde, München u. Leipzig, in: Beiträge zur Beziehungslehre, H. 1.

*Wildavsky, A., 1984: „From Political Economy to Political Culture", Paper zur Jahrestagung der American Political Science Association, Washington/D. C.

Wildenmann, R., 1980: Über die demokratischen Grundpositionen. Staatstreue, in: Capital 19. Jg., H. 9, 112.

Williams, R., 1977: Innovationen, Frankfurt.

Willems, E., 1984: Der preußische-deutsche Militarismus. Ein Kulturkomplex im sozialen Wandel, Köln.

Wilson, G. D., 1973: The Psychology of Conservatism, London.

Wilson, J. F., 1971: The Status of „Civil Religion" in America, in: Smith, E. A. (Hrsg.): The Religion of the Republic, Philadelphia, 1–21.

Winkler, H.-A., 1972: Mittelstand, Demokratie und Nationalsozialismus. Die politische Entwicklung von Handwerk und Kleinhandel in der Weimarer Republik, Köln/Berlin.

Wippermann, W., 1983: Zur Analyse des Faschismus. Die sozialistischen und kommunistischen Faschismustheorien 1921–45, Frankfurt/Main.

Wippermann, W., 1983: Die Bonapartismustheorie von Marx und Engels, Stuttgart.

Wollgart, S., 1978: Bemerkungen zu Sitten und Bräuchen, in: Deutsche Zeitschrift für Philosophie, 616–624.

Wollmann, H. (Hrsg.), 1980: Politik im Dickicht der Bürokratie, Opladen.

Wurzbacher, G./Pflaum, R., 1954: Das Dorf im Spannungsfeld industrieller Entwicklung, Stuttgart.

Wundt, W., 1911 ff.: Völkerpsychologie, 10 Bde., Leipzig.

Wuthe, G., 1983: Zum Problem sozio-ökonomischer Bedingtheit der Nation, in: Aus Politik und Zeitgeschichte, B 20–21, 31–45.

Wulf, P., 1969: Die politische Haltung des schleswig-holsteinischen Handwerks 1928–1932, Köln/Opladen.
Yankelovich, D./Zetterberg, H./Strümpel, B./Shanks, M./Immerwahr, J./Noelle-Neumann, E./Sengoku, T./Yachtman-Yaur, E., 1983: Work and Human Values: An International Report on Jobs in the 1980s and 1990s. Aspen Institute for Human Studies, New York.
Zängle, M., 1978: Einführung in die politische Sozialisationsforschung, Paderborn.
Zängle, M., 1980: Die Kristallisationsthese: Ungesicherte Annahme oder sicherstes Ergebnis der politischen Sozialisationsforschung?, in: Akademie für politische Bildung, Materialien und Berichte Nr. 56, 49–70.
Zagatta, M., 1984: Informationspolitik und Öffentlichkeit, Köln.
Zenner, M., 1966: Parteien im Saargebiet unter dem Völkerbundsregime 1920–1935, Saarbrücken: Minerva-Verlag.
Zigler, E./Child, I. L., 1969: Socialization, in: Lindzey, G./Aronson, E. (Hrsg.): The Handbook of Social Psychology, Reading, Mass., 450–589.
Zinnecker, J., 1985: „Kindheit, Erziehung, Familie", in: Shell 1985: Jugendliche und Erwachsene, Bank 3, Opladen. 97–292.
Zofka, Z., 1979: Die Ausbreitung des Nationalsozialismus auf dem Lande. Eine regionale Fallstudie zur politischen Einstellung der Landbevölkerung in der Zeit des Aufstiegs und der Machtergreifung der NSDAP 1928–1936, München.
Zuma-Bus, 1984: Nr. 7, Mannheim.
ZUMA, 1986: „Panelpflege", in: ZUMA-Nachrichten 19, 76–80.
Zur Mühlen, P. von, 1979: „Schlagt Hitler an der Saar", Abstimmungskampf, Emigration und Widerstand im Saargebiet 1933–1935, Bonn.

Personenregister

Sachregister

Autorenverzeichnis

Prof. em. Gabriel Almond, Stanford University

Prof. Dr. Günter Behrmann, Universität Osnabrück / Abt. Vechta

Jutta Beyer, wissenschaftliche Mitarbeiterin, Universität Erlangen

PD Dr. Karl-Werner Brand, TU München

Prof. Dr. Bernhard Claußen, Universität Hamburg

Dieter Fuchs, wissenschaftlicher Mitarbeiter, Zentralarchiv für empirische Sozialforschung der Universität Köln

Prof. Dr. Jürgen Gebhardt, Universität Erlangen

Sylvia Greiffenhagen, Doktorandin, Universität Tübingen

Prof. Dr. Eike Hennig, GHS Kassel

Gerhard Herdegen, M. A., Institut für Demoskopie Allensbach, Büro Bonn

Dr. Ursula Hoffmann-Lange, Department of Government, University of Texas, Austin

PD Dr. Everhard Holtmann, Universität Erlangen

Stefan Immerfall, wissenschaftlicher Mitarbeiter, Universität Passau

Georg Jäger, wissenschaftlicher Mitarbeiter, Universität Saarbrücken

Detlev Jahn, Doktorand, Europäisches Hochschulinstitut Florenz

Dr. Hans-Gerd Jaschke, Universität Frankfurt

Prof. Dr. Hans-Matthias Kepplinger, Universität Mainz

Jörg R. Köhler, Doktorand, TU Darmstadt

Karl-Rudolf Korte, wissenschaftlicher Mitarbeiter, Universität Mainz

Bernd Krewer, wissenschaftlicher Mitarbeiter, Universität Saarbrücken

Dr. Detlev Lehnert, FU Berlin

Dr. Martin Loiperdinger, GHS Kassel

Rainer Mathes, wissenschaftlicher Mitarbeiter, Universität Mainz

Prof. Dr. Klaus Megerle, FU Berlin

Prof. Dr. Alf Mintzel, Universität Passau

Dr. Ferdinand Müller-Rommel, Hochschule Lüneburg

Dr. Manfred Opp de Hipt, FU Berlin

Cornelia Quink, wissenschaftliche Mitarbeiterin, Universität Essen

PD Dr. Peter Reichel, Universität Hamburg

Prof. Dr. Karl Rohe, Universität Essen

Dr. Werner Rossade, FU Berlin

Prof. Dr. Ralf Rytlewski, FU Berlin

Birgit Sauer, wissenschaftliche Mitarbeiterin, FU Berlin

Dr. Konrad Schacht, Hessische Staatskanzlei, Wiesbaden

Thomas Schlegel-Batton, wissenschaftlicher Mitarbeiter, GHS Kassel

Dr. Suzanne Schüttemeyer, Hochschule Lüneburg

Dr. Siegfried Schumann, FU Berlin

Prof. Dr. Peter Steinbach, Universität Passau

PD Dr. Roland Sturm, Universität Heidelberg

Ulrike Treziak, wissenschaftliche Mitarbeiterin, FU Berlin

Prof. Dr. Hans Georg Wehling, Landeszentrale für politische Bildung, Stuttgart

Prof. Dr. Gerhard Wuthe, Universität Dortmund

Herausgeber:
Prof. Dr., Ph.D. Dirk Berg-Schlosser, Philipps-Universität Marburg

Dr. Jakob Schissler, FU Berlin

Redakteur:
Dipl. Soziologe Norbert Kersting, Philipps-Universität Marburg